婺城年鉴

2020

金华市婺城区地方志编纂委员会 编

方志出版社
Publishing House of Local Records

图书在版编目(CIP)数据

婺城年鉴. 2020 / 金华市婺城区地方志编纂委员会编. -- 北京 : 方志出版社, 2020.12
ISBN 978-7-5144-4501-5

Ⅰ. ①婺… Ⅱ. ①金… Ⅲ. ①区(城市)-金华-2020-年鉴 Ⅳ. ①Z525.54

中国版本图书馆 CIP 数据核字(2021)第 002492 号

婺城年鉴(2020)

编　　者:金华市婺城区地方志编纂委员会
责任编辑:王　品
出 版 者:方志出版社
地址　北京市朝阳区潘家园东里 9 号(国家方志馆 4 层)
邮编　100021
网址　http://www.zgfzcb.cn
发　　行:方志出版社图书经销中心
　　　　电话(010)67110500
经　　销:各地新华书店
印　　刷:金华市远大印刷有限公司
开　　本:889×1194　　1/16
印　　张:22.75
字　　数:619 千字
版　　次:2020 年 12 月第 1 版　　2020 年 12 月第 1 次印刷
印　　数:001~300 套
ISBN 978-7-5144-4501-5　　定价:200.00 元

金华市婺城区地方志编纂委员会

《婺城年鉴（2020）》编辑室

主　编：周黎华

副主编：胡　云

编　辑：朱艳萍　范升元　方素佳

编辑说明

一、《婺城年鉴(2020)》的编写坚持以马克思列宁主义、毛泽东思想、邓小平理论、“三个代表”重要思想、科学发展观、习近平新时代中国特色社会主义思想为指导,坚持辩证唯物主义和历史唯物主义的立场、观点和方法,记述婺城2019年改革开放、经济建设、全面建设小康社会等内容,汇集全区各系统、各部门、各行业在改革开放和社会主义现代化建设中的新成就、新经验、新情况、新矛盾,客观反映婺城的新发展。

二、本年鉴采用分类编辑法。框架结构分为类目、分目、条目3个层次,以条目为主要记述单元,个别内容设有子目。为方便检索,不同层次的标题用不同的字号、字体和版式。条目后括注的人名为各供稿单位供稿人员。书后设主题词索引。

三、本年鉴记述时限为2019年1月1日至12月31日。为保持事物的完整性,部分内容记述时间适当上溯或下延。收录范围为婺城区(含金华市经济技术开发区)的机关部门、园区、乡镇、街道和企事业单位。书中“建置沿革”类目内容记述时间起自事物发端。特载中有4个报告的时间为2020年。

四、本年鉴采用的资料由区各机关、各部门、单位指定专人负责撰写。撰稿人姓名加括号列在类目、分目或条目后面。

五、本年鉴中的综合性数据以区统计局提供的统计年鉴为准。

六、组织机构及负责人名录由区委组织部提供。

2 月 18 日，婺城区第九届人民代表大会第三次会议召开

（区新闻媒体中心供稿）

2 月 14 日，婺城区政协四届三次会议召开

（区政协供稿）

11 月 17 日，2019 婺城首届发展大会召开

（区委统战部供稿）

7 月 15 日，婺城区教育发展大会召开

（婺城区教育局供稿）

3 月 25 日，全区干部大会召开，表彰在“四大四比”工作中特殊贡献的干部

（白龙桥镇人民政府供稿）

4 月 29 日，新中国成立七十周年暨纪念“五一”国际劳动节表彰大会召开

（区总工会供稿）

3 月 16 日,“花满婺城 幸福生活”休闲文化旅游年系列活动暨金华市第十届茶花节开幕

(竹马乡人民政府供稿)

6 月 28 日,婺城融媒体中央厨房启用

(区宣传部供稿)

7 月 31 日，区退役军人事务局召开八一座谈会

（区退役军人事务局供稿）

8 月 2 日，“壮丽 70 年 奋斗新时代”中央、省、市媒体走读婺城媒体见面会召开

（区委宣传部供稿）

10 月 8 日，婺城区“第二期百亿”工程启动仪式举行

(乾西乡政府供稿)

10 月 26 日，广州市金华婺城商会举行授牌仪式

(区工商联合会供稿)

1 月 4 日，婺城大队消防指战员换装仪式

（区消防大队供稿）

1 月 8 日，“心连心　暖人心　共图强”——三服务系列活动进文化礼堂举行婺城区政协委员走基层“五送五服务”送文化文艺会演走进竹马乡下张家村

（李金宇摄）

1 月 8 日,竹马乡“先行先试”顺利完成行政村规模调整

(区民政局供稿)

1 月 25 日,婺州古城新春庙会活动现场

(区文联供稿)

1 月 27 日，婺城区音乐家协会举行迎新春音乐会　　　　（区文联供稿）

2 月 6 日除夕夜，婺城消防大队消防员在古子城执行春节安保任务

（区消防大队供稿）

3 月 16 日，婺城区第二十七届茶花展现场　　　（竹马乡人民政府供稿）

4 月 7 日，箬阳乡首届茶文化节系列活动之制茶比赛活动现场

（箬阳乡人民政府供稿）

4 月 11 日，婺城区首家乡镇级“三服务”实体——“莘 e 家”红盟成立

（莘畈乡人民政府供稿）

5 月 20 日，农行婺城支行组织团员开展“不忘初心”团日主题活动　（农行婺城支行供稿）

7 月 5 日，全国著名作家看婺城采风活动　　　　　　　　（区文联供稿）

9 月 8 日，婺城区庆祝第 35 个教师节暨优秀教师颁奖举办晚会现场

（区教育局供稿）

9 月 19 日，金华市婺城区社会福利中心开业　　　　　　　　（区民政局供稿）

9月22日，婺城区举办双拥晚会

（区退役军人事务局供稿）

9月28日，区文联组织艺术家助力塔石丰收节

（区文联供稿）

10月13日，2019中国·金华龙舟邀请大赛比赛现场

（区文联供稿）

11 月 6 日，第二届中国国际进口博览会供需对接会召开　　　(中国银行婺城分行供稿)

11 月 29 日，中国(金华)新思路数字娱乐产业高峰论坛现场
(浙中信息产业园供稿)

12 月 2 日，中国(金华)垂钓网红嘉年华直播晚会现场
(浙中信息产业园供稿)

6 月 26 日，竹马乡馆村党群服务中心开放使用 （竹马乡人民政府供稿）

道情表演
（区文联供稿，摄于 2019 年 3 月 29 日）

婺州窑制作
（区文联供稿，摄于 2019 年 1 月 5 日）

“富硒小镇”蒋堂镇的特色田园

（蒋堂镇人民政府供稿，摄于 2019 年 10 月 1 日）

琅琊农耕

（区文联供稿，摄于 2019 年 5 月 25 日）

白沙溪上古廊桥

（区文联供稿，摄于2019年5月17日）

云端塔石

（区文联供稿，摄于2019年3月27日）

婺城区沙畈水库

（区文联供稿，摄于 2019 年 3 月 21 日）

宁能热电全貌

（罗埠镇人民政府供稿，摄于 2019 年 10 月 17 日）

婺城宪法公园

（区司法局供稿，摄于 2019 年 6 月 25 日）

万佛塔

（许洁摄于 2019 年 9 月 5 日）

婺城黄昏(江北)

(滕志权摄于 2019 年 10 月 11 日)

婺城夜景

(洪兵摄于 2019 年 10 月 7 日)

目　　录

特　载

专　辑

大事记

婺城区概况

中国共产党婺城区委员会

婺城区人民政府

中国人民政治协商会议
婺城区委员会

民主党派 人民团体

法　治

军　事

农业　农村　水务

工　业

城乡建设

商贸业

交　通

通　信

财政　税务

金　融

旅　游

教　育

科　技

文　化

卫　生

体　育

民　政

人物　荣誉

乡镇　街道

附 录

名词解释

索引

《婺城年鉴(2020)》撰稿人名单

特 载

高质量推进“双城”战略
为打造县域治理现代化婺城样板努力奋斗

——在区委七届七次全体(扩大)会议暨区政府九届六次全体会议上的报告

蔡 艳

2020 年 1 月 3 日

这次全会的主要任务是:以习近平新时代中国特色社会主义思想为指导,深入贯彻落实党的十九届四中全会、中央经济工作会议和省委十四届六次全会、市委七届六次全会精神,审议通过《中共金华市婺城区委关于认真学习贯彻党的十九届四中全会精神、高水平推进县域治理现代化的决定》,总结回顾 2019 年工作,全面部署 2020 年工作,高质量推进“双城”战略,为打造县域治理现代化婺城样板而不懈奋斗。下面,我代表区委区政府报告如下:

一、“双城”战略开局气势如虹,高歌唱响赶超图强主旋律

2019 年是新中国成立 70 周年, 也是婺城高质量建设“都市经济创新城、美好生活幸福城”的开局之年。一年来,我们紧扣“八八战略”再深化、改革开放再出发这一主题主线,按照市委“打造增长极、共建都市区、当好答卷人”的工作总要求,紧紧围绕“双城”战略总目标,下非常之功、用非常之力,团结一致,奋力奔跑,共同唱响“担当赶超、婺城图强”主旋律,掀开了“双城”战略开局起势的新篇章。

——我们锚定方向,“双城”战略成效显著。牢牢把握都市经济发展趋势,在大格局、大视野中谋定切合婺城实际的战略方向,擘画的“都市经济创新城 美好生活幸福城”战略蓝图,迅速在婺城大地上凝聚起担当图强、共同奋斗的磅礴力量。在“双城”战略的指引下,“四大四比”如火如荼,“晒拼创”连续三季度走在全市前列,“五朵金茶花” 渐次开放,六大“幸福城”普惠民生,“双城”战略从无到有,乘风飞扬。2019 年前三季度实现 GDP232.25 亿元,增速 6.7%,从全省 91 名跃升到 48 名,连续两个季度跻身全市前三,总量在全省、全市排名、占比双提升。1—11 月,固定资产投资完成 86.9 亿元,同比增长 21.3%,排名全市第三;规上工业增加值 34 亿元,同比增长 6.9%; 旅游收入 85.08 亿元, 接待游客 928.79 万人次,同比增长 28.84%,增幅全市第一。争取上级财政资金补助 10.95 亿元,同比增长 7.8%。前三季度城镇居民人均可支配收入 42681 元,同比增长 8.0%;农村居民人均可支配收入 20887 元,同比增长 8.1%。一年来,先后举办 8 场省级现场会、9 场市级现场会,16 位省级领导、32 位厅级领导莅临婺城调研指导, 9 次获得省级以上领导批示肯定,15 项工作获得市委市政府主要领导批示肯定。

——我们只争朝夕,攻坚克难实干担当。全区上下拼争抢创,斩关夺隘,推进上浮桥和二七征迁“双1”清零行动,破解了一大批历史遗留问题;飞扬智能制造小镇5天完成土地报批,20天供地,68天开工,214天获评省第五批创建类特色小镇;高铁新城西郊区块和上浮桥区块国有土地征迁势如破竹;G60高速拓宽工程5天完成房屋征收签约;石道畈一期综合整治全面完工,得到了袁家军省长的充分肯定;两次举办“双十大”百亿项目集中开工,四次举办集中签约仪式,总投资超500亿元;区领导包案化解疑难信访积案,历时十多年的双龙大桥征迁户安置房群体访等38件积案得到化解,化解率90%,新增积案同比下降80%,降幅居全市第一,信访总量同比下降13.7%,成功创建“无信访积案区”,干部收到的锦旗和感谢信越来越多,百姓的安全感、满意感越来越高,婺城速度、婺城质量、婺城力量蓄势迸发。

——**我们同心共筑,内聚人心外树形象**。“壮丽70年,奋斗新时代”庆祝新中国成立70周年系列活动精彩纷呈,引导全区广大干部群众厚植爱国情怀,凝聚力、向心力和文化自信越来越强。以“宣风化雨”品牌增强“四力”教育实践,被省委宣传部评为创新案例,得到中央政治局委员、中央书记处书记、中宣部部长黄坤明肯定;“三服务·婺城家服务”品牌深入人心,积极践行“微笑办、暖心办、我来办、马上办”,暖心“大家访”为党员干部减压增力,干部群众的幸福感满满的,婺城的百姓都说:“现在的婺城,空气中都弥漫着幸福的味道。”首届婺城发展大会吸引海内外乡贤共叙乡情,共创“双城”,共享未来,签约项目31个;主题片《闻着花香回故乡》和歌曲《亲爱的婺城,亲爱的你》激发了海内外游子的澎湃乡情,“心连心、暖人心、共图强”的“婺城一家亲”氛围越来越浓。一年来,我们在国家、省、市级主流媒体发布新闻报道5800余篇,9次登上央视、4次登上《人民日报》,“学习强国”推出婺城报道150篇。《人民日报》、新华社等45家大型媒体和全国百位知名作家走读婺城,《中国推介》婺城篇章向全球讲述婺城故事、传播婺城声音,展现出婺城昂扬向上、生机勃勃的新形象。

一年来,我们具体做了以下七个方面工作:

(一)举旗帜把方向,政治建设不断强化。始终坚持以党的政治建设为统领,用习近平新时代中国特色社会主义思想武装头脑、统一思想、指导实践,把大学习大调研大抓落实贯穿始终,确保各项事业沿着正确方向前进。区委理论学习中心组召开学习会14次,区委常委会16次传达学习贯彻习近平总书记重要指示和中央、省委、市委决策部署精神,切实筑牢“四个意识”“四个自信”“两个维护”的信仰之基。高质量开展“不忘初心、牢记使命”主题教育,坚持“四个贯穿始终”,推动“三个解决”,实现“高质量、走前列、答高分”。狠抓精读深研悟精髓。区委常委班子带头学习“两书一章”,开展“信仰的味道”等3场专题学习会,“千名书记上党课”1100余场,分批举办区管干部和基层支部书记专题读书班,1400余名党员、干部集中充电学习,区委理论学习中心组专题交流研讨得到省委巡回指导组肯定。狠抓调研服务解难题。充分发挥“关键少数”的示范引领作用,各级领导干部聚焦各类重点、难点、痛点、堵点、风险点,开展“包乡走村”解难题行动,推动矛盾在基层化解、问题在一线解决,形成调研报告34篇,破解难题506个。狠抓检视问题找差距。对照党章党规、对照先进典型,结合“八个扪心自问”,开展“初心四问四检”“五学四查四改”行动,各级领导班子共检视问题1154个,党政班子共检视问题318个。狠抓整改落实促发展。深入实施“9+1”专项整治,突出检视形式主义、官僚主义问题,整改“四风”问题14起,处理问责63人;整改不担当不作为问题34个,处理问责32人。深入开展“实事我来办”特别行动,累计为群众办实事7409件,新狮街道“柳湖红韵·六和六美”品牌得到中央巡回指导组肯定。

(二)提能级增动能,都市经济态势强劲。深化招商招才和平台拓展、项目落地新“双1”行动,打造现代化都市空间体系、都市经济体系。以势如破竹的速度打造大平台。突出规划引领,启动高铁新城、新城区、城北区块等区域规划和全域旅游、全域土地综合整治、农业生产力布局、花博园等专项规划,高起点编制城乡“全景图”。大力拓展工业平台,拓展土地1395亩,项目落地1205亩,整治“低散乱”企业145家、亩均税收万元以下低效企业81家，盘活低效用地2156亩。大力拓展城市平台，西郊区块、环二小周边商贸综合体地块征迁拓展土地600亩，三联“桂语山居”、婺州城市广场等项目破产重整，盘活房屋98万余平方米，土地1100多亩。大力拓展农旅平台，仙源湖旅游度假区成功创建第五批省级非物质文化遗产旅游景区，双龙风景旅游区以全省评分第一的好成绩入围国家AAAAA级旅游景区评选。土地经营有新突破，实现经营性国有土地出让金58.4亿元，列市区第一；实施土地流转9.7万亩，流转率58%，列市本级第一，新增增量农业“标准地”项目17个，面积1万亩，完成率147.6%，农业“标准地”改革项目获评《民生周刊》“2019年民生示范工程”。长山望山国际设计走廊、乌啦乌产业文化园开工建设。以猛虎扑食的力度狠抓大项目。十大政府投资项目、十大民间投资项目快速推进，136个政府性投资项目完成投资43.45亿元，同比增长10.53%，民间投资同比增长12.5%，交通运输投资同比增长22.8%。以打造全国性综合交通枢纽为契机，统筹发展“一港一轨四高四千五联”综合交通网，衢江婺城段航运开发项目全面完工，金兰快速、金武快速、金义东城际轨道等项目进度均超85%，琅琊至兰溪上华公路正式开工，婺江西路、双溪西路、人民西路西延工程快速推进，总里程111.4千米的“四好农村路”获群众点赞。以优质服务的温度开展大招商。把招商引才作为“一把手”工程，成立区招商委员会，区领导带队赴27个地区招商引资近百次，在上海、广州、昆明新成立异地商会，形成“四套班子齐上阵，全员招商引项目”的浓厚氛围。1—11月，引进内资26.8亿元，完成年度任务的105.1%，引进外资1038万美元，同比增长10倍，增幅全市第一。以扶优扶强的精度做强大产业。大力发展都市工业，成功举办全省工业互联网平台建设现场会，实施“尖峰行动”，新增上市挂牌企业12家，同比增长100%；实施“雄鹰行动”，新落地汽摩配项目5个，投资51.91亿元，行业产值增速22.3%，汽车零部件制造业列入第三批传统制造业改造提升省级试点；实施“雏鹰行动”，新增小微企业2071家，完成年度任务148%，小升规24家，个转企127家，完成年度任务158.75%。大力发展都市农业，非洲猪瘟防控先进做法被农业农村部在全国推广，以全省最高分通过畜牧业绿色发展示范县验收，33家养殖场通过省级美丽牧场验收，比例全省最高，“婺禾富硒米”入选全国名特优新农产品，蒋堂镇入围省级特色农业强镇，婺南省级现代农业园区入围省级现代农业园区。大力发展都市服务业，西市街商圈加快转型升级，推进智慧商圈建设，万泰城市广场浴火重生，网络经济交易额增长16.67%，达到70亿元，全国首届网红垂钓大赛试水网红经济和社交电商的跨界融合发展。

（三）树品牌促增收，花满婺城亮点纷呈。大力推进乡村振兴，以“花满婺城·幸福城”“婺城水·幸福城”建设为抓手，争当“大花园建设”排头兵。打造全域秀美的“花满婺城”。深入推进全域“景区化”建设，塔石、莘畈获评AAA级景区乡（镇），30个村庄获评A级景区村庄，其中AAA级6个，全市第一。开展“最美阳台（庭院）”评选活动，建成“一镇一品”花卉示范景观带12个，打造西市街等花漾示范街区4条，白沙溪“美丽河湖”建设通过省市复核，婺城南山省级自然保护区通过省级评审，塔石梨树源森林公园全面完成总体规划编制，4个乡镇通过小城镇环境综合整治省级验收，6个乡镇被评为省级样板镇，数量居全市第二，婺城获评美丽浙江建设优秀县（市、区）。打造生态宜居的“花满婺城”。打好生态环境保卫战，扎实推进第一轮中央环保督察、省环保督察、长江经济生态环保审计问题整改，高标准做好第二轮中央环保督察迎检工作，全面完成江北老城区“污水零直排区”建设任务，全区Ⅰ~Ⅲ类水质断面占98.4%，农村饮用水提升改造工程居全省前15名，连续两年捧回大禹鼎；打好蓝天保卫战，截至11月PM2.5浓度为29微克/立方米，达到国家二级标准；深入推进“三改一拆”，拆除各类违法建筑119.61万平方米。打造产业兴旺的“花满婺城”。开启“花满婺城·幸福生活”休闲文化旅游年系列活动，竹马茶花节、雅畈杜鹃花节、安地桂花节、琅琊中国山水四项等24场节会活动参与人数50余万人次，“花博园”“花木之窗”项目顺利推进，白龙桥十里荷花、蒋堂彩色稻田、沙畈茶花基地、塔石百合花基地、箬阳药谷种植基地等项目落地，婺城被农业农村部确定为农民合作社质量提升整县推进试点县。打造生活富裕的“花满婺城”。实施“双富”工程，启动“十乡百村”乡创婺城行动，创新“消薄十法”，建设“塔石物语”“莘 e 家”等乡镇消薄平台 15 个、消薄联建项目 20 余个，全面消除集体经济薄弱村，92%的村实现集体经济总收入 20 万元且经营性收入超 10 万元。

（四）抓改革谋创新，发展活力持续增强。 牢牢把握长三角一体化发展上升为国家战略的重大机遇，坚定不移深化“最多跑一次”改革，牵引撬动各方面各领域改革走在前列。聚力“最多跑一次”改革扩面提质。着力推进公民个人、企业多部门联办“一件事”53 个事项改革，民营资本投资办学“一件事”和助残扶残“一件事”经验在全市推广，退役军人“一件事”联办服务被浙江卫视报道点赞，劳动纠纷治理“婺城经验”走在全省前列。举办改革论坛，建立“一把手”体验“最多跑一次”改革工作机制。部门间“最多跑一次”改革取得阶段性进展，梳理公布的 281 个事项 95.7%实现“最多跑一次”。着力推进政府数字化转型和“无证明城市”改革，全区 2065 个事项 99%实现网上办、零次跑，民生事项和企业事项 100%开通网上办理，政务服务事项 90%以上实现“掌上办理”。着力推进国企和投融资体制改革，成立城投、交投两大国有公司，服务中心建设有力，城投成功首发公司债 16.9 亿元，做强做优做大国有资产。着力推进“标准地”改革，省级以上平台新批工业用地全部按“标准地”供地。平稳有序完成区乡两级机构改革，4 家区属综合执法机构完成挂牌，罗店回归后，各项工作进展顺利。聚力长三角一体化发展借梯攀高。主动融入长三角 G60 科创走廊，不断提高对外开放层次和能级。8 家企业和 5 家园区加入长三角 G60 科创走廊产业联盟和产业园区联盟，占全市三分之一，居首位。成功承办长三角 G60 科创走廊人工智能展，参展企业占全市三分之一。建立婺城上海科创中心、婺城杭州孵化基地和人才工作站，是全市唯一一个在长三角两大中心城市同时拥有科创飞地的县（市、区）。聚力科技创新招引高端人才。积极构建高能级科研平台，新增 2 家市级院士专家工作站。深入实施“百博入企”，博士在企业挂职 22 人，居全市前列；举办省海高会电子信息分会，分会金华联络处落户婺城。积极营造创业创新氛围，新增国家高新技术企业 17 家，省科技型中小企业 84 家，斯玛特获评省创新型数字文化企业。全面落实 22 条“人才新政”，构建“11234”的人才工作体系，打造人才生态最优区，首发婺城英才卡，招引硕士以上人才 212 名，引进加拿大工程院院士 1 名、长江学者等领军人才 10 名，实现我市全职引进海内外院士零的突破。

（五）优环境惠民生，幸福生活润泽百姓。 坚持以人民为中心，用心用情办好民生实事，全年区级财政收入 75%以上用于民生开支，年度十大民生实事全面完成。打造营商环境最优区。深化三服务，开展“百千万”服务工程，服务企业 3.56 万家次、群众 19.8 万人次，全区累计收集问题 7935 个、解决率超 95%。推出全省首套三服务宝典，浙江卫视专题报道婺城“三服务·家服务”。开设金融超市，开展政企银“婺商夜话”，为企业发展注入源头活水，心齐气顺的干事环境、亲商重商的营商环境逐步形成。织密社会保障安全网。开展“稳就业、促创业”主题活动，截至 11 月底，新增就业 10543 人，失业人员实现再就业 1845 人，基本养老保险参保率 98.3%，居全市第一，困难群体养老保险、医保参保率 100%。新建城乡居家养老服务照料中心 9 家，创建省级示范型居家养老服务中心 3 家，区福利中心、老年人体育活动中心、儿童康复中心投入使用。擦亮教育健康金名片。全力打造“优学婺城·幸福城”，召开全区教育发展大会，3 年投入 20 亿元，构建教育发展“1353 工作体系”，实施十大教育硬件提升项目，基础教育重点县顺利摘帽；金华四中扩建、丰亭东路幼儿园等开工建设；金华实验中学列入省级试点，可直接升考本科；新增省教坛新秀 4 名、市名师名校长 3 名。全力打造“健康婺城·幸福城”，加速布局品质医疗，金华宏悦妇女儿童医院、众康医院落户，区属医疗卫生单位实现门诊和住院智慧结算全覆盖。推进“市区医联体”建设，县域就诊率达 96%。举办全国青少年足球挑战赛、婺城区半程马拉松赛事等各类文化体育赛事 618 场，参与群众 60 多万人次。竞技体育全面进步，获得国家级比赛5金11银9铜成绩。弘扬人文婺城新风尚。以“人文婺城·幸福城”建设为引领，打好文明创建荣誉战，3次举办市级文明创建现场会，国卫复审、省测、国测“三场大考”交出高分答卷。深化文明机关、文明社区等文明细胞培育，打造省级卫生乡镇12个、省级文明示范乡镇6个。进一步弘扬婺文化，《婺城之诗》《婺城之创》《婺城之旅》系列丛书以文化视角感知婺城，以时代笔墨书写好“双城”故事，雅畈镇石楠塘徐氏宗祠获评全国重点文物保护单位，安地镇获评省级非遗小镇，婺州古城——金华八咏景区入选钱塘江诗路重点项目。以“新时尚、新生活”引领垃圾分类，建成垃圾投放点434个，生活垃圾减量率20%，无害化处理率100%。强化身边典型选树，提名中国好人1名，评选金华好人13名、浙江好人3名、“浙江省见义勇为勇士”2名、金华市道德模范1名。

（六）防风险保平安，基层治理春风化雨。扎实推进“平安婺城·幸福城”建设，持续深化“基层党建+社会治理”创新，守土有责、守土尽责，全力打好基层治理巩固战。全力夯实基层综治基础。高标准抓好综治中心建设，区社会治理综合服务中心（信访超市）挂牌启用，新建15个乡镇（街道）综治中心实现高效运转。城中派出所被命名为全省首批“枫桥式公安派出所”。在全省首推民情民访代办服务，建立各级代办站315个，获王昌荣书记批示肯定，以宋园春为代表的“老娘舅”工作被《人民日报》头版报道。持续推进法治婺城建设，创建市级民主法治村33家、省级7家，“婺城普法”微信公众号获全省司法行政新媒体十强称号。全力打赢维稳安保攻坚战。以“平安护航新中国成立70周年大会战”为工作主线，主攻“平安护航八大战役”，开展“安全婺城百日行动”，圆满完成各项重大活动以及重要敏感时期的安保维稳任务，全区没有发生影响社会稳定的重大恶性案件、群体性事件和治安灾害事故，平安指数始终位列全省第一方阵。全力防范化解重点领域风险隐患。深入开展反邪教斗争，“879”反全能神专案工作经验获公安部王小洪常务副部长批示肯定，并在公安部“903”会议上予以推广。深入开展扫黑除恶专项斗争，“3·29”涉黑专案成果显著，获王双全副省长批示肯定。区检察院大力开展公益诉讼专项行动，获车俊书记、袁家军省长等多位省领导批示肯定。区法院打造公证参与执行“婺城范本”，从源头上减少案件数量、提高案件质量。突出抓好危险化学品、非煤矿山等重点领域专项整治，检查企业438家次，完成隐患整改777条，立案查处39家。

（七）强党建优作风，政治生态持续净化。认真贯彻落实新时代党的建设总要求和党的组织路线，坚定不移推进全面从严治党，奋力推动党的建设全面进步、全面过硬。守好意识形态阵地。进一步强化理论武装，思政课“进乡入村”工程得到省委宣传部肯定；进一步落实意识形态工作责任制，在全市首个召开意识形态工作专题述职评议会，研究制定区委常委会落实意识形态工作责任制工作规则；进一步提升网络综合治理能力，“一哨双‘生’”网络治理体系受到省委网信办肯定，并在我区召开专题研讨会；进一步夯实宣传文化阵地，文化礼堂建设覆盖率达80%，建成“扫黄打非”基层站点104家，提前一年完成乡镇（街道）基层站点建设全覆盖任务；进一步深化媒体融合，启用融媒体“中央厨房”，在全省率先实现省、市、区三级平台互联互通。建强基层战斗堡垒。以“三型五强四过硬”为总要求，推进党建高质量发展。开展“红色驱动”工程，推进“村干部整治立规创优年”行动，调整表现不佳村干部58名；实施书记抓党建项目19个，建成全市首家“党群驿家亲”农村党建综合体，打响“青梅竹马、幸福驿家”等基层党建品牌；持续推进机关党建走在前作表率，形成“531”阳光警务模式等13个群众满意的党建品牌。开展“红色强企”工程，推进两新党建“四整一全”，万里扬集团“红色驱动”、浙中信息产业园“云党建”等工作经验在全市推广。开展“红色薪火”工程，选派干部到“四大四比”一线攻坚克难，30余名表现优秀、实绩突出的干部得到提拔重用。选树“闪光婺星”88人，在全区形成人人争星、人人闪光的干事创业氛围。评选表彰“担当作为好干部”23名，区市场监管局干部伊军和雅畈镇党委书记赵锡生、区畜牧发展指导中心副主任周文仙分别获评省、市“担当作为好干部”。压实管党治党责任。

以高度的政治自觉抓好省委“机动式”巡视整改工作,细化具体整改措施105条,启动“隐性债务摸排化解”等13项专项整治行动,建立“137”限时办结机制,高质高效整改问题30个。用好巡察利剑,在全省创新推出“6+1”巡察模块。积极开展“作风建设年”活动,出台基层减负十条举措,精文减会等减负效果逐步显现。强化履行监督职责,运用“四种形态”544人次,其中第一种形态占78.5%。坚持“三个区分开来”为好干部撑腰鼓劲,对10名党员干部问题进行澄清,形成了为担当者担当的良好氛围。持续保持反腐高压态势,党纪政务处分117人,移送司法机关4人,查处涉黑涉恶腐败和“保护伞”问题12人,形成了强有力的震慑。启动清廉细胞示范工程规范化创建工作,培育了蒋堂镇开化村、东市街小学、万里扬集团等一批婺城品牌,建成全省首个净化政治生态大数据平台,进一步夯实了清廉建设根基。

一年来,区委总揽全局、协调各方。始终坚持党的领导、人民当家作主、依法治国有机统一,加强和改进党委对人大、政协工作的领导,召开区委人大工作会议、区委政协工作会议,有力支持人大及常委会依法履职。区人大强力推进“四好”代表联络站创建,经验做法在《人民代表报》头版刊发,开展助力民营经济高质量发展专项监督,发出助推“双城”建设的最强音;区政协意见建议“即提即办”,“委员会客厅”开门迎客,“请你来协商”拉近群众距离。深入推进司法体制改革,法院、检察院工作全面加强。支持各民主党派、无党派人士开展工作,民族、宗教、港澳台侨海外工作不断加强,爱国统一战线不断巩固壮大。群团组织积极围绕中心服务大局,区总工会创新基层工会规范化建设“十有模式”经验在全市推广;团区委雷锋志愿者服务站为文明城市创建提供青春动能;区妇联“和姐”代办队伍为社会治理贡献巾帼力量;区工商联“强企带弱企,携手共发展”活动,得到了广大企业一致好评;区文联通过“花满婺城”系列艺术展陈活动不断传递婺城好声音;区残联“残疾人之家”建设率、辅助性就业率居全市之首;区红十字会建成区内首家红十字养老服务基地;区科协建成全市首家军民融合军营科普馆。党管武装和国防动员工作得到全面加强,区人武部被省军区表彰为先进团单位、安全管理先进单位、征兵工作成绩突出单位。

所有成绩的取得,是市委、市政府坚强领导、殷切关怀的结果,是区四套班子勠力同心、真抓实干的结果,是各民主党派、无党派人士、老干部、驻婺省(市)属单位、社会各界鼎力支持的结果,是婺城人民风雨同舟、艰苦奋斗的结果。婺城人民勤劳淳朴,婺城干部担当作为,婺城是个能干事、干成事的好地方。做好婺城的工作,我们信心满满。信心来源于我们在习近平新时代中国特色社会主义思想指引下,始终沿着正确的方向前行;信心来源于我们牢牢把握长三角一体化发展、市区体制改革等历史机遇乘势而上,取得了阶段性胜利;信心来源于我们有安定团结的政治局面、“山清水秀” 的政治生态; 信心来源于各条战线拼争抢创的图强自信;信心来源于我们有一支忠诚担当、拼搏实干、高效廉洁的婺城铁军。有了信心,就会有定力、有耐心、有干劲,有“双城”落地成景的美好未来。

二、高质量推进“双城”战略,全力打造县域治理现代化样板

2020年是党的十九届四中全会开启推进国家治理现代化新篇章的开局之年、全面建成小康社会和“十三五”规划的收官之年,对婺城区来说,是“双城”战略走深走实承前启后的关键一年,认真谋划并做好2020年工作至关重要。从外部形势看,世界经济增长持续放缓,世界大变局加速演变的特征更趋明显,全球动荡源和风险点显著增多,但我国经济稳中向好、长期向好的基本趋势没有改变,发展机遇叠加,迎来了党中央推动形成优势互补高质量发展的区域经济布局的重大机遇、宏观政策逆周期调节的重大机遇。从市情看,金华正全力建设浙江省第四大都市区, 经济社会发展呈现出走出低谷、回升稳走、动能转换、多点支撑、创新突破、改革领跑、破散促聚、共建图强的好态势。从婺城实际看,虽然过去一年成绩斐然,但仍然存在不少问题和困难,“十三五”规划纲要确定的30项指标中,预计完成难度较大的有GDP、人均GDP、R&D、一般公共预算收入、固定资产投资、农村居民人均可支配收入等10项;首位度不高、经济结构不优、现代化都市产业体系没有形成,城乡发展不充分、不平衡,城乡统筹力度不够;改革开放的力度还不够大、抓经济抓发展的氛围还不够浓;现代化治理理念没有深入人心、治理能力还不强、治理体系没有形成;部分干部对推进“双城”战略思考不深、办法不多,主动担当和创新意识不强,抓项目、抓落实的效能不高,“四不”现象仍有存在;党组织的规范化、标准化、制度化建设还有差距。机遇和挑战面前,我们要深刻领会习近平总书记关于重要战略机遇期的科学论断,坚定信心,保持定力,不断推进“双城”战略走深走实。

2020年的工作思路是:高举习近平新时代中国特色社会主义思想伟大旗帜,深入学习贯彻党的十九届四中全会精神,积极践行习近平总书记在浙江工作期间14次到金华调研时重要指示特别是对茶花产业的批示精神,推进“八八战略”再深化、改革开放再出发,坚持新发展理念和稳中求进的总基调,以谋划“十四五”规划为引领,以加快实现婺城发展的高质量、竞争力、现代化为总方向,以项目建设年、县域治理现代化建设年为目标,以“抓平台促发展、抓项目出形象、抓基层强治理、抓服务优环境”为主线,着力抓重点、补短板、强弱项,下定决心拼搏实干、争先进位,打好“九场硬战”,高水平全面建成小康社会,高质量推进“双城”战略走深走实、落地成景,为打造县域治理现代化婺城样板而努力奋斗。

综合考虑内外部各种因素,2020年国民经济和社会发展的主要预期目标为:地区生产总值增长6.5%左右,一般公共预算收入增长5%左右,固定资产投资增长15%以上,交通投资、生态环境和公共设施投资、高新技术产业投资、民间投资等四个结构性指标增长10%以上,社会消费品零售总额增长8%左右,城乡居民收入增长高于经济增长速度,节能减排指标完成省市下达目标任务。

做好2020年工作,打造县域治理现代化婺城样板,就是要坚定不移地深化“双城”战略,做到“九个必须”。必须坚持党的领导。坚定“四个自信”,更好发挥党总揽全局、协调各方的领导核心作用,调动各方积极性,让一切创造力量竞相迸发,上下同欲,确保党中央和省委、市委决策部署在婺城落地生根、开花结果。必须充分认识“双城”战略就是县域治理现代化的婺城实践。必须坚持发展第一要务。加快补齐短板,着力做好“找准”“聚焦”“攻坚”文章,以新发展理念推动高质量发展。必须坚持以人民为中心思想。满足人民群众对美好生活新期待。必须完善治理体系。以县域治理现代化为目标,不断推进县域治理理念、治理方式、治理机制、治理制度等的创新。必须坚持全区一盘棋。牢固树立“大治理”理念,统筹增强系统治理、依法治理、综合治理、源头治理的集成意识和能力。必须坚持“五治”融合。以法治强保障,以德治强教化,以自治强活力,以共治强合力,以智治强支撑,凝聚治理合力。必须坚持以“最多跑一次”为引领。解放思想,改革创新,靠改革把制度优势转化为治理效能。必须坚持建立精细化、精准化、系统化、长效化、走深走实的抓落实工作机制。

重点是要推进县域“十大治理”:

(一)坚持党建引领,推进政治治理

切实加强党的全面领导,不断增强党的政治领导力、思想引领力、群众组织力、社会号召力,健全党的领导制度体系。旗帜鲜明讲政治。自觉站在政治和大局高度想问题、办事情,坚定不移忠诚核心、拥护核心、维护核心、紧跟核心,切实把增强“四个意识”、坚定“四个自信”、做到“两个维护”落实到日常工作中、体现在具体实效上。健全落实“不忘初心、牢记使命”主题教育长效机制,争当学懂弄通做实习近平新时代中国特色社会主义思想的排头兵,为“双城”战略落地成景提供坚强有力的政治保证。统筹全局把方向。加强党对各个领域的领导,突出把方向、管大局、作决策、保落实,完善常委会、党组会议、四套班子例会、乡镇书记例会、“四大四比”晒拼创、区领导“十个一”等工作机制。继续深入推进大学习大调研大抓落实活动,完善党委(党组)理论中心组集体学习和领导干部讲党课、作专题报告制度,抓好党内规章制度条例的贯彻执行。严肃党内政治生活,严格落实民主集中制和民主生活会、组织生活会制度,落实“三会一课”、党员主题党日活动制度。充分发挥党委总揽全局、协调各方的核心作用,支持人大、政府、政协依法依规履职,巩固和壮大最广泛的爱国统一战线,支持群团组织创造性开展工作,形成众志成城建"双城"的良好氛围。夯实基础强组织。围绕"三型五强四过硬"的要求,打造内有凝聚力、外有吸引力、富有战斗力的"活力党建",推动基层党组织建设全面进步、全面过硬,确保示范村社和示范乡镇(街道)达到1/3以上,达标村社和提升乡镇(街道)达到100%。继续做好行政村规模调整"后半篇"文章,稳妥有序推进村级组织换届,持续打好 "书记备案管理、治村导师、红领新青年"等组合拳,打造一支担当有为、本领高强的基层党组织带头人队伍;不断深化"村干部整治立规创优年"行动,切实整治基层党员干部侵害群众利益行为,持续净化基层政治生态。巩固扩大各领域基层党的组织覆盖和工作覆盖,大力推行街道大工委制、社区大党委制,抓实后进支部整顿转化,构建"抓两头促中间"的建设格局,更好发挥战斗堡垒作用。开展"干部能力提升年"活动,创新"三化"培养模式,做好"走出去"学和"请进来"教两篇文章,依托浙师大、乡贤智囊和各类专家,办好"图强大讲堂"、谋划以培训为主导的"婺城大学";突出正向激励,强化组织为干部担当,合理容错纠错,持续开展干部"大家访"暖心行动,提升关爱"温度";加强和改进干部政治素质的考核, 进一步拓宽选拔视野,真正把那些群众认可的、敢担当善作为的好干部选出来用起来,造就一支"忠诚担当、拼搏实干、高效廉洁"的婺城铁军。严明纪律正风气。全面落实党风廉政建设党委主体责任和纪委监督责任,深化运用净化政治生态大数据平台,强化"两个责任"落实情况动态考核,坚持"一案双查",层层传导压力。坚持政治监督定位,以探索完善区委巡察联席会议制度为纽带,加强四项监督之间、与民主监督、司法监督之间的融合贯通,增强监督合力和实效。紧抓领导干部这一"关键少数",紧盯重点领域和关键环节,持续打好"四种形态"组合拳,保持惩治腐败高压态势,推进权力规范运行。深化"清廉婺城"建设,一体推进"三不"机制,推进清廉细胞规范化创建,力争3年实现全覆盖。毫不松懈抓好中央八项规定精神贯彻落实,深化作风建设专项行动,纵深推进"四不"专项整治,持续抓好基层减负工作,杜绝形式主义、官僚主义,坚决防止反弹回潮。

(二)振兴都市经济,推进经济治理

全面贯彻新发展理念,深入践行"两鸟"理论,在深化供给侧结构性改革上持续发力,打好实体经济翻身战,打造都市经济转型升级样板,构建都市工业、都市农业、都市服务业融合发展的都市经济产业体系。大抓都市经济。坚持工业强基、产业强链、实体强企,培养打造"数字经济、智造装备、新材料、现代商贸、文化旅游"五大百亿产业。坚定推动制造业高质量发展,实施工业项目投资15亿元,两年实现工业投资额度翻一番,抓好汽车零部件产业改造提升省级试点工作,着力打造高端汽摩配产业链,形成产业集群。大力发展数字经济"一号产业",举办数字经济发展大会,研究数字经济细分行业培育,打造数字经济先行示范区。大力推动本土企业"二次创业",加快传统产业改造升级,临江园区实施10个产业数字化改造样板工程, 形成数字化产业集群,打造临江工业园区践行"两鸟"理论先行区。发展网红经济,大力培育数字泛娱乐行业,推进跨界融合发展,力争数字经济交易额达到85亿元。大力发展商贸经济, 实施商贸经济振兴 "三三计划",培育"夜经济",鼓励实体商贸业态创新。大力发展物流经济、会展经济、人工智能产业、区块链产业、免疫与基因治疗等新产业。发挥城投、交投引领作用,推动国有资本做强做优。开展小微企业园绩效评价和星级创建,新建小微企业园6个。精准施策稳企业拓市场,激发市场主体活力,提升企业竞争力。深入实施 "凤凰行动""雄鹰行动""雏鹰行动",新增"个转企"80家、"小升规"20家、"专精特新" 企业100家, 完成企业股改6家、上市挂牌6家, 努力培育一批细分行业 "隐形冠军""单项冠军"。大抓"双1"行动。把招商招才作为主攻方向,完善招商引资责任体系, 形成全民招商的良好氛围,着力打好专业招商、产业招商、基金招商、以商引商、产业链招商的精准招商组合拳,巩固婺城发展大会成果,推进异地商会高质量发展,引进内资27亿元、外资1300万美元。树立"项目为王、落地为要”的鲜明导向，以省市县长项目工程、“双十大”百亿项目为重点，谋划实施好十大政府投资项目、十大重点工业项目、十大民生项目、十大交通项目、十大生态项目等“五个十大”重点项目，完善项目落地机制，抓好2019年政府投资和招商投资项目的落地，力争“晒拼创”继续走前列，保持图强赶超态势。推进“四破”攻坚，全年力争破除低效用地1200亩，盘活总部楼宇、闲置资产20万平方米以上。不断完善亩产效益综合评价体系，力争全区亩均税收同比提高8%以上。大抓创新驱动。突出科技人才优先发展战略，以超常规举措加大研发经费投入，补齐研发投入短板，创新城建设再上新台阶。全面融入长三角G60科创走廊，构建“一轴五区”科技创新示范区，2021年累计建设省级以上科研平台、科技企业孵化器30家，拓展与上海交大等高校的深度合作，谋划建设“科学城”；深入实施科创企业“双倍增”计划，新增国家高新技术企业7家、省科技型中小企业60家、市级以上企业研发机构8家。激发人才创新活力，写好“招引育留用”5篇文章，打造人才生态最优区。实施院士智力集聚”“婺星回归”“鲲鹏行动”“银发人才”等行动，力争引进海内外高层次人才100名，其中国家级、省级领军人才6名；实施青年就业起航，加大人才公寓建设力度，力争高校毕业生留金率在35%以上。

(三)加快平台拓展，推进空间治理

统筹谋划城乡空间和产业布局规划，深度融入长三角，主动接轨杭州、上海，以三期国土规划调整为契机，深入实施“金茶花”计划，加快“十四五”规划编制工作，形成优势互补、高质量发展的区域经济布局，打好都市能级提升战、交通廊道突击战，完善都市空间治理体系。发展平台大拓展。做优做强高能级发展平台，全力打造“科创文创”之花、“高端服务业”之花、“智慧经济”之花、“智造材料”之花、“休闲旅游”之花，重点发展婺城新城区、高铁新城、飞扬智能制造小镇、城北区块、仙源湖、科创平台、农业平台等“七大平台”，力争三年拓展提升平台13平方公里。加快新城区“二次出发”，以省级经济技术开发区批复为契机，打造高端产业集聚区、体制机制创新区和产城融合示范区。加快高铁新城开发建设，发展以金融业、总部经济、生产生活服务业、科技设计服务业等为主体的高端服务业平台，建设“凤凰新城”。加快飞扬智能制造特色小镇创建，围绕“一年落地投产、两年成雏形、三年成小镇”目标，打造以5G应用为引领，以智能制造为龙头的数字园区，力争省级特色小镇命名零的突破。加快城北区块开发建设，实施花木产业繁荣等八大行动，建设“芙蓉新城”。加快仙源湖旅游度假区开发，谋划启动垂钓小镇、时光小镇等项目建设，打造集旅游观光、康养运动、休闲度假等为一体的城市庭院型综合度假区。加快科创平台能级提升，依托长三角G60上海(金华)科创中心，利用上海、杭州两大科创飞地，高水平建设县府里·全球科创中心，搭建粤港澳地区科创平台，接轨大湾区，提高对外开放层次和能级。加快农业平台开发。实施“123”三年计划，持续打造茶花、桂花、油茶、茶叶、富硒农产品、毛竹、石道畈连片土地综合开发“七大万亩平台”。实施青梅里、石道畈二期(琅琊镇泉口区块)等5个全域土地综合整治项目，流转土地2万亩，整治7000亩，打造全域土地综合整治示范区。深化农业“标准地”改革，全区符合标准地认定条件的新增农业项目全部实行标准地招商，5年内农业生产力优化布局耕地面积超10万亩。交通路网大拓展。抢抓金华建设全国性综合交通枢纽机遇，加快建设“六横六纵”交通路网，金武快速建成通行，武义江大桥改建、二环西路(婺城段)优化改造基本完工，推进金兰快速、琅琊至兰溪上华公路、杭金衢高速拓改二期等工程，谋划金西中央大道，加快金华港婺城港区罗洋、棚川作业区和金华江、衢江航道建设，建设“四好农村路”72千米。城区要进一步完善婺江两岸交通路网格局，加快打通断头路，规划建设“三桥四路一轨一港一大道”，让江南江北、主城新区连接更顺畅，打造15分钟生活圈。

(四)深化“最多跑一次”改革，推进政府治理

巩固提升“最多跑一次”改革成果，改革开放再领跑，加快政府职能转变，不断提高行政质量、行政效率和政府公信力，完善现代化政府治理体系。建设高效政府。深化放管服改革，实现政府职能、服务方式、机关效能的整体性变革。深化机关内部“最多

跑一次”改革，全面推行应用“婺城区协同办公平台”，提升行政效能。深化行政审批制度改革，清理规范审批事项，制定审批事项目录清单，实现“目录之外无审批”。全面推进行政服务中心标准化建设，推进“最多跑一次”改革向基层延伸，提升企业群众办事便利化。坚持整体政府理念、开放共享理念、用户需求导向，扎实推进“一件事”全流程“最多跑一次”，总结梳理出一批可供复制推广的婺城“一件事”办事事项。坚持“政府过紧日子”，加强财政资金和国有资金的使用监督，建设节约型政府。大力推动都市区共建改革破题，建立跨区域文旅产业合作机制，探索市县国企相互参股、组建交投基金、片区共同开发等。建设服务政府。以“绣花功夫”精准服务企业，打响“三服务·婺城家服务”品牌，营造“政策最优、成本最低、服务最好、办事最快”的“四最”营商环境。支持民营企业做大做强，巩固和拓展减税降费成效，加大金融支持实体经济力度。深入实施优化营商环境“10+N”行动，谋划实施环保服务高质量发展工程，支持服务企业绿色发展，实现生态环保与高质量发展良性互动。大力开展企业家素质提升行动，办好“爱企日”，构建“亲清”新型政商关系，把婺城打造成营商优地、创业宝地、宜居福地。建设法治政府。完善和落实依法科学民主决策制度机制。着力提高依法行政能力，降低行政诉讼败诉率。健全公共法律服务体系，深入开展“七五”普法，发挥民主法治村(社区)的示范引领作用。提高基层依法治理能力，探索“分村监督”模式，选配“管家型”“监理型”村务监督委员会，建立一批村务监督示范点。大力推进社会信用体系建设，以“信用+”联动十大场景案例为引领，全面拓展应用领域，建立信义婺城建设长效机制，完善公共信用指标体系、综合监管责任体系、评价及联合奖惩体系，实现全方位征信、全数据入信、全社会用信，打造婺城信用应用特色品牌。建设数字政府。聚焦行政审批、行政决策、行政执法三大领域，运用数字技术推进职能重塑、流程再造、业务协同、效能提升，加快形成即时感知、高效运行、科学决策、主动服务、智能监管的新型治理形态。全面推进“互联网+政务服务”，实现民生事项“一证通办”、信息孤岛100%全打通、数字资源100%全共享、网上办事100%全开通，健全线上线下融合的政务服务体系，建设“掌上办事之城”“掌上办公之城”。全面做好全国一体化在线政务服务平台、长三角“一网通办”平台等数字化平台贯通的承接工作，提升区域间数据共享和数字化治理水平。

(五)建设精品城市，推进城市治理

高品质建设、精细化管理，打造“婺州老味道、城市新品质”的现代化都市核心区，完善城市治理体系。提升城市规划水平。完善“一江、双城、四带”的规划布局。“一江”就是要围绕婺江打造带动婺城高质量发展的“中轴线”、都市新经济的标杆；“双城”就是要统筹做好老城区有机更新和新城区“二次出发”两篇文章；“四带”就是要围绕婺江沿岸，打造绿色生态景观带、滨水宜居城乡带、都市经济产业带、便捷通畅交通带。提升城市建设水平。加速“中部崛起”，加快高铁新城国有土地征迁，建设铁路文化公园，实现铁路博物馆开馆，打造“城市新客厅、产业新平台、文化新地标、未来新社区”，创建“未来社区”省级试点；加快“东部繁荣”，实施古子城历史文化挖掘等工程，全面推进上浮桥房屋征收。推进“西进开发”，加强新城区基础配套建设，推进新城主城有效衔接、新城老镇融合发展；助推“北部振兴”，迈开城北区块“退二进三”大步伐，大力推进城市结构转换、功能转换。狠抓城市有机更新和存量住房改造提升，改造城中村30万平方米、老旧小区33万平方米、沿街立面20万平方米、背街小巷7条，建成安置房38万平方米，打造5个口袋公园、10条花漾街区，建设城市功能更加完善、空间布局更加合理、生活工作环境更加宜人的核心城区。提升城市管理水平。用足“绣花功夫”，提升城乡管理精细化、数字化、智慧化水平。深化综合行政执法体制改革，完成全区行政执法事项、执法力量整合，健全执法联动机制。持续推进物业管理全覆盖工作，在城市管理中充分发挥市场作用。加快环卫一体化改革，实现“一把扫帚扫到底”。狠抓城市治堵保畅，加强交通陋习、超限超载整治，增设停车位2万个。深化城乡垃圾分类，唱好源头减量“七部曲”(提篮买菜→净菜入户→餐桌控量→光盘行动→精准分拣→精准投放→践行绿色低碳新生活“家庭厨余垃圾七部曲”），深入开展新时尚·新生活垃圾分类星级小区评选活动，力争实现城乡垃圾总量“零增长”、全区生活垃圾处置“零填埋”，打造全国样板。加大“三改一拆”“治危拆违”力度，健全“两违”防控长效管理机制，争创省“无违建区”。

（六）打造“花满婺城”，推进乡村治理

强化三级书记抓乡村振兴责任，以建设长三角花卉休闲产业示范区、全省全域旅游示范区、全省美丽乡村示范县为总目标，建设全域秀美、生态富美、景致精美的“花满婺城·幸福城”，完善乡村治理体系。打造和美乡村新风貌。以浙中大花园建设为载体，扎实做好小城镇环境综合整治“后半篇文章”，建设新时代和美乡村，推进“十个一”标志性工程，力争莘畈乡、塔石乡通过美丽城镇省级验收，雅畈镇、安地镇创建省级样板，争取省市美丽乡村现场会落户婺城。深化“千万工程”，进一步推进传统村落保护、美丽宜居示范村建设，新增美丽乡村精品村5个、秀美村2个，创建省级新时代美丽乡村达标村54个，人人当园丁，让婺城“村村有花海、乡乡有花道、处处是花园”。构筑乡村产业新经济。以农业供给侧结构性改革为主线，以现代化都市农业为方向，推进农村一二三产深度融合，夯实乡村产业振兴基石。大力开展特色农产品优势区建设，推广林下经济“一亩山万元钱”等经营模式；打造精品农旅产业，支持发展民宿经济、乡村旅游、健康养生等新业态，打造A级景区村庄18个，培育提升一批年旅客人数10万人以上重点村庄，力争旅游人数、旅游收入均增长20%以上；深化农民合作社质量提升整地区推进国家级试点工作，加大对农民合作社的培育和支持力度，充分发挥农民合作社引领作用；用好“金农好好”并打造一批具有婺城特色的高品质、有口碑的农业品牌，不断提升主导产业知名度和农业品牌影响力。统筹大南山开发，以长山国际设计走廊、石道畈全域土地综合整治、乌啦乌产业文化园等项目为牵引，以白门线最美风情大道、白沙溪最美河流、南山漫道美丽风景线为脉络，以美丽乡村为节点，加快打造“南山国际慢城”。围绕“弘扬民族文化，展示金华形象，提升花卉产业层次，促进经济社会发展”的目标大力发展花卉经济，重点做大做强茶花产业，力争茶花种植面积超1.1万亩、产值超2.5亿元，举办中国（金华）茶花博览会，申办2024年国际茶花大会，打响“婺城茶花”金字招牌，绘就一幅花卉经济全景图。创造乡村美好新生活。深入推进“双富”工程，推动农民增收致富和帮扶脱贫，确保农村同步建成小康社会。深化“十乡百村”乡创婺城行动，实施“两进两回”，全面落实乡创“十个一”，激活市场力量振兴乡村，创建2条以上乡创示范带、15个以上乡创示范村、30个左右产业专业村，实现“一村一品”“村村有乡创”。打好异地搬迁帮扶、健康帮扶、教育帮扶、金融帮扶、党建帮扶组合拳，实施低收入农户全面小康计划，确保“两不愁三保障”各项政策落实到位、低收入农户人均可支配收入年增长率达10%以上。全面消除集体经济薄弱村，力争所有行政村造血性经营收入超10万元。实施“下山安居创富”工程，推进西南山区下山移民五年计划，加强移民要素保障，探索移民养老保障机制，解决好移民安置后续问题，力争2025年前移民4500人。

（七）防范化解风险，推进平安治理

高水平打造“平安婺城·幸福城”，完善党委领导、政府负责、民主协商、社会协同、公众参与、法治保障、科技支撑的社会治理工作体系。深化“基层党建+社会治理”创新。加强党对社会治理的领导，把党建融入基层网格、信访接访、纠纷化解、关爱帮扶、智慧治理等各个领域；创新党建带群建模式，加强平安类社会组织建设，完善人民群众参与基层社会治理的制度化渠道；打造龙山经验和后陈经验婺城实践样板，深化境外人员服务管理“六方协作”机制，培育“老娘舅”等婺城特色品牌，推动“基层党建+社会治理”走在全市前列。推进“最多跑一地”。建强社会矛盾纠纷调处化解中心，完善接诉即办机制，强化“基层治理四平台”运行管理，推进“全科网格”建设规范提升，构建“一中心、四平台、一网格”上下联动、左右协调的县域社会治理新模式；完善民情民访代办制，加强网格员队伍建设，实现“只进一扇门，最多跑一地”，打造民情民访代办的婺城样板。守住平安底线、红线。加快构建立体化、法治化、专业化、智能化社会治安防控体系，坚决打赢防范化解重大风险攻坚战。要一手抓防范，提高应对风险的前瞻性，完善重大项目社会风险评估制度，强力推进安全生产、消防安全、交通安全、食品药品安全等专项整治，加强重点工程项目警务保障，推进重点区域、公共场所“四联三防”全覆盖、常态化；深化“智安”建设、流动人口管理创新、“两站两员”升级等平安基础性工作；深化领导干部大接访、矛盾纠纷大排查、信访积案大化解系列活动，力争初信初访100%化解。要一手抓打击，提高打击违法犯罪活动的精准性，对危害国家政治安全的渗透、颠覆、分裂活动，对涉黑涉恶、涉枪涉暴、暴力恐怖和个人极端暴力犯罪，对盗抢骗、黄赌毒、食药环等传统治安问题和电信网络诈骗等新型网络违法犯罪予以重拳打击，形成婺城特色打击模式。

(八)创造幸福生活，推进民生治理

始终坚持以人民为中心的发展理念，打好民生改善持久战，继续办好十大民生实事，完善和优化公共服务体系。建设“优学婺城·幸福城”。坚持教育优先发展，以建设“基础教育标杆区”为核心，认真落实“1353工作体系”，全力冲刺创建教育基本现代化区。实施学前教育“二十百”工程，全区乡镇中心幼儿园公办比例实现100%，公办园覆盖率达到40%，建设五中成美校区。实施“互联网+义务教育”，加快“人工智能教育实验区”的应用试点，主动对接长三角，推动36所学校与杭甬名校结对共建，引进一批名校、名师落户婺城。推进集团化建设，发挥金师附小、环小、四中、五中等名校的辐射带动作用，促进优质教育均衡发展，进一步擦亮婺城教育金名片。建设“健康婺城·幸福城”。坚持大卫生、大健康观念，全面实施健康浙江2030行动纲要，构建“做全公共医疗体系、做强人民医院、做专康复医院、做优特色医院”的工作体系，谋划中医院建设，争创二级妇幼保健院。广泛开展全民健身运动和群众体育活动，打造社区15分钟和农村30分钟“文化圈、健身圈”，推动全民健身和全民健康深度融合。启动体育现代化区建设，筹备浙江省第十七届运动会，力争竞技体育再创佳绩。扎牢社会保障安全网。深化稳就业的各项举措，完善重点群体就业支持和失业预警体系，推进“无欠薪”区创建，确保新增就业1万人以上；深化参保登记计划，落实“全民医保”，确保参保率巩固在99.5%以上；逐步提高社保待遇水平，持续做好被征地农民生活保障即征即保与转保工作，切实维护群众利益及社会稳定。大力发展康养产业，探索智慧养老、社区养老服务体系，新建省级示范型居家养老服务中心4家，提升改造区级示范型居家养老服务照料中心10家。

(九)弘扬时代新风，推进文化治理

坚持以社会主义核心价值观为引领，大力弘扬“信义和美、拼搏实干、共建图强”的新时代金华精神，自觉承担“举旗帜、聚民心、育新人、兴文化、展形象”使命任务，建设“人文婺城·幸福城”，健全先进思想文化制度体系。压紧意识形态主体责任。强化党对意识形态工作的领导，完善意识形态工作联席会议、意识形态“五个一”等制度。实施新时代文明实践中心建设工程，推进文明实践阵地与农村文化礼堂资源、爱国主义教育基地的深度融合。构建志愿者联盟，形成有影响力的志愿服务品牌。深化思政课“进乡入村”、网络“e党校”、“和美乡村”百姓群，推进党的创新理论进企业、进农村、进机关、进校园、进社区、进网络常态化制度化。深化网络治理“一哨双‘生’”走前列，打造婺城样板。建好用好新闻宣传、“乡音宣讲”、婺城网军三支队伍，把意识形态工作领导权、管理权、话语权牢牢握在手中。大力发展文化事业。积极推进钱塘江诗路文化带建设，以婺文化为特色，传承保护好婺窑、婺剧、斗牛、剪纸等非遗文化，打造“白沙八景”，实施“千年古城”复兴计划，配合古子城开发建设、做好雅畈等古镇的保护开发，培育壮大文化人才队伍。实施“百分之一”公共文化计划，强化文化设施投入，建好用好文化礼堂、图书馆等公共文化设施。办好“花满婺城·幸福生活”休闲文化旅游年、文化大过年、视觉婺城、百姓才艺大赛、全民阅读等各类品牌活动，完成文化下乡等各类文化活动约200场。继续唱响《亲爱的婺城，亲爱的你》，创作一批讴歌时代、催人奋进的优秀文艺作品，以文化的力量凝聚共建“双城”的合力。打好文明创建荣誉战。探索建立文明城市创建工作长效机制，抓好文明行为促进条例执行，深化“我爱婺城·市民参与年”活动，打好“宣传造势、基础设施提升、城乡精细管理、精神文明、文明出行、标杆示范、志愿服务、群众发动”八大攻坚战，办好婺城邻居日活动，持续深入推进精神文明建设、城乡环境综合整治“双十”行动，坚决夺取全国文明城市创建的最终胜利。

（十）护好绿水青山，推进生态治理

牢固树立“两山”理念，以省级生态文明建设示范区创建为统揽，打好生态环境保卫战，建设“婺城水·幸福城”，完善生态环境保护体系。开展碧水提升行动。力争三夺“大禹鼎”，做好水安全、水环境、水生态、水经济4篇文章，加大对饮用水源涵养生态功能区的保护力度，推进白沙排水灌溉工程“申遗”工作，实施好金华江河道综合治理、安地镇大儿塘等10座山塘综合整治、农村饮用水达标提标等水利工程，争创省级绿色小水电示范区。严格落实河长制、湖长制，开展全域美丽河湖创建，武义江争创省级美丽河湖，推动“五水共治”工作继续走在前列。打好蓝天保卫战。实施环境质量和污染排放总量双控，持续强化结构、工程、管理减排，全力保障金华市第二生活垃圾焚烧发电项目建设，为护好金华的蓝天做出婺城贡献。实施净土行动。推进城乡面源污染治理，加快“无废城市”建设，修复中轻度受污染耕地1000亩，安全利用3000亩。强化生态屏障建设。推进“一村万树”三年行动，建设森林城镇、森林村庄，抓好天然林、人工林建设和退耕还林工作，加强湿地保护，建设覆盖城乡的森林生态系统。建设生态廊道，到2021年打造6千米面积18公顷的生态廊道，修复白沙森林古道10千米，创建婺城南山省级自然保护区，实现生态廊道全域成景。

三、加强党的领导，为打造县域治理现代化婺城样板提供坚强保障

推进县域治理现代化，最根本的是贯彻新时代党的建设总要求，加强党对县域治理各领域各方面各环节的全面领导，更好发挥党总揽全局、协调各方的领导核心作用，确保党中央决策部署令行禁止、一贯到底。全区各级党组织和广大党员、干部要秉持高度的政治自觉，主动担当作为，提高工作本领，强化制度执行，确保治理现代化各项目标任务落实到位。

以党建优势提升治理效能。要以党建为统领，完善党委统筹推进治理的领导机制、工作机制、责任机制，推动党的组织体系与治理体系的有效衔接。要像抓改革、抓发展一样抓治理，以党建统领贯穿县域治理现代化始终。要压紧压实治理责任，加快形成区、乡、村三级齐抓共建的治理格局，区一级要健全制度、搭好平台；乡镇（街道）要整合资源、抓好落实；村（社区）要服务群众、做细做实；部门之间、条块之间要各负其责、密切配合，发挥自身优势，推动形成工作合力，建立党委统一领导下的集团军作战模式，齐头并进，争当县域治理现代化的排头兵。

以制度优势提升治理效能。强化制度建设，建立健全党委抓全局、抓落实的制度体系。党委（党组）以及党员领导干部要切实强化制度意识，带头维护制度权威，做制度执行的表率，带动全体干部自觉尊崇制度、严格执行制度、坚决维护制度。要健全权威高效的制度执行机制，加强对制度执行的监督，坚决杜绝做选择、搞变通、打折扣等现象，促进制度效力和功能作用的发挥，不断增强制度的权威性和执行力，让制度管用见效。

以社会参与提升治理效能。推进县域治理现代化的最终目的是让人民群众有更多安全感、获得感、幸福感，要引导群众以主人翁的姿态参与县域治理现代化实践，进一步激发群众自我管理、自我服务的内生动力，完善群众参与治理的制度化渠道，通过治理精神的培育、治理能力的锻炼、治理实践的开展，最大限度调动人民群众参与的积极性、主动性和创造性，实现政府治理和社会调节、居民自治的良性互动，切实增强群众在县域治理现代化中的主人翁意识。

以担当进取提升治理效能。广大党员干部要以强烈的政治责任感和历史使命感，干事创业敢担当，扛起推进“双城”战略、打造县域治理现代化婺城样板的政治责任。要以居安思危的政治清醒、坚如磐石的战略定力、勇于斗争的奋进姿态，敢于闯关夺隘、攻城拔寨；遇到重大风险挑战、重大工作困难、重大矛盾斗争，要第一时间进行研究、拿出预案、推动工作,决不能回避、绕着道走,更不能胆怯、惧怕。要发扬斗争精神,敢于面对困难,敢于攻坚克难。要善于观察、勤于研究,主动学习新知识,精于钻研新问题,用新理论指导具体实践,切实找准新形势下适合婺城县域治理现代化的新路径。

"担当赶超、婺城图强"没有局外人,让我们更加紧密团结在以习近平同志为核心的党中央周围,在省委、市委的坚强领导下,保持"一天不耽搁,一刻不耽误"的奋斗姿态和"努力到无能为力,拼搏到感动自己"的奋斗精神,只争朝夕、不负韶华,坚定信心、担当作为,拼搏实干、争先进位,万众一心加油干,为高水平全面建成小康社会,全力推进"双城"战略高质量发展迈上新台阶努力奋斗!

婺城区人民代表大会常务委员会工作报告

——在婺城区第九届人民代表大会第四次会议上

朱利群

2020 年 4 月 21 日

2020 年,面对突如其来的新冠肺炎疫情,区人大常委会及辖区 1300 多名省市区乡代表积极作为、主动担当、凝心聚力、共克时艰,为疫情防控工作贡献人大智慧和力量。疫情就是命令,防控就是责任。常委会第一时间组织学习贯彻全国、省、市人大开展疫情防控有关决定和要求,向全区代表发出打赢疫情防控阻击战倡议书,提出“六带头”要求,号召辖区代表在疫情防控中发挥表率作用。按照突发公共卫生事件一级应急响应规定和区新冠疫情防控工作指挥部各指挥长令要求,把疫情防控作为最重要的工作来抓,各常委会领导按照联系基层安排,带头深入镇街、村社一线,做好疫情防控的督导、协调和服务。常委会机关全体干部闻令而动,主动下沉联系社区,战斗在基层防控一线,与社区工作人员、志愿者共同做好防控知识宣传、卡口值守、居家隔离点服务等工作,齐心协力抗击疫情。全区各级代表迅速响应,积极践行“人民选我当代表,我当代表为人民”的庄严承诺,在做好个人安全防护的同时,全身心投入战“疫”,成为出色的战斗员、宣传员、服务员、监管员、守门员。许多代表踊跃捐款捐物,并主动到防控点位送温暖。据不完全统计,截至今年 3 月底,辖区各级代表、街道议政员有近 700 人参与捐赠, 累计捐款 400 多万元, 捐赠防护服 5000 余件、口罩 6 万余只、手套 2 万余双、护目镜 3000 余副、额温枪百余把等防疫紧缺物资,以及大量的牛奶、饮料、果蔬、粮油等食品物资,有力支援了疫情防控。特别是医疗战线上的各位代表,挺身而出战斗在疫情防控最前沿,以大无畏的奉献精神和责任担当诠释着医者仁心, 彰显着代表风采,成为最美逆行者。在复工复产条件具备后,结合“三服务·婺城家服务”,各常委会领导带队走访联系企业累计 107 家次,收集困难问题 40 个,当场协调解决 25 个,其余问题及时交办相关职能部门研究,给企业送温暖、送信心、送服务,为企业顺利复工复产谋思路、解难题、鼓干劲,全力助推我区交出统筹推进疫情防控和经济社会发展“两手硬、两战赢”高分答卷。

一、过去一年主要工作

2019 年,是新中国成立 70 周年、人民代表大会制度建立 65 周年、地方人大设立常委会 40 周年,是高水平全面建成小康社会的关键之年,也是“双城”战略开局之年。一年来,常委会在区委的坚强领导下,高举中国特色社会主义思想伟大旗帜,按照中央和省委、市委、区委关于加强人大工作和建设的一系列文件及会议精神,坚持党的领导、人民当家作主、依法治国有机统一,聚焦打赢“九场硬战”,紧扣实施“双城”战略,围绕“三个优先”发展计划,服务大局、依法履职,组织召开常委会会议 9 次、主任会议 17 次,听取审议专项工作报告 21 个,作出决议决定 7 项,组织代表视察 15 次,开展执法检查 3 次、专项督察 71 次、专题询问 1 次,顺利完成了区九届人大三次会议确定的各项任务。

(一)始终坚持紧扣中心服务大局,在不断提高政治站位中彰显忠诚品格

常委会始终旗帜鲜明讲政治,牢牢把握人大工作正确政治方向,树牢“四个意识”,坚定“四个自信”,做到“两个维护”,不断强化对党忠诚的政治、思想、行动自觉。

学习贯彻各级党委人大工作会议精神彰显更高的政治自觉。一是坚决维护区委领导,认真贯彻

区委决策部署,全面落实请示报告制度,自觉将监督、重大事项决定、人事任免等各方面工作置于区委领导之下,确保人大工作与全区中心工作相适应、相协调、相促进。二是常委会党组充分发挥在人大工作中把方向、管大局、保落实的领导作用,认真贯彻执行从严治党要求和党的方针政策,严格落实党风廉政建设、意识形态工作主体责任和“一岗双责”,守牢底线、不越红线,全面深化清廉人大建设,切实把党对人大工作的全面领导落实到位。三是配合区委做好省委、市委有关落实加强人大工作和建设文件精神专项督查,协助召开每届一次的区委人大工作会议,区委出台的《关于高质量高水平推进新时代人大工作和建设的意见》,就加强党对人大工作的全面领导、健全支持和保证人大依法履职的体制机制、发挥人大代表主体作用、加强区乡人大履职能力建设等四方面提出15条具体举措。会同区委宣传部召开全区人大宣传工作会议,制定了加强和改进新时代人大新闻宣传工作的意见,为开创新时代我区人大工作新局面提供了强大保障。

守初心担使命强服务彰显更高的思想自觉。一是认真开展“不忘初心、牢记使命”主题教育。深入学习“两书一章”、十九届四中全会、习近平总书记在浙江工作期间14次到金华调研时重要指示、习近平总书记关于坚持和完善人民代表大会制度的重要思想、习近平总书记对地方人大及其常委会工作作出的重要指示和栗战书委员长在纪念地方人大设立常委会40周年座谈会讲话精神,开展专题学习9次,讨论交流5次,形成学习调研报告15篇。深刻领会习近平新时代中国特色社会主义思想的伟大意义,进一步增强了对“不忘初心、牢记使命”的政治认同、思想认同和情感认同,更加坚定了共产主义理想信念。二是持续推进“三服务·婺城家服务”活动。围绕“心连心、暖人心、共图强”主题,成立7个小组由常委会领导带队,走进企业真心帮扶、走进群众倾心奉献、走进基层全心服务,累计走访服务企业、群众、基层共834个(人),收集问题285个,现场协调解决119个,交办、转办166个。同时,结合“三服务·婺城家服务”在全区开展走访人大代表活动,区乡两级人大共走访辖区各级人大代表1326名、街道议政会成员483名。三是精心办好“双城”战略代表议案。区九届人大三次会议收到要求作出大力实施都市经济创新城、美好生活幸福城决议的代表议案8件,大会主席团决定交由常委会办理。作为本届人大首件代表议案,经常委会及财经委合并审议,并通过制定议案办理制度、开展多次走访调研、广泛征集意见、反复修改讨论,依法作出《金华市婺城区人大常委会关于加快推进“双城”战略的决议》,发出人大助推“双城”战略落地成景的最强音。

高质量完成区委交办工作任务彰显更高的行动自觉。一是中心工作一线作为。按照区委部署完成岭上乡撤乡相关事项调研,为区委决策提供参考。全力做好联系乡镇街道的信访积案化解工作。帮助联系的党组织软弱后进村整转提升和集体经济薄弱村提高收入。尽心尽责做好区委交办的小城镇环境综合整治、垃圾分类管理协调工作。二是重点工作一线督查。常委会领导每月定期到联系点,开展村干部整治立规创优情况、城市黑臭水体整治、防汛和防范化解重大风险隐患等重点工作督查,累计332次,发现并交办问题225个。三是文明创建一线奋战。结合红黄榜和每月交叉检查重点,常委会领导定期到联系乡镇和社区调研指导创建工作,协调解决有关乱搭建、飞线、违停、养犬等问题。组织常委会机关干部全力以赴完成共建单位杨思岭社区创建全国文明城市、责任路口的斑马线文明劝导等任务,为创建工作出力加油。

(二)始终坚持抓实做精人大主业,在助推“双城”战略实施中依法履职尽责

常委会主动担当作为,积极发挥人大任免、决定、监督等职能作用,全力促发展、惠民生、保稳定、强法治,持续推动“双城”战略走深走实。

围绕建设都市经济创新城精准发力。一是以省市区人大三级联动的形式,开展促进民营经济高质量发展专项监督,由常委会领导带队分组走访民营企业,送政策资料、发调查问卷,关注降费减税政策落实和融资贵、融资难、融资慢等问题,组织涉企部门、部分民营企业代表召开专题座谈会,全面调研民营经济发展存在的难点、堵点、痛点,收集民营企业的意见建议和民营经济发展存在的突出问题57个，现场帮助解决18个，转办交办39个并进行跟踪督办，在区政府领导的高度重视下，一批问题得到解决。近年来首次组织常委会组成人员、区人大代表和部分民营企业负责人，面对面向区政府及职能部门、区法院、区检察院负责人开展专题询问，提出推进民营经济高质量发展的意见建议。同步开展司法机关保障和服务民营企业健康发展专题监督，推动营商环境进一步优化，为民营经济高质量发展提供有力法治保障。二是听取和审议区政府上半年财政报告和上年度审计报告，审查批准2018年区级财政决算和2019年预算调整方案，持续跟踪审计问题整改落实，开展区政府投资重大项目审查监督和国有资产管理情况专项监督，关注地方政府性债务风险防范和化解、国有资本经营运行情况，确保政府把钱用在“刀刃”上。三是听取和审议区政府上半年计划报告，对深化“最多跑一次”改革、飞扬智能制造小镇等重点项目实施情况、金华经济技术开发区金西区块建设情况、金华山旅游开发建设情况开展代表视察和调研，努力助推经济稳中求进、提质增效。

围绕建设美好生活幸福城凝心聚力。一是组织代表视察全域土地整治、A级景区村庄创建、双溪西路西延工程，开展乡村旅游、景区村庄、农村饮用水达标提标项目进展、少数民族村经济发展情况调研，深入推动乡村振兴。跟踪监督琅琊等乡镇小城镇环境综合整治项目实施情况，开展已完成整治乡镇长效保持工作调研，助推三年小城镇环境综合整治行动圆满收官。关注美丽城镇建设前期规划情况，在美丽城镇建设思路谋划中发挥作用。二是听取和审议区政府“污水零直排区”建设工作报告，打好贯彻落实环境报告制度监督“组合拳”，协助上级人大开展大气污染防治、城市市容与环境卫生管理规定等立法调研和水环境保护“一法一条例”、养犬管理规定、文明行为促进条例执法检查，组织代表视察省级自然生态保护区创建、美丽河湖建设情况，着力护航生态文明建设。三是与省市人大联动开展省学前教育条例执法检查，助推区政府基础教育重点县顺利摘帽。持续关注健康婺城创建、退役军人事务、校园食品安全工作情况，专题开展年度区政府重点民生实事项目落实情况专项监督和上年度部分民生实事项目运行现状调研，督查“无证明城市”落实情况，全力推进社会事业进步。向全区各级代表发出垃圾分类倡议，组织代表开展垃圾分类省级高标准示范小区建设情况视察和农村垃圾分类管理条例执法检查，助力“垃圾分类·新时尚·新生活”理念深入人心。

围绕建设平安婺城同心协力。一是开展“扫黑除恶”专项斗争工作监督，听取和审议区法院、区检察院、江南公安分局关于扫黑除恶专项斗争工作报告，组织代表对区公安分局“扫黑除恶”专项斗争工作进行视察，积极为深化“扫黑除恶”工作建言献策。二是发动代表参与民情民访代办工作。常委会领导带头以代办员身份，深入联系社区现场代办民情民访事项。一年来区乡两级人大组织辖区各级代表参与民情民访代办工作，累计接待来访群众1038名，收集问题675个，现场协调解决647个，交办28个，该活动被浙江人大微信公众号刊发。三是高度重视人民群众来信来访，完善人大信访工作机制和办理程序，按照“分级负责、归口办理”的原则及时妥善处理群众来信来访51件次，其中涉法涉诉13件次，有效化解社会矛盾。

围绕建设法治婺城持续用力。一是听取区政府规范性文件备案审查报告，审查区政府规范性文件10件，备案审查区司法机关法律文书1037件，向市人大常委会报备人大规范性文件6件，规范性文件备案审查工作持续加强。二是坚持党管干部和依法任免原则，人事任免工作进一步规范，依法任免国家机关工作人员92人次，实现了组织意图和人民意愿的高度统一。按照人民陪审员制度改革需要，及时任命人民陪审员376名。根据机构改革要求，按照区委提名第一时间做好有关区政府组成部门主要负责人的任免工作。三是严格执行宪法宣誓制度，规范组织宪法宣誓39人次，开展宪法宣誓制度执行情况检查，强化被任命人员和部门单位的宪法意识、人大意识、担当意识。加强对金华地方法规的宣传，深化普法学法活动，推动全社会懂法、尊法、守法。

(三)始终坚持发挥代表主体作用,在提升代表工作质效中汇聚智慧力量

常委会始终尊重代表主体地位,不断优化代表履职服务和保障水平,拓宽代表履职渠道,广泛凝聚共识,共同唱响“担当赶超、婺城图强”主旋律。

代表联络站建设有高度。在白龙桥镇、城西街道开展代表联络站建设提升试点,试点成效得到市人大常委会黄锦朝主任、陶国兴副主任肯定。首批8个“四好”联络站完成创建。代表联络站“7+X”模式在全市人大代表联络站工作推进会上作经验介绍。人民代表报5月14日头版头条刊发的《代表联系群众的“金名片”——浙江省人大常委会建设人大代表联络站工作综述》文章,介绍了城中和新狮街道代表联络站的创新做法。12月9日,全国人大常委会办公厅联络局编发的《联络动态》刊载了我区组织代表进站值班受理和主动进企入户服务的做法。一年来累计有代表891人次进站参与活动,接待选民957人次,受理问题418个,交办解决问题392个,解决率达93.78%。

代表建议交督办有强度。探索建立代表建议办理快速反应机制,深化建议承办“一把手”负责制,按期交办、限期答复、跟踪督办227件代表建议,着力提升代表建议办理的面商率、满意率和解决率。对不满意件进行二次交办、二次答复,开展优秀建议和优秀办理单位评选活动,切实提高代表建议办理质量。截至2019年底,已解决147件,正在解决74件,因受条件限制待创造条件解决或留作参考的6件。10件重点代表建议由区政府和金华经济技术开发区管委会领导领办,相关主管部门承办,常委会领导和工委督办,办理情况二次评价满意率为99.5%。同时,认真参与市七届人大四次会议代表建议意见的把关审核和督办工作,婺城代表团94件建议已全部办理完毕。

代表活动内容形式有深度。拓宽代表履职途径,邀请基层代表参加执法检查、视察、调研等活动465人次,列席人大常委会会议29人次,区政府常务会议21人次。全面发动代表参与文明城市创建,结合代表履职当好文明创建监督员和示范员,推动文明创建相关难点堵点问题的及时解决。组织代表围绕城乡交通改善、公共服务提升、老旧小区改造等社会关注度高的领域开展跟踪问效、献计出力。组织婺城区的市人大代表3批次走进8890接听民情热线,受理转办民众反映问题80余条。

代表履职保障举措有力度。举办常委会组成人员和机关干部履职能力培训,审议能力和履职质量进一步提高。对76名农业农村领域的区人大代表进行了培训,采用专题授课、优秀代表交流履职体会等形式,增强了代表履职的专业能力水平。代表管理不断加强,77名区人大代表向选区选民述职,11名市人大代表向常委会进行了述职。由于工作岗位调整等原因,依法依规接受21名区人大代表、1名市人大代表辞去代表职务,补选出缺区人大代表24名,市人大代表1名。在区委的重视下,制定了区人大代表活动经费管理使用的实施意见,代表的履职保障有了突破性提升。

(四)始终坚持自身建设狠抓不懈,在深化人大工作建设中激发人大活力

常委会始终牢牢把握新时代新要求,坚持把强化自身建设摆在突出位置,努力建设忠诚、担当、拼搏、实干、高效、廉洁的人大机关和干部队伍。

持之以恒抓好作风建设。完善常委会党组理论学习中心组定期学习制度,利用人大机关每月工作例会、主题党日加强理论学习,强化机关干部的政治意识和政治觉悟,提升了干事创业激情。坚持问题导向,严格执行中央八项规定精神,严防“四风”反弹,开展作风“大体检”活动、“四不”专项整治、“9+1”专项整治,驰而不息加强作风建设。

与时俱进完善机构设置。按照上级部署统筹推进人大机构改革和建设,根据区委提名及时调整常委会工作机构负责人12人次。完成常委会社会建设工作委员会增设、法制内务司法工作委员会更名。在区委重视和主要领导关心下,相应增加常委会机关编制、职数。成立了常委会办公室信息宣传中心,为常委会机关队伍补充了新鲜血液。本次大会,不仅要补选出缺的常委会组成人员,还将根据机构改革方案要求,完成社会建设委员会设立、法制内务司法委员会更名,并按法定程序通过2个专门委员会组成人员名单。

真情实感讲好人大故事。重视人大信息宣传队伍建设,及时做好典型推荐和稿件报送,全方位、深层次、多角度加大人大工作宣传力度。一年来在浙江新闻、《浙江人大》、《金华人大》等省市级媒体刊载信息63篇(条)。区人代会期间的代表审议发言建议意见立提立办相关做法,受到《浙江日报》和人民网等省级、国家级媒体刊载报道。《婺城:人大代表轮值坐班,跑出为民解难“加速度”》获评金华市第二十八届人大新闻奖。上海金山、广东汕头等外地人大来婺考察交流17批次,婺城人大影响力正逐步提升。

一年来,区人大常委会工作所取得的成绩,是区委坚强领导的结果,是全体人大代表、常委会组成人员和机关工作人员辛勤努力的结果,是区人民政府及其组成部门、区监察委员会、区人民法院、区人民检察院密切配合的结果,也是金华经济技术开发区、金华山旅游经济区党工委、管委会、区委各部门、各乡镇街道、社会各界和全区人民关心支持的结果。

在看到成绩的同时,我们也清醒地认识到存在的问题和不足。主要是:重大事项决定权的行使还需进一步规范,依法监督的刚性和质效还需进一步增强,代表主体作用的发挥还需进一步提升,代表建议办理的质量和督办工作还需进一步加强,对乡镇街道人大队伍建设和工作指导的力度还需进一步加大,推进基层治理的实效性还需进一步提高,常委会机关自身建设还需进一步深化。对于这些问题,常委会将认真听取各方面的意见,切实加以改进。

二、2020年的主要工作

同心迎小康,奋进新时代。2020年是具有里程碑意义的一年,是党的十九届四中全会开启推进国家治理现代化新篇章的开局之年,也是全面建成小康社会、实现第一个百年奋斗目标和“十三五”规划收官之年。今年常委会工作的总体要求是:高举习近平新时代中国特色社会主义思想伟大旗帜,深入学习贯彻党的十九大和历次全会精神,坚决扛起习近平总书记赋予浙江建设“新时代全面展示中国特色社会主义制度优越性的重要窗口”的使命担当和政治责任,增强“四个意识”,坚定“四个自信”,做到“两个维护”,坚持党的领导、人民当家作主、依法治国有机统一,在区委的坚强领导下,依法履职行权,不断坚持和完善人民代表大会制度在婺城的生动实践,紧扣全面建成小康社会目标任务,全力助推区委“双城”战略走深走实,慎终如始抓好常态化疫情防控,化危为机助力复工复产复学,不断提高人大工作效能,为打造县域治理现代化婺城样板,高水平建设现代化都市核心区贡献人大力量。

(一)围绕政治治理,尽最大的努力彰显制度优势

一是坚持党对人大工作的全面领导。坚持把党的领导作为人大工作和建设的首要原则,及时把区委的重大决策通过法定程序转变为全区人民的共同意志,使党组织推荐的人选通过法定程序成为国家政权机关的领导人员。主动围绕全区大局开展人大工作,坚持“全区中心工作推进到哪,人大工作就跟进到哪,作用就发挥到哪”,始终做到与区委思想同心、目标同向、行动同步。二是坚定人民代表大会制度自信。自觉坚持和深刻认识人民代表大会制度是支撑国家治理体系和治理能力的根本政治制度,全面学习习近平总书记关于坚持和完善人民代表大会制度的重要思想,学深悟透“十个坚持”的精神实质,准确把握蕴含其中的历史逻辑、理论逻辑、实践逻辑。学习贯彻习近平总书记赋予浙江“努力成为新时代全面展示中国特色社会主义制度优越性的重要窗口”的新方向新目标新定位,切实筑牢“四个意识”“四个自信”“两个维护”的信仰之基,不断丰富人大制度在婺城的生动实践。三是与时俱进推进人大工作和建设。全面贯彻落实省委、市委、区委人大工作会议精神,配合区委做好省委、市委人大工作会议及文件精神贯彻落实情况督查,努力配齐配强常委会工作机构、办事机构以及乡镇街道人大工作人员。深化人代会闭会期间3个专门委员会的工作运转,规范新设立的常委会社会建设工作委员会的职能履行。加强与金华经济技术开发区的沟通和对接,努力实现托管范围人大工作的同步平衡发展。根据工作需要,及时修订议事、履职、代表管理等各方面工作机制。加强省、市、区人大宣传工作会议精神落实,整合各方资源,强化讲好人大故事的队伍建设和能力建设。深化《浙江省乡镇人民代表大会工作条例》和《浙江省街道人大工作条例》的学习贯彻,加强对乡镇街道人大的工作指导,促进全区人大工作更富有成效。四是全面加强常委会机关党的建设。全面落实新时代党的建设总要求,抓住党建工作责任制"牛鼻子",严格履行党风廉政建设、意识形态工作主体责任和"一岗双责"。不断加强理论学习,强化理论武装,切实用习近平新时代中国特色社会主义思想指导工作。抓好主题党日和"三会一课"制度,巩固拓展主题教育成果,推进"不忘初心、牢记使命"主题教育常态化、长效化,始终做到初心如磐、使命在肩。重视运用监督执纪第一种形态,做到抓早抓小,常提醒、常警示,全力推进清廉人大建设。

(二)紧扣发展要务,尽最大的努力提升监督实效

一是围绕产业治理"管好钱"。按照上级要求加快人大预算联网监督系统建设,加强区本级预算审查和部门预算重点审查工作。加大政府投资重大项目、政府基金、政府债务和国有资产管理情况监督力度,深化审计工作报告审议和问题整改跟踪,加强财政专项资金使用绩效评价,紧盯政府"钱袋子"打好监督"组合拳"。持续关注创新驱动高质量发展,开展科创飞地、万里扬新能源驱动项目等重点项目专题调研,为区委决策提供有益参考。与省市人大联动开展政府关于数字经济发展情况专项报告审议,实现数字经济"一号产业"发展壮大,推动数字经济引领都市经济高质量发展。立足人大职能主动担当、积极作为,助力加快恢复生产生活秩序,为统筹推进疫情防控和经济社会发展贡献人大力量。二是围绕政府治理"盯住法"。与省市人大联动开展深化"最多跑一次"改革情况主题监督活动,做好《浙江省民营企业发展促进条例》的宣传和贯彻,跟踪监督促进民营经济高质量发展审议意见落实,就民营经济公平竞争、民营企业权益保护、规范政府行为开展视察调研,持续推进营商环境优化。扎实开展"三服务"活动,带着真情、真心、真意,深入企业、群众、基层,同步走访辖区各级人大代表,倾听诉求、解决难题、化解矛盾,齐心协力打造"三服务·婺城家服务"金名片。与省市人大联动开展推进矛盾纠纷调处"最多跑一地"专项监督,提高社会治理法治化、智能化、专业化水平。继续完善人大重大事项决定权行使,健全政府重大决策出台前向同级人大报告制度。启动对区政府部门的工作评议和对区法检两院的法官、检察官"两官"履职评议工作,切实推进依法行政、公正司法。三是围绕空间治理"把牢图"。跟踪常委会"双城"战略代表议案决议落实情况,及时审议事关"五朵金茶花"平台培育等方面工作报告。开展"十三五"规划纲要实施情况专项监督,同步关注做好"十四五"规划纲要制定情况。听取审议区政府关于交通建设项目工作报告,关注金武快速路建设、二环西路(婺城段)优化改造进展,继续跟踪双溪西路西延、人民西路西延工程实施情况,推动"六横六纵"交通路网早日建成。以"项目建设年"为抓手,组织一批重点调研课题,开展一批重点监督议题,挂图作战,助推"双十大"百亿项目、"五个十大"重点项目和发展大会签约项目早日落地、产生效益。

(三)着眼城乡一体,尽最大的努力推动城乡融合发展

一是全力助推现代化都市核心区建设。围绕完善城市治理体系,按照区委提出的"一江、双城、四带"规划布局,组织代表开展专题视察和调研,助力高铁新城、上浮桥、城北、新城区等重点区块加快崛起、建设提速。组织代表开展垃圾分类管理工作视察,配合上级人大联动开展居民生活垃圾分类处置情况调研和审议,助力城乡垃圾总量"零增长"、全区生活垃圾处置"零填埋"全国样板打造。二是全力助推乡村振兴战略实施。围绕乡村治理目标和"花满婺城·幸福城"建设,关注小城镇环境综合整治"后半篇"文章,开展美丽城镇建设调研,为美丽城镇建设良好开局助力。对乡创示范带、乡创示范村、产业专业村创建组织代表视察,为实现"一村一品""村村有乡创"助力。积极践行习近平总书记在浙江工作期间对茶花产业的批示精神,组织代表开展专题调研,为做大做强茶花产业助力。三是全力助推打赢文明创建荣誉战。加强《金华市文明行为促进条例》的宣传贯彻,积极弘扬志愿者精神,常委会机关全体人员继续主动参与联系社区创建、斑马线文

明劝导等活动。组织辖区各级代表参与全国文明城市创建工作,发挥代表作用,为婺城而战、为荣誉而战,助力夺取三年创建工作决战胜利。

(四)聚焦民生福祉,尽最大的努力提升百姓获得感

一是助力平安治理,提升群众生活安全指数。开展区法院关于行政诉讼审理工作情况,区检察院关于公益诉讼工作情况,婺城公安分局、江南公安分局关于网络诈骗犯罪打击工作情况专项报告审议,组织代表视察婺城公安分局打击食药环犯罪工作情况、江南公安分局开展治安智能防控建设情况,听取和审议区政府关于"七五"普法宣传等工作报告,配合上级人大做好省华侨权益保护条例执法检查,持续推动社会保持和谐稳定。二是助力民生治理,提升群众生活幸福指数。深化民生实事项目代表票决制工作,推动年度民生实事项目按期保质完成,督促政府完成在人代会上向全体代表作出的庄严承诺。关注区教育发展大会确定的目标任务推进情况,开展创建省教育基本现代化区工作调研,对金华五中成美校区新建工程和部分中小学校扩建等教育基础设施建设情况开展监督,跟踪省学前教育条例执法检查审议意见落实情况,推动"优学婺城·幸福城"建设。组织开展动物防疫、野生动物保护"两法、两条例和两决定"执法检查,聚焦传染病防治法,农村人居环境整治和农村公共卫生体系建设开展专题调研,强化公共卫生法治保障。依法推动疫情防控决策部署落到实处,全力服务疫情防控工作。跟踪基层医疗卫生机构数字化和"村级快速检验室"建设情况,推进区中医院规划、康养医院建设、人民医院做强做优,关注我区3岁以下婴幼儿照护服务实施,推动"健康婺城·幸福城"建设。三是助力文化治理,提升群众生活品位指数。在推进公共文化服务保障、促进文化产业发展、打造"人文婺城·幸福城"上做文章,继续关注文化礼堂、图书馆建设,围绕文体服务"最后一公里"建设,重点关注公共文化服务保障工作,推进公共文化高质量发展。四是助力生态治理,提升群众生活质量指数。深化政府定期向人大报告水环境保护情况、环境状况和环境保护目标完成情况,跟踪污水零直排区建设、农业固废污染处置,与上级人大联动开展土壤污染防治专项监督,开展省级生态文明建设示范区调研,推动"婺城水·幸福城"建设。

(五)深化代表工作,尽最大的努力发挥代表主体作用

一是推进人大代表联络站提档升级。同步加强实体和网上代表联络站建设,高标准推进第二批"四好"代表联络站创建,按照"便于代表活动、方便群众联系"的原则,落实"下楼梯""出院子"工作要求,优化站点建设布局,全面推动联络站建设全域化、规范化、实效化,把代表联络站打造成"三服务"的温馨之家。深化代表联络站"7+X"做法,推动"老娘舅"、司法调解等"一站一品"特色更加明显。规范区级领导干部人大代表赴联络站接待选民活动,积极回应百姓关切。二是丰富代表履职载体。邀请基层代表参加常委会相关活动和列席政府相关会议,拓宽代表知情知政渠道。用足用好代表参与民情民访代办等活动载体,不断加强代表视察、调研等活动的针对性、实效性。三是提升代表参政议政能力。继续深化代表履职分类培训和常委会组成人员履职能力提升培训,持续提高代表政治素养和专业能力,引导各级人大代表领会好、传达好、执行好党的各项决策部署。重视代表建议撰写质量和办理质量"双提升",深化重点建议由政府分管领导领衔办理制度,不断用高质量的代表建议推动经济社会的高质量发展。四是加强代表履职管理。进一步规范代表述职工作,提升代表述职的质量。依法高质量开展代表补选,健全代表辞职和退出机制,把牢代表入口、畅通代表出口。

过去一年,"双城" 战略开局气势如虹成效卓著。新的一年,"双城"战略走深走实落地成景值得期待。让我们在区委的坚强领导下,不忘初心、牢记使命,担当作为、砥砺前行,为实现婺城经济社会高质量发展,高水平全面建成小康社会作出人大贡献!

婺城区人民政府工作报告

——在金华市婺城区第九届人民代表大会第四次会议上

黄国钧

2020 年 4 月 20 日

刚刚过去的一段时间,我们经历了前所未有的新冠肺炎疫情考验,夺取了疫情防控和复工复产的阶段性胜利,婺城的“战疫”行动得到了各方关注、各方点赞,走在了全省前列。我们率先启动一级应急响应,率先组建工作专班并建立网格化全员作战体系,率先推行“115”工作法,构建“449”管控作战模式,连续出台交通管制等“十项从严”规定和指令执行等“五条铁律”,创新实施隔离人员“1+4”盯防、卡口检查“五步法”、建立卡口临时党支部等措施,疫情防控有力有序有效;我们率先组建复工复产工作小组,提前安排“47+N”企业备案复工,最早实施员工“异地隔离返岗”举措,出台“帮扶 10 条”、用工保障等政策,全省首创企业复工“云备案”“一码通办”,组建 22 个“家服务助企团”,选派 309 名驻企服务员定点帮扶,开通云贵川招工专列接回员工 2800 余人,防疫复工的经验做法 17 次获央视报道。抗击疫情的实践充分证明,只要我们坚定信心、团结一致、担当作为,婺城就没有过不去的坎,就没有战胜不了的困难,婺城发展必将开创新时代现代化都市核心区建设的全新局面。

一、2019 年工作回顾

过去一年,区政府在市委、市政府和区委的正确领导下,在区人大依法监督和区政协民主监督下,持续深入打好“九场硬战”,大力推进“双城”战略实施,较好完成了区九届人大三次会议确定的目标任务。

一年来,我们矢志砥砺奋斗,一批重点工作争先进位。平安创建捧回“一星平安金鼎”,“五水共治”再夺全省“大禹鼎”,获评省畜牧业绿色发展示范县、美丽浙江建设工作考核优秀县、省农业水价综合改革工作绩效评价优秀县、省商标品牌示范县、省海绵城市建设优秀县、省公益林建设成绩突出集体,顺利通过第三轮国家卫生城市复审验收、省基本公共文化服务标准化建设认定。成功举办首届婺城发展大会,城市主题曲《亲爱的婺城,亲爱的你》全球首发,婺城千年古韵和现代风貌亮相《中国推介》,城市知名度、美誉度全面提升。

一年来,我们主动担当作为,一批遗留难题有效破解。群众期盼的双溪西路西延工程基本贯通,久拖多年的 330 国道改建、罗店前庄头、乾西鲍杨、城北五星、城东酒坊巷等征迁遗留全面清零,城西西郊、城东上浮桥等区块征迁强势推进,拼出了婺城征迁新速度。开展信访积案“清零行动”,90%的积案得到化解。常态化抓好中央和省级环保督察、长江经济带生态环保审计问题整改,动真碰硬治理环境“顽疾”。

一年来,我们勇于先行先试,一批关键领域突破发展。农业“标准地”改革走在全国前列,人民调解“老娘舅”工作获《人民日报》报道。成功入选全国农民合作社质量提升整地区推进试点单位,汽车零部件制造业列入省级传统制造业改造提升试点,区实验中学列入省级中职与应用型本科一体化人才培养试点,合丰科技、万国邮列入省级供应链创新与应用试点。工业互联网平台建设、超限超载车辆整治、劳动纠纷综合治理、水库移民创业致富等工作创出“婺城经验”,获全省推广。创新“互联网+义务教育”,获评全省青少年人工智能技术能力培养教育实验区。飞扬智能制造小镇入围省级创建类特色小镇。

一年来,我们不忘为民初心,一批民生实事惠及百姓。区级财政收入75%用于民生,十大民生实事全面完成,城镇、农村居民人均可支配收入分别增长7.4%、8.7%。基本养老保险参保率居全市第一,1.2万余名困难人员全面实现应保尽保。全省首创民情民访“五员代办”模式,建立各级代办站315个,代办事项5117件。政府系统全员投入“三服务”活动,开展“百千万”服务工程,开启政企“婺商夜话”,落实减费降税各项政策措施,营商环境和政府效率明显提升。

一年来的工作,主要体现在以下8个方面:

(一)经济运行稳中向好。实现区属地区生产总值305.4亿元,增长6.6%;财政总收入47.1亿元,增长1.8%,其中区级财政收入11.1亿元,增长4.9%;固定资产投资101.1亿元,增长20.1%;社会消费品零售总额360.5亿元,增长6.1%。工业经济提质增效。规上工业总产值、增加值均增长8.8%。加大小微企业扶持力度,新增“个转企”127家、“小升规”22家,11个小微企业园通过省级认定。深入实施“尖峰行动”,完成企业股改7家、上市挂牌16家。大力推进智能制造、“两化融合”,入选市级“两化融合”重点项目8个。狠抓标准强区、品牌强区,牵头制定“浙江制造”标准4个,新增省级名牌2个、市级8个。现代农业亮点纷呈。粮食生产保持稳定,“婺禾富硒米”入选全国名特优新农产品名录,粮食产业示范性全产业链获省级认定,蒋堂前源彩色田园获评省“最美田园”。农业主体持续壮大,新增市级农业龙头企业2家、示范性家庭农场3家。畜牧业加快转型,新增省级美丽生态牧场9家,非洲猪瘟疫情平稳可控,生猪增产保供成效明显。蒋堂镇入选创建省级特色农业强镇,婺南现代农业园区入选创建省级现代农业园区。第三产业势头强劲。商贸服务业功能布局不断优化,江北核心商圈、特色商业街区提档升级,新城区万泰公园大道购物广场涅槃重生。浙中信息产业园“一区十园”发展格局进一步优化,婺州英才创新园启动建设,安云小镇、合丰服务外包产业园招商力度加大,数字经济交易额达70亿元,增长16.7%。成立区、乡两级农旅投资发展有限公司,婺州古城获批国家AAAA级旅游景区,全区旅游人数、旅游收入均增长29%。房地产和建筑业稳健发展,出让经营性用地443.6亩,实现出让金58.4亿元,居市区第一。

(二)平台建设扎实推进。实施“金茶花”计划和工业“百千万”计划,做大做强发展平台,城市综合承载力和辐射带动力进一步提升。高铁新城开发全面提速。围绕“城市新客厅、产业新平台、文化新地标、未来新社区”定位,完成高铁新城城市设计和西郊、乾西单元控规编制。铁路文化公园、博物馆加快建设,二七街、金虹街、凤山街等道路建成通行,婺江西路优化改造一期基本完工。城北区块建设稳步推进。完成新狮单元城市设计和控规修编,商贸综合体地块顺利挂牌出让,接力塘公园地块完成政策处理。婺城新城区发展取得新突破。实施临江工业园“腾笼换鸟、凤凰涅槃”行动计划,整治“低散乱”企业(作坊)50家,出清亩均税收万元以下低效企业48家,盘活低效用地1850亩,完成厂房加层扩容17.6万平方米;永强车业等4个项目竣工投产,今飞、聚新科技等项目加快建设;马海大桥、洞溪分区基础设施建设一期竣工投用。飞扬智能制造小镇初具规模。完成小镇概念性规划、控规编制,万里扬年产300万台套自动变速器离合器制动毂项目竣工投产,今飞汽车摩托车零部件及智能制造装备项目完成基础浇筑。组建飞扬智能制造产业投资基金8亿元。“南山国际慢城”推进连片打造。石道畈全域土地综合整治一期全面完工,蒋堂许里等5个项目获省政府批复立项。长山国际设计走廊、乌啦乌两头乌产业文化园加快建设。仙源湖旅游度假区扩容开发稳步推进,巨龙水上运动中心二期、诗画岩头文化产业园建成运营,梅溪流域、金安公路沿线环境不断优化,安地镇获评省非物质文化遗产旅游景区。

(三)发展活力日益增强。改革力度不断加大。深化“最多跑一次”改革,助残扶残“一件事”和民营资本投资办学全流程“一件事”经验在全市推广,95%的政务服务事项实现“掌上办理”,所有民生事项实现“一证通办”,高频民生事项实现“零次跑”。深化“无证明城市”改革,实现区乡村三级证明事项“无证明”办理,累计减免证明事项37590件。深化“标准地+承诺制”改革,新批工业用地100%按“标准地”供地。深化国资国企改革,成立区城乡建设投资集团有限公司、交通投资集团有限公司并实现良好运营。深化农业农村改革,区农合联现代农业综合服务中心建成启用,完成农村宅基地及住房确权登记发证1.6万户、农村土地流转9.7万亩,发证率、流转率均居市区第一。有效投资持续扩大。两次举办“双十大”百亿项目集中开工,4次举办集中签约仪式,总投资超500亿元。全省集中开工及省、市重点项目开工率、投资完成率均达100%,交通投资、生态环境和公共设施投资、高新技术产业投资、民间投资分别增长15.6%、10.4%、17.3%、27%。开放交流更加深入。实施省外产业项目回归工程,成立上海、云南、广州婺城商会,浙(婺)商回归到位资金12.2亿元,实际利用外资1038万美元。开展“百家名企进名校”等招才引智活动,首发婺城英才卡,引进加拿大工程院院士1名、长江学者等领军人才10名、硕士以上人才212名。与吉林省四平市铁西区的对口合作全面深化。创新要素加速集聚。8家企业、5个园区分别加入G60科创走廊产业联盟、园区联盟,县府里·全球科创中心、婺城上海科创中心、婺城杭州孵化基地建成启用,金华科技城共建扎实推进。获批各级科技立项61项,新增国家高新技术企业17家、省级科技型中小企业84家、市级院士专家工作站2家,入围市级技术创新项目12个,R&D经费支出增长70%。

(四)城乡面貌不断改善。“花满婺城”打响品牌。举办“花满婺城·幸福生活”休闲文化旅游年系列活动,开展全域美环境整治百日大会战,组织“最美阳台(庭院)”评选,建成“一镇一品”花卉示范景观带12条,“花博园”完成规划设计,竹马茶花、雅畈杜鹃花获央视《走遍中国》栏目专题报道,市区三江六岸景观优化提升工程扎实推进。城市管理更加规范。持续打好文明创建荣誉战,开展“学条例、促创建、市民参与年”十大行动,健全“红黄榜”等十大制度,西市街社区、青春中学等单位成为全市文明创建标杆。全面启用智慧城市综合执法管理系统,数字化、扁平化管理更加高效。加大交通治堵力度,打通断头路2条,增设停车位1.1万个。城乡建设更加高质。加快城市有机更新,改造城中村21万平方米、老旧小区35万平方米、沿街立面88万平方米、背街小巷9条,建成安置房7万平方米。狠抓“无违建”创建,强力开展违建别墅清理整治,拆除违法建筑120万平方米。小城镇环境综合整治全面通过省级考核验收,6个乡镇获评省级样板,4个乡镇获评市级样板,新增美丽乡村精品村5个、秀美村10个、美丽宜居示范村2个、A级景区村庄30个。“大棚房”清理整治全面完成。基础设施更加完善。衢江航道婺城段正式通航,婺城莘畈至武义白姆公路建成通行,313省道(45省道)、235国道金武快速路、婺城琅琊至兰溪上华公路、杭金衢高速拓改二期、G60沪昆高速婺城互通及连接线、金义东城际轨道、武义江大桥改建等重点工程加快建设。“四好农村路”建设扎实推进,建成汤苏线等精品示范路96.4千米,完成农村公路大中修92千米,西南山区道路通行条件不断改善。建成综合供能服务站5座,电力婺城生产基地即将启用。

(五)生态环境持续优化。治气治霾成效明显。涉挥发性有机物排放“散乱污”企业清理整顿全面完成,重点领域臭气异味专项治理、燃气锅炉低氮改造扎实推进,完成植树造林3000亩,乾西乡获评省级森林城镇,新增市级森林村庄17个,空气质量优良率达87.3%,PM2.5平均浓度下降3.1%。“五水共治”不断深化。深入剿劣治污,江北生活小区“污水零直排区”建设通过省级验收,临江污水处理厂二期投入使用,白沙溪获评省级“美丽河湖”,全区交接断面水质总体稳定。加强供水节水,沙金兰等饮用水源涵养生态功能区建设扎实推进,完成农村饮用水达标提标43个村,万元GDP用水量下降5%。推进防洪排涝,实施水库除险加固3座、山塘整治5座,新建、提标改造雨水管网57千米。治土清废力度加大。完成跨区域非法倾倒污泥案件处置,工业危险废物、污泥无害化处置率均达100%。全力抓好生活垃圾分类工作,开展“垃圾分类·新时尚·新生活”系列活动,推行垃圾分类“两定四分”模式,推广家庭厨余垃圾减量“三字诀”“七部曲”,建成垃圾投放点446个,生活垃圾明显减量,创建省级高标准生活垃圾分类示范小区10个、农村垃圾分类示范村2个,白龙桥厨余资源再生中心建成运行,临江厨余垃圾处置项目启动建设。

（六）**社会事业蓬勃发展**。“优学婺城”迈开新步。成功举办婺城教育发展大会，推出促进教育发展12项举措，构建教育发展“1353工作体系”，投入7.5亿元实施金华四中扩建等15个教育基建工程，省基础教育重点县顺利“摘帽”。组建14个教育集团，集团化办学实现全覆盖。新增省“教坛新秀”4名、市“名师名校长”3名，引进优秀教师20名，师资水平不断提升。实施学前教育“二十百”工程，开展小区配套幼儿园专项治理，新建公办幼儿园10所，改造民办幼儿园40所。“人文婺城”焕发活力。农村文化礼堂“建管用育”一体化水平不断提升，组织社区教育、健康素养进礼堂等活动2800余场。积极举办庆祝新中国成立70周年等系列活动，开展文化走亲6场、送戏下乡156场、送电影下乡3100场。强化身边典型选树，2户家庭获评“全国廉洁家庭”，3人入选“浙江好人榜”，13人入选“金华好人榜”。“健康婺城”全面提升。推出促进卫生健康事业发展十项举措，区妇计中心新院区、5个街道社区卫生服务中心投入使用，金华宏悦妇女儿童医院、众康康复医院落户婺城，完成村级卫生室标准化改造52所，15万人签约家庭医生，“15分钟医疗服务圈”初步形成。全民健身广场实现中心村全覆盖，省第十七届运动会水上运动基地启动建设，成功举办中国山水四项公开赛、全国“万步有约”健走激励大赛、首届中国（金华）网红垂钓大赛、半程马拉松赛等大型赛事活动65场。

（七）**民生保障力度加大**。社会保障坚实有力。实施“稳就业、促创业”六大工程，新增就业1.1万人、失业人员再就业2089人，城镇登记失业率降至1.6%。新增省级示范型居家养老服务中心3家，区社会福利中心、残疾人康复托养中心投入运营，“残疾人之家”实现乡镇全覆盖，军民社区获评省级无障碍社区。开展“根治欠薪”专项行动，欠薪案件数、涉及金额均下降40%。脱贫攻坚深入推进。实施“双富”工程，启动“十乡百村”乡创行动，创新落实“消薄十法”，建设乡镇“消薄”平台15个、联建项目21个，村级集体经济产业园投入运行，落堂移民新村二期加快建设，总收入10万元且经营性收入5万元以上行政村实现全覆盖。平安建设全面加强。圆满完成新中国成立70周年大庆、第六届世界互联网大会等安保任务。扫黑除恶强势推进，摧毁涉黑犯罪集团2个、恶势力团伙3个，抓获成员315人，查处涉黑涉恶腐败和“保护伞”案件9起。“七五”普法深入实施，创建省级民主法治村（社区）7个、市级33个，区社会治理综合服务中心挂牌启用，专职调解员实现乡镇（街道）全覆盖。应急管理水平不断提升，浙江省暨金华市防汛防台应急综合演练成功举行，避灾安置场所规范化建设有序开展，第二轮农村危旧房治理改造扎实推进。安全生产形势总体稳定。

（八）**履职效能全面提升**。深入开展“不忘初心、牢记使命”主题教育，坚定政治方向，强化实干担当，激情干事创业。大力推进政府工作法治化、规范化，全面完成机构改革后政府部门权责清单调整，加强行政规范性文件审查和合同管理，依法行政和决策水平不断提高。深入抓好政务公开，发布政府信息7637条，依申请公开及时答复率达100%。自觉接受人大依法监督、政协民主监督和社会监督，办理人大代表建议227件、政协委员提案293件，满意率分别为100%、99.3%。厉行勤俭节约，“三公”经费支出压减13.9%。认真履行全面从严治党主体责任，深入实施“9+1”专项整治，深化应用监督执纪“第一种形态”，突出重点领域、重点部门廉政风险防控，加强审计监督和问题整改，权力运行制约和监督体系不断完善。

人民武装、退役军人、民族宗教、文物保护、慈善、外事、侨务、对台、气象以及工青妇、双拥、老龄、红十字等各项事业都取得新的成绩。

凡是过往，皆为序章。回顾“双城”战略开局一年来的政府工作，我们深深感受到：

婺城是一方创业热土，呼唤政府担当有为。婺城作为全省第四大都市区的核心区，正处于世界百年未有之大变局、中华民族伟大复兴的关键时期，拥抱着长三角一体化、全省“四大”建设、全国性综合交通枢纽打造、数字经济与实体经济融合提升发展等重大战略与历史机遇。愈是经济有下行压力，就愈是弯道超车、变道超车的最佳机遇期。今天的政府,必须抢抓机遇、乘势而上,必须担当务实、更加有为,必须坚持“信心足、手笔大、拼命干”,以“我将无我”的情怀和境界创造一流业绩,不负时代、不负组织、不负人民。

婺城干部拉得出打得赢,我们敢打必胜、勇争一流。过去一年婺城取得的成绩,经历的各大攻坚战役,无不证明我们的干部队伍是一支想干事、会干事、能干成事的干部队伍,是一支真正践行“两个维护”的忠诚铁军,是建设“双城”的中流砥柱。当前,婺城正处在“船到中流浪更急”的重要关口,不进则退,慢进也是退。我们要牢固树立“唯干事者上、唯干事者荣”的鲜明导向,在干事中抢抓机遇、创造机遇,在干事中展现作为、实现价值,努力在婺城大地干出千帆竞发、百舸争流的生动局面。唯有如此,我们才会创造奇迹,婺城也一定能创造奇迹。

婺城人民勤劳善良,我们不忘初心、牢记使命。为政之要,在于民心。习近平总书记指出:“人民是我们执政的最大底气。”我们的政府是人民政府,要时刻牢记权力是人民赋予,权必须为民所用。人民群众满意不满意、高兴不高兴、答应不答应,是衡量政府工作的标尺。百万婺城人民对政府充满了期待,给予了信任和支持,我们一定要始终把人民装在心里,始终惦记人民冷暖,始终为人民福祉奋斗,只争朝夕、不负韶华,全力提升人民群众获得感、幸福感、安全感,打造人民满意的人民政府。我们相信,只要我们始终坚持为了人民,始终坚持依靠人民,我们必将无往而不胜!

过去一年取得的成绩来之不易,这是市委、市政府和区委正确领导的结果,是区人大、区政协有效监督、鼎力支持的结果,是全区人民齐心协力、共同奋斗的结果。

在肯定成绩的同时,我们也清醒地看到,前进道路上还存在诸多问题和不足,主要表现在:经济总量不大、结构不优、增长不快的问题未得到根本破解,改革举措落地见效不明显,营商环境需进一步优化;规划管理还不够精细,城市能级亟待提升,城乡统筹任重道远;现代化治理能力还不强,老矛盾、新问题交织缠绕,影响社会和谐稳定的隐患仍然较多;优质公共服务供给与人民群众期盼还有一定差距,安全生产和环境治理任务依然艰巨;少数干部纪律意识、担当意识、责任意识有待加强,履职效率和服务质量需进一步提升。对此,我们一定高度重视,采取更有力的措施,切实加以解决。

二、2020 年目标任务和重点工作

2020 年是党的十九届四中全会开启推进国家治理现代化新篇章的开局之年、全面建成小康社会和“十三五”规划的收官之年,也是“双城”战略走深走实承前启后的关键一年,做好今年工作至关重要。当前,国际新冠肺炎疫情发展和次生风险存在不确定性,世界大变局加速演变的特征更趋明显,全球动荡源和风险点显著增多,国内经济“三期叠加”影响持续深化,我们要切实增强忧患意识,做足做好应对更加困难局面的准备。同时我们也要看到,我国发展仍处于重要战略机遇期,经济稳中向好、长期向好的基本趋势没有改变,国家逆周期调节不断加码,新型基础设施投入力度空前,长三角一体化发展国家战略加快实施,省、市大力推动第四大都市区建设,各层面领域扶持政策叠加,为婺城赶超发展带来了难得的历史机遇;疫情在给传统产业和商业模式带来巨大压力的同时,也给经济发展带来了倒逼转型的催化效应,带来了数字产业化、产业数字化进程的进一步提速,数字科技加快赋能实体经济,必将深刻影响并重塑世界经济格局。我们必须深入领悟、坚决贯彻习近平总书记在浙江考察时重要讲话精神,准确把握后疫情时代经济社会发展的新趋势、新特征,准确识变、科学应变、主动求变,以“高质量、走前列、答高分”的奋斗姿态,努力在打好疫情防控阻击战“下半场”中化危为机,在推进“双城”战略更高质量发展新征程中行稳致远!

今年政府工作的总体要求是:高举习近平新时代中国特色社会主义思想伟大旗帜,深入学习贯彻党的十九大和历次全会精神,坚决扛起习近平总书记赋予浙江建设“新时代全面展示中国特色社会主义制度优越性的重要窗口”的使命担当和政治责任,推进“八八战略”再深化、改革开放再出发,坚持新发展理念和稳中求进工作总基调,坚持疫情防控和经济社会发展“两手抓两手硬”,以谋划“十四五”

规划为引领，聚焦疫情长效防控、都市能级提升、产业转型升级、农业农村发展、环境质量改善、服务保障提质，加快推进县域治理体系和治理能力现代化，深入打好“九场硬战”，高水平全面建成小康社会，高质量推进“双城”战略走深走实、落地成景，为打造县域治理现代化婺城样板努力奋斗。

综合考虑内外部各种因素，建议 2020 年国民经济和社会发展的主要预期目标为：地区生产总值增长 6.5%左右，一般公共预算收入增长 5%左右，固定资产投资增长 15%以上，交通投资、高新技术产业投资、民间投资及生态环保、城市更新和水利设施投资增长 10%以上，社会消费品零售总额增长 8%左右，城乡居民收入增长高于经济增长速度，节能减排指标完成省市下达目标任务。

为实现上述目标，我们将重点抓好以下六方面工作：

（一）聚焦疫情长效防控，推进社会治理现代化

坚持立足当前、放眼长远、统筹兼顾，加快建立与疫情防控相适应的经济社会发展运行秩序，在疫情大考中不断推进社会治理现代化。

慎终如始防疫情。牢牢把握“外防输入、内防反弹”防控策略，严格执行入境人员归国事先报告、回婺“点对点”无缝对接、集中隔离医学观察制度，扎紧织牢“一码一库一平台一指数”精密智控网，全员、全方位、全链条抓好闭环管控、精准防控。严格落实“449”管控作战模式，守好“小门”，打好“党建+巷战”，筑牢基层单元防控防线。严谨扎实管控无症状感染者，做到早发现、早报告、早隔离、早治疗。有序推进学校复学复课，加强校园封闭管理，保障师生安全健康。

化危为机抓复工。全面落实稳企业稳经济稳发展政策举措，大力实施减税减费减租减息减支共克时艰行动，千方百计创造有利于复工复产的条件，不失时机畅通产业循环、市场循环、经济社会循环。抢抓后疫情时代产业格局重构、市场迭代机遇，加快布局数字经济、生命健康、新材料等战略性新兴产业、未来产业，着力推进产业发展、市场开拓、人才培养、科技创新，推动复工复产过程变为转型升级过程。大力发展数字经济“一号产业”，在区块链、物联网、人工智能赋能实体经济上持续发力，打造 10 个产业数字化改造样板，新增上云企业 350 家，力争数字经济核心产业增加值增长 15%。

平战结合强治理。牢固树立“全周期管理”意识，以保障生产生活秩序全面恢复、安全运行为重点，以深化“大数据+网格化”管控模式为抓手，着力提升社会治理科学化、精细化、智能化水平，加快打造人人有责、人人尽责、人人享有的社会治理共同体。聚焦公共卫生服务、疾病预防控制、应急物资保障等重点领域，加快补短板、堵漏洞、强弱项，建立健全分级、分层、分流的传染病等重大疫情救治机制，提高重大突发公共卫生事件应对能力。加强疫情期间困难群众兜底保障，满足群众衣食住行、安居乐业基本需求。

（二）聚焦都市能级提升，推进空间治理现代化

深入实施“金茶花”计划，完善“一江、双城、四带”规划布局，全面开启城市赋能新篇章。

加速老城蝶变。狠抓城市有机更新，改造城中村 30 万平方米、老旧小区 33 万平方米、沿街立面 20 万平方米、背街小巷 7 条，建成安置房 38 万平方米。狠抓高铁新城建设，围绕“两核、四带、四片”规划布局，打造融科创产业、公共服务、高尚居住、文化体验等功能于一体的综合性城市空间，创建“未来社区”省级试点；全面完成农房征收扫尾和国有土地上房屋征收，启动实施婺江西路西延、解放西路西延工程，人民西路西延工程全线贯通，铁路文化公园、博物馆建成启用。狠抓城北区块开发，加快建设商贸综合体、跨境电商产业园、建筑产业园，持续推进城市结构转换、功能转换。

力推新区发展。加快婺城新城区“二次出发”，着力理顺园区管理体制和运行机制，整合提升各工业分区，创建省级经济开发区。加快新城区与金华主城区融合步伐，实施金江南街北延、紫金南街南延工程，进一步拉开新城区发展框架。加大新宇宏腾生活广场等商服项目盘活力度，万泰公园大道购物广场投入营业，金华五中成美校区主体完工，着力集聚人气商气。加快建设飞扬智能制造小镇，今飞汽车摩托车零部件及智能制造装备项目竣工投产，万里扬年产 20 万台套商用车自动变速器、年产

100万台套同步器项目开工建设；推进小镇基础配套一期工程EPC项目实施,纵三路等4条主干道路建成通行,小镇客厅主体完工。

统筹南山开发。以长山国际设计走廊、石道畈全域土地综合整治、乌啦乌两头乌产业文化园等项目为牵引,以白门线最美风情大道、白沙溪最美河流、南山漫道美丽风景线为脉络,以美丽乡村为节点,加快打造“南山国际慢城”。高品质推进仙源湖旅游度假区建设,完成度假区首期区块和安地镇控规编制,“十里桂花长廊” 争创国家AAA级旅游景区,启动建设中国垂钓小镇、仙源时光小镇。推进南山旅游特色化、融合化发展,积极开发复合型旅游产品,支持发展民宿经济、乡村旅游、健康养生、研学旅行等新业态,力争旅游人数、旅游收入均增长20%以上。

完善基础设施。235国道金武快速路建成通行,武义江大桥改建、二环西路(婺城段)优化改造基本完工,推进313省道(45省道)、婺城琅琊至兰溪上华公路、杭金衢高速拓改二期、G60沪昆高速婺城互通及连接线、金义东城际轨道等工程,加快金华港婺城港区罗洋、栅川作业区和金华江、衢江航道建设,启动实施221省道(婺城段)、虹戴公路二期、甬金衢上高速(婺城段)等工程,建设“四好农村路”72千米。推进电网升级改造,开工建设110千伏对岳变,启动110千伏筱溪变、工贸变前期。加快5G网络、数据中心等新型基础设施建设。

(三)聚焦产业转型升级,推进经济治理现代化

以“两鸟”理论为引领,抢抓新一轮科技和产业革命机遇, 加快新旧动能同步提升和接续转换,打造都市经济转型升级样板。

盘活存量。以实施临江工业园“腾笼换鸟、凤凰涅槃”行动计划为抓手,推动制造业高质量发展,力争全区规上工业总产值、增加值分别增长7.5%、7%。全面深化“亩均论英雄”“区域环评+环境标准”等改革,整治“低散乱”企业(作坊)60家,淘汰落后产能企业8家,盘活低效用地1200亩、闲置房产20万平方米,完成厂房改扩建20万平方米。大力推进建设用地复垦,进一步拓空间促发展。深入实施“凤凰行动”“雄鹰行动”“雏鹰行动”, 新增 “个转企”80家、“小升规”20家、“专精特新”入库企业100家,新建小微企业园6个, 完成企业股改6家、上市挂牌6家。优化提升现代服务业,实施商贸经济振兴“三三计划”,鼓励实体商贸业态创新、错位发展;积极发展楼宇经济,着力提高重点楼宇税收贡献率。发挥区城乡建设投资集团有限公司、交通投资集团有限公司引领作用,推动国有资本做大做强。

做优增量。以省市县长项目工程、“双十大”百亿项目为重点,实施省、市、区重点项目30个,完成投资58亿元;政府及国有平台投资项目160个,完成投资102亿元。抢抓国家政策窗口期,全力争取省“2+6”稳投资重大项目。完善招商工作体系,突出招大引强和产业集聚,引进内资27亿元、外资1300万美元。深入实施“婺星回归”等工程,力争引进海内外高层次人才100名,其中国家级、省级领军人才6名,打造人才生态最优区。深度融入G60、金义科创大走廊,实施市级以上技改项目22个、科技项目5个,主导发布“浙江制造”标准2个,新增国家高新技术企业7家、省科技型中小企业60家、市级以上企业研发机构8家。促进房地产业、建筑业平稳健康发展。

优化服务。深入实施优化营商环境“10+N”行动,出台优化营商环境20条意见,进一步打响“三服务·婺城家服务”品牌,下最大决心营造“政策最优、成本最低、服务最好、办事最快”的营商环境。深化“最多跑一次”“无证明城市”改革,联动推进个人和企业全生命周期“一件事”改革,高效运行区乡一体化“不见面交易”系统,进一步减材料、减环节、减时间、减次数。推进“无差别全科受理”向基层延伸,投放重点村 (社区) 综合政务服务自助一体机16台。深化投资审批制度改革,全面推行“标准地+承诺制”、重大项目“容缺审批”,加快实现一般企业投资项目全过程审批“最多80天”。深化商事登记制度改革,推进“证照分离”改革全覆盖。

(四)聚焦农业农村发展,推进乡村治理现代化

着眼乡村经营和“五大振兴”,深入做好新时代“三农”工作,加快推进农业农村现代化。

农业增效。实施粮食生产功能区提标改造,推进农田产能提升。加快建设婺南省级现代农业园

区,安地镇、竹马乡争创市级特色农业强镇。做大做强花卉苗木、高山蔬菜、富硒米等特色产业,打造万亩茶花等“7 大万亩平台”,推进“花博园”、长三角花木之窗休闲观光产业园、东方红林场花卉示范园建设,力争国家地理标志农产品实现零突破。实施农业主体能力提升计划,新增市级示范性家庭农场 2 家,培育新型职业农民 200 名。推动畜牧业绿色发展,新增省级美丽生态牧场 2 家、农牧对接绿色循环体 3 家。加强生猪增产保供,稳定和提高猪肉自给率。强化现代农业科技支撑,建设智慧农业云平台,创建省级高品质绿色科技示范基地 3 个、农业“机器换人”示范基地 1 个。

改革增力。深化农村集体产权制度改革,依法促进农村土地经营权流转交易、集体经营性建设用地入市,基本完成农村宅基地及住房确权登记发证。探索闲置农房激活机制,开展“共享农屋”试点。深化林业股份制改革,引导林权规范有序流转,促进林业适度规模经营。深化“三位一体”农合联改革,推进农合联市场化、实体化运作。深化农村金融改革,继续抓好农银对接、农信担保、小额扶贫贴息贷款等工作。加强涉农资金统筹整合,持续优化财政支农投入供给。完成岭上乡撤乡和相关行政区划调整。

富民增收。决胜精准脱贫攻坚战,深入实施低收入农户高水平全面小康计划,低收入农户人均可支配收入增长 10%以上。推进“十乡百村”乡创行动,实施“两进两回”,全面落实乡创“十个一”,建设乡创示范带 2 条、乡创示范村 15 个、产业专业村 30 个、青创农场 5 个,总收入 20 万元且经营性收入 10 万元以上行政村实现全覆盖。加大饮用水源地生态补偿力度,因地制宜发展农村电商、林下经济、来料加工等富民产业。实施“下山安居创富”工程,蒋堂移民新村二期主体完工,统筹谋划安置区发展与群众生产生活,确保搬得下、稳得住、富得起。

(五)聚焦环境质量改善,推进生态治理现代化

深入践行“两山”理念,全方位推进“婺城水·幸福城”“花满婺城·幸福城”建设,以最好的生态环境集聚最优的资源要素。

全力治污。决胜污染防治攻坚战,做好第二轮中央环保督察迎检工作,深入实施蓝天、碧水、净土、清废四大行动。加强工业废气、餐饮油烟、城市扬尘整治,疏堵结合管控秸秆焚烧,全面完成燃气锅炉低氮改造,持续改善空气质量。巩固“五水共治”成果,坚持和完善“河湖长制”,武义江雅畈段争创省级“美丽河湖”,白沙溪三十六堰力争入选世界灌溉工程遗产,稳步推进“污水零直排区”建设,加快实施金华江治理等重点水利工程,加强水源涵养生态功能区建设和保护,全面完成农村饮用水达标提标和小水电清理整改,争创省级绿色小水电示范区,力争三夺“大禹鼎”。加快“无废城市”建设,长效推进危废动态清零,深化农业面源污染治理。

美化环境。常态化抓好全国文明城市创建,开展基础设施提升、城乡精细管理等八大行动,全力攻坚薄弱环节和突出问题,坚决打赢文明创建荣誉战。狠抓城市治堵保畅,加强交通陋习、超限超载整治。高水平推进市区三江六岸景观优化提升工程,建设口袋公园 5 个、花漾街区 10 条。做好小城镇环境综合整治“后半篇文章”,启动新时代美丽城镇建设,力争莘畈乡、塔石乡一般型美丽城镇建设通过省级验收,雅畈镇、安地镇创建省级样板。加快建设新时代和美乡村,新增美丽乡村精品村 5 个、秀美村 2 个、A 级景区村庄 18 个,创建省级新时代美丽乡村达标村 54 个,争创省美丽乡村示范县。加大“三改一拆”“治危拆违”力度,健全“两违”防控长效管理机制,创建省“无违建区”。

绿色发展。健全源头预防、过程控制、损害赔偿、责任追究的生态环境保护体系,加快推动形成绿色发展方式和生活方式,争创省级生态文明建设示范区。完善生活垃圾分类投放、收集、运输、处置体系,临江厨余垃圾处置项目建成运行,第二生活垃圾焚烧发电及飞灰填埋项目主体完工,创建省级高标准生活垃圾分类示范小区 3 个,力争生活垃圾总量零增长和零填埋。推广建设生态公厕、生态公墓、生态洗衣房,建成白龙桥镇、雅畈镇节地生态安葬点。推进婺城南山省级自然保护区、婺城九峰省级湿地公园、塔石梨树源省级森林公园建设,创建省级森林城镇 4 个、“一村万树”示范村 5 个。

(六)聚焦服务保障提质,推进民生治理现代化

坚持以人民为中心,持续保障和改善民生,让改革发展成果更多更公平地惠及全区人民。

加快社会事业发展。推进"优学婺城·幸福城"建设。坚持教育优先发展,着力优布局、增投入、提质量、促均衡,争创省教育基本现代化区。加强教师梯队培养和轮岗交流,建设一流师资队伍。深化"互联网+义务教育",提升教育信息化水平。深入实施学前教育"二十百"工程,普惠性幼儿园覆盖率达83%以上。深化职业教育产教融合,支持民办教育规范提升发展。投入4亿元实施16个教育基建工程,启动扩建环城二小,金华四中扩建、丰亭东路幼儿园全面完工。推进"人文婺城·幸福城"建设。深入传承、开发优秀传统文化资源,大力发展文化事业和"文化+"产业,持续开展文化走亲、送戏下乡等文化惠民活动,做强"民俗文化节"等特色品牌,推进公共文化服务"精准供给"。加强基层文化阵地建设,新建农村文化礼堂30个、图书流通站2家、"悦读吧"1家。推进"健康婺城·幸福城"建设。深化医药卫生体制综合改革,不断完善分级诊疗体系,做好家庭医生签约服务。实施妇幼保健机构标准化改造,启动建设区中医院、医养中心、公共卫生管理中心,建成数字化即检工作站50家,区人民医院加强重点学科和特色专科建设。以省体育现代化区创建、省第十七届运动会筹备为统领,推动群众体育、竞技体育、体育产业协调发展。加大品牌体育赛事引进、培育力度,办好中国山水四项公开赛、婺城马拉松赛、国际垂钓大赛等赛事活动。

完善社会保障体系。多措并举做好稳就业工作,新增就业1万人、失业人员再就业1800人,培养高技能人才700人,城镇登记失业率控制在3.5%以内。强化劳动者合法权益保障,争创省"无欠薪区"。大力推进灵活就业人员等群体参保扩面,城乡居民基本养老保险、基本医疗保险参保率分别保持在95%、99.5%以上。完善多元化社会救助机制,精准帮扶因病致贫家庭、残疾人等群体,逐步提高最低生活保障水平。加快建设居家社区机构相协调、医养康养相结合的养老服务体系,新增省级示范型居家养老服务中心4家。支持国防和军队建设,做好国防教育、双拥优抚工作,健全退役军人服务保障体系。支持文物保护、慈善、外事、侨务、对台、气象、工青妇、老龄、红十字等事业发展。

维护社会和谐稳定。推进"平安婺城·幸福城"建设,决胜防范化解重大风险攻坚战,深入实施"雪亮工程",完善立体化社会治安防控体系,推行"一警情三推送"工作机制,持续开展扫黑除恶专项斗争、禁毒人民战争,严厉打击各类违法犯罪活动,不断提升群众安全感。健全公共法律服务体系,妥善做好法律援助、社区矫正等工作,全面完成"七五"普法任务。完善民情民访代办制,全力推动矛盾纠纷化解"最多跑一地",创建省"无信访积案区"。培育发展和规范管理各类社会组织,加强社会工作者、志愿者队伍建设。开展第七次人口普查。狠抓生产、消防、交通、食药等领域安全隐患排查治理,坚决遏制重特大安全事故发生。建成区应急指挥平台,健全镇级应急管理体系,加强应急救援队伍建设,提升防灾减灾救灾能力,争创国家级山洪灾害防治示范县。全面完成第二轮农村危旧房治理改造。

三、加强政府自身建设

越是重任在肩,越要自身过硬。我们将以"两强三提高"建设为抓手,大力推进政府治理体系和治理能力现代化,努力使政府工作实绩更有"深度"、民生答卷更有"厚度"、幸福指数更有"温度"。

要树立争创一流的志气,以对标比拼推动赶超发展。聚焦聚力高质量、竞争力、现代化,牢牢把握时代坐标、战略坐标、责任坐标、发展坐标,科学设定高质量发展指标体系,敢于、善于在全市全省全国发展大局中创先争优。深化"四大四比""晒拼创""对标比拼勇赶超"等活动,以"比"找差距,以"学"补短板,以"赶"强实效,以"超"促发展,形成全区上下你追我赶、竞相发展的良好氛围。

要保持敢闯敢试的锐气,以自我革命推动守正出新。深入践行新发展理念,大胆破除传统思维定势和体制机制弊端,大力推动政府治理模式、服务模式创新,创造性贯彻落实上级决策部署,持续打造一批可复制、可推广的"婺城样板"。加快政府数字化转型,健全线上线下融合的政务服务体系,深

化应用“浙里办”“浙政钉”和协同办公系统，提升“互联网+”政务服务、监管、督查成效，建设“掌上办事之城”“掌上办公之城”。

要砥砺敢于担当的勇气，以务实之风推动高效施政。加强政府执行力建设，大力实施项目化管理、责任制落实、时序化推进，完善全程跟踪、督查通报、挂号销号等制度，确保政府工作干一件、成一件。推进部门间“最多跑一次”改革，力破政府内部“中梗阻”。树立重实干重实绩导向，推动激励机制和容错纠错机制细化落地，旗帜鲜明为干事者撑腰鼓劲，对“慵懒散”等现象动真碰硬。着力精简会议和文件，切实为基层减负。

要坚持秉公干事的硬气，以法治建设推动依法履职。推进行政复议规范化建设，落实政府常务会议学法、行政首长出庭应诉等制度，健全行政规范性文件备案审查和动态管理机制，不断提高法治政府建设水平。深化政务公开，实现决策、执行、结果公开透明，持续提升政府公信力。认真执行区人大及其常委会的决议决定，自觉接受人大法律监督、工作监督和政协民主监督，及时办理人大代表建议意见和政协委员提案，广泛听取各民主党派、工商联、无党派人士、人民团体和社会各界的建议意见。

要严守纪律规矩的正气，以自律自省推动忠诚廉洁。自觉用习近平新时代中国特色社会主义思想武装头脑，切实增强“四个意识”，坚定“四个自信”，做到“两个维护”，坚定不移做“不忘初心、牢记使命”的践行者。以“清廉婺城”建设为引领，狠抓政府系统党风廉政建设和反腐败工作，严格履行区政府党组全面从严治党主体责任，高标准严要求落实中央八项规定及实施细则精神，持之以恒正风肃纪。全力支持纪检监察机关履行职责，加强重点领域、关键环节的风险管控和审计监督，严厉查处各类违法违纪案件。始终坚持“过紧日子”，严控“三公”经费支出，建设节约型政府。

初心引领前行，使命催人奋进，实干成就事业。让我们更加紧密团结在以习近平同志为核心的党中央周围，在上级党委政府和区委的坚强领导下，凝心聚力、负重拼搏、久久为功，为高水平全面建成小康社会，全力推进“双城”战略高质量发展迈上新台阶努力奋斗！

中国人民政治协商会议第四届婺城区委员会常务委员会工作报告

——在政协第四届婺城区委员会第四次会议上

张茹先

2020 年 4 月 19 日

2019 年工作回顾

一年来，区政协常委会在区委的坚强领导下，在区人大、区政府和社会各界的大力支持下，依靠和团结带领全体政协委员，认真履行政治协商、民主监督、参政议政三大职能，充分发挥了人民政协在改革发展中的积极作用，为助力我区高质量发展，助推“双城”战略落地成景做出了积极贡献。

一、强化政治引领，牢牢把握正确前进方向

把思想引领作为增强政治定力的重要前提，加强政协系统党的建设，强化思想理论武装，推动政协履职的思想政治保障更加坚强有力。

——*大兴学习之风确保高站位*。建立党组会议、主席会议、常委会议专题学习制度，组织学习 53 次。认真学习习近平新时代中国特色社会主义思想特别是习近平总书记关于加强和改进人民政协工作的重要思想，深入学习贯彻十九届四中全会精神及中央和省、市、区委政协工作会议精神等，通过系列学习，更加深刻领会习近平新时代中国特色社会主义思想，在事关道路、制度、旗帜、方向等根本问题上同以习近平同志为核心的中共中央保持高度一致，从思想上政治上扣好履职的第一粒扣子。扎实开展“不忘初心、牢记使命”主题教育，实现理论学习有收获、思想政治受洗礼、干事创业敢担当、为民服务解难题、清正廉洁作表率的目标任务。举办“新时代新方位新使命”专题报告会，开展“新时代人民政协的新样子”专题讨论，通过开辟讨论专栏、新风貌笔谈、金点子征集等“六个一”活动，使“政治坚定、定位聚焦、履职有效、精神振奋”的新样子成为全区政协人的共识和追求。

——*坚持党的领导确保正确方向*。坚持旗帜鲜明讲政治，把党的领导贯穿政协工作各方面。坚决落实“两个维护”。坚决维护习近平总书记党中央的核心、全党的核心地位，坚决维护党中央权威和集中统一领导，任何时候任何情况下都保持政治定力，把准政治方向，坚定不移走中国特色社会主义政治发展道路。自觉接受区委领导。区委把政协工作纳入全区工作大局，召开区委政协工作会议，出台《关于新时代加强和改进人民政协工作的实施意见》，为政协履职创造了良好环境。政协常委会认真学习区委全会精神，及时请示汇报重要工作、重要活动、重要事项，邀请党政领导出席政协活动，紧扣中心工作履职，努力把区委区政府的重大决策部署，转化为全体政协委员和社会各界人士的广泛共识和自觉行动。切实抓好政协党建工作。加强政协党组、机关党组、机关党支部建设，发挥政协党组把方向、管大局、保落实的作用。建立政协党组成员联系党员常委、党员常委联系党员委员、党员委员联系党外委员的联系机制。加强委员履职期间的党建工作，实现党的组织对所有党员委员、党的工作对所有政协委员全覆盖。成立区政协临时党委，设立临时党支部 23 个、临时党小组 44 个，做到支部建在委组里、委员聚在党旗下。按“两月一学习、一季一讨论、半年一交流、一年一总结”的频率，推动委员履职期间党组织活动常态化。

二、聚焦中心工作，切实提高协商议政水平

加强政协协商与中心工作有效衔接，重要协商议题主动与党委、政府协商沟通，围绕党政所需、群众所盼、政协所能开展协商议政。

——主动协商有高度。充分发挥专门协商机构作用，聚焦“双城”建设的重大举措调研资政，通过协商助力发声，彰显了政协在服务“双城”战略实施中的独特价值。全会协商成果丰富。全会期间委员围绕“一府两院”工作报告开展协商讨论，为科学民主决策及相关部门更好开展工作提供民意支撑和民智参考。20名委员作大会发言，得到区委区政府主要领导高度肯定。召开“担核心之责，高质量建设都市经济创新城”“本为民之心，高品质建设美好生活幸福城”专题协商会，提出意见建议72条，党委政府全体班子成员参加，现场回应委员发言，反响热烈。“请你来协商”特色鲜明。建立双月协商和6+X协商机制，以“党委领导、政府支持、政协搭台、委员群众参与”模式，构建委员提、部门应、公众参与的协商形式。打造面对面“请你来协商”品牌，开展“请你来协商”活动8场、微协商10场。党政主要领导亲自参加协商，379名专家、企业主、基层干群、委员参加，提出问题建议394条，形成协商纪要报送党委政府。与市政协联动开展“最多跑一次”改革、城乡生活垃圾分类处理和文明城市创建“请你来协商”活动。省政协同心苑两次刊登我区协商工作经验和做法。

——专项监督有力度。聚焦重要部署确定35个监督议题，开展民主监督，着力增强民主监督的影响力和推动力。做好重点工作监督。赴乡镇(街道)、村(社区)开展垃圾分类、“无证明城市”改革、“最多跑一次”改革、村干部整治立规创优等工作监督，共开展督查400余次，发现并解决问题560余个，助力各项重点工作落到实处。开展联合监督。围绕扫黑除恶、和美乡村建设、西郊征迁、双溪西路西延、基础教育督查等18项监督议题，与兄弟政协、有关部门开展联动式监督，扩大民主监督范围，提高了监督覆盖面。委派民主监督小组。聚焦党政工作重点，向经商、财政、农业农村、文旅体、行政服务中心等5个政府部门委派民主监督小组，与区委巡察联动，开展点对点、常态化监督。抓好专题视察监督。关注党委政府重点工作和重点项目工程建设情况，就传统产业转型升级、安全生产、退二进三、污水零直排区创建等，开展专题视察24次，提出意见建议260余条，多条意见建议转化为相关部门的政策措施。

——议政建言有深度。把参政议政作为履职的基础性工作，选题求精、调研求深、论证求细、建言求实。重点调研求精求实。围绕“双城”战略，深入开展调查研究，形成建议案和调研报告5篇。其中工业经济和物流产业发展的调研报告得到区主要领导批示；综合交通调研为“十四五”规划提供了决策参考；行政村规模调整后续工作的调研通过问政议政，促进相关问题解决；都市康养产业调研成果顺利助推梨树源省级森林公园规划落地。提案工作彰显实效。完善提案办理协商机制，加强提案办理跟踪督办，切实发挥提案工作在促进改革发展、服务民生改善方面的积极作用。四届三次全会收集提案310件，立案交办293件，办复率100%；采纳或部分采纳284件，问题解决率94.54%，委员满意率99.32%。首推委员提案建议即提即办，相关做法被人民网、《人民政协报》、《浙江日报》、同心苑等多家媒体刊登。聚焦经济多维发力。综合运用大会发言、重点提案、课题调研、专题协商、视察监督等履职方式，一钉一铆抓落实，绘好“连环画”，播好“连续剧”。全会上8名委员紧扣经济发展作了《让婺城新城区真正成为企业发展的热土》等大会发言，10位委员围绕都市经济创新城建设作专题协商发言；会后，《一企一策，企业期盼这样的“家服务”》等6个与经济发展相关的提案列入重点提案予以重点督办；后续开展了优化营商环境和打好经济翻身战专题协商，形成建议案报送区委区政府；并先后开展了工业经济高质量发展和物流业发展调研，形成调研报告2个；围绕经济发展主题开展了传统产业改造升级、小微企业园建设、退二进三等专项视察监督，在持续助力经济高质量发展方面发挥了政协的积极作用。

——服务一线有温度。围绕助推实施“双城”战略，开展“三服务”活动，走访服务对象7000余名，收集问题537个，协调解决问题304个，转交办233个。深入开展民情民访代办工作，组织委员接待来访群众1280名，收集问题866个，现场协调解决823个，转交办43个。参与信访接待和矛盾纠纷调处,化解信访纠纷积案12件、重大疑难案件10起。开展政协大家访,走访委员及委员企业357次,宣传党委政府最新政策,倾听委员心声,带去组织温暖。向委员发家书,号召委员积极投入全国文明城市创建,协调解决乱搭乱建、飞线整治、犬类管理等问题294个,为全国文明城市创建贡献政协力量。

三、坚守为民情怀,致力服务改善民生福祉

践行履职为民宗旨,言为民所建、策为民所谋、力为民所出,致力保障和改善民生,增进人民群众幸福感。

——*畅通民意渠道集民情*。"三进三联三促"活动再持续。组织委员进企业、进农村、进社区,下基层、听民声、集民意,通过联企、联村、联户,进一步畅通民声、顺达民意,为促民生、促改革、促发展搭好政民连通桥。收集社情民意204条、金点子153个,通过高品质建设美好生活幸福城专题协商等,帮助基层群众解决了一批民生热点难点问题。"一村一委员"内涵再拓展。优化联村小组设置,将382名市、区政协委员编成44个联村小组,对应联系382个村(社区),围绕农村"三服务"、生活垃圾分类处理、乡村治理、人居环境提升和文化礼堂建设等主题,走乡入村发放调查问卷6384份,收集意见建议269条,并形成民主监督报告报送党委政府。"一村一委员"工作被新华社采访报道,24名委员的联村经验、日志在《金华日报》刊发,数量居全市第一。委员工作室职能再深化。按照"民情站、连心桥、委员家"工作定位,累计接待群众515人次,帮助群众反映和解决困难问题70余个,收集意见建议680条,发挥了化解矛盾、凝聚共识的作用。

——*发挥特色优势传民声*。制订反映社情民意信息工作实施意见和考核办法,健全信息员队伍,开展业务培训,社情民意信息工作成果丰硕。共收集和反映社情民意信息436条,信息报送数量和质量均居全市第一。其中《落实新修订〈公务员法〉的若干建议》被全国政协采用并转送有关部委;《将〈个人信息安全规范〉确定为强制标准,规范APP企业获取手机个人信息行为》等5篇信息被省政协采用并专报全国政协;《中国企业商标海外遭抢注现象严峻,建议国家出台政策鼓励行业注册国际商标》等5篇信息被省委办采用并报中办,《"ZAO"换脸软件暴露我国国内生物信息保障短板,建议从国家安全层面考虑规范互联网生物信息采集和应用》被省《政协信息专报》采用,另有39篇社情民意信息由市政协转报省政协作为工作参考。

——*组织惠民活动暖民心*。搭建"系列民生"服务平台,发挥委员优势开展服务活动。以消薄、脱贫和农村产业发展为重点,组织委员开展"六送六服务"活动,捐款捐物达1140余万元。做好雅畈南干村结对帮扶工作,该村的造地改田、采矿场招引项目顺利实施;指导安地杨垅村抓好党支部建设,少数民族特色村项目有序推进;为琅琊浩仁等村解决农产品销路难问题;助推塔石银岭村农业标准地建设,落实地质灾害补偿款。16家委员企业联系16个经济薄弱村,7名委员担任薄弱村第一书记,持续助力消薄工作。

四、发挥统战作用,充分彰显团结联谊活力

发挥人民政协作为最广泛统一战线组织的优势,突出团结民主两大主题,在宣传引导、团结各界、协调关系中增进共识,为婺城改革发展凝聚强大正能量。

——*加强联谊交往促团结*。发挥政协在落实新型政党关系中的重要作用,加强与各民主党派、工商联、人民团体的合作共事,主动与民主党派开展联合调研、联合监督,为民主党派参政议政创造条件。民革提交的《要求解决蒋堂镇界首工业园区历史遗留问题的建议》促成相关问题顺利解决;民盟与九三学社分别提交了《我们不能守着贫穷的绿水青山》和《在琅琊镇筹建一家山茶油深加工企业》"直通车"建议,得到区委主要领导批示,相关建议在十乡百村创建和脱贫致富工作中得到吸收。配合省、市政协来婺完成全国文明城市创建工作专项民主监督、和美乡村视察、医养护融合发展调研、完善居家养老服务体系协商议政等系列活动。加强与兄弟县市政协学习交流。密切与新社会阶层人士的联系与沟通,不断扩大"朋友圈"。以乡情为纽带,加强与在外乡贤的联系,增强乡贤对家乡的归属感和自豪感,积极推介我区投资环境,鼓励在外婺商回乡投资创业。

——**建立"委员会客厅"聚智慧**。坚持建言资政和凝聚共识双向发力，发挥委员主体作用，延伸履职触角。建成婺商司法服务"政协委员会客厅"和新生代双创"政协委员会客厅"，省、市、区政协三级联动，开展委员论坛、视察调研、协商座谈等活动，省、市政协领导均参加活动并给予充分肯定，我区"委员会客厅"工作走在全省前列。

——**注重文脉传承汇人心**。编撰出版《传说白沙》文史资料，促进婺城本土文化宣传。征编并向省、市政协推送浙江文化印迹 "70 年 70 人"，发挥了文史工作存史、资政、团结、育人作用。开展书画作品联展、新老照片对比摄影展、气排球普及模拟赛等庆祝新中国成立 70 周年暨人民政协成立 70 周年系列主题活动，进一步增进团结、凝聚人心。

五、加强队伍建设，推动政协工作提质增效

把加强自身建设作为推动政协工作务实发展的保证，突出政治标准，强化担当作为，引领广大委员和机关干部爱岗敬业，提升工作能力和水平。

——**注重委员能力素质提升**。坚持全员培训，先后在中国海洋大学和省委党校举办委员履职能力提升培训班，切实提升委员的政治把握能力、调查研究能力、联系群众能力、合作共事能力。开设政协大讲堂，在婺城政协微信企业号上开辟微课堂，教育引导委员懂政协、会协商、善议政，守纪律、讲规矩、重品行。加强委员履职监督管理，完善《委员管理办法》《委员履职考评办法》《委员退出机制的若干规定》，对委员履职情况实施动态管理，先后发出履职提醒 34 条，辞退履职不到位委员 2 名。组织常委和委组向常委会、委员向委组履职述职，开展履职述职 198 人次，对 21 位新任委员发出履新提醒，增强了委员责任意识。

——**推动机关工作提升水平**。开展清廉政协建设，组织机关干部开展经常性党性教育和廉政警示教育活动，强化纪律意识和底线思维。落实区委巡视反馈整改意见，支持驻机关纪检监察组工作。完善全会工作规则、常委会工作规则、专门委员会(工作委员会、联络组)工作通则、提案工作规则等制度。统筹安排调研视察、专题培训、各类会议，规范出访活动，做好老干部服务工作，持续改进机关作风，机关综合协调和服务保障水平进一步提高。

一年来，区政协所取得的工作成绩，是区委正确领导的结果，是区人大、区政府、金华经济技术开发区、金华山旅游经济区大力支持和社会各界积极配合的结果，是政协各参加单位、广大委员和政协工作者共同奋斗的结果。

在肯定成绩的同时，我们也清醒地认识到，政协工作仍然存在差距和不足。政协党的建设虽有突破，但全面加强政协党建工作的任务依然很重；民主协商的形式更加丰富，但协商建言的成果转化还需加强；委员履职的积极性明显提高，但履职建言的质量仍需提升；与委员的联系更加紧密，但在加强委员履职服务管理、发挥委员主体作用上还需不懈努力等。对这些问题，我们将认真研究，切实改进。

2020 年工作建议

2020 年是党的十九届四中全会开启推进国家治理现代化新篇章的开局之年、全面建成小康社会和"十三五"规划的收官之年。

年初，突如其来的新冠肺炎疫情打乱了我们的工作安排和生产生活节奏。以习近平同志为核心的中共中央坚强领导、科学部署，全国上下团结一致、齐心抗疫，经过艰苦努力，我国疫情防控形势持续向好，我区疫情防控工作取得决定性胜利。

大难面前显担当，危难时刻显本色。在新冠肺炎疫情防控这场看不见硝烟的战役中，全体委员团结一心，化身"战士"迎难而上，踊跃参与到疫情防控、物资捐赠、后勤保障、复工复产等工作中。据不完全统计，委员们通过各种途径捐款捐物达 760 余万元；政协机关下沉社区驰援卡点疫情防控；主席会议成员、各委组做好企业三服务工作，共走访指导企业 327 家次，助力企业一手抓疫情防控，一手抓复工复产。委员们以各种形式为疫情防控献计出力，一个又一个感人的身影、一件又一件鲜活的事例，在政协系统不断涌现。委员们扛起责任、积极作为、坚守岗位、作出表率，充分展现政协新样子，践行使命担当，为实现抗疫与生产"两手抓""双胜利"

贡献了政协力量。委员的心是火热的、情是真切的、爱是无私的,奋战在这场战役中的政协力量无比坚定、无比执着!风雨坚守,也让基层、让群众对人民政协的履职尽责多了一份更有热度的解读!

疫情取得阶段性胜利,发展步入正轨。今年区政协工作的总体要求是:高举习近平新时代中国特色社会主义思想伟大旗帜,深入学习贯彻党的十九大和历次全会精神,坚决扛起习近平总书记赋予浙江建设“新时代全面展示中国特色社会主义制度优越性的重要窗口”的使命担当和政治责任,深入贯彻落实中央和省、市、区委决策部署,把坚持和发展中国特色社会主义作为巩固共同思想政治基础的主轴,把加强思想政治引领、广泛凝聚共识作为中心环节,把助推我区“双城”战略走深走实作为工作主线,突出团结和民主两大主题,共唱“担当赶超、婺城图强”主旋律,在建言资政和凝聚共识上双向发力,推动我区政协工作高质量发展,为打造县域治理现代化婺城样板、高水平全面建成小康社会做出新的更大的贡献。

一、坚持高举旗帜,在强化思想引领上站上新高度

——*坚定不移恪守党对政协的领导*。坚持把党的全面领导作为政协必须恪守的最高政治原则,坚定政治立场,提升政治站位,把牢政治方向。发挥政协党组领导核心作用,把党的主张通过民主程序转化为政协组织的决定,确保政协始终在党的领导下主动负责、协调一致地开展工作。抓好中央和省、市、区委政协工作会议精神的学习贯彻,坚定不移贯彻落实区委各项决策部署,重要工作主动向区委请示,重大活动邀请党政领导参加,协商成果及时向党委政府报送,努力将区委的决策部署转化为政协各参加单位、全体政协委员、社会各界人士的共识,确保政协工作与大局工作同频共振、同轴运转、同向推进。

——*提升政协系统党建质量*。坚决落实“两个维护”,增强“四个意识”,坚定“四个自信”。以党的政治建设为统领,切实加强政协系统党的建设,加强政协党组和基层党组织建设,健全党员委员联系党外委员工作制度,发挥党员委员的先锋模范作用。加强思想引领,推动委员履职期间党组织活动常态化。巩固和用好“不忘初心、牢记使命”主题教育和“新时代人民政协的新样子”专题讨论活动成果,构建“不忘初心、牢记使命”主题教育长效机制。通过举办培训班、开办政协大讲堂、开展学习研讨活动等,持续深入学习习近平总书记重要思想和系列讲话精神、党史、新中国史、人民政协史等,强化创新理论武装,引导广大委员和各界人士进一步增进对中国共产党和中国特色社会主义的政治认同、思想认同、理论认同、情感认同,不断夯实团结奋斗的共同思想政治基础。

二、聚焦协商主业,在推动改革发展上做出新贡献

——*完善专门协商机构制度*。制定协商工作实施办法,对协商议题提出、协商活动组织、成果报送、意见反馈等各环节进行规范。完善协商议政格局,以全体会议协商为龙头,常委会议协商为重点,专题协商、对口协商、提案办理协商为常态,增强协商活跃度,扩大协商参与面。完善协商于决策之前和决策实施之中的落实机制,增加协商性议题比重,健全双向发力程序机制。深化“微协商”制度,打造“请你来协商”品牌,融协商、监督、参与、合作于一体,丰富有事好商量、众人的事情由众人商量的制度化实践。

——*发挥专门协商机构作用*。习近平总书记明确指出新时代人民政协的新方位新使命,就是要发挥好专门协商机构作用。政协履行各项职能都要聚焦协商之主业,契合协商之要旨。采取紧扣“双城”战略走深走实中心选题和主动请区委区政府出题相结合的方式,确保议题选准选深,体现区委所思、政府所做、群众所盼、政协所能,实现区委区政府工作推进到哪里,专题协商就跟进到哪里。以“项目建设年”和“社会治理现代化建设年”为主线,围绕公共卫生应急防控管理体系建设、工业园区转型升级、花木产业发展、县域治理、文明城市创建、教育现代化建设、美丽城镇建设等,开展重点协商议政,做到政协热闹、党政支持、群众知道。

三、紧扣中心工作，在促进决策落实上展现新作为

——把履职重点放在发展上。紧扣“婺城图强”大局和区委七届七次全会的工作部署，瞄准靶向、科学选题，努力做到调研有深度、建言有价值、资政见效果。紧扣稳企业、增动能、补短板、保平安，深化开展“三服务”活动。围绕国外疫情对我区进出口企业的影响、临江和洞溪工业园区腾笼换鸟、高铁新城建设、库区群众安居创富、诗路文化带建设等课题开展调研、视察，提出有见地、有深度的意见建议，为推动高质量发展建言资政。围绕提高发展的平衡性和协调性，选择重点领域改革、企业发展的堵点痛点问题、优化营商环境、打好九场硬战、重点项目建设等，加强民主监督，助力高质量建设“都市经济创新城”走深走强。

——把履职关键点放在防控和复产上。统筹推进疫情防控和经济社会发展是今年重要任务，必须两手硬、两战赢。政协要发挥优势，为夺取“战疫情、促发展”两战两胜添助力。广大委员要立足本职岗位，积极投身疫情防控，主动反映疫情信息和防控建议，推动落实精密智控举措，为不断巩固疫情防控成果献计出力。密切关注疫情对经济社会发展的冲击影响，加强走访调研，帮助纾困解难，助力企业复工达产。围绕优化公共卫生服务体系、提升医疗救治能力、完善医保制度、营造尊医重卫氛围等议政建言，助推健康婺城建设。

——把履职关注点放在民生上。围绕实现人民对美好生活的向往深入开展调研议政，真诚倾听群众呼声，真实反映群众意愿，真情关心群众疾苦，真正做到人民政协为人民。重点就全力打好加快补齐短板歼灭战、社会治理领域“最多跑一地”、城乡生活垃圾分类处理等开展专项集体民主监督。推进“一村一委员”工作规范化运行机制建设，成立“联心服务团”走乡入村，助力基层治理。围绕教育、扶贫、农村四好公路建设、农村饮用水达标提标、应急管理、平安建设等重点民生问题，反映民意、汇聚民智，协助区委区政府把利民惠民举措件件落地，助推高品质建设“美好生活幸福城”做优做实。

四、坚持团结民主，在凝聚强大合力上发挥新作用

——发挥政协统一战线组织作用。把加强大团结大联合摆在更加突出位置，完善与民主党派、工商联和人民团体联合学习、联合调研、联合视察制度，加强对党外知识分子、新社会阶层人士的团结引导。加强与民族宗教人士的沟通，宣传党的民族宗教政策。密切与非公经济人士联系，定期走访委员企业，及时收集和反映诉求，协助做好政策宣传、解疑释惑等工作。编纂出版《红色白沙》《窑火白沙》。发挥政协在对外交流交往中的积极作用，加强与在外婺商、乡贤联系，讲好婺城故事。

——发挥委员联系群众的桥梁纽带作用。增强委员的群众观和服务意识，聚焦人民群众的关键小事，多做雪中送炭、扶贫济困的工作，多做春风化雨、解疑释惑的工作，多做理顺情绪、化解矛盾的工作，让群众感到政协很近，委员就在身边。擦亮“委员会客厅”“委员工作室”等履职品牌，探索建立一批民情联络站，汇集民声民智，及时反映群众意见和建议，更好地协调关系、理顺情绪、扩大共识、凝聚人心，巩固和发展安定团结的良好局面。

五、着力强基固本，在强化自身建设上实现新提高

——强化委员责任担当。激励委员把事业放在心上，把责任扛在肩上，全面增强履职本领。开展最美政协人、委员履职好故事推选活动。办好委员履职能力建设培训。健全委员联络机制，完善委员履职量化考评体系，落实委员年度述职、常委提交履职报告、常委履职点评等制度，完善委员推荐提名办法和退出机制，促进委员更好行使民主权利、担负责任使命。引导委员树立精品意识，把高质量的“委员作业”写在婺城大地上，写进群众心坎里，推动一条建议产生一个效果，一个意见改进一项工作，一份报告促进一种转变，体现政协作为和担当。

——加强机关队伍建设。压紧压实全面从严治党主体责任，努力营造风清气正的政治生态。扎实开展“拼搏实干、争先进位”作风建设专项行动。把全面从严的要求贯穿机关建设全过程，始终用制度管人、管事，切实提高机关干部的理论素养和业务

水平,进一步推进政协工作提质增效。强化理论武装,切实提振干部精气神,打造讲政治、守规矩、重实干、严自律的政协干部队伍。

新时代赋予新使命,新征程呼唤新作为。让我们更加紧密团结在以习近平同志为核心的中共中央周围,高举中国特色社会主义伟大旗帜,在中共金华市婺城区委的坚强领导下,以“高质量、走前列、答高分”的奋斗姿态,保先争优,善作善成,同心促发展,谱写新篇章,为推动“重要窗口”建设,打造县域治理现代化婺城样板,高水平全面建成小康社会而努力奋斗!

专 辑

2019 年婺城区重点建设项目

2019 年婺城区重点建设项目一览表

表 1　　单位：万元

序号	项目名称	建设规模及主要内容	总投资
	婺城区（18 项）		977448
	新城区（6）		292400
1	双溪西路西延工程	2500 米×40 米道路及两侧绿化工程	23000
2	年产 2 万套挂车总成配件建设项目	新建厂房及其附属设施用房，建筑面积 26646.3 平方米。采用先进的激光切割技术，机器人焊接技术等先进设备，保证产品质量、工艺的先进性，根据市场需求，本项目投产后形成年产 2 万套挂车总成配件的生产能力	15800
3	污水厂二期工程	新建一座 4 万吨/日的 SBR 生化池及能处理 8 万吨/日深度处理设施及预处理设施	13700
4	年产 PC 预制混凝土构件 12.5 万平方米生产项目	新建厂房及配套附属用房总建筑面积 96984 平方米，购置混凝土搅拌设备、自动化外墙板生产线设备、运输车辆、材料检测仪器设备、钢筋加工设备等	50000
5	金华市第二生活垃圾焚烧发电项目	焚烧处理规模 3000 吨/日，一期处理规模为 2250 吨/日，采用三套 750 吨/日的焚烧线（二期再增加一套 750 吨/日的焚烧线），配置 2×35 兆瓦汽轮机发电机组，配套建设处理能力为 900 吨/日的渗滤液处理站一座	180300
6	双溪西路下穿公铁立交工程	40 米×150 米下穿铁路立交建设	9600
	交通局（3）		230732
1	313 省道（45 省道）婺城至兰溪段改建工程（婺城段）	本项目婺城区段长约 9 千米，同步建设婺城连接线长约 4.869 千米，该项目主线及连接线均按一级公路技术标准设计，设计速度 80 千米/小时，路基宽 32 米	134895
2	金华新兴产业集聚区兰溪上华至婺城琅琊公路（婺城区段）	建设规模：长约 12 千米，一级公路，设计速度 80 千米/小时，双向四车道，路基宽度 24.5 米	84300
3	金安公路生态景观廊道优化改造工程（道路部分）	全长 6.5 千米，双向 4 车道，路基宽度 32 米	11537

续表 1

序号	项目名称	建设规模及主要内容	总投资
	二七指挥部(5)		190129
1	二七新村棚户区改造安置房建设工程一期西侧地块	城中村改造安置房建设、基础配套等费用。用地面积 56528 平方米,总建筑面积约 17.4 万平方米	72000
2	金华市婺江西路优化改造工程(婺州街至八一北街)	道路全长 1.86 千米,共分为新建段,隧道段,改造段,标准段红线宽度 30 米。包括道路工程、隧道工程、排水工程、管廊工程、交通工程、绿化工程、电力弱电路灯等附属配套工程	55642
3	工人路新建工程(凤山街至五一路)	道路全长约 1279.491 米,道路红线宽度 20 米。工程内容包括道路、排水(雨水、污水管道)、给水、电力、弱电、燃气等市政管线工程,交通、照明等附属设施工程	36867
4	凤山街新建工程(解放西路至婺江西路)	道路全长约 504 米,道路红线宽度 30 米。工程内容包括道路、排水、(雨水、污水管道)、给水、电力、弱电、燃气等市政管线工程,管线管廊工程、交通、照明等附属设施工程	13627
5	金虹路改造工程(解放西路至婺江西路)	工人路以北长度 410 米,宽度 25 米;工人路以南 220 米,宽度 20 米。工程内容包括道路、排水、(雨水、污水管道)、给水、电力、弱电、燃气等市政管线工程,管线管廊工程、交通、照明等附属设施工程	11993
	自然资源和规划分局(1)		76868
1	婺城区连片土地综合开发项目(石道畈区块)	建设总规模 446 公顷,规划新增水田 200 公顷,耕地质量提升 113.3 公顷,还包括外围引水工程	76868
	农办(1)		34000
1	金华市婺城区蒋堂移民新村(二期)建设工程 EPC 总承包项目	总建筑面积 14.2 万平方米,安置房建设	34000
	建管中心(1)		135569
1	婺城区洪源区块棚户区改造项目	城中村改造征地拆迁、安置房建设、基础配套等费用。用地面积约 71722 平方米,总建筑面积约 21.5 万平方米	135569
	教育局(1)		17750
1	二七区块金师附小教育集团小学及实验幼儿园建设项目	幼儿园占地 1 公顷,建筑面积 10973 平方米,18 个班级	17750

2019年婺城区十项重点惠民实事

1.改善城乡交通条件。农村公路路网完善3.1千米,涉及白龙桥、雅畈、琅琊、岭上等4个乡镇。农村公路病旧桥改造3座:湖大线南坑口桥、白汤下线白龙桥中桥、汀杨线寿溪桥。在雅畈镇、新狮街道新建5个公交站棚。实施治理交通安全隐患工程(增设信号灯、机非隔离、电子劝导员等)。

2.提升养老服务体系。新建示范型居家养老服务中心15家。涉及15个乡镇(街道):白龙桥4家,沙畈2家,雅畈2家,蒋堂、乾西、竹马、长山、塔石、安地、琅琊各1家。

3.推进农村饮用水达标提标工程。区农村饮用水达标提标人口2.23万人。涉及11个乡镇:雅畈、安地、白龙桥、琅琊、蒋堂、长山乡、罗店、沙畈、塔石、莘畈、箬阳。

4.双溪西路西延工程道路全长2533米,项目总投资2.3亿元,工程项目建设招标投资1.2亿元,计划2月份开工,合同工期600天。计划2019年完成投资5000万元,完成道路雨污水管道及部分路基施工,完成桥梁下部结构施工。

5.保障食品安全。推进农贸市场提档升级,创建放心农贸市场2家(白龙桥蔬菜市场、雅畈综合市场);"名特优"食品小作坊4家。新培育发展放心消费示范单位200家,无理由退货承诺单位100家。

6.推进"污水零直排区"建设和"美丽河胡"创建。完成8个乡镇、189个生活小区的"污水零直排"建设;创建白沙溪白龙桥段美丽河湖,共3千米。涉及8个乡镇:塔石、沙畈、莘畈、箬阳、长山、蒋堂、竹马、乾西。

7.推进文明城市创建。二环内8000个楼道粉刷整治、绿植补种、消防器材配备、弱电管线规整、停车泊位施画、公益广告提质、红色物业联盟建设等。完善城区生活垃圾分类体系:建设3个垃圾分类省级高标准示范小区(城中街道西市街社区御江帝景、城西街道双龙社区翰林诚品、新狮街道东方前城社区凤凰一品),1个"定时定点"投放、清运小区(城东街道旌孝街社区静听风语),城区垃圾分类覆盖面达90%。

8.残疾人庇护中心(爱心家园)建设。加强助残服务能力建设,建设6家规范化乡镇、街道残疾人庇护中心(爱心家园),为80名重度、精智残疾人提供庇护服务。涉及6个乡镇(街道):白龙桥、蒋堂、雅畈、乾西、塔石、岭上。

9.幼儿园扩容工程。新建婺城区实验幼儿园。

10.生态公墓建设。建设6000穴生态公墓。涉及8个乡镇:琅琊、安地、雅畈、白龙桥、蒋堂、塔石、箬阳、竹马。

大事记

1月

2日,婺城区正式启动“服务企业、服务群众、服务基层”的“三服务”活动。

8日,婺城区党政代表团赴金华山旅游经济区考察,学习借鉴小城镇环境综合整治、旅游开发和旅游景区项目建设等经验做法,共谋都市区建设发展大计。

15日,省生态环境厅2018年度美丽浙江建设和“五水共治”工作考核组到婺城区开展现场考核。

18日,婺城区召开2018年度基层党建和人才工作述职评议会。

同日,全区召开机构改革动员大会,标志着婺城区机构改革进入全面实施阶段。

21日,婺城区召开“大棚房”清理整治专项行动推进会。

22日,区九届人大常委会举行第十七次会议。会议表决通过了区政府有关人士提请议案,决定任命王建中为婺城区人民政府副区长。

同日,区委七届五次全体(扩大)会议暨婺城区政府九届四次全体会议召开。区委书记蔡艳向全会作工作报告。会议审议通过《中共金华市婺城区委关于高质量建设“都市经济创新城”高品质建设“美好生活幸福城”的决议》。

2月

12日,婺城区举行“花满婺城·和美城乡”千名干部服务基层活动启动仪式。

14—17日,政协第四届婺城区委员会第三次会议召开。区政协主席张茹先代表区政协常委会作工作报告。

16—18日,婺城区第九届人民代表大会第三次会议召开。黄国钧当选为婺城区人民政府区长。

20日,婺城区召开第七届纪律检查委员会第四次全体扩大会议。全会审议通过区委常委、纪委书记、监委主任潘国东代表区纪委常委会所作的《牢记初心使命忠实履行职责奋力谱写纪检监察工作高质量发展的婺城篇章》的工作报告。

3月

1日,婺城区干部大会在市文化中心召开。区委书记蔡艳作《拼争抢创、大抓落实,全面打赢赶超图强翻身战》的主题报告。

16日,“花满婺城·幸福生活”休闲文化旅游年系列活动暨金华市第十届茶花节在竹马乡下张家村开幕。

23日,“婺城上海科创中心”揭牌。作为婺城第一个跨行政区建设的创新“飞地”,“婺城上海科创中心”努力助推婺城和上海发展的同频共振。

同日,婺城区召开“无证明城市”改革工作推进会。

28日,婺城区召开第三次国土调查百日攻坚工作推进会,对全区国土调查工作进行再动员、再部署。

4 月

2 日，婺城区召开创建全国文明城市工作现场推进会暨总结表彰会，总结前一阶段工作，分析当前创建工作形势，对创建工作进行再动员、再部署。

10 日，“学条例 促创建 市民参与年”万人启动仪式在市区人民广场主会场和 14 个乡镇街道分会场同步举行。

14 日，“花满婺城·幸福生活”休闲文化旅游年暨箬阳乡首届茶花文化旅游节在箬阳乡琴坛村启幕。

5 月

6 日，省自然资源厅厅长黄志平、省林业局副局长王章明到长山乡石道畈调研全域土地综合整治工作。

9 日，婺城区举行飞扬智能制造小镇暨“双十大”百亿项目集中开工仪式。

16 日，省工业互联网平台建设现场会暨金华市工业互联网平台推广会在婺城召开。

20 日，婺城区举行歌曲《亲爱的婺城，亲爱的你》发布会。

21 日，全区召开党员干部警示教育大会。

30 日，全区召开扶贫、消薄、下山移民信访问题等工作专题会议。

同日，水利部副部长蒋旭光一行到婺城调研美丽生态水利建设情况。

31 日，婺城区举行 2019 年十大民生实事进展情况汇报会。

6 月

5 日，全区召开建设平安婺城工作会议暨反恐怖、“扫黑除恶”专项斗争推进会，会议深入贯彻落实中央、省、市平安工作、反恐工作、“扫黑除恶”专项斗争会议精神，总结前一阶段工作，分析研究当前形势，部署下一阶段工作任务。

6 日，水利部副部长陆桂华、省水利厅副厅长蒋如华一行到婺城区考察水利工作。

9 日，市委书记陈龙带领市建设局、水利局、应急管理局等部门负责人到婺城区检查防汛工作。

10 日，区长黄国钧调研乌啦乌两头乌文化产业园项目、长山国际设计走廊项目及箬沙公路建设进展情况。

16 日，由知名婺商、金融师、规划设计师、科创园区开发运营商和资深媒体人组成的“青创团”到婺城区考察美丽乡村建设工作。

18 日，婺城区举行城乡建设投资集团有限公司和婺城交通投资集团有限公司“两大国企”成立揭牌仪式。

20 日，婺城区区委全面依法治区委员会第一次会议召开。会上审议并通过“两规则一细则”和《2019 年“法治婺城”建设工作要点》。

28 日，婺城区举行婺城融媒体“中央厨房”启用“壮丽 70 年奋斗新时代”记者“双城行”启动仪式。

7 月

1 日，婺城区在市文化中心举行建党 98 周年大会暨“千名书记讲党课”启动仪式。

同日，全区召开“垃圾分类·新时尚·新生活”万人动员大会。

4 日，婺城区与科大讯飞、海康威视两家高科技“独角兽”企业战略合作签约。

7 日，垃圾分类·新时尚·新生活——婺城区万名党员连心大家访活动启动仪式在市区江北银泰天地广场举行。

15 日，全区举行首个教育发展大会，发出“教育图强”最强音。

26 日，婺城新城区万泰·公园大道举行全球招商发布会暨商家签约盛典。

29 日，区委七届六次全体(扩大)会议暨区政府九届五次全体会议召开，为婺城新一轮图强发展吹响号角，也为下半年全区工作指明方向。

31 日，婺城区召开“八一”退役军人代表座谈会。

8月

6日,《亲爱的婺城,亲爱的你》MV开机仪式在金华保宁门广场举行。

18日,上海市婺城商会成立大会在沪举行。

24日,"澎湃金华、冠军之夜"万泰携手奥运冠军共倡金华活力之城晚会在市体育中心举行。

25日,省应急管理厅副厅长赵孟进带领省台风洪涝灾害科学防空能力提升专题调研组到婺城区调研。

同日,婺城区举行"乡村振兴·花满婺城"婺城区"十乡百村"乡创行动启动仪式暨新闻发布会。

9月

1日,第二批"不忘初心、牢记使命"主题教育开始。

2日,婺城区召开平安护航新中国成立70周年大会战暨安全婺城百日行动推进会。

4日,婺城区召开"无违建"创建工作推进会暨农村宅基地及住房确权登记发证工作部署会。

8日,婺城区举行庆祝第三十五个教师节暨优秀教师颁奖晚会,参会领导为受到表彰的10个先进集体和80名先进个人颁奖。

21日,"壮丽70年 婺城庆丰收"2019年婺城区农民丰收节在保宁门广场开幕。

25日,婺城区在婺州城市广场举行"大家访"解难题百日行动暨"初心快车"启动仪式。

26—27日,区委理论学习中心组举行"不忘初心、牢记使命"主题教育("信仰的味道")第一次专题学习会。省委第七巡回指导组成员张宏斌、方晶,市委第一巡回指导组组长徐月明、副组长杨文秀出席学习会。区四套班子领导参加学习会。

29—30日,"壮丽七十年 奋斗新时代"婺城区庆祝新中国成立70周年歌咏晚会在市文化中心举行。

10月

8日,婺城区举行2019交通大会战暨第二期"双十大"百亿投资项目集中开工仪式。市委书记陈龙宣布婺城区2019交通大会战暨第二期"双十大"百亿投资项目集中开工。

10日,婺城区召开生态环境保卫战推进会暨创建国家级生态文明建设示范市动员大会。

12日,"花满婺城·幸福生活"休闲文化旅游年暨2019年第十一届仙源湖桂花节在安地镇拉开帷幕。

19日,百名行业精英共同参加"智汇婺城"数字经济高峰论坛暨省海高会电子信息分会2019年会。

同日,婺城区第五届运动会在婺城中学举行。

21日,婺城区召开创建全国文明城市集中攻坚行动动员会。

同日,婺城区召开农房确权登记工作推进会。

26日,广州市金华婺城商会成立。

27日,深圳市金华婺城商会换届大会暨婺城区投资环境推介会在深圳举行。

28日,云南省金华婺城商会成立大会在昆明举行。

11月

6日,婺城区召开"不忘初心、牢记使命"主题教育工作推进会暨担当作为好干部表彰大会。区委副书记、区长黄国钧宣读《关于表彰婺城区担当作为好干部的决定》。会上,20名"担当作为好干部"受表彰,姜建军、丁夏维、林炳朝3名代表先后作发言。

10日,2019婺城半程马拉松赛正式开幕。赛事设半程马拉松(21.0975千米)和小马拉松(5千米)两个组别,共有130多个集体、5000多人参与赛事。

17日,2019婺城首届发展大会开幕式在市文化中心举行。在大会开幕式上,31个涉及信息经济、智能装备制造、生物医药健康等"五大百亿"产业以及科研院所和人才等多个领域的重大项目签约落户婺城。

27日，婺城区组织广大党员领导干部集中观看大型廉政婺剧《爱莲说》首演。

12月

1日，2019中国(金华)网红垂钓大赛开幕式暨网红垂钓高峰论坛在婺城区举行。金华市副市长邵国强宣布开幕，国家体育总局社会体育指导中心二部主任、中国钓鱼运动协会秘书长苏宝生、区委书记蔡艳致辞。

2—3日，浙江省体育局局长郑瑶一行到婺城区调研体育产业发展、学校体育教育和体育场馆建设工作。

3日，区领导蔡艳、黄国钧参加上浮桥区块(复兴街以西)国有土地上房屋征收首批签约仪式。

5日，金华市委宣讲团到婺城宣讲党的十九届四中全会精神。金华市委宣传部副部长程建金作宣讲报告。

9日，婺城区政府党组召开“不忘初心、牢记使命”专题民主生活会。金华市“不忘初心、牢记使命”主题教育第一巡回指导组组长徐月明到会指导讲话。

10日，市委书记陈龙带领市相关部门负责人到婺城考察重大项目建设情况。

11日，区政府召开二环西路优化改造座谈会。区长黄国钧，常务副区长王建中，副区长赵燕华参加座谈会。

12日，省发展改革委副巡视员张国云带队省督查组到婺城区检查“三改一拆”“五水共治”小城镇环境综合整治。

13日，全区召开领导干部大会，传达学习《关于陈元宝恶势力犯罪集团案件及其背后的腐败和“保护伞”问题的通报》精神，强化警示教育，深化以案促改。区四套班子领导、法检两长等参加会议。

17日，全市召开领导干部警示教育大会，婺城区四套班子领导参加。

24日，婺城区老年人体育活动中心举行开馆仪式。

婺城区概况

建置 区划 人口

·建置沿革

【概况】 金华市婺城区地域为禹贡扬州之地。春秋时属越国,其中原汤溪县地域属姑蔑国。战国楚威王七年(前 333)灭越为楚地。秦王政二十五年(前222)置会稽郡乌伤、太(大)末县,其地分属两县。新莽建国元年(9)改乌伤为乌孝。东汉建武元年(25)复名乌伤,隶扬州。初平三年(192)分乌伤县西南地置长山县,为长山县县治,以境内长山而得名(长山或称常山,即金华山)。三国吴宝鼎元年(266)分会稽郡西南部置东阳郡,以地处縠水(今衢江)之东、长山之阳得名。郡治设长山县。南朝宋孝建元年(454)属东扬州。永光元年(465)仍属扬州。此后,东扬州五废五置,郡属相随。梁绍泰二年(556)就东阳郡置缙州。陈天嘉三年(562)省缙州复东阳郡,后改金华郡。隋开皇九年(589)改东扬州为吴州,废金华郡;改长山县为吴宁县;废太末县分入吴宁、信安二县。隋开皇十二年(592)吴宁县改称东阳县。隋开皇十三年(593)废郡改置婺州,盖因“其地于天文为婺女之分野”而得名,为州治之所。隋开皇十八年(598)东阳县更名金华县。大业元年(605)改吴州为越州。大业三年(607)废婺州复置东阳郡。唐武德四年(621)复称婺州。同年,以太末故地复置太末县,分金华县为金华、长山二县。唐武德八年(625)废长山县复入金华县,废太末县入信安县。垂拱四年(688)改金华县为金山县。神龙元年(705)复名金华县。天宝元年(742)改婺州为东阳郡。乾元元年(758)复称婺州。五代后晋天福四年(939)改称婺州武胜军。宋淳化元年(990)改称婺州保宁军。元至元十三年(1276)置婺州路,为路治。十四年(1277)于大云乡(金华城区)置录事司。至正十八年(1358)朱元璋攻取婺州,改婺州路为宁越府。二十年(1360)改称金华府。明成化七年(1471)析金华、兰溪、龙游、遂昌四县边境之地置汤溪县,以附近有汤塘得名,属金华府。清沿明制,金华、汤溪二县仍属金华府。民国元年(1912)2 月,废府,实行省、县两级制。民国3 年(1914)5 月,置金华道。民国 16 年(1927)4 月,废道,直隶于省。民国 21 年(1932)6 月,改设浙江省县政督察专员办事处第八区,9 月改为浙江省行政督察专员办事处第六区。民国 24 年(1935)8 月,改设兰溪区(公署兰溪)。民国 25 年(1936)2 月,改为第四行政督察区,公署兰溪。民国 36 年(1947)10 月,改为第五区。民国 26 年(1937)4 月,移驻金华。民国 32 年(1943)5 月,专署驻宣平县(今武义县)。民国 36 年(1947)10 月,属第五区,专署驻衢县。民国 37 年(1948)4 月,调整为第三行政督察区,驻金华,8 月改为第八区。

1949 年 5 月 7 日金华解放,8 日汤溪解放,10 日成立金华市军事管制委员会和汤溪县军事管制委员会,17 日成立汤溪县人民政府,18 日成立金华县人民政府,两县均隶属浙江省第八行政区。同年10 月 10 日浙江省第八行政区改名金华专区,公署驻金华县。10 月 20 日,析金华县城区建立金华市(县级)。1950 年 5 月 15 日撤销金华市,并入金华县。同年9月27日,金华专区改称金华区。1951年7月20日复设金华市。辖3个镇公所,36个居委会。1953年5月21日,金华市改为省辖市,仍由金华专员公署领导。1955年2月,金华区复称金华专区。1958年2月21日,撤销中共金华市委,归金华县委领导,保留市人委,市仍为一级行政机关。同年9月5日,撤销汤溪县并入金华县。1960年3月12日,湖镇人民公社从衢县划归金华县。1962年12月22日,国务院批准撤销金华市,并入金华县。1968年4月,改金华专区为金华地区。1979年9月10日,国务院决定恢复金华市,未实施。1981年1月14日,国务院批准撤销金华县并入金华市,下辖3个街道,69个公社。1983年9月13日湖镇区划归龙游县管辖。

1985年5月15日,国务院批准撤销金华地区,金华市升为地级市,原县级金华市地域分设婺城区和郊区。7月26日,中共金华市委宣布将金华市城区和近郊13个乡划给婺城区。12月23日,撤销郊区复置金华县。

1994年4月6日,中共金华市委、市政府作出婺城区机关部分部门与市机关合署办公的决定,除区人大和公安局、检察院、法院、人武部外,其余机构均纳入市、区合署办公体制。

2000年12月30日,国务院批准撤销金华县,设立金华市金东区,将原金华县雅畈等14个乡镇划归婺城区,原婺城区的仙桥、多湖、东孝3个乡镇划归金东区管辖。婺城区与市机关合署办公体制也随之结束,重新按照区一级党政机构的规范工作。

2013年10月,根据市委、市政府《关于完善金华经济技术开发区和金西经济开发区管理体制的意见》,两个开发区成建制整合,管理机构实行"一块牌子、统一对外,一套班子、统筹管理"。同时,保留金华高新技术产业园区和金西经济开发区牌子。原由金华经济技术开发区、金西经济开发区托管的乡镇(街道)由整合后的金华经济技术开发区托管,包括三江街道、江南街道、西关街道、秋滨街道、苏孟乡、汤溪镇、罗埠镇、洋埠镇,面积253.86平方千米。

2015年7月6日,金华山正式推出"大金华山"概念,设立金华山旅游经济区管理委员会。婺城区罗店镇、金东区赤松镇和新狮街道7个行政村,将由金华山旅游经济区全面托管。金华山旅游经济区管理委员会是金华市政府直属单位,将与金华双龙风景旅游区管理委员会、金华双龙风景名胜区管理委员会合署办公。这三块牌子将变成一套班子、统一管理。这是一个以经济旅游开发为重点的新区,区域面积有150平方千米,其中涵盖了双龙景区79.7平方千米的规划区。

·行政区划与人口

【行政区划】 婺城区辖9镇9乡9街道(其中3镇1乡4街道由金华经济技术开发区托管),110个社区居民委员会,317个村民委员会、区域内有国家级金华市经济技术开发区、省级婺城新城区、双龙风景区、仙源湖旅游度假区。全区土地总面积1391.24平方千米。

【人口】 截至2019年年末,全区户籍人口65.49万人,流动人口36.9万人。区属户籍管理人口38.91万人。其中男性19.39万人,占总人口的49.83%;女性19.52万人,占总人口的50.17%;全年出生人口3780人,人口出生率为9.72‰,死亡人口2384人,死亡率为6.13‰,人口自然增长率为3.59‰。

2019年,区属有60周岁以上老年人90758人,占全区总人口的23.35%。至年底,百岁以上老人18人,年龄最大者104岁。

地理环境

【位置面积】 婺城区地处浙江省中部,金华市中西部。东连金东区,南接武义县,西南与丽水市遂昌县接壤,西与衢州市龙游县毗邻,北与兰溪市交界。介于北纬28°44′~29°15′、东经119°18′~ 119°46′之间。东西长45千米,南北宽55千米。距省会杭州市135千米(径距)。土地面积1391.24平方千米,约占浙江省总面积的1.36%。婺城区是金华市辖区,金华市人民政府驻地,浙中城市群中心城市的核心区块。区人民政府驻宾虹西路2666号。

【地形地貌】 婺城区地处金衢盆地中段,地势西南与东北高,中部低。婺城区地跨浙西大复向斜与浙南变质地体两个Ⅱ级构造单元。由于两个构造单元地质历史演化截然不同,因而地层、岩性也不尽相同,大致以江山—绍兴深断裂为界,以北为江南地层区,以南为华南地层区。

江南地层区 属于扬子准地台的一部分,也称浙西台皱带,在地质历史时期经过一系列凹陷与隆起而形成的格局。一般地说,江南地层区,在整个古生界,地壳下沉,接受沉积,有页岩、灰岩、砂岩等浅海相沉积建造,主要分布于金华山。进入中生界后,该区地壳褶皱上升,仅在局部凹陷带有陆相沉积建造,主要分布于金华山及金衢盆地北缘。中生代侏罗系后期,地壳运动加剧,形成大片火山岩覆盖和大量侵入岩。白垩系及其后期,地壳岩石经历了强烈剥蚀,在盆地北缘与南缘有红色砂岩沉积。新生界,又经燕山运动、喜马拉雅运动的影响,形成多峡谷小盆地、地面起伏较大的现代河谷地貌以及喀斯特地貌发育的特色。

华南地层区 属于华南地槽褶皱带一部分,也称浙东华夏褶皱带,在元古界有古老变质岩系和灰岩零星分布,主要出露于塔石乡一带。在中生界,该区属于稳定上升地区,整个地表都被火山岩系覆盖。侏罗系后期,地壳运动进一步加剧,有大量的岩浆活动,形成大片火山岩系覆盖和大量侵入岩,后经强烈剥蚀。这些火山碎屑岩和熔岩,主要分布于金华南山和盆地盆底南侧斜坡地带。新生界期,华南地层区在喜马拉雅运动影响下,局部地区有玄武岩喷发和覆盖,从而导致该区多浅小盆地的现代河谷地貌和火山造岩地貌的特色。

以金华江为中轴,向两侧呈阶梯式分布。地形根据绝对和相对高度、坡度可分为山脉、丘陵、平原三种不同类型。

山脉 高低起伏,坡度较缓,绝对高度在500米以下,相对高度一般在200米以下的为丘陵。绝对高度500~1000米的为低山。绝对高度1000~3500米的为中山。3500米以上为高山。其中,丘陵面积约364.46平方千米,占全区总面积的26.20%;低山面积162.89平方千米,占全区总面积的11.71%;中山面积33.98平方千米,占全区总面积的2.44%。

金华山 又称长山,俗称北山。主要绵延于区境东北部罗店、竹马两个乡镇的东北和北部。

金华山北连龙门山脉,由于墩头盆地的陷落和向东侵蚀,浦江盆地的不断向西侵蚀,遂形成龙门山脉两头隔离、中间相连的格局。

金华山南坡,自兰溪市至金东区伸展着一条长25千米、宽约1千米的石灰岩带,有大小溶洞50多个,有效面积大于1万平方米。这些溶洞洞景绮丽多姿,区境内可供旅游的有双龙、冰壶、朝真、桃源、仙瀑、二仙、讲堂等多个溶洞,其中双龙、冰壶、朝真三洞为国家级重点风景名胜区。

金华山西起兰溪市城区兰江东岸,东走经王大尖、白露尖、扁担岗,至兰溪市与婺城区界上的西坑岗。自此沿婺城区、兰溪市界东走6.5千米,经九龙山(海拔1245.2米),至金华城北东4°,距城15千米(方位、距离均以通济桥北堍为基点,下同)、海拔1312米的大盘山。复东北走11.5千米,经武平山(亦名玉壶山)、双尖(城北东15°,距城16千米,海拔1017米)、螺蛳尖出区境入金东区与兰溪市界上,续东走至兰溪、义乌、浦江三市县界上,北与龙门山北支相连,续东走沿浦江、义乌边界,至义乌市大陈江西岸,隔江与会稽山相望。以上为金华山干脉。

南山 区境内西南及南部诸山的统称,绵亘于塔石、沙畈、箬阳、莘畈、岭上、安地诸乡镇,呈西南—东北走向。由于新构造运动上升强烈,在流水侵蚀下,西南诸山,谷深坡陡,多千米以上山峰(50余座)。是白沙溪、厚大溪诸溪与瓯江水系的松阳溪、宣平溪的分水岭。向东北延伸,山势渐趋平缓,多呈块状丘陵。

南山属仙霞岭余脉,经遂昌县华表坑,至棋盘石北入区界,分支沿婺城区、遂昌县界西北延伸为鹅卵石大岗,至金鸡头隔梨树源与塔石乡东长坪(海拔1165米)相望。干脉沿婺城区、遂昌县界东北走3千米,过金竹湾,至区境内最高峰小金竹尖(海拔1336米),复北走1千米,有龙坑尖(海拔1328米),折东转东南走4千米,经白岩(海拔1250米)

至小龙葱尖(海拔1324米)。复前走4.5千米,经风门山(海拔1233米),出区界至遂昌县狮子岩。折东北至婺城区、武义县界上的龙潭背。自此沿婺城区、武义县界东北走,经大阳山(海拔1320米)、大坞尖(海拔1180米)、茶园头(海拔1203米)和横岗岭(海拔1048米),于林坑尖(海拔1151米)入武义县。经龙门亭,至婺城区与武义县界上的八县尖(海拔964.2米)、鲤鱼尖、宣家岭和高塘顶,隔武义江与武义县焦岩相望。

丘陵 海拔70~500米,坡度15°~25°的丘陵地364.46平方千米,占全区总面积的26.20%。主要分布在:

一、西起婺城区与龙游县界上,东至白沙溪左岸,南自莘畈乡、琅琊镇一线,北至浙赣铁路南北,包括汤溪镇中南部、琅琊镇北部、蒋堂镇大部、白龙桥镇西北部。地势呈南北走向,丘岗与溪谷相间。土壤以网纹红土发育而成的黄筋泥为主,面积约180平方千米,为全区最大的丘岗区。

二、西以白沙溪,北起山嘴头,东至雅畈镇西大路的三角地带,包括琅琊镇东北部、长山乡中北部、安地镇北部、雅畈镇中北部和苏孟乡及秋滨街道的中南部。多呈馒头状浑圆低丘地貌。大黄山一带为冰碛阶地,土壤以红紫色砂页岩发育而成的紫色土为主,面积约150平方千米。

三、自城北街道的洪源、杨梅山向西北,沿金兰北线,至竹马乡姜僪一线东北,包括城北街道北部、新狮街道和罗店镇南部、竹马乡东北部。多为自北而南的低岗与溪谷相间地形,其中杨梅山和洪源一带为冰碛阶地,冲沟由山顶向四周网状延伸。土壤以红沙土为主,面积约40平方千米。

平原 海拔70米以下,横向坡度一般小于10°,主要由江河冲积而成。面积约315平方千米,占全区面积22.64%。主要分布于以下三片:

一、三江冲积平原。东起东关大桥以下义乌江两岸,南自武义江左岸的雅畈镇,西至环城西路。包括城东、城中、江南、三江诸街道全部,城西、西关两街道东部,城北街道南部,雅畈、苏孟两乡镇的东北部。地势略有起伏,海拔多在45米左右,面积约90平方千米。

二、城西冲积平原。环城西路以西的金华江两岸。包括右岸的城西街道西部,乾西乡全部,竹马乡西南部。境内有乾溪、盘溪自东北向西南蜿蜒曲折流贯其间,并有西湖、下湖、长湖等金华江故道残迹湖。地势低平,海拔多在40米以下。左岸东起环城西路,西至西溪,北止于婺城区与兰溪市界。包括白龙桥镇全部,长山乡北部。地势低平,其中白龙桥镇雅苏,海拔31米,为全区最低点。漪溪、桐溪、白沙溪、西溪自南而北流贯其间,沿溪有大小不同的溪谷平原与平畈。面积约120平方千米。

三、衢江冲积平原。西起婺城区与龙游县界上,东北止于婺城区与兰溪市界上,东南大致沿浙赣线和黄路溪。包括洋埠、罗埠两镇全部,汤溪和蒋堂镇北部。有莘畈溪、厚大溪、黄路溪自南而北流贯其间。海拔多在40米左右。面积105平方千米。

【水资源】 婺城区江河属钱塘水系,有钱塘江一级支流衢江、二级支流金华江及其上游义乌江和支流武义江。流入以上4江的溪河,10千米以上的有18条。诸溪下游和四江沿岸,水网交织,水利称便,唯受地形和气候影响,溪河之水暴涨暴落,山丘易旱,水土流失比较严重,河床淤积,沙洲迭见。

金华江 义乌江与武义江于燕尾洲汇合后称金华江,亦称婺江、婺港。通济桥以上亦称双溪。唐严维诗“明月双溪水,清风八咏楼”,宋李清照《武陵春》“闻说双溪春尚好,也拟泛轻舟”均指此。

双溪西流,穿通济桥,过金虹桥、双龙大桥、河盘大桥,越橡皮坝至婺江大桥,转向西北流,经筱溪、石柱头,至雅苏北出境入兰溪市,至马公滩与衢江汇合后称兰江。

双溪西南别出为龙渎,穿过城南大桥,沿五百滩南缘西流,至河盘桥复入金华江。

金华江自燕尾洲至雅苏出区境,长15千米。河床宽140~300米,水深1.7~4米,比降0.43‰。沿岸地势低平,水网交织,是全区水稻主要产区。有10千米以上溪流6条汇入:

玉泉溪 发源于苏孟乡西南部石人坑,北流经朱店过清江塘入湖海塘,出湖海塘至金华职业技术学院院区和茶花公园园区的金大塘和馒塘,复北流过湖海塘电站,沿磐安街北流于西关汇入金华江。

全长14.5千米。

漪溪 发源于长山乡猴岭，北流经上溪、石门，过白龙桥镇黄碧塘，于邵家埠头西北汇入金华江。长16千米。

桐溪 发源于长山、安地、沙畈三乡镇界上的太平尖，曲折北流，经桐溪、长山、邵村，过白龙桥镇龙蟠、怡村、塌水桥，于下潘家入金华江。长22千米。

乾溪 发源于罗店镇西湖，南流过鹿田水库，至前庄头，经后园、溪塍至乾西乡黄桥头，转西流经竹马乡谢村，转西南流，于坛里郑南入金华江。长20千米。

白沙溪 曾名白龙溪，发源于武义、遂昌两县界上的狮子岩。南流过门阵入沙畈乡小洋坑，续北流经芝肚坑至柿树岭入沙畈水库(中型)，出沙畈水库，北流经岭脚、周村、山脚，于皂里入金兰水库，出水库经琅琊徐、高田塍，北流经新昌桥、白龙桥、临江，于后杜叉东入金华江。全长65千米，区境内长55千米。汇入白沙溪的支流有2条：银坑溪发源于沙畈乡与遂昌县界上的小龙葱尖，北转东流，经银坑，于黄坛井西入白沙溪，长10千米；左别溪发源于沙畈乡大坞头南与遂昌县界上，北转西流，经水碓基、黄家田，于半溪西入白沙溪。长14千米。

盘溪 发源于罗店镇九龙山，西南流过洞前，至西旺入双龙水库，出水库经罗店，至罗大门西南入竹马乡竹马馆，转西流入乾西乡，经栅川入兰溪市，于烟溪西入金华江。全长17.5千米，区境内约15千米。

义乌江 为金华江之上游，亦称东港、义乌港，古称乌伤溪。源出磐安县龙鸟尖，经东阳、义乌、金东三区市，过东关大桥入区境，沿清风公园西流，过宏济桥，复西流于八咏公园、婺州公园与燕尾洲之间，至通济桥东与武义江汇合。义乌江自东关大桥入境，至通济桥长2.22千米，河床宽约350米，水深1~6米，比降0.3‰，两岸公园和民居相间。区境内汇入义乌江溪流有通元溪。

通元溪 发源于罗店镇盘前，南流经弹子下，过里宅入新狮街道山下吴水库(小型)，出水库至山下曹，折东流至唐村南复南流，经沙溪、车头、道院塘，入城东街道，穿越浙赣铁路、人民东路，于清风龙头东汇入义乌江。长17千米。

武义江 为金华江最大之支流，亦称永康江、永康溪、武义港。源出武义千丈岩，经缙云、永康复入武义县，于金东区焦岩东2千米处入区境，曲折西流，至寿溪转东北流，过国湖电站转北流，至竹园东转西流，接纳梅溪后沿苏孟乡北流，过豪乐、洪坞、李渔、金婺诸大桥，至燕尾洲与义乌江汇合。

武义江自焦岩入境至燕尾洲，长25千米，河床宽100~300米，水深2~3米，国湖以下比降0.65‰，金东区横店以下河道几分几合，沿岸平原渐见，梅溪口以下平原连片，进入三江平原。汇入10千米以上溪流(不计右岸金东区汇入溪流)有：

寿溪 发源于雅畈镇与武义县壶山街道界上的鲤鱼尖，北流经大山、罗芳埠，于寿溪北入武义江。长28.5千米。

梓溪 发源于雅畈镇东坞南与安地镇界上，北流经下新屋、宜山，于雅畈北入武义江。长14.5千米。

梅溪 发源于箬阳、沙畈两乡与武义界上的平顶坑，东北流经瀛头至武义县龙潭，复东北流入箬阳乡，经琴坛至安地镇山道、黄泥岗转北流，经郑宅，于小同北入安地水库(中型)。出水库经安地至苏孟，沿苏孟和雅畈两个乡镇边界流至金桑园东南入武义江。长54千米。安地水库以上比降10‰，安地水库以下比降3.3‰。汇入梅溪的支流有3条：外畈溪发源于箬阳乡上罗坪，至安地镇外畈汇入安地水库，长约14千米；上干溪发源于安地镇与沙畈乡界上的横路山，东北流经文明、项村、上干口，于安地西南入梅溪，长12千米；雅干溪发源于安地镇与武义县界上的彭公尖东南麓，北流经和村、雅干、郭村，至下傅西北汇入梅溪，长15千米。

衢江 又称信安江，古称榖水。源出安徽省休宁县青芝埭尖。经开化、常山、衢州、龙游等县市，于洋埠西入境。沿洋埠、罗埠两镇和兰溪市游埠镇边界流，至罗埠镇后张北出区界入兰溪市，区界上长11千米，宽250~450米，水深3~6米，比降0.3‰，为婺城区与兰溪市之界河。沿江和汇入衢江的莘畈、厚大两溪下游有广阔的冲积平原，是全区主要水稻、棉花、甘蔗和淡水鱼产地。

莘畈溪 又名西源，亦称兰源。源出塔石乡青莲山，向北穿流于高山峡谷之中，经井上至莘畈乡井下，过学岭头注入莘畈水库(中型)，出水库经姓李,至祝村北入汤溪镇,复北流,经曹界、寺平,至中祝北穿越浙赣铁路入洋埠镇,北转东流于罗埠镇黄稍与厚大溪汇合。

莘畈溪原在洋埠镇下徐,穿万年桥后分两支,一支名鹅头颈,北流1千米入衢江,后已堵塞。莘畈溪长43千米,上游水流湍急,出莘畈水库至洋埠镇盛村比降3.3‰,盛村至黄稍比降1.5‰。汇入莘畈溪的牛桥溪发源于汤溪镇里金坞东南,经戴家、牛桥,至萧家北入洋埠,于盛村北汇入莘畈溪。长12千米。

厚大溪 一名南源,又名塔石溪,源出塔石乡与遂昌县界上的白岩。曲折北流,经里大茗、山坑、塔石,于东店北入岭上乡。复北流,经岭上、黄岩孔、蒋畈,至汤溪镇陶寺,过厚大、蒋村、派溪李北入洋埠镇,于罗埠镇黄稍与莘畈溪汇合后转北流,至董家北注入衢江。全长57千米。自源头至厚大,水流湍急,两岸石岩嵯峨,比降10‰,厚大以下比降3.3‰。

根据金华市水文及水文地质条件,婺城区地下水类型属于一般山丘区,河床切割较深,河床基流量已汇集了地下水排泄量的绝大部分。因此山丘河川基流量即作为地下水资源量。2015年,婺城区地下水资源量2.715亿立方米,比常年值2.4139亿立方米偏多12.5%。

【矿产资源】 婺城区主要金属矿产有锡、多金属、辉钼矿、铅锌矿和金等。非金属矿产有石灰岩、建筑石料、建筑沙砾、沸石、珍珠岩、萤石、砖瓦用页岩和花岗岩。

金属矿

锡 分布于南部的安地镇和村的仁坑垄、沙畈乡黄炫、箬阳乡岭后,有4个矿点,均属锡石—石英脉型高温热液矿床。20世纪60年代中期、80年代早期地质部门做过踏勘调查,规模偏小。

多金属 有安地镇和村、金岭庵,沙畈乡黄石玄、芝肚坑和塔石乡苏坑等5个矿(化)点。矿床成因属高中温热液及矽卡岩型,矿体呈脉状或透镜状,充填于花岗岩体节理中,个别产于岩体外接触带,规模小,品位低,无工业价值。

辉钼矿 位于沙畈乡银坑村,产于花岗斑岩中,呈细脉状充填于裂隙内,钼矿平均含钼0.04%,品位低,未开采过。

铅锌矿 分布于沙畈乡银坑、塔石乡高田、南坑等地,有4处矿产地,矿床成因属高中温热液型,银坑为小型矿床,其余均为矿点或矿化点。银坑铅锌矿为一小型富铅锌矿,伴生铜钼及银可综合利用,矿脉之主要地段已为前人采空。

金 仅有汤溪镇曹界一处,系地质部门于20世纪80年代初发现,规模小,品位低,无工业价值。

非金属矿

石灰岩 金华山南坡自兰溪市洞源至区境九龙长9千米,预测储量2亿吨。九龙、玲珑岩等处探明储量近5000万吨。

建筑石材 分布广,开采点多,重点分布在雅畈镇。采石层位主要为上侏罗纪西山头组熔结凝灰岩,石材质量以雅畈镇南干、铜山一带为最佳,常用于路基、房基或铁路道砟制作碎石等工程建筑。

建筑沙砾 分布甚广,主要分布在洋埠、琅琊、安地、汤溪、白龙桥镇等地的衢江、金华江、武义江、厚大溪、梅溪和白沙溪之低河漫滩或河床浅滩上,经大量开采之后,日益枯竭。

沸石、珍珠岩 分布在岭上乡黄岩孔一带,矿区范围达30平方千米,含丝光沸石和斜发沸石,矿化有5个层位,以第二层较佳(西山头组顶部)。矿层厚度10~50米,一般20~30米,吸钾量5.95~15.5毫克/克,吸铵值54~186.2毫摩尔/100克,折合丝光沸石48%。沸石常伴珍珠岩,但膨胀系数较低。沸石与珍珠岩矿在小规模开发利用。

萤石 主要分布在安地镇喻斯、凤凰山,琅琊镇大岩和汤溪镇里金坞一带。汤溪镇里金坞萤石矿探明储量103万吨,深部控制长度700米,平均厚度4.37米,平均品位60.38%。70年代开始,陆续开采至2004年2月发生塌陷事故后,即予封井,结束采掘。琅琊镇大岩、安地镇凤凰山、于山垅、竹坞、荣坑、麻车、白峰、岩石背、枇杷弯、横栏下等10处小型矿山,除大岩硐矿、凤凰山硐矿超过10万吨外,其余矿点储量一般在3万~5万吨之间,安地镇所有萤石矿点于2006年结束采掘。雅畈下店、团盘岭,安地郑宅发现有萤石矿点。经多年开采,萤石资源已所剩无几。

砖瓦用页岩 分布在白龙桥、蒋堂、汤溪镇一带,储量丰富。

花岗岩　分布于南部沙畈乡、塔石乡一带,沙畈乡芝肚坑花岗岩矿于20世纪80年代做过勘查,当地曾作小规模开采。

【土地资源】　婺城区山地丘陵地质构造复杂,地层岩性多样,岩石种类繁多。主要成土母质有白垩纪方岩组的暗紫砂页岩、紫红砂页岩、砾岩、砂岩、石灰岩、第四纪的红色黏土、侏罗纪的凝灰岩、流纹岩及燕山运动晚期的花岗岩、花岗斑岩等。山地土壤分成红壤、黄壤、石灰岩土、紫色土4个土类、9个亚类、18个土属、43个土种。四大土壤种类中红壤占63%,黄壤占20%,紫色土占15%,石灰岩土占2%。红壤黄壤具有黏、酸、瘦等主要肥力特征,旱季保水性差,不适于作物高产,主要适于种植茶、竹、果等经济特产及玉米、甘薯等旱粮作物。

2019年,金华市下达垦造耕地任务数共76.67公顷,垦造耕地验收138.87公顷,完成率181%;下达垦造水田(含旱改水)任务52公顷,验收垦造水田(含旱改水)161.13公顷,完成率309%;下达建设高标准农田任务1466.67公顷,开工建设高标准农田项目(含已竣工)1262.67公顷,完成率109%;下达农村土地综合整治任务6.93公顷,验收农村土地综合整治项目4个10.13公顷,完成率146%;下达耕作层剥离再利用任务6.67公顷,完成耕作层剥离再利用面积11.53公顷,完成率173%。全面验收石道畈全域土地综合整治工程农田整治区,验收新增水田191.33公顷,“旱改水”41.4公顷,耕地质量提升83公顷,建成高标准农田316.33公顷。

【水文水情】　2019年1月1日至10月15日,全区累计降雨量1642.6毫米,较2018年同期(1231.9毫米)偏多33.34%,较常年同期(1449.7毫米)偏多13.31%。6月17日入梅,7月17日出梅,梅雨期30天,较常年偏多8天。梅雨期共出现6轮强降水过程,全区梅雨量471.6毫米,较常年梅雨量(253.5毫米)偏多近九成。出梅后,多晴热高温少雨天气,高温(日最高气温35℃以上)日数总计41天。台汛期,第9号台风“利奇马”、18号台风“米娜”对婺城区有影响。8月9—11日,受第9号台风“利奇马”影响,婺城区出现强降雨,全区平均面雨量148.4毫米,其中降雨量最大为罗店镇北山测站436毫米,降雨量超过300毫米的测站有11个。9月30日至10月1日,受第18号台风“米娜”外围环流影响,出现一次风力增大和降水过程,全区平均面雨量4.5毫米。

【气候】　2019年,婺城区总体气候特点是:气温偏高、降水量偏多、日照偏少。婺城城区年平均气温18.9℃,比常年偏高1.1℃;3月10日入春、5月21日入夏、10月14日入秋、12月2日入冬。年降水量1754.6毫米,比常年偏多308.9毫米。6月17日入梅,7月17日出梅,梅雨期累积降水量异常偏多。年日照时数1656.0小时,比常年同期偏少1成。年内连阴雨、强对流、梅雨期暴雨、台风、高温、干旱等对生产、生活造成一定的不利影响。

2019年婺城城区气候情况表

表2

积温(℃)	积温距平(℃)	平均气温(℃)	气温距平(℃)	雨量(毫米)	雨量距平(毫米)	雨日(天)	雨日距平(天)	日照时数(小时)	日照距平(小时)	最高温度(℃)	日期(月/日)	最低温度(℃)	日期(月/日)
6317.3	−191.7	18.9	1.1	1754.6	308.9	143	−12.2	1656.0	−167.7	39.2	7/30	0.4	1/27

2019年,婺城城区平均气温为18.9℃,比常年同期偏高1.1℃。年极端最高气温39.2℃(7月30日),年极端最低气温0.4℃(1月27日)。从各月分布来看,除了7月平均气温偏低外,其他各月平均气温均为正常或偏高,表现为夏季不太热,冬季不太冷。

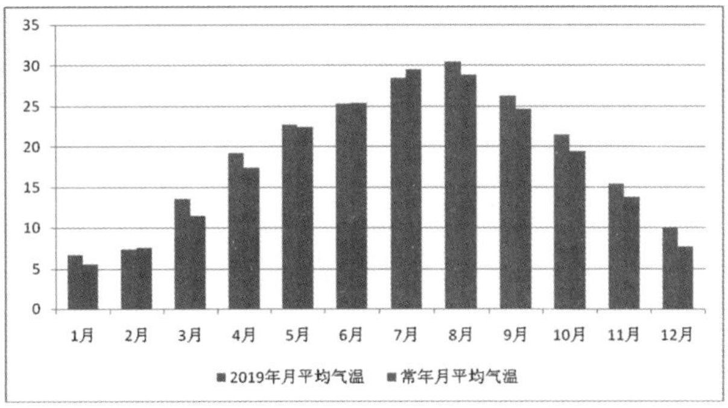

2019 年婺城城区月平均气温变化图

（单位:℃）

全区各区域自动站 2019 年年平均气温为 12.3℃~19.1℃，最高为乾西，最低为北山，具体年平均气温分布如下图：

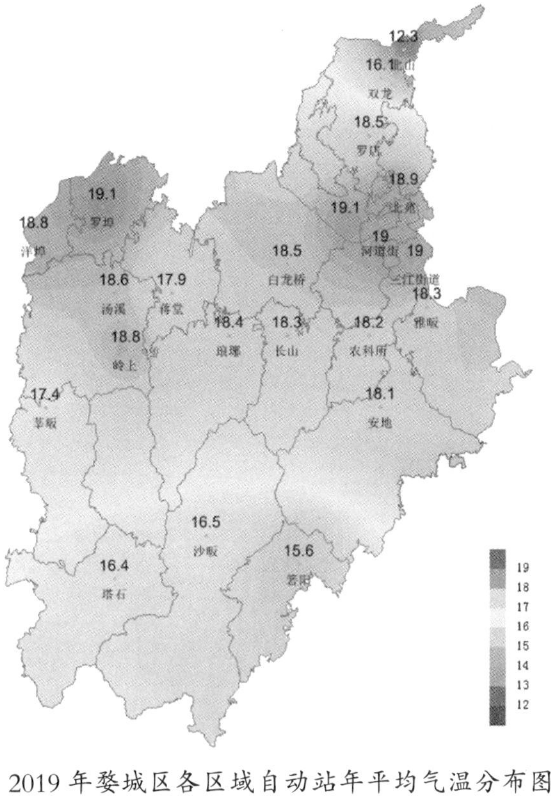

2019 年婺城区各区域自动站年平均气温分布图

（单位:℃）

2019 年，婺城城区年降水量 1754.6 毫米，与常年相比，偏多 308.9 毫米，为 1953 年以来第八多，其中 7 月降水量 422.9 毫米，突破历史极值(第二多为 1997 年 7 月，降水量为 354.2 毫米)。全年总雨日 143 天，偏少 12.2 天。从各月降水量分布来看，受连阴雨、梅雨影响，1—3 月、7 月降水量均多于常年；而 8—10 月降水量明显偏少，出现涝旱急转，干旱显现，部分地区出现供水紧张；12 月降水量较常年偏多，缓解 9 月以后持续的干旱。

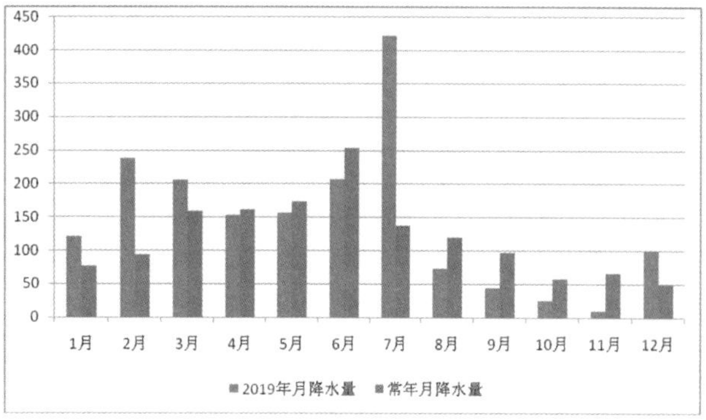

2019 年婺城城区月降水量变化图（单位:毫米）

2019 年，全区各区域自动站年降水量为 1598.1~2521.0 毫米，最大雨量出现在北山，最少出现在金二中，具体年降水量分布如下图：

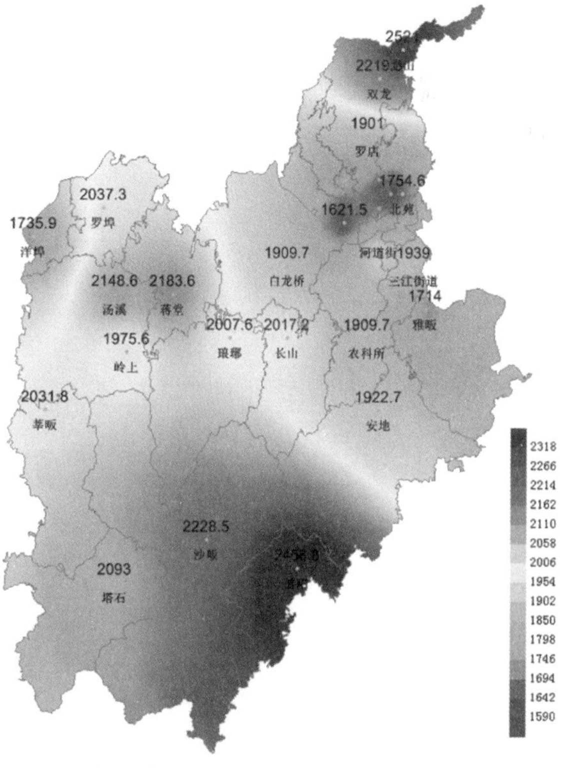

2019 年婺城区各区域自动站年降水量分布图

（单位:毫米）

2019年,总日照时数1656.0小时,比常年同期偏少1成。其中1—3月全区出现了罕见阴雨寡照天气,累计日照时数仅为200.9小时,较常年偏少3成,位居历史第三。

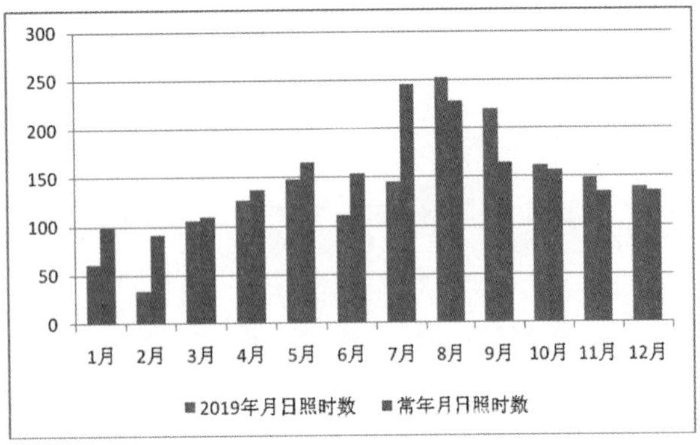

2019年婺城城区月日照时数变化图(单位:小时)

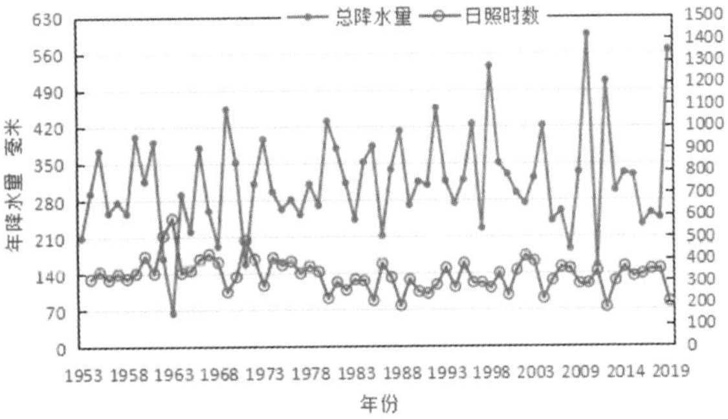

婺城城区历年1—3月降水、日照变化曲线

2019年1—3月全区出现罕见阴雨寡照天气,婺城城区雨量565.2毫米,较常年偏多7成,位居历史第二(仅次于2010年594.3毫米),日照200.9小时,较常年偏少3成,位居历史第三(2012年177.1小时、1988年185.5小时),雨日多达60天,破历史纪录。长时间多雨寡照天气导致农田土壤过湿、病虫害滋生,蔬菜、水果生长影响大,连续阴雨亦对人们生活造成较大影响。

【气象灾害】 2019年第9号台风"利奇马"8月10日凌晨在台州温岭城南镇登陆,登陆时强度为超强台风,为新中国成立以后登陆浙江省第三强台风(仅次于0608号"桑美"和5612号台风);并于10日9—12时穿过金华市东部(磐安、东阳)。

受其影响,全区普降暴雨到大暴雨,局部特大暴雨,大于200毫米的站点有3个,最大累积雨量为北山334.9毫米;并伴有大范围大风,北山风力最大达21.6米/秒(9级)。此次台风造成全区直接经济损失1331万元。

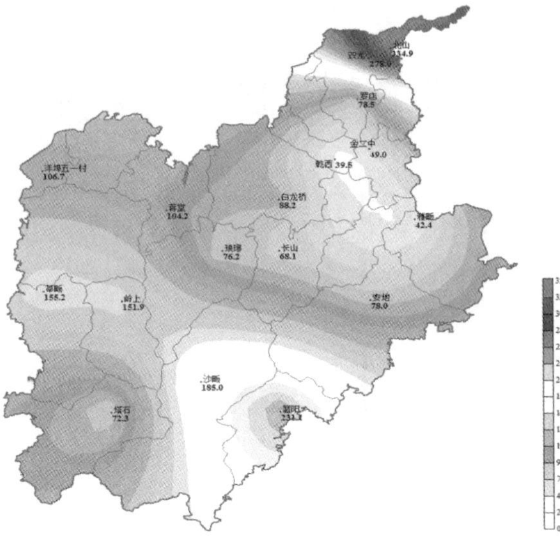

"利奇马"台风影响期间累积降雨量分布

台风吹断树木

2019年,全区6月17日入梅,7月17日出梅,入梅出梅均较常年偏迟7天。梅雨期间气温明显偏低,出现过6次明显的降水过程,全区平均梅雨量540.8毫米,其中城区梅雨量532.3毫米,较常年偏多87.2%,居历史第3位。

2019年,婺城城区≥35℃高温日数有46天,≥37℃高温日数有15天,极端最高气温39.2℃,未出现40℃以上高温。高温日数偏多,出现时间偏迟,高温强度不强。高温时段主要集中在7月下半月到8月,总体感觉2019年夏天不太热。

2019 年，秋季初冬雨水明显偏少，9 月 7 日至 12 月 18 日期间，婺城雨日仅 12 天，雨日较常年偏少 19.2 天，与 1979 年并列位居第一；降水量 42.7 毫米，雨量较常年偏少 8 成，破历史纪录；不少地方出现严重的气象干旱，部分农作物受旱，蔬菜等播种育苗等进度受阻推迟，气象部门开展多次人工阵雨作业。

婺城部分晚稻干旱枯死

2019 年，3 月 20—21 日、4 月 23—24 日、5 月 14—15 日出现 3 次不同程度不同影响范围的强对流天气，强对流引发雷雨大风、短时暴雨，局部或伴有冰雹，部分农业设施受损，交通通信等亦有一定不利影响。

婺城城区 2019 年平均气温 18.9℃，比常年偏高 1.1℃，为第 23 个持续偏高年份，位居历史第 5，全年各月平均气温除 2 月、6 月、7 月外均偏高。

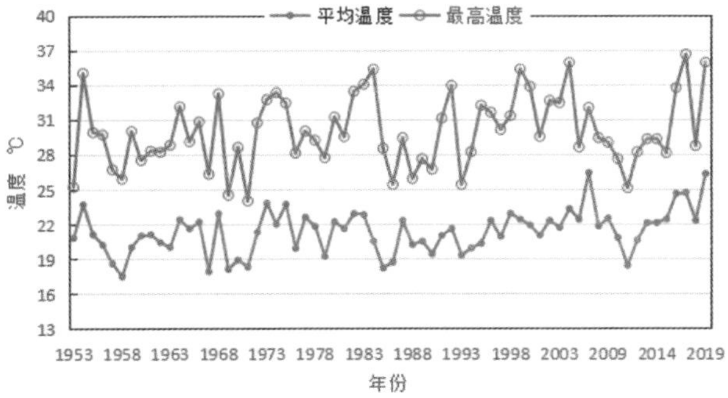

1953 年后婺城城区历年年平均温度变化曲线图

2019 年 10 月 1—7 日，婺城城区平均气温 26.3℃，较常年同期偏高 5℃，位居历史同期第二(2007 年 26.4℃)，10 月 3—4 日，大部分地区出现≥35.0℃的高温天气，日最高气温位 35.9℃，居历史第二。

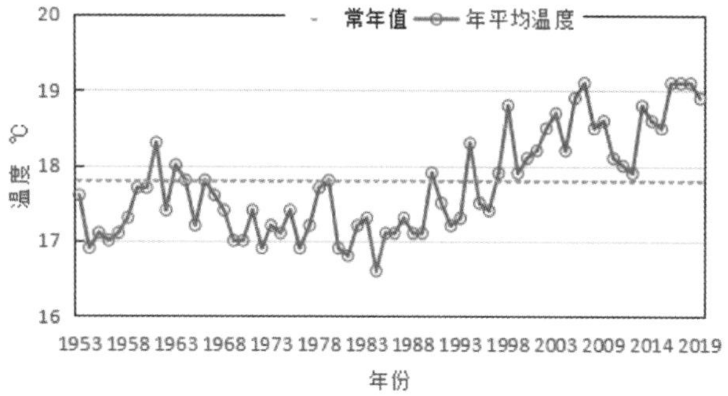

1953—2019 年婺城城区国庆假期平均气温、最高气温变化曲线

(张小泉)

【生物资源】 婺城区生物资源丰富，气候温暖，适宜各种动植物生存。

植物资源 婺城区境属亚热带常绿阔叶林植被地带，按海拔可划分四类：海拔 400 米以下以马尾松和常绿阔叶林为主，主要由松、杉、茶、果等人工栽培树种和次生灌丛组成；海拔 400~800 米，以常绿阔叶林和杉木林、竹林为主，主要树种有松、杉、青岗、木荷、白砾、苦槠、石砾、枫香、浙江楠、大叶榆、牛筋树等；海拔 800~1000 米，以常绿落叶混交林和落叶阔叶林为主，主要树种有黄山松、柳杉、白砾、茅栗、化香、冬青、石楠、三尖杉、红花油茶等；海拔 1000 米以上以灌丛、草丛为主。

全区植被类型分阔叶林、针叶林、灌丛、草丛 4 个植被型组；常绿阔叶林、竹林、暖性针叶林、温性针叶林、常绿混交林、落叶混交林、落叶阔叶林、灌木林、草丛 9 个植被型和 18 个群系。植物种类有 161 科 1500 多种，其中森林树种 83 科 439 种，毛竹 8 属 34 种 2 个变种 2 个变型，草本植物约 70 科 300 余种，农作物品种资源 800 余种。

全区植物资源丰富，不计常年栽培的粮、棉、油、茶、果和野生的藻、菌、蕨、苔藓、地衣等种类在内的主要植物有 148 科 971 种，其中，裸子植物门 9 科 44 种；被子植物门 139 科 927 种，其中双子叶植物纲 113 科 761 种，单子叶植物纲 26 科 166 种。有常见野生蔬菜 39 科 68 种。列为国家和省级重点保护的,有南方红豆杉、银杏、金钱松、竹柏、福建柏、鹅掌楸、香果树、浙江楠、半枫落、榉树、花榈木、半枫荷、天竺桂、杜仲、凹叶厚朴、青檀、珙桐、短穗竹等近20种。东方红林场被列为浙江省“油桐育种程序系列研究”项目试验基地。

动物资源 区境内动物资源计92科340种。其中无脊椎动物5科35种;脊椎动物中鱼类11科42种,两栖类6科18种,爬行类8科27种,鸟类40科137种,兽类22科81种。国家一级野生保护动物有云豹、豹、黑麂、白颈长尾雉(鸟类)4种。国家二级野生保护动物有猕猴、穿山甲、豺、水獭、小灵猫、原猫、鬣羚、鸳鸯、鸢、赤腹鹰、雀鹰、松雀鹰、红隼、领鸺鹠、斑头鸺鹠、草鸮、短耳鸮、白鹇、虎纹蛙等。列为国家三级保护动物的有虎纹蛙、鸢、苍鹰、赤腹鹰、松雀鹰、普通鵟、乌毛脚鵟、勺鸡、灰鹤、草鸮(猴面鹰)、猫头鹰、黑熊、大灵猫、狸猫等。省级重点保护动物有狐、狼、貉、豹猫、鼬、獾、食蟹蟹、豪猪、毛冠鹿、凤头鸺鹠、中白鹭、白鹭、夜鹭、四声杜鹃、大杜鹃、小杜鹃、姬啄木鸟、黑枕绿啄木鸟、斑啄木鸟、星头啄木鸟、三宝鸟、虎纹伯劳、牛头伯劳、红尾伯劳、棕背伯劳、红嘴蓝鹊、喜鹊、松鹊、黑枕黄鹂、眼镜蛇、五步蛇、滑鼠蛇、黑眉锦蛇、平胸龟等。省级一般保护动物在区境内普遍分布,其中兽类有32种,包括刺猬、花面狸、黄鼬、黄腹鼬、狗獾、猪獾、华南兔、野猪、小鹿及翼手目所有种(23种)。鸟类中,国家及省级重点保护以外的所有鸟类均作为一般保护动物。爬行类有14种,包括王锦蛇、乌梢蛇、劲棱蛇、紫灰锦蛇、灰鼠蛇、水赤链游蛇、赤链蛇、玉斑锦蛇、银环蛇、蝮蛇、烙铁头、乌龟、黄睺水龟、缘闭壳龟。两栖类有2种,分别为棘胸蛙和大蟾蜍。列为国家二类保护动物的有大鲵(娃娃鱼)、鸳鸯、白鹇、猕猴、穿山甲、棕熊、水獭、金猫、毛冠鹿(乌獐)。畜牧业历史悠久,主要养殖种类有猪、牛、羊、兔、鸡、鸭、鹅等。金华两头乌为地方优质品种。主要经济鱼类有青鱼、草鱼、鲢鱼、鳙鱼、鲤鱼、鲫鱼、鲴鱼、鳜鱼、鳇鱼、长春鳊、三角鲂、团头鲂、泥鳅、黄鳝和鲶鱼等30多种。

城乡规划

【概况】 2019年,婺城区高铁新城城市设计报批稿完成,城北区块(新狮单元)城市设计报批稿并公示,完成飞扬智能制造小镇概念性设计(含城市设计);高铁新城(乾西、西郊)单元控规初步成果,完成龙蟠单元及新狮单元01街区控规编制报批稿并公示。

努力推进乡镇规划和村庄规划编制。分析梳理已有的镇、乡、村规划,制定《婺城区村庄规划编制六年拟行动计划》和《婺城区2019年度村庄编制计划》。完成了蒋堂镇区控制性详细规划报批工作,24个村庄规划评审,30个村庄规划批复。在编规划和获批村庄规划工作在市本级为规划数目最多分局。

探索国土空间规划模式下的新规划。长山乡石道畈村村庄规划是在市本级层面上第一个按照“多规合一”总体要求下探索、创新的规划方案。使当地村民享受到全域土地整治带来红利的同时,能有效保障全域土地综合整治项目后续的顺利实施,并为实行新的国土空间规划体系下的村庄规划起到示范先行的引领作用。

【农民建房及镇、村规划编制工作】 2019年,完成村民建房审批备案427户,总面积38424平方米。2019年完成30个村庄规划的报批,其中,2019年前的停批村庄规划20个,2019年新评审的10个。完成29个村庄规划专题讨论,其中24个已评审(10个已批准),5个通过专题审查待评审。

2019年,完成《金华市婺城区蒋堂镇区控制性详细规划》报批;《金华市婺城区琅琊镇总体规划及集镇控规》《金华市婺城区雅畈镇控制性详细规划》《金华市婺城区莘畈乡规划》已完成评审、公示,待报批;《金华市婺城区安地镇控制性详细规划》《金华市仙源湖旅游度假区首期区块控制性详细规划(修编)》正在编制中。

【“标准地+承诺制”改革】 科学推行“标准地+承诺制”改革。工业用地实现100%按“标准地”形式出让,并实现审批时间由30天压缩到5天,《婺城区7

天完成土地出让权限下放后市区第一宗土地挂牌》刊登于《金华政务信息》后，获得市长尹学群、副市长祝伦根批示。规划审批阶段流程再造，所有“标准地”项目由专人做好规划设计的前期指导把关，利用规划公示10天时间核发建设工程规划许可证。

（胡　敏）

中国共产党婺城区委员会

综 述

【基本情况】 2019年，围绕“双城”战略总目标，推动婺城经济社会事业全面发展。全年GDP总量突破300亿大关，增速6.6%，排名全市第二，5年来首次超过全市均值，跻身全市前三。完成工业增加值38.4亿元，同比增长8.8%，居全市第一；完成固定资产投资101.1亿元，同比增长20.1%，排名全市第二；4个结构性指标全线飘红，增速均超10%；城镇、农村居民人均可支配收入分别达57062元、25138元，分别增长7.4%和8.7%；2019年获金华年度综合考核优秀。

【平台拓展】 突出规划引领，大力拓展工业平台，拓展土地93公顷，项目落地80.33公顷，整治“低散乱”企业145家、亩均税收万元以下低效企业81家，盘活低效用地143.73公顷。大力拓展城市平台，西郊区块、环二小周边商贸综合体地块征迁拓展土地40公顷，三联“桂语山居”、婺州城市广场等项目破产重整，盘活房屋98万余平方米、土地73.33公顷。大力拓展农旅平台，仙源湖旅游度假区成功创建第五批省级非物质文化遗产旅游景区，双龙风景旅游区以全省评分第一的成绩入围国家AAAAA级景区评选。土地经营有新突破，实现经营性国有土地出让金58.4亿元，列市区第一；实施土地流转6466.67公顷，流转率58%，列市本级第一，新增增量农业“标准地”项目17个，面积666.67公顷，完成率147.6%，农业“标准地”改革项目获评《民生周刊》“2019年民生示范工程”。长山望山国际设计走廊、乌啦乌产业文化园开工建设。

【项目招商】 136个政府性投资项目完成投资43.45亿元，同比增长10.53%，民间投资同比增长12.5%，交通运输投资同比增长22.8%。以打造全国性综合交通枢纽为契机，统筹发展“一港一轨四高四干五联”综合交通网，衢江婺城段航运开发项目全面完工，金兰快速、金武快速、金义东城际轨道等项目进度均超85%，琅琊至兰溪上华公路正式开工，婺江西路、双溪西路、人民西路西延工程快速推进，总里程111.4千米的“四好农村路”获群众点赞。成立区招商委员会，区领导带队赴27个地区招商引资近百次，在上海、广州、昆明新成立异地商会。全年引进内资26.8亿元，完成年度任务的105.2%，引进外资1038万美元，同比增长10倍。

【都市经济】 大力发展都市工业，成功举办全省工业互联网平台建设现场会，新增上市挂牌企业12家，同比增长100%；新落地汽摩配项目5个，投资51.91亿元，行业产值增速22.3%，汽车零部件制造业列入第三批传统制造业改造提升省级试点；新增小微企业2071家，完成年度任务148%，小升规24家，个转企127家，完成年度任务158.75%。大力发展都市农业，非洲猪瘟防控先进做法被农业农村部在全国推广，以全省最高分通过畜牧业绿色发展示范县验收，33家养殖场通过省级美丽牧场验收，比例全省最高，“婺禾富硒米”入选全国名特优新农产品，蒋堂镇入围省级特色农业强镇，婺南省级现代农业园区入围省级现代农业园区。大力发展都市服务业，西市街商圈加快转型升级，推进智慧商圈建设，万泰城市广场浴火重生，网络经济交易额增长16.67%，达到70亿元，全国首届网红垂钓大赛试水网红经济和社交电商的跨界融合发展。

【乡村振兴】 深入推进全域“景区化”建设，塔石、莘畈获评AAA级景区乡（镇），30个村庄获评A级景区村庄，其中AAA级6个，全市第一。建成“一镇一品”花卉示范景观带12个，打造西市街等花漾示范街区4条，白沙溪“美丽河湖”建设通过省市复核，婺城南山省级自然保护区通过省级评审，塔石梨树源森林公园全面完成总体规划编制，4个乡镇通过小城镇环境综合整治省级验收，6个乡镇被评为省级样板镇，数量居全市第二，婺城获评美丽浙江建设优秀县（市、区）。开启“花满婺城·幸福生活”休闲文化旅游年系列活动，24场节会活动参与人数50余万人次，婺城被农业农村部确定为农民合作社质量提升整县推进试点县。大力实施“双富”工程，启动“十乡百村”乡创婺城行动，全面消除集体经济薄弱村，92%的村实现集体经济总收入20万元且经营性收入超10万元。

【生态环境】 推进第一轮中央环保督察、省环保督察、长江经济生态环保审计问题整改，高标准做好第二轮中央环保督察迎检工作，全面完成江北老城区“污水零直排区”建设任务，全区Ⅰ～Ⅲ类水质断面占98.4%，农村饮用水提升改造工程居全省前15名，连续两年捧回大禹鼎；打好蓝天保卫战，PM2.5浓度为29微克/立方米 达到国家二级标准；深入推进“三改一拆”，拆除各类违法建筑119.61万平方米。

【社会事业】 深化三服务，开展“百千万”服务工程，服务企业3.56万家次、群众19.8万人次，全区累计收集问题7935个、解决率超95%，推出全省首套三服务宝典。城乡垃圾分类全覆盖，建成垃圾投放点434个，生活垃圾减量率20%，无害化处理率100%。开设金融超市，开展政企银“婺商夜话”，打造营商环境最优区。新增就业1万多人，基本养老保险参保率98.3%，居全市第一，区福利中心、老年人体育活动中心、儿童康复中心投入使用。召开全区教育发展大会，3年投入20亿元，构建教育发展“1353工作体系”，实施十大教育硬件提升项目，基础教育重点县顺利摘帽。加速布局品质医疗，金华宏悦妇女儿童医院、众康医院落户，区属医疗卫生单位实现门诊和住院智慧结算全覆盖。推进“市区医联体”建设，县域就诊率达96%。举办全国青少年足球挑战赛、婺城区半程马拉松赛事等各类文化体育赛事618场，参与群众60多万人次。竞技体育全面进步，获得国家级比赛5金11银9铜。弘扬人文婺城新风尚，3次举办市级文明创建现场会，国卫复审、省测、国测“三场大考”交出高分答卷。打造省级卫生乡镇12个、省级文明示范乡镇6个。提名中国好人1名，评选金华好人13名、浙江好人3名、“浙江省见义勇为勇士”2名、金华市道德模范1名。持续深化“基层党建+社会治理”创新，区社会治理综合服务中心（信访超市）挂牌启用，新建15个乡镇（街道）综治中心实现高效运转。在全省首推民情民访代办服务，建立各级代办站315个，区领导包案化解疑难信访积案，63件积案得到化解，新增积案同比下降80%，降幅居全市第一，成功创建“无信访积案区”。持续推进法治婺城建设，创建市级民主法治村33家、省级7家。打赢“平安护航新中国成立70周年大会战”，深入开展扫黑除恶、反邪教专项斗争，全区没有发生影响社会稳定的重大恶性案件、群体性事件和治安灾害事故。平安指数始终位列全省第一方阵，平安创建实现“十四连冠”。

【党的建设】 始终坚持以党的政治建设为统领，坚定不移推进全面从严治党，把大学习大调研大抓落实贯穿始终，奋力推动党的建设全面进步、全面过硬。高质量开展“不忘初心、牢记使命”主题教育，坚持“四个贯穿始终”，推动“三个解决”，实现“高质量、走前列、答高分”。守好意识形态阵地，文化礼堂建设覆盖率达80%，建成“扫黄打非”基层站点104家。以“三型五强四过硬”为总要求，推进党建高质量发展。“村干部整治立规创优年”行动调整表现不佳村干部58人；实施书记抓党建项目19个，13个群众满意的党建品牌。开展“红色薪火”工程，30余名表现优秀、实绩突出的干部得到提拔重用。选树“闪光婺星”88人，评选表彰“担当作为好干部”23人，对10名党员干部问题进行澄清，形成为担当者担当的良好氛围。抓好省委“机动式”巡视整改工作,细化具体整改措施105条,高质高效整改问题30个。"作风建设年"活动整改"四风"问题14起,处理问责63人;整改不担当不作为问题34个,处理问责32人。深入开展"实事我来办"特别行动,累计为群众办实事7409件。强化履行监督职责,运用"四种形态"544人次,持续保持反腐高压态势,党纪政务处分117人,移送司法机关4人,查处涉黑涉恶腐败和"保护伞"问题12人,形成强有力的震慑。

(何超华)

【区委常委会议】 2019年共召开区委常委会议28次(含扩大会议)。每次讨论若干议题,其中传达、学习中央、省委、市委有关会议或文件精神47次(1次即1个议题,下同),研究讨论区委常委会工作、区委全会工作4次,区人大、政府、政协工作13次,党建工作11次,纪检监察工作9次,巡视巡察工作6次,组织人事工作16次,政法综治信访维稳工作7次,宣传文化教育卫生科技工作12次,统战工作2次,农业农村工作1次,社会管理工作3次,平安工作4次,财经工作3次,五水共治和环境整治工作4次,考核工作6次,"九场硬战"工作1次,机构改革工作5次,全国文明城市创建工作5次,行政村规模调整工作1次,退役军人事务1次,其他事项15次。其主要内容有:讨论通过了《关于进一步加强新时期党管武装工作的实施意见》等文件;研究区人大、政协"两会"有关工作报告;部署"不忘初心、牢记使命"主题教育有关工作;研究全区纪检、组织、宣传、统战、政法工作;研究讨论婺城经济社会发展重大事项;研究婺城区民兵训练基地升级改造事宜;讨论决定各项工作考核办法和各类先进评比;讨论决定人事任免;研究有关案件等。

区委办公室工作

【概况】 区委办公室以中共十九大精神和习近平新时代中国特色社会主义思想为指导,紧紧围绕区委各项决策部署,做好"三服务"工作,为实现"双城"战略发挥"参谋助手、综合协调、督促检查"作用,开创区委办公室工作新局面。

围绕中心工作,强化组织协调。加强对重点工作和重点建设项目中相关事项的协调,开拓新思路,运用新手段,及时跟进各方工作进展,确保上情下达、下情上传。发挥党委办公室参谋助手作用,主动向区委领导汇报,提出合理建议,研究制定切实可行的工作措施,力图在服务党委决策上有新作为。对重大工作部署、重要会议、重大活动认真组织,多方协调,形成合力,抓好落实。围绕区委中心工作加大协调、督办力度,对区委常委会议、区委书记专题会议确定的事项及时进行督办,保证政令畅通。

提升服务水平,确保高效有序。以干一流工作、创一流业绩为工作要求,始终把从严、从速、从精、从简办文办会作为办公室落实和促进区委各项工作决策的首要措施来抓。及时接收机要文件和其他公文,妥善开展文件流转和管理工作;精心组织会议,参与承办区"两会"和以区委、区政府名义召开的各类会议外,组织各类协调会、工作会议;认真撰写文字材料,严格把关文件制发程序,确保达到以文辅政、传达精神、指导工作、促进落实的目的。

注重信息调研,服务领导决策。围绕区委中心工作,通过多种渠道及时了解和掌握相关信息,努力创新信息服务的方式内容,提高信息报送的速度、深度和高度,做好重要紧急信息报送工作。协助党委领导开展调研活动,抓住重点,关注热点,剖析难点,及时捕捉苗头性、倾向性问题,及时、准确、全面地为领导提供情况和决策依据。

加强队伍建设,提高履职能力。抓好理论学习,不断改造主观世界,增强党性修养,尤其是加深对习近平新时代中国特色社会主义思想的理解。紧紧围绕落实中央八项规定和改进工作作风规定,狠抓作风问题,强调狠刹"四风",对全办干部职工遵守纪律提出明确具体严格的要求。完善各项规章制度,严格用制度管人管事,增强队伍自律性,提高队伍整体素质和服务水平。根据每一位领导干部的工作优势和特点,合理安排,恰当使用,各司其职,各尽其用,发挥队伍整体合力,有效促进机关高效运行。

(项雅馨)

【秘书工作】 2019年完成办文办会、后勤服务、车辆管理、财务管理、人事管理、信访接待和其他各项工作任务。全年办理各种大小会务327余场，下发通知300余次，发送短信9500余条。处理突发的上访事件5次，始终保持耐心细致的工作态度，做好劝解安抚工作。准确及时地做好各类文件的上传下达，按照领导批示要求办理，做好文件的分类和保存，及时填写文件办理情况登记表，以备查阅。全年收办各级各类文件1023余件，处理各类传真批示件329余件，未出任何差错。严格遵守财务制度，提高办公经费的使用率，管理并使用好行政经费和办公室固定资产登记，通过政采云完成12次办公用品采购。

【值班工作】 区委、区政府总值班室是区委、区政府承上启下、平衡左右、沟通内外协调机关部门和乡镇街道运转的枢纽。做好值班工作是确保政令通畅，信息及时传送，工作正常运转的重要环节。围绕区委中心工作，认真细致地做好值班室工作，牢固树立"值班室工作无小事"的责任意识，创新值班工作的方法、工作的理念，按照值班制度工作要求，努力做到24小时在岗在位，并认真填写好值班记录，及时做到各种信息的上传下达，确保信息往来畅通无阻。特别是针对婺城区发生的重大或突发事件，值班人员协助领导处置紧急、突发事件，及时掌握事件发生的时间、地点、事由、经过、事件发生的伤亡情况或损害程度、现状等相关信息，并严格按照值班工作程序做好紧急事件的上报、传达等各项工作。另外做好区委重要会议的通知和文件寄发工作。值班人员要恪尽职守，履行值班职责，工作上认真细致，力求不出差错，使区委区政府值班室的"窗口"更加亮丽，信息往来更加畅通无阻、上传下达更加无误快捷。

（洪志生）

【信息调研】 2019年，信息调研科学立足当地发展、信息需求和自身能力实际，高度重视信息工作，争取每季度获得更多的省市领导批示，把成效展示出来，把亮点挖掘出来，把党委形象树起来。注重捕捉苗头倾向、加强调查研究、畅通报送渠道，在信息源头建设上再拓展；注重紧跟党委脚步、体现时代要求、反映群众心声，在选题立意上下功夫；注重形式不拘一格、内容多元丰富、语言简明精练，在鲜活生动上做文章；注重每一句话反复锤炼、每一个词仔细琢磨、每一个字认真推敲，在内涵品质上求成效。

2019年上报各类信息600余条，被省委办公厅采用30余条，市委办公室采用100余条，获省级领导批示3次、市级领导批示6次。

（李俊杰）

【督察工作】 2019年，完善工作机制，强化领导批示落实。完善、制定婺城区干部请示报告制度、区领导批示办理"137"工作机制，全年共交办反馈市委、区委领导批示件18件，做到件件有着落、事事有回音，确保上级领导指示精神贯彻落实到位。改进考核方式，发挥考核指挥棒功能。牵头研究制订全区机关部门、乡镇（街道）工作目标责任制考核办法，创新设立"进位奖""特殊贡献奖"等激励机制，并组织实施。每季度对市对区考核情况开展分析，并多次向区委常委会做考核有关工作汇报，督促各考核牵头单位及时查漏补缺，自有市对县（市、区）考核以来，2019年婺城区首次取得优秀的好成绩。围绕区委中心工作，做好任务落实。对区委重要决策或决议、年度主要工作任务、月度重点工作安排、重要政策性文件精神等，认真分解工作目标任务，不定期开展督察；将区委全会任务完成情况作为婺城"图强榜"重要内容之一，全年共编制图强榜三期，努力营造全区拼争强创、大干快上的浓厚氛围；牵头组织落实区委党风廉政主体责任考核要求，获市对区该项考核第二名。加大督察频次，强化督察力度。采取书面督察、现场督察、跟踪督察、突击督察、明察暗访等多种形式提高督察的针对性和实效性，全年共下发督察通知单7期，刊发督察通报14期，报送督察专报8期，组织开展各类督查活动43余次，为各项工作深入推进夯实了基础；重点对年度惠民实事、重点建设项目和技改项目、经济运行目标管理、克难攻坚项目、文明城市创建等工作开展专项督察，客观反映进展情况，提出督察建议和意见，促进目标任务的达成；对其他经常性、随机性督察活动，发现问题及时向区委领导反馈报告，主动协调，狠抓落实，确保区委重要决策落实到位，取得实效。聚焦媒体曝光问题,持续跟踪督办。对涉及媒体曝光问题,严格按照省级媒体当天上报,市级媒体次日上报的要求,做好曝光问题整改反馈;对没有马上整改到位的,全程跟踪督办,每月对整改中的曝光问题进行“回头看”,确保问题真整改、真落实。全年共反馈《正风问效》问题 4 起,《今日聚焦》问题 2 起,月度向上反馈 8 次,确保曝光问题整改清零。

【安全工作】 2019 年,区国安办深入贯彻习近平总书记总体国家安全观的重大战略思想,以维护政治安全为核心,发挥人民防线基层基础优势,履行工作职责,围绕抓基层基础、抓情报信息、抓宣传教育三大重点,全面维护婺城区国家安全工作,保障全年经济社会发展平稳有序。

婺城区高度重视国家安全工作,区委区政府主要领导始终以战略和全局的高度,加强对国家安全工作的组织领导。成立以区委书记蔡艳为组长,各成员单位“一把手”为组员的区国家安全工作领导小组,18 个乡镇、街道均按照要求成立“一把手”总负责的国家安全小组, 建立完善各项规章制度,形成一套自上而下、行之有效的组织领导体系。同时,充分发挥考核指挥棒功能,继续把国家安全人民防线工作纳入乡镇、街道平安综治考核,明确属地国家安全工作的职责。

夯实基层基础, 牢牢把握维护国家安全主动权。区国安办始终把抓基层、强基础作为适应新形势、打赢主动仗的关键举措。进一步加强了涉外人员信息收集工作,主要采集三类数据:境外人员在婺城区分布情况进行采集;婺城区范围内在境外从事学习、教学、经商、定居等情况;对因公出国境信息进行采集并配合支队进行走访调研。

做好宣传工作,提高群众维护国家安全责任意识。深入学习,严明纪律。突出“开拓新时代国家安全工作新局面”主题,通过召开理论中心组学习会、座谈会等多种形式,集中组织深入学习领会习近平新时代中国特色社会主义思想,全面准确把握总体国家安全观。在 2019 年的“4·15”全民国家安全教育日和“11 月反间防谍宣传周”两个宣传国家安全的时间节点上,专门组织区机关党员干部参观国家安全教育展览,学习明确国家工作人员维护国家安全的纪律和义务。加强创新,务求实效。因地制宜确定宣传主题和宣传重点,把主题活动贯穿到法治宣传教育整体工作中,突出特色、注重实效;同时,更加注重在形式载体上创新,利用微博、微信等新兴媒体进行国安宣传, 向机关干部发送国安公益短信,发布“反间谍法宣传周”特别稿件。通过把传统媒体与新兴媒体相结合, 不断拓展宣传的深度和广度,并获得广泛好评。推进宣传,营造氛围。在全区范围内开展“进机关、进企业、进社区、进学校、进部队、进乡村”的“六进”国家安全宣传工作。会同区委政法委、区委统战部等单位,前往各乡镇街道、驻金部队和部分宗教场所,以悬挂横幅、走访入户等方式,向群众宣讲国家安全、反间谍、反邪教、禁毒等方面的法律知识,宣传 12339 国家安全举报热线。同时,加强与辖区内高校联动,在浙江师范大学开展“国家安全教育进课堂”等系列活动。通过地毯式宣传教育,增强了全区群众维护国家安全的自觉性和使命感,树立“国家安全依靠人民,国家安全服务人民”的良好意识,为打造和谐婺城、平安婺城奠定良好基础。

(童 佳)

【机要保密】 规范电报的使用和管理工作,确保安全保密落实; 高标准完成好视频会议的保障任务;信息化管理安全可靠;按实施方案进行婺城区安可替代工作。对全区进行保密工作大检查;参加省“三员”工作培训与考核;及时更新保密业务知识;完成保密杂志的征订任务。

(张纯陆)

【档案管理】 婺城区档案局做好区机关各部门(单位)、各乡镇(街道)2018 年度文件材料归档、档案数字化、档案登记备份,对全区乡镇(街道)、机关单位(部门)、临时机构进行档案业务指导监管,以及对全区 2018 年度机关单位事业统计调查报表进行收集统计与上报,参加省市档案局、馆组织的各项工作协调及培训会议十余次。指导涉及机构改革的单位制定文件材料归档范围和文书档案保管期限表并进行审批,完成对全区 30 个单位制定的“最多跑一次”行政审批事项文件材料进行归档范围和保管期限表审核工作。配合市档案馆开展“民生事项就近办”培训，在区本级和各乡镇街道均设立查档窗口，方便群众就近查档。完成浙江省档案专业技术资格考试初、中级职称资格审查工作并及时上报。做好部门间最多跑一次的事项录入及维护工作，开始采取线上线下双重办理的工作机制。11 月中旬，市档案局及兄弟县市区档案局组成联合检查小组，对婺城区新狮街道办事处、市场监督管理局、行政服务中心及洪源区块项目建设部 4 家单位进行了档案工作的实地检查，对不符合档案安全要求的单位下发了整改通知书，并对整改完成的单位进行复查。为深入推进创建全国文明城市工作，根据《婺城区创建全国文明城市三年规划(2018—2020 年)》和《婺城区创建全国文明城市“双十”行动方案》的有关要求，设立婺城区级城市荣誉体系档案室和金华好人档案室，区档案局共征集到 38 个部门单位 11 个乡镇街道共 685 个档案信息及 298 条个人荣誉档案信息，委托设计公司对区城市荣誉档案室进行设计布展。年底，婺城区城市荣誉体系档案室已验收完毕并投入日常使用。

（项雅馨）

【全面深化改革工作】 根据省委、市委关于机构改革工作部署，全区于 2019 年成立区委全面深化改革委员会，下设全面深化改革办公室，对外加挂最多跑一次改革办公室牌子，统筹推进 2019 年全面深化改革(“最多跑一次”改革)工作。2019 年召开 3 次区委改革委会议，举办 2 次改革论坛，完成金义都市区共建项目 31 项，研究制定 2019 年全面深化改革《婺城区 2019 年全面深化改革工作要点》《各专项小组 2019 年工作计划》《区领导领衔重点改革项目》。根据时间节点，推进省市重大改革试点项目落地，新增浙江省重要改革试点项目 5 个，申报省级改革创新项目 2 项，召开基层劳动纠纷治理省级现场会，省人力社保厅副厅长葛平安及全省各市、县(市、区)人力社保局局长共 220 余人参加。深化机关内部“最多跑一次”改革，制定工作方案，召开 3 次业务培训会，搭建区级协同办公平台，共梳理公布事项 323 项，着力解决多次跑、多头跑、时间长、环节多、签字烦等问题。推进“最多跑一次”改革向公共场所延伸，以区人民医院为先期试点，通过“互联网+医疗” 实现智慧诊疗，年服务群众量超过 30 万人次，并逐步由点扩面，形成全区公共场所共同参与提升的良好氛围。推进公民企业全生命周期多部门“一件事”改革，创新提出助残扶残“一件事”、民营资本投资办学“一件事”等亮点工作。开展乡镇(街道)、机关部门一把手体验“最多跑一次”活动，共 23 个单位参与，体验“最多跑一次”事项 26 项，发现问题 18 个。创办赛跑者刊物，刊登先进优秀改革经验，营造全区改革创新突破氛围，鼓励部门及时总结具有婺城特色的改革做法成效。

（骆尧天）

纪检工作

【概况】 2019 年，区委旗帜鲜明、立场坚定，以上率下落实管治党政治责任，加快推进清廉婺城建设，深化全面从严治党，不断巩固发展反腐败斗争压倒性胜利。在市纪委和区委的坚强领导下，全区纪检监察机关增强“四个意识”，坚定“四个自信”，做到“两个维护”，坚守初心使命，忠实履行职责，纪检监察工作高质量发展态势不断深化，高质量发展成效不断彰显。2019 年度，婺城区党风廉政建设群众满意度 92.91%，列全市第一名，“两个责任”考核列全市第二名。

【区纪委七届四次全会】 2 月 20 日，中共金华市婺城区第七届纪律检查委员会第四次全体会议召开，会议听取和审议了《牢记初心使命　忠实履行职责　奋力谱写纪检监察工作高质量发展的婺城篇章》的工作报告，总结回顾 2018 年全区党风廉政建设和反腐败工作，研究部署 2019 年任务。

【项目化管理与清单式督查】 以项目化管理、清单式督查方式，深入推进对“最多跑一次”改革、“九场硬战”“双城”战略等的政治监督，提出意见建议 74 条，发现并督促整改问题 56 个。积极协助区委推进省委“机动式”巡视持续整改，工作经验成果得到省纪委和省委巡视办主要领导批示肯定。创新开展净化政治生态大数据平台建设并在全区运用。

【夯实基层基础】 持续夯实基层基础，清廉建设更加深入。牢牢把握清廉建设的基础性地位,发挥保障性作用,与职能部门密切协作,在全区推开清廉示范工程规范化创建工作。汇编下发六大细胞《规范化创建指南》,初步培育了33家区级示范点,打响万里扬集团、东市街小学、蒋堂镇开化村等十余个清廉细胞品牌。高质量开展“正气清风扬婺城”系列活动和全区警示教育月活动,先后组织廉书共读、清风毅行等十余项活动,制作组织全区党员干部观看《溃败的防线》警示教育片。做大做强婺剧、短视频等新宣传阵地,廉政婺剧《爱莲说》圆满完成公演,精品短片《无法触及》获得全省首届“玉琮杯”微视频大赛银奖,提高清廉文化的传播力和影响力。

【作风建设】 锲而不舍纠治“四风”,作风建设更加扎实。严格落实中央八项规定及其实施细则精神和省委“36条办法”,紧扣“四不”顽疾整治,做到动真碰硬、寸土不让。深入开展“扛责任、强担当、治顽疾、促发展”作风建设专项行动,查处违反中央八项规定精神问题30件,追责问责91人,其中党纪政务处分10人。严格落实“基层减负年”要求,协助区委制定出台基层减负十条举措,精文减会等减负效果逐步显现。积极探索纠治“四风”新方法、新路径,总结深化作风建设“三三”工作法,推出全市首本《“四风”问题警示教育手册》。

【深化“四个监督”】 高效履行“第一职责”,政治生态更加清明。围绕监督第一职责,持续深化“四个监督”,有效构建“四个全覆盖”融合监督格局。处置问题线索651件,其中第一、第二种形态处置占93.9%,让咬耳扯袖、红脸出汗成为常态。严把干部选拔任用党风廉政意见回复关,共回复党风廉政意见92批815人次。严格按照“三个区分开来”要求,对52件举报失实的问题线索予以非立案了结,同时对10名党员干部问题进行澄清,保护干事创业积极性。高质量开展区委三轮巡察工作,巡察23个单位138个村(居)党组织,发现问题1228个,推动整改1169个。创新推出“6+1”巡察工作机制,得到市纪委主要领导肯定并在全市推广。开展涉纪信访“百日攻坚”行动,构建“四防”立体化处置机制,实现零进京越级访,到省去京越级访总量同比下降57.1%,降幅居全市第一。

【体制改革】 持续深化体制改革,制度优势更加凸显。巩固拓展监察体制改革成果,建立健全案件质量保障体系,完善退查补证审批、片区协助审理等工作机制。在全市率先推出《监察机关监督执法工作规定思维导图》,优化重建工作流程,制定完善工作文书模板17个,加强与审判机关、检察机关、执法机关等紧密协作,更好实现纪法贯通、法法衔接。完成派驻机构新一轮改革,将12家派驻机构整合为8家,有效激发监督效能。派驻机构运用“四种形态”处置问题线索数、党纪政务处分数同比分别增长70%和200%。全面加强乡镇(街道)纪检监察工作规范化建设,创新推出“3+3”动态预警、星级考评机制,推动依法、精准、高效履职。

【惩治腐败】 保持惩腐高压态势,压倒性胜利更加巩固。充分发挥区委反腐败协调小组作用,坚持无禁区、全覆盖、零容忍,全力减存量、遏增量。共受理检举控告239件,立案129件,同比上升7.5%;党纪政务处分117人,同比上升2.6%;移送司法机关4人。坚持把扫黑除恶同基层“拍蝇”结合起来,严肃查处涉黑涉恶腐败和“保护伞”问题12人。聚焦扶贫、民生等领域开展群众身边腐败和作风问题整治,严肃查处有关问题16起,追责问责33人,其中党纪政务处分11人。强化典型案例的明纪示警作用,主动投案2人,主动说明问题上交礼品礼金40余人。深化标本兼治,完善“三促改”工作机制,推动完善、更新、废除一批制度,“以案促改”工作经验被中纪委相关刊物刊发。

【主题教育】 锤炼“五个干事”本领,干部队伍更加过硬。从践行“两个维护”的高度,高起点、高标准推进“不忘初心、牢记使命”主题教育,高质量开展集中学习、专题研讨、争先评比、廉风微课堂等一批活动。纪委监委班子成员带头开展基层调研21次,破解难题7个;各支部共梳理检视各类问题144条,制定整改措施152项,全部实行定人定责、限时限期清单化管理。落实“365行动”要求,通过“每周夜学+每月考试”等模式提升干部业务技能,取得全市纪检监察系统“大比武”监督检查第一名、精品案件评比二等奖、信访技能三等奖等一批荣誉。进一步规范内部监督机制,梳理风险点8个,运用第一种形态处理4人，确保惩恶扬善的利剑永不蒙尘。

（叶小磊）

监察工作

【概况】 2019年，践行“两个维护”，持续加大对“三大攻坚战”“最多跑一次”改革等各级决策部署落实情况的监督检查，共开展检查10次，提出意见建议74条，督促整改问题56个，通报3期3起，有力保障政令畅通。坚决扛起协助区委推进省委“机动式”巡视持续整改的政治任务，紧盯整改的各个环节，建立持续整改“月报告”制度，组建检查组开展回访检查，对3个未全面整改问题进行重点督办，巡视反馈的32个问题全面整改到位29个，持续整改中3个。“四年三巡”整改工作经验成果在《浙江巡视巡察动态》刊发。

【作风建设】 严格落实“基层减负年”要求，党风廉政建设主体责任对乡镇、机关考核指标同比分别减少67.1%、64.9%。先后组织开展元旦、春节、清明、五一、端午、中秋、国庆等节日期间专项督查6次，创新运用大数据比对、GPS定位等科技手段，有效提高监督精准性。同时，加大通报曝光力度，印发《违反中央八项规定精神问题的通报》《关于9起村干部违纪违法典型案件通报》《关于5起党员、公职人员不规矩不检点典型案件通报》等通报5期37人。率先编发了《“四风”问题警示教育手册》，推动作风建设抓在平时。

【履行监督】 政治生态更加清明。强化履行监督职责，注重抓早抓小，共处置问题线索651件，其中第一、第二种形态处置占93.9%，真正让咬耳扯袖、红脸出汗成为常态。严格按照“三个区分开来”的重要指示和激励广大干部新时代新担当新作为的意见要求，对52件举报失实的问题线索予以非立案了结，同时对10名党员干部问题进行澄清，形成了旗帜鲜明保护干部担当作为的良好氛围。积极探索净化政治生态系统建设，得到省、市纪委的认可。

【案件查办】 案件查办更加有力。发挥区委反腐败协调小组作用，坚持无禁区、全覆盖、零容忍，全力减存量、遏增量。2019年，全区共立案129件，党纪政务处分117人，移送司法机关4人。坚持把扫黑除恶同基层“拍蝇”结合起来，狠抓“打伞破网”工作，对公安机关侦办的15个涉黑涉恶犯罪集团逐个进行筛查，查处涉黑涉恶腐败和“保护伞”问题12人，形成了强有力的震慑。查办区交通系统腐败窝串案工作经验在中纪委国家监委《案件监督管理情况》上刊登。

【清廉建设】 清廉建设更加巩固。以清廉细胞规范化建设为突破口，先后培育东市街小学、万里扬集团等一批婺城特色清廉细胞品牌，夯实清廉建设根基。抓实清廉文化建设，积极谋划开展“正气清风扬婺城”系列活动和全区警示教育月活动，先后组织廉书共读、清风毅行等十余项活动，制作并组织全区党员干部观看《溃败的防线》警示教育片，完成大型廉政婺剧《周敦颐》《爱莲说》首演活动，营造清新崇廉的社会氛围。

【干部队伍建设】 干部队伍更加过硬。围绕“五个干事”要求，常态化开展党课宣讲、典型选树等系列活动，持续加强纪检监察干部政治、纪律、作风等各方面建设。组织开展全区纪检监察业务“大比武”活动，通过“夜学+模考”，专题化开展业务学习，有效提高干部专业技能。从严抓实内部监督管理，建立完善干部工作日值班等3个制度，并对3名履职不力的时任纪检监察干部运用第一种形态进行处理。着力深化体制机制改革，优化整合人员力量，将12家派驻机构整合为8家派驻机构，推动更好发挥派驻监督作用。

（叶小磊）

组织工作

【概况】 截至2019年年底，全区有党组织972个，其中党委60个、党总支24个、党支部888个。有党员25250人，其中女党员7221人，占党员总数的28.60%；35岁以下4687人，占18.56%；36~45岁4355人，占17.25%；46~60岁7474人，占29.60%；61岁以上8734人，占34.59%。大学本科以上学历6068人，占24.03%；大专学历3877人，占15.35%；高中、中专学历5754人,占22.79%;初中及以下学历9551人,占37.83%。

全区行政机关干部1418人。其中,女干部477人,占33.64%;党员干部1136人,占80.11%;35岁以下干部469人,占33.07%;36~45岁347人,占24.47%;大专以上学历1412人,占99.58%。

【主题教育】 2019年,以政治建设为统领,高质量推进"不忘初心、牢记使命"主题教育。"五个学"走深学习教育,全面推行原味深学、全员讲学、专题研学、一线比学、初心悟学,推动形成"五学四查四改"、国庆"返乡"补课、送学上门、青马小组、晨读一刻钟等一批实效性做法,确保全区2.5万名党员干部"一个都不少、一人不掉队"。开展"千名书记带领万名党员上党课"专项行动,将千余堂党课持续送到田间地头、厂区车间、商圈楼宇,党员干部对伟大思想的核心要义、精神实质、丰富内涵和实践要求有深刻体悟,其中区委理论学习中心组专题学习研讨得到省委巡回指导组肯定。选树23名担当作为好干部、118名"闪光婺星",百余名干部脱颖而出,提振全区党员干部克难攻坚的精气神。"百千万"推动调查研究,实施千员进百村、千员进千企、千员进万家"百千万"工程,区领导和区管干部领衔485个课题难题,通过建立精准助企"五团九队"、基层善治"五员代办"、包乡走村"四级联动",落实交办、督办、办结和反馈"四环"机制,破解婺州街北延二期工程政策处理、临江工业区千余亩低效用地等一批疑难问题,收集问题7935个,解决率超95%,解决一批事关全区经济社会发展的堵点难点问题和群众关切的急难愁盼事。推行"实事我来办",依托"红动婺城"信息化系统、《"三服务·婺城家服务"服务宝典》即时服务、"实事我来办"二维码密集投放等广泛征求意见建议和收集问题,实现"线上+线下"征集网罗问题的检视机制,主题教育中累计为群众办实事7409件,公示43个民生领域问题,600余项民生事项接受公众监督,村(社)公示民生实事项目1021个,帮助新村解决问题1500余个,省级薄弱村百分百"摘帽"。其中,柳湖花园"六和六美"兴办实事做法得到中央指导组肯定;城西街道"宋大姐"团队受到市委陈龙书记现场点赞;全区实行"定制式"帮扶服务,建立群众用药代采购等一批民生制度做法在全市主题教育工作推进会上得到市委陈龙书记肯定。"四评法"深化整改落实,坚持开门抓整改,建立群众评议制度,采取"看、听、问、评"四步工作法,评议分为"满意""基本满意""不满意"3个档次,对"满意"的进行销号,对"基本满意"的进一步提升,对"不满意"的"回炉整改",列入下一批评议事项中。区级层面公开问题506个,269个村(居)公开问题7766个,经群众评议已销号区级层面问题320个、村(居)层面问题6784个,300多个问题"回炉整改",126个问题整改得到进一步完善,构建完善以知晓率、服务率、解决率、满意率为主要内容的"四率"综合绩效评价体系。"上带下"强化组织领导,书记抓、抓书记,建立建强组织领导和工作机构,组建10个区委巡回指导制、8个正风肃纪组、4个督察组、1个档案资料规范指导组,对67家主题教育单位开展全程全面全域指导,确保高质量全覆盖。制定"一轴一清单一指南"(主要工作时间轴、巡回指导清单、工作指南),确保对标对表、上下一致,做法得到省委巡回指导组肯定。

【"三服务"】 2019年,制定《"聚力'三服务'、当好答卷人"实施方案》,以"百千万"服务工程为抓手,把服务高效落实到企业、群众、基层急需处。着力推行"实事我来办",聚焦发展堵点、民生痛点、治理难点,发动全区各级党员干部走乡入村访民情、问民意、解民忧。依托"红动婺城"信息化管理系统、《"三服务·婺城家服务"服务宝典》即时服务、"实事我来办"二维码等载体,广泛征求社会各界和群众的问题,开展志愿服务40504人次,累计解决困扰基层群众、企业发展的身边事烦心事揪心事12960件。"实事我来办""服务宝典"等做法28次被《中国组织人事报》、《浙江日报》、浙江卫视报道。秉持"家服务"干事理念,打造"服务直通车"移动党建综合体,深入田间地头、街头巷尾、商圈楼宇,使其成为连接办事部门、便民服务中心、行政服务窗口的移动服务巴士。服务直通车总里程数近12000千米,累计开展城乡走访592次,带动全区上下形成服务热潮,"三服务·婺城家服务" 全年累计收集并解决基层类问题3136个,企业类问题3546个,群众类问题

7193 个，提高人民群众获得感和满意度。

9 月 24 日，中央主题教育督导组在婺城区调研督导　　(区委组织部供稿)

【消除集体经济薄弱村工作】 2019 年，坚持党建引领消除集体经济薄弱村攻坚，归纳梳理消除集体经济薄弱村“十法”，把消除集体经济薄弱村工作纳入全区晒拼创、“四大四比”，逐村落实落细“2+1”结对帮扶，推行干部“消除集体经济薄弱村”实绩考核。推动乡镇平台建设，建好集体经济发展项目库，其中乡镇联建项目、新村融合发展项目已立项 4 个，正在实施中。积极实施“飞地报团”项目(区级金磐机电收购)，投入使用的集体经济产业园可为 85 个抱团入股的薄弱村每年增加经营性收入 5 万元以上。组建“塔石物语”“硒望田野”“莘 E 家”等区域型党建体“农产红盟”4 家，实现农产品销售 1400 余万元。全区总收入 20 万元且经营性收入 10 万元以上的行政村 32 个。

【队伍建设】 2019 年，以高素质专业化为目标，高质量锻造敢于斗争敢于担当的婺城铁军。锤炼过硬政治素质，建好用好红色文化干部教育现场教学基地，先后举办“政治能力提升工程”主体培训班 10 余个，组织 200 余名干部到义乌市陈望道故居、嘉兴南湖革命纪念馆等地接受现场党性教育活动。打好政治体检、评价测评、分析研判“组合拳”，全过程考实考准干部现实表现，对政治上不忠诚不老实等政治表现不佳或“政治贫血”的干部一票否决，2 名干部因政治表现不过关，取消拟任资格。开展领导班子运行情况专题调研，谈心谈话 1000 余人次，召开分析研判会 30 余次。坚持新时期好干部标准，突出婺城图强事业发展需要和干部实绩干劲，30 余名急难险重工作中表现优秀、实绩突出的干部得到提拔或转重要岗位使用；注重人岗相适调配干部，先后对 57 个单位、160 个领导职数进行岗位调整，进一步优化领导班子结构；注重“三方面”干部培养使用，指导完成 39 家单位中层干部选任工作。突出专业化和实战性要求，面向全市公开选聘国有企业领导人员 4 人，配强全区国有企业领导班子。培优训强过硬本领，牵头组织或指导开展区管班、中青班、“花满婺城”乡村美学专题研讨班等培训班次 30 余次，教育培训干部 2600 余人次。创新干部教育培训方式，探索推行干部教育培训奖学制度，通过精准施训，让素质过硬、业绩突出、群众公认的优秀干部获得更多的学习机会。该做法得到《中国组织人事报》关注报道。大力培养选拔年轻干部，深入贯彻《关于深入实施“红色薪火”工程大力发现培养选拔优秀年轻干部的实施意见》，开好办精“婺城图强大讲堂”和“年轻干部成长学堂”，建立优秀年轻干部库，直接掌握、跟踪培养 35 岁左右科级干部 54 人，30 岁左右年轻中层干部 175 人。深化“干部一线锻炼法”，先后选派 24 名优秀年轻干部到“四大四比”等重点工程重大项目接受锻炼，11 名年轻干部担任农村工作指导员和“第一书记”，多维磨砺提升年轻干部综合能力素质。5 月，定向比选乡镇领导班子成员预备人选，14 名优秀年轻干部脱颖而出。真心真情关爱干部，建立健全干部激励机制，通过省、市、区选树表彰“担当作为好干部”23 人。全面开展干部“大家访”三大暖心行动，共家访干部家庭 2183 户，走访率达到 100%，收到家属意见反馈及相关诉求 402 条，深化完善干部大监督“1+5”工程，开展“四不”问题大整治，收集各类干部监督信息 560 余条，累计对 82 名拟提拔人选、后备干部人选、转任重要岗位人选进行核查和征求意见，其中 1 名人选因瞒报被取消考察资格。进一步加大提醒、函询和诫勉力度，累计提醒函询诫勉领导干部 16 人次。实行“黄牌+蜗牛牌”双牌示警，对“三率”综合绩效评分连续排名倒数的给予黄牌警告，对落实“四零”服务迟滞缓、难题攻坚推拖绕的给予蜗牛牌警示通报，下发通报 2 期。强化选人用人检查与巡视巡察深度融合,对7家单位开展选人用人专项检查。加强公务员管理信息系统建设和维护,适时更新信息3000余条,实现公务员进、管、出的动态管理、实时监督、全程跟踪。完成县乡机关8名选调生招录工作,其中双一流高校毕业生占25%。做好2019年公务员招录、面向全省公开选调公务员等工作,分两批开展全区335名公务员学法用法三年轮训,实现全覆盖。稳妥推进公务员职务与职级并行工作,完成全区828名公务员的职级套转。

【基层组织】 2019年,以提升组织力为重点,高质量打造坚强有力的组织体系。实施村干部整治立规创优年行动,先后召开全区"村干部整治立规创优年"行动动员部署会、推进会,下发《"村干部整治立规创优年"行动方案》,研究制定村干部从严管理"10条铁律"、作为管理"8个标尺"、正向激励"5项保障"的"1085"工作体系。开展基层干部大轮训,2283名村两委干部分批分级参加区、乡组织的专题培训班,全员签订《村干部严守规矩和纪律承诺书》。开展村书记区级备案管理工作,对任职情况、履职情况进行"一人一表"全程管理。做深做实村干部"8+X"作为管理法,持续开展村"两委"换届"回头看",6456件村干部承诺实事项目已完成6280件(97.2%),47名不胜任不合格村干部被调整。常态化开展治村导师集中巡诊活动,帮助梳理新村融合发展、后进村整顿难题50余项,提出解决对策40余条。与金华电大合作开展村干部学历提升项目,第一期94名村干部学历提升班于9月4日开班,预计通过3~5年时间将使全区村干部大专以上学历比例从20%提高到50%。实施新村图强行动,聚焦行政村规模调整后新村融合发展,以组织融合、文化融合、产业融合、发展融合为目标,创新实施以红雁帮带、文化共融、项目驱动、抱团发展、美丽产业撬动等为主要内容的"新村图强十法"。围绕"并村并心并发展",推行"一村一策一项目",完善新村"三资"管理制度。全面推动"和合班子"建设,制定完善新村图强项目清单600余项,帮助解决群众问题1500余个,谋划联建项目40余个,大力打造能干事、能带富的新村班子。新村建设全面实施"党建+产业发展",实施观光农业、特色农产等带动能力强、溢出效应好的产业项目30余个。组织成立19个党代表"红色督导团",常态化开展重点工作任务督导。实施筑强红色堡垒行动,压实基层党建责任,明确2019年度书记抓党建项目19个,争创60个区级村社党建示范点、20个区级两新组织党建示范点以及10个市级党群服务中心示范点。在竹马馆村打造以"党群驿家亲"为主题的全市首家农村党建综合体,打响"青梅竹马、幸福驿家"基层党建品牌,相关做法得到市委领导的充分肯定。认真落实城市基层党建"1+3"配套文件,深化街道"大工委"、社区"大党委"制,协调处理疑难问题2400余件。加强社区工作者队伍管理,推动区域内各领域党组织融合发展,推进明月楼社区"明月进万家"、站前社区"志愿服务站"等品牌建设。优化提档远教示范带建设,完成140个农村远教站点和25个城市社区远教站点的远教电视平台接入和设备更新工作。实施锤炼红色先锋行动,压实组工干部队伍建设,组织乡镇(街道)组织委员到杭嘉湖等地区考察学习村社及两新党建,开阔视野提升能力。每个乡镇街道对标对表省内外各一家优秀乡镇街道,树立比学赶超对象。构建以服务率、解决率和满意率为核心的服务绩效评价体系,发动2万余名党员干部和党代表积极参加民情民访待办活动。严格落实党员积分管理制度,加强不合格党员"回炉教育整转",累计回炉不合格党员80人。强化对村社优秀青年的政治引路和能力提升,联合金职院开展"红领新青年"集中培训4批次384人,同步策划做好小城镇景观设计

6月27日,全市深化"后陈经验"暨推进行政村规模调整后续融合现场 (区委组织部供稿)

大赛、创业项目路演、垃圾分类红领达人秀、“红领创享汇”主题沙龙等活动，在助力中心工作一线实训提能。2019年以后，23名“红领新青年”加入党组织，513名“红领新青年”被列为村后备干部重点培养。

【人才工作】 2019年，以人才优先为导向，高质量涵养竞相奔腾的最优生态。聚焦主导产业，聘请招商招才大使52名，设立海内外引才工作站5家，用市场的眼光过滤并瞄准人才，实现人才资源、企业需求的有机对接、精准匹配。10月，省海高会电子信息分会2019年会暨数字经济高峰论坛在婺城顺利举行，30多名国家、省级领军人才参会，分会金华联络处同步落户婺城，为婺城招才引智开辟新路径，会上企业与专家联系对接项目2个。依托首届科技人才节这一重要载体，积极谋划开展人工智能成果展示、院士专家婺城行、青年创业大赛等一系列活动。参与举办婺城发展大会，召开婺城区海高会第一届理事第二次理事会议，共谋科技创新和发展路径；筹建专家咨询委员会，60余名海内外知名专家、高校学者、行业精英共襄发展，积极建言献策。大会期间洽谈签约人才项目5个，达成人才战略合作1项。精准招引硕士以上高层次人才312名，其中硕士219人、博士93人；先后引进加拿大籍院士、长江学者等8名领军人才，实现全市全职引进海内外院士零的突破。建立建强飞地平台，分别在沪杭建立婺城上海科创中心、星沅空间婺城飞地孵化基地，对接企业25家，推荐高层次人才、项目20余个，吸引沪杭高校毕业生回流婺城1000余名。坚持以企业技术需求为导向，促进大院大所科研成果与本地产业紧密衔接，新建2家市级院士专家工作站。开展“婺城家服务·人才大家访”，牵头组建“婺城英才”服务店小二团队，定期召开联系协商会，及时解决人才在子女入学、医疗保健、住房保障等人才“关键小事”100余件；走访重点人才企业156家，协调解决难题203个；制定出台婺城英才卡实施方案，并完成首批英才卡发放，进一步提高人才吸引力和黏性；积极推进人才住房建设，成立婺城区人才公寓租赁管理办公室，同时积极谋划配建人才公寓，进一步优化人才创业创新环境。先后出台《“婺城人才新政”实施细则(一)》、企业人才子女入学暂行办法等配套政策和实施细则，加快形成“1+N”人才体系，有效保证最强“人才新政”的落地和兑现。

【自身建设】 2019年，以一流标准、一流质量为目标，高质量建好模范部门过硬团队。突出锤炼政治品格，依托部委理论中心组、“组工学堂”等载体，深入贯彻习近平新时代中国特色社会主义思想，履行好“不忘初心、牢记使命”主题教育组织者、参与者的“双重责任”，做到“四个走在前”“三个表率”。持续深化部机关“三服务”活动，全力服务保障社区创建、结对帮扶等工作，累计走访1508人次，走访企业、群众、基层单位1203个，帮助解决问题113个，其中跨部门协调解决43个。突出提升能力本领，围绕全市组织系统“三比三创”主题活动要求，对标“六大行动”，坚持“一周一夜学、一月一测试、一季一评星”，开办49期“组工学堂”，持续建好学习型组工干部队伍。结合全区“闪光婺星”选树，推行部机关“闪光之星”，即每季度评选一名奋斗之星、活力之星、学习之星、担当之星、匠意之星，再择优推荐区级“闪光婺星”，在全区范围宣传组工干部先进事迹，营造“对标比拼勇赶超”的浓厚氛围。突出增强岗位意识，坚持组织工作重要事项请示报告制度，每季度召开党风廉政专题例会，引导组工干部干净干事。以“警示教育月”活动为抓手，组织观看警示教育片《溃败的防线》，到金华廉政教育基地接受“廉政”熏陶；建立项目清单、工作清单、责任清单，梳理部机关警示教育“十项行动”，在干部工作、基层组织建设、人才引进等工作中查风险、排隐患，切实防范化解组织工作的“黑天鹅”和“灰犀牛”。突出抓好信息化建设，健全组织系统信息宣传联席例会制度，每月对信息宣传重点进行集中分析研判和联席会商，提高组工信息宣传时效性和精准度，《中国组织人事报》、《浙江日报》、浙江电视台等省级以上媒体刊发稿件123篇，相关信息材料获市委书记陈龙批示3次，市委常委、组织部部长郑敏强批示1次，省长袁家军批示1次，省市领导先后46次专题调研婺城区基层党建、干部、人才等工作。成立“婺韵组工”工作室，办精“婺城组工”微信公众号，坚持每日发声，累计发布稿件1400余篇，唱响红色主旋律。深入实施组织系统网络平台提升工程，进一步完善组工业务信息系统建设。

(王朱敏)

公务员事务管理

【概况】 2019年,落实800多名考生的资格初审一级复审、面试、体检和考察工作,顺利完成8名选调生、22名省考公务员的考录工作。同时,为进一步拓宽选人用人视野,优化干部队伍结构,面向全省公开选调公务员,7家单位13个岗位计划选调24名公务员,全省共300多人报名。经相应程序,除1个岗位因入围人员放弃外,完成23人选调工作。

【职务与职级并行】 继续做好县以下机关职级晋升工作。根据新修订的《中华人民共和国公务员法》,6月1日开始停止晋升县以下机关职级。为确保5月符合晋升条件的人员全部完成晋升,2次下发通知,要求各单位对人员情况进行认真摸排,及时上报符合晋升人员。1—5月,完成4批39人次晋升工作。全面摸排掌握人员情况。对全区1400多名公务员(参公人员)信息进行认真核实,人员有关情况均由本人核实签名,及时掌握第一手真实资料,在此基础上根据婺城区实际,制定职务与职级并行工作实施办法和各项方案,举办公务员职务与职级并行制度业务培训班,传达学习贯彻全省《干部任用条例》和新修订公务员法培训班会议精神,安排部署全区推行公务员职务与职级并行制度工作。7月底,完成全区公务员职级套转工作。认真谋划开展首次晋升工作。7月以来先后5次与各县市区委组织部相关负责人进行研讨,对首次晋升方案进行多次修改完善,完成首次晋升各项准备工作,11月底前完成首次晋升工作。

【学法用法轮训工作】 制定公务员学法用法三年轮训2019年计划,组织开展第三批学法用法轮训工作,采取脱产集中学习方式,邀请省委党校、浙师大教授和法律专家学者开展以公务员法、宪法、行政诉讼法、公务人员职务法律风险防范为主要内容的专题课,全面提高婺城区公务员的法治意识、法律素养以及运用法治思维与法治方式解决实际问题的能力。全区共335人参加此次培训,实现全区公务员学法用法轮训全覆盖。

(舒子剑)

机关党建

【概况】 2019年,婺城区委直属机关工委坚持以习近平新时代中国特色社会主义思想为指导,全面贯彻新时代党的建设总要求和省、市、区委关于机关党的建设工作精神,聚焦“服务中心、建设队伍”两大核心任务,突出政治统领,以“不忘初心、牢记使命”主题教育为主线,以“建设清廉机关、创建模范机关”为目标,着力推动机关党的建设全面进步、全面过硬,为加快推进“双城”战略落实落地提供坚强保障。

【政治建设】 大抓理论学习,以“不忘初心、牢记使命”主题教育为重点,健全完善各机关党委(党组)理论学习中心组制度和支部年度学习计划,理出每月重点学习清单,通过专题培训系统学、“主题党日”集中学、学习强国日常学等形式,推动机关党员原原本本学习习近平新时代中国特色社会主义思想。成立20余个机关青年马克思主义学习小组,通过定期学习交流,提升机关年轻干部政治素养。严肃党内政治生活。深入推进“三会一课”、民主生活会、组织生活会等各项党内基本制度落实。

【“双城”建设】 精准高效开展“三服务”活动,以党支部为基本单元,推动2000余名机关党员干部沉到一线问需解难。常态化开展先锋比拼活动,通过深化党员先锋岗、党员示范岗、党员志愿服务和窗口行业承诺践诺等行动,引导党员干部在“最多跑一次”、文明城市创建、垃圾分类等重点战役中展风采。深入推进机关在职党员进社区当好“四大员”,在职党员基本编入“5+X”网格体系,共同参与社区治理。新选派15名优秀机关党员干部进驻软弱后进村进行帮扶转化,助推乡村振兴,机关在职党员干部帮扶结对联系困难群众达1200人次。

【主题党建】 完善机构改革后机关党的组织体系架构,加强机关党务干部队伍力量配备,完成5个更名单位、8个调整单位、3个新建单位、3个撤销单位的组织设置工作,“三定”方案中予以明确12个机关党委按部门内设机构正职配备专职副书记。全面开展以“担当赶超、婺城图强”为主题的党建阵地建设,48个机关部门通过设专栏、亮态度、晒清单、“建小家”等形式,精心打造“花满婺城我先行、活力机关提能级”示范样板。开展“一单位一品牌”创建工作,推动形成城中派出所“531”阳光警务模式、行政执法局“城市红管家”、市场监管局“e路清锋”、司法局“法润婺城”等13个群众满意的党建品牌。全力抓好机关基层党组织换届工作,建立换届提醒督促机制,完成8个机关党委111个机关支部换届选举。强化支部书记能力提升,组织200余名支部书记参加集中培训。

【注重关爱激励】 全面开展“关爱激励”行动,把激励党员干部担当作为纳入机关党建的重要内容,使严管厚爱落到实处。分层分级开展机关干部“大家访”活动,让干部们真切感受到组织的关心关怀。全面开展“闪光婺星”选树学习活动,各单位通过赛进度、赛落实、赛作风,积极营造“对标比拼勇赶超”的浓厚氛围,有效激发干部干事“活力值”。丰富机关党员业余生活,以“三走进、三远离、一强化”活动为载体,组织机关干部参加毅行、大合唱比赛、运动会、“万步有约”职业人群健走等活动,培养健康向上的生活情趣。

(项移娟)

两新工委工作

【概况】 2019年,区委组织部两新科按照全国和省、市、区组织工作会议部署,以“四整一全”创建为主抓手,把“稳企业、强服务、促发展”作为贯穿全年的突出任务,坚持向中心聚焦、为大局聚力,推动两新组织工作全面进步、全面过硬,奋力书写两新组织工作服务保障“双城”战略的高质量答卷。

【主题教育】 全区211个两新党组织全面启动主题教育工作,紧紧围绕“守初心、担使命,找差距、抓落实”的总要求,把四项措施有机结合、一贯到底,推动全区主题教育走深走实、落地成景。在开展集中学习的基础上,结合两新组织特点推出“批注式阅读”、读书班集中学、“班前一刻钟”学、宣讲团送学、初心之旅现场学、网上交流学等“初心六学”方式,组织全体党员“学原文、读原著、悟原理”,推动主题教育走深走实。结合婺城区提出的“八个扪心自问”,开展“初心四问四检”专项行动,各党支部和党员形成问题清单、责任清单、整改清单,并召开组织生活会开展批评和自我批评,党组织的战斗性进一步增强。紧扣解决企业和群众的急难愁盼事抓整改、促落实,推行“实事我来办”,结合“我为企业献一策”“书记信箱”等载体,把收集问题前置到职工中间、车间一线,推动问题解决接地气、有实效。主题教育工作开展以来各两新党组织为企业和职工群众办实事、解难题800余个,以党员群众的满意度检验主题教育成色。

【“双覆盖”集中攻坚】 全面开展新一轮两新党建“双覆盖”集中攻坚,排摸两新组织1331个,新建两新党组织46家。深入开展“进园摸底”“扫楼扫街”行动,摸清区内楼、园、重点企业和社会组织情况,共排摸“1万平方米以上商务楼宇和商业场所”13个,小微企业园区6个,全区性重点社会组织3个。以上单位都建立党组织。同时,乡镇工业功能区等两新组织集聚地组建区域联合党组织15个,确保两新领域党的覆盖“不留死角”。

【换届工作】 从7月起集中2个月完成168家到期两新党组织的换届工作。组织全体两新党组织书记开展“5+X”履职承诺,在建党节或当选后向上级党组织、党员群众和企业主等三方,围绕“讲政治、讲发展、讲团结、讲担当、讲奉献”等5个方面要求和一项党建助推发展的“书记项目”进行公开承诺,切实增强基层两新党组织书记的履职意识,全区共收集两新书记项目211个,年底完成率超90%。广泛推行党组织班子和两新组织管理层“双向进入、交叉任职”制度,换届后两新党组织书记任中层以上岗位比例数达到78%,两新党组织话语权进一步增强。

【商圈党建】 完善“商圈党建30条标准”,配齐商圈联合党委专职副书记,通过“1+3+N”(一套联席会制度、三张清单问题化解机制、N支红色共治队伍)实现商圈党委的实体化运作,开展以“党旗美、环境美、产品美、形象美、体验美”为内容的“五美花漾街区”创建,实现经济圈、治理圈、党建圈的“三圈融合”。2019年,商圈党委联合举办各类大型活动8次,牵头化解各类矛盾纠纷和疑难问题64个,接待省内外参观考察团24个,相关做法被《浙江日报》《浙江新闻》等省级以上主流媒体报道6次,成为全区城市党建的“金名片”。

【楼宇党建】 把准小微企业园区、大型写字楼、众创空间等地的企业集聚特征,将“领创”楼宇党建品牌做大做强,新建提升楼宇党建示范点5个。推广楼宇党建“33工作法”,实现党的组织全覆盖、人力全动员、服务全整合,联合工青妇和优秀社会组织共同推出“共享空间计划”“午间一刻钟”微课堂等务实管用的工作载体,以党建为楼宇经济发展赋能。时代楼宇党建联盟的“红领达人”服务团将“三服务”工作延伸到楼内120余家企业,为企业成长提供“保姆式”服务;CRC文创园党支部拍摄的《梦想天空格外蓝》MV获全国两新组织唱响初心大赛三等奖;浙中信息产业园区党委“云党建”工作体系更加完善,成为全省网信工作会议“党建+网络治理”工作现场参观点,实现楼宇“党建强—发展强”的良性循环。

【党建引领】 联合13家两新工委成员单位,通过楼宇、商圈、工业园区等党组织,统一管理党员队伍,通盘使用党建阵地,形成以楼宇、商圈、工业园区党组织为核心,社区党组织为基础,公安、综合行政执法、市场监管等其他驻地党组织为节点的网络化党建体系,将活动开展到广大群众中。突出党建带群建,坚持“党建搭台,群团唱戏”,为工青妇和社会组织发挥作用、开展工作创造条件。2019年,全区领创读书会、红领圆梦师已开展活动50余场,覆盖超4000余个年轻白领;婺星双创大擂台于6月进行决赛,评选出双创达人和优质项目10个;整合资源提升区域性党群服务中心,设立“一站式”办事窗口和“红色代办”服务点12个,实现“以党建激活年轻人经济”的初衷。

【两新党建】 完善并贯彻落实两新党建工作五年规划,以项目化推进示范点、示范带、示范区建设,完成新一批区级党建示范点建设20个,区级双管两新党组织规模扩大到48家。重点打造金华时代广场、西市街商圈、花木之窗市场、CRC文创园、金华康复医院、盈科金华律所等重点领域示范点,形成“一企一品牌”的良好局面。初步形成西市街“五美花漾街区”、时代“领创”、花木之窗产业红盟等党建助推发展的工作品牌,总结完善楼宇党建“33工作法”、商圈党建30条标准、市场党建“5项制度”等做法,形成“四整一全”工作的婺城经验。

【社会组织党建】 联合区民政局推进社会组织党建工作,成立区社会组织服务中心党支部,实现社会组织“双孵化”基地常态化运行,开展社会组织党建“一社一品”创建。律所党建扎实推进,理顺区法律服务行业党委的隶属关系,完善律师行业党组织规范化建设标准,开展“百名党员律师下基层宣讲”等活动,以党建引领律师行业健康发展。区互联网协会在西市街商圈开设“电商直通车”,免费为培训人员提供技能培训、政策咨询、审批代办、融资咨询、创业辅导等服务。

【选树典型】 广泛开展“立足岗位当先锋”活动,总结推广万里扬集团党委的先进经验,在全区规上企业推行“红色车间”“党员创客工作室”创建,打造红色车间45个,引导党员在车间生产一线创新创效、攻坚克难,党建助推发展的效果不断显现。开展“双强争先”好故事评选展播,全年共选树“群众身边的典型”31个,在《今日婺城》报、婺城新闻客户端、婺城组工微信公众号、故事合集《“争双强、当先锋”好故事选编》等平台持续宣传优秀案例,累计阅读量超万人次。荣光国际学校党支部书记和盈科金华律所党支部书记分别获省、市级“担当作为好支书”荣誉称号。

【工作机制】 根据区委“全面进步、全面过硬”的要求,不断完善两新党建工作机制。完善领导机制。及时配齐配强乡镇两新党委班子,新选配两新工委委员8人、两新党委委员9人,各级抓两新党建工作的力量充沛。完善落实机制。继续深化乡镇街道两新党委“实体化”运作机制,落实《金华市两新党建服务民营企业发展十条举措》,推行乡镇两新党建季度例会、月度党委会、工作月报、重点工作立项包干、年底“一把手”党建述职等制度,让两新党建工作任务“件件有落实、事事有回音”。完善督导机制。坚持开展工委委员“五联五促”活动，给每位工委委员明确年度职责和工作任务；同时，常态化开展“走基层、送党课、督落实”活动，推动区、乡两级委员们在下基层中宣扬党的主张、推动工作落实，2019年工委委员联系两新党建项目21项，开展全区范围两新党建工作督查3次，发现、整改问题200余项，打通联系服务两新组织的最后一公里。完善保障机制。构建区、乡、企三级综合配套的两新党建工作经费保障机制，区级层面每年列支两新党建专项工作经费60万元；另外对于重大工作额外追加经费，2019年获批项目2个160万元。在乡级层面，全面落实“两新党组织党费全额拨返”制度，拨返党费由乡镇街道(机关部门)党(工)委党费账户统一保管，各两新党组织实报实销，2019年共拨返两新组织党费51万元。在企业层面，打通“两新党建工作经费税前列支”渠道，经常性宣传税前列支政策，多措并举加强两新党组织工作经费保障。同时，以“两新党建工作项目化管理”落实市“薪火基金”要求，实行项目资金区、乡、企1:1:1配套，2019年完成项目20个，拨付奖励金50万元，带动企业落实党建工作经费200余万元。

(郑俊杰)

宣传工作

【概况】 2019年，婺城区成功举办“壮丽70年·奋斗新时代”大型走读婺城、“文化产业助推乡村振兴”专题论坛、寻找造“婺”主——首届“诗路”婺城文化创意大赛等大型活动。出台《金华市婺城区关于省文化产业发展专项资金的使用和管理办法(试行)》《文化精品和文化人才奖励办法(试行)》，修订《婺城区文化产业发展专项资金管理办法(修订)》。牵头成立婺城区文化创意产业协会，有效打破行业壁垒，搭建共享平台，首批成员单位涵盖数字内容服务、创意设计服务、文化装备生产、传统特色文化等15个类别的60家企业。培育发展“安地风情小镇”“白沙文化创意园”“婺窑小镇”等产业平台。新建文化礼堂39个，组建“农民护旗队”80支，队员530余人，在农村文化礼堂定期开展“升国旗、唱国歌”活动。制定《婺城区农村文化礼堂服务菜单》，开展节庆节日活动400多场，启蒙礼、成人礼等礼仪活动50多场。

【理论武装】 开展思政课“进乡入村”工程，组建宣讲小分队92支，培育各类宣讲员830余人，线下受益群众达8万多人次，工程获2019年度全市宣传思想工作创新案例。编制《党委(党组)中心组学习参考》和《党委(党组)中心组成员自学推荐书目》12期，组织区委理论学习中心组集中专题学习研讨10次，“婺城论坛”专题报告会5场。常态化全力推进“学习强国”学习平台的运用和供稿，全区60岁以下党员“学习强国”安装覆盖率达96%。

【宣传舆论引导】 4次登上《人民日报》，9次登上央视，“学习强国”推出婺城报道150篇，《浙江日报》刊发涉婺报道50篇，同比增长62%，且头版数量达到8篇。邀请40多家中央、省、市媒体记者齐聚婺城，围绕“双城”战略大方向，安排都市经济+智能制造、基层党建+社会治理、乡村振兴+花满婺城三个主题，走访10个点位，召开座谈会、新闻发布会4场，集中刊发各类报道124篇，新媒体阅读量突破2200万。邀请区委主要领导赴北京拍摄《中国推介》短视频，向海内外推广婺城。城市歌曲《亲爱的婺城，亲爱的你》首发式和MV开机仪式，各类新闻报道点击量分别破240万和100万次。邀请17家媒体参加“十乡百村”乡创新闻发布会，集中推出各新闻报道32篇，并在婺城发布开设“乡创婺城”融媒推介专题。邀请25家媒体参加婺城首届发展大会，集中推出近百篇报道，阅读量超500万次。进一步夯实意识形态工作责任制落实，连续2年召开意识形态工作专题述职评议会，走在全省前列。举办首届农民网络文化节，形成“农民微圈”群主自律公约。探索构建乡村网络“一哨双‘生’”综合治理体系，受到省委网信办重点关注，11月13—15日在婺城区召开全省专题研讨会。顺利完成职能交接，开展印刷企业、出版物单位、电影院“双随机”检查340家次，查处并没收非法出版物43册。新建“扫黄打非”基层站点104家，提前完成站点建设100%全覆盖。

【精神文明建设】 深入推进未成年人思想道德教育,开展文明校园评比、“小手拉大手、文明路上走”“扣好人生第一粒扣子”等活动,全力打造一校一品牌,建成全国文明校园1所,省级文明校园6所,文明校园33所。组织策划群众参与年、邻居节及我们的节日等187场次内容丰富的活动。开展“闪光婺星”评选,做响“好人”品牌,2019年,评出金华好人15人,浙江好人3人,金华市道德模范1人,道德模范提名奖2人,1人入选中国好人提名,8名婺城好人事迹在学习强国刊发。强化志愿者管理,完善志愿者注册和招募,组建党员、青年、红领巾、茶花姐妹等30余支特色志愿服务队,推出“时间银行”等志愿者奖惩考核激励机制,开展志愿服务活动4000余场,建成服务站点25个,服务时长80万小时。强化身边典型选树。

【创建全国文明城市】 强化考核督查,出台奖励措施,有力推动创建工作。常态运行书记、区长双组长制、领导联系社区制度、黄牌单位领导约谈机制等机制,先后出台了《婺城区全国文明城市月度竞赛活动方案》《婺城区文明城市创建考核细则》《婺城区创建经费管理规定》《婺城区创建全国文明城市补短板项目资金奖励办法(试行)》等文件。不断完善硬件基础,完成189个老旧小区改造,拆除违法建筑49余万平方米,增设停车泊位2.85万个,配置灭火器4.37万支。持续开展马路市场、私搭乱建、户外广告、“牛皮癣”、停车秩序和占道经营专项整治。建立物业全覆盖制度,健全“社区吹哨,部门报到”社区共建网格机制,成功创建文明示范社区12个、文明社区46个。打造特色街巷,完成老街记忆的文昌巷、桃源特色的桃花路、花景点缀的石榴巷、童真童趣的乾西巷、古朴大气的双桥街与返璞归真的雅畈古街等12条特色街巷。

【“四力”教育实践】 提出“守正创新、规范高效、团结拼搏”的部训。打造“宣风化雨”品牌作为部机关干部践行“四力”的主要载体,常态化开展部机关“阅读分享”和“头脑风暴”,此项工作在中宣部组织的2019年地方党委宣传部部长培训班上作为典型案例,进行经验交流。

(鲁杭燕)

新闻传媒

【概况】 婺城区新闻传媒中心(以下简称中心)围绕区委、区政府中心工作,唱响主旋律,打好主动仗,立足高远,精心策划,注重在务实上着力,在重点上突破,在特色上出彩,为唱响“担当赶超、婺城图强”主旋律,传递“双城”战略好声音,营造了强有力的宣传舆论氛围。

【主题宣传】 开展“花满婺城·幸福生活”、家服务、无证明城市、“四大四比”、民情民访、“双百亿”项目、文明城市创建、新中国成立70周年、“十乡百村”乡创行动、壮丽70年等10多个重大主题宣传活动;开设《担当赶超 婺城图强》《双强争先好故事》《推进行政村规模调整 实施乡村振兴战略》《深化走转改 新春走基层》《实施乡村振兴战略 建设婺城和美乡村》《花满婺城 幸福生活》《文明婺城》《打造营商环境 人才生态最优区》《壮丽70年 奋斗新时代》《心连心、暖人心、共图强,婺城“三服务”在行动》《党员干部谈初心》《不忘初心 牢记使命》《闻着花香回故乡——婺城骄子》《乡创婺城》《文创婺城》等20多个报纸专题专栏和网络专题;做好婺城区“两会”、全区干部大会、“双百亿”项目集中开工,全区教育发展大会等重要活动的宣传报道。婺城新闻网发布原创新闻7768条,转发新闻报道2010篇,制作《不忘初心 牢记使命》《精神的力量初心在身边》《红船驶进新时代》《八八战略》《乡村振兴》《扫黑除恶》《端午佳节》《婺城家服务,催开幸福花》《70有我更青春》等网络专题专栏。婺城新闻网连续三年获得浙江在线“全省十佳支站”称号。“婺城发布”微信公众平台发挥婺城融媒体“龙头”作用,发布1119条,累计浏览量达200多万次,最大浏览量4.5万次,开设婺城两会、文明婺城、花满婺城、闪光婺星、初心访谈、文创婺城、乡创婺城·新媒推介等专题,策划“创建全国文明城市知识竞答”“家在婺城”全媒体微剧评选展播等互动活动。为婺城首届发展大会营造氛围,中心派出多路记者前往北京、广州、深圳、杭州等地采访,截至10月底共采访乡贤20位，涵盖科技、教育、文化、医学等领域精英，开设“闻着花香回故乡——婺城骄子”专题，通过婺城融媒体各平台进行推送，取得良好的社会反响。

【媒体宣传】 《“三服务”在行动 婺城：“红色暖冬”行动助力企业应对用工难》《践行金华精神 打赢九场硬战：“无证明城市” 改革成效明显 减证便民群众“一身轻”》等一系列宣传婺城区经济社会发展的新闻在金华电视台《金华新闻联播》播出；《浙江各地同步启动 “三服务” 活动 实实在在办实事》《金华：民情民访代办制 群众点单干部代办》等在浙江卫视《浙江新闻联播》栏目播出。2019年，由中心对接以及拍摄制作的新闻在央视播出5篇，浙江卫视《浙江新闻联播》播出16条，在金华电视台《金华新闻联播》栏目播出64多条，在《金华日报》等市级媒体刊发120多篇，其中《金华日报》头版头条稿件32篇，中心自3月中旬经注册成为“学习强国”（浙江频道）平台供稿单位，截至12月底，已刊发稿件141篇，列市区首位。

【融媒体中心建设】 按照中央和省市部署，全力推进融媒体中心建设。6月28日，区融媒体中央厨房全新启用，成为全省率先、全市首个省市区三级贯通的融媒体中心。融媒体中央厨房建成后，录制“垃圾分类·新时尚·新生活”“图强我先行， 婺城一家亲”“奋力推进‘双城’战略走深走实”“优学婺城·幸福城”“党员干部谈初心”“乡创婺城”融媒推介等一系列融媒体访谈活动。制作融媒体专题20余期；各类小视频200多条，提升新闻策划能力和传播影响力。

【融媒队伍建设】 注重加强组织建设，深入学习贯彻习近平总书记关于宣传思想文化干部要增强“脚力”“眼力”“脑力”“笔力”的重要精神；加强党风廉政建设、作风建设；强化人才培养，完善考核机制。通过“传媒论坛”，新闻“晒拼创”和月度好新闻竞赛，“双城行”大型主题采访，融媒体轮训等创新方式，为中心发展注入新的活力。与浙江师范大学共建全日制艺术硕士（电影、广播电视）专业学位研究生实践基地。引导现有采编人员向全媒记者、全媒编辑、全媒管理人才转型，努力打造一支政治过硬、本领高强、求实创新、能打胜仗的新闻宣传队伍。

（戴 翔）

统战工作

【概况】 2019年，婺城区委统战部成立部机关主题教育领导小组，制定《中共金华市婺城区委统战部“不忘初心、牢记使命”主题教育实施方案》，形成《主题教育成果资料汇编》两册，用于资料存档。全年走访慰问30余户困难侨界群众、侨界重点人士家属和回国探亲的海外高层次人才，组织侨联委员捐款28000元帮助琅琊镇东畈村困难学子。提升优化婺城侨之家，定址合丰服务外包产业园的侨之家通过招投标，在开工建设中。

【民主党派、知联会建设】 依托“婺城党派之家”、同心学“习”吧等阵地，举办各类学习交流会、读书会、讨论会等各类活动15次。鼓励支持各民主党派（知联会） 开展思想政治理论学习， 全年共举办各类、各层次学习活动近80次。联合开展“无证明城市”改革、文明城市创建、垃圾分类等各类工作监督400余次，发现并解决问题560余个。区级各民主党派（知联会）中的市区两级政协委员、人大代表提交各类提案议案近210件；各民主党派成员、无党派人士撰写上报各类调研信息、社情民意95篇，其中被中央、省级刊物采用近20余件。2019年3月机构改革，及时完善区党政领导、区机关部门联系民主党派、工商联、知联会制度。

【首届婺城发展大会】 婺城区委七届五次提出举办2019婺城首届发展大会， 并明确统战部负责大会筹备的牵头抓总工作。11月17日，大会开幕式正式举行，包含省人大常委会原副主任王永昌、中国工程院院士龚晓楠在内的600多名海内外乡贤应邀参加，市委书记陈龙专门作出批示。31个项目成功签约落户婺城、投资额达155.3亿元， 成立婺城“双城” 战略专家咨询委员会，《中国经济时报》《中国青年报》《浙江日报》 等25家新闻媒体进行宣传报道，人民网、凤凰网、学习强国、人民论坛等全国主流网站和主要新媒体转载、推送相关新闻报道近百篇、点击量超500万次。

（胡 珊）

侨务工作

【概况】 2019年,按照区委七届五次全体会议上部署的各项中心工作要求,结合“三服务·婺城家服务”工作,深入走访侨资企业,拓展联络联谊。全面梳理助企、扶企政策,通过走访调研、座谈交流等形式,听取企业意见建议,为侨资企业解决生产经营中的实际问题。如联合人力资源部门开展招聘会,帮助解决许多侨企普遍存在的招工难问题;陪同菲力司服饰有限公司到小微企业园进行对接,帮助解决厂房问题;与民政局进行沟通协调,帮助缤虹星城解决无社区管理问题。

【维护侨益】 做好困难侨界群众、侨界家属和回国探亲的海外高层次人才的走访慰问工作。热情耐心为侨界群众提供政策咨询,积极配合“最多跑一次”改革和“无证明城市”改革,为侨界群众提供更便捷的服务。截至2019年底,共为4名华侨办理回国定居,6名华侨子女办理“三侨生”认定,为2名华侨子女协调入学就读问题。

(袁倩蕾)

民族宗教工作

【概况】 2019年,区委召开专题会议,听取区宗教工作有关情况汇报,分析区宗教工作形势,研究部署当前及今后一个时期宗教工作重点任务。调整全区宗教工作协调小组成员,明确成员单位职责,分解年度宗教工作重点任务,发挥区宗教工作协调小组作用,形成齐抓共管合力。

2019年,区民宗局推进“三级管理两级责任”工作机制的落实,强化乡镇(街道)全科网格中宗教(民间信仰场所)事务管理的正常运行,下拨基层宗教网格员专项工作经费15.84万元,加强全区宗教工作的人财物保障,全区31个宗教场所已100%纳入网格管理,各场所分别有网格员和平安巡查员,每月开展平安检查,发现问题,督促落实整改。

【安全生产工作】 元旦、春节、护航70周年等重要节日,多次组织人员对全区宗教活动场所、民间信仰场所进行安全隐患排查。6月,开展为期一个月的“安全生产月”活动,通过宣传教育、营造氛围、强化检查等手段,确保宗教民间信仰场所全年不发生一起安全事故和重大安全隐患。

【宗教团体建设】 督促4个宗教团体建立完善财务管理、会议、议事、重大事项报告和请销假等制度,按时完成团体年检工作;配合市天主教爱国会换届,完成辖区人员审核工作;走访慰问宗教团体主要负责人,开展谈心谈话。

【学习教育活动】 引导宗教与社会主义社会相适应,发挥宗教正面引导作用。6月底,组织区24名宗教界代表人士前往陕西延安参加“红色之旅”主题教育实践活动。

6月20日,宗教界代表人士参加“红色之旅”主题教育实践活动 (区统战部供稿)

【创建宗教基地】 2019年,启用“浙江掌上宗教”App,将宗教场所日常监管任务纳入网格化管理,实现监管及时化。上半年,网格员每月安全监管巡查任务按时完成,全区宗教场所受检率100%。落实“三人驻场所”工作机制,创建“5+1”进宗教场所示范基地,推动各宗教场所全面铺开。围绕全省普法工作重点,在区宗教活动场所深入持久开展法治宣传教育,全区共创建培育5个区级普法示范点,建立8个普法基地。

【民族村发展】 全面推进民族乡村振兴“双百村结对行动”,落实2019年全区少数民族发展资金项目,即塔石乡大坑村古道修复工程和安地镇杨垅村高压线架设工程,涉及中央和省财政专项资金共

32 万元，塔石乡大坑村项目完工，杨垅村项目进行收尾。

2019 年，区民宗局就少数民族村经济社会发展、美丽乡村建设和特色村寨打造等进行调研交流，送政策、解疑问、出点子，以推动三服务工作。指导安地镇杨垅村完成畲族村口景观工程和村口桥梁改建工程，继续开展双百村结对帮扶行动，结对帮扶资金 10 万元。

【弘扬传统文化】 深入开展民族团结进步活动，弘扬少数民族优秀传统文化，繁荣发展全区少数民族文化事业，4 月 20 日在琅琊镇水竹蓬村举办“畲族民族风情文化节”，传承弘扬中华优秀传统文化，挖掘、保留畲族优秀非物质文化，吸引大批外来游客。

（邵玲奕）

机构编制工作

【概况】 2019 年，婺城区结合机构改革规范，增设一批科级事业机构，全区科级事业机构从 10 家增至 23 家，新增正科级 6 家，副科级 7 家（含 4 家部门专业综合执法大队），弥补行政机构实行限额管理和区行政编制不足问题，解决部分挂牌行政机构人员力量不足问题。围绕“都市经济、科技人才、民生事业”三大优先发展计划，重点完善企业代办服务、招商投资服务、科技人才服务、退役军人事务管理、应急管理、教育医疗卫生事业发展等机构设置和编制配备，重点保障乡镇（街道）经济管理、村镇建设、项目管理、文化旅游等专业人员岗位用编需求。挖掘现有编制潜力，优先保障教育人才用编，弥补学前教育短板。新设公办幼儿园 11 所，共核定相应事业编制 89 名，实现乡镇公办中心幼儿园全覆盖，公办园比例从 11.3%提高到 18.52%，全力助推“优学婺城·幸福城”建设。

【区乡两级机构改革】 2019 年，婺城区委编办以省委省政府批复的《婺城区机构改革方案》为总纲，拟订区级党政部门机构编制框架，制定出台深化乡镇（街道）体制改革完善基层治理体系的实施意见，以及区级机构改革人员转隶、部门“三定”工作实施意见等配套政策，2019 年 3 月底前全面完成 30 家部门（不含垂直管理 3 家）和 18 个乡镇（街道）“三定”规定的制定印发。

【机构改革成果】 2019 年，机构改革完成后，婺城区委编办立即组织全区 24 家部门（单位）重新梳理确定并公开权力事项 2659 项，其中部门间划转权力事项 189 项。围绕标识标牌制作、职责承接履行、“三定”规定落实、人员转隶到位、工作机制完善等方面开展跟踪调研，并通过现场协商、提交编委会研究、向上级争取支持等，部门反映的 39 个问题全部得到解决。建立健全部门间协调配合机制，完善应急管理区主管部门与各相关部门应急处置协商机制，明确“防”与“救”的职责关系。建立乡镇（街道）应急管理、退役军人管理等体制机制。因地制宜在乡镇（街道）探索建立大党建、大经济、大治理、大执法、大服务等“大部制”工作机制，有效统筹工作力量，推进基层治理能力升级，实现“体制不足机制补”。结合机构改革职能调整，围绕社会稳定、应急管理、行政审批、公共服务、综合执法、干部心理等领域开展专题培训，培训 23 场次、2450 人次，提升乡镇（街道）人员履职能力。

【四大专业综合行政执法改革】 2019 年，婺城区委编办按照“成建制划转”“部分划转”“只剥离职能不转机构”三种类型，将交通运输、农业农村、文化旅游、市场监管所属 14 家执法机构 120 名编制整合组建 4 支副科级执法机构。经过多次沟通争取，4 家部门综合执法编制和人员等由区统一管理，既整合执法力量，又解决多头执法问题。

【承担行政职能事业单位改革】 2019 年，全面清理 31 家承担行政职能事业单位的职能，共梳理承担行政决策、行政执行、行政监督等职能 377 项，结合部门“三定”回归相关主管部门。完成行政职能回归后的事业单位类别调整，整合撤销承担行政职能事业单位 2 家，调整规范承担行政职能事业单位名称 9 家。

【机关内部“最多跑一次”改革】 2019 年，婺城区组织全区各部门（单位）以法律、党内法规、“三定”规定以及有关规范性文件为基础，全面细致梳理部门间办事事项，在金华市机关内部“最多跑一次”办公协同办事平台和“浙政钉”梳理公布42个部门318项事项,其中联办事项24项。经过几上几下梳理比对,规范并公布所有部门事项信息、办事流程图。深化事业单位登记“最多跑一次”改革。编办共梳理上报事业单位登记相关事项9项,均为即办事项。截至2019年年底,办理法人登记共100项,其中设立登记4项,注销登记3项,变更登记93项。

【编制动态化管理】 2019年,婺城区委编办改变编制“部门化”“终身制”思维定式,对核定的编制依据职能变化、机构运行绩效进行动态管理,实行事业单位编制周转管理,规范编制使用程序及出入编办理流程,有效提高编制资源使用效益,2019年使用周转编制4名。

【实名制数据库精细化管理】 2019年,婺城区委编办及时更新调整人员编制信息,基本实现对编制、人员信息的精细化管理。截至2019年11月底,全区办理招考录用、军转安置、区外调入人员入编320人,退休、辞职、死亡、调出区外人员出编191人;因机构改革转隶人员549人次,其中机关150人次,乡镇(街道)399人次,区内人员调动272人次,更新机构编制信息6953条。

【机构编制监督检查】 2019年,婺城区委编办学习《中国共产党机构编制工作条例》,落实好上级关于选人用人专项检查发现的机构编制问题及整改工作的要求,组织开展违规问题整改和实名制管理专项督察,稳妥消化历史遗留问题,做好整改“回头看”。结合机构改革共纠正挂牌实体化运行机构3个,纠正违规设置领导职数的挂牌、合署机构20个,解决超编进人问题18个。

【“三服务”工作】 2019年,婺城区委编办建立常态化走访调研制度,对联系的10家村(企)、贫困户,按照责任分工,定期开展调研走访,累计服务群众300余人次,服务企业50余次,服务基层60余次,收集并现场解决问题40余个。领办的长山乡邵村新建通讯基站、后畈田社区在坛里郑村的土地复垦等3个难题已经办结,社区文明创建抽查从原来的连续黄牌警告跃升为一类社区名列前茅。

【干部队伍建设】 2019年,婺城区委编办开展“不忘初心、牢记使命”主题教育。抓学习教育,加强调查研究,深入检视问题,确保整改落实,开展集中学习14次,领导班子专题研讨4次,“初心之旅”红色教育1次,“两书一章”学习交流5次,对照初心四问、对照党章党规,结合调研共梳理出各类问题90余个,形成问题清单,明确责任,整改到位。作为机构改革后新设立的单位,严格按新出台的编委工作规则、编办工作细则和各项制度运行,推进机构编制工作制度化、规范化。结合主题教育,建立对标赶超“晒拼创”制度,找差距补短板,推进年度重点工作落实。严格落实全面从严管党治党、意识形态工作主体责任、“第一责任人”责任和班子成员“一岗双责”责任,层层签订党风廉政建设目标责任书、压紧压实主体责任。定期开展廉政风险排查,共查找风险点24个,其中评定为高风险等级4个、中风险等级8个、低风险等级12个。强化监督执纪约束。建立廉情预控台账,形成全办廉情预控管理信息档案。自觉接受区纪委监委派驻第三纪检监察组监督,邀请纪检监察组对全办“三重一大”事项进行监督指导。

【信息调研】 2019年,婺城区委编办完成上报信息省级采用18条,中央编办网站采用5条,《金华日报》采用1篇,其中退役军人管理三级服务体系建设获市委主要领导批示肯定;推进课题调研工作,完成调研文章5篇,其中“金华市婺城区深入推进乡镇机构改革”被《中国机构改革与管理》第十二期采用,全年全市被该刊物采用仅此一篇;“机构重组 力量重整 机制完善 保障下倾 婺城区着力推进乡镇机构改革走深走实”被《浙江机构与编制》第六期采用。

(徐 雯)

信访工作

【概况】 2019年,全区信访总量共12693件。其中群众走访768批、2922人次;群众来信538件;网上信访11387件。群众通过12345热线投诉举报咨询来电20747件。信访事项办结率达100%,群众满意率达98.2%。

【争创“无积案区”】 2019年,在全区开展信访积案排查工作。2月19日,区委书记蔡艳召开积案化解专题汇报会。3月1日,召开全区信访工作大会,对“无积案区”创建工作进行动员和部署。5月,全局根据历年信访情况,印发《婺城区信访积案清零行动方案》,梳理出信访积案75件,对全区75件(其中国家9件、省6件、市级30件,区级30件)信访积案进行交办工作,逐一落实到区级领导,对每个信访积案进行攻坚。在新中国成立70周年大庆前夕,对遗留积案组织开展集中攻坚行动。1—12月,全区75件积案隐患化解息访49件,化解率65.3%。

【信访“最多跑一次”】 3月,全区推进民情民访代办工作。形成以区领导、在职干部、“两代表一委员”、人民调解员、专职网格员为代办主体的“五员代办”模式,深入基层开展大家访活动,察民情,解民忧,把群众诉求作为分内事、自己事来办,带着感情、带着责任办好办实每一件诉求件。2019年建立区级信访代办服务中心(信访超市)1个,机关部门代办站21个,乡镇街道代办站19个,村级(社区)代办站271个,重点工作代办站1个,流动代办站1个,喻斯景区代办站1个,各级代办站315个,实现信访代办全覆盖。2019年,代办各类诉求5117件,解决5086件,办结率达99.39%。城西民情民访代办站成为全市标杆。

【信访保障】 2019年,区主要领导专题听取全局对关于70周年大庆信访保障工作的汇报,三次召开大庆维稳安保工作专题会议进行部署,明确各地各单位的工作任务、压实工作责任。从乡镇(街道)、机关(部门)抽调干部,组建驻京、驻杭、驻金华3个工作组。

(李荣飞)

对台工作

【概况】 2019年,全区对台工作在区委、区政府的正确领导下,围绕建设“都市经济创新城,美好生活幸福城”的战略目标,以持续推进海峡两岸关系和平发展为主线,以服务婺城经济为重点,开拓创新,务实工作,较好地完成了各项工作任务。

【强化理论学习】 利用座谈会、微信等平台,多次组织台联会学习党的十九大精神,国台办31条、26条惠台措施,省76条惠台实施意见,市41条惠台实施办法,台湾同胞投资保障“一法一条例”等相关文件,不断学习对台工作的新思想、新理念、新举措,提高对台工作能力。元宵节,在全区台胞、台属中开展涉台知识网络竞赛,进一步增强对台工作影响力。

【加强组织建设】 夯实工作基础。开展全市台联组织规范化建设和台胞台属基本情况调查统计工作试点。通过试点工作,落实了区台联会(蒋堂分会)办公场所500余平方米,健全区台联会一系列规章制度,摸清了全区台胞台属的基本情况并建立数据库,为全市面上推广提供了经验。9月17日,顺利召开婺城区台联会第四次代表大会,选举产生新一届领导机构;全年区台联会组织开展“乐走公益”活动10余场次,参与明月楼社区文明城市创建等活动。

【优化投资环境】 加大招引力度。区台办高度重视台资企业在婺城的投资发展,先后多次协调有关部门帮助解决企业在生产经营过程中遇到的问题,助力企业平稳较快发展。台企鹰鹏集团在婺城首届发展大会上与区政府签订总投资5亿元的金华两岸科创园项目。2019年先后接待台湾台扬国际股份、北京科沃德科技集团、嘉庆教育、乡林集团、敏室集团等台企考察项目投资,力争吸引更多的台企入驻婺城,为全区经济建设注入新的活力。

【增进交流交往】 加深婺台友谊。2019年,全区共接待到婺城参访的台湾考察团、组6个共130余人。会同台联会接待回婺城探亲台胞12批60人次,巩固、加深海峡两岸同胞的血脉亲情。除基层文化交流以外,区台办也持续为两岸商贸技术交流创造条件、提供便利。上半年,先后为浙江先创能源有限公司两批技术人员办理赴台手续,帮助解决台湾相关企业设备安装问题,推进婺台两地企业深度交流与合作。

(童 佳)

老干部工作

【概况】 2019 年,婺城区委老干部局有婺城区离休干部 57 人。

【思想政治建设】 在婺城组工公众号开设“红心向党 初心为国”离退休干部话初心栏目,展现老干部“不忘初心、牢记使命”的执着坚守,忠于人民、艰苦奋斗的奉献精神,凝聚奋进力量。开展富有鲜明特色的主题党日。各离退休干部党组织通过开展丰富多样的主题党日活动,感悟革命初心、坚定理想信念。如婺城法院组织老干部赴市档案馆参观“不忘初心、牢记使命”主题教育展览和“沧桑巨变 岁月留痕”摄影图片展;区卫健局、农业农村局开展“送勋章 慰功勋,忆初心 担使命”活动,为老干部送学上门,听老干部忆革命初心;区公安分局离退休党支部组织全体离退休干部赴沙畈银坑追寻初心,锤炼党性。搭建“初心”宣讲平台,组织老干部进机关、进社区、进校园、进支部宣讲习近平新时代中国特色社会主义思想和中共十九大精神、社会改革发展取得的重大成就、自身的革命经历和身边的感人事迹,带动党员“守初心、悟初心、践初心”。如离休干部余荣安用自己的亲身革命经历教育为青春中学的孩子们珍惜现在的幸福生活,传承红色基因,努力学习,为国家建设积蓄贡献力量。

加强党支部规范化建设,制定《离退休党支部规范化建设意见》。科学合理地安排组织活动,保证离退休党员干部学习教育管理实效。组织全区离退休干部党支部书记培训暨“不忘初心、牢记使命”专题学习会,提升领航能力。严格组织生活制度。考虑离退休干部的身体特点和条件,开展合理适度的组织生活,认真落实“三会一课”、组织生活会、主题党日等制度。引导离退休干部党员始终牢记党员身份,做到党的意识不弱化、党员标准不降低、党内生活不脱离,增强离退休党员的政治荣誉感和组织归属感。落实保障和党内关怀机制。落实离退休干部党支部书记工作补贴。提升离退休党员同心度。通过征订党报党刊、集中自学、上门送学等举措,引导老干部学深悟透习近平新时代中国特色社会主义思想,在思想上、政治上、行动上与以习近平同志为核心的党中央保持高度一致。

推进老党员驿站、离退休干部党建共享基地、品牌工作室、红色讲师和离退休干部“党建+”工作创新案例等“五百工程”建设,传递正能量搭建平台,带动提升老干部工作的整体质量和水平。2019 年,新建离退休干部党建共享基地 2 个(沙畈银坑村、青春路社区),老党员驿站 1 家(明月楼社区),银尚之家 1 所,老干部工作室 1 个。同时建强现有乡镇老年大学,补助办学经费 5 万元;新增明月楼社区、青春路社区、柳湖社区老年大学教学点,打造“家门口的老年大学”。同时积极充实银色人才队伍,在白龙桥老年大学开办“五老骨干”班,储备银色力量。

【落实老干部“两项待遇”】 2019 年,婺城有离休干部 57 人,每逢重大节日必访,对走访过程中老干部提出的问题、遇到的困难,本着有政策规定的及时解决,无政策依据的及时与相关部门联系协调解决。2019 年,走访离休干部及遗属 105 人次,慰问金额 24 万元。

抓好“五就近”服务工作。利用社区、街道等资源优势,开展离退休干部就近学习、就近活动、就近医疗、就近照顾、就近发挥作用的“五就近”服务工作,利用好老干部的政治优势、经验优势和威望优势,凝聚、释放、传播老干部正能量,真正让他们老有所学、老有所乐、老有所养、老有所为。

提高老干部医疗保障水平。传达更新离休干部住院医疗自费部分补助政策,尽量让信息多走路,老干部不走路。做好补助政策的解释说明,填报材料流程细化到图,确保离休干部及家属能知晓政策、享受到医疗保障福利。督促各单位落实好离休干部医疗自费部分补助政策,确保有专门人员帮助老同志做好补助申请表的填写、上报审核等相关工作,能够及时领取补助资金。落实给离退休干部进行一次健康体检。同时联系广福医院在乡镇老年大学开设医疗保健知识讲座,让老干部掌握更多的养生保健方法。

【银辉先锋】 2019 年,组建“银耀婺城”老干部民营企业助力团，以“老中医式”的组团服务破解企业发展难题；组建“银耀婺城”老干部乡村振兴助力团，以“老教授式”的宝典服务指导乡村发展思路，组建“银耀婺城”老干部社会治理助力团，以“老娘舅式”的暖心服务化解基层社会问题。2019年，老娘舅调解团助推平安建设，化解矛盾纠纷540余件，夕阳红宣讲团传承红色精神，275名讲师宣讲120多场。婺城区人民法院退休干部方美娟累计调解案件726件，劝导当事人息诉200余人次；金华火车站劳动服务公司退休干部宋园春其调解案例累计在电视台播出300多期，日常调解涉及千百余人。宋园春被评为浙江省道德模范。2019年，落实离休干部住院医疗自费补助11人次7.7万余元。

【银耀婺城】 老干部引领社会风尚，赴乡镇开展家服务，积极参与全国文明城市创建，垃圾分类、交通劝导、文明宣传，到学校、到社区、到青少年基地宣传党史国史、革命故事、优秀家风家训，成为关心下一代事业的主力，满满的正能量闪耀婺城。3月4日，区老干局得到退离教育工作者协会、白龙桥老年大学、蒋堂老年大学的100多名老干部志愿者热情响应，实地走访长山乡小城镇建设成果，对改造后的产业融合发展提出意见建议，开展“银耀婺城——老干部‘三走进’”主题志愿服务活动，为长山乡的村民办一台自编自导自演的文艺会演，为村民提供志愿问诊服务。2019年婺城区老干部摄影家协会被命名为“省最美银耀志愿者团队”，毛珍琴、程明芝、万美珍分别被市委老干部局命名为最美老支书、最美老干部、最美银耀志愿者。

【银尚乐活】 多种形式促老干部拥抱活力生活。以晚霞光辉映初心、砥砺奋进新时代为主题，开展系列庆祝新中国成立70周年活动。开展寻找与共和国同龄的老党员老干部活动，请他们述说奋斗经历和故事，传递婺城正能量；组织“我和我的祖国”快闪、开展“我看新中国新变化”征文收到文稿15件，举办“岁月流芳最旗袍　礼赞祖国贺华诞”旗袍秀，组队婺城之歌歌咏大赛获二等奖，举办文艺会演、书画交流、摄影比赛等多种活动。展示老干部积极向上的精神风貌。离休干部王风被省委老干部局命名为“银尚达人”称号，叶益善被命名为省最美银耀志愿者。

（杨　倩）

关心下一代工作

【概况】 2019年，婺城区关心下一代工作委员会组织广大“五老”发挥政治优势、经验优势、威望优势，加强青少年思想道德建设，维护青少年合法权益，关爱保护农村留守儿童和困境儿童。2019年婺城区关工委获浙江省关心下一代工作先进集体称号。区关工委主任黄海根获浙江省关心下一代突出贡献奖。

【凝心铸魂】 弘扬主旋律，厚植青少年爱国情怀。以新中国成立70周年为契机，以中共“十九大精神”“两史教育”“五水共治”“垃圾分类”为主要宣讲内容，“五老”宣讲员深入全区各中小学、社区、行政村开展丰富多彩、形式多样的宣讲活动70多场，受教育达2万多人次。开展清明节祭奠革命烈士活动，听老红军讲革命故事，开展革命传承教育，让同学们不忘历史，继承革命精神，珍惜当下。开展“新时代好少年”选树。全区有420名队员被评为校级新时代好少年，其中100名队员在热心公益、勤学创新、自强自立、尊师孝亲、诚信守礼等5个方面表现突出，被授予2019年区级“新时代好少年”荣誉称号。举办2019婺城区“少年强，则国强”主题夏令营，组织区城乡少先队员参加主题夏令营，树立军人品格，提高身体素质，学习国防知识、增长见识、开拓视野，提升爱国意识。9月30日在北苑小学开展“童心向党　点赞祖国　百米长卷传深情”活动，以庆祝新中国成立70周年，传承爱国爱党的精神。开展“我为祖国点赞”演讲和读书征文活动，全区7000多名中小学生参加活动，659篇征文获奖。其中，金华四中等12所学校获全国新时代好少年“我为祖国点赞”主题教育读书征文活动先进集体称号。2位同学参加省教育厅关工委举办的“我为祖国点赞”主题教育朗诵比赛，获三等奖。组织学生参加市关工委组织的“庆祝70华诞　争做新时代好少年”主题现场作文大赛，有2名学生获一等奖，4名学生获二等奖，6名学生获三等奖，19名学生获优胜奖。

传承好精神,培养青少年社会担当。开展“让爱从家出现、争做美德少年”照片征集及表彰活动,组织评选全区中小学校学生讲述留有珍贵回忆的照片背后的故事,传承承载着首创精神、奋斗精神、奉献精神的“红船精神”。整合教育资源,充实教育队伍,组织有关部门,针对各年龄段青少年开展各类公益课程、开展“国学”社会实践和行为习惯养成教育活动,培养文明涵养,汇聚点滴“善小”,传递道德正能量。如红湖路小学、荣光国际小学、金师附小等学校均借助10岁成长礼契机,开展国学传统文化的熏陶。在第56个“学雷锋日”,在全区广泛开展学习雷锋志愿服务活动,以实际行动践行雷锋精神,巩固前期文明城市创建成果。

【法制护航】 持续开展“花季护航”行动。以青少年犯罪防护为重点深入开展青少年普法教育,创新法制宣传教育形式,丰富法制宣传教育内容,整合法制宣传教育资源,开展法制宣传教育活动。组织学生参观法院,参与法庭庭审活动;借助检察院“蔷薇工作室”开展别开生面模拟法庭活动,为重点青少年群体开设普法专场,建立“未成年人观护帮教基地”“亲青老娘舅”调解工作室。开展“扫黑除恶”宣传,借助打造平安宣讲团、法制副校长、“巧红”心理服务队等专业队伍,开展法制宣传和服务关爱。整治校园周边社会治安秩序,净化青少年健康成长的社会环境。多部门协调联动,推动青少年学法、知法、用法,广泛动员各方力量共同做好青少年权益维护工作。

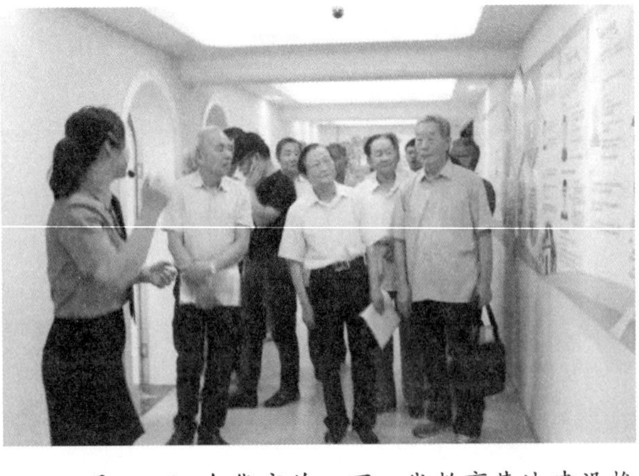

6月20日,金华市关心下一代教育基地建设推进会与会人员参观婺城区青少年“第二课堂”校外实践基地 (区委组织部供稿)

【倾情关爱】 持续开展关心慰问活动。协调蒋堂镇、城北街道、乾西乡、检察院等单位开展“关心下一代暖冬行动”,通过组织志愿活动、讲座、发放慰问品等形式给孩子们送去关心和温暖。持续做好精准扶贫帮困。落实“福彩暖万家、点亮梦想”和“爱心圆梦”助学活动,资助全区258名贫困学童每人2000元,受惠金额56.4万元,让他们感受到社会的温暖,坚定努力学习、回馈社会的信念。开展困难儿童慰问。得知安地镇一名儿童患白血病,造成家庭困难,关工委及时上门关心、提供帮助。在“六一”儿童节组织“五老”走访慰问长山小学和唯一的山区学校沙畈小学,开展爱国教育讲座,给学生们送去关爱和小礼品。

【校外辅导】 引导青少年牢固树立“婺城发展我受益、婺城美丽我光荣、婺城建设我有责”的主人翁精神,利用老少携手共护水、小手拉大手垃圾分类、参与犬类登记宣传、参与文明出行劝导等载体投入全国文明城市创建,宣传践行文明新风,以实际行动助力“双城”战略。在2019年全区垃圾分类工作启动后,村、社区、学校关工委积极组织青少年利用各种载体、形式开展宣传等实践活动,社会效果明显。

注重青少年教育基地建设。新增2家青少年校外第二课堂。承办全市关心下一代教育基地推进会,区委常委、组织部长、区关工委名誉主任徐妙芳,区组织部分管关工委工作副部长张建华陪同考察教育基地,徐妙芳在推进会上致词。区检察院的青少年第二课堂法制教育基地和中圣学校国学基地代表婺城区接受展示。

【走访慰问】 开展新春慰问基层“五老”典型代表活动。春节期间,走访慰问基层“五老”典型代表,代表区关工委送去关爱,表达婺城区关工委对基层“五老”人员的关怀和问候。

(杨 倩)

党史工作

【概况】 婺城区党史工作深入贯彻落实习近平新

时代中国特色社会主义思想，紧扣“一突出”“两跟进”要求，不断发挥“以史鉴今、资政育人”作用，稳步推进党史各项工作向前发展。

【学习教育】 结合主题教育，认真学习“两书一章”等，不断增强“四个意识”、坚定“四个自信”、做到“两个维护”。主动学习习总书记关于党的历史和党史工作重要论述及《习近平论党史和文献工作》一书，学习中央和省市关于加强地方党史工作精神，认清新时代党史工作地位、性质和作用。参加省委党史和文献研究室在杭州举办新时代党史和文献工作专题培训班，学到党史工作新知识、学到兄弟单位经验、学到了党史人高尚情怀，并结合本地党史工作特点，从不同角度、不同层面，考量做好党史和文献工作的措施方法。

【参与活动】 在坚持“述而不作”存史原则的同时，以新的精神状态，发挥党史工作连接“现在”和“未来”的独特功能，在服务现实中不断参与到党委政府的中心工作中去。按照“不忘初心、牢记使命”主题教育要求，同区委主题教育办一道，进一步完善沙畈银坑党史教育基地，在原先的基础上更加人性化设计了重现历史的实地景观，让更多人认识银坑、了解婺城党史革命史，感受重走长征路厚重而独特的历史文化魅力。协助组织部打造沙畈银坑党史长廊，以时间脉络为线串连起婺城革命历史大事件，并配以相关历史老照片，更形象生动地宣传婺城党史。参与区委建党98周年系列活动，为区委蔡艳书记上大党课，提供党史资料和婺城英烈事迹材料，讲党史、守初心、做贡献，全区所有党员干部共同回味共产党人的初心和使命。

【党史编撰】 完善婺城党史二卷提纲，经过反复讨论修改及市党史研究室指导，修订完善《中共婺城历史(第二卷)》大纲目，小章目后续根据编写情况再作具体调整。增加编写力量，确定《中共婺城历史(第二卷)》编写人员2人，并与其签订《劳务协议合同》。完善原始资料的收集与整理，下发《关于配合做好党史二卷编写工作的通知》，收集各部门以及各乡镇(街道)二卷编写相关的原始资料及书籍。查阅档案资料及完成数字化资料档案203卷共计935份文件及照片整理百余张，完成一编前五章130657字、三编前三章58634字初稿，并对三编提出修改意见建议。

【队伍建设】 完善编审组织，明确编审委员会成员和职责分工，健全机关单位和乡镇街道联络渠道，同时，确定各单位党史分管领导和联络员名单，建立区党史工作微信群及QQ群。壮大党史工作人员队伍，6月，借调外单位副主任返回原岗位，10月，确定方建东任主任，11月，新调入工作人员1人，另聘请二卷编撰人员2人，党史工作人员队伍由原来的2人增加到6人。不断提高工作人员能力素质，参加省委党史和文献研究室组织的全省党史系统“我们的初心”演讲比赛，并获得三等奖，参加委办支部活动、“三服务”、文明城市创建、垃圾分类等活动，努力做到学思悟践行。

【宣传教育】 七一建党节前，参与组织开展“传承话初心、集结共图强”主题活动，组织十余连队260余人赴沙畈乡银坑村重走红军路，请老领导话初心，交流心声，在活动中宣传体验党史革命历史，教育引导年轻干部。实地研学参观了双龙电站纪念馆，聆听先辈革命事迹，重温入党誓词。参观金华城市规划馆，学习其展现金华人文、生态、历史等方式方法，发散思考党史宣教新方法。主动参与委办支部党课资料收集整理，讲党史、讲革命史、讲英烈事迹，确保委办支部全体人员学党史讲党史用党史走在全区前列。做好向有关部门和领导发放《足迹》《春秋》等党史刊物工作。

（蒋 涛）

婺城区人民代表大会常务委员会

综述

【基本情况】 2019年,婺城区人大常委会召开常委会会议9次、主任会议17次,听取审议专项工作报告21个,作出决议决定7项,组织代表视察15次,开展执法检查3次、专项督查71次、专题询问1次。

配合区委做好省委、市委有关落实加强人大工作和建设文件精神专项督查,协助召开每届一次的区委人大工作会议。认真开展“不忘初心、牢记使命”主题教育,开展专题学习9次,讨论交流5次,形成学习调研报告15篇。围绕“心连心、暖人心、共图强”主题,成立7个小组由常委会领导带队,走进企业真心帮扶、走进群众倾心奉献、走进基层全心服务,累计走访服务企业、群众、基层共834个(人),收集问题285个,现场协调解决119个,交办、转办166个。开展走访人大代表活动,区乡两级人大走访辖区各级人大代表1326人、街道议政会成员483人。依法作出《金华市婺城区人大常委会关于加快推进“双城”战略的决议》。做好联系乡镇街道的信访积案化解工作。每月定期到联系点,开展重点工作督查累计332次,发现并交办问题225个。

省、市、区人大三级联动开展促进民营经济高质量发展专项监督。听取和审议区政府上半年财政报告、审计报告、计划报告,审查批准2018年区级财政决算和2019年预算调整方案。听取和审议区政府上半年计划报告,组织代表调研和视察深化“最多跑一次”改革、飞扬智能制造小镇等重点项目实施情况、金华经济技术开发区金西区块建设情况、金华山旅游开发建设情况。围绕建设美好生活幸福城凝心聚力。组织代表视察全域土地整治、A级景区村庄创建、双溪西路西延工程、省级自然生态保护区创建、美丽河湖建设情况。听取和审议区政府“污水零直排区”建设工作报告,协助上级人大开展大气污染防治、城市市容与环境卫生管理规定等立法调研和水环境保护“一法一条例”、养犬管理规定、文明行为促进条例执法检查。与省市人大联动开展省学前教育条例执法检查。持续关注健康婺城创建、退役军人事务、校园食品安全工作情况,专题开展年度区政府重点民生实事项目落实情况专项监督和上年度部分民生实事项目运行现状调研,督查“无证明城市”落实情况。围绕建设平安婺城同心协力。听取和审议区法院、区检察院、江南公安分局关于扫黑除恶专项斗争工作报告。发动代表参与民情民访代办工作,及时妥善处理群众来信来访。围绕建设法治婺城持续用力。听取区政府规范性文件备案审查报告,依法任免国家机关工作人员92人次,人民陪审员376人,规范组织宪法宣誓39人次。

始终坚持发挥代表主体作用,在提升代表工作质效中汇聚智慧力量。在白龙桥镇、城西街道开展代表联络站建设提升试点。首批8个“四好”联络站创建完成。探索建立代表建议办理快速反应机制,深化建议承办“一把手”负责制，按期交办、限期答复、跟踪督办227件代表建议。拓宽代表履职途径，邀请基层代表参加执法检查、视察、调研等活动465人次，列席常委会会议29人次，区政府常务会议21人次。发动代表参与文明城市创建，推动文明创建相关难点堵点问题的及时解决。组织代表围绕城乡交通改善、公共服务提升、老旧小区改造等社会关注度高的领域开展跟踪问效、献计出力。组织婺城区的市人大代表3批次走进“8890”接听民情热线，受理转办民众反映问题80余条。举办常委会组成人员和机关干部履职能力培训。对76名农业农村领域的区人大代表进行培训，采用专题授课、优秀代表交流履职体会等形式，增强代表履职的专业能力水平。77名区人大代表向选区选民述职，11名市人大代表向常委会进行述职。依法依规接受21名区人大代表、1名市人大代表辞去代表职务，补选出缺区人大代表24人，市人大代表1人。

始终坚持自身建设狠抓不懈，在深化人大工作建设中激发人大活力。常委会始终牢牢把握新时代新要求，坚持把强化自身建设摆在突出位置，努力建设忠诚、担当、拼搏、实干、高效、廉洁的人大机关和干部队伍。持之以恒抓好作风建设。完善常委会党组理论学习中心组定期学习制度，利用人大机关每月工作例会、主题党日加强理论学习，强化机关干部的政治意识和敏感性，提升“斗争”精神。与时俱进完善机构设置。按照上级部署统筹推进人大机构改革和建设，根据区委提名及时调整常委会工作机构负责人12人次。完成常委会社会建设工作委员会增设、法制内务司法工作委员会更名。相应增加常委会机关编制、职数。成立常委会办公室信息宣传中心。真情实感讲好人大故事。重视人大信息宣传队伍建设，及时做好典型推荐和稿件报送，全方位、深层次、多角度加大人大工作宣传力度。在浙江新闻、《浙江人大》、《金华人大》等省市级媒体刊载信息63篇(条)。上海金山、广东汕头等外地人大到婺考察交流17批次。

人大重要会议

【区九届人大三次会议】 2019年2月14—18日，区九届人大三次会议在区行政中心召开。出席会议的区人大代表276人，列席人员208人，参加区政协四届三次会议的全体委员列席会议。会议听取和审查区政府代区长黄国钧作的政府工作报告，审议金华经济技术开发区管委会、金华山旅游经济区管委会工作报告，审查金华市婺城区2018年国民经济和社会发展计划执行情况及2019年国民经济和社会发展计划草案的报告、金华市婺城区2018年财政预算执行情况和2019年财政预算草案的报告，听取和审查区人大常委会主任朱利群作的金华市婺城区人民代表大会常务委员会工作报告、区人民法院院长张永伟作的金华市婺城区人民法院工作报告、区人民检察院检察长徐洪彬作的金华市婺城区人民检察院工作报告。会议通过关于批准上述报告的相应决议。会议选举黄国钧为区政府区长、章旭升为区九届人大常委会副主任。会议审查区政府关于2018年民生实事项目完成情况的报告和2019年民生实事候选项目，票决产生金华市婺城区人民政府2019年度民生实事项目。会议表彰2018年度区人大工作各项先进。

【区人大常委会会议】 2019年1月22日上午，区九届人大常委会举行第十七次会议。会议听取区政府关于2018年度民生实事项目完成情况报告并对实施情况进行满意度测评，审查提交区九届人大三次会议审议票决的2019年度民生实事候选项目，通报区九届人大三次会议筹备情况，审议提出区九届人大三次会议议程草案、大会日程草案、主席团和秘书长名单草案、区九届人大三次会议列席和邀请人员名单，审查通过出席区九届人大三次会议代表的代表资格审查报告、区人大常委会工作报告稿，初审区人民政府工作报告、金华经济技术开发区管委会工作报告、金华山旅游经济区管委会工作报告、区计划工作报告、财政工作报告、法院工作报告、检察院工作报告，讨论通过2018年度人大工作先进单位和先进个人、代表优秀建议、代表议案建议承办先进单位名单。以无记名书面表决方式通过区政府、区法院的有关人事提请,决定免去李小庆、施礼干的区政府副区长职务,决定任命王建中为区政府副区长。

2月2日下午,区九届人大常委会举行第十八次会议。以无记名书面表决方式通过主任会议、区政府的有关人事提请,决定任命唐剑刚为区政府副区长。

2月18日下午,区九届人大常委会举行第十九次会议。会议以无记名表决方式通过主任会议的人事提请,以无记名表决方式接受贾献成辞去金华市婺城区第九届人民代表大会常务委员会副主任职务。

4月23日上午,区九届人大常委会举行第二十次会议。会议听取和审议区政府关于2019年政府及国有公司投资重大项目预安排情况的报告、区政府关于2018年环境状况和环境目标任务完成情况的报告,审议《金华市婺城区人民代表大会常务委员会讨论决定重大事项的规定》、2019年区人大常委会工作要点。会议通过主任会议、区政府、区法院的有关人事提请,决定任命张莉为区政府副区长,以无记名书面表决方式接受蒋远辞去金华市第七届人民代表大会代表职务。

6月27日下午,区九届人大常委会举行第二十一次会议。会议听取和审议区法院、区检察院、江南公安分局关于扫黑除恶专项斗争工作的报告,审议通过《金华市婺城区人民代表大会代表议案办理的规定》,补选陈章儿为金华市第七届人大代表。以无记名书面表决方式通过区法院的有关人事提请。

8月23日上午,区九届人大常委会举行第二十二次会议。会议听取和审议区政府关于2019年上半年国民经济和社会发展计划执行情况的报告、关于2018年财政决算和2019年6月止预算执行情况的报告、关于2018年度财政预算执行和其他财政收支情况的审计工作报告,批准2018年财政决算。审议通过《金华市婺城区人大常委会关于加快推进"双城"战略的决议》,修订《金华市婺城区人民代表大会常务委员会关于街道工作委员会向常委会报告工作的实施意见》,传达省委人大工作会议和全省各级人大常委会主任读书会精神。

10月30日上午,区九届人大常委会举行第二十三次会议。会议听取和审议区政府关于2019年财政预算调整情况的报告、关于创建金华婺城南山省级自然保护区的报告、关于"污水零直排区"建设情况的报告,通过《关于批准调整2019年财政预算的决议》。以无记名书面表决方式通过主任会议、区人民政府、区人民法院、区人民检察院的有关人事提请。

11月29日下午,区九届人大常委会举行第二十四次会议。会议听取和审议区政府关于健康婺城创建工作的报告。讨论决定补选区九届人大代表有关事宜。以无记名书面表决方式通过主任会议、区检察院的有关人事提请,以无记名书面表决方式接受王喜军辞去金华市婺城区第九届人民代表大会常务委员会副主任职务、人大法制内务司法委员会主任委员职务,决定区九届人大四次会议相关事项。

12月20日上午,区九届人大常委会举行第二十五次会议。会议确定2020年区政府民生实事候选项目。以举手表决方式接受有关区九届人大代表辞去代表职务,讨论决定补选区九届人大代表有关事宜。

重要活动

【视察工作】 2019年8月2日,组织部分人大代表专项视察飞扬智能制造小镇和双溪西路延伸工程建设情况。视察组实地察看飞扬智能制造小镇项目、双溪西路西延项目(铁路下穿项目)、双溪西路西延项目(高桥村拆迁)现场。听取区政府关于2019年度十项民生实事项目进展情况的汇报。

9月27日,组织部分人大代表视察区政府"最多跑一次"改革工作情况。视察组实地察看行政服务中心,听取区政府相关工作情况汇报。

10月23日,组织部分人大代表视察婺城区A级景区村庄创建工作。视察组实地察看塔石乡大茗村、余仓岱上村，听取区政府相关工作汇报。

10月28日和30日，组织部分区人大代表视察双溪西路、解放西路、人民西路建设情况。视察组实地察看双溪西路西延洞溪桥标段、解放西路断头路、人民西路西延洪源村路段现场情况，听取区政府及婺城新城区、交通运输局等项目单位的情况汇报。

10月31日，组织常委会组成人员视察全国文明城市创建开展情况，对2019年度民生实事垃圾分类实施情况开展督查。视察组实地察看翰林诚品、御江帝景、静听风语、凤凰一品等小区的文明城市创建和垃圾分类工作开展情况，听取区创建办关于全国文明城市创建开展情况的汇报；听取区垃圾分类办关于全区垃圾分类工作推进情况的汇报。

11月1日，组织部分区人大代表视察“最多跑一次”改革工作。视察组实地察看和体验行政服务中心“最多跑一次”改革工作带来的便利服务，听取区政府相关工作情况汇报。

【加快推进“双城”战略的代表议案】 根据区九届人大三次会议收到的要求作出大力实施都市经济创新城、美好生活幸福城决议的代表议案，常委会组织代表多次赴部门、乡镇(街道)开展走访调研，形成《关于加快推进“双城”战略的决议(草案)》。草案征求区人大常委会各办委、区各相关部门、乡镇(街道)人大主席团(人大工委)的意见并修改后，先后提交区人大常委会主任会议、党组会议研究讨论完善，并经区人大常委会第二十二次会议审议通过。议案的办理，对进一步贯彻落实区委作出的“双城”战略决策部署，明确区乡两级人大、政府具体工作要求，发出人大助推“双城”战略落地成景的最强音。

【促进民营经济高质量发展专项监督】 首次以省市区人大三级联动的形式，开展促进民营经济高质量发展专项监督，由常委会领导带队分组走访民营企业，送政策资料、发调查问卷，关注降费减税政策落实和融资贵、融资难、融资慢等问题，组织涉企部门、部分民营企业代表召开专题座谈会，全面调研民营经济发展存在的难点、堵点、痛点，收集民营企业的意见建议和民营经济发展存在的突出问题57个，现场帮助解决18个，转办交办39个并进行跟踪督办。组织常委会组成人员、区人大代表和部分民营企业负责人，面对面向区政府及职能部门、区人民法院、区人民检察院负责人开展专题询问，提出推进民营经济高质量发展的意见建议。同步开展司法机关保障和服务民营企业健康发展专题监督，推动营商环境进一步优化，为民营经济高质量发展提供有力法治保障。

【省学前教育条例执法检查】 根据省人大常委会《浙江省学前教育条例》执法检查动员视频会要求，制定《婺城区学前教育条例执法检查实施方案》，全面开展学前教育条例执法检查。5月15日上午召集区政府、金华经济开发区管委会和教育局、编办、发改局、财政局、住建局、自然资源与规划分局等17个部门主要负责人召开《浙江省学前教育条例》执行情况工作汇报会。会后，常委会主任、副主任带队对联系乡镇街道开展执法检查。学前教育条例执法检查于6月中旬全面完成。通过检查，将搜集的问题上报市人大常委会，并对区政府和金华开发区提出学前教育执法检查意见。

【“四好”联络站创建】 按照规范化试点标准和把代表联络站建设成为“人大代表联系群众的好桥梁、人大代表履行职责的好平台、人大代表学习交流的好阵地、国家机关听取人大代表意见的好场所”的“四好”目标要求，进一步深化和完善人大代表联络站建设，推动人大代表联络站建设提档升级改造工作。以白龙桥镇、城西街道为代表联络站建设提升试点，创建完成8个“四好”代表联络站，代表联络站“7+X”模式在全市人大代表联络站工作推进会上作经验介绍。

【深化环境报告制度监督“组合拳”】 把定期听取和审议区政府环境状况和环境保护目标完成情况的报告列入常委会年度监督计划，并将推动区乡两级政府落实环境报告制度工作“全覆盖”作为年度重点工作进行部署。根据上级人大相关工作要求，结合婺城实际，常委会安排开展系列“组合拳”，即4月主任会议、常委会会议听取区政府关于2018年度环境报告，年中主任会议听取区政府关于环境报告制度落实情况报告，年底主任会议、常委会会议以及拟在次年的区人代会上听取区政府关于2019年度环境报告。区乡两级政府落实环境报告制度在2019年度全面推进,实现“全覆盖”的工作目标。

【人大机构改革】 按照上级部署统筹推进人大机构改革和建设,完成常委会社会建设工作委员会增设、法制内务司法工作委员会更名。6月4日,区委编办发(金婺编〔2019〕27号)《关于区人大常委会机构设置调整的通知》,同意设立区人大常委会社会建设工作委员会,与区人大社会建设委员会合署办公,设主任1名(编制单列),副主任1名。核增区人大常委会机关行政编制1名,调整后,区人大常委会机关行政编制11名(区人大常委会主任、副主任、专职委员编制单列)。同意区人大常委会法制内务司法工作委员会更名为区人大常委会法制和监察司法工作委员会,与区人大相应委员会合署办公。

【人大信息宣传中心成立】 为加强常委会有关信息、宣传工作,更好协助各专门委员会、各工委开展工作,成立事业单位性质的常委会办公室信息宣传中心,编制数共计5名,其中领导职数2名。信息宣传中心主要职能是承担区人大常委会有关人大信息、宣传工作;协助区人大各专门委员会、区人大常委会各工委开展工作;承担区人大常委会机关做好浙江省人大代表履职服务平台有关婺城事务的信息维护,电子表决系统操作以及按照上级要求开展的人大工作微信微博宣传等人大信息化工作;办理区人大常委会及领导交办其他工作。信息宣传中心成立为人大机关补充新鲜血液,各项工作开展更加高效。

【区委人大工作会议】 12月27日下午,召开婺城区委人大工作暨全区人大宣传工作会议。区委副书记、区长黄国钧主持会议,朱利群、张茹先、胡小荣、徐妙芳、苏荣兵、陈曙初、潘国东、陈旭辉等区四套班子领导,区人大常委会副主任、区人民法院院长、区人民检察院检察长等出席会议。白龙桥镇党委、蒋堂镇人大主席团、新狮街道人大工委、区委宣传部负责人先后作交流发言。要求自觉坚持党的领导,把握人大工作正确政治方向。主动服务婺城图强大局,推动“双城”战略走深走实。围绕监督重点集智创新,忠诚依法履职尽责。加强人大基础能力建设,保障人大代表作用充分发挥。会议强调,各乡镇街道、机关各部门要站在事关全局的政治高度,加强统筹协调,为人大及其常委会依法履职提供强有力的保证。要全力支持人大开展工作,着力优化人大干部队伍结构,倾力做好人大宣传工作。

(李双双)

婺城区人民政府

综 述

【概况】 2019年，婺城区辖9镇9乡9街道(其中3镇1乡4街道由金华经济技术开发区托管)，110个社区居民委员会，317个村民委员会。总面积1391.24平方千米。全区户籍人口65.49万人，流动人口36.9万人，为浙江中西部的经济文化中心。年内实现区属地区生产总值305.4亿元，增长6.6%；财政总收入47.1亿元，增长1.8%，其中区级财政收入11.1亿元，增长4.9%；固定资产投资101.1亿元，增长20.1%；社会消费品零售总额360.5亿元，增长6.1%。

规模以上工业总产值、增加值均增长8.8%。加大小微企业扶持力度，新增“个转企”127家、“小升规”22家，11个小微企业园通过省级认定。深入实施“尖峰行动”，完成企业股改7家、上市挂牌16家。大力推进智能制造、“两化融合”，入选市级“两化融合”重点项目8个。狠抓标准强区、品牌强区，牵头制定“浙江制造”标准4个，新增省级名牌2个、市级8个。

商贸服务业功能布局不断优化，江北核心商圈、特色商业街区提档升级，新城区万泰公园大道购物广场涅槃重生。浙中信息产业园“一区十园”发展格局进一步优化，婺州英才创新园启动建设，安云小镇、合丰服务外包产业园招商力度加大，数字经济交易额达70亿元，增长16.7%。成立区、乡两级农旅投资发展有限公司，婺州古城获批国家AAAA级旅游景区。酒坊巷、万佛塔公园建成开放，“浙中大花园建设初见成效，”双龙风景旅游区列入国家AAAAA级创建名单。全区旅游人数、旅游收入均增长29%。房地产和建筑业稳健发展，出让经营性用地29.57公顷，实现出让金58.4亿元，居市区第一。

实施“稳就业、促创业”六大工程，新增就业1.1万人、失业人员再就业2089人，城镇登记失业率降至1.6%。新增省级示范型居家养老服务中心3家，区社会福利中心、残疾人康复托养中心投入运营，“残疾人之家”实现乡镇全覆盖，军民社区获评省级无障碍社区。开展“根治欠薪”专项行动，欠薪案件数、涉及金额均下降40%。脱贫攻坚深入推进。实施“双富”工程，启动“十乡百村”乡创行动，创新落实“消薄十法”，建设乡镇“消薄”平台15个、联建项目21个，村级集体经济产业园投入运行，蒋堂移民新村二期加快建设，总收入10万元且经营性收入5万元以上行政村实现全覆盖。

圆满完成新中国成立70周年大庆、第六届世界互联网大会等安保任务，平安创建捧回“一星平安金鼎”。大力开展扫黑除恶工作，摧毁涉黑犯罪集团2个、恶势力团伙3个，抓获成员315人，查处涉黑涉恶腐败和“保护伞”案件9起。“七五”普法深入实施，创建省级民主法治村(社区)7个、市级33个，区社会治理综合服务中心挂牌启用，专职调解员实现乡镇(街道)全覆盖。应急管理水平不断提升，浙江省暨金华市防汛防台应急综合演练成功举行，避灾安置场所规范化建设有序开展，第二轮农村危旧房治理改造扎实推进。安全生产形势总体稳定。

实施省外产业项目回归工程，成立上海、云南、广州婺城商会,”首届婺城发展大会吸引海内外乡贤共叙乡情,共创“双城”,共享未来,签约项目 31个;主题片《闻着花香回故乡》和歌曲《亲爱的婺城,亲爱的你》激发了海内外游子的澎湃乡情,“心连心、暖人心、共图强”的“婺城一家亲”氛围越来越浓。新增 2 家市级院士专家工作站。深入实施“百博入企”,博士在企业挂职 22 人,举办省海高会电子信息分会,分会金华联络处落户婺城。积极营造创业创新氛围,新增国家高新技术企业 17 家,省科技型中小企业 84 家,斯玛特获评省创新型数字文化企业。全面落实 22 条“人才新政”,构建“11234”的人才工作体系,打造人才生态最优区,首发婺城英才卡,浙(婺)商回归到位资金 12.2 亿元,实际利用外资 1038 万美元。开展“百家名企进名校”等招才引智活动,首发婺城英才卡,引进加拿大工程院院士 1人、长江学者等领军人才 10 人、硕士以上人才 212人。与吉林省四平市铁西区的对口合作全面深化。创新要素加速集聚。8 家企业、5 个园区分别加入 G60 科创走廊产业联盟、园区联盟,县府里·全球科创中心、婺城上海科创中心、婺城杭州孵化基地建成启用,婺城区积极融入长三角,金华科技城共建扎实推进。获批各级科技立项 61 项,新增国家高新技术企业 17 家、省级科技型中小企业 84 家、市级院士专家工作站 2 家,入围市级技术创新项目 12个,R&D 经费支出增长 70%。

两次举办“双十大”百亿项目集中开工,4 次举办集中签约仪式,总投资超 500 亿元。全省集中开工及省、市重点项目开工率、投资完成率均达100%,交通投资、生态环境和公共设施投资、高新技术产业投资、民间投资分别增长 15.6%、10.4%、17.3%、27%。

成功举办婺城教育发展大会,推出促进教育发展十二项举措,构建教育发展“1353 工作体系”,投入 7.5 亿元实施金华四中扩建等 15 个教育基建工程,省基础教育重点县顺利“摘帽”。组建 14 个教育集团,集团化办学实现全覆盖。新增省“教坛新秀”4 人、市“名师名校长”3 人,引进优秀教师 20人,师资水平不断提升。实施学前教育“二十百”工程,开展小区配套幼儿园专项治理,新建公办幼儿园 10 所,改造民办幼儿园 40 所。“人文婺城”焕发活力。农村文化礼堂“建管用育”一体化水平不断提升,组织社区教育、健康素养进礼堂等活动 2800 余场。积极举办庆祝新中国成立 70 周年等系列活动,开展文化走亲 6 场、送戏下乡 156 场、送电影下乡3100 场。强化身边典型选树,2 户家庭获评“全国廉洁家庭”,3 人入选“浙江好人榜”,13 人入选“金华好人榜”。“健康婺城”全面提升。推出促进卫生健康事业发展十项举措,区妇计中心新院区、5 个街道社区卫生服务中心投入使用,金华宏悦妇女儿童医院、众康康复医院落户婺城,完成村级卫生室标准化改造 52 所,15 万人签约家庭医生,“15 分钟医疗服务圈”初步形成。全民健身广场实现中心村全覆盖,省第十七届运动会水上运动基地启动建设,成功举办中国山水四项公开赛、全国“万步有约”健走激励大赛、首届中国(金华)网红垂钓大赛、半程马拉松赛等大型赛事活动 65 场。

深化“最多跑一次”改革,助残扶残“一件事”和民营资本投资办学全流程“一件事”经验在全市推广,95%的政务服务事项实现“掌上办理”,所有民生事项实现“一证通办”,高频民生事项实现“零次跑”。深化“无证明城市”改革,实现区乡村三级证明事项“无证明”办理,累计减免证明事项 37590 件。深化“标准地+承诺制”改革,新批工业用地 100%按“标准地”供地。深化国资国企改革,成立区城乡建设投资集团有限公司、交通投资集团有限公司并实现良好运营。深化农业农村改革,区农合联现代农业综合服务中心建成启用,完成农村宅基地及住房确权登记发证 1.6 万户,农村土地流转 6466.67 公顷,发证率、流转率均居市区第一。

【美丽婺城建设】 “花满婺城”打响品牌。举办“花满婺城·幸福生活”休闲文化旅游年系列活动,开展全域美环境整治百日大会战,组织“最美阳台(庭院)”评选,建成“一镇一品”花卉示范景观带 12 条,“花博园”完成规划设计,竹马茶花、雅畈杜鹃花获央视《走遍中国》栏目专题报道,市区三江六岸景观优化提升工程扎实推进。

持续打好文明创建荣誉战,开展“学条例、促创建、市民参与年”十大行动,健全“红黄榜”等十大制度，西市街社区、青春中学等单位成为全市文明创建标杆。全面启用智慧城市综合执法管理系统，数字化、扁平化管理更加高效。加大交通治堵力度，打通断头路2条，增设停车位1.1万个。

加快城市有机更新，改造城中村21万平方米、老旧小区35万平方米、沿街立面88万平方米、背街小巷9条，建成安置房7万平方米。狠抓“无违建”创建，强力开展违建别墅清理整治，拆除违法建筑120万平方米。小城镇环境综合整治全面通过省级考核验收，6个乡镇获评省级样板，4个乡镇获评市级样板，新增美丽乡村精品村5个、秀美村10个、美丽宜居示范村2个、A级景区村庄30个。“大棚房”清理整治全面完成。基础设施更加完善。衢江航道婺城段正式通航，婺城莘畈至武义白姆公路建成通行，313省道（45省道）、235国道金武快速路、婺城琅琊至兰溪上华公路、杭金衢高速拓改二期、G60沪昆高速婺城互通及连接线、金义东城际轨道、武义江大桥改建等重点工程加快建设。“四好农村路”建设扎实推进，建成汤苏线等精品示范路96.4千米，完成农村公路大中修92千米，西南山区道路通行条件不断改善。建成综合供能服务站5座，电力婺城生产基地即将启用。

涉挥发性有机物排放“散乱污”企业清理整顿全面完成，重点领域臭气异味专项治理、燃气锅炉低氮改造扎实推进，完成植树造林200公顷，乾西乡获评省级森林城镇，新增市级森林村庄17个，获省公益林建设成绩突出集体，空气质量优良率达87.3%，PM2.5平均浓度下降3.1%。

深入剿劣治污，江北生活小区“污水零直排区”建设通过省级验收，临江污水处理厂二期投入使用，白沙溪获评省级“美丽河湖”，全区交接断面水质总体稳定。加强供水节水，沙金兰等饮用水源涵养生态功能区建设扎实推进，完成农村饮用水达标提标43个村，万元GDP用水量下降5%。推进防洪排涝，实施水库除险加固3座、山塘整治5座，新建、提标改造雨水管网57千米。治土清废力度加大。完成跨区域非法倾倒污泥案件处置，工业危险废物、污泥无害化处置率均达100%。全力抓好生活垃圾分类工作，开展“垃圾分类·新时尚·新生活”系列活动，推行垃圾分类“两定四分”模式，推广家庭厨余垃圾减量“三字诀”“七部曲”，建成垃圾投放点446个，生活垃圾明显减量，创建省级高标准生活垃圾分类示范小区10个、农村垃圾分类示范村2个，白龙桥厨余资源再生中心建成运行，临江厨余垃圾处置项目启动建设。

【重点项目建设】 实施“金茶花”计划和工业“百千万”计划，城市综合承载力和辐射带动力进一步提升。围绕“城市新客厅、产业新平台、文化新地标、未来新社区”定位，完成高铁新城城市设计和西郊、乾西单元控规编制。铁路文化公园、博物馆加快建设，二七街、金虹街、凤山街等道路建成通行，婺江西路优化改造一期基本完工。城北区块建设稳步推进。完成新狮单元城市设计和控规修编，商贸综合体地块顺利挂牌出让，接力塘公园地块完成政策处理。婺城新城区发展取得新突破。实施临江工业园“腾笼换鸟、凤凰涅槃”行动计划，整治“低散乱”企业（作坊）50家，出清亩均税收万元以下低效企业48家，盘活低效用地123.33公顷，完成厂房加层扩容17.6万平方米；永强车业等4个项目竣工投产，今飞、聚新科技等项目加快建设；马海大桥、洞溪分区基础设施建设一期竣工投用。完成飞扬智能制造小镇概念性规划、控规编制，万里扬年产300万台套自动变速器离合器制动毂项目竣工投产，今飞汽车摩托车零部件及智能制造装备项目完成基础浇筑。组建飞扬智能制造产业投资基金8亿元。飞扬智能制造小镇5天完成土地报批，20天供地，68天开工，214天获评省第五批创建类特色小镇；飞扬智能制造小镇初具规模并入围第五批省级特色小镇创建名单。“南山国际慢城”推进连片打造。垦造耕地800公顷，建成石道畈等示范项目，蒋堂许里等5个项目获省政府批复立项。长山国际设计走廊、乌啦乌两头乌产业文化园加快建设。仙源湖旅游度假区扩容开发稳步推进，巨龙水上运动中心二期、诗画岩头文化产业园建成运营，梅溪流域、金安公路沿线环境不断优化，安地镇获评省非物质文化遗产旅游景区。

有效投资持续扩大推进上浮桥和二七征迁“双1”清零行动，破解了一大批历史遗留问题；高铁新城西郊区块和上浮桥区块国有土地征迁推进顺利；G60高速拓宽工程5天完成房屋征收签约；石道畈一期综合整治全面完工，两次举办“双十大”百亿项目集中开工，4次举办集中签约仪式，总投资超500亿元；化解疑难信访积案，历时十多年的双龙大桥征迁户安置房群体访等38件积案得到化解，化解率90%，新增积案同比下降80%，降幅居全市第一，信访总量同比下降13.7%，成功创建“无信访积案区”。全省集中开工及省、市重点项目开工率、投资完成率均达100%，交通投资、生态环境和公共设施投资、高新技术产业投资、民间投资分别增长15.6%、10.4%、17.3%、27%。

【“婺禾富硒米”入选全国名特优新农产品名录】 “婺禾富硒米”种植于金华市婺城区蒋堂镇上。蒋堂镇位于金华市西郊，是金衢盆地中心地带。区域内黄土丘陵资源丰富，农产品丰饶，素称“江南鱼米之乡”。区位优势：作为中国富硒农产品生产基地之一，蒋堂镇有着独特的富硒土壤资源。蒋堂镇富硒区富硒土地面积1233.33公顷，生产规模678.27公顷，年产量0.47万吨。土壤硒含量适中，环境质量优良，农产品中硒含量已达到标注富硒农产品的标准。“婺禾富硒米”有较强的食用价值和营养价值，它大米颗粒饱满均匀，纺锤形，长粒，米白色，透明，有光泽，垩白较少，有较浓的米香；碱值量、胶稠度、直链淀粉符合NY/T 595-2013《食用籼米》一等要求，具有较高的硒含量和锌含量。蒋堂镇入选创建省级特色农业强镇，婺南现代农业园区入选创建省级现代农业园区。

【履职效能】 开展“不忘初心、牢记使命”主题教育，坚定政治方向，强化实干担当，激情干事创业。大力推进政府工作法治化、规范化，全面完成机构改革后政府部门权责清单调整，加强行政规范性文件审查和合同管理，依法行政和决策水平不断提高。深入抓好政务公开，发布政府信息7637条，依申请公开及时答复率达100%。自觉接受人大依法监督、政协民主监督和社会监督，办理人大代表建议227件、政协委员提案293件，满意率分别为100%、99.3%。厉行勤俭节约，“三公”经费支出压减13.9%。认真履行全面从严治党主体责任，深入实施“9+1”专项整治，深化应用监督执纪“第一种形态”，突出重点领域、重点部门廉政风险防控，加强审计监督和问题整改，权力运行制约和监督体系不断完善。“三服务·婺城家服务”品牌深入人心，积极践行“微笑办、暖心办、我来办、马上办”，暖心“大家访”为党员干部减压增力，干部群众的幸福感提升，婺城的百姓都说：“现在的婺城，空气中都弥漫着幸福的味道。”

（范升元　盛　晖）

2019年婺城区人民政府常务会议情况表

表3

会次	时间	主要议题
42	1月10日	1.听取关于给予胡雪根等11名见义勇为人员奖励有关情况的汇报 2.听取关于加快推进小微企业园建设管理实施细则制定情况的汇报 3.听取关于婺城区行政村规模调整工作有关情况的汇报 4.听取关于《金华市婺城区农民饮用水达标提标专项规划(2018-2020年)》制定情况的汇报 5.听取关于制定婺城区标准农田认定和提升标准有关情况的汇报 6.听取关于李慧政行政赔偿案件有关情况的汇报
43	1月25日	1.听取关于“大棚房”问题专项清理整治工作有关情况的汇报 2.听取关于岭上乡撤乡工作有关情况的汇报 3.听取关于婺城区养猪场生猪预防性扑杀补助标准制定情况的汇报 4.听取关于2018年食品安全工作及2019年计划有关情况的汇报 5.听取关于解决金华站警务区民警待遇和辅警员额有关情况的汇报 6.听取关于市直属部门奖金补差有关情况的汇报 7.听取关于江城投资公司申请发行公司债券融资有关情况的汇报 8.听取关于向银行贷款事宜有关情况的汇报 9.听取关于330国道武义江大桥(原二环路武义江大桥)检测修复前期费用有关情况的汇报 10.听取关于对罗洋作业区投资及投资比例有关情况的汇报 11.听取关于金华江治理一期工程施工一标等3个水利项目合同价增加有关情况的汇报 12.听取政府工作报告起草,国民经济和社会发展报告、财政预算报告编制有关情况的汇报
44	2月28日	1.听取关于婺城区贯彻落实浙江省环境保护督查反馈意见具体问题整改措施清单有关情况的汇报 2.听取关于2018年度工业10强企业等考评有关情况的汇报 3.听取关于区扫黑除恶工作开展情况及迎接中央扫黑除恶专项督导有关情况的汇报 4.听取关于铁路文化公园造价有关情况的汇报 5.听取关于婺城新城区污水处理厂碳源投加有关情况的汇报 6.听取关于婺城区新华基地W-PARK项目投资协议有关情况的汇报 7.听取关于年产250万套照明氙气灯研发生产项目(一期)投资协议有关情况的汇报 8.听取关于兑现浙江省资产管理有限公司协议有关情况的汇报 9.听取关于《金华市婺城区企业国有资本收益收取管理办法(试行)》制定情况的汇报
45	3月24日	1.听取关于《万里扬集团飞扬小镇项目投资协议书》《今飞集团飞扬小镇项目投资协议书》有关情况的汇报 2.听取关于落实大学生新兵优抚优待政策有关情况的汇报 3.听取关于进驻婺城区行政服务中心办事大厅工作人员考核激励机制有关情况的汇报 4.听取关于《婺城区打赢蓝天保卫战三年行动计划》制定情况的汇报 5.听取关于婺城区安居工程城中村改造项目(城西西郊一期)概算调整有关情况的汇报 6.听取关于省委巡视全市反馈环境治理短板问题相关整改工作有关情况的汇报 7.听取关于城中村改造安置房建设有关情况的汇报
46	4月2日	1.听取关于《婺城区促进民营经济发展的实施意见》修编情况的汇报 2.听取关于文明城市创建基础设施项目实施工程有关情况的汇报 3.听取关于收购原金华市十八中地块房屋土地用于置换二七征收铁路土地有关情况的汇报 4.听取关于南干矿地综合开发项目相关政策处理有关情况的汇报 5.听取关于2019年度乡镇(街道)拆违任务分配计划有关情况的汇报 6.听取关于区新闻传媒中心聘用采编人员增加考核激励待遇有关情况的汇报 7.听取关于婺城区政府聘请常年法律顾问有关情况的汇报

续表 3

会次	时间	主要议题
47	4月23日	1.听取关于金华市婺城区农旅建设投资发展有限责任公司成立有关情况的汇报 2.听取关于婺城区城市社区专职工作者薪酬待遇有关情况的汇报 3.听取关于原金华专区平水殿农场新安江水库移民安置人口享受精减退职补助有关情况的汇报 4.听取关于金华市交通加油站补缴出让金和“企地合作”有关情况的汇报 5.听取关于《婺城区引进第三方专业企业开展垃圾分类试点工作的方案》可行性情况的汇报 6.听取关于双溪西路西延(婺城段)政策处理有关情况的汇报 7.听取关于栅川工业小微园地块挂牌情况的汇报 8.听取关于婺城区工业经济主要目标任务分解情况的汇报 9. 听取关于金华市婺城区人民政府与中国人民财产保险股份有限公司金华市分公司全面战略合作协议有关情况的汇报 10.听取关于高铁新城区块旧城改造工程一期项目有关工作情况汇报 11.听取关于请求金华铁路陈列馆展陈项目采用EPC招标模式有关情况的汇报
48	5月9日	1.听取关于婺城区农村饮用水达标提标工程建设与资金管理办法有关情况的汇报 2.听取关于消防建设有关问题的汇报 3.听取关于安地镇南L2地块土地征收有关情况的汇报 4.听取关于金安公路(仙源湖牌楼—动物园)两侧绿化景观工程有关情况的汇报 5.听取关于高铁新城旧城改造一期工程国有土地上房屋征收红线及红线内保留建筑有关情况的汇报 6.听取关于飞扬智能制造小镇概念性方案设计及控规编制政府采购方式情况的汇报 7.听取关于雅畈镇南平采石场普通建筑用石料(凝灰岩)矿采矿权申请挂牌出让的情况汇报
49	5月23日	1.听取关于《2019—2020年度婺城区“无违建区”创建活动实施意见》等有关文件制定情况的汇报 2.听取关于解决部分退役士兵社会保险接续工作的汇报 3.听取关于省文化产业专项资金分配和使用建议情况的汇报 4.听取关于水利水电第十二工程局有限公司金华基地幼儿园整体移交情况的汇报 5.听取关于全区中小学放学后校内托管服务工作情况的汇报 6.听取关于财政涉农民生类补助资金通过社会保障(市民卡)一卡通发放工作的汇报 7.听取关于制定《婺城区人民政府关于支持现代农业发展的若干政策意见》的汇报 8.听取关于《婺城区农业“标准地”控制性指标和管理操作流程(试行)》制定情况的汇报 9.听取关于浙江浙中信息产业园有限公司股权收购遗留问题处置方案的汇报 10.听取关于《G60沪昆高速公路金华互通至浙赣界段(婺城段)改扩建工程集体土地房屋征收安置补偿方案》的汇报 11.关于国务院全国违建别墅问题清查整治专项行动部署会议精神及我区贯彻落实意见有关情况的汇报 12.学习重大行政决策程序暂行条例
50	6月11日	1.听取关于婺城医保分局及医保分中心相关业务对接商议事项情况的汇报 2.听取关于近期防汛工作开展情况的报告 3.听取关于婺城区人民政府与上海都市型工业协会合作制定情况的汇报 4.听取关于浙江英诺绿能科技有限公司二氧化碳制冷技术研究推广与商业化应用项目情况的汇报 5.听取关于婺城区人民政府 上海天帆企业管理有限公司共建婺城区上海科创中心的汇报 6.听取关于婺城区人民政府 杭州星沅创业投资有限公司共建星沅空间婺城飞地孵化基地的汇报 7.听取关于《婺城区2019年度地质灾害防治方案》相关情况的汇报 8.听取关于金华市高铁新城区块(西郊等4个单元)控制性详细规划招标工作的汇报 9.听取关于公布高铁新城区块旧城改造一期工程国有土地上房屋征收红线的情况汇报 10.听取关于城北街道五星田里城中村改造涉及国有土地上房屋处置有关事项的汇报 11.听取关于城西街道潘里新村、七里殿区块房屋收购事宜的汇报 12.听取关于双溪西路西延高桥社区征收有关情况的汇报 13.听取关于婺城区白龙桥镇综合行政执法体制改革试点工作实施方案制定情况的汇报

续表 3

会次	时间	主要议题
51	6 月 27 日	1.听取关于水电十二局金华基地“三供一业”分离移交工作具体情况的汇报 2.听取关于浙江省第十七届运动会办赛任务(赛事场馆建设)有关情况的汇报 3.听取关于婺城教育基本现代化区创建相关保障工作情况的汇报 4.听取《关于金华市智橙星创科技有限公司要求兑现剩余 20%项目补助资金》相关情况的汇报 5.听取关于区政府与国网金华供电公司拟签订《输变电工程电缆部分差价委托代建和资产移交协议》的汇报 6.听取关于金华新兴产业集聚区兰溪上华至婺城琅琊公路工程婺城段项目实施情况汇报 7.听取关于要求对给予金磐机电实业有限公司股权转让项目给予资金奖补的汇报 8.听取关于设立金华飞扬智能制造产业投资基金的汇报
52	7 月 12 日	1. 听取关于区政府与中国移动通信集团浙江有限公司金华分公司拟签订《城市大脑建设战略合作协议(送审稿)》的汇报 2.听取关于组建婺城区气象局相关情况的汇报 3.听取关于金华市婺城区水利水电建筑安装工程公司人员分流、资产处置的情况汇报 4.听取关于婺城区变速箱及车辆齿轮产业创新服务综合体建设有关情况的汇报 5.关于新增 2019 年政府债务限额用于棚户区改造专项债券项目情况的汇报 6.听取关于花博园规划设计采用竞争性磋商招标模式及经费保障的情况汇报 7.听取关于《婺城区工程性开采多余矿产品统一处置的实施意见》制定情况的汇报 8.听取关于深化改革加强食品安全工作情况的汇报 9.听取关于江北“两街”地块建筑消防设施维修改造工程的汇报 10.关于全区垃圾分类工作需落实经费情况的汇报 11.听取关于《金华市婺城区劳动模范评选和管理办法》制定情况的汇报
53	7 月 30 日	1.政府性基本建设投资项目竣工财务决算学习 2.听取关于婺城区白龙桥敬老院护理服务项目购买第三方服务招标相关事宜的汇报 3.听取关于浙江省第十七届运动会参赛任务有关情况的汇报 4.听取关于婺城区安居工程城中村改造项目(城西西郊一期)概算调整的汇报 5.听取关于要求安排 2019 年 10 个乡镇“污水零直排区”建设工作资金的汇报 6.听取关于金华市婺城区白龙桥餐厨资源再生中心处置设施及配套服务项目有关情况的汇报 7.听取关于授权区城投集团实施道路停车收费经营权和项目代建管理事项的汇报 8.听取关于婺城区“婺州英才创新园”项目合作开发协议相关情况的汇报 9.听取关于金华市利民环卫清洁服务有限公司要求给予资金奖励有关情况的汇报 10.听取关于金华电子商务创业园第二个五年房租补助相关情况的汇报 11.听取关于婺城区河道、水利工程管理范围和保护范围划界成果报告的汇报 12.听取关于婺城区违建别墅清查整治专项行动有关情况的汇报 13.听取关于 2019 年婺城区垃圾分类智慧监管平台升级费用及投放点建设费用等事项的汇报
54	9 月 4 日	1.听取关于《婺城区驻沪招商招才工作方案》的汇报 2.听取关于举办 2019 年婺城区半程马拉松比赛有关情况的汇报 3.听取关于区花满婺州文旅发展有限公司参与美丽乡村建设规划试点相关事项的汇报 4.听取关于《婺城区招投标管理办法》修改情况的汇报 5.听取关于兑现婺城区特殊贡献企业高管奖励相关事宜的汇报 6.听取关于《高铁新城区块(一期)国有土地上房屋征收与补偿方案》(征求意见稿)有关问题的汇报 7.听取关于上浮桥区块(复兴街以西)国有土地上房屋征收与补偿方案(征求意见稿)有关情况的汇报 8.听取城北街道五星社区田里、后地区块城中村改造土地征用款结算和村留地处置政策有关情况的汇报 9.听取关于乾西乡鲍杨社区城中村改造集体土地征收有关情况的汇报 10.听取关于全区第二轮农村危旧房(包括脱贫攻坚困难家庭危旧房)排查治理工作资金安排有关情况的汇报 11.听取关于区环卫服务中心增加垃圾运输车辆有关情况的汇报 12.听取关于二环内垃圾分类投放点运行及“时尚小区”“时尚达人”评选活动所需经费有关情况的汇报 13.关于听取婺城区对口工作有关情况汇报

续表 3

会次	时间	主要议题
55	9 月 17 日	1.听取关于婺城区全域土地综合整治与生态修复工程实施意见等文件制定情况的汇报 2.听取关于“521”污泥倾倒案件应急处置工作有关情况的汇报 3.听取关于筹办 2019 中国(金华)网红垂钓大赛的汇报
56	10 月 15 日	1.集体学法(行政诉讼典型案例解析) 2.听取关于全区生猪增产保供相关工作情况的汇报 3.听取关于要求增加婺城区农村环境长效管理补助资金及全域美农村环境整治奖补资金分配方案的汇报 4.听取关于制定小水电清理一站一策方案有关情况汇报 5.听取关于“521”污泥应急处置费用协商咨询会的汇报 6.听取关于 G60 沪昆高速公路金华互通至浙赣界段改扩建工程婺城互通外广场及连接线工程实施方案的汇报 7.听取关于《深入实施创新驱动发展战略推进高质量发展的若干意见》的汇报
57	11 月 7 日	1.听取关于第二轮中央生态环境督察有关情况的汇报 2.听取关于婺城区畜禽养殖禁养区划分调整相关情况的汇报 3.听取关于审议《上浮桥区块(复兴街以西)国有土地上房屋征收与补偿方案》并请求作出房屋征收决定的汇报 4.听取关于《婺城区高铁新城区块(一期)旧城改造房屋征收与补偿方案》征求意见情况汇报 5.听取关于下达 2018 年度各乡镇(街道)“三改一拆”暨“无违建”创建奖补经费的汇报 6.听取关于东上小区违法建筑没收后资产移交金华市城投公司问题的汇报 7.听取关于新城区污水处理厂清洁排放技术改造有关情况汇报 8.听取关于金华市本级金华江治理二期工程相关情况的汇报 9.听取关于《婺城区供水工程运行维护管理办法(试行)》相关情况的汇报 10.听取关于“花满婺城·丹桂飘香”2019 婺城首届半程马拉松赛筹备情况的汇报 11.听取关于区民兵训练基地增挂区培训中心牌子等有关事项的汇报
58	11 月 14 日	1.听取关于婺城区迎接第二轮中央生态环境保护督察有关情况的汇报 2.听取关于小微创业园金磐机电区块收购及运营建议相关情况的汇报 3.听取关于金华市二环西路婺城段优化改造工程婺城段项目明确实施主体的汇报 4.听取关于婺城区 4 处废弃矿山生态修复项目的汇报 5.听取关于《金华市婺城区闲置厂房租赁管理办法(试行)》修编情况的汇报 6.听取关于浙江氢途氢燃料电池发动机生产研发基地建设项目情况的汇报 7.听取关于婺城区应对中美贸易摩擦工作情况的汇报 8.听取关于建立金华市立春科创园相关情况的汇报 9.听取关于《“职乐企服”数字经济公共服务平台招商战略合作协议》有关情况的汇报 10.听取关于万里扬汽车内饰件总部及商用车自动变速器项目战略合作框架协议的汇报 11.听取关于兑付万里扬股份有限公司两个投资项目的投资贴息和项目建设进度奖励经费有关情况的汇报 12.听取《关于进一步规范国内公务接待活动的通知》起草情况的汇报
59	12 月 5 日	1. 听取关于《新时代婺城产业工人队伍建设改革方案》制定情况的汇报 2. 听取 2019 年度婺城区政府质量奖评审工作有关情况的汇报 3.听取关于仙源湖垂钓小镇概念性方案设计及控规编制政府采购方式情况的汇报 4.听取关于全域旅游发展规划编制拟采用招标模式及经费保障的汇报 5.听取关于鲍杨安置房项目内固体废物处置相关情况的汇报 6.听取关于全域土地综合整治项目有关情况的汇报 7.听取关于婺城区申报省级开发区有关情况汇报 8.听取关于婺城区机关事业人员健康体检标准及服务方式调整情况的汇报 9.听取关于车管中心公务用车运行有关情况的汇报 10.听取关于制定进一步推动健康婺城建设有关政策的汇报 11.听取关于行政奖励婺城区“平安护航新中国成立 70 周年大会战”期间工作突出的集体和个人的汇报

续表 3

会次	时间	主要议题
60	12 月 20 日	1.听取关于《婺城区人民政府行政诉讼应诉工作细则》(审议稿)的汇报 2.听取关于市区 2020 年春节氛围营造工作情况的汇报 3.听取关于二七区块 10KV 沿江配套电力工程情况的汇报 4.听取关于省运会场馆建设征地工作的汇报 5.听取关于全域综合整治项目实施主体有关情况的汇报 6.听取关于浙江万鑫电子科技有限公司股权转让、回购两个协议的汇报 7.听取关于 2020 年政府及国有公司投资项目计划安排情况 8.听取关于《推进"基层党建+应急管理标准化"工作的实施意见》制定情况的汇报 9.听取关于《加强新时代婺城公安工作的实施意见》(审议稿)拟制情况的汇报 10. 听取关于金华市婺城区科创廊道建设规划(2019-2025)编制情况的汇报 11. 听取关于都市区西部联网供水工程(婺城段)建设有关情况汇报 12.听取关于婺城区机关事业单位编外用工管理办法制定情况的汇报 13. 听取关于双溪源项目西侧地块收回情况的汇报 14.听取政府工作报告起草、水环境报告、生态环境报告、民生实事实施情况,国民经济和社会发展报告、财政预算报告编制有关情况的汇报

区政府办公室工作

【电子政务】 2019 年,提升基础服务水平,开展区政府大院内部网络改造及无线覆盖工程,为政府办公提供便利。加强政府网站运维,区政府门户网站及信息公开平台全年共更新信息 12155 条,其中审核部门发布 2017 条。强化信息资源管理,全面清理各类僵尸网站域名,推进规范域名使用,完成各类专网改造工作。做好系统安全工作,将 OA 等各类应用服务器迁至市电子政务云平台,接入玄武盾防护体系,提升安全防护能力。

【秘书工作】 规范收文、登记、分派、审核等各个环节,严控文件数量,严把文件质量,有效贯彻传达区政府领导精神,督促各项工作落实到位。坚决贯彻上级精文简政精神,区政府和区府办 2019 年全年文件数量相比上年减少 30%。通过 OA 系统严抓公文批示反馈,做到领导批示件件有落实,件件有回音。认真做好会前会中会后各项工作,严控会议数量和规模,确保会议精准高效,做到开短会,开实会,多开现场会、协调会,会议服务细致周到,会议纪律严肃严明,会议记录完整准确,会议纪要按时编发,有效提高会议质量和水平,全力服务婺城"双城"战略发展。

【组织建设】 采取集体夜学、读书交流和个人自学等形式,认真组织学习党的十九届四中全会等精神,高标准推进"不忘初心、牢记使命"主题教育,与时俱进,着力提升整体政治理论水平,提高办公室干部的学习积极性和表达能力。经常性开展下基层、进企业调研、"三服务"活动,为企业千方百计解难题,在实践活动中提升业务水平、转变工作作风。认真落实意识形态工作责任制。始终坚持民主集中制原则,明确职责分工,加强团结协作,做到领导班子间多沟通、多理解、多支持、多配合,把班子建设成思想统一、团结奋进、步调一致、战斗力强的领导集体。开展听党课教育、看清廉婺剧等党支部活动和其他组织活动,提高全办干部的党性和凝聚力。开展廉政学习、警示教育等活动,以典型案例,提醒干部职工保持头脑清醒,提高思想认识和纪律观念,严防违法违纪行为。

(楼徐心远)

【大数据发展管理】 2019 年 3 月,根据省委、省政府批准的《金华市婺城区机构改革方案》,婺城区委办联合区府办印发了《〈金华市婺城区人民政府办公室职能配置、内设机构和人员编制规定〉的通知》(婺区委办〔2019〕46 号),明确区大数据发展局为区府办挂牌单位,由区府办管理。6月,中共金华市婺城区委机构编制委员会印发了《关于同意部分事业单位机构调整、撤销及编制调整的批复》(金婺〔2019〕23号),同意金华市婺城区电子政务管理办公室更名为金华市婺城区大数据发展中心。在婺城区开展大数据发展管理工作的元年,按照省市有关要求,及时开展数据资源目录编制工作,切实加强数据资源归集共享和安全工作。统筹推进"浙政钉""浙里办"等平台建设,2019年,政务"钉钉"注册人数累计达9246人,激活率100%,信息完整率100%。积极谋划政府数字化转型相关工作,建设机关内部"最多跑一次"运行平台,配合业务主管部门开展无证明城市、"互联网+监管"等应用推进工作。

(黄晓佳)

【信息工作】 2019年上报政务信息402条,市级采用96条,省级采用6条,获省领导批示2篇。其中聚焦做法成效报经验的《婺城区7天完成土地出让权限下放后全市第一宗土地挂牌》《深化"三服务"招引大项目—市区两级合力推进"飞扬小镇"建设初显成效》2篇信息获市主要领导批示。2019年向省政府报送的《婺城区生猪增产保供成效明显但仍存两方面问题亟待关注》《新业态从业者劳动权益保障存在"三难"》《婺城区反映水果食品安全领域犯罪呈三方面特点》3篇专报信息均获采用。科室按照职责分工,结合全区经济社会发展的难点、热点、重点问题,深入基层和工作一线,组织开展多次专项调研活动,为区委、区政府决策提供重要参考,较好地发挥参谋作用。认真编校婺城年鉴与前版相比较收录内容有所创新,编纂质量有较大提高。

(童未名)

【政务公开】 2019年,全区各级行政机关通过区政府网站、政府公报、微信公众号、微博公众号、美篇工作号等多种载体累计主动公开政府信息7637条。主动公开范围涵盖政府行政职能信息和行政执行信息、涉及社会公众切身利益的重大决策、重点民生实事领域、公共资源配置领域、重点领域信息公开等多个方面。全年收到政府信息依申请公开130件,答复130件,及时答复率达100%。

(葛璇锟)

【人大政协提案办理】 区九届人民代表大会第三次会议共收到代表建议227件。其中已经解决或正在解决的221件,解决率97.36%;满意216件,基本满意11件,满意率100%。区四届政协三次会议共收到提案293件,其中已经解决或正在解决的277件,解决率94.54%;满意282件,基本满意9件,满意率99.32%。

(陈　恒)

【金融办服务】 2019年,区金融办积极帮助企业对接多层次资本市场,全年共有13家企业成功挂牌,6家企业完成股份制改造,新增1家股份制企业。兑现2018年度企业股改挂牌扶持奖励资金46.44万元。不断优化营商环境,协助巨龙管业进行小微园招商,共招引30余家企业入园。主动防范金融风险,阻止"两链"风险蔓延,全年共为26家企业办理34笔应急周转金,涉及金额为1.367亿元。认真规范做好小贷公司评级工作和检查工作,组织指导小贷公司做好自评和自查。

(陈　昆)

发展改革

【概况】 2019年,婺城区实现区属地区生产总值305.4亿元,同比增长6.6%;区级一般公共预算收入11.1亿元,同比增长4.9%;实现货物贸易出口48亿元,占全国比重的0.29‰;实现固定资产投资101.1亿元,同比增长20.1%,其中交通运输投资实现18.9亿元,同比增长15.6%,生态环境和公共设施投资实现10.6亿元,同比增长10.4%,高新技术产业投资实现9.5亿元,同比增长17.3%,民间投资实现12.6亿元,同比增长27%;社会消费品零售总额360.5亿元,同比增长6.1%;城镇居民人均可支配收入57062元,同比增长7.4%;农村居民人均可支配收入25138元,同比增长8.7%;城镇登记失业率1.61%,完成年度目标;单位生产总值能耗下降和主要污染物总量减排均全面完成上级下达的目标任务。

【经济体制】 2019年,完成"标准地"出让9宗,总面积34.99公顷,实现新增工业用地100%以"标准地”形式出让。在“标准地+承诺制”推进过程中，全区以省、市文件精神为指引，建立部门联席制度。全区建立以区发改局为牵头单位，区经济商务局、区自然资源与规划分局、区水务局等相关部门协同的“标准地”指标设置联席制度。新增工业用地在明确出让意向后，由区发改局牵头会同协同部门确定出让地块的亩均税收、能耗、产值等“硬约束”控制指标，报自然资源和规划部门。完善企业信用奖惩制度。推行信用评价+数据应用的“一诺双用”全过程监管机制，研究事中事后监管方案，建立企业信用评价及奖惩制度，根据评价结果和企业的信用状况，实施分类监管，加大对企业严重失信行为的惩戒力度，营造“守信者受益、失信者受限”的社会氛围。推行项目代办制度。此次机构改革全区设立投资项目代办中心，为企业项目审批提供协调或代办服务，指导企业办理相关审批流程，由业主自主选择是否提供代办服务，全程为企业提供“保姆式”服务。

完成规模以上服务业企业亩均效益评价，前期对规模以上服务业企业开展了数据采集工作，其中包括占地面积、总建筑面积、出租和租用面积等占地情况。后期经过多次对企业的信息包括土地使用性质、面积、容积率等的核对，完成对规模以上服务业企业的评价，最终结果为 A 类 4 家、B 类 27 家、C 类 16 家、D 类 4 家。以出清亩均万元以下低效企业和以整治“低散乱”为抓手，推动低效企业出清。把任务分解至各乡镇(街道)，并对重点乡镇开展培训指导。1—11 月完成亩均税收万元以下低效企业整治 81 家，整治“低散乱”145 家，共盘活低效用地 143.79 公顷。同时对 C 类、D 类企业实施差别化水电价，倒逼力度不断加强。

【服务项目建设】 投资项目在线审批监管平台 3.0（工程建设项目审批管理系统 2.0）建设不断加快，基本实现一般企业投资项目从赋码备案到竣工验收审批“最多 90 天”。“标准地+承诺制+代办制”改革进一步深化，新批工业用地实现 100%按“标准地”供地。完善区域评估制度，区域环境影响评价、节能评估、压覆重要矿产资源评估、地质灾害危险性评估、防洪影响评估、水土保持方案编制。

项目建设有序推进，全区 136 个政府及国有平台项目完成投资 56.2 亿元，全年申报省重点项目建设有序推进，全区 136 个政府及国有平台项目完成投资 56.2 亿元，全年申报省重点项目 2 个，完成年度投资 4.7 亿元，投资完成率 102.21%；申报市重点项目 12 个，完成年度投资 26.55 亿元，投资完成率 103.19%；省集中开工项目 4 个，完成年度投资 23.92 亿元，投资完成率 165%。“飞扬智能制造”小镇入选第五批省级特色小镇创建名单，万里扬年产 300 万台套液力变矩器项目和今飞年产 1000 万件摩托车铝合金轮毂智能制造项目已列入市县长工程，万里扬项目入选省重大产业项目。

【计划发展管理】 启动“十四五”规划编制工作。起草《关于开展婺城区“十四五”规划编制工作的通知》，对规划的前期和规划的编制等过程进行了大致的安排，完成《金华市婺城区 2019 年国民经济和社会发展计划执行情况及 2020 年国民经济和社会发展计划》。完成编制 2020 年主要经济指标发展目标。发挥综合协调职能，做好经济形势的季度分析和监测预测，注重对全区经济运行特点的研究，及时提出解决问题的对策和建议。

【能源管理】 围绕区政府下达的各项工作目标，以节能为主线、以技术突破为切入点，加强管理制度创新、强化目标责任制考核、加大节能政策扶持力度。主要在煤炭消耗管控、燃煤锅炉整治、百万家庭屋顶光伏发电等方面开展工作。开展电力直接交易试点工作，减轻企业用电压力，2019 年全省开展电力直接交易试点工作，全区有 205 家企业参与电力直接交易试点；开展百万家庭屋顶光伏发电工作，2019 年全区完成家庭屋顶光伏发电户数 1239 户、共计发放补助资金 1446.2479 万元；完成 4 台中频炉、2 台冲天炉、1 台 15 吨燃煤锅炉淘汰改造工作。

（徐英剑）

审 计

【概况】 2019 年，婺城区审计局组织实施审计项目 22 个，完成遗留政府投资项目结算审计 38 个，核减造价 2195.16 万元，查出管理不规范金额 48262 万元。上报审计专报和专题汇报材料共12期，区主要领导批示10次，审计宣传信息被市级以上刊物采用21篇，移送案件线索2件，获市局优秀审计项目1个，表彰审计项目1个，2019年全市审计机关考核优秀。

【财政预算执行审计】 2019年，婺城区审计局重点围绕预算法贯彻实施、打好“三大攻坚战”、全面深化改革等方面开展财政同级审，揭示财政管理、部门预算执行和乡镇(街道)财政决算、政府投资项目管理3个方面的15个问题。财政同级审采取“核心审+3个专题审”工作模式，核心审主要关注预算追加、预算赤字、年初预留分配资金下达等情况，专题审主要关注土地出让、落实清费减负政策、人才公寓绩效等情况，形成审计专报和专题汇报材料4期，在防范风险、规范管理、完善机制等方面提出6条审计建议。

【领导干部任期经济责任审计】 2019年，组织对8个单位12位领导干部开展经济责任审计，重点关注领导干部廉洁从政、履行经济责任以及推进小城镇建设、“五水共治”、土地整治等工作情况，移送案件线索2件，促进增收节支187.92万元，推动建立完善相关制度13项。针对审计发现的劳模评选不规范问题，推动出台《婺城区劳动模范评选管理办法》，深化劳模评选制度改革。

【各项专项资金审计】 婺城区审计局开展扶贫专项交叉审计、养老服务体系建设专项审计公积金归集管理使用情况审计等项目，采取大数据分析和实地调查相结合的方式，从政策实施、资金使用和项目管理着手，规范专项资金的使用和管理。审计推动出台《兰溪市扶贫产业增收项目实施细则(试行)》，取消不符合标准的扶贫对象14人，及时收回违规资金6.25万元；揭示养老服务体系建设目标任务未完成等4个方面的12个问题，提出规范养老机构建设管理等4条审计建议；针对公积金审计，建议加强资料管理和审核以提升资料的准确性和完整性。持续跟踪区人民医院迁建工程和蒋堂移民新村二期工程，报送审计专报4期，对审计发现的违规开工建设、施工标准不规范等安全隐患形成预警。

【政策跟踪审计】 开展浙中生态廊道审计，重点关注生态廊道建设项目任务完成情况、资金筹集管理使用情况和重大工程项目建设情况，促使2项污水指标实施在线监测，促进增收节支165.97万元；受区委组织部委托，开展党建工作经费审计调查，促进规范党建经费的使用和管理。

【体制改革】 婺城区审计局推动组建区委书记任主任，区长、区纪委书记任副主任的区委审计委员会，审计委员会办公室设在区审计局，建立请示报告等工作制度，对审计发现的重大问题和线索，及时以审计报告、审计专报等形式向审计委员会报告；接收原来由区发改局承担的重大项目稽查职责、区财政局承担的预算执行情况和其他财政收支情况监督检查、国有企业相关经济责任审计职责；重新编制“三定”规定，新增法规和审理科。

5月28日，中共金华市婺城区委审计委员会第一次会议召开 (区审计局供稿)

【审计质量提升】 在项目组织上采取“大项目审”“同步审”“嵌入审”等方式，统筹安排审计项目；加强与区纪委区监委、组织、区委巡察办、人大财经工委等部门的工作协作，注重项目审计与巡察工作的有机融合，探索“巡审结合”，建立工作协同、问题线索移送、结果及时反馈等机制；推动区政府出台《关于进一步加强内部审计工作的意见》，督促全区有关部门和乡镇(街道)成立内部审计办公室30个，出台《内部审计指导员制度》，2019年监督指导全区内审机构围绕财务管理、项目管理、农村三资管理等方面共组织开展内审项目93个；建立《审计项目复核审理工作制度》，以法规和审理科为实施主体，对各项目审计组提交的审计报告进行最终复核审理,2019年有11个项目的审计报告采纳复核审理意见进行修改。

【主题教育】 “周一夜学”组织班子上党课6次,普通党员上微党课6次,集中观看教育视频7次,交流初心体会25人次,应知应会知识测试2次,“婺审论坛”开讲10次,邀请市审计局、区纪委、区委宣传部等专家领导和本局业务骨干开展专题讲座,组织党员干部赴义乌陈望道故居等地开展“实地研学”5次;深入联系村居、企业做好服务、指导、宣讲工作,2019年,走访服务对象302个,收集主要问题12个,解决村庄道路建设、自来水改造工程资金筹集等具体问题6个,指导雅畈镇、长山乡等地成立内部审计办公室,到联系村居、企业上党课5次;将主题教育和区委巡察整改工作有机结合,建立“问题清单”、“整改清单”和“成果清单”制度,通过对照党章党规对标自查、发放征求意见表帮查、谈心谈话党员互查等方式,梳理出单位的问题清单14个,党员个人的问题清单74个。对照问题清单深入剖析原因,细化整改措施,共制定107项整改措施。建立完善学习交流、党建工作、审计业务等3个方面的8项制度,有效推动成果转化。

9月18日,审计局机关支部在沙畈乡银坑村开展主题教育实地研学活动 （区审计局供稿）

【党风廉政建设】 婺城区审计局不断加强党风廉政建设,坚持把党的建设贯彻审计工作始终,把党风廉政建设宣传教育、廉政和警示教育纳入宣传工作总体部署、纳入党组理论学习中心组学习、纳入党员干部教育培训;完善《2020年度党风廉政建设重点工作》和《金华市婺城区审计局党风廉政建设和反腐败工作领导与责任分工》,健全审计机关党组、主要负责人、领导班子成员党风廉政建设责任清单,明确责任分工,推进责任落实;组织党组成员向党组书记、科室负责人向分管领导、科员向科长逐级签订党风廉政建设承诺书,增强党员干部的责任、自律和服务意识。

（严 纯）

统 计

【概况】 2019年,婺城区统计局根据各条业务线的特点,组织人员进行现场走访和实地调研,了解企业、群众和基层存在的难题,及时解决本部门的问题,将跨部门的问题反映给区委区政府。2019年,全局参与走访企业 265人次,走访投资项目35个,走访对象409人次,服务基层145次,收集问题34个,现场解决问题15个,本部门研究解决问题15个。

【统计数据检查核查】 2019年,根据省、市要求,统计局全面开展统计数据质量自查和核查,利用“互联网+监管”平台,围绕统计数据质量,贯彻“双随机”检查机制,制定本年度检查实施计划,对36家单位进行了统计执法,其中采用双随机抽查单位20家,对发现问题4家的企业进行行政处罚,执令限期整改。为加强统计造假源头防控,统计局一方面通过统计开放日、年报会等途径加大统计法制宣传力度,另一方面制定出台《婺城区统计局统计数据质量管理和责任追究制度》和《金华市婺城区统计局全面落实防范和惩治统计造假弄虚作假责任制规定的实施办法》,提升统计人员的法治意识。

【经济普查工作】 婺城区从2月开始进入第四次经济普查正式普查阶段。与之前的清查摸底阶段相比,正式普查的登记表格更为复杂,区经普办分期分批对全区19个乡镇街道的500多名普查员和普查指导员进行业务培训。为保证普查数据质量,局领导和经普办业务人员多次进行现场走访、问询和质量抽查。全区经济普查工作在上级规定时间内保质保量完成,登记法人共6458家(其中一套表单位

401家)，产业活动单位1014家，个体抽样调查户1054家。

【夯实基层统计基础】 通过机构改革,区级统计局完全独立,党组、班子健全,通过从乡镇抽人、招考等方式加强区级人员配备;乡镇设立统计与经济中心,明确机构职能和人员配备,解决基层统计人员短缺问题。全局在举办岗前培训、统计知识更新培训和年报会等各类涉企、涉镇街培训引入考评机制,提升培训的效率和质量。通过开展企业统计基础"四大体系"规范化建设,自觉对标建设标准,从原始统计记录、统计台账、统计报表等方面入手,指导企业统计人员完善统计资料。

【加强统计分析】 加强部门间的沟通、联系与协作,发挥部门统计联席会议机制和各类分析会议的作用,将部门数据与统计数据结合起来,增强研判的精准性,为相关部门精细抓经济工作,促指标增长提供精准建议意见。全局于2019年在微信公众号平台开设"婺城图强榜",将每月全区经济情况运行分析、各镇乡街道(园区)主要经济指标公布在平台上,同时做好统计公报、统计年鉴的编制印发工作,按月发布统计月报,及时便捷地为各级部门提供优质的统计服务。创新工作制度方法。为健全固定资产投资统计数据质量管理长效机制，全区于3月设计创建"数据查询"模板,确保数出有据,远远提早于省市局要求3个月,为提高固定资产投资统计数据质量提供有力的保障。全局业务人员加强对统计数据的分析研判,定时撰写月度、季度和半年分析报告,形成《数析婺城·2019年统计分析报告选编》报送区委区政府和各相关部门,对经济指标预测提供准确依据和趋势判断,为区委、区政府决策提供服务。

(方楚楚)

行政服务中心工作

【概况】 在区委、区政府的领导下,区行政服务中心围绕"跑一次是底线、一次不用跑是常态、跑多次是例外"改革目标,以全面优化营商环境为抓手,以推进多部门"一件事"改革为重点,持续开展"无证明城市"改革,推进"最多跑一次"改革。2019年,全区行政审批和服务事项办件量328721件，办结率99.8%,其中即办件256259件,占78.11%。

【"三无"大厅建设】 全面落实"无证明城市"改革要求。梳理"无证明城市"事项295项。其中,直接取消56项,数据共享78项,部门核验117项,告知承诺44项。全年办理"无证明"事项38077件,直接取消4072件,数据共享8568件,部门核验9617件,告知承诺15819件。实现"无证明城镇"全覆盖。全面实施"三无"(无证明、无证件、无复印)服务大厅改革,完成可信身份证和摄像设备安装,初步现实"一证通办""刷脸办"。"无复印"大厅举措全面实施。

11月1日,市人大代表到区行政服务中心视察"最多跑一次"改革工作　　(区行政服务中心供稿)

【数字化转型】 全区2065个事项网上办99%,掌上办96.56%，零次跑99%，即办件78.11%，承诺比93.84%,电脑端、移动端、窗口端99.4%,材料电子化率90%的目标。

【联办"一件事"改革】 围绕公民个人全生命周期梳理出生、上学、就业、结婚、生育、置业、就医、退休、养老、殡葬等十方面事项多部门联办"一件事",推进公民个人多部门联办"一件事"34个事项改革。出生、殡葬、结婚生育、退休、失业、军人退役、残疾人等"一件事"上线运行。民营资本投资办学全流程"一件事"实现7个工作日办结。围绕企业全生命周期梳理企业开办、项目投资、不动产交易、水电气和网络报装、员工招聘、设备购置、生产销售、获得信贷、并购重组、清算注销等十方面事项多部门联办“一件事”,推进企业多部门联办“一件事”19个事项改革。企业开办一件事、企业注销一件事上线运行。

【政务服务】 实现所有民生事项和企业事项100%开通网上办理、网上办结率达到99.69%;实现90%以上政务服务事项实现“掌上办理”、民生事项实现“一证通办”年度工作目标全面实现;实现50%以上民生事项在乡镇(街道)行政服务中心可办。综合政务自助一体机8月底实现乡镇街道全覆盖,进驻到银泰城及叶店、红湖路两个社区。

【投资建设项目改革】 投资项目在线审批监管平台3.0(工程建设项目审批管理系统2.0)全面推广应用。基本实现一般企业投资项目从赋码备案到竣工验收审批“最多90天”、一般政府投资类工程建设项目全流程审批时间90个工作日以内。除负面清单外,新批工业用地按“标准地”供地比例不低于80%。全年出让和待出让标准地12宗、45.89公顷,100%实现按标准地供地。

【公共资源延伸】 完成婺城区公共资源交易网云迁移,并和浙江信用网链接,实现交易网线上诚信查询。完成“限额以下不见面开标系统”开发,11月,开始试运行。此系统针对限额以下招投标项目,使投标企业可在线提交投标文件、参与开标过程、提出异议、查看开标结果等,为投标企业减轻交易成本,提高交易效率。

(陈小方)

机关事务服务

【概况】 2019年,机关事务服务中心以机构改革为契机,结合全区机关事务管理现状,修订完善“三定”方案,对各科室相关职能进行调整归并、合理配置,最大限度发挥管理和保障服务效能。强化单位建章立制工作,重新修订《婺城区机关事务服务中心财务管理办法》,拟定《关于进一步规范国内公务活动接待的通知》,完善后勤服务领域重点环节内控机制。

【智慧后勤】 集中引进人员出入管理系统、人脸识别系统、车辆管理系统等智能化设备,开发“婺智通”手机门禁微信小程序,逐步实现公共区域后勤保障信息化管理。

【垃圾分类】 严抓源头减量、全程分类、设施建设三大要点。区行政中心取消使用一次性消费用品,推行文明餐桌,提倡无纸化办公,按照“两定四分”的分类要求,加强公共区域投放点的规范化建设,设置垃圾分类收集和存储容器及垃圾箱隔离栏,引导干部职工正确投放。

【工程项目建设】 推进区行政中心机关食堂改造、会议中心吊顶装修改造、升降舞台改造、会议室LED屏建设工程、多联机空调项目、空调风系统改造、区人社局大楼消防系统改造等多个工程项目建设,规范管理,专人负责,主动及时公开招标信息、采购公告、采购结果公告等。

【办公用房】 开展全区党政机关办公用房专项督察,按照“大稳定、小调整”的原则,做好机构改革涉改单位办公用房调配工作,对区行政中心11家部门单位办公用房进行集中调整,盘活利用闲置资源,优化全区办公用房资源配置。

【公共节能】 响应市级号召,创建节水型示范单位,指导创建单位做好省级示范单位验收工作。以宣传周活动为重点,开展节能宣传教育活动。

【公务用车】 强化公车服务平台管理,落实全省公务用车“一张网”平台建设任务,平台于2019年12月16日正式启动。严格按照《浙江省党政机关公务用车管理实施办法》要求对全区公务应急保障用车进行统一管理,车管中心2019年累计为全区部门单位提供出行保障6521次,高质量完成区级重要会议活动车辆保障任务。

【公务接待】 公务接待保障逐步优化。2019年,完成接待249批次,2583人次,其中厅局级来宾19批,省部级来宾4批,外国来宾5批,接待批次较2018年增长40.7%。完成省无证明城市检查组、省双拥领导小组等全区性重大活动的后勤保障工作。着力改善接待细节和接待品质,力求在接待工作中充分体现婺城特色、展现婺城魅力,深化接待队伍建设,规范接待流程管理,提升公务接待服务保障能力。

【食堂服务】 推进“智慧餐厅”建设,利用智能化餐盘结算系统、电子显示屏、餐具回收输送机等新型设备,对食堂实施智能化布控。投入216.17万元,完成机关食堂改造工作,在三楼推出风味面点小吃专区,增设就餐位180个,同时按照功能分类合理规划食堂场地,将便民超市移至一楼。深化食堂服务团队建设,强化食堂从业人员监督考核和文明礼仪、服务意识培育,组织区机关后勤保障服务管理监督委员会参观师大人家中央厨房,畅通双方沟通渠道,优化食堂服务运营模式,提升食堂综合服务水平。

【后勤服务】 以创建全国文明城市为目标,全面落实区府大院内外周边整体氛围布置、办公区域各类公用设施改造提升工作,着力提升服务对象的幸福感和满意度。推出共享文明伞,在区行政中心南北楼、会议中心、食堂等人流量密集的出入口增设20个文明伞存放点,投放定制雨伞2000余把,为机关干部职工雨天出行提供便利。

【队伍建设】 持续开展机关工作培训,积极组织干部职工开展业务技能比武、志愿服务等活动,积极为干部职工搭建沟通交流平台,充分提振后勤服务团队精气神和凝聚力,提升团队干事创业意识。

(楼晓娜)

外　事

【概况】 2019年,婺城区完善外事机构建设,实现外事工作专人专职。1月,成立中共金华市婺城区委外事工作委员会办公室,设专职副主任一名,承担区委外事相关工作,负责处理全区涉外事务,统筹协调各项对外交往和外事活动,负责因公出国(境)事项审核、报批。发挥涉外资源优势,服务地方经济发展。指导、协调公安分局、新狮街道等有关单位,成立勤俭社区境外人员服务中心,为租住在社区内的浙江师范大学留学生提供流动人口居住登记、矛盾纠纷调解、举报投诉受理等多项服务。该社区已有40多家民房由来自世界各地的留学生租住,既帮助留学生增进对中国文化的了解,同时也为当地居民增加了收入,形成良性互动。健全外事工作机制,推进涉外事务综合管理。为更好地服务于婺城区因公出国(境)人员,2019年9月,制定《婺城区因公出国(境)事项申报办事指南》,制作《婺城区因公出国(境)事项申报办事流程图》等工作手册,精减材料份数,理清申报流程,极大地提高外事工作效率。2019年邀请外国14批、22人次到全区进行商务考察。在涉外人员管理上,加强与公安、劳动等有关部门紧密联系,全年依法依规及时协调处置涉外案件4起,配合美国驻上海总领事馆,每月对涉案人员进行探视,配合相关部门顺利完成2起国外公民在婺城死亡案件善后处理工作,维护和推动全区对外交流的正常开展。参加外事学习培训,提升外事服务能力和水平。不断学习国家、省、市外事工作有关法规和政策,以"围绕中心,服务大局"为主题,精心保障全区重大涉外活动和重要团组接待工作。2019年,办理因公出国(境)赴国外游学、交流考察等9批、15人次。

(童　佳)

招商投资

【概况】 2019年,上报省外产业项目17个,到位资金9.13亿元。实现3亿元以上项目签约16个,5亿元以上项目签约14个,20亿元以上项目签约2个。实现标准地招商9个。

【重大招商活动】 开展婺城区产业创新招商引资专题研讨班。在民营经济发展大会上集中签约政企对接项目5个,其中3亿元以上项目3个,均已落地。在金华市第二届发展大会上签约项目7个,婺城区发展大会签约项目31个,其中3亿元以上投资项目签约13个。2019年,赴杭州、上海、瑞金、深圳、武汉、漳平、温州等地洽谈项目212次,考察项目38个,涉及农旅休闲、现代工业、康养旅游、文化乐园、房地产及汽摩配件装配制造业等方面。

【联络合作】 以机构改革为契机,成立婺城区招商委员会,规范招商流程,加快项目落地和建设速度。

【招商招才】 出台《金华市婺城区驻点招商招才工作方案》,开展以定点城市为重点,辐射周边区域的专业化招商。上海驻点招商已走访企业、项目80余个次，涉及高端装备制造、人工智能、新材料、健康医疗等高新技术行业和领域。

（林 可　黄慧华）

自然资源管理

【概况】 2019年，婺城区自然资源和规划分局组建，根据机构改革的统一部署，于2019年1月22日正式挂牌成立金华市自然资源和规划局婺城分局；4月23日由金华市自然资源和规划局任命分局新班子成员；10月8日由金华市自然资源和规划局印发分局职能配置、内设机构和人员编制规定。2019年，分局干部职工高唱“担当赶超、婺城图强”主旋律，重点做好“谋划、保护、保障、服务”4篇文章，同心协力、凝心聚力，完成年度工作目标，在年度考核中获得“双优秀”：在婺城区委、区政府对乡镇（街道）和机关部门（单位）2019年岗位目标责任制考核中荣获优秀单位称号，并获得特殊贡献奖和进位奖；在市局对各县（市、区）自然资源和规划局2019年度综合考核中获优秀单位称号。

【耕地保护】 2019市下达垦造耕地任务数76.67公顷，垦造耕地验收138.87公顷，完成率181%；下达垦造水田（含旱改水）任务52公顷，验收垦造水田（含旱改水）161.13公顷，完成率309%；下达建设高标准农田任务1466.67公顷，开工建设高标准农田项目（含已竣工）1626.27公顷，完成率109%；下达农村土地综合整治任务6.93公顷，验收农村土地综合整治项目4个10.13公顷，完成率146%；下达耕作层剥离再利用任务6.67公顷，完成耕作层剥离再利用面积11.53公顷，完成率173%。全面验收石道畈全域土地综合整治工程农田整治区，验收新增水田191.33公顷，“旱改水”41.4公顷，耕地质量提升83公顷，建成高标准农田316.33公顷。耕地保护考核工作列金华大市第一。

2019年对标准农田库进行系统清理，理清家底，经市农业农村局土肥站认定，挖掘出二等标准农田储备潜力27公顷，为建设项目占用二等标准农田提供了储备保障。

【节约集约用地】 完成低效用地再开发数据库年度更新调查工作。根据省厅要求，开展低效用地调查数据年度更新工作。经过各乡镇街道调查摸底，与相关部门进行对接，新增入库低效用地12个地块，面积177.13公顷。在上级规定时间内完成数据上图入库工作，成果通过省厅审查。同时，以“三服务”为契机，助力打好实体经济翻身仗，结合城镇低效用地再开发政策，为企业妥善解决历史遗留问题，2019年共为白龙桥、竹马、雅畈、新狮等乡镇（街道）共10家企业完善用地手续。

2019年下达任务数分别为消化批而未供土地40公顷、盘活存量40公顷、低效用地再开发43.33公顷，分别完成消化批而未供土地面积63.93公顷，盘活存量建设用地面积43.73公顷，完成城镇低效用地再开发面积42.2公顷，均超额完成下达任务。

【土地利用】 2019年，共完成各类批次报批15个，面积118.72公顷，其中农用地80.93公顷（耕地68公顷），其中计划批次4个，低效用地再开发批次4个，城乡建设用地增减挂钩批次4个，农民建房专项批次2个，盘活批次1个。首次购买使用跨省增减挂钩节余指标保障高铁新城、飞扬小镇客厅、综合供能服务站等市区重点项目落地，用地面积17.93公顷，其中农用地14.6公顷（耕地13.2公顷）。单独选址共2个批次涉及项目2个，面积50.46公顷，其中农用地35.25公顷（耕地28.79公顷），用于G60沪昆高速公路金华互通至浙赣界段改扩建工程（婺城段）和浙江省金华监狱西关押点改扩建工程项目用地建设。全区用地指标争取工作列市本级第一。

全区总供地95宗，面积107.4公顷，其中工业用地7宗，面积31.13公顷；物流仓储用地1宗，面积3.07公顷；住宅用地8宗，面积37.4公顷；商服用地1宗，面积7.47公顷；公共管理与公共服务用地6宗，面积3.2公顷；交通运输用地4宗，面积17.73公顷；村民建房65宗，面积7.07公顷；村公用设施公益事业用地3宗，面积0.33公顷。

【土地出让】 全区共完成土地出让15宗，面积65.05公顷，成交金额59.28亿元；其中经营性用地出让5宗,面积29.62公顷,成交金额58.36亿元;工业用地出让10宗,面积35.44公顷,成交金额9213.6万元,出让金收入取得市区第一,大市第二的历史性成绩。

完成办理工业用地转让20宗,办理收回国有土地使用权4宗、完成工业用地复核验收3宗。

【地籍管理】 推进第三次国土调查工作。与乡镇开展三轮检查、整改,已通过省部级二次核查,成果已报送国家三调办。

有序推进农房确权登记工作。全面组织开展婺城区宅基地及住房确权登记试点工作,完成调查宗地9万多宗,完成数据入库近55649宗。

9月26日,婺城区召开违法建筑分类处置暨农村宅基地及住房确权登记业务培训会

(区自然资源和规划分局供稿)

【矿产资源开发利用】 婺城区矿产资源种类有水泥用灰岩、建筑石料用凝灰岩、砖瓦用(泥)页岩、萤石等,开发利用的主要矿产仅有2种,建筑石料用凝灰岩、砖瓦用(泥)页岩。建筑石料用凝灰岩矿山保有资源储量493.04万立方米、砖瓦用(泥)页岩矿山保有资源储量128.3425万吨。

2019年,全区有持证矿山7家,建筑石料用凝灰岩、砖瓦用(泥)页岩等是全区的优势矿产。能源矿产十分贫乏,金属矿产零星分布,查明资源储量非常有限。

建筑石料用凝灰岩分布广泛,资源丰富,主要分布在雅畈镇竹园、铜山小窑村一带。2019年,开采建筑石料矿山企业有6家,年开采石料总量108.03万立方米,产值6310.36万元。

砖瓦用(泥)页岩资源丰富,主要分布白龙桥镇上窑、周家村一带。2019年,砖瓦用(泥)页岩矿山企业有1家,已提前关闭无产量。

婺城区2019年度地质矿产管理市级年度考核满分100分。

【矿产资源管理】 2019年,完成6家建筑用石料矿储量动态监测和储量年报审查工作。完成7家矿山检查、巡查工作,2019年,征收采矿权拍卖所得776.49万元,其中工程性建筑用砂矿采矿权拍卖所得546.49万元。

【依法行政】 2019年5月,自然资源部下发区2018年度卫星遥感监测数据,经各乡镇(街道)国土所实地调查、核实并与作业单位对接后,共402个图斑,面积539.89公顷(卫片系统数据与变更数据一致),耕地225.17公顷。其中:合法图斑152个,面积130.95公顷,耕地66.93公顷;违法图斑18个,面积1.23公顷,耕地0.59公顷;伪变化图斑232个(含设施农用地、临时用地、农村道路用地和实地未变化图斑),面积407.69公顷,耕地157.65公顷。全区违法用地占用耕地面积比例为0.87%。2019年度,全区卫片执法平安考核工作为唯一未被扣分县市区。

按照部、省、市关于卫片执法工作的要求,全区借助"三改一拆"行动之势和"无违建创建"活动之机,推进卫片执法违法图斑立案查处、整改、拆除、复耕工作。全区违法用地图斑18个,用地面积1.23公顷,耕地面积0.59公顷。其中,已立案查处图斑7个,面积0.4公顷,耕地0.33公顷;依职权移交相关部门图斑11个,面积0.83公顷,耕地0.25公顷。所有违法用地图斑分类处置完毕。

【地质灾害防治】 婺城区原有地质灾害隐患点32处,威胁418户、1089人,威胁财产4199万元,其中列入避让搬迁22处,工程治理10处。全区22处避让搬迁地质灾害隐患点威胁383户942人。完成避让搬迁签约、房屋腾空、旧房拆除工作,补偿款包括饮用水源涵养功能区补助、下山脱贫安置补助、签约补助、房屋腾空补助和过渡期安置补助等,全部发放到位。全区工程治理隐患点10处,威胁35户、

7月31日，地质灾害防治知识进农村文化礼堂宣传活动现场　　（区自然资源和规划分局供稿）

147人，基本完成勘查、设计、施工、工程验收，工程治理相关资料齐全。2019年，22处避让搬迁点已全部核销，10处工程治理点已全部核销。

【“三服务”活动】 全面开展“三服务”活动。通过座谈会、实地走访、当面交流等多种形式对辖区范围内的76家工业企业开展“三服务·婺城家服务”专题走访活动，解决实际困难。局领导班子每月窗口坐班、定期下基层开展现场办公，解决了双宏化工、开创电气、华峰工贸、远大印刷等一批区级重点工业企业难题。

（胡　敏）

市场监督管理

【概况】 2019年，根据《金华市婺城区机构改革方案》，质量技术监督、知识产权保护协调和专利行政执法、价格监督检查与反垄断等相关职能整合划转至金华市婺城区市场监督管理局，机构改革后设有13个业务科室、3个直属单位、8个派驻机构，全局有在职干部职工138人，临聘人员96名。区市场监督管理局获评2019婺城区岗位目标责任考核优秀单位、2019全国文明城市创建突出贡献单位，区市场监督管理局团委获2018婺城区先进团组织，登记注册中心荣获2019婺城区巾帼文明岗，市不良反应监测中心婺城监测站（婺城区市场监督管理局）获评全省不良反应监测工作优秀集体。“全力打造‘无证明城市’、多举措优化营商环境”改革工作得到婺城区区长黄国钧批示肯定。

【工商营业执照发放】 2019年，全区新设市场主体9704户，同比增长32.55%。其中，新设企业2689户，同比增长18.51%；新设个体工商户6958户，同比增长38.94%；新设农民专业合作社55户，同比增长25%。截至2019年年底，全区市场主体总量43934户，同比增长14.71%。其中：企业总量14361户，同比增长10.98%；个体工商户总量28895户，同比增长17.71%；农民专业合作社总量678户，同比下降16.50%。

【服务民营经济】 滚动实施“小微企业三年成长计划”，落实小微企业质效提升行动有关决策部署，推动小微企业高质量发展；组织开展各类推荐上报工作，其中，黄燕青被评选为“全国先进个体工商户”；开展“五员五到”服务企业、“三大三强”服务基层、“五访五心”服务群众系列活动，全年走访对象2539个，收集问题103个，现场解决72个，转办问题21个。2019年，婺城区共新增小微企业2071家，新增八大万亿元小微企业622家，全区小微企业总数达到12460家，完成“个转企”130家。

【商标品牌建设】 坚持品牌强区、质量立区，加大对驰名商标、地理标志、省级商标品牌示范企业、商标质押融资的扶持力度，搭建商标品牌指导站、梯队品牌培育库、商标品牌融资对接平台，全面开展“亮剑2019”打击假冒伪劣综合执法专项行动。2019年，婺城区商标注册申请达4256件，共有注册商标19337件，中国驰名商标3件，省级著名商标22件，市级著名商标41件，地理标志证明商标1件，省级商标品牌示范企业2家，市级商标品牌示范企业8家，省专业商标品牌基地1家，成功创建省商标品牌示范区。

【食品监管】 食品生产方面，以日常检查、监督抽检为手段，通过“名特优食品作坊和亮化达标小微食品生产企业”创建树立典型，以风险等级评价、主体责任落实为中心，加强监管。2019年，创建12家名特优食品作坊和亮化达标小微食品生产企业，食品生产企业检查覆盖率100%，扩大地产食品抽检覆盖率达100%。

食品流通，按照要求开展分类整治，落实索证索票、进货查验制度及农贸市场质量追溯和快速检测双体系建设，指导落实各项食品安全管理制度，组织开展校园及校园周边食品、生猪产品(非洲猪瘟)、果品、豆芽、食盐等重点区域重点食品的专项治理行动，制定每月监督抽检计划，开展流通领域和食用农产品监督抽检，启动“食安快检直通车”，抽检300余批次。

【科普知识宣传】 食品方面，6月25日，围绕“尚德守法，食品安全让生活更美好”的主题，启动金华市食品安全宣传周活动，开展了包括“食品安全走基层”“食安快检直通车，幸福平安婺城行”在内形式多样、内容丰富的系列活动，开展了小龙虾突击快检暨食品安全法制宣传教育、夜查小龙虾行动、突击检查水果店等多项行动。

药品、医疗器械、化妆品方面，开展食品药品科普知识宣传活动；开展“药械安全、科普惠民”宣传暨过期药品回收活动，发放安全宣传资料300余册；开展5·25“全国护肤日”主题宣传活动，发放宣传资料2000余份、护肤品100余份，接受咨询200余人次；推进化妆品“百千万”美丽消费示范工程建设，完成化妆品放心消费示范街1条、示范商店4家、示范店50家的目标。

【广告市场监管】 2019年，监测检查各类广告2175条次，查处各类广告案件13件，罚没款合计68.95万元人民币。加大了广告违法案件的查处力度，促进广告业的健康发展。

【餐饮服务监管】 开展“春安行动”、节前专项整治、学校(幼儿园、托幼机构)食堂等专项检查，新建阳光厨房53家，改造提升农村家宴放心厨房13个，推行“示范餐饮双千双百提升工程”创建工作，打造婺城首批“放心消费示范餐饮单位”。

【专项整治核查】 开展日常监管，药品生产、经营企业检查覆盖率100%；检查医疗器械生产企业7家次、二三类经营企业98家次、使用单位322家次；检查化妆品生产企业17家次、经营单位及个体工商户75家次。开展中药材及中药饮片专项检查、药品零售企业执业药师“挂证”行为专项整治核查、疫苗联合专项督查、医疗器械网络销售清网行动、国产非特化妆品备案后检查，做好药品及医疗器械许可验收、认证、飞行检查等工作，认真抓好药械化不良反应监测工作；完成4个送药上山便民服务点的建设。

【执法办案】 金华市市场监管综合行政执法队婺城区大队顺利挂牌；开展综合执法亮剑行动；做好平安维稳工作，加大“扫黑除恶”力度，加大重点线索摸排和依法处置，持续开展对“套路贷”等违法行为的整治工作；开展“保健市场乱象”百日执法、“亮剑2019”打击假冒伪劣综合执法、打传规直等行动，扎实推进稽查办案工作，群众反响良好。全年查处案件152起，涉案金额88.7万元，罚没款264.5万元；大要案23起，涉案金额48.5万元，罚没款129.4万元。其中“悍马糖”入选全国食品安全领域十大典型案例，唐某等9人禁业限制案获评金华市市场监管系统典型案例。

【消费维权】 搭建“分类消费教育”工作平台，举办“放心消费教育大讲堂”进校园、进老年活动中心、进企业等活动35次；打响“放心消费在婺城”品牌建设，新建立3家监督联络站，在西市街打造“放心消费示范商圈”，建立全市首家“放心消费示范商圈”工作指导站，创建“规范化、品质化、标杆化”的街区；发动社会力量共建维权网络，增加20名农村消费维权联络员队伍和4个消费维权小卫士岗，利用365农村消费维权平台，使消费维权“绿色通道”有效延伸至农村。2019年，完成放心消费示范单位培育200家、无理由退货承诺单位培育100家创建工作。

【合同监管】 2019年，新认定守合同重信用AAA级企业3家，延续确认2家；新认定守合同重信用AA级企业6家，延续认定2家；新认定守合同重信用A级企业5家，延续认定1家。办理动产抵押登记27份，企业融资26841.6万元；办理合同备案37件，涉及房地产销售合同、房地产居间合同、汽车销售合同、物业管理合同。

【农贸市场】 2019年，商品交易市场成交额为53.63亿元，原金华山辖区市场并入婺城区管辖。金华市白龙桥蔬菜市场和婺城区雅畈综合市场成功创建省放心市场，金华市婺城区湖头综合市场通过省放心市场复创。成功认定2家市场为二星级文明规范市场,1家市场为一星级文明规范市场,延续认定二星级文明规范市场3家。创新开展"农贸市场第三方托管"监管模式。

【双随机检查】 健全以"双随机、一公开"监管为基本手段、以重点监管为补充、以信用监管为基础的新型监管机制,开展"一把手执法""双随机检查全覆盖""进一扇门查多件事"等行动。

【无照经营整治】 围绕"五水共治""三改一拆""小城镇整治"、二环以内小废品收购点清理等中心工作开展无照监管工作,发放宣传资料,在职权范围内牵头开展以小餐饮为重点的"六小行业"无照无证经营行为,查处未按法律法规规定开展生产经营活动及违反登记管理规定行为。

【市场主体年度报告】 多种渠道宣传、服务年报工作,充分借助乡镇"四个平台",发挥联村干部、食品安全协管员作用,开展上门指导,推广个体户年报电子申报。

【特种设备安全监察】 开展特种设备"百家检查"、节前专项检查等检查活动,出动820人次,检查单位282家,检查设备697台,发现并整改隐患41处;开展特种设备分类分级工作,指导企业开展特种设备分类分级评价489家,企业自查491起;开展特种设备数据库数据清理工作,清理136台冗余设备,督促83台设备办理使用登记手续;开展特种设备安全法宣传工作,发放各类宣传资料500余册;加强基层所执法队伍建设,组织基层所特种设备监管培训52人次。

【工业产品区域监管】 2019年,对辖区内生产领域产品抽检74批次,对流通领域产品抽检42批次,完成区域块状产业产品质量安全隐患排查1个;同时做好工业产品许可证获证企业监管,开展重点工业产品质量安全专项整治,工业产品许可证获证企业双随机检查等工作。

【安全责任体系建设】 针对与群众生活息息相关的行业开展专项检查,开展油品、蜂窝煤、电动玩具、太阳镜、食品用纸包装、电线电缆、防盗安全门、儿童和学生用品等领域的抽检整治工作;着力"质量月"产品质量安全宣传,进小学、进社区、进乡村开展形式多样的宣传活动,发放宣传资料2000余份。

【隐患排查体系建设】 强化食品、特种设备、工业产品等重点领域、重点产品监管,全面做好校园食品安全、非洲猪瘟等风险隐患排查治理;开展汽摩配产业质量提升,培训25家企业,抽检14批次产品;强化11家检验检测机构的证后监管,对发现的50个问题督促整改到位。

【知识产权】 截至2019年年底,婺城区万人发明专利拥有量16.25件,新增发明专利授权量190件,新增PCT专利国际申请量13件,新增贯标企业6家,完成专利质押融资1.66亿元,金华市锦绣国际家居市场江北分市场(金华美联商业运营管理有限公司)被省局确定为省级知识产权保护规范化培育市场。2019年新确定国家知识产权优势企业1家,通过国家知识产权优势企业复验1家,全区共有国家知识产权优势企业2家,省级专利示范企业3家,金华市级专利示范企业47家,区级专利示范企业30家。

【专利行政执法】 根据省局"双随机、一公开"抽查公开计划的安排,派出24人次对10家大中型商贸企业的专利真实开展监督检查。

【驰名商标、商标品牌示范企业】 截至2019年年底,婺城区有行政认定驰名商标3家,分别为浙江万里扬集团有限公司、浙江高峰控股集团有限公司、盛博奥集团有限公司;省级商标品牌示范企业2家,分别为浙江山山家食品有限公司、浙江高峰控股集团有限公司;市级商标品牌示范企业8家,分别为浙江尖峰集团股份有限公司、浙江天丰生物科学有限公司、浙江山山家食品有限公司、浙江高峰控股集团有限公司、浙江润华机电有限公司、浙江阳帆节能开发有限公司、浙江先创能源科技股份有限公司、浙江金保科技有限公司。

(李　朦)

退役军人事务

【概况】 2019年1月22日,区退役军人事务局揭牌成立,成立之后,在区委、区政府的正确领导下,牢固树立“以退役军人为中心”的思想，推进退役军人权益维护、创业就业扶持、走访慰问、帮扶解困、双拥共建等工作，建成“区、乡镇(街道)、村(社区)”三级退役军人服务中心(站)271个，成立区关爱退役军人协会，落实双拥优抚政策，各项工作成效明显。

【优抚抚恤】 发放重点优抚对象定期补助款1540.44万元；发放农村籍退役士兵兵龄补贴557.5125万元；完成残疾等级评定，带病回乡退伍军人认定工作；发放优抚对象大病医疗救助61.142万元。

8月6日，婺城区关爱退役军人协会成立

(区退役军人事务局供稿)

【双拥共建】 助力金华市实现省级双拥模范城(县)创建“六连冠”；春节、八一期间区领导牵头慰问驻婺部队，发放慰问金84万元；下拨春节座谈会经费215.75万元；开展“最美退役军人”评选活动，举办以“赶超图强践初心、军民同心共筑梦”为主题的双拥晚会暨“优秀现役军人”“最美退役军人”表彰活动；启动“百企千店助国防”工程，发展拥军门店50家。

【移交安置】 深化“最多跑一次”改革，将军人退役13件事整合成“一件事”；做好部分符合条件退役军人社保接续工作；做好符合条件退役军官、士官接收安置工作，安置退役军官、退役士官，接收自主择业干部，做好复员退伍军人的接收工作，做好四类推介就业退役军人后续管理工作。

(赵 钰)

物价管理

【概况】 2019年，国家行政机构改革后，不再设立物价局，相关职能归口发改局价格科，主要职责是：起草有关价格和收费的规范性文件，拟订全区价格和收费的改革方案、有关政策措施并组织实施，承担全区重要商品和服务价格、重要收费的管理，调整区级管理的商品和服务价格、收费标准，按规定承担政府调定价格项目成本调查和监审，组织开展全区重点行业、重要农产品、重要商品和服务的成本调查，组织开展价格监测预警工作，实施价格信息发布。

【价格监管】 做好价格监测和农产品成本调查，开展粮食价格监测，发布价格信息12次，密切关注市场价格波动情况，维护市场价格稳定和正常市场秩序。开展油菜籽成本调查，并对成本进行分析，撰写分析报告。

【价格管理】 根据省价格主管部门授予金华市辖区定价权限，积极开展定调价工作。审批7家非营利民办学校、3个小区前期物业、小学课后托管的收费标准；按照上级部署完成4个污水厂2018年度成本、收费情况调查；召集婺城区、开发区住建局、财政局召开婺城区污水处理费评估联席会议，评估污水处理费收费标准。向市发改委上报关于游埠枢纽及船闸工程水电站上网电价的请示，转发省、市发改委关于游埠枢纽及船闸工程水电站上网电价的批复。

【价格认证】 发挥价格认证中心作用，为社会稳定服务。完成各类涉案物品价格鉴定282件，鉴定金额2363.31万元，其中完成公安涉案物品价格鉴定279件，鉴定金额1980.7万元，纪委涉案物品价格鉴定3件，鉴定金额382.61万元。

(徐英剑)

综合行政执法

【概况】 2019年，婺城区综合行政执法局综合行政执法体制改革试点工作有序推进，城市管理、信访代办、环境保护、攻坚克难等工作取得明显成效。执法办案量再创新高，截至2019年年底，办理行政复议案件13件，行政诉讼8件，办结案件中无一败诉。办理一般程序案件1202件，其中重大疑难案件235件，一般程序行政处罚772.7万元，简易程序处罚58.17万元，人行道违停处罚759.67万元，行政许可为80.03万元，总金额1670.57万元，超越2018年同期金额。

【平台建设】 完成执法办案平台建设并运行，初步形成执法信息网上录入、执法流程网上管理、执法活动网上监督、执法质量网上考评、执法卷宗网上形成的网上办案模式。将法律文书制作作为案件办理质量的重要评判内容和载体，全面提高法律文书质量，全面实现无纸化办案。局网络办案系统走在全市前列，并在市法制办等上级部门的指导帮助下，作为全市首家试点单位，率先实现网络办案公开系统的试运行。自网上办案系统全面运行以来，办理一般程序案件570件，处罚金额123.3万元。

【文明执法】 将“三服务”和执法工作紧密结合起来，以“三服务”理念完善执法行为，探索形成具有婺城特色的“执法+服务”工作体系。通过开展“执法与服务”大讨论和调研，共梳理出“内强素质、外树形象、文明执法、贴心服务”等4方面16项措施规范执法行为，通过“早点名、晚点评”“四个三”“六个在先，一个在后”的执法模式进行全面规范执法行为。2月，举行“文明执法”现场会取得成功并得到金华市执法局领导的高度肯定。

【规范化建设】 全面推进基层中队规范化建设。局新狮中队通过省司法厅规范化建设验收组达标验收，白龙桥中队和局机关规范化建设得到省司法厅验收组的高度肯定。先后接待同系统执法单位前来学习考察10余次，接待省市区领导莅临调研10余次，其中省司法厅党委委员、省综合行政执法指导办公室储厚冰主任对局基层基础建设工作经验做法专门进行批示，省司法厅政治部副主任朱小明、省综合行政执法指导办公室童志军副调研员也对局基层中队规范化建设给予高度肯定。

以城市治理体系和治理能力现代化为指向，深入推进执法体制改革，依托智慧城市综合执法管理系统，探索构建“智慧+执法”模式，将执法工作通过综合展示平台进行量化。此系统于2018年11月启动建设，集成1个中心和4个平台、路面执法管理平台、综合管理平台，并于2019年2月底通过验收，实现数据共享、流程规范、执法高效、政务阳光。

【信访代办】 为贯彻落实省市两级对信访工作提出的新要求，持续深化“最多跑一次”改革，让信访群众少跑路、信访诉求办理更便捷。结合“最多跑一次”“三服务”工作，探索“枫桥经验”新模式，3月2日，正式挂牌成立金华市第一个专业类信访代办服务站，截至2019年10月，受理各类来信来访980件次，已办结976件，另4件正在办理中。其中，受理来信来访113件，办结113件；网上信访平台转办409件，办结405件；处理网上信访平台预信访458件，办结458件。

【攻坚保障】 3月，开始结合“三服务、扬尘治理、五水共治”等工作要求，配合各乡镇政府对8家陆续到期的制砂企业，开展断电、拆除违章建筑等专项关停行动。全面配合“三改一拆”工作。配合乡镇、街道全面推进“三改一拆”专项行动及“基本无违建”创建工作。拆除各类违法建筑42.87万平方米，完成金华市下达任务数72万平方米的59.54%，婺城区自我加压数218万平方米的19.67%；城中村改造面积10万平方米，完成市下达任务21万平方米的47.62%。5月，全力配合西郊征迁指挥部做好征迁各项工作，一个月内全部完成签约工作。按时关停到期砂场。

【强化宣传】 为推广队伍形象，生动展示政法局在基层基础建设、文明执法、智慧城市管理等方面取得的成绩和效果，全面唱响婺城好声音，先后在市级以上媒体刊发68篇信息报道，其中省级以上媒体19篇，特别是《“婺”实高效 精准精细“家服务”》《“智慧+服务”开启城市管理新模式》《婺城执法“家服务”促小码头和谐拆违》等信息在国家级媒体民生网、中国发展网、今日头条上刊发，《基层基础规范化建设》《积极打造 “智慧+执法” 服务模式显成效》两篇文章在浙江省司法厅网站和浙江省司法厅简报上刊登，在网络上造成积极影响。4月在全市执法系统内第一个举行“智慧+城市管理暨基层基础建设提升年”新闻发布会,取得超预期效果,得到社会各界人士好评。

【环境保护】 开展餐饮油烟专项整治。制定《金华市婺城区综合行政执法局关于开展餐饮油烟污染专项整治工作的实施方案》,及时督促商家,确保有油烟的餐饮场所全部规范安装油烟净化设施,并定期清洗维护。排查餐饮油烟店1750家,应安装油烟净化器的餐饮店1380家,已安装油烟净化器1380家,安装率为100%。全域推进“污水零直排区”建设。牵头开展“六小行业”摸排整治行动,做到宣传引导和处罚并行,及时对接好街道、乡镇,做到问题整改情况定期回头看。发放公开信8535份,宣传折页3637份,排查“六小行业”4967家,梳理问题1385个形成问题清单,当场整改问题482个,处罚203例,共计处罚金额73800元。常态开展扬尘治理,深入施工工地,整治施工乱象,开展文明施工倡议行动,发放70余份建筑工地文明倡议书。加强停车场规范化整改力度,要求设置自动感应喷淋、加宽过水池、场地硬化等,促进停车场规范经营。截至10月底,工地运输车辆造成路面污染已立案8起,处罚金额3.71万元;夜间施工已立案 17起,处罚金额33.4万元。

【文明城市创建】 有序推进全国文明城市创建工作,在各中队辖区内实行网格化管理,采取分片包干、分工协作模式,细化分解任务,明确具体点位负责人,常态化巡查管理,创建效果有目共睹,特别是沿街立面专项整治行动和犬类管理专项整治行动两项工作获得了金华市文明创建骏马奖,同时也获得了全区唯一一家全国文明城市创建先进集体称号。

7月6日,“垃圾强制分类执法大行动”现场会现场 (区综合行政执法局供稿)

【环境卫生整治】 每周组织交叉检查和整改问题清零专项行动,不定期组织专项整治行动;组建专业清理队伍,配备装备,积极推广小广告“四疗法”(火疗、水疗、涂疗、法疗),实现“四疗法”社区全覆盖;建立并完善“门前五包”制度责任人信息库,深化网格化管理,建立完善巡查机制。查处“门前五包”10399起、查处占道经营及无证游商15029起;清理“小广告”15.2万处;完成13条“门前五包”示范街巷创建。

6月20日,集中开展市容环境保障工作 (区综合行政执法局供稿)

【专项整治】 采取“应划尽划,物理隔离”的办法在各主要路段重新施划停车位,标注停车位置,并采用物理隔离的方式还道于民。共施划机动车停车泊位8850个。2019年在建、完工停车场8个,其中长湖公园停车场泊位数80个;后畈田社区停车场泊位数50个;广福医院周边停车场泊位数284个;湖头村停车场面积650平方米,泊位数50个;迪耳路南侧(五星停车场)泊位数113个;新狮街道五一村停车场泊位数58个;解放西路机务段停车场停车泊位100个;白龙桥路畅停车场场地已经平整还未硬化,现已经有汽车停放,可停放车辆1000余辆。

开展沿街立面“六大”专项整治,对影响沿街立面市容市貌的建(构)筑物、广告店招、防盗窗、遮阳檐篷、空调外机、管线等开展全面的清理整治，拆除非法广告226处，累计面积2552.16平方米。

营造文明养犬氛围，在加强教育宣传的同时，不断深化改革犬类办证、开展集中整治行动、坚持严管重罚，从各方面推动文明养犬管理工作更上新台阶。新增犬只办证点50余个，7个宠物医院办证点，犬只登记率已达到95%，签订公职人员文明养犬承诺书8000余份，乡镇（街道）送犬牌上门1000余块；服务上门同时实行严管重罚，简易处罚1081例，立案处罚221例，处罚金额19万余元，收容流浪犬只2746只，犬只摸排13482只，登记办证6021只，建立文明示范小区7个。

（崔梦琪）

环境建设与管理

【概况】 2019年，沈村断面水质类别为Ⅲ类，总体评定为优秀。64个乡镇支流交接断面中，Ⅰ~Ⅲ类水质断面63个，占比98.44%，Ⅳ类水质断面1个，占比1.56%，无Ⅴ类以下水质断面。沙金兰水库集中式饮用水源地水质至今平稳在Ⅱ类以上。截至2019年12月底，全区PM2.5浓度为31微克/立方米，同比2018年同期（32微克/立方米）下降3.1%，达到市下达的PM2.5浓度35微克/立方米以下的年度目标任务，并达到国家二级标准；空气优良指数为87.3%，达到84%以上的年度目标任务。

【环保宣传】 借助“6·5”世界环境日、“12·4”法制宣传日等重大节日活动，开展环保法规知识宣传。通过《今日婺城》发布环境日主题宣传报道，并利用标语、宣传栏、电子信息屏等宣传载体，营造环保宣传声势和良好的舆论氛围，同时向18个乡镇街道发放宣传横幅和宣传用品，加大基层宣传范围。在人民广场开展环保咨询活动，发放环保法律法规、宣传册和宣传小礼品1000余份，收集环保知识调查问卷500余份。全省生态环境满意度调查期间，通过宣传短信、电话外呼及宣传图册进校园等多种宣传形式，生态环境满意度排名从2018年的第30名跃居至第5名，实现三年三跨越。

【执法检查】 2019年，开展汛期前夕环境安全大检查，中（工）频炉使用、“清污1号”“清废行动”“防风险保平安迎大庆”“建筑材料行业专项环保执法检查”“工业污泥产生处理企业专项检查”专题执法等环保专项执法工作，出动执法人员1860人次，检查企业879家次，处罚环境违法行为案件82起，其中行政处罚案件41件，处罚金额401万元；查封扣押13件，限产停产9件，简易处罚案件18件，刑事案件2件，刑事拘留7件，责令停产企业2家，取缔“低小散”38家。

【项目审批】 2019年，深化“最多跑一次”改革，优化办理流程和办理标准，持续做好环评审批，共审批建设项目环评报告78个。

【环境整治】 严格落实污染减排，2019年上报并完成水减排项目8个，气减排项目10个，完成年度减排任务。积极推行以源头替代、过程削减为主的清洁生产改造。结合小微企业园建设，大力整治“低散乱”，助推绿色转型，完成“低散乱”整治145家。全面完成第二次全国污染源普查，完成污染源普查名录库数据的填报、核算、汇总和现场复核工作。开展培训、指导，完成2019年15家企业的排污许可证核发任务。

【环境信访】 2019年，办理人大、政协提案1件，受理来信来访及举报投诉230件，其中水污染19件、气污染152件、声污染14件、其他45件，调查处理率100%。未出现因处理不当而越级上访的现象。

（郭　腾）

中国人民政治协商会议婺城区委员会

综 述

【基本情况】 婺城区政协共有提案与委员工作委员会、经济科技委员会、资源环境与农业农村工作委员会、教育文化卫生体育与文史资料委员会、社会法制民族宗教与港澳台侨委员会5个专门委员会和中国人民政治协商会议罗店工作委员会、中国人民政治协商会议乾西工作委员会、中国人民政治协商会议竹马工作委员会、中国人民政治协商会议雅畈工作委员会、中国人民政治协商会议白龙桥工作委员会、中国人民政治协商会议琅琊工作委员会、中国人民政治协商会议蒋堂工作委员会、中国人民政治协商会议汤溪工作委员会、中国人民政治协商会议塔石工作委员会、中国人民政治协商会议罗埠工作委员会、中国人民政治协商会议洋埠工作委员会11个工作委员会及中国人民政治协商会议城东联络组、中国人民政治协商会议城中联络组、中国人民政治协商会议城西联络组、中国人民政治协商会议城北联络组、中国人民政治协商会议新狮联络组5个联络组。2019年,区政协成立临时党委,召开全体会议1次、常委会议6次、主席会议9次;组织调研视察48次,形成调研报告5篇;共收到以提案形式提出的意见建议308件,按照《中国人民政治协商会议金华市婺城区委员会提案工作规则》,经提案审查委员会审查,立案291件(其中团体提案18件)。

重要会议

【区政协四届三次会议】 2019年2月13—17日,区政协四届三次会议召开。主会场设在区会议中心三楼大会议室,讨论地点设在伟达雷迪森酒店。与会政协委员274人,邀请人员169人,列席人员66人。会议听取并讨论《政府工作报告》、两院报告及其他报告,听取并审议通过区政协常务委员会工作报告,听取并审议通过区政协常务委员会提案工作情况报告,增补选举政协第四届金华市婺城区委员会副主席、秘书长、常务委员。会议希望,区政府在新的一年里,高举习近平新时代中国特色社会主义思想伟大旗帜,全面贯彻落实上级党委政府和区委的决策部署,坚持稳中求进总基调,推进"八八战略"再深化、改革开放再出发,大力实施"都市经济创新城、美好生活幸福城"战略,唱响"担当赶超、婺城图强"主旋律,为高水平全面建成小康社会打下决定性基础。会议期间,共收到委员意见建议308件,按照《中国人民政治协商会议金华市婺城区委员会提案工作规则》,经提案审查委员会审查,立案291件。

【区政协常委会议】 2019年1月22日,区政协在区会议中心201会议室召开四届十次常委会议。区政协主席张茹先,副主席楼存根、吴月华、张琳鑫、应跃成、舒理成，秘书长王金宝及政协常委参加会议。会议听取区政府2018年经济社会发展情况的通报、《政府工作报告》征求意见。审议并通过区政协四届三次会议议程、日程(草案)，召开政协第四届金华市婺城区委员会第三次会议的决定(草案)，政协第四届金华市婺城区委员会常务委员会工作报告(审议稿)及报告人，政协第四届金华市婺城区委员会常务委员会关于四届二次会议以来提案工作情况的报告(审议稿)及报告人，区政协四届三次会议秘书长、副秘书长名单(草案)，区政协四届三次会议各次大会执行主席及主持人名单(草案)，区政协四届三次会议邀请列席人员范围原则意见(草案)，区政协四届三次会议分组及召集人名单（草案)，2018年度政协工作先进集体、优秀委员、“一村一委员”先进个人名单(草案)，2018年度优秀提案、提案承办先进单位名单(草案)，授权主席会议审议区政协四届十次常委会议未尽事宜的决定(草案)；审议通过有关委员增辞；审议通过有关人事任免；各专工委、部分基层委组汇报2018年度工作，部分常委述职。

2月14日，区政协在伟达雷迪森酒店三楼昕悦2厅召开区四届十一次常委会议。区政协主席张茹先，副主席楼存根、吴月华、张琳鑫、应跃成、舒理成，副主席建议人选陈丽萍，秘书长建议人选刘志明及政协常委参加会议。会议审议通过政协第四届金华市婺城区委员会第三次会议选举办法(草案)；听取区委领导关于政协第四届金华市婺城区委员会副主席、秘书长、常务委员候选人建议名单(草案)说明；审议通过政协第四届金华市婺城区委员会副主席、秘书长、常务委员候选人建议名单(草案)；审议通过政协第四届金华市婺城区委员会第三次会议总监票人名单(草案)。

2月16日，区政协在伟达雷迪森酒店三楼昕悦2厅召开区四届十二次常委会议。区政协主席张茹先，副主席楼存根、吴月华、张琳鑫、应跃成、舒理成，副主席建议人选陈丽萍，秘书长建议人选刘志明及政协常委参加会议。各讨论组组长、联络员列席会议。会议听取各组讨论情况汇报；审议通过政协第四届金华市婺城区委员会第三次会议选举办法(草案)；审议通过政协第四届金华市婺城区委员会副主席、秘书长、常务委员候选人名单；审议通过政协第四届金华市婺城区委员会第三次会议总监票人名单(草案)，监票人名单；审议通过政协第四届金华市婺城区委员会第三次会议决议(草案)；审议通过提案委员会关于本次会议提案审查情况的报告(草案)；审议通过优秀大会发言名单。

2月17日，区政协在会议中心201会议室召开区四届十三次常委会议。区政协主席张茹先，副主席楼存根、吴月华、张琳鑫、应跃成、舒理成、陈丽萍，秘书长刘志明及政协常委参加会议。会议审议通过区政协2019年工作要点及计划(草案)；审议通过有关委员增辞；审议通过有关人事任免。

8月7日，区政协在会议中心211会议室召开区四届十四次常委会议。区政协主席张茹先，副主席楼存根、吴月华、张琳鑫、应跃成、舒理成、陈丽萍，秘书长刘志明及政协常委参加会议。会议听取区政府关于2019年上半年经济社会发展情况的通报，并围绕全区经济社会发展和区委区政府重大决策部署开展专题协商。

12月11日，区政协在会议中心201会议室召开区四届十五次常委会议。区政协主席张茹先，副主席楼存根、吴月华、张琳鑫、应跃成、舒理成、陈丽萍，秘书长刘志明及政协常委参加会议。听取区政府2019年经济社会发展情况的通报，《政府工作报告》征求意见。会议听取区政府关于政协四届三次会议提案办理情况的通报；开展区政府职能部门工作和政协提案办理情况双向民主评议(区综合行政执法局、自然资源和规划分局)；审议通过有关委员增辞；审议通过有关人事任免；审议通过《中国人民政治协商会议金华市婺城区委员会全体会议工作规则》《中国人民政治协商会议金华市婺城区委员会常务委员会工作规则》《中国人民政治协商会议金华市婺城区委员会专门委员会、工作委员会、联络组工作通则》《政协金华市婺城区委员会提案工作规则》；审议通过区政协四届四次会议议程、日程(草案)，召开政协第四届金华市婺城区委员会第四次会议的决定(草案)，政协第四届金华市婺城区委员会常务委员会工作报告(审议稿)及报告人，政协第四届金华市婺城区委员会常务委员会关于四届三次会议以来提案工作情况的报告(审议稿)及报告人,区政协四届四次会议秘书长、副秘书长名单(草案),区政协四届四次会议各次大会执行主席及主持人名单(草案),区政协四届四次会议邀请列席人员范围原则意见(草案),区政协四届四次会议分组及召集人名单(草案),2019年度政协工作先进集体、优秀委员、“一村一委员”先进个人名单(草案),2019年度优秀提案、提案承办先进单位名单(草案),授权主席会议审议区政协四届十五次常委会议未尽事宜的决定(草案),部分基层委组、委员工作室、常委开展2019年度履职述职。

【区政协主席会议】 2019年1月17日,区政协召开四届十八次主席会议。会议审议通过区政协四届十次常委会议议程、日程;协商通过区政协四届三次会议议程、日程(草案);召开政协第四届金华市婺城区委员会第三次会议的决定(草案);区政协四届三次会议秘书处工作机构分组职责(讨论稿);区政协四届三次会议秘书长、副秘书长名单(草案);区政协四届三次会议各次大会执行主席及主持人名单(草案);区政协四届三次会议邀请列席人员范围原则意见(草案);区政协四届三次会议分组及召集人名单(草案);2018年度政协工作先进集体、优秀委员、“一村一委员”先进个人名单(草案);2018年度提案承办先进单位名单(草案);授权主席会议审议区政协四届十次常委会议未尽事宜的决定(草案)。协商通过有关委员增辞;协商通过有关人事任免。

2月17日,区政协召开四届十九次主席会议。会议协商通过区政协四届十三次常委会议议程、日程;协商通过区政协2019年工作要点及计划(草案);协商通过有关人事任免。

3月13日,区政协召开四届二十次主席会议。会议审议通过《主席会议成员分工》;审议通过《2019年度双月协商工作计划》;审议通过委员培训相关事宜;审议通过《政协金华市婺城区委员会关于委派政协委员担任民主监督员的实施办法(试行)》;审议通过《关于区政协委派首批民主监督小组的通知》。

4月10日,区政协召开四届二十一次主席会议。会议研究区政协系统党的建设、“一村一委员”、联动开展农村“三服务”活动、重点提案等有关工作;审议通过关于“优化营商环境 振兴实体经济”专题协商会议方案。

5月15日,区政协召开四届二十二次主席会议。会议审议通过《关于加强新时代人民政协党的建设工作的实施意见(试行)》《加强区政协系统党的建设实践工作方案(试行)》《关于要求建立中共金华市婺城区政协临时委员会的请示》《关于设立中共金华市婺城区政协临时委员会的决定》《中共金华市婺城区政协临时委员会关于成立区政协临时党支部的决定》;研究委员会客厅相关工作;审议通过“我与文明城市创建面对面”之“小区管理”专题协商方案。

7月3日,区政协召开四届二十三次主席会议。会议审议通过《关于在全区政协系统开展“新时代人民政协的新样子”专题讨论活动的实施方案》,部署专题讨论活动;审议通过《打好生态人文特色牌建设都市康养幸福城》调研报告;审议通过婺城区政协庆祝新中国成立70周年暨人民政协成立70周年系列主题活动方案。

10月24日,区政协召开四届二十四次主席会议。会议协商通过《中国人民政治协商会议金华市婺城区委员会全体会议工作规则》《中国人民政治协商会议金华市婺城区委员会常务委员会工作规则》《中国人民政治协商会议金华市婺城区委员会专门委员会、工作委员会、联络组工作通则》《政协金华市婺城区委员会提案工作规则》;听取区政府2019—2022年婺城教育基建项目实施进展情况通报;审议通过《“双城”战略背景下推进工业经济高质量发展的对策建议》调研报告。

11月29日,区政协召开四届二十五次主席会议。会议协商通过2019年度优秀提案(草案);审议通过《发展现代物流业 助推“双城”战略实施》调研报告;审议通过《新村真融合,共谋新发展——关于做好行政村规模调整后半篇文章的思考》调研报告;协商通过有关委员增辞;协商通过有关人事任免。

3月19日，区政协召开行政村规模调整后续工作监督会议　　（区政协供稿）

12月6日，区政协召开四届二十六次主席会议。会议协商通过区政协四届十五次常委会议议程、日程；协商通过有关委员增辞；协商通过有关人事任免；协商通过区政协四届四次会议议程、日程（草案），召开政协第四届金华市婺城区委员会第四次会议的决定（草案），政协第四届金华市婺城区委员会常务委员会工作报告（讨论稿）及报告人，政协第四届金华市婺城区委员会常务委员会关于四届三次会议以来提案工作情况的报告（讨论稿）及报告人，区政协四届四次会议秘书处工作机构分组职责（讨论稿），区政协四届四次会议秘书长、副秘书长名单（草案），区政协四届四次会议各次大会执行主席及主持人名单（草案），区政协四届四次会议邀请列席人员范围原则意见（草案），区政协四届四次会议分组及召集人名单（草案），2019年度政协工作先进集体、优秀委员、“一村一委员”先进个人名单（草案），2019年度提案承办先进单位名单（草案），授权主席会议审议区政协四届十五次常委会议未尽事宜的决定（草案）；审议通过2019年度委组、委员向常委会开展年度工作述职的方案；审议通过2019年度政协提案双向民主评议方案。审议通过《加快综合交通建设 推动都市经济发展》调研报告。

政协职能履行

【政治协商】 全会期间委员围绕“一府两院”工作报告开展协商讨论，为科学民主决策及相关部门更好开展工作提供民意支撑和民智参考。20名委员作大会发言，得到区委、区政府主要领导高度肯定。召开“担核心之责，高质量建设都市经济创新城”“本为民之心，高品质建设美好生活幸福城”专题协商会，提出意见建议72条，党委政府全体班子成员参加，现场回应委员发言，反响热烈。建立双月协商和6+X协商机制，以“党委领导、政府支持、政协搭台、委员群众参与”模式，构建委员提、部门应、公众参与的协商形式。打造面对面“请你来协商”品牌，开展“请你来协商”8场、微协商10场。党政主要领导亲自参加协商，379名专家、企业主、基层干群、委员参加，提出问题建议394条，形成协商纪要报送党委政府。与市政协联动开展“最多跑一次”改革、城乡生活垃圾分类处理和文明城市创建“请你来协商”活动。

【调研视察】 围绕“双城”战略，深入开展调查研究，形成建议案和调研报告5篇。其中工业经济和物流产业发展的调研报告得到区主要领导批示；综合交通调研为“十四五”规划提供决策参考；行政村规模调整后续工作的调研通过问政议政，促进相关问题解决；都市康养产业调研成果顺利助推梨树源省级森林公园规划落地。关注党委政府重点工作和重点项目工程建设情况，就传统产业转型升级、安全生产、退二进三、污水零直排区创建等，开展专题视察24次，提出意见建议260余条，多条意见建议转化为相关部门的政策措施。

【民主监督】 聚焦重要部署确定35个监督议题，开展民主监督，着力增强民主监督的影响力和推动力。到乡镇（街道）、村（社区）开展垃圾分类、“无证明城市”改革、“最多跑一次”改革、村干部整治立规创优等工作监督，开展督查400余次，发现并解决问题560个，助力各项重点工作落到实处。围绕扫黑除恶、和美乡村建设、西郊征迁、双溪西路西延、基础教育督察等18项监督议题，与兄弟政协、有关部门开展联动式监督，扩大民主监督范围，提高了监督覆盖面。聚焦党政工作重点，向经商、财政、农业农村、文旅体、行政服务中心等5个政府部门委派民主监督小组，与区委巡察联动，开展点对点、常态化监督关注党委政府重点工作和重点项目工程建设情况,就传统产业转型升级、安全生产、退二进三、污水零直排区创建等,开展专题视察24次,提出意见建议260余条,多条意见建议转化为相关部门的政策措施。

【民主评议】 开展区政府职能部门工作和政协提案办理情况双向民主评议(区综合行政执法局、自然资源和规划分局),通过提案者对提案办理效果和部门工作提出意见,办理者对提案质量提出建议,促进提案质量和办理质量双提高,进一步助推部门工作落实。

【提案和信息工作】 完善提案办理协商机制,加强提案办理跟踪督办,切实发挥提案工作在促进改革发展、服务民生改善方面的积极作用。四届三次全会收集提案310件,立案交办293件,办复率100%;采纳或部分采纳284件,问题解决率94.54%,委员满意率99.32%。首推委员提案建议即提即办,相关做法被人民网、《人民政协报》、《浙江日报》、浙江政协"同心苑"微信公众号等多家媒体刊登。制订反映社情民意信息工作实施意见和考核办法,健全信息员队伍,开展业务培训,社情民意信息工作成果丰硕。共收集和反映社情民意信息436条,信息报送数量和质量均居全市第一。其中《落实新修订〈公务员法〉的若干建议》被全国政协采用并转送有关部委;《将〈个人信息安全规范〉确定为强制标准,规范APP企业获取手机个人信息行为》等5篇信息被省政协采用并专报全国政协;《中国企业商标海外遭抢注现象严峻,建议国家出台政策鼓励行业注册国际商标》等5篇信息被省委办采用并报中办,《"ZAO"换脸软件暴露我国国内生物信息保障短板,建议从国家安全层面考虑规范互联网生物信息采集和应用》被省政协专报采用,另有39篇社情民意信息由市政协转报省政协作为工作参考。

【文史工作】 编纂出版《传说白沙》,促进婺城本土文化宣传。征编并向省、市政协推送浙江文化印迹"70年70人"。开展书画作品联展、新老照片对比摄影展、气排球普及模拟赛等庆祝新中国成立70周年暨人民政协成立70周年系列主题活动。

【委员管理】 坚持全员培训,先后在中国海洋大学和省委党校举办委员履职能力提升培训班,切实提升委员的政治把握能力、调查研究能力、联系群众能力、合作共事能力。开设政协大讲堂,在婺城政协微信企业号上开辟微课堂,教育引导委员懂政协、会协商、善议政,守纪律、讲规矩、重品行。加强委员履职监督管理,完善委员管理办法、《委员履职考评办法》《委员退出机制的若干规定》,对委员履职情况实施动态管理,先后发出履职提醒34条,辞退履职不到位委员2名。组织常委和委组向常委会、委员向委组履职述职,开展履职述职198人次,对21位新任委员发出履新提醒。

【履职为民】 组织委员开展"三进三联三促",即进企业、进农村、进社区,下基层、听民声、集民意,通过联企、联村、联户,进一步畅通民声、顺达民意,为促民生、促改革、促发展搭好政民连通桥。收集社情民意204条、金点子153个,帮助基层群众解决一批民生热点难点问题。优化"一村一委员"联村小组设置,将382名市、区政协委员编成44个联村小组,对应联系382个村(社区),围绕农村"三服务"、生活垃圾分类处理、乡村治理、人居环境提升和文化礼堂建设等主题,走乡入村发放调查问卷6384份,收集意见建议269条,并形成民主监督报告报送党委政府。"一村一委员"工作被新华社采访报道,24名委员的联村经验、日志在《金华日报》刊发,数量居全市第一。按照"民情站、连心桥、委员家"工作定位深化委员工作室工作,累计接待群众515人次,帮助群众反映和解决困难问题70余个,收集意见建议680条,发挥化解矛盾、凝聚共识的作用。

【团结联谊】 发挥政协在落实新型政党关系中的重要作用,加强与各民主党派、人民团体的合作共事,主动与民主党派开展联合调研、联合监督,为民主党派参政议政创造条件。民革提交的《要求解决蒋堂镇界首工业园区历史遗留问题的建议》促成相关问题顺利解决;民盟与九三学社分别提交了《我们不能守着贫穷的绿水青山》和《在琅琊镇筹建一家山茶油深加工企业》"直通车"建议,得到区委主要领导批示,相关建议在十乡百村创建和脱贫致富工作中得到吸收。配合省、市政协到婺城完成全国文明城市创建工作专项民主监督、和美乡村视察、医养护融合发展调研、完善居家养老服务体系协商议政等系列活动。加强与兄弟县市政协学习交流。密切与新社会阶层人士的联系与沟通，不断扩大“朋友圈”。以乡情为纽带,加强与在外乡贤的联系,增强乡贤对家乡的归属感和自豪感,积极推介婺城区投资环境,鼓励在外婺商回乡投资创业。

【助力经济创新】 坚持建言资政和凝聚共识双向发力,发挥委员主体作用,延伸履职触角。建成婺城首个“政协委员会客厅”——婺商司法服务“政协委员会客厅”。省、市、区政协三级联动,开展委员论坛、视察调研、协商座谈等活动,推动民营企业法律服务常态化、制度化,省、市政协领导均参加活动并给予肯定。综合运用大会发言、重点提案、课题调研、专题协商、视察监督等履职方式,一钉一铆抓落实,绘好“连环画”,播好“连续剧”。全会上8名委员紧扣经济发展作《让婺城新城区真正成为企业发展的热土》等大会发言,10位委员围绕都市经济创新城建设作专题协商发言;会后,《一企一策,企业期盼这样的“家服务”》等6个与经济发展相关的提案列入重点提案予以重点督办;后续开展优化营商环境和打好经济翻身战专题协商,形成建议案报送区委区政府;先后开展工业经济高质量发展和物流业发展调研,形成调研报告2个;围绕经济发展主题开展传统产业改造升级、小微企业园建设、退二进三等专项视察监督,在持续助力经济高质量发展方面发挥政协的积极作用。

(金　琛)

民主党派 人民团体

中国国民党革命委员会婺城区基层委员会

【概况】 2019年,中国国民党革命委员会婺城区基层委员会(以下简称民革婺城区基层委)有党员63人,转出党员6人,发展新党员3人。下设3个支部,其中教育支部19人,机关支部20人,企事业支部24人。担任市人大代表1人、区人大代表4人(其中常委1人),市政协委员3人、区政协委员11人(其中常委4人),有6名党员担任市、区特邀(约)监督员、督学。2019年基层委按照“高水平全面建设现代化都市区”的新要求,围绕打造“五大”民革,全面加强自身建设,认真履行参政党职能,助力“双城”战略实施。基层委与下属3个支部有分有合组织18次活动,其中学习教育和纪念活动11次、社会服务活动3次、直通车调研活动1次、民革委员工作室企业家座谈接待活动1次、其他外出活动2次。基层委市区人大代表、政协委员共提交建议提案28件。有18位党员获得荣誉与奖励,党员陈立平获浙江省劳动模范称号,邵红艳获得中国水利工程优质工程(大禹)奖、获评美丽金华突出贡献者,《混凝土高性能化关建技术研究及应用》获浙江省水利科技创新二等奖、《基于云技术的节水灌溉控制系统》获浙江省水利科技创新三等奖,刘国强《适宜绿化杜鹃花新品种中试与示范》获第十九届“浙江省科技兴林奖”三等奖,马钢锋、邵红艳、杨杰锋、滕雁娜、张岳5位党员荣获民革金华市委会2015—2019年先进个人称号。民革婺城区基层委获评2019年度民革全省组织工作先进集体、民革金华市委会2015—2019年度先进集体。

【参政议政】 民革婺城区基层委围绕党委政府中心工作,关注市、区经济社会发展和民生民情民意,充分发挥自身的特色和优势,深入开展调查研究,积极反映社情民意和建言献策,为党委和政府了解民情、体察民意、集中民智、科学决策发挥一定的作用。在市、区两会上基层委人大代表、政协委员共提交建议、提案28件,其中缪雪荣《让婺城新城区真正成为企业发展热土》获评区优秀大会发言和区重点提案、区优秀提案,孔爱华《大力发展都市农业,助推“双城”战略实施》和沈晓蓉《复兴千年小码头,打造最美城市名片》获评区重点提案,马钢锋、沈晓蓉获评区优秀政协委员。基层委党员积极参加市区党委、政府、人大、政协召开的专题协商会、情况通报会和意见征询会,2019年就交通环境、营商环境、“双城”战略实施等方面在协商会上建言献策,发出民革好声音。通过一村一委员活动,积极参与农村垃圾分类、农村社会治理、农村文化礼堂建设等监督调研活动。基层委6名特邀(约)人员认真履职,参与“民营经济高质量发展”等专项民主监督检查、监督活动,发挥民主监督作用。基层委积极发挥民革委员工作室、民革同心苑作用,通过邀请民营企业家座谈等方式收集社情民意,将有关意见建议及时整理后向区委办专门作反馈。发挥民主党派直通车作用,通过开展专题调研,向婺城区委报送《关于要求解决蒋堂镇界首工业园区历史遗留问题的建议》并获得区委书记蔡艳批示,为婺城区经济社会发展献计出力。

【社会服务】 开展迎新年送温暖活动，1 月 21 日，联合民革金华市委会在罗店镇羊甲山村开展“同心·博爱”送医、送法律、送春联、送温暖四下乡活动。11 月 20 日，开展“六送六服务”活动，为安地镇的居家养老服务中心和困难群众送去价值 6 万元的米、面、油和慰问金。马钢锋投入 20 万元捐建金华市春节喜庆福门，支持东阳市千祥镇等地美丽乡村建设，连续 4 年每年资助福建省下党乡 1 名困难学子 6000 元。组建志愿服务队，积极参与创建全国文明城市志愿者服务活动。

1 月 21 日，民革金华市委会、民革婺城区基层委迎新送温暖活动　　（民革婺城区基层委供稿）

【祖统工作】 民革婺城区基层委发挥党员与台湾的渊源优势，积极推动与台湾台胞、台商企业的交往交流，开展联谊交友和经贸合作，做好台胞到金华的各项接待工作，助力两岸同胞情感升华。1 月 15 日，接待金华旅台同乡会会长余正昭；8 月 22 日缪雪荣主委参访台湾动物科技研究所；12 月 12 日，接待台商周昱。1 月 8 日，民革婺城区基层委与婺城区台联联合举办纪念《告台湾同胞书》发表 40 周年座谈会，与会台胞、台属、台企代表认真学习习近平在《告台湾同胞书》发表 40 周年纪念会上的讲话，共同回顾多年来促进与台湾同胞交流交往工作，展望两岸和平统一的美好愿景。

【自身建设】 2019 年，基层委认真组织党员深入学习习近平新时代中国特色社会主义思想、中共十九届四中全会精神、习近平总书记重要讲话精神以及中共中央系列治国理政新理念、新思想、新战略，及时传达学习民革中央、民革省委会、民革市委会有关会议和文件精神，组织党员参加报告会，选派骨干党员、党派新成员参加金华市党外代表人士参政履职培训班、新党员培训班，同时积极开展“不忘合作初心，继续携手前进”主题教育活动，不断加强理论武装，筑牢思想根基。基层委和各支部有分有合开展 11 次学习教育活动和纪念活动。4 月，组织党员参加民革金华市委会《初心·情怀》征文；4 月 7 日，教育支部党员赴琅峰山烈士陵园祭奠革命英烈活动；6 月 22 日，基层委党员大会学习习总书记在“不忘初心、牢记使命”主题教育工作会议上讲话精神和民革基层组织工作条例等会议和文件精神；7 月 23 日，开展“新时代人民政协新样子”专题讨论会。强化组织建设，做好基层委换届工作。12 月 27 日，基层委召开换届大会，会议听取民革婺城区第一届委员会工作报告，选举产生民革婺城区第二届委员会，选举陈丽萍为主委，孔爱华、马钢锋为副主委。金华市政协副主席、民革金华市委会主委荣安华，婺城区委书记蔡艳，民革金华市委会专职副主委赵舒，婺城区领导朱利群、张茹先、陈旭辉、张琳鑫等参加会议。关心关爱党员工作与生活，平时党员生病住院必访；对于在本职工作中取得成绩、获得荣誉的党员，送去组织的祝贺；尊重关爱老党员，重阳节和春节对 70 周岁以上老党员进行专项慰问。基层委和各支部继续推行轮值制，发挥各领导班子的工作积极性，整合利用各方资源，组织开展“内外结合、动静结合”多样化的活动，为党员营造良好的组织氛围，党派活力和凝聚力得到加强。

（孔爱华）

中国民主同盟
婺城区总支部委员会

【概况】 2019 年，中国民主同盟金华市婺城区总支部委员会（以下简称民盟婺城区总支）下辖 3 个支部，有盟员 87 人，年内发展盟员 4 人，由山东转入盟员 1 人，去世盟员 1 人。有市政协委员 2 人、区政协委员9人,其中区政协常委2人。婺城盟员之家被民盟省委会授予“五星级盟员之家”称号。总支被民盟金华市委会授予2019年度参政议政工作先进集体、盟务工作先进集体荣誉称号及反映社情民意信息工作先进集体二等奖。盟员徐克凡获中共中央、国务院、中央军委联合颁发的“庆祝中华人民共和国成立70周年”纪念章。盟员吴慧莲被区教育局授予师德标兵荣誉称号。

【参政议政】 民盟婺城区总支围绕区委、区政府的中心工作,组织动员所有盟员结合工作实际,开展工作调研,积极履行参政议政职能。9位盟员委员提交区政协大会个人提案14件,团体提案1件,提交市政协大会个人提案5件。盟员郑艳球、罗良庆分别作《打造军民融合创新示范园,为婺城图强注入新动能》《发挥白沙文化对婺城发展的品牌力量》的大会发言,其中郑艳球获大会发言优秀奖,罗良庆获鼓励奖。盟员郑艳球、叶银燕、吴慧群被评为2018年度区优秀政协委员。郑艳球的《关于重视“全面二孩”后幼儿教育问题的几点建议》被评为2018年度优秀提案。盟员吴晓、吴慧群在会议期间接受新闻媒体采访,展示了盟员良好的履职风采。盟员金圆圆在两会期间举行的“担核心之责 高质量建设都市经济创新城”的专题协商会上作《发展都市农业,推进农业区域品牌创建》的专题发言,得到区主要领导的肯定。8月20日,总支在磐安召开参政议政工作会议。会议对2018年参政议政工作先进个人进行了表彰,并开展社情民意信息撰写培训。参加民盟省委会盟声议政第五届教育论坛,郑艳球的论文《乡村教育振兴之政策建议》被评为优秀论文;参加民盟第五届“一带一路”文化与产业发展研讨会,盟员张宇的论文《“一带一路”上文化产业发展和影响力发挥的对策研究》被评为优秀论文。

【社会服务】 在盟员中大力提倡无私奉献精神,总支组织和动员盟员在做好本职工作的基础上,采取多种形式开展面向社会、为建设幸福婺城服务的活动。积极投身“三服务”,围绕中心工作发挥民盟力量。根据区委提出的“三服务”要求,总支组织盟员开展走进企业、走进农村、走进社区活动,开展调查研究,了解民情民意,针对山区水源生态涵养区的老百姓为守住金华人民的大水缸,实行禁养殖禁农家乐等而导致库区生产经营受到极大限制,资源环境保护与经济发展的矛盾非常突出这一问题作深入调查,就推动西南山区产业转型升级、促进形成可持续发展的现代产业进行探索,形成《我们不能守着贫穷的绿水青山》调研报告,并以直通车的形式报送区委,调研报告获区委书记蔡艳批示。7月,总支班子对盟员企业进行走访,了解企业发展中存在的问题,并积极为盟员企业家提出意见建议。组织盟员参加全国文明城市创建,全体盟员为全国文明城市创建贡献力量。

12月12日,民盟婺城区总支开展主题教育宣讲

(民盟婺城区总支供稿)

【自身建设】 围绕“做合格盟员,创活力总支”,积极开展学习、参观、联谊等组织活动,分支部开展习近平总书记系列重要讲话和上级会议精神学习。春节前开展老盟员走访慰问活动。8月19日,在磐安召开暑期读书会。会议传达民盟中央关于开展“不忘合作初心,继续携手前进”主题教育活动的决定、浙江省“不忘初心、牢记使命”主题教育工作会议精神,贯彻学习中共金华市婺城区委七届六次全体(扩大)会议暨区政府九届五次全体会议报告精神。9月22日,总支召开专题会议学习贯彻全区“不忘初心、牢记使命”主题教育工作会议精神,部署“不忘合作初心,继续携手前进”主题教育活动,重点围绕“如何把盟员的价值发挥出来、参政议政能力提高起来、为民情怀体现出来、精神风貌焕发出来”等几个方面,高质量开展好“不忘合作初心,继续携

手前进”主题教育活动。面向盟员开办“同心美美”中国传统文化艺术培训班共6期，有40余名盟员参加，文化艺术培训极大地增强了盟员的凝聚力，总支活力得到激发。为庆祝新中国成立70周年，9月26日晚，总支举办翰墨抒怀、共庆华诞活动，以独特的艺术语言书写民盟精神，传播民盟声音，表达对祖国的热爱和赞美。　（郑艳球）

中国民主建国会
婺城区基层委员会

【概况】　中国民主建国会婺城区基层委员会(以下简称基层委）原有会员126人，2019年5月经市委会批准，划出3个支部成立开发区基层委员会，年底有会员92人，8个支部。其中有民建省委会委员1人、市委会委员2人，市人大代表2人、区人大代表2人，市政协委员3人、区政协委员7人。其中区人大常委1人、区政协常委2人。2019年，基层委各个会员创优争先，主委雷永金获中共中央、国务院、中央军委颁发的庆祝中华人民共和国成立70周年纪念章，《我与民建的故事》获省委会庆祝中华人民共和国成立70周年主题征文优秀作品，会员贾瑞君获金华民建60周年经济社会发展贡献奖，王瑞日获金华民建60周年会务工作奉献奖，张洁心被评为市优秀政协委员，温小敏获金华市婺城区司法局2017年度优秀法律服务工作者，方美玲、郑威被评为区优秀政协委员，张美获评民建“2018年度优秀会员”，曹建平获评药品认证优秀检查员，祝丽琴获金华市农行反腐倡廉警示教育征文活动二等奖并代表市农行参加市外汇管理局知识竞赛获优胜奖。

【参政议政】　基层委充分利用人大、政协舞台，认真履行职责为婺城区实现“双城战略”建言献策，展示民建会员履职尽责的风采。在区政协四届三次会议上，基层委中的人大代表、政协委员共提交个人提案议案十余件，团体提案1件。提交团体提案《进一步做好“创文”工作，打造文明金华的“金名片”》。副主委童健英所作的《鼓励支持民资进入，推进民生事业发展》获发言鼓励奖。《关于以打响“学在婺城”品牌推动区域发展的建议》被评为四届二次会议优秀提案。提交《关于创造便捷阅读环境的建议》等多篇社情民意、金点子，在政协“请你来协商”活动中作《改善新城区交通环境及周边区域交通环境的建议》。范锦霞向市委会报送社情民意3篇、向区政协报送提案1篇、大会发言1篇，社情民意6篇，其中《大力推动都市电商经济领先发展》被评为大会发言鼓励奖，《关于塔石乡余仓岱上行政村规模调整后续融合的建议》获得区委副书记杨寿根批示。市人大代表谢迎春提交《关于切实加强为中小学生减负的建议》引起相关部门的重视，得到有效回复。区人大代表俞建花在两会上提出将推进妇女体检项目纳入其中，希望政府能增加对农村妇女体检的投入，《守护社会发展的半边天》刊登在《今日婺城》上。林慧在区“走在前列 共建金华”征文中，撰写的《基层党建走在前列发挥作用共建金华》被《今日婺城》采用、婺城新闻网刊登。人大代表、政协委员积极参加“一村一委员”活动、文明创建活动以及各项调研走访活动。

11月20日，婺城区民建基层委代表参加市民建第十一次代表大会　（婺城民建基层委供稿）

【自身建设】　组织全体会员认真学习习近平新时代中国特色社会主义思想、中共十九届四中全会精神、纪念五四运动100周年大会上的讲话等，深入开展“不忘合作初心，继续携手前进”主题教育活动。通过学习，提升会员的政治素质，加深对多党合作的认识，坚定建设有中国特色社会主义伟大事业的信心，激发会员对党派的归属感，提高会员的凝聚力。1月23日，基层委委员以及各支部主委学习省委会九届三次会议精神，会上市委会主委杨坚明和区统战部副部长高洪成作指示。4月4日，基层委组织会员跟随市委会参加祭扫施复亮墓活动和新会员入会仪式。6月2日，基层委召开会议学习习近平总书记“在纪念五四运动100周年大会上的讲话”。8月23日，基层委召开会议传达民建金华市十一届代表大会精神。11月11日，组织参加“纪念施复亮先生120周年诞辰艺术作品展”，参加“不忘初心　扬帆再航”庆祝新中国成立70周年暨金华民建成立60周年文艺晚会。各支部纷纷开展学习活动。3月14日，一支部会员前往红色教育基地——中国工农红军挺进师奋战3年的婺城区沙畈乡银坑村学习。6月16日，一支部组织会员学习习总书记“在纪念五四运动100周年大会上的讲话”。8月25日，基层委第六、第八支部会员组织学习了民建金华市第十一次代表大会主要精神和参政议政部分优秀提案。10月18—20日，民建上海市普陀区委员会第十一支部在婺城区委统战部高洪成部长、主委雷永金的陪同下，考察了婺城区南部山区安地、箬阳、莘畈、沙畈、塔石等乡镇，召开了座谈会，会上双方就结为友好支部达成了一致意见。组织会员参加民建省委、市委举办的各种形式的学习班、座谈会等。4月23—28日，童健英参加区政协组织的政协委员骨干培训班。12月2—6日，会员王小青参加市委统战部组织的党外代表人士培训。

【社会服务】 基层委“三服务”帮助企业、群众解决实际困难和问题。2019年，捐款捐物共计人民币35万余元。1月2日，省政协副主席、民建浙江省委会主委陈小平走访婺城区3家民建会员企业：金华市美然食品有限公司、金华市捷特包装有限公司和金华明家装饰公司。基层委积各支部认真调研，献计献策，开展服务。如副主委周国忠陪同省农办领导检查婺城农业水价改革试点工作，竹马乡副乡长郑志平指导企业零直排建设、隔油池改造工作，会员王小青入户为群众讲解拆迁政策。基层委持续做好服务品牌项目，积极开展社会服务。主委雷永金创设的“民建·金宇”奖学金，用于资助浙师大家庭经济困难、品学兼优的研究生。副主委周卫中在企业里安置下岗工人和残疾员工，带领七支部到蒋堂初中开展帮扶活动。丰群飞热心公益事业，积极捐款捐物，参加各种爱心捐助活动，累计捐赠大米5000千克，钱款5万元。继续发扬支部拥军的光荣传统，与军民共建单位开展军民共建活动，为北山雷达部达送去慰问金1万元。会员蒋敏对婺城区困难家庭捐赠价值8000元的钱和物、捐助婺城区雪亮工程6000元现金。会员张洁心参加政协医卫界组织的送医送药送健康下乡活动，为贫困地区群众免费赠送药品，捐助药品和保健品价值3万元。郑金仙会员退休后仍积极参加社会活动，7次参加金华市政府采购专家评定会。一支部主委陈燕文等人代表支部去养老院走访看望老会员许瑞华，送上慰问金并为其颁发荣誉证书。会员施建国向兰溪市马溪镇毛塘村委会赞助2000元，向金东区曹宅镇困难户张国文捐款医疗费30700元。俞建花是杨家相村妇女主任及计生联络员，配合完成村上各项工作，在工作之余，组建广场舞队，丰富妇女的业余生活。作为计生联络员，把村民的体检工作落实到位。游红艳所在的泽大律师事务所新成立劳动法工作室，为企业提供劳动相关法律服务。会员们的服务范围遍及助残、扶贫、赈灾、助学、敬老、公共卫生、文化传播等各个领域。

(童健英)

中国民主促进会
婺城区基层委员会

【概况】 中国民主促进会金华婺城区基层委员会(简称民进婺城基层委)原名民进婺城区总支，2005年10月以原民进汤溪支部为基础成立，2016年9月换届并更为现名。基层委下设6个支部，共有会员87人。有11名会员担任市、区两级人大代表和政协委员，其中市人大代表1人，市政协委员2人，区政协委员8人。

【思想建设】 紧扣“不忘合作初心，继续携手前进”主题，始终把提高会员思想政治水平放在首位。基层委召开支委、支部主任工作会议，各支部分别召开读书会，专题学习民进中央主席蔡达峰在“不忘合作初心，继续携手前进”主题教育活动动员会上的报告精神，切实增强“四个意识”、坚定“四个自信”、做到“两个维护”，进一步增进对中国共产党和中国特色社会主义的政治认同、思想认同、理论认同、情感认同。在加强政治学习的同时，也突出能力素质提升，积极组织会员参加省委会、市委会和市区两级政协、统战部门组织的各类专题培训，基层委的组织建设能力、骨干的参政议政能力、会员的综合素质得到了显著提升。

10 月 31 日，婺城民进基层委与民进龙游总支联合开展主题教育活动　（婺城民进基层委供稿）

【组织建设】 民进婺城基层委继续坚持高标准、严要求的传统，不仅要求具有高学历、高职称，更要求在政治上必须有鲜明正确的态度和立场，正式发展新会员 3 名。2019 年，基层委加强对外联络交流、拓展活动形式、丰富活动内容，活动质量、数量及会员参与度都有显著提升。进一步加强向上联系，加强同省委会、市委会的沟通联系。5 月，省委会专职副主委刘毅带队参加第六支部活动；7 月，省委会副主委张宝珍、专职副主委刘毅率民进浙一医院支部到婺城联谊交流；9 月，民进中央社会服务部副部长刘文胜带队到婺城开展活动。增加对外联谊。基层委加强与县市区支部的交流力度，联谊交流取得丰硕成果。二、三支部与龙游民进第三支部，六支部与龙游民进第四支部结对联姻，结成友好支部，并多次组织开展互访。不断丰富支部活动。各支部以座谈学习、茶话交流、参观考察、读书恳谈、植树远足等形式组织各式活动近 40 次，会员参加组织活动的积极性持续高涨，出勤率持续保持高位。同时，积极组织会员参加市委会组织的各类活动，金华民进龙舟队、“初心·筑梦”巾帼风采演讲比赛、中秋主题朗诵会等活动中都有婺城会员的身影。

【参政议政】 基层委积极组织会员参政议政，唱响婺城民进好声音。在年初召开的市、区两会上，共提交《关于加强新型职业农民培训，助力乡村振兴的建议》《关于成立专项企业救助基金 帮扶重点企业渡过债务危机的建议》等人大建议、政协提案 25 件，滕惠芳、邵发明两位会员代表婺城基层委作《打造康旅小镇集群，促进婺城产业腾飞》《构筑“慢生活”经济圈，为“双城”战略实施添翼增力》大会发言，《关于统一规范垃圾桶颜色，助力全国文明城市创建的提案》被列入市政府“马上办”15 件提案之一，市建设局领导与会员面对面进行提案办理对接。两会闭会期间，积极组织会员撰写社情民意向上反映舆情，据统计，2019 年社情民意信息被全国政协采用 3 篇、民进中央采用 4 篇、省委办采用 6 篇、省政协采用 6 篇、省委会采用 8 篇。

【社会服务】 利用专业优势，做好社会服务工作。2019 年，基层委组织开展多种形式的社会服务活动，打响民进服务品牌，助推和谐社会建设。深化送医下乡服务内涵，联合医卫支部定期不定期开展送医下乡活动；创新送教服务内容。除传统送课下乡、送书下乡、送心理课下乡等送教形式外，基层委面向社会组织开展“亲子教育”活动，邀请市家庭教育讲师团专家为家长进行《吾家有娃初长成——如何帮助孩子度过童年期》专题辅导。强化送春联下乡服务品牌。由陈政权会员牵头，组织基层委的书法爱好者和婺城区书法家协会会员，为村民免费写春联，2019 年开展活动近 30 场，服务群众 1 万余人次，撰写春联近 3 万副。

（吴耀峰）

中国农工民主党婺城区基层委员会

【概况】 中国农工民主党婺城区基层委员会(以下简称婺城农工)下设5个支部,有党员85人。郑池爱(女)任主任委员,李笑银、杜伟亮任副主任委员,龚琴丹、吕建伟、吴章秋、陈卫军、陆卫红、唐金寿任委员。有11人次担任金华市、婺城区人大代表、政协委员。

【参政议政】 强化使命担当,组织党员深入调研,提交近30个提案议案、社情民意,反映党派"心声"和民思民盼民忧。其中,《古子城八咏路业态布局的建议》成为市两会集体提案。黄杰伟、朱挺、吴文胜等提交的有关垃圾分类、物业管理等提案被采用。郑池爱区政协专题协商会建议《促学前发展 建"和美婺城"》在《今日婺城》刊发。唐淑珍、吕金春等撰写的《构建家庭过期药品安全退场通道》《多管齐下狠抓租证挂证现象》《小区业主委员会运行存在的问题和建议》等信息分别被农工党中央、省委会、市委会及市政协采用。由农工党金华市委会立项,杜伟亮、李沂轲、吴章秋等撰写的《以人为本 深度发掘优化金华市旅游 提升金华市旅游竞争力》《深化"亩产论英雄"改革 助推工业企业健康发展》《关于金华市小城镇环境综合整治存在的问题及长效管理机制的探索》等课题结题。郑池爱认真履行"一村一委员"职责,千方百计为村民生活生产提供帮助、解决实际困难,6月17日、9月11日分别接受浙江卫视、新华社记者采访,8月6日受到竹马乡下张家村考察的省政协副主席孙景淼的充分肯定。市人民监督员钱育华、郑池爱认真做好市、区两级检察院相关案件的监督,郑池爱参加全省人民监督员培训班学习,被评为金华市优秀人民监督员。作为市人大常委会地方立法咨询委员,郑池爱参加《金华市大气污染防治规定(草案)》《金华市销售燃放烟花爆竹管理规定(草案)》等的立法调研与修订工作。

【社会服务】 紧扣提升服务实效,做亮服务品牌,组织党员"名师"到农村学校"送教结对",开展"送医(教)下乡"。施纯到新疆温宿四中支教,为边疆教育事业奉献青春智慧。组织党员参加社会慈善活动,慰问困难群众;参加志愿者活动,身体力行为创建全国文明城市贡献力量。9月7日,婺城农工在竹马乡下张家村开展"三服务"普法宣讲活动,朱挺讲解《中华人民共和国劳动法》、劳动合同签订的法律规范,并先后应邀为金东区岭下、塘雅等镇街110家企业做专题培训。郑池爱给"茶花村"竹马乡下张家村村民专门开设"用爱伴孩子成长"讲座,指导他们如何做一个称职的家长,受到村民好评。

9月7日,中国农工民主党党员在竹马乡下张家村开展"三服务"活动

(中国农工民主党婺城区基层委员会供稿)

【争先创优】 广大党员争先创优,成为市、区文教卫行业的中坚。杜伟亮辅导学生获全国"童创未来"人工智能机器人大赛二等奖,获区教师3D设计大赛一等奖。朱挺受聘担任杭州互联网法院在线特约调解员,参加全国律协第二届东部劳动法律师论坛。郑红建《遗》入选省第三届综合材料作品展,获省群文美术干部业务技能大赛金奖。孙傲雪书法作品入选省群文书法小品展。王丽珍获区诵读一等奖。尹燕飞获区教育系统羽毛球赛团体第一。

(郑池爱)

九三学社婺城区基层委员会

【概况】 2019年，九三学社婺城区基层委员会秉承九三“爱国、民主、科学”的优良传统，在中共婺城区委和九三学社金华市委员会的领导下，认真履行参政议政、民主监督职能，积极开展社会服务活动，为婺城经济社会发展做出积极贡献。2019年，获“五星级基层组织”荣誉。至2019年年底，九三学社婺城区基层委员会有社员40人，主委季美珍，副主委罗霞、叶丹、李中天，委员鲍旭勇、鲍惠丹。

【参政议政】 2019年，学社围绕党委政府中心工作、群众关心的热点难点问题开展调查研究。2019年年初，召开九三学社民主座谈会，集思广益，精选课题，确定2019年两会大会发言及提案议案。以“两会”为平台，履行政治协商、民主监督、参政议政职能。李中天的《一企一策，企业需要这样的家服务》获得优秀大会发言。2019年，九三学社社员和党派集体提案向区政协提交《关于加快推进区属国资公司市场化转型的建议》《关于建立小微企业产品电商推广平台提案》等提案9件，提交社情民意6件，金点子6个。

2019年10月24日，九三学社婺城区基层委以党派直通车报送《关于在琅琊镇筹建一家山茶油深加工企业的建议》，获婺城区委书记蔡艳批示肯定。

【社会服务】 打造社会服务新亮点，加强学习交流，加强团结与协作，提高党派凝聚力。2019年3月17日下午，九三学社婺城区基层委员会联合金华市中心医院支社在东方红林场开展“义务植树”活动，助力“花满婺城”建设。2019年3月8日，组织女社员参加九三学社金华市妇委会的参观浦江郑义门活动，学习树立良好家风，引领社会风尚，营造风清气正的社会环境。2019年6月1日，九三学社婺城区基层委组织社员赴莘畈水库开展饮用水源保护“三服务”活动，社员们徒步行走在莘畈水库周边考察并感受周边资源环境，加强水源地保护、实施水源涵养工程、推进饮用水水源地环境治理的重要性。2019年10月19日，九三学社婺城区社员施芬、章琳参加金华市委统战部组织的“不忘初心、同舟共济”龙舟队友谊赛，体现和发扬华夏儿女团结拼搏、力争上游的民族情怀。

3月17日，九三学社婺城区基层委员会联合金华市中心医院支社在东方红林场开展义务植树活动

（九三学社婺城区基层委员会供稿）

【自身建设】 加强领导班子建设，提高政治把握能力、参政议政能力、组织领导能力、合作共事能力、解决自身问题能力。加强制度建设，健全和完善相关规章制度。加强学习提升能力，选派年轻社员鲍琝参加“2019年青年骨干培训班”，季美珍参加“2019年基层工作研讨班”，罗霞参加“2019年金华市党外代表人士参政履职培训班”，叶丹参加主题教育培训活动，胡小婷等社员参加区统战部组织的参政议政培训会。

【主题教育】 2019年5月18日，参加九三学社金华市委会组织的“纪念新中国成立70周年和五四运动100周年经典吟诵活动”，九三学社婺城区基层委员会表演的情景剧《道路 再出发》再现“两弹一星”元勋九三学社科学家王淦昌为祖国科技事业隐姓埋名的感人事迹，歌颂九三学社先贤的大爱和家国情怀，节目获得全场最高奖项九三经典奖。

2019年9月3日，以座谈会形式庆祝新中国成立70周年暨“九三学社纪念日”，座谈会传达2019年金华市统一战线读书会精神，座谈会邀请九三学社社员、热处理专家赵步青老师讲述为金属热处理事业奋斗的多彩人生。社员们学习《九三学社史话》，了解九三学社历史，再次感受先贤们铁肩担道义、为中华民族的独立与进步而奋斗的感人事迹，增强了“不忘合作初心，继续携手前行”的历史使命感。

2019年11月28日下午，九三学社婺城区基层委与九三学社浙江师范大学委员会、永康市基层委在浙江师范大学联合开展“不忘合作初心、继续携手前行”主题教育活动，邀请浙江师范大学博士生导师郑祥福教授给全体社员作习近平新时代中国特色社会主义思想专题讲座。

(季美珍)

婺城区总工会

【概况】 2019年，全区有乡镇、街道总工会14家、机关工委8家、产业工会2家；共有452家工会，其中机关事业单位工会206家(含国企)，非公企业单建工会226家、联合工会7家，工会会员31502人。

【“三服务”活动】 各班子成员和干部分别联系乡镇(街道)总工会、企业、劳模、先进工作者和困难职工；联系社区1家(中山路)、结对村1家(百善村)、联系贫困户1家(陈银林)、帮扶薄弱村1家(琅琊滕村)。2019年累计走访企业135家，收集问题48个，已经解决20个，跨部门研究解决25个；走访群众(包括劳模、先进工作者)156人次，收集问题18个，全部现场解决；走访基层128家(次)，收集问题5个，跨部门研究解决5个。

【“创优争先”活动】 开展“婺城工匠”和“最美职工”推荐评选活动，共确定邓忠建等10名“婺城工匠”评选对象和授予楼萍等97名职工婺城区“最美职工”荣誉称号；组织开展30家基层工会组织风采展和30名劳模风采巡回展；开展重点工程立功竞赛活动，全区有6项开工的市重点工程建设项目参加重点工程立功竞赛活动；组织4名职工参加2019年金华市数控车工、数控铣工职业技能竞赛。

【垃圾分类创建工作】 开展“垃圾分类新时尚 美丽工厂助发展”专项行动，累计下企业指导垃圾分类35家次，开展送“垃圾分类”培训进企业、“当一周工人”和垃圾分类现场推进会等活动，浙江正方控股集团有限公司、浙江万里扬股份有限公司等8家企业建立规范化垃圾分类投放点。在浙江万里扬股份有限公司和浙江正方控股集团有限公司举办了“垃圾分类新时尚·美丽工厂助发展”——全区职工“垃圾分类我先行”启动仪式和垃圾分类有奖知识竞赛活动，号召广大职工努力成为垃圾分类的引领者、先行者、倡导者和监督者，现场共发放各类宣传资料1万多份。鼓励企业将生态文明理念融入企业文化建设当中去，倡导和进行绿色生产、绿色经营、绿色消费，将垃圾分类工作嵌入到企业生产、产品流通、日常管理等各个环节。

【队伍建设】 推荐“青蓝计划”名师带高徒6对、企业职工技术创新“薪火计划”项目5个，其中“青蓝计划”名师带高徒中的八婺工匠黄良涛，其3名徒弟各获得国家级技能荣誉称号1次，获得省级技能荣誉称号2次。

【慰问帮扶工作】 走访慰问各级劳模34名，发放慰问金3.65万元；给8名困难职工和结对残疾人发放补助2.5万元；生活救助和金秋助学共5户，发放帮扶款1.48万元。按“七个行动计划”要求为在档的30户困难职工参保职工医疗互助保险，帮扶共建社区和结对帮扶薄弱村。

【维护职工合法权益】 在安全生产月活动中，现场共发放《浙江省工会劳动法律监督条例及实施细则》《心理健康保健知识手册》等宣传资料200多份(册)；依托职工法律援助服务站，建立区、乡镇(街道)、企业三级工会代办员制度和队伍，其中区、乡镇(街道)二级的工会代办员共52人；与浙江玄畅律师事务所支部合作，提供法律咨询、法律文书代写等服务。引导职工通过工会、调解组织机构或司法途径等解决矛盾纠纷5起；参与调查处理企业职工伤亡事故2起。

【文化建设】 开展全区职工文体活动。开展区直机关单位女职工“芳华绽双城·奋进新时代”三八节趣味运动会、“双城共创 争当婺城最美劳动人” 庆祝新中国成立70周年暨纪念“五一”国际劳动节系列活动、举办了婺城区首届“图强杯”职工大合唱比赛、组织职工拍摄“不忘初心跟党走·同心筑梦立新功”——婺城区广大职工献礼新中国成立70周年快闪 MV《我和我的祖国》、开展“不忘初心　牢记使命·情系职工真诚服务”送文化进企业活动、“双溪源”杯职工书画比赛、职工网络文化节、职工瑜伽培训、养身知识讲座、职工应急救护培训等活动。各基层工会也开展了丰富多彩的活动,如教育工会开展了教职工“三八”征文、气排球、羽毛球等比赛。

参加上级工会文体活动。区财贸工会选派代表参加全市财贸系统窗口单位助推“最多跑一次”职业技能知识竞赛,获得团体第一名,参赛的 2 名选手分别获得“金华市职业技术标兵”和“金华市职业技术能手”称号;发动全区职工参加“浙工悦读——同建一个家”全省职工读书活动,获得省级优秀组织奖;组织广大女职工参与以“逐梦新时代·巾帼展芳华”为主题的第七届“书香三八”读书活动和“好书推荐”活动;参加市总举办的“建设文明家庭、推动女职工凝聚向善向上力量”主题系列活动获得多项奖项。

【职工民生工作】　培育职工疗休养基地和推荐点。5 月,开展婺城区首家职工疗休养基地(安地巨龙旅游度假村)挂牌仪式,推荐 3 家职工疗休养点(莘畈大立元、安地岩头村、安地动物园),邀请市总工会和各兄弟县市的工会分管领导、疗休养承办单位参加疗休养推介会,将婺城的旅游资源推向全市,吸引广大职工到婺城参加疗休养,也方便本地职工就近在婺城参与疗休养活动,服务职工群众,助力婺城乡村振兴。

职工医疗互助和体检工作。2019 年共完成参保单位 380 家,参保职工数 24416 人。2018 年 9 月至 2019 年 8 月,有 30 家企业 3000 多名职工享受到职工免费体检服务。

【自身建设】　开展基层工会规范化建设试点工作。以“十有”标准(有场地、有牌子、有队伍、有机构、有机制、有经费、有阵地、有活动、有考核、有特色)在竹马乡、安地镇开展乡镇(街道)总工会规范化建设试点工作。竹马乡总工会创新推出“网格化管理,家园式服务”,工会工作人员对接区域内 11 个企业网格,垂直联络,用心服务;安地镇总工会的规范化建设定位为“发展乡村旅游,助推产业振兴”,依托区域内丰富的旅游资源和旅游经济的良好发展趋势,助力对区域内职工及游客的服务工作,打造拥有旅游度假休闲特色的工会服务氛围。

建设职工活动阵地。全区共建有白龙桥 3 家、琅琊 1 家、新狮 1 家、乾西 1 家、安地 1 家、竹马 1 家,计 8 家区域职工活动中心。共 33 家“妈咪暖心小屋”,金华五中、竹马乡人民政府、环城二小等 3 家单位被评为市级“妈咪暖心小屋”示范点。10 月,国家税务总局金华市婺城区税务局“妈咪暖心小屋”被授牌“金华市总工会五星级妈咪暖心小屋”。

6 月 12 日,婺城区首家疗养基地揭牌仪式

(区总工会供稿)

【主题教育】　制定“不忘初心、牢记使命”主题教育实施方案,召开主题教育动员部署会,全体党员规定动作学到位,对照初心“五问”,列出党员个人突出问题整改清单,并制定整改措施。党组理论中心学习组织专题读书会,开展专题研讨学和集中学习研讨。组织 10 名党员干部走近浙江万里扬股份有限公司,开展“当一周工人、体工会初心”的活动;组织党员赴沙畈乡银坑村开展实践活动,体验“初心”;开展“走乡入村”解难题活动;举办“不忘初心　担使命、继续前行立新功”——大力弘扬劳模工匠精神,助力“双城战略”走深走实宣讲报告会。

【党建工作】　落实党建工作目标管理责任制和“一岗双责”工作机制,研究制定领导班子党风廉政建设主体责任清单,细化工作职责和任务分工,建立党风廉政建设、党建工作、理论中心组每季度学习制度。每月组织主题党日活动,开展党性教育、警示教育。坚持执行班子重大事项实行报告制,使监督检查常态化。

【巡察整改工作】 3月初,区委第二巡察组、离任审计组、选人用人专项检查组进驻区总工会,对巡察反馈提出的六大方面34个具体问题,逐条进行梳理,完成整改报告,并逐一进行整改。

(郑宏晟)

中国共产主义青年团婺城区委员会

【概况】 截至2019年年底,婺城区有基层团委33个,基层团工委7个,团总支2个,团支部614个,志愿者队伍60支。以纪念五四运动100周年、新中国成立70周年为契机,引导全区广大青少年在五四精神激励下,唱响"担当赶超、婺城图强"主旋律,投身"九场硬战",坚决扛起建设"双城"战略的使命担当。

【开展主题活动】 围绕重大节庆日和时间节点开展系列主题活动。围绕五四运动100周年开展"红五月"系列主题活动,区级层面举办特别主题团日活动,以歌舞、朗诵、大合唱等艺术形式回望历史,引导婺城青少年加深对五四运动历史意义和时代价值的认识。围绕"新中国成立70周年",区级层面举办"我与祖国共奋进——国旗下的演讲" 特别主题团日活动,组织乡镇街道团员青年代表、企业青年员工代表等共400余人同唱国歌、激情演讲、重温誓词,以此回顾新中国成立70年岁月取得的辉煌成就,弘扬爱国主义精神,唱响礼赞新中国、奋进新时代的青春主旋律。下级各团组织、少先队组织围绕"传承五四精神,书写双城青春答卷""我和我的祖国"主题开展"歌唱比赛""诗歌朗诵""主题班会"等各类主题团日队日活动200余场次。开展"不忘初心,牢记使命"主题教育。每周定期举办党组理论学习中心组集中学习和研讨,组织党员赴红色教育基地接受革命传统教育。主题教育过程中共组织开展集中学习6次,班子成员主题微党课3次。组织百余名红领新青年开展婺城红领话初心主题活动,用5天时间听党课、读原文、学原著,邀请专家学者面对面共话初心,教育引导红领青年们学有目标,行有标杆。在各乡镇街道、区机关各部门成立"青年马克思主义学习小组"32个,组织年轻干部开展集中自学、专题学习与研讨交流,撰写学习体会、分享学习心得。

【"智慧团建"工作】 深入推进"智慧团建"工作。以"智慧团建"系统建设为契机,全面摸清在校团员、团组织数量,逐一对照发展团员编号号段核查各校团员发展情况,确保"号号有下落,人人进系统"。同步推进乡镇、村社、两新等其他领域"智慧团建"录入工作,根据后台数据统计,全区有基层团支部614个,团员总数15333人。不断扩大团组织覆盖面。以团金华市委发起的"百团进社区"工作项目为契机,联合市公安局团委在新狮街道打造共青团勤俭社区区域共建委员会,共建委员会涵盖社区市区两级共建单位以及周边驻地单位15家团组织。共建委员会通过区域化团建模式,定期召开联席会议,加强共建单位间的纵向统筹和横向协调,打造资源共享、优势互补、共驻共建的社区团建工作新格局,为当地青年提供言语翻译、维权帮扶、婚恋交友、阅读沙龙等各类服务,不断提升区域内青年的认同感、归属感、幸福感。在2019年召开的青年志愿者服务社区专项行动推进会上,团省委副书记王慧琳带领全省各市县团委负责人现场调研考察勤俭社区青年志愿服务工作。批复同意区应急管理局、区发改局、区综合行政执法局、鼓楼里文化创意创业园等4家直属于团区委的团组织,打造花木之窗、嗨乐科技有限公司两个示范两新团组织,不断扩大机关部门、两新领域团组织覆盖面。

【实干建功服务大局】 为创建全国文明城市提供青春动能。牵头指导全区73个学雷锋志愿服务站点提档改造工作,其中10家示范站点获评市级青年文明号;在玉龙社区打造市级常态化示范站点,区委书记蔡艳、团市委书记钱福安等领导现场检查指导,提出具体的建议和要求。继续抓好志愿汇APP平台的管理和使用,不断浓厚全区志愿服务氛围,据后台统计全区至2019年底共有注册志愿者

60912人，志愿服务队490支，活跃志愿者39355人，其中当年活跃志愿者25629人，当年活跃度65.12%。举办垃圾分类红领达人秀活动，动员全区红领新青年带头垂范，在村社积极宣传垃圾分类，组织宣讲员进学校、企业宣讲垃圾分类30余场次。联合区青年企业家协会共同组织开展“感恩马路天使，情暖文明婺城”活动，慰问白龙桥片区环卫工作者。为志愿婺城贡献青春力量。配合团市委在人民广场打造“雷锋广场”，并把每个月第二个周六定为专门学雷锋服务日，在当天组织各行各业志愿者现场为市民提供免费体检、理发、修家电等公益服务。举办婺城2019文明劝导志愿服务提升工作专题培训会，引导全区志愿者明确服务职责，规范文明用语，提升自身形象。完成中国山水四项公开赛、婺城半程马拉松赛、婺城首届发展大会等大型赛事志愿服务工作。植树节，团区委组织全区200余名团员青年在塔石乡银岭村开展“我为美丽婺城种棵树”植树活动，引导广大青年为花满婺城、和美乡村贡献力量。联合区委组织部举办四期红领新青年培训班，轮训红领青年800人次。邀请上海创业导师团队，重点对红领新青年创客训练、农旅结合创意策划、互联网时代农产品整合营销推广与创新等内容进行培训与讲解；组织创业项目路演，为项目和资本牵线，对有落地意向优秀创业项目，相关部门提供创业指导、跟踪服务及融资对接等扶持。打造省级、市级青创农场各1家、区级青创农场6家，依托青创农场开展各类学习实践、技术培训、座谈交流等活动8场次，吸引、培育、孵化更多优秀的青年农业人才、青年农业创业产品和项目。

【强化服务】　做好新兴青年群体服务引领工作。联合市邮政管理局举办“快递从业青年服务月”活动，深入快递从业青年群体中开展倾听调研、爱心物资发放、医疗义诊等系列活动，同时提供法律、心理咨询等服务，吸引快递企业代表、快递从业青年代表共150余人参加。创办领创读书会工作项目，先后走进核工业二六九大队、轨道交通集团、万里扬集团、嗨乐科技有限公司等10家公司企业，举办垃圾分类、高效演讲、阅读分享等专题活动，结合主题教育为辖区内省市区三级两新组织青年群体送去思想盛宴，不断加强两新领域青年思想引领。做好预防青少年违法犯罪及重点青少年群体帮扶工作。根据团省委反馈的名单，认真排摸核实，梳理出服刑人员未成年子女、农村留守儿童等青少年61名，均由乡镇街道团干部帮扶到位并录入平安建设信息系统。联合金华红太阳律师事务所走进实验中学、金华九中、金华四中开展“三禁三防三自”宣传教育活动，为中学生送上防范校园欺凌、禁毒宣讲、法律常识等普法公益课，强化青少年法制意识。联合婺城区检察院、悦欣社工机构在婺城区党群服务中心建立“未成年人观护帮教基地”“亲青老娘舅”调解工作室，聘请10位来自司法系统、教育系统、镇街、社区、社会组织等领域工作者担任首批调解员，广泛动员共同做好青少年权益维护工作。5名涉罪未成年人经帮教考上大专以上院校，6名被安排到爱心企业工作，均实现复归社会。做好青年交友、就业帮扶工作。在竹马茶花节、时代楼宇、七夕节、塔石丰收节相继举办4场“亲青恋”青年联谊活动，吸引来自教育系统、卫生系统以及武警支队、驻金部队及各企业单位共计500余名单身青年参加。针对考公热，联合华图教育团支部继续举办公务员笔试公益培训班，吸引200多名考生参训。

（彭　聪）

婺城区妇女联合会

【概况】　截至2019年年底，全区有乡镇妇联14个，街道妇联5个，区、乡镇（街道）专（兼）职妇联干部51人。有村（社区）妇联270个。

【来料加工工作】　2019年，全区有经纪人425人，月加工人数7558人，发放来料加工费17132.23万元。召开来料加工总结表彰会，表彰来料加工先进单位3个，来料加工先进村（社区）5个，优秀来料加工经纪人8人。组织全区50多名来料加工经纪人及来料加工专业示范村妇联干部，开展为期4天的素质能力培训，提高来料加工经纪人的安全生产意识和法律法规基础。做好业务指导和信息收集，及时关注经纪人需求和动态，帮助解决资金、场地、人员等问题；组织经纪人参加义博会。联合区扶贫办制定下发《婺城区来料加工以奖代补项目及资金管理办法实施细则》。

【美丽庭院创建】 组建莘畈乡妇女街长、沙畈爱心姐妹团、塔石“巾帼督查组”、雅畈镇芳田村妇女网格化等开展志愿服务。以编唱三句半、道情、小品和快板等形式加大宣传力度，着力营造“人人动手、家家参与”的良好氛围。开展“我爱我家 垃圾分类 巾帼先行”动员部署会，组织参观美丽庭院示范户，现场互动交流；开展“我爱我家 垃圾分类 巾帼志愿服务助推垃圾分类全域化进程”培训会。协助做好首届花满婺城“最美阳台(庭院)”争创活动。积极组织参加省妇联开展的“人间最美四月天，我家庭院美丽秀”微视频征集活动，其中1个作品在“浙江女性”的抖音号上集中展示。全年完成美丽庭院达标户15547户，美丽庭院示范户5273户。

【妇儿权益维护】 打造“婺城区妇女儿童维权中心”，安排“和姐”志愿者开展周三、周五轮值。自运行以来，共接待来电来访20多件，群众满意率达98%以上。其中一起成功维权案例被浙江省妇联与浙江经视联合打造的《娘家人》栏目录制成节目在省电视台播出。制定《婺城区妇女民情民访代办工作实施意见(试行)》，建立各级妇女代办服务机构276个，妇女代办员546人。全区各级妇联妇女代办件数703件，办结件数676件，办结率96%，涉及当事人2000多人。举办农村基层“领雁”妇女工作能力提升培训班、基层妇联干部培训班，组织500余名基层妇联干部分批参加“送法律、送维权、送平安、送文明”和姐轮训班，切实提高基层妇联干部工作水平。利用《今日婺城》、村居、学校、医院、微博、微信等载体，大力宣传《中华人民共和国妇女权益保障法》、反家暴、禁毒等方面知识，提高妇女维权意识。

【平安创建】 开展“建设法治中国 巾帼在行动”系列维权活动，发放“平安家庭”创建宣传手册500余册；制作发放“平安家庭”创建宣传品1万份。评选表彰市级“平安家庭”5户，区级“平安家庭”25户。宣传“好家风”信用贷，营造全社会崇德向善，弘扬好家风，向先进人物学习的良好氛围；打造户户亮好家风家训区级示范村1个。

【关爱妇女儿童】 开展暖秋关爱活动，走访慰问退位村妇代会主任、两癌贫困母亲、贫困家庭儿童共计93人，发放慰问金、慰问品近7万元。开展庆“六一”活动，组织各级基层妇联开展走访慰问、捐赠书籍文具、文艺演出等多种形式的关爱行动，并联合区创建办在金华市青春小学举办“六一”主题队日暨创建全国文明城市家庭总动员表彰活动，共表彰区级优秀家庭24户。成立“婺城区女企业家协会困难妇女儿童关爱基金”，对特殊困难妇女儿童群体开展关心帮助。

【组织建设】 加强新兴领域妇联建设，在女性群体较为集中的两新组织、各类园区、楼宇商圈等领域，通过嵌入或合作等方式，依托党建建立健全妇联组织，打造玄畅律师事务所、宏悦妇女儿童医院妇联等区级两新组织妇联示范点10个。加强区域化妇联建设，打造竹马乡工业功能区妇联、沙畈乡周村等区级区域化妇联组织10个。加强妇女微家建设，延伸“妇女之家”工作触角，打造线上“妇女微家”10家，线下“妇女微家”10家。建立妇联执委、妇女代表联系妇女群众工作制度，全区25名区级妇联执委及180名妇女代表，共联系妇女群众300余人，帮助解决难题100余件，发挥妇联组织联系妇女群众的桥梁纽带作用。

(徐美珍)

婺城区科学技术协会

【概况】 2019年，区科协根据上级机构改革精神，调整为单独设置，纳入群团序列管理，完成“三定”方案编制，成立党支部。区科协履行“四服务一加强”工作职责，构建大联合、大协作工作格局，开展全民科学素质提升、院士专家工作站建设、科普阵地建设等各项工作。

【提升公民科学素质】 联合区纲要成员单位在新狮街道下裴村、沙溪村，蒋堂镇兴利村、洪村，莘畈乡学岭头村，琅琊镇等地开展涵盖健康义诊、技术咨询等内容的科普下乡活动，发放科普资料1000余份。在蒋堂镇开化村开展浙江省首部大型科普情景剧《加油！科学+》演出活动，同时开展“科普夜市”为村民们提供专家义诊、健康咨询、农技咨询等科普“家服务”。参加区市场监督管理局白龙桥所主办的消费者权益保护日宣传活动，发放科普资料 100 余份。

在乾西乡联合社区开展科普进社区活动，为社区居民送上健康饮食、农技知识、垃圾分类等内容的科普资料。市、区两级科协联合举办科普大讲堂，在西市街社区、红湖路社区、八咏楼社区开设科普知识讲座。

协同市科协举办第 24 个全国中小学生安全教育日系列活动，在金华第四中学和环城小学开展以校园消防安全教育为主题的科普讲座。于全国科普日联合区教育局，在浙师大附小、青春小学、北苑小学和上浮桥小学开展老科学家进校园科普巡回报告活动。

9 月 16 日，老科学家进校园科普巡回报告活动
（区科学技术协会供稿）

【院士专家工作站建设】 2019 年，新增浙江天下正方农业发展有限公司和金华市双宏化工有限公司等 2 家市级院士专家工作站，分别引进陈正行专家团队和长江学者张淑芬专家团队。协助金华市科协办好“院士专家金华行”活动，邀请王兴治、周丰峻、王哲荣、苏哲子 4 位院士以及江南大学、中国兵工学会火箭导弹专业委员会、解放军军事科学院、炮研所、市军分区的众多专家参观考察区 3 家科技企业，为企业发展出谋划策。

7 月 6 日，科技惠农产学研研讨会暨正方米法院士专家站揭牌仪式　　（区科学技术协会供稿）

【科普阵地建设】 联合市科协与解放军某部队，建设全市首家军民融合军营科普馆。7 月中旬，省科协党组成员、副主席王忠民，科普部部长汪光年一行到金华调研，高度评价婺州窑博物馆科普教育基地在陶瓷知识科普上发挥的作用。扩大科普 e 站的覆盖面，全年新装科普 e 站 20 个，全区科普 e 站数量达 46 个。

【“寻找科技追梦人”】 响应省、市科协“寻找科技追梦人”的活动号召，宣传科技工作者的优秀事迹和先进形象，推荐 5 位科技工作者为全区的科技追梦人。于全国科技工作者日组织高校、科技园区、科技型企业、院士专家工作站、科技特派员等科技界精英 20 余人开展“礼赞共和国 追梦新时代 5·30 花满婺城”科普沙龙活动。《金华日报》等媒体积极宣传此次活动，增强科技工作者的荣誉感和归属感。

【食品产业发展】 做好第十届浙江中西部科技论坛传统食品创新与现代食品发展分论坛的东道主，邀请浙江工商大学韩剑众、王奎武两位教授传经送宝，探讨金华食品产业发展创新的路径。

【农村科普基地】 2 家合作社和 2 家家庭农场的 4 个项目申报“金桥工程”获得立项，认定市农村科普示范基地 3 家、科普教育基地 1 家。

（何　凡）

婺城区归国华侨联合会

【概况】 2019 年，婺城区有海外侨胞 510 人，港澳同胞283人，留学人员335人，归国留学人员201人,侨眷及留学人员家属1600余人。为加强基层组织建设,丰富侨联季度座谈活动内容,组织侨联委员们参观金华雷锋文化博物馆等。提升优化婺城侨之家,定址合丰服务外包产业园的侨之家通过招投标,已在开工建设中。

【服务侨企】 梳理本地涉侨企业，当好政企联络员,多次走访缤虹星城、合丰信息科技和宝鑫镀膜厂等几家涉侨企业,协同相关部门,帮助企业解决当前存在的主要困难。全面梳理助企、扶企政策,通过上门解读、座谈会等形式,进一步指导企业用足用活用好相关政策,为企业量身打造科学可行的发展计划书、时间表,推促进企业发展。

婺城区侨资企业投资环境和权益保障情况调研小组合影　　(区委统战部供稿)

【联络联谊】 做好春节期间、中秋期间的走访慰问工作,2019年共走访30余户困难侨界群众、侨界家属和回国探亲的海外高层次人才,了解他们生活状况的同时向他们宣传婺城区良好的发展氛围和引才政策,鼓励他们回国发展,得到海外侨界人士点赞。鼓励侨界群众热心公益,回报家乡,组织侨联委员捐款28000元帮助琅琊镇东畈村困难学子,帮助学子实现"大学梦"。

(袁倩蕾)

婺城区工商联合会

【概况】 金华市婺城区工商业联合会所属商会有21个,其中基层商会11个,行业商会 3个,异地商会7个。全区工商联会员总数1503人,其中有省政协委员1人,市人大代表2人,市政协委员5人,区人大代表53人,区政协委员 60人。

【组织建设】 婺城区工商联为正科级群团机关,行政编制3人，事业编制2人，内设机构领导职数3人,共有工作人员5人。

婺城区工商联围绕"高质量建设都市经济创新城、高品质建设美好生活幸福城"的"双城"战略,以"担当赶超、婺城图强"为奋斗主旋律,加强基层商会、行业商会、异地商会建设,2019年完成基层商会换届1家,新成立行业商会1家,新成立异地商会3家,完成异地商会换届1家。

2019年年底,召开婺城区工商联(总商会)四届三次执委会议。会议学习传达中共十九届四中全会精神,并回顾总结2019年工商联(总商会)主要工作,部署"新时代工商联新样子"大讨论活动,明确2020年工作思路。

【参政议政】 开展"不忘初心、牢记使命"主题教育、"三服务·婺城家服务" 为契机，走访企业168家，走访联系村和扶贫结对村23个。通过深入调研,掌握民营经济人士基本情况,引导民营经济人士积极参政议政。区"两会"期间,积极引导工商界人大代表、政协委员撰写高质量的议案、提案,为全区建设出谋划策。围绕办好新中国成立70周年系列活动,引导工商界人士歌颂"我和我的祖国",用丰富多彩的企业文化活动充实民营经济人士头脑,加强工商界人士理想信念教育,提升非公企业现代化建设的发展水平。

【婺城上海科创中心成立】 2019年3月,在上海婺商促成下,成立婺城上海科创中心,区政府与上海都市型工业协会签署战略合作协议,市委陈龙书记见证协议签约和中心挂牌。

3 月 23 日，婺城上海科创中心揭牌仪式
（区新闻媒体中心供稿）

【商会活动】 工商联参与婺城区民营经济振兴大会筹备工作。高质量承办绍兴金华商会百名企业家婺城行活动，发挥沟通企业的桥梁纽带作用。按照区委、区政府部署，做好 2019 首届婺城发展大会筹备工作，抽调专人参加工作专班，区工商联领导班子分 3 批带队外出邀请重点工商界人士参会，邀请区外工商界人士 84 人，以“亲情、奉献、精准、友爱”的婺城家服务精神做好参会婺商对接服务。

（吴　靖）

法　治

政法委及综治工作

【概况】 2019年，区委政法委认真贯彻落实中央、省、市会议精神，围绕“平安护航新中国成立70周年大会战”的工作主线和誓夺二星级“平安金鼎”的总目标，以“基层党建+社会治理”为总抓手，提升基层基础，稳妥推进维稳安保，探索工作创新，平安指数一直位列全省第一方阵，有效维护政治社会的和谐稳定。

【“平安婺城”建设】 紧扣“五个坚决防止、三个确保”目标，以“平安护航八大战役”为重点，深入推进“平安婺城”建设。筑牢反恐防暴安全防线。区四套班子领导带队对全区21家反恐重点目标单位开展明察暗访和工作指导；区委政法委牵头成立专项督导组，对全区反恐重点目标单位、重点场所、重点行业、重点人员、重大活动管控开展抄底式、高频率的“攻防挑刺”，发现的问题隐患全部落实整改。深化行业系统创建。发挥好行业主管部门的牵头作用和配合单位的协助作用，持续推进“平安校园”“平安医院”“平安家庭”等15项系统平安创建活动，如教育部门严格落实“交通护学岗”制度，完善“警校家”机制，加大“三防”建设力度，学校及周边区域实现零发案。加强重点行业监管。深化以实名制为重点的行业监管机制，严格落实旅馆、寄递、瓶装燃气、购票等23项社会治理要素100%管控措施，最大限度堵塞漏洞。严格落实快递物流业安全检查“三个100%”的要求，不定期进行暗访检查。开展易制爆危险化学品专项整治，彻底整改各类安全隐患。强化公共安全管理。开展工矿企业、商场超市、民宿农家乐等领域安全生产隐患大排查、大整治，全区各类生产安全事故起数、死亡人数同比分别下降18%、11%，未发生较大及以上生产安全事故。开展火灾隐患排查整治，加强社会面宣传教育，检查、督促整改火灾隐患2857处，责令“三停”单位74家。严查交通违法违规行为，2019年出动巡查1万余人次，查处违章案件793件，整治超限车辆1402辆，加强现场执法与科技治超融合，有效保障公路的安全畅通。

5月31日，全区建设平安婺城工作会议暨反恐怖“扫黑除恶”专项斗争推进会议召开

（区委政法委供稿）

【社会治安治理】 深入推进“基层基础提升年”“矛盾纠纷和积案化解攻坚年”等活动，全面推广“基层党建+社会治理”、民情民访代办等做法，加强全科网格建设。细化完善全科网格考核细则，将垃圾分类、道路交通安全等专项工作纳入专职网格员信息采集目录，每月通报基层基础提升工作排名表，倒

逼责任落实。优化专职网格员巡查装备,常态化开展网格员培训，实施年终网格员述职评议,2019年流转交办事件18万余件，实现信息采集、上报、流转、交办的闭环管理。健全矛盾纠纷多元化解机制。推动矛盾纠纷化解"最多跑一地",整合各方资源力量,全面落实"一站式接待、一揽子解决、一条龙服务"工作机制。首推民情民访代办服务,建立各级代办站315个,以宋园春为代表的"老娘舅"工作被《人民日报》头版报道。加大诉源治理力量,实行法官参与诉前调解制度，聘请38名人民调解员充实乡镇(街道)和基层法庭,成立23个个人品牌调解室、102家企业人民调解委员会,合力将矛盾解决在初始状态。加强基层司法所建设,强化跨部门调解制度建设,最大限度减少积案存量,遏制积案增量。高标准抓好区社会矛盾纠纷调处化解中心建设,不断探索更高效的运行机制,成功调解重大矛盾纠纷184起，特别是解决了罗店后溪河因土地林地承包经营产生的纠纷,被省委常委、政法委书记王昌荣批示肯定。建成18个乡镇(街道)综治中心,并实现高效运转。基层治理四平台流转工作日益完善,结案率达99.7%,实现"小事不出村、大事不出镇、矛盾不上交"。

7月25日,婺城区社会矛盾纠纷调处化解中心(原区社会治理综合服务中心)举办揭牌仪式

(区委政法委供稿)

【服务经济发展】 区政法系统出台系列保障和服务民营经济健康发展的实施意见,"三服务·婺城家服务"活动中共走访服务对象28万余人次,解决问题近8000个，问题解决率达95.2%，创新形成了"1205"工作法、"莘e家"红盟实体、"一钉就到"等81个服务品牌。开展重大项目社会风险评估,结合"三服务"活动合力打击侵害民营经济犯罪,深入企业帮扶解困,通过对瑞城"五百滩"、三联"桂语山居"、世贸大饭店、婺州城市广场等项目的破产及重整工作,盘活房屋98万余平方米,土地1100多亩,交付房屋3000余套，最大限度保护债权人合法权益,稳定社会秩序。

【防范和处理邪教工作】 以反邪教"雷霆行动"为抓手,深入推进"金盾""警示""春蕾"等五大子行动,细排风险隐患,补好工作短板,确保婺城平安稳定。推进反邪教宣传教育。开展形式多样的反邪教宣传教育,共计发放宣传手册2000余册、提供宣传展板20多块,直接受教育群众10万多人。与浙江师范大学政法学院联合开展大学生"普法反邪"实践活动,现场发放反邪教明白纸4000多份,咨询解答3000多人次。组织邪教底数排查。开展常态化滚动式排查,摸清邪教人员底数和基本情况。开展邪教失踪失联人员查找,加强上门走访排查,强化信息分析核实了解。开展在册人员逐一开展入户谈话,对思想顽固人员进行敲打教育,摸清邪教人员基本信息,重新做好登记造册。有效推进教育转化和帮教工作。投入经费10万多元,建设乾西、城东等地反邪教宣传阵地,提升基层反邪教水平。组织开展思想教育、科普宣传等各种帮教巩固活动。

【维护社会稳定】 2019年,未发生影响社会稳定的重大案(事)件、公共安全事故、网上舆情事件,无重点人失联失控,全面打赢"平安护航新中国成立70周年"等系列大庆维稳安保攻坚战。集中力量全面开展隐患排查。先后在全区范围内开展4次滚动式、拉网式的社会稳定风险隐患排查,及时组织召开维稳形势分析会,实时掌握涉稳隐患动态。全程跟踪协调重点涉稳事件，完成上浮桥国有土地征迁、双溪西路延伸工程等18个重点项目的社会稳定风险评估工作。成功化解省、市级交办的重大矛盾纠纷、重大社会风险隐患22件。通过区级领导包案攻坚,全年共化解积案隐患49件。完善机制着力提升防范处置能力。组建维稳工作专班实体化运作，严格落实重要节点每日分析会商研判制度，建立健全每日零报告和重大问题报送制度，灵通涉稳工作信息。健全落实“一三六”应急处置机制，先后开展13场大型综合演练。加强源头风险防控和风险评估，在涉及重大公共政策、重大管理措施、重大工程项目上做到应评尽评。贴心服务助推涉军群体稳定。完善基础信息平台，健全服务保障平台，构建解困帮扶平台，建立创业就业平台，打通服务退役军人的“最后一公里”。

【政法工作】 以高度的政治责任感主动配合区委巡察办开展巡察整改，按照责任分工落实整改工作责任，强化责任部门沟通协作，问题全部整改到位。深入开展“不忘初心、牢记使命”主题教育工作，深刻落实“学习教育、调查研究、检视问题、整改落实”4个贯穿始终不离不弃，真刀真枪整改。认真贯彻落实《党政领导干部选拔任用工作条例》，严格按照规定选人用人，择优选调3名干部，加强政法委机关干部队伍。大胆选拔人才，树立“使用就是最好培养”的理念，提拔使用6名各方面条件都成熟的干部，优化干部队伍结构。开展廉政风险防控机制建设，加大对重点领域、关键岗位和重要环节的风险防控，对8名党员干部开展廉政谈话，做到廉情动态及时掌握、及早应对。用好监督执纪的“第一种形态”，开展提醒谈话6次，让“红红脸、出出汗”成为常态。定期开展监督工作，对领导交办工作的开展落实情况、干部执行政治及工作纪律等情况开展督察工作，促进各项工作落到实处。开展政治轮训，举办新时代政法干部能力素质提升班和平安婺城建设专题研讨班，有效提升政法干部“学”和“战”的能力，多名干警获全国、全省先进荣誉。宣传工作成效显著，先后在中央、省、市级以上媒体上发表平安政法宣传稿件100余篇，检察院自制短视频《无名之辈》获全国政法系统新媒体比赛“我和政法70年”十佳作品，微党课《法治初心守护青春理想》在省委政法委“平安鼎”公众号中展播，“婺城普法”获全省司法行政新媒体十强称号。 （周玉南）

公　安

·金华市公安局婺城分局

【概况】 金华市公安局婺城分局设置派出所14个，设立政治处(机关党委)、警令指挥处、警务监督处、警务保障处、国保反恐中心、治安管理中心、刑事侦查中心、经济犯罪侦查大队等8个综合管理、执法勤务机构。2019年实有民警461名(其中女民警56人，派出所民警287人)，辅警733人。2019年统筹推进政治安全、风险防控、平安创建、社会治理、治警惠警等“五大战役”，全区社会治安平稳可控。实现争创全省公安机关执法质量考评优秀单位“十六连胜”，立集体三等功两次、“897”专案立集体一等功、“3·29”专案组立集体二等功，打击非访专案组立集体三等功、刑事侦查中心一大队立集体三等功、蒋堂派出所立集体三等功，4名民警立个人二等功，19名民警立个人三等功，43名民警受到嘉奖，93名民警被评为“优秀公务员”，涌现一大批先进集体和先进个人。

【打击防范】 严厉打击违法犯罪活动，助力高质量平安婺城建设。2019年，分局接报有效警情3.3万起，同比下降2.21%；刑事立案2441起，同比下降3.5%，破案756起，破案率下降5.9%，命案发2起、破2起，侦破命案积案2起；刑事处罚937人，同比下降20.45%；移送起诉1033人，同比下降0.9%；行政处罚2164人，同比下降21.65%；受理通信网络诈骗案件947起，刑拘106人，移送起诉82人；侦破涉毒案件13起，采取强制措施36人，查处吸毒人员72人，强制隔离戒毒14人，查处非法种植毒品原植物案件2起，铲除罂粟植株160株，通过暗网平台线索打掉制毒窝点1处，在侦省目标案件1起；侦破公安部督办案件9起、省公安厅督办案件3起；重大群体性事件、公共安全事故“零发生”。

【扫黑除恶专项斗争】 开展扫黑除恶攻坚行动，摧毁黑社会性质组织2个、恶势力犯罪集团2个、恶势力团伙3个，惩处团伙成员140人，惩处9类恶势力犯罪嫌疑人202人，行政处罚834人。集中警力侦办"3·29"涉黑专案，抓获犯罪嫌疑人 90 人，扫黑除恶专项斗争工作综合排名全市第二。

【打击侵财犯罪活动】 惩处通信网络诈骗案件嫌疑人 159 人、传统侵财犯罪嫌疑人 219 人，成功侦破"BC 无界"虚拟币传销案。

【开展"净网 2019"专项行动】 侦破公安部督办的非法获取计算机信息系统数据案等涉网案件，抓获黑客类犯罪嫌疑人 24 人、侵犯公民信息犯罪嫌疑人 2 人、黄赌类犯罪嫌疑人 61 人。加大民生案件侦办力度，抓获涉嫌介绍、容留卖淫犯罪嫌疑人 16 人，卖淫嫖娼违法人员 60 人，清除隐性毒瘤。捣毁利用"卡哇伊""梦鲸"网络直播平台传播淫秽物品牟利犯罪团伙 3 个，抓获分布在全国 13 个地市的犯罪嫌疑人 22 人，摧毁涉黄窝点 21 个。破获"3·6"特大有毒有害食品案，抓获嫌疑人 16 人，捣毁售销窝点 7 处、淘宝网店 6 个，查获有毒有害"悍马糖"近 2 吨，价值近 2000 万元，被评为"2019 年上半年全省十大经典案例"。办理捕杀、贩卖珍稀野生动物"8·18"专案，成功抓获犯罪嫌疑人 17 人，捣毁窝点 5 个，当场缴获赃物一批。

【打击经济违法犯罪活动】 2019 年，婺城分局开展打击经济违法犯罪活动，全年受理经济犯罪案件 79 起，立案 15 起，抓获犯罪嫌疑人 76 名，移送起诉 62 人。破获"1·29"操纵证券市场专案，查获涉案资金 4.5 亿元，其中，冻结账户资金 3.1 亿余元，扣押黄金 187 千克，查封房产 5 处，独立侦破公安部督办的"3·13"虚开增值税发票案，冻结资金 2.8 亿元，移送检察院审查起诉。开展"猎狐 2019"专项行动，抓获在册境外逃犯 3 人，新增境外逃犯 3 人，超额完成任务目标。

【公安行政管理】 坚持问题导向、效果导向、目标导向，以"三服务"为主要载体，深入推进公安改革，积极探索公安工作新思路、新举措，提高革命化、正规化、专业化、职业化水平。推进"最多跑一次"和"无证明城市"改革，全面梳理 174 个行政审批、服务事项，累计减少证明材料 6892 个，2 个综合办事窗口和 13 个派出所窗口在全市率先全部接通政务网并运行受理查询核验平台，有力推动"最多跑一次"向"一次都不用跑"和"办得快""办得好"转变，深化"一窗受理、集成服务"改革，优化区行政服务中心"旗舰店"一站式功能，将高频的 35 项户籍事项向山区乡镇综合办事窗口延伸，并纳入乡镇平台服务事项目录。区行政服务中心公安业务板块实现"无差别全科受理"，事项覆盖率达到 90%以上。

【加强队伍建设】 党建引领，强化纪律作风建设，优化暖警惠警措施，打造阳光公安、红色警队。开展主题教育，初心使命更加牢固，开展"不忘初心、牢记使命"主题教育工作，牢牢把握"守初心、担使命，找差距、抓落实"总要求，把学习教育、调查研究、检视问题、整改落实贯穿全过程，全面锻造"四个铁一般"和"平常时间能看得出来、关键时刻能冲得出来、危急时刻能豁得出来"的高素质婺城公安铁军。加强风险排查，队伍环境更加清朗，从严管党治警，打造清廉公安，落实党风廉政建设层级管理责任，紧盯队伍建设中的风险隐患，用足用好谈话谈心、挑刺检查等措施，常态排查转化重点人重点事。强化日常纪律检查和八小时外管理，严防发生"枪、酒、车、密"问题。狠抓监督执纪，落实"铁腕治警四个一律"措施，开展正风肃纪检，主动查处民警违纪违规问题。开展专项治理，纪律作风更加过硬，配合区委巡察，对反馈的问题，安排 4 个工作组开展核查，建立"一案一档"，一事一专班地落实整改。开展"扛责任、强担当、治顽症、促发展"作风建设专项行动，紧盯"不担当、不作为、不规矩、不适应"的"四不"问题，落实学习讨论、自查自纠、专项检查、问责处理等规定动作，推动队伍转作风、优服务、提效能。激发队伍活力，士气斗志更加高昂，发挥典型示范引领作用，推报市级以上荣誉 31 人次、区级"闪光婺星"21 人次，形成学先进、见行动、创佳绩的浓厚氛围。

【推进警务保障工作】 2019 年，婺城分局持续推进警务保障工作。完成雅畈派出所、蒋堂派出所施工图纸设计、图纸审查、工程规划许可证、招标投标工作和合同签订工作，项目在施工准备工作阶段；完成羽毛球馆室内装修并投入使用；完成安地派出所建设项目的用地审批，立项等工作，施工图设计中；修缮罗店派出所食堂，完成巡防大队食堂修缮项目的规划招标工作，正在进行施工。配备宣传机、高拍仪、除湿机等仪器,对金华山分局移交资产进行清点,根据药品、催泪喷射器、防弹背心等装备的使用期限,及时更换配发。

8月29日上午,蒋堂派出所新业务用房奠基仪式
(区公安分局供稿)

【完成新中国成立70周年大庆安保任务】 婺城分局把新中国成立70周年大庆安保作为全年重中之重的政治任务,成立局主要领导任组长的安保维稳工作领导小组,下设"一办十一组",在情指联勤中心设立安保指挥部,各功能组单位成员梯次进驻,按时启动社会治安等级响应;严格落实局领导带班和值班备勤制度,每日开展高等级研判会商,指挥调度各项工作;党委班子成员到派出所开展督导检查,机关警力下沉到派出所支援,完成中国成立70周年大庆安保任务。8月20日至10月7日,接报案件警情同比下降16%、环比下降11%,出动警力2500余人次,清查各类场所3066家次,重点单位1578家次,排查整改治安隐患63处,查获治安案件233起,破获刑事案件159起,惩处违法犯罪嫌疑人346人,全区未发生影响社会稳定的重大案(事)件、公共安全事故、网上舆情事件。

【开展"不忘初心、牢记使命"主题教育】 按照中央、省委、市委和区委工作部署,扎实开展"不忘初心、牢记使命"主题教育,牢牢把握"守初心、担使命,找差距、抓落实"总要求,把学习教育、调查研究、检视问题、整改落实贯穿全过程,全面锻造"四个铁一般"和"平常时间能看得出来、关键时刻能冲得出来、危急时刻能豁得出来"的高素质婺城公安铁军。累计开展党委理论中心组专题学习会4场,专题民主生活会1场,专题读书班1期,各支部累计开展组织生活会、集中读书会、座谈交流会、学习分享会等95场次,对全局87名离退休党员干部逐个开展送学上门,并组织红色教育基地、重温入党誓词等实地研学活动,确保"一个不落,全部都学"。深入开展"四不"问题专项整治,全局23个党支部检视问题共94个,党员民警检视问题共1678个,按照即知即改、立行立改、真改实改、全面整改要求,各支部完成整改85个、党员民警完成整改1452个。

【落实各级公安工作会议精神】 认真学习近平总书记在全国公安工作会议上的重要讲话精神,深入贯彻落实全国、全省、全市公安工作会议和中共十九届四中全会、省委十四届六次全会、市委七届六次全会精神,召开全区公安工作会议,研究部署当前和今后一个时期婺城公安工作,对接区委下发《关于加强新时代婺城公安工作的实施意见》,进一步激励婺城公安坚定理想信念、强化政治担当、锐意开拓进取,更加坚决地贯彻落实上级决策部署,平安建设当主力、护航发展当先锋、县域治理当标兵,更好地担负起党和人民赋予的历史使命。

【规范中层干部选拔任用】 落实《党政领导干部选拔任用工作条例》等规定,与市局政治部、区委组织部等部门进行深入沟通,在深入调研、充分酝酿的基础上周密制定中层干部选拔任用方案,报请区委、市局主要领导同意并经分局党委集体研究后动议实施。拓宽民主渠道,重视基层意见,全体中层干部和民警代表共计168人参与会议推荐,占总警力的36.2%;提拔任用的39人中,有30人来自派出所、刑侦、经侦、治安、禁毒等一线作战单位,占76.9%。调优队伍结构,激发年轻警力,提任中层正职的平均年龄为37.7岁,有4名35周岁以下的中层副职提拔交流到"一把手"岗位;提拔为中层副职的平均年龄为34.5岁,其中32岁以下有10人,占40%。岗位调整后,分局中层干部平均年龄从43.2岁下降到41.1岁,为婺城公安工作和干部队伍建设可持续发展储备人才、积攒后劲。

【规范执法护正义】 推进执法规范化建设,完善执法权力运行机制和管理监督制约体系,让人民群众在每一起案件办理、每一件事情处理中都能感受到公平正义。对标“全省标杆、全国一流”，着力打造执法规范化建设“升级版”，建好“三位一体”执法管理场所，推行“一站式”执法业务代办服务，探索建立具有婺城特色和示范功能的一体化办案体系。规范中层领导执法履职，加强专兼职法制员队伍建设，提高“问案管事”度。适应以审判为中心的刑事诉讼制度改革，完善行政和刑事案件快速办理、中层领导轮流办理疑难复杂和信访投诉案件、派出所领导及警长领衔主办伤害案件等工作机制，提高办案效率。完善执法监督机制，全要素、全流程、多层面加强监督检查，提高民警执法能力、辅警勤务素养，确保执法质量始终走在前列。分局在2019年全市执法质量考评中排名第一，连续16年夺得“全省执法质量优秀单位”称号，连续2次被评为“全国县级公安机关执法示范单位”。

【建设智慧安防体系】 2019年，婺城分局践行“云上公安、智能防控”，运用物联网、大数据、人脸识别、人证比对等信息化手段，大力推进雪亮工程、智能门禁以及“智安小区”“智安校园”“智安单位”等智慧安防体系建设。2019年内，完成“雪亮工程”项目前端建设，新建改建视频监控1366路、全区治安监控总数3330路、采集社会面监控信息19770条；持续推进出租房屋智能化管理，安装智能门禁4762套；开展企事业单位社会化智能化采集试点，建设智安校园2个、智安小区8个、智安场所单位5个。

【规范信访秩序】 深入推进“无信访积案公安局”和“无信访基层所队”创建，“最多跑一次”设立公安民情民访代办点17个，受理代办事项501件，办结499件，及时化解矛盾纠纷和信访突出问题，有效减少群众越级访、多头访、重复访和集体访。其中，城西派出所“阳光节洁帮”代办机制受到广泛赞誉，中央、省、市主流媒体均作了报道。

【开展“双创”活动】 分局坚持“红色为底、惠民为要”，以“一所一品”为抓手，深入开展“枫桥式公安派出所”“红色示范所队”创建活动，城中、蒋堂派出所分别被命名为全省、全市首批“枫桥式公安派出所”，并同时评为全市第一批“红色示范所队”。培育平安类社会组织24个8700多人，将“基层党建+社会治理”延伸到辖区每个角落，“六方协作”“啄木鸟工作队”“五彩护水”“古城卫士”等特色做法亮点纷呈。

【聚焦捍卫国家安全】 加强关注群体管控，有效降低暴恐风险。公安部在分局召开会议，介绍推广反邪教工作经验。

（李　迪）

·金华市公安局交通管理分局开发区大队

【概况】 金华市公安局交通管理分局开发区大队下设综合处罚中心、智能勤务室、事故中队、江南中队、湖海塘中队、秋滨中队、汤溪中队；大队设党总支委员会，综合处罚中心和智能勤务室合并设立综合党支部，各中队分别成立中队党支部。2019年大队共有在职民警54人，职工3人。2019年，开发区大队接报各类交通事故9629起，同比下降2.2%；处理上报交通事故90起，同比下降2.2%；上报交通事故造成死亡26人，同比下降65.4%，受伤73人，同比上升13.7%，直接经济损失21.95万元；同比下降31.1%。

2019年，查处交通违法行为98537起。其中：醉酒驾驶318起，饮酒后驾驶809起，五次以上违法未处理2569起，无证假证746起，超员405起，工程车严重超载269起，二、三轮摩托车违法1574起，不按规定安装号牌524起，不按规定使用灯光212起，摩托车不戴头盔1539起，大货车违停2468起，燃油助力车违法450起，机动车未年检1732起，非机动车行人违法91004起，现场测速3513起，闯禁行372起。另外，完成创建文明城市秩序整治机动车现场纠违10450起，非机动车“六不得”22474起，现场查处量47321起，违法学习2304起，拖车14210起，整治总数位居市本级前列。

【文明城市创建】 2019年，是金华市创建全国文明城市第二年。开发区大队坚持物防、技防和人防相结合；做到守住得分点，争取得高分。守住主次干道及重点区域周边这两个得分点，尽量得高分；堵住失分点，争取少失分。对于背街小巷、小城镇及交通路口等一些易失分的项目，通过政府、部门、社区联合执法、书记联席会议等方式，对一些顽疾性的、反复性的问题进行重点解决；盯住加分点，争取多加分。对窗口单位服务提升、创建宣传氛围、营造雷锋志愿服务站点建设等方面，在完成规定动作的同时,多做自选动作,提高软实力,争取多加分。

【警保联动】 2019年7月,开发区大队以“高效、便民”为宗旨,联合中国人民财产保险公司,建立简易车损、轻微伤人事故快速处理机制,明确警保双方职责分工,通过微信建群实现信息共享,对简易车损、轻微伤人事故做到100%无缝对接。现场勘查人员实时将事故现场照片、现场勘查记录上传至群内,提高事故处理效率。对事故处理有异议时需要交警核实,可在群内提出,由值班民警负责进一步核查,无需当事人在现场重新报警等候交警调查处理。通过实行“一方到场,信息共享”模式,简化定责和理赔流程,节约警力资源,有效缓解道路拥堵,实现次生事故“零发生”,群众处理适用简易程序事故“零次跑”。此项机制全面实施后,重复处警量减少25%;保险公司现场勘查量减少60%,为当事人人均节约事故处理时间1小时左右,回访群众的满意率达100%。

【事故防控】 开发区大队结合农村道路交通安全管理工作实际,以枫桥式交警中队建设及“两站两员”(劝导站、交管站和劝导员、交管员)体系为载体,紧盯重点时段、重点路段、重点车辆及驾驶人,强化农村地区道路管控。结合汤溪、秋滨辖区运输企业多,非机动车遵章守法的自觉性还有待提高的实际情况,把乡镇客运、货运企业列为预防重大交通事故的管理重点，组织民警深入农村地区客运站、城乡公交公司、中大型货运企业开展安全生产检查及安全宣传教育普及,对企业管理制度、驾驶人学习教育情况、驾驶人管理措施、GPS在线监控情况以及监控台账进行详细的检查，对违法未处理、逾期未检验、达到报废标准、安全技术条件达不到要求的车辆进行重点管理，把好源头关，严防“病、危、裸”车上路。对农村道路事故多发点段、陡坡弯道路段及时修复、更换、增设危险报警闪光灯,做到优化“小细节”解决“大问题”,消除“小隐患”保障“大安全”。大队同时加强对“5060”志愿者进行安全知识及科学引导培训,以学校、客运站、农贸集市为重点地段,每天早晚高峰进行引导,确保农村重要路口安全畅通。大队采取突击行动和定点查缉相结合的方式,查处农村面包车、接送学生车辆和摩托车违法超员、涉牌涉证、酒后驾驶、非法改装,货车和拖拉机违法载人等严重交通违法。全面启动农村劝导站、枫桥式交警中队服务站,联合农村劝导员、“5060”志愿者开展纠违及引导工作,进而提高违法者的守法意识。5月起,大队恢复由3名民警和若干辅警组成的禁酒驾小分队专查酒驾违法行为的工作机制。酒驾小分队负责人何毅荣立三等功,另两名民警受到嘉奖。

【交管平安鼎】 开发区大队全面落实市局党委关于《进一步加强新时代党建工作实施意见》和《“红色示范所队”十条基本要求》,全面推动“最强支部”“先锋支部”创建活动在大队落地生根,全面提升大队各党支部的党建水平。5月28日,大队党总支组织各支部党员参加,由市直机关工委和交管分局主要领导为各支部授旗的“我是党员我先行、打造交管平安鼎”授旗仪式。开展了以“党旗飘在路上”为主要形式的党员先锋岗创建活动,把党建引领和交通管理作为新时期公安交管工作的有效载体,着力推进先进党支部建设,打造党建品牌,展示良好形象,把党支部建设成为推动发展、服务民生、凝聚人心的坚强领导核心和战斗堡垒;在八一南街实施党建宣传一条街,在红绿灯柱上和十字路口隔离护栏上,设置“我是党员做表率”为宣传主题的宣传展板。

【枫桥式交警中队】 开发区大队汤溪中队依靠大队党建统领和独立办公房优势,创建“枫桥式交警中队”示范中队,大力推动建设红色院落、事故分析台、廉政警示墙、文化长廊等红色警营文化,推进创建工作有序进行。严格落实队伍执法规范化建设,始终将纪律和规矩挺在面前,确保党建统领规范建队。

【成绩荣誉】 何毅因酒驾整治行动中成绩突出、方涛因事故处理工作成绩突出、姜裕杰和董琰忠因连续三年被评为优秀公务员,均记个人三等功;姜裕杰获全省“一创一治”系列行动成绩突出先进个人;滕飞获全省“创文明交通,治秩序乱象”系列行动中成绩突出表扬个人。

(邓先辉)

·金华市公安局交警支队直属三大队

【概况】 2019年,金华市公安局交警支队直属三大队共接报各类交通警情35127起,上报交通事故104起,同比下降5.45%;死亡36人,同比下降18.6%;受伤83人,同比下降4.59%,直接经济损失19.71万元,同比下降33.70%。

【管理制度】 为加强队伍管理力度,在上级制定的各项规章制度基础上,大队制定出台《婺城大队辅警考核管理办法》《婺城大队层级管理六项规定》《队伍管理三色预警细则》等系列管理制度,让队伍管理有制可循、奖优惩劣。加强督察,以监督促警。大队抽调1名民警、3名辅警成立大督察专班,对大队各项工作开展全方位督察,并每周将督察结果挂网通报。截至11月17日,共出督察通报42期,通报民警辅警435人次,大队提醒问责22人次、诫勉问责4人次,警告问责3人次,大队通报表扬72人次。通过督察,大队队伍正规化建设水平、工作执行力都有了很大提高。强化学习培训,以知识强警。

【农机专项整治】 为最大限度消除农机事故隐患,严防发生农机交通安全事故,推进平安创建工作,大队联合金华市农机、安监部门,联合部署开展农用拖拉机专项整治行动。根据卡口流量数据、视频监控记录、拖拉机登记信息等情况,结合辖区实际,科学绘制农机事故热力图和交通流量热力图,发挥热力图信息导向作用,精心制定切实可行的变型拖拉机专项整治方案,明确目标、细化措施、严化责任、健全机制,确保精准打击。加大路面变型拖拉机及驾驶人的违法查纠力度和频次,严厉查处拖拉机假牌、套牌、无牌、逾期未检验、拼装、改装和驾驶人无证驾驶、酒后驾驶、超速、超载、违法载人等违法违规行为,对查获的已达到强制报废年限或已注销登记仍上道路行驶的变型拖拉机,依法进行处理。对上道路行驶的外省籍拖拉机逢车必查,按照《浙江省农业机械化促进条例》有关规定,交由农机部门核实车辆信息并备案登记。

【警保合作】 为加强农村道路交通管理,大队在前期"两站两员"工作基础上,与人保、平安等保险公司合作,推进"两站两员+警保合作"工作,形成资源共享、优势互补、合作共赢的局面,打造"两站两员"工作升级版。

婺城大队积极联合区政法委、保险公司召开协调会,整合资源,形成合力。建立一支由交通管理员、网格员和保险公司协保员共453人组成的警保合作工作队伍,建立166个警保合作劝导点,进行农村道路交通违法劝导、隐患排查、安全宣传等工作。完善设施,减少隐患。大队联合保险公司对农村道路进行全面排查,对排查出来的隐患点由保险公司出资进行安全设施提升。投入资金111.9万元,安装执勤岗亭4个,行人过街语音提示系统25套,安全提示牌75块,提供共享头盔500顶。强化宣传,提升交通安全意识。大队民警与警保合作工作人员一起,通过播放交通安全宣传片、有奖知识竞答、送安全头盔等形式,在辖区每个村开展交通安全宣传。开展交通安全宣传193次,发放头盔7000余顶,受教育群众1万余人。启动校警保合作,实现警保合作再深化。针对涉及浙江师范大学生事故时有发生、外籍学生管理难度大等问题,大队联合浙江师范大学、平安保险公司一起在大学校园启动校警保合作,加强大学校园交通安全的自我管理。通过建立劝导站,设立共享头盔借用站、招募包括外籍学生在内的志愿者进行管理等措施,基本达到安全承诺100%,驾驶电动自行车出校门戴头盔率100%,交通出行守法率100%,校园内电动自行车实名登记率100%的工作目标。

【主题教育】 大队深入学习贯彻习近平新时代中国特色社会主义思想,学习贯彻总书记在主题教育工作会议上的重要讲话,认真贯彻落实中央和省委、市委对主题教育的部署,围绕"守初心、担使命,找差距、抓落实"12字总要求,把学习教育、调查研究、检视问题、整改落实贯穿主题教育全过程。加强分类指导,注重靶向施策,增强督促指导的针对性。强化目标导向、效果导向,聚焦重点任务,多到现场看、多见具体事、多听群众说,既点出存在问题、又帮助研究对策,发挥应有作用。建立主题教育开展情况台账,让主题教育激发出的工作热情和进取精神,转化推动高质量发展,以优异成绩庆祝新中国成立70周年。

【交通安全建设】 大队事故死亡人数较往年同比继续减少9人,下降23.68%。大队对照市大会战方案,联合婺城区交通局主导制定《婺城区"珍爱生命、远离车祸"道路交通安全大会战实施方案》,细化工作方案,明确防控措施及各职能部门、乡镇街道职责,于5月21日,由区政府召集召开大会战动员部署会,组建工作专班,确保各项工作措施落地。深化隐患排查整治,提升道路设施建设水平。大队联合区交通运输局、应急管理局每季度开展交通事故多发点段排查,形成动态排查、通报整改、公布提示"三位一体"隐患排查治理机制。完成市级事故多发点的治理,完成二环西路与金龙路、长湖路两个交叉路口改造,完成辖区7条道路的设施提升,实施总里程4.505千米,安装护栏2604米。加强重点时段、重点车辆、重点违法的整治力度,提升道路通行秩序。大队通过分析研判,在事故高发时段开展亮灯巡逻,提高见警率和管事率;针对电动自行车、大货车事故高发,严查电动自行车违法并大力推进头盔百分百行动,严查大货车违法并加强货运企业监督检查力度;针对违法行为对造成事故的影响,加强酒驾醉驾、超员、超速等严重交通违法行为的打击力度。2019年查获电动自行车违法行为26789起,酒驾醉驾1416起,超载245起,超员742起,超速5865起。

【文明城市创建】 根据中央文明办《全国文明城市测评体系》与交警有关的8项考核内容,制定详尽的工作方案。并通过民警包干路口、集中整治等形式,确保各项措施有力执行。大队开展文明示范街创建,通过开展一街四方活动的方式,对接相关职能部门,全面排查辖区道路标志标线、隔离护栏、停车位等交通设施,对部分整改路口开展精细化改造。计完善护栏5处,设置指示牌20块,除停车位、画斑马线23处。大队每月开展创建之星评选,通过视频倒查的形式对7个重点路口管理情况进行考核排名,排名首位的进行大队通报表扬,末位的进行通报批评,形成人人争先的浓厚创建氛围。

(夏宇真)

·金华市婺城区公安消防大队

【概况】 2019年,金华市公安局消防支队婺城大队接警出动762起(其中抢险救助216起,未成灾火警366起),出动车辆1083辆次,出动警力7336人次,抢救疏散被困人员393人,抢救财产价值518.90万元,成功处理金华市婺城区象竹工具厂着火等各类火灾事故。

【强化集体领导】 2019年,婺城区消防大队采取政策理论学习与形势任务教育相结合,集中学习与个人自学相结合,参加学习培训与邀请专家辅导相结合,撰写调研论文与解决实际问题相结合,不断增强班子成员的政治鉴别力和抓大事谋大事的能力。大队党委始终坚持民主集中制这一根本原则,坚持每月定期召开党委会,研究分析问题,及时沟通交流,积极开展党内批评与自我批评,求同存异,增进理解。在遇有重大事项和工作决策,党委一班人都能坚持先调查研究,后发言表态,先集体讨论,后表决决定,会议讨论鼓励畅所欲言、充分发表意见,不定调子,不搞个人说了算,凝聚集体智慧,确保党委民主决策、科学决策。婺城大队被支队评为2018年度基层建设先进大队、2018年度后勤工作先进集体、2018年度基层建设先进支队。

【廉政建设】 婺城区消防大队把党风廉政建设作为"党委工程",严格落实党委议廉、党委集中廉政学习、党风廉政建设形势分析制度,组织召开党风廉政建设会议,逐级签订党风廉政建设责任书,坚持与新任职干部开展廉政谈话,建立军政主官与班子成员,上级与下级廉政谈话制度,发现问题及时提醒告诫,全面推进主体责任压实落地。不断完善和用好大队监督执纪"四种形态"监督管理办法,严格落实"一岗双责",深入开展"5·15"警示教育、"六项纪律"、网络赌博和资金借贷等活动,强化队员党章党规党纪和法律底线意识。采取廉政谈话、专题讲座、观看警示教育片、签订家属助廉公约等,筑牢队员及家属学廉思廉底线思维。截至11月30日,大队开展提醒谈话8次,通报批评6次,告诫约谈3次,责令书面检查1次。同时,大队多种途径、多种渠道走访调研,广泛征求党委政府和社会各界的反响,建立了领导监督、群众监督、亲属监督和舆论监督的监督制约体系,全体队员思想上得到进一步提高,社会反响总体较好。2019年,大队组织纪检日学习、警示教育10余次、参观警示教育基地2次，军政主官带队开展执法回访20余次。

【思想建设】 婺城区消防大队注重紧贴实际，立足改制转隶不同时段和安保、训练等时机，主动发挥主心骨作用，采取谈心谈话、摸底调查等多种方式，摸清队员们的思想状态和实际需求，完善特殊时期、重大安保工作和重大抢险救援任务队员思想、心理干预机制，落实队伍动态分析研判、重点人员帮扶管理等制度，特别是在队伍转隶期间和重大安保时期，组织心理专题辅导、改革政策分析解读和舆情应对等教育活动8次，座谈讨论十余次，稳定队员的思想，提升队伍凝聚力。同时，大队始终筑牢“向典型要战斗力”的工作理念，建立即时表扬、定期评选机制，积极开展“安保之星”评选活动，在大队内部不断挖掘典型和开展“学典型、树典型、做典型”教育活动。2019年，共有4人被支队评为2018年度全市消防救援队伍优秀消防员；站前中队副中队长柴健强被总队评为2018年度优秀指挥员；站前中队副中队长柴健强被总队评为优秀共产党员；站前中队副中队长柴健强被支队评为优秀团干部；婺城大队文职郎璐被支队评为优秀团员，为大队全体指战员树立榜样模范。

【注重人文关怀】 大队注重文化的感染熏陶，巧用四大文化阵地，按照兴趣爱好组建羽毛球队、篮球队、乒乓球队等文体团队，因地制宜开展队员喜闻乐见的文体活动，夺得支队组织的台球赛团体第一名和个人第二名以及支队羽毛球赛的个人第六名；协调民政、教育、医疗卫生等部门，为子女入学、家属就医开辟“绿色通道”；每季度组织队员过集体生日，邀请心理医生到队开展心理疏导；建立由党员组成的志愿服务队，及时对患重病、家庭受灾、发生重大变故以及特困家庭的队员和文职人员进行重点帮扶或补助，真正稳定队员的思想，提升队伍凝聚力。

【队伍管理正规化】 面对消防改革的严峻考验，大队始终把从严治队放在突出位置，结合两大主题教育活动，以严明改革纪律为抓手，深入进行思想发动，加强对“人车酒、黄赌毒”以及人员“八小时”以外管理”，每月召开队伍形势分析研判会，及时排摸重点人员，建立班子成员一对一、干部帮扶制度。定期开展队列训练和仪容风纪检查，确保队伍展现良好形象。2019年，大队自行组织督察22次，对存在的隐患和问题通报批评、责令整改，严防队伍管理的“松软散”现象，确保高度安全和集中稳定。

【岗位练兵科学化】 婺城区消防大队以国庆、世界互联网大会等一系列重大消防安保任务为突破口，开展辖区道路水源熟悉和单位实地演练，部队攻坚克难能力不断增强。2019年，共熟悉社会单位144家，制作数字化灭火救援预案116份、作战信息卡256份，组织六熟悉144次、实战演练128次，战训基础工作进一步夯实。先后部署开展全员岗位大练兵、执勤岗位比武竞赛等，大队主官积极参与“四长一线”活动，全面调动和激发指战员练兵积极性。在全市消防救援队伍夏训课目对抗赛中，婺城中队团体总分排名第二。

11月8日，新狮街道社区微型消防站技能比武竞赛活动　（婺城消防大队供稿）

【队伍建设】 婺城区消防大队积极开展政府专职消防队、志愿消防队以及微型消防站的指导工作，不定期实战调度拉动，全面织密灭火救援联动网络。落实每季度召开专职队长例会、微型消防站站长联席会议，组织职业能力鉴定，实现联勤、联训、联考，明确运行模式，推动多种形式消防队伍职业化、规范化、正规化。同时，坚持“以赛促训，以训促战，交流互动，协同发展”的理念，定期组织轮训、协同演练、实地帮扶，累计指导政府专职队12次、微型消防站72次，开展联合演练2次，举办全区多种形式消防队伍大比武1次,多种消防力量联勤联训和灭火实战能力得到有力提升。

【落实消防工作责任制】 2019年,婺城区消防大队党委在认真研究辖区火灾发生规律和特点的基础上,始终将火灾防控摆在首位,作为核心工程,牢牢掌控,开展火灾隐患排查整治,加强社会面消防宣传教育,全面提升全社会火灾防控能力。2019年大队共检查单位2351家、督促整改火灾隐患2727处、下发行政处罚决定书151份、责令"三停"单位72家、下发临时查封决定书62份。根据消防安全三年翻身仗行动有关部署,结合全年冬春、春夏火灾防控工作实际,大队推动区委区政府在平时落实出租房、高层建筑等消防风险排查、问题整改;在两会安保等安保活动期间,提高等级效应,开展"网格员大巡防"等行动全民动员严防死守,有效清除一大批火灾隐患,斩断成灾苗头。2019年累计函告相关责任部门30余份,通报在各类专项行动中发现的火灾隐患,并建立实体化运作办公室,形成周例会、督察通报、分析预警、重点隐患曝光、暗访等一系列规章制度,有效推动属地政府及行业部门参与到消防隐患整改排查工作中。大队采用会议、培训、跟班作业等形式,组织各行业部门、社会单位开展消防安全培训;指导民政、教育、文体、民宗等部门开展消防管理标准化建设;督促社会单位建立健全消防安全制度,实现全过程、全方位的消防安全隐患管控。

【火灾隐患专项治理】 婺城区消防大队以消防安全三年翻身仗和"防风险保平安迎大庆"专项行动为基础,多次提请区委区政府领导带队检查,区委书记蔡艳三次带队督导消防工作,区长黄国均实时跟进整治成效,大队部署开展高层建筑、居住出租房等14类场所治理以及冬春火灾防控活动,不断加大监督执法力度,坚决消除火灾隐患。为推进老旧小区整治工作,申请专项资金120余万元,购买1.7万具灭火器。全区建成45个社区微型消防站,为进一步做好管理和升级工作,大队投入50余万元对辖区23个社区微型消防站进行提档升级。同时,大队结合全区火灾隐患薄弱点,提请区政府挂牌督办一批重大火灾隐患区域(单位)4处,指导主体制定有针对性、可操作的整改方案和推进计划表,挂图作战,高标准开展火灾隐患整治,确保隐患提升整治到位。对火灾隐患突出的重点街道,开展全面排查整治,细化网格、确定专人、落实责任、明确时间节点,对排查出的隐患整改跟踪问效,定时采取隐患整改"回头看",避免火灾隐患回潮。此外,督促各主体、行业部门按照专项整治方案,明确职责、加强协调,对本辖区和本行业单位场所进行自查,及时发现和整改火灾隐患1580处。

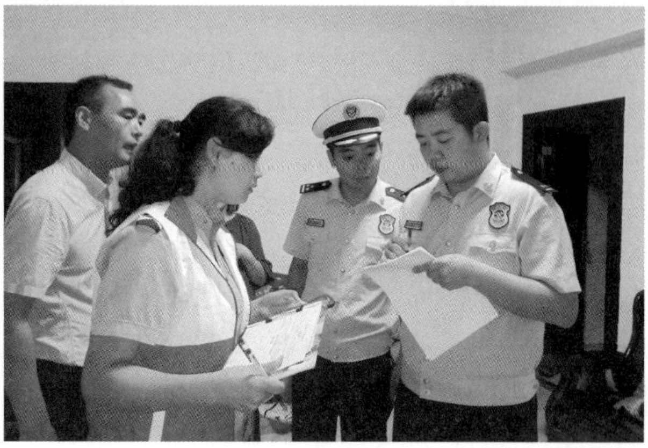

9月5日,婺城消防大队联合白龙桥镇、白龙桥派出所开展出租房消防安全夜查行动

(婺城消防大队供稿)

【宣传消防意识】婺城区消防大队结合火灾隐患整治、网格化管理等工作,把消防执法与宣传融合开展,多渠道、多途径地加大社会化宣传力度,利用"安全生产月"、"119" 消防宣传月等特定时期设置固定消防宣传咨询点,普及消防常识,累计印制发放消防宣传资料8万余份,开展消防安全讲座200余场,联合单位演练100余次,消防站对外开放56次,全面提升全区居民的消防安全意识。通过发动街道网格员、社区消防宣传大使等群防群治力量,对重点整治对象开展消防安全教育,持续扩大消防宣传覆盖面和影响力,把消防安全宣传的触角延伸到社会的每一个"神经末梢",用每一个点的小平安汇聚成婺城的大平安。

(袁 也)

检 察

【概况】 2019年，婺城区检察院受理各类刑事批捕案件935件1417人，受理公诉案件1585件2433人，集体、个人共获省、市级荣誉31件次，其中，获省委、省政府主要领导批示肯定3次，获省检察院检察长贾宇批示肯定3次，院团支部获评省级“五四红旗团支部”，院集体获评2019年全省检察工作成绩突出基层检察院。

【服务经济社会发展】 深化扫黑除恶专项攻坚，依法批准逮捕涉黑涉恶案件44件139人，提起公诉11件30人，办理武义杨某某等18人组织、领导、参加黑社会性质组织犯罪案等一批重大案件，交办的滨江虞关荣涉黑案“保护伞”案件均由检察长、副检察长、专委出庭支持公诉。围绕区委推进“都市经济创新城、美好生活幸福城”双城战略，投入“三服务·婺城家服务”创建活动，出台服务保障民营经济高质量发展14条意见，设置检察官助企特派员15人，走访企业48人次。落实信访事件案件化试点工作，制定出台《信访事项案件化办理实施办法》，推进控告申诉检察工作规范化、专业化建设。坚持和发展新时代“枫桥经验”，推进“少捕慎诉、保障权益”工作，共依法不批准逮捕264人，依法不起诉276人。办优办好检察民生实事，针对果品安全监管存在盲区的问题，发出公益诉讼诉前检察建议，撰写的果品安全领域犯罪专项报告得到省委书记车俊、省长袁家军、政法委书记王昌荣和省检察院检察长贾宇批示，推动省市场监督管理局在全省部署开展果品质量安全监管专项整治活动。加强未成年人检察，做好全省未成年人检察社会支持体系建设试点工作，“春苗计划”帮教项目成功帮助69名涉轻罪未成年人复归社会。与省青少年法治教育研究中心、区教育局联合挂牌成立青少年法治教育基地，1000余名中小学生走进基地接受法治教育，工作做法得到市委政法委书记、区委书记批示肯定，并在全省检察工作会议上作先进经验交流。

【履行法律监督职能】 加强侦查活动监督，依法监督侦查机关立案18人，纠正漏捕3件4人，立案监督判处1年以上6人。加强审判活动监督，对刑事裁判抗诉1件1人，法院依法改判1件，纠正违法11件，追诉2人，5人被判1年以上有期徒刑。强化刑事执行检察监督，提出监督纠正意见3件，督促收监执行3人，建议对犯罪嫌疑人变更强制措施并被办案机关采纳39件。加大公益诉讼工作力度，提起刑事附带民事公益诉讼2件，发出公益诉讼检察建议81份。积极探索“等”外领域公益诉讼，有效运用诉前检察建议，针对国庆节前市区商场及乡镇店铺违规使用国旗图案等问题，督促主管部门开展集中清查；针对消费者个人信息被违法泄漏和买卖问题，督促主管部门开展建筑装饰、房产中介行业专项整治，有效保护公民个人信息安全。强化民事检察，依职权启动虚假诉讼监督案件5件，审判程序监督18件，执行监督12件向金华市检察院提请抗诉5件。加强与区纪委监察委的工作衔接，协力推进反腐败工作，全年共受理监察委移送的职务犯罪案件8件8人，起诉8件8人。根据修改后的刑事诉讼法，依法履行检察机关对14种职务犯罪的侦查职责，查办的1件司法人员滥用职权案，成为监察体制改革后全省基层检察院办理的首例司法人员职务犯罪案件。

【深化重点环节改革】 创新法律监督事项案件化办理机制，结合内设机构改革，建立覆盖刑事、民事、行政、公益诉讼“四大检察”领域的法律监督案件化办理机制，“四大检察”领域案件化办理工作新格局逐步形成，监督质效明显提升。该机制获省检察院检察长贾宇批示肯定，实施办法被省检察院以文件形式向全省检察机关推广供学习借鉴。落实内设机构改革，按照“四大检察”全面协调充分发展的要求，单设民事、行政和公益诉讼检察部门，优化人员结构，破解检察业务发展不平衡问题。全面落实“捕诉一体”办案机制，改变以往同一刑事案件批捕、起诉由不同职能部门办理的办案流程，实行同一刑事案件由同一部门、同一检察官负责到底的办案模式，办案周期平均缩短8.3天。充分发挥认罪认罚从宽制度的教育挽救功能，促进犯罪嫌疑人主动认罪、悔罪、认罚，优化司法资源，有效提高办案质效。全面落实政法一体化办案,根据区委政法委统一部署,牵头落实政法一体化办案系统应用提质拓面工作,破除政法各单位司法办案信息系统之间存在的数据壁垒,实现政法机关数据协同化、卷宗标准化。逮捕、起诉、审判协同率达到100%。

【打造过硬检察铁军】 加强检察机关党的建设,深入开展"不忘初心、牢记使命"主题教育活动,通过"三会一课"、民主生活会、"初心之行"、检察长上党风廉政教育课等形式筑牢"四个意识"防线。积极投入全国文明城市创建,1名干警获评全市优秀志愿者。加强检察业务能力建设,先后组织85人次参加业务专题培训。营造比学赶超工作氛围,积极开展"晒拼创",院团支部获评省级"五四红旗团支部",办理的10件案件获评省市级精品或优秀案件,1名干警获评全国检察宣传先进个人,21名干警在省、市、区评比中获得荣誉称号。加强阳光检务建设,组织检察开放日、公开听证等活动十余次,公开案件程序性信息2274条、诉讼文书1740份。自觉接受人大监督,向区人大常委会专题报告扫黑除恶工作及服务保障民营经济工作情况,抓好意见落实。自觉接受民主监督,邀请区政协专项视察调研政法一体化办案工作,认真办理政协委员提案4件。加强检察机关文化建设,以"指尖"新媒体工作室为平台,积极开展普法宣传,自导自演的短视频《无名之辈》获全国政法系统"我和政法70年"十佳作品,成为全省检察系统唯一获得十佳的作品。

(张倩文)

法 院

【概况】 2019年,区法院收案29436件,结案31980件,法官人均结案543件,居全省法院前列。获市级以上先进集体和个人29人次,被浙江省委省政府授予浙江省模范集体荣誉称号。

【审执工作】 2019年,收刑事案件1259件,旧存241件,审结1265件1986人,判处有期徒刑5年以上罪犯188人。审结涉黑恶势力案件11件46人,针对社会管理薄弱环节发送司法建议9条,从源头防范黑恶案件发生,增强人民群众安全感。维护电信网络秩序,净化网络空间,审结电信网络诈骗犯罪案件44件117人,网络赌博案件22件161人,确保人民群众安居乐业,其中侯某某、刘某某等帮助信息网络犯罪活动案入选最高人民法院典型案例。严厉打击扰乱社会秩序行为,为企业保驾护航,审结破坏生产经营、寻衅滋事、聚众扰乱社会秩序等犯罪案件43件69人,营造安全和谐稳定的营商环境。注重金融风险防范化解,审结非法吸收公众存款、集资诈骗、套路贷等涉众型金融犯罪案件14件25人,维护金融安全,保障人民群众财产权益。

防范风险化解,纵深推进诉源治理。坚持底线思维,防范在先,从源头消除风险隐患,确保平安护航新中国成立70周年大会、中共十九届四中全会等重大活动。创新和发展新时代"枫桥经验",打造龙山经验升级版、都市版,主动融入基层党建+社会综合治理平台,入驻区综治中心,设立劳动争议巡回法庭,引入律师调解、驻庭人民调解,形成"请进来、走出去"的诉调衔接工作模式,增强共同化解社会矛盾纠纷的实效,依法确认各类调解协议2312件,民商事案件同比下降19%,推动办案质量和效率双提升。完善法官联系乡镇、街道、社区工作机制,化"坐堂问案"为"移动办案",以3个人民法庭、法官工作室及巡回法庭为主阵地,对接ODR平台,化解矛盾纠纷1617件。完善速裁调解婺城模式,创新法官助理专司调解机制,由19名法官助理组成5个简易案件调解团队,诉前化解月均535件,一审民事可调撤率79.3%。

实质化解争议,共同提升执法能力。认真贯彻落实行政审判集中管辖改革方案,发挥行政审判职能,支持、监督行政机关依法履职,兼顾社会公共利益和相对人合法权益的保护。注重官民矛盾的实质性化解,构建行政争议联合化解中心,共同化解行政争议。及时研析行政审判,向所辖县市法制办通报行政执法中的短板,助推法治金华建设。审结行政案件562件,协调撤诉案件153件,非诉审查69件,100%准予强制执行,有力保障"三改一拆"等重点工作推进。落实府院联席会议良性互动模式,共同推动裁执分离、行政机关负责人出庭应诉制度,行政首长出庭率99.2%。

保障当事人胜诉权。执行结案11814件,发放执行款19亿元,执结率87.1%,实际执行率55%。切实向解决执行难目标推进,执行线索实行线上线下,统一全覆盖查控存款、理财、股权、土地、房产、车辆、婚姻、户籍等各类财产及身份信息,查询被执行人财产信息14万人次。加大失信惩戒力度,用足用好执行制裁措施,发布失信信息5250条,限制高消费9467人次,罚款3848人次1348万元;布控被执行人3695名,拘留872人次,执结468件2511万元;追究拒不履行判决、裁定罪30件33人。网络司法拍卖常态化,提供“拍易贷”服务,破解拍卖一次性付款难题,减轻买受人负担,提高诉讼资产处置效率,拍卖成交524件,为14名买受人提供贷款1亿余元,拍卖成交金额近16亿元,为被执行人节省佣金5162万元。开展涉民生案件专项执行活动,为87名务工人员发放工资款470万元,为6名困难当事人发放司法救助金15万元。

【服务大局】 2019年,审结民商事案件15629件,结案标的额69亿元。认真落实中央依法保护民营经济发展的精神,出台依法服务和保障民营经济健康发展实施意见13条,依法平等保护民营企业合法权益,维护诚实守信交易秩序,因案施策,不因诉讼而影响企业正常经营,审结涉企业产权、股权、买卖合同等纠纷案件12826件,标的额56亿元。聚焦经济转型升级,发挥破产审判服务供给侧结构性改革功能,创新破产审判婺城特色,促成“枫丹丽舍”“金华御园”等房地产项目重整并复工,盘活房地产面积16万平方米,释放土地资源10.67公顷,交付房屋近千套。加大执转破工作,执转破案件35件,审结35件,推动市场主体救治和退出机制,有效促进再创业再创新,激发群众创业精神。

夯实司法服务基础。建立定期联系走访机制,走访重点企业、重点项目,围绕可能面临的法律风险,提出防范措施和对策建议,为企业排忧解难,增强抵御风险能力。开展员额法官“今天我当值”服务基层活动,全院60名员额法官每周走进企业、乡村、社区、学校,为群众提供零距离司法服务。走访企业166人次,走访群众3573人次,解决问题117件,发送司法建议68份。组织法官到校园、医院等法治宣讲活动6次,受众千余人次。加强绿色发展司法保障,用法治守护绿水青山,在双龙景区设立生态保护联络站、在仙源湖旅游度假区设立生态资源保护巡回审判点,审结破坏环境资源犯罪案件26件、60人。

【深化改革】 2019年,区法院坚持以人民需求为导向,不断完善现代化诉讼服务体系,加强一站式诉讼服务中心建设,深化推广移动微法院、智能送达应用,提供线上线下综合性、全方位的诉讼服务,实行立案、缴费、证据交换、诉讼事项申请、笔录确认、诉前调解、移动庭审、电子送达、沟通交流等全流程在线流转,为群众提供高效精准的诉讼服务,推进诉讼“最多跑一次”,甚至“一次不用跑”,网上立案8474件,占民事案件的61%;移动微法院访问量超13000人次,办理案件10627件,送达42676件次;庭审直播7841件,直播率72%,裁判文书上网27808份,上网率100%。

落实司法责任制综合配套改革,完善审判权力监督制约机制,发挥院庭长监督管理职责,加强对涉及群体性纠纷,可能影响社会稳定的案件,疑难、复杂且在社会上有重大影响的“四类案件”的监督管理,召开审判委员会会议26次,法官专业会议2次。开展“提质减量”“质量效率双提升”和“质量建设年”活动,逐案评查发回改判案件,做到整改落实、责任追究、教育警示同步推进。打造公证参与执行“婺城范本”,在执行调解和简案快执上创新“公证先行”机制,从源头上减少案件数量、提升案件质量,公证协助完成执行文书送达16248件,文书有效送达率提高24.5%,立案前化解案件943件,自动履行率明显提升,走在全市法院前列。

推进以审判为中心的刑事诉讼制度改革,充分发挥庭审在定罪量刑中的决定性作用,全面贯彻证据裁判原则,实施“三项规程”制度,实现刑事辩护全覆盖,组织庭前会议16次,证人、鉴定人、侦查人员出庭56件58人,启动非法证据排除12件。推进认罪认罚从宽制度,构建刑事案件繁简分流工作机制,实行轻微刑事案件快速集中联审629件,认罪认罚629件,当庭宣判542件。全面推进政法一体化办案系统应用，实现刑事诉讼程序100%在网上流转，切实提高办案质量和效率。

【队伍建设】 2019年，区法院坚持以政治建设为统领，用习近平新时代中国特色社会主义思想武装头脑，高标准开展“不忘初心、牢记使命”主题教育，“思想建设年”活动，成立青年马克思主义理论学习小组，与金华电台联合开展“青年法官谈初心”活动，切实增强“四个意识”、坚定“四个自信”、做到“两个维护”。强化实地研学，班子成员深入企业、群众、基层调研，听取意见建议并加以研究落实，组织干警参观主题教育成果展、爱国主义教育基地等红色资源，开展革命传统教育，铭记奋斗历程、弘扬优良传统。

坚持挺纪在前，全面从严治院。开展“作风建设年”“警示教育月”活动，通过观看警示教育片、参观廉政建设教育基地、召开专题民主生活会，层层签订党风廉政建设责任书、层层廉政谈话，形成一级抓一级的廉政建设格局，切实增强纪律意识和规矩意识。强化主体责任和一岗双责，抓早抓小，对违法违纪坚持“零容忍”。坚持院领导带班巡查工作机制，对干警日常行为规范、审判流程等实行跟踪监督，提醒谈话、实名通报常态化，切实改进司法作风，营造良好的法院政治生态。

1月2日，婺城区人民法院举行升国旗暨员额法官宣誓仪式 （区人民法院供稿）

举办升国旗、宪法宣誓，开展新进干警、人民陪审员、书记员岗前培训，组织学术讨论辩论会，评选优秀庭审直播、裁判文书等活动，与院校合作开展政治素养提升培训，切实提升干警政治理论和专业素质能力。始终秉持“案件质量是法院工作生命线”的理念，开展案件质量监督大检查，随机评查案件777件、裁判文书质量专项评查13934件，提出专项整治报告，提升办案水平。开展清理长期未结案专项行动，挂图作战，严格审限管理，同比减少353件。

（赵　晨）

司法行政

【概况】 2019年，婺城区司法局围绕推进“双城”战略，以“三服务”活动为载体，扎实工作，拼搏进取，全力打造“法润婺城·服务有我”特色品牌，为基层、群众和企业提供优质高效的法律服务，推进法治婺城建设。

【普法宣传】 建立宪法宣誓、宪法学习固定场所，建成婺城宪法主题公园。落实国家工作人员任前宪法宣誓制度，发放宪法宣传资料2000余册，组织宪法宣传活动15场。积极跟进党委政府中心工作，围绕创建全国文明城市、扫黑除恶专项行动、“无证明城市”改革等重点工作开展法治宣传，发放宣传资料20余万份，开展送法下乡活动70多场，张贴法治宣传挂图4000余份，接受群众咨询1600人次。制定各责任单位普法清单，明确普法责任主体。指导责任单位结合主题日、纪念日开展部门法专项宣传活动11场，发放宣传资料5万多份。推进国家工作人员学法用法常态化建设，开展公务员“学法用法三年轮训”，指导教育部门做好青少年普法。开展通读宪法活动42场，为学校送去法治宣传资料4000多册，在校学生法治教育普及率达到100%，无一例违法犯罪案件发生。在金华电视台开设《婺城普法》品牌普法栏目，2019年节目播出60余期，接待群众来电来访200多人，免费代写法律文书30多次，收视率在金华市本级民生节目中列前三。2019年婺城普法发布45期，阅读量30多万次，4次进入全国政法微信排行榜单前十，获全省司法行政新媒体十强称号。成功创建市级民主法治村33家，省级民主法治村7家，创建数比去年增长100%。市级以上民主法治村覆盖率已达到45%，比全市平均高出10多个百分点。完成全区380多个法治宣传橱窗建设更新,建设“一乡一精品”法治文化阵地5个,建立民主法治村建设专项经费保障机制。

【人民调解】 通过政府购买人民调解服务方式选聘专职人民调解员28人,聘用特邀专职人民调解员10人,已有5人上岗分配到基层法庭。成功化解矛盾纠纷2952件,预防矛盾纠纷1391件,涉及金额10210.47万元。2019年创建市级“文明规范公正”司法所4家,全区规范化基层人民调解委员会491个,个人调解室23个,成立102家规上企业人民调解委员会。新成立区医疗纠纷人民调解委员会,2019年全年全区各行业性专业性调委会受理调处矛盾纠纷2083件。在安地、城中两个司法所投入4万余元安装远程视频会见系统。全区帮教对象全部实行“一人一档一卡”制度,建立安置帮教基地1个。全区归正人员安置帮教率100%。对刑满释放人员重点帮教对象衔接率达100%,服刑人员基本信息核查率、反馈率达95%以上。

【社区矫正】 重点围绕新中国成立70周年安保维稳工作开展,获省司法厅和区政府集体嘉奖表彰。拓展指挥中心远程指挥和网上巡查功能,重要安保期间实现24小时备勤值班制度。注重信息化核查,严格落实定人包案,重点安保期间电话抽查4820人次,轨迹核查24947人次。深化“码上矫正”平台监管应用,对社区矫正对象实施分级处遇。切实加强走访,重点安保期间走访485人次,主动与公、检、法等部门对接,确保服刑人员无脱漏管现象。建立规范心理矫治工作制度和工作流程,对需要心理干预的社区矫正对象,定期进行一对一的心理咨询,共筛选三级干预对象9人,二级干预对象103人。心理咨询实行“首诊制”,即第一次咨询的心理老师跟踪到底,并根据咨询诊治效果动态调整矫正方案。购置安装专业心理测评系统,对社区矫正对象进行心理健康状况测评并建立心理健康档案92份,安排国家二级心理咨询师值班,并推出心理矫治微信公众号。

【依法行政】 开展规范性文件制定主体梳理工作,确认全区31个职能单位,19个乡镇街道具有制定权限。加大规范性文件制定、备案审查工作力度,审核区政府拟出台行政规范性文件18件,出具合法性审核意见18份,提出建议意见100余条,备案区级机关部门行政规范性文件3件。完成与现行开放政策不符的规范性文件专项清理工作、涉及证明事项的规范性文件专项清理工作、与《中华人民共和国外商投资法》不相符的规范性文件专项清理工作。对以区政府和区政府办公室签订的行政合同进行全面审查,从源头避免法律风险的产生,审核以区政府和区政府办公室签订的行政合同20余份。在全区开展行政执法主体确认公告工作,对第一批次确认44个法定行政执法机关进行公告。坚持执法人员持证上岗,保障执法行为程序规范,全区持证执法人员共有662人。组织开展2019年度乡镇专业法培训,全区19个乡镇街道共106人参加考试,通过率100%。建立以律师、人民调解员、村干部、政府工作人员组成的特邀行政执法监督员队伍,对全区行政执法机关及其执法人员的行政执法行为实施监督。深化改革,不断推进“无证明城市”工作,牵头抓总,相关部门及乡镇(街道)分头落实,服务窗口实行AB岗制度,将“微笑办、暖心办、我来办、马上办”落到实处。梳理出295项证明事项,细化操作办法,全年办理涉及取消证明事项办件量32613件,涉及的证明数量37590件。针对征迁过程中的证明事项问题,确定采用告知承诺制办理方式,促成城西街道征迁项目和白龙桥双溪西路征迁项目的顺利推进。将“无证明城市”改革工作纳入部门目标责任制考核和法治政府建设考核,并列入区领导重点工作督查内容,蔡艳书记等区主要领导开展督查调研20余次,各单位开展自查自纠180次。入户发放宣传手册18万份,“婺城普法”微信公众号发布“‘无证明城市’知识问答”,浏览量达2.8万次。组织各级培训280次,受训人数7600人次。

【法律服务】 发动法律服务工作者走进民营企业开展法治体检,参与“三服务”法律服务人员110余人,体检企业125家,为受检企业解决法律问题50余个。调整农村法律顾问数量,重新修订农村法律顾问工作考核办法,司法所不定期进村开展走访、抽查。农村法律顾问提供法律咨询1500余人次,疏导化解矛盾纠纷 150 余件,指引法律援助和法律服务 190 余人次。多次举办涉黑恶刑事案件辩护技巧与风险防范等专题研讨会、培训会,培训 300 人次。开展律师助力脱贫攻坚战专项行动,组建律师助力脱贫攻坚服务团 4 个,成员 76 名,与低收入农户建立结对帮扶,开展专项走访调查 70 余次,提供脱贫扶贫法律服务 57 件,公益捐款 6.98 万元。委派律师在法庭、派出所和社会综治中心坐班开展调解,参与化解各类矛盾纠纷 320 余起、信访案件 6 起,接受咨询 180 余次。深化法律援助“最多跑一次”改革。取消“经济困难证明”,改为承诺制。受理法律援助案件 1297 件,其中刑事案件 947 件,民事案件 350 件,挽回经济损失 798 万元,接待来电、来访咨询 1014 人次。发挥劳动仲裁院法律援助工作站作用,引导职工通过法律途径维护权益,办理职工劳动争议案件 274 件,其中农民工讨薪案件 237 件,涉案金额 509 万元。开展律师、基层法律服务行业双随机检查工作。随机抽取 14 家法律服务机构以及 32 名法律服务人员作为检查对象,对法律服务机构和法律服务人员执业活动情况进行检查。积极开展法律服务行业投诉案件的调查处理,受理投诉案件 14 件,其中调解处理 2 件,责令限期整改 1 件,由市律协作出给予律师公开谴责行业处分 1 件。

3 月 16 日,中共金华市婺城区法律服务行业第一次党员代表大会暨成立大会召开

(区司法局供稿)

【行政复议】 依法开展行政复议工作,充分发挥行政复议在化解行政争议中的主渠道作用,受理行政复议申请 46 件,已办结的 45 件复议案件中确认违法 7 件。认真落实行政应诉工作,2019 年度新收以婺城区政府为被告的行政诉讼案件 58 件(其中 18 件属于开发区)。收到法院判决或裁定 30 件(结转的 14 件),法院判决败诉 6 件,行政机关负责人出庭率达 100%。积极开展行政争议化解工作,成立行政争议化解攻坚专班,对败诉风险高的案件集中化解。104 件行政争议化解案件中,已化解 13 件,败诉 14 件,其中 68 件为行政协议批量案件。

【主题教育】 局党组成员带队到基层调研 13 次,与 229 名基层干部群众面对面交流、点对点沟通,回应群众需求 6 个,形成调研成果 5 个。班子和班子成员共同查找问题 38 个,支部和支部党员共同查找问题 78 个,共集中学习 20 次。组织全体司法工作人员 81 人到浙江省司法行政系统廉政教育基地参观学习,排查廉政风险 52 处,制定防控措施 58 条。建立 6 个文明创建志愿小组,共计 1200 人次,成立法律服务行业党委,律所和基层法律服务所党支部 15 个。积极培育两新党建示范点,打造“法盈婺州”等一系列法律服务品牌。

(倪书宇)

9 月 12 日,婺城区法律服务行业党委召开“不忘初心、牢记使命“主题教育工作动员部署会

(区司法局供稿)

军 事

人民武装

【概况】 2019年,区人民武装部坚持以习主席强军思想为统领,以动员准备为牵引,以按纲抓建为基础,以体系构建为重点,扭住重点求突破,紧盯末端促落实,夯实基础谋发展,全区国防动员和后备力量建设呈现稳中有进、向上向好的发展态势,实现年度既定奋斗目标,区人武部连续两年被省军区评为全面建设先进团单位。

【思想政治建设】 2019年,人武部开展主题教育。部党委紧紧围绕根本任务,牢牢把握“守初心、担使命、找差距、抓落实”总要求、紧扣五大目标、坚持4个“贯穿始终”,对主题教育进行科学谋划部署,深入思想发动。灵活多样抓全民国防教育。盘活教育基地这个阵地渠道,健全军地共建共促共评这个有效机制,重点开展“十个一”活动。抓好巡视巡察整改。坚决贯彻落实习近平总书记关于巡视整改的重要讲话精神,把贯彻落实军委巡视反馈意见整改工作作为一项重要政治任务,贯穿日常工作主线,专题研究部署、主动认领问题、全面自查自纠、切实明责定责、实行挂图作战、挂账销号整改。

【后备力量建设】 2019年,人武部把专武干部队伍建设作为动员能力建设的首要问题;开展民兵预备役部队组织整顿工作,不断提高遂行支前保障和应急处突任务能力。抓兵员征集,按照提前展开、适时推进,广泛动员、严格把关,公开透明、廉洁征兵的总体思路,围绕“征好兵、征兵好”目标,创新举措对策,狠抓工作落实,完成市征兵办赋予全区的新兵征集任务。抓潜力调查。根据金华市国动委的统一部署,按照建立组织、制定方案、部署任务,组织培训、统计调查、汇总核实、分析论证等程序,组织国防动员潜力调查,摸清底数。

【应急力量建设】 2019年,人武部改变编建方式,走“民兵+民间”编建路子,以辖区民安救援队为骨干,把自觉自愿、热心公益、具备资质、时间充裕的人员吸引进来,尽可能确保随叫随到。构建荣誉体系。立足自身构建民兵荣誉体系,首批给他们发放民兵证,联合退役军人事务局发出拥军倡议,发动社会力量参与拥军惠军。灵活组训方法。时间上,通过化整为零解决时间长、集中难的工训矛盾,提高参训率;内容上,依托民间专业培训力量,增设拓展地方专业救援课目培训和资质考级,提高训练积极性;形式上,穿插安排集体包场看红色电影、球类比赛等活动,凝聚兵心士气。遂行任务锤炼。通过堤岸垮塌抢险处置、军分区临时拉动、跨区驰援台州抗击台风“利奇马”等任务提升应急队伍的素质水平。军民融合提升,注重利用地方资源提升应急力量建设水平,重点建立应急联动机制、涉军信访互通机制、民兵情报信息报知机制。

【基础保障建设】 年初,出台《人武部正规化建设实施细则》,细化完善人员教育管理和场所规范设置各项规章制度,通过升级改造作战室、值班室、通信机房、饭堂、活动室、操场和区民兵应急连连部,购置完善各类物资器材,正规化建设水平进一步提高;区分两个批次,在乡镇街道武装部中大力开展基层规范化达标建设,使基层整体建设水平显著提高;把财力向军事斗争准备倾斜,认真做好资产资源清理清查登记和迎接上级审计准备工作,严格按照物资集中采购要求组织办公楼、征兵体检站和民兵训练基地等场地破旧基础设施改造和器材设备更新,服务保障水平明显提升。

【主题教育】 人武部党委紧紧围绕根本任务,以“不忘初心、牢记使命”和“传承红色基因、担当强军重任”两个教育为抓手,进行科学谋划部署,按照“军分区上大课、人武部搞活动”模式,在严格落实上级规定动作基础上,不折不扣落实规定动作,组织3名参加国庆阅兵战士进行“青春献祖国、奋斗新时代”典型事迹报告会、赴丽水开展“学传统、践初心”红色教育实践活动等效果较好,在省市两级巡视巡查中获上级肯定。

【组织建设】 坚持早筹划、早部署,早宣传、早发动,狠抓工作落实和标准要求,开展民兵预备役部队组织整顿工作,不断提高遂行支前保障和应急处突任务能力。军分区、省军区先后两次对人武部年度整组工作完成情况进行检查验收,总体情况良好。

【民兵整组点验】 5月15日,人武部在民兵训练基地组织基干民兵接受集中点验,结合点验大会颁发乡镇(街道)民兵营教导员任命书和基干民兵证,点验活动加强队伍的凝聚力,激发民兵的战斗性。

【征兵工作】 2019年,人武部按照提前展开、适时推进,广泛动员、严格把关,公开透明、廉洁征兵的总体思路,围绕“征好兵、征兵好”目标,创新举措对策,狠抓工作落实,完成市征兵办赋予全区的新兵征集任务。达到“征好兵、征兵好”的目标要求,特别是“五率”排名大幅进步,位列全市第二,并在全市征兵工作总结会议上进行交流发言,连续两年被评为全省征兵工作先进单位。

【区委常委议军会议】 1月4日,婺城区召开区委常委议军会议。会议传达学习省、市常委议军会议主要精神,审议并通过《关于进一步加强新时代党管武装工作的实施意见》,研究解决婺城区民兵训练基地升级改造事宜,为新年度开创党管武装新局面打下坚实基础。

【武装工作会议】 1月4日,人武部在区会议中心组织召开全区武装工作会议,分析总结武装工作形势,初步部署全年工作任务,进一步统一思想凝聚意志,振奋精神加油实干,打好新年度思想武装“第一枪”,推动全区武装工作在新起点上科学发展。

【应急抢险】 人武部始终坚持立起战斗力这个唯一标准,瞄准备战打仗这个龙头主业,通过实战锤炼提高应急能力。7月5日,区内罗店镇山下吴水库泄洪,下游山下曹村出现堤岸垮塌险情,区里0时0分紧急请求出动民兵实施救援,在2小时内婺城区民兵应急连和乡镇应急排赶到现场进行抢险处置;8月10日晚上,接上级命令,政委带领民兵应急连携带冲锋舟7艘、橡皮艇2艘深夜跨区驰援台州抗击台风“利奇马”,共转移被困群众60余名,受到地方党委政府的高度肯定。

【巡视巡察工作】 根据省军区、军分区《巡视反馈问题整改实施方案》,部党委高度重视,站在“整改不落实,就是对党不忠诚”的政治高度,把贯彻落实军委巡视反馈意见整改工作作为一项重要政治任务,贯穿日常工作主线,专题研究部署、主动认领问题、全面自查自纠、明责定责、实行挂图作战、挂账销号整改,截至2019年年底,查摆的7个方面23个问题基本整改到位,下一步将继续从讲政治的高度对待整改,对问题举一反三,防止情况反复、问题回潮、制度松懈。

【荣誉体系构建】 为增强民兵的身份认同感和集体归属感,人武部立足自身构建民兵荣誉体系,首批给民兵发放民兵证,联合退役军人事务局发出拥军倡议,发动社会力量参与拥军惠军,已有近50家企业商户踊跃参与,涵盖商场、影院、饭店、宾馆、驾校、健身房等各行各业,并进行拥军惠军授牌,民兵持民兵证可以享受不同程度的折扣优惠,此事也在《中国国防报》进行专题报道。

【双拥主题晚会】 9月22日,在婺城区文化馆举办“赶超图强践初心、军民同心共筑梦”主题晚会暨百企千店拥军惠军工程启动仪式,军分区政委王振勇、驻金部队主要领导、区四套班子领导全部参加,现场表彰优秀现役军人、最美退役军人,凝聚军地感情。

【正规化建设】 人武部适应上级正规化建设形势要求,出台《人武部正规化建设实施细则》,对学习教育、战备管理、工作制度、办事程序、作风要求等进行细化明确，特别是对军容风纪、礼节礼貌、日常考评等严肃规定、严明纪律，从党委领导做起，带头讲团结，带头干事业，带头守规矩。通过对训练基地进行升级改造，提升基地训练保障条件和功能作用；大力推动硬件设施建设，改造公寓房和休息房并配备统一的生活物品；为营区铺设草皮、竖起灯牌，美化营区的环境氛围；改造文体活动室并购置健身活动器材，使部里多年来老旧缺乱的环境得到一定程度的改观。

【总结表彰】 12月26日，金华市婺城区人武部召开民兵工作会议暨民兵应急连总结表彰大会，会议表彰区属应急连和乡镇（街道）应急排优秀民兵，总结应急连年度工作完成情况、存在问题和新年度工作筹划，对新年度全区民兵工作进行部署。会后，组织所有参会人员进行“民心兵情”主题联欢会。通过此项活动，提升广大干部职工和民兵的凝聚力、战斗力。

（钟沧海）

农业　农村　水务

农　业

·综述

【概况】 2019年，农村集体资产拥有量增势平稳。全区农村集体拥有资产总额27.60亿元，增加4.13亿元,同比增长17.60%;因行政村规模调整,村(社)数从2018年的389个减少到245个,2019年村均拥有资产1126.37万元,同比增加526.12万元,村均资产拥有量得到大幅提升。资产拥有量主要集中在少数经济较发达的乡镇（街道)。全区有245个村(社),总收入在1万元以下的村(社)0个;年总收入在1万~10万元的村(社)0个;年总收入在11万~50万元的村(社)111个,占总村(社)数的45.31%;年总收入在51万~500万元的村(社)123个,占总村(社）数的50.20%；年总收入在500万元以上的村(社)11个,占总村(社)数的4.49%。

加速推进农村改革。基本完成农村土地承包经营权确权颁证工作。全区共完成15个乡镇街道(含罗店镇)、328个确权村(社),涉及农户52345户,地块223642块、实测家庭承包耕地面积11567.87公顷。2018年顺利通过省级综合验收,2019年农户类档案向市档案馆移交59.35%。基本完成农村股份制改革。

(贾玉珍)

【薄弱村经济扶持】 婺城区经过行政村规模调整后行政村共计214个。2019年年底,全区年收入10万元以上且经营性收入5万元以上的行政村214个,完成率100%,比例较2016年底翻了两番,其中198个村达到总收入20万元且经营性收入10万元以上,占比92.52%。104个村达到经营性收入12万元以上,占比48.6%。2019年,全区举办“金华市村级集体经济‘飞地’抱团项目集中开工仪式”,完成以生态功能区行政村为主的85村“飞地抱团”——婺城区小微企业产业园项目,婺城“消薄十法”获市委常委、组织部部长郑敏强批示。

(杨朝洋)

【家庭农场】 2019年,全区经工商部门注册的家庭农场574家，与上年同比增加168家。其中种植业617家,畜牧业30家,渔业19家,种养结合35家,其他行业41家。家庭农场经营土地面积2762.07公顷,劳动力数量2192个。通过培训、项目申报、建立观测点等多种形式,引导家庭农场向规范化方向发展。婺城区2019年有20家家庭农场被评为市级示范性家庭农场,54家家庭农场被认定为规范化家庭农场。年销售农产品总值19445万元,其中10万元以下380家,10万~30万元127家,30万~50万元101家,50万元以上134家。拥有注册商标的家庭农场有27家,通过农产品质量认证的有15家。规范婺城区家庭农场,使婺城区规范化家庭农场朝着经营规模化、成员知识化、产品安全化、农业设施化、产业生态化、销售品牌化的“六化”方向发展。

【农民负担监管】 农民负担监督管理长效机制有效运行,惠农补贴政策落实及时到位,无重大农民负担案件发生。一事一议奖补政策加强规范化运作,落实有序。全区一事一议奖补项目30个,涉及人口29268人，承担筹资人口21238人，承担筹劳

8030 人，确定全区 2019 年度村民一事一议筹资筹劳以资代劳工价标准每工 100 元。

（李思锋）

【土地承包及流转管理】 2019 年，全区耕地总面积 12769.4 公顷，家庭承包经营的耕地面积 11383.85 公顷，家庭承包经营的农户数 65006 户，家庭承包合同份数 65349 份，颁发土地承包经营权证份数 58885 份。家庭承包耕地流转面积 6464 公顷，占家庭承包经营耕地面积的 57.78％，占耕地面积的 50.62%。通过各级土地流转服务组织流转面积 517.01 公顷。流转后用于种植粮食作物土地面积 1103.21 公顷，农业“两区”内土地流转面积 675.6 公顷，签订耕地流转合同份数 12946 份。

（杨朝洋）

【现代农业园区建设】 金华婺南省级现代农业园区列入 2019 年省级现代农业园区创建对象。婺城区蒋堂镇入选 2019 年省级特色农业强镇创建名单。

（戴爱红）

·农产品质量安全

【概况】 2019 年，巩固农产品质量安全放心县创建成果，农产品质量安全监管到位，与 13 个乡镇签订农产品质量安全监管责任书。加强农产品检测，2019 年监测抽样数量 466 批次，合格率 99.57%。提升农产品品牌，“婺禾富硒米”成功列入全国名特优新农产品名录。推进标准化生产，全区新增通过认证的无公害农产品 6 个，绿色食品 4 个。

（李玮峰）

【健全监管体系】 区、乡镇建立监管机构。强化落实生产主体是质量安全第一责任人意识，完善生产记录台账，加强农业投入品的使用监管。完善农产品追溯体系建设。全区开展农产品质量安全专项整治，出动 1337 人次，对 1881 家生产经营企业进行检查，发放宣传资料 2043 份。

加强农产品监测，2019 年全区农产品定量检测 466 批次，其中蔬菜 140 批次、畜禽产品 96 批次、水产品 40 批次、水果 108 批次、茶叶 13 批次、稻谷 46 批次、笋 22 批次检、中药材 1 批次的农产品送中国水稻所和浙江省农科院检测，合格率 99.57%；定性检测批次 8005 批次，合格率 99.77%；配合部、省、市例行监测、监督抽检、风险评估，抽检产品 213 批次。

创新农产品质量安全监管模式，提升监管能力，新增二维码追溯主体 30 家，至年底已实现二维码追溯主体 156 家，基本实现规模主体合格证全覆盖，农业龙头企业、合作社、家庭农场、“三品”基地农产品质量安全追溯率达 100%。

（李玮峰）

【三品认证】 2019 年，新增无公害农产品 6 个、绿色食品 4 个，完成 29 个无公害农产品的复查换证。累计通过无公害认证农产品 96 个；绿色食品 21 种，面积 1.3 万亩；全区主要食用农产品“三品”认证比率 56.54%。

（王　艳）

【农业执法】 2019 年，“绿剑” 执法行动共出动 356 人次，检查企业 423 家次，完成监督抽检 55 个批次。查处农业违法案件 6 起，责令改正 6 起，警告 1 起，收缴罚没款 0.64 万元。受理农民投诉 26 起，诉值 46.8 万元，为农民挽回赔偿（补偿）款 3.9 万元。开展农业法律法规知识宣传，发放农业法律法规单行本 500 余份，其他宣传资料 300 余册。2019 年全区农药废弃包装物回收任务 42.21 吨，实际回收 44.04 吨，回收率达 104.34%，超过回收任务 24.34 个百分点；处置任务 33.768 吨，实际无害化处置 44.04 吨，处置率达 130.42%，超过处置任务 40.42 个百分点。

【农业植物检疫】 2019 年，全区植物疫情发生面积 154.88 公顷（不包括加拿大一枝黄花），其中红火蚁疫情发生面积 138.08 公顷，柑橘溃疡病发生面积 9.07 公顷，甘薯茎腐病发生面积 1.33 供顷，柑橘黄龙病发生面积 1.53 公顷，豚草发生面积 4.2 公顷。红火蚁疫情防控 373.8 公顷次，在 11 月通过红火蚁疫情根除验收。加拿大一枝黄花、柑橘溃疡病和甘薯茎腐病等疫情持续防控，疫情未扩散蔓延。

2019 年产地检疫 109.4 公顷，检疫合格种子数量为 65.64 万千克，签发全国农业植物产地检疫合格证 12 份。调运检疫签发植物检疫证书 590 份，调运合格种子数量 21.41 万千克，调运检疫合格种苗数量 3.88 万株。

（黄净轩）

【种子管理】 2019年,制繁种面积111.4公顷,生产种子61.7785万千克。2019—2020年度救灾储备种子共3.79万千克。

(董小红)

【农民信箱】 2019年,全区农民信箱用户注册数43749户,启用数43749户,启用率100%。通过农民信箱发布农产品买卖信息40条,"每日一助"信息98条,全年邮件及短信发送次数达9131次,成交额超过130万元。全区益农信息社覆盖214个行政村,覆盖率100%,万村联网平台益农信息社开通率100%。

(傅丁帅)

·种植业

【粮食生产】 2019年,全区粮食播种面积3445公顷,总产19117吨。粮食播种面积同比减少215公顷,减幅5.87%;总产减少2733吨,减幅12.51%。

全区水稻播种面积1765.2公顷,同比减少26.59%。总产11503吨,同比减少30.68%。受气候因素影响,水稻单产水平有所下降,为6510千克/公顷,同比减少5.67%。其中,早稻播种面积733.3公顷,同比增加3.25%;单产5760千克/公顷,同比减少10.70%;总产4224吨,同比减少7.79%。单季晚稻播种面积497.4公顷,单产7785千克/公顷,总产3872吨,同比面积下降47.28%、单产下降0.42%、总产下降47.5%。连作晚稻播种面积534.4公顷,单产6375千克/公顷,总产3407吨,同比面积减少28.83%、单产增加3.21%、总产减少26.56%。

【油料生产】 2019年,全区油料播种面积1759公顷,同比减少1.07%;单产1917千克/公顷,减少1.84%;总产3369吨,减少3.11%。其中油菜播种面积1600公顷,单产1850千克/公顷,总产2960吨,同比分别减少1.60%、2.63%和4.21%。2019年全区油菜播种面积、总产分别占全区油料播种面积、总产的90.96%和87.86%。

(祁 雪)

【蔬菜生产】 2019年,全区蔬菜:蔬菜播种面积3220公顷,较上年增0.84%;产量 11.07万吨,比上年增3.07%;产值3.28亿元,较上年减7.83%,2018年现代农业生产发展专项资金下拨金华市暖田农业有限公司蔬菜种植基地补助资金128.2万元。2018年省现代农业科技示范基地4个项目的验收与基地认定,下拨资金40万元;申报2019—2020年食用菌团队项目;成功申报省级"五园创建"示范基地,"放心菜园"——金华市七彩天宏家庭农场示范基地。完成2018年市现代农业产业提升发展项目,金华市婺城区盛珂家庭农场负责实施的蔬菜精品园提升建设项目,已建设完成,正在审计中。

组织全区蔬菜种植大户、蔬菜种植合作社、家庭农场参加"放心菜园"建设规范及蔬菜绿色生产技术培训,开展蔬菜新品种试种示范及推广先进适用新技术,开展蔬菜实用新技术应用示范推广。

配合质监科、执法大队等相关单位对全区的蔬菜生产企业、种植大户、家庭农场农资采购、使用、生产记录、生产现场等情况进行检查,发现不规范的要求限期整改,并对全区蔬菜生产基地生产的农副产品组织定期与不定期抽样检测,积极配合省、市农残检测抽样抽检工作。1—12月,共抽检4319批次,合格率99.42%。

【水果生产】 2019年,全区水果生产总面积1700.47公顷,与去年的1706.47公顷基本持平,总产量31091万吨,同比增长4.66%;产值17504万元,同比增长16%。

开展技术培训和宣传工作,更新相关专业知识。开展技术培训和宣传工作,推广标准化生产技术。在雅畈芳田村对果桑种植户进行果桑菌核病防治技术培训。

参加由浙江省人民政府举办、浙江省农业农村厅承办的全国性瓜菜种业盛会,第十一届中国·浙江瓜菜种业博览会。种博会上的最新优良品种对指导农户种植作物进行合理品种搭配,种出受市场欢迎的蔬菜瓜果,从而提高农业产值起着重要作用。

开展新品种试验,从省勿忘农种业公司引进"黄妃"樱桃蕃茄新品种,在蒋堂镇七彩天宏家庭农场基地开展试种示范,示范面积0.1公顷。通过试验试种,根据田间记录,平均亩产约3000千克,亩产值4.5万元,表现为品质佳、产量高、效益好,适合金华本地种植推广。

【棉花生产】 2019年，棉花面积144.67公顷，比2018年减少了9.6%；总产量232吨，同比减少19.2%；总产值232万元，同比减少59.72万元。

【茶叶生产】 2019年，全区茶园面积2066.67公顷，其中婺城区管辖1513.33公顷，采摘面积1460公顷，总产干茶2810吨，同比增长0.54%，总产值1.40亿元，同比增长0.72%，其中名优茶产量355吨，产值1.03亿元，红茶产量48吨，同比增长37%，产值2180万元，同比增长45%。2019年春茶于3月12日开采，比2018年(3月3日)推迟9天。春茶总产量1090吨，较去年的1053吨同比增长3.5%，产值1.15亿元，比2018年提高5%。

2019年春茶采摘期间，天气良好，气温比较稳定，阳光充足，名优茶产量较2018年相比稍有增加。全区红茶主要产自箬阳，2019年春茶销售总体情况良好，销售比较顺畅，名优茶价格较去年稍有提升。全年大宗茶产量较同比增加10%，产值约增加5%。

完成2018年农业农村部农业技术试验示范与服务支持(老茶园改造建设)项目，并下拨农业农村部资金94万元。完成2017年省现代农业生产发展专项资金（金华市婺城区玉阳春茶叶加工中心)项目的验收与绩效评价，并下拨省补资金150万元。

组织并参加各类茶事活动。组织企业参加第三届中国国际茶叶博览会。此次茶博会，婺城区以茶叶产业联合社的名义参加，首次以独立特装展区的形式参展。12月，参加2019浙江绿茶(深圳)茶博会。

调研婺城高山茶园现状，为建立生态茶园打好基础。6月，全站组织走访沙畈、塔石、箬阳、莘畈等山区乡镇，对全区(连片种植100亩以上)的茶园情况做了全面了解，为下一步雨林认证、生态茶园建设打好基础。

开展茶叶低温气象指数保险。经过两年的努力，茶叶气象指数保险于2019年春季正式参保，总参保面积163.73公顷，参保金额24.3万元。全年春季天气良好，没有发生触赔。

（朱丽娜）

·植物保护

【化肥减量增效】 实施测土配方施肥2万公顷，推广配方肥3100吨，减少不合理化肥施用量90吨。实施商品有机肥推广应用，2019年全区共推广商品有机肥14000吨。

【耕地质量提升】 完成区4个耕地地力长期定位监测点和农业“两区”土壤污染防治10个综合监测点、15个常规监测点的年度监测任务，掌握全区耕地质量和农田土壤污染变化发展。

【植保测报】 做好农作物病虫害测报工作，定期到田间调查农作物病虫害的发生动态，根据病虫发生情况，制定相应的防治策略。2019年共发布病虫情报15期2100份，指导科学用药，推广高效、低毒、低残留农药。

建立统防统治与绿色防控融合示范区5个，示范面积666.67公顷，推广农作物病虫害绿色防控技术，实施生物防治、生态控制、物理防治等绿色防控措施。推广绿色防控面积5466.67公顷，推广病虫害统防统治5000公顷，农药减量7吨。

（李 宽）

·畜牧业

【概况】 全区奶牛养殖场（小区)10家，存栏奶牛7133头，占金华市奶牛存栏47.35%，约占全省的1/4，为浙江省最大的奶牛养殖区。奶站4家，全年牛奶产量34660吨。生猪养殖场29家，生猪年末存栏13.02万头，其中能繁母猪存栏1.32万头，年出栏生猪21.14万头，全年饲养量为34.16万头。家禽存栏26.64万羽，出栏23.62万羽，全年家禽饲养量50.26万羽。全区2019年肉类总产量18703.47吨，同比上升6.34%，其中猪肉产量17943.26吨，同比上升6.02%；牛肉412.41吨，同比下降10.63%；羊肉产量11.18吨，同比下降51.54%；禽肉产量336.62吨，同比上升88.20%；禽蛋产量1465.78吨，同比上升82.57%。

【美丽生态牧场创建】 继美保龙打造成为全国美丽生态牧场的样板之后，以美保龙为中心，全力改造提升所有保留牧场，促进种养有机结合，全面实现畜禽粪污资源化利用，着力打造生态安全、环境友好的美丽生态牧场。通过多次举办全区美丽生态牧场推进会、一对一结对现场帮扶指导等方式，提升规模养殖场的生产经营，粪污资源化利用，美化绿化洁化水平。2019 年，全区 40 家保留养殖场全部通过美丽生态牧场初验，其中通过省级验收的 33 家，新增省级美丽牧场 9 家，并以高分通过省级绿色发展示范县验收，实现养殖场一处美向一片美的华丽转变。

【后备母牛调查】 开展奶牛调查工作，全区存栏 11 头以上(含 11 头)且母牛 5 头(含)以上的奶牛养殖场(小区)10 家，存栏奶牛 7133 头，其中符合补助标准后备母牛 1559 头。

(倪俭余)

【重大动物疫病防控】 部署春、秋季重大动物疫病防控工作，2019 年免疫高致病性禽流感 49.86 万羽、牲畜口蹄疫 42.45 万头、猪瘟 51.46 万头、猪蓝耳病 19.16 万头，小反刍兽疫 0.03 万头，做到应免动物全面免疫。为科学评估强制免疫效果，开展动物疫病免疫抗体监测 1860 份，其中高致病性禽流感 368 份，牲畜口蹄疫 1119 份、猪瘟 238 份、猪蓝耳病 135 份，免疫抗体合格率均达到省市要求。开展动物疫病病原检测 241 份，其中检测牲畜口蹄疫病原 211 份，高致病性禽流感病原 30 份。开展非洲猪瘟疫情排查、培训、消毒、日报告、实验室检测等防控工作，婺城区动物卫生监督所非洲猪瘟防控工作表现突出，获省人民政府通报表扬。开展人畜共患病奶牛“两病”普查工作，普查检测奶牛布鲁氏菌病血样 6927 头份，结核病皮试检测 6927 头，检出结核病阳性病牛 5 头，全部按规定进行无害化焚烧处理。普查血吸虫病有螺村的耕牛 80 头，全部阴性。

【动物卫生监督执法】 雅畈、白龙桥生猪屠宰检疫工作室成功创建成省级基层动物卫生监督示范窗口，树立良好的动物检疫窗口形象。2019 年动物卫生监督实施产地检疫生猪 29.92 万头，家禽 5.17 万羽；实施屠宰检疫生猪 19.42 万头，检出病害生猪 99 头，全部无害化处理。生猪产地、屠宰检疫环节“瘦肉精”等违禁药物抽检 61242 头份，未发现阳性生猪；牲畜交易市场交易肉牛 7.45 万头，“瘦肉精”等违禁药物监督抽检 24492 头份，未发现阳性牛。全年立案查处未经备案从省外调入动物及动物产品等违法案件 27 起，结案 27 起，累计罚没金额 6.72 万元。

【死亡动物无害化处理监管】 婺城区建立了生猪保险全覆盖与无害化处理联动机制，死亡动物收集环节由乡镇监督，无害化处理环节由动物卫生监督所监管等长效管理机制。并在此基础上延伸到牛、羊、家禽及其他死亡动物和养殖场医疗废弃物由金华市莱逸园环保科技开发有限公司统一收集、集中无害化焚烧处理，实现死亡动物、医疗废弃物无害化处理全覆盖。2019 年统一收集、无害化焚烧处理死亡生猪 86543 头，计 852.8 吨，无害化处理病害牛 13 头、犬 7631 只，没有发生乱扔死猪及流域性漂浮死猪现象。

(傅婷婷)

·渔业生产

【渔业管理】 2019 年，全区水产养殖总产量 9986 吨，同比增长 3.05%；水产养殖面积 850 公顷，同比增加 1.19%。创建两个浙江省健康养殖示范场，年底部级健康养殖示范场 1 家，省级健康养殖示范场 2 家。

负责全区公共水域有金华江、武义江及其主要支流 43 条(包括衢江主要支流 14 条)；小(2)型以上水库 59 座等水域的电鱼、毒鱼、炸鱼、网鱼、偷鱼、无证捕捞等违法行为的巡查管理和处理。2019 年开展渔业执法检查 110 多次，出动执法人员 373 人次，行政处罚案件 8 起，其中电鱼案件 5 起、违反关于禁渔区规定案件 3 起，共处罚金 9900 元；司法移送案件 15 起，追究刑事责任 18 人次，收到非法捕捞当事人渔业资源损害赔偿金 3.3 万元，用于购买 20 万鱼苗放流，修复渔业资源和生态环境；同时区财政投入 30 万元购买 500 万夏花鱼苗和 3 万千克冬片鱼苗放流到国有江、溪和水库。保护渔业资源和水生态环境。

【初级水产品质量安全监管】 2019 年，对全区水产养殖户随机不定期到现场检查使用禁药和三项纪录情况。按时完成部级、省级、市级下达的水产品监督80 个水产品抽查任务，检验全部合格。举办初级水产品质量安全管理培训班，来自各乡镇（街道）的农技员、水产养殖户等共55人参加培训；现场与各水产养殖户签订“金华市婺城区初级水产品质量安全承诺书”，并对养殖户发放“告知书”“禁用渔药清单”“三项记录本”等资料。

完成渔业船舶油价补助发放工作；协调5起渔业污染事故工作，保护养殖户的利益；做好59座水库洁水渔业巡查检测评比工作；做好3个淡水养殖品种病害测报点工作。

（李世杰）

·农业机械

【概况】 截至2019年年底，婺城区全区农机总动力157122千瓦，拥有各类机具24151台套；2019年，购置补贴机具965台套，各级财政补贴338.28万元，惠及农户864户。完成设施项目11个，建设连栋大棚64214平方米，拨付项目补贴资金345.986万元。

2019年雅畈镇被评定为省级农业“机器换人”示范镇，金华先实大农业科技有限公司为省级农业“机器换人”示范基地。

（应　红）

【农业机械】 婺城区在册上道路拖拉机521台，其中大中型拖拉机497台，小型方向盘拖拉24台，手扶拖拉机139台；在册驾驶员1744人。2019年度全区应检431台拖拉机，实检431台，参检率达100%。参检拖拉机交强险投保率100%。免费实地检验农田机具211台，其中为57台农田作业大中型拖拉机、34台烘干机、69台收割机和51台插秧机。2019年，全区报废高耗能农业机械50台，其中大中型拖拉机49台，手扶拖拉机1台。补贴金额总计17.3万元。

（汪志祥）

农　村

·综述

【概况】 婺城区牢固树立以“绿水青山就是金山银山”的发展理念为引领，以深化“千万”工程，高水平建设现代化和美乡村为总抓手，以“花满婺城”建设为载体，通过加强农村人居环境提升、生态廊道精品线建设、发展生态廊道产业，不断提升广大农村的美丽度和农民群众的幸福感，推动生产、生态、生活“三生融合”，全力打造宜居宜业宜游美丽乡村。

【农村人居环境整治】 2019年，婺城区所有行政村全部开展生活垃圾分类处理。完成省、市农村生活垃圾分类相关任务，已完成56个农村生活垃圾分类开展村（市级优秀村）的创建，完成2个省级高标准农村生活垃圾分类示范村的创建，30个项目试点任务村均已完善垃圾分类基础设施和管理机制建设，白龙桥镇、安地镇两个多村合建的省级生活垃圾分类资源化处理站已建设完成并正常运行。开展区级农村生活垃圾分类优秀村创建并验收70个行政村，全区累计优秀率82%。完成文明城市示范村、达标村创建任务，在全区行政村开展农村环境综合整治示范村、达标村创建，要求行政村在公益宣传、卫生环境、垃圾分类、杂物堆放、公共秩序、公共基础设施维护等方面进行整改提升。全区创建示范村94个，示范村创建率为43.7%，其中集镇及周边村60.9%，创建达标村198个，达标村创建率为92.1%，其中集镇及周边村100%。开展全域美农村环境整治百日大会战行动，通过以农村环境“十佳村、十差村”评比为载体全面推进全区农村环境进一步深化。积极开展农户“大走访”活动覆盖所有农户，以农民大讲堂的形式开展垃圾分类知识培训18场次。建立农村卫生费的收缴工作，6个乡镇收取进度达到100%，其余乡镇（街道）收缴进度达到70%。开展农村环境“十佳村、十差村”的评选活动，已完成8月、9月、10月、11月、12月的农村环境“十佳村和十差村”评选，评选出“十佳村”30个、“十差村”36个，评选名单在“今日婺城”、婺城发布、区政府大厅公示栏等范围公示。同时，根据农村环境“十佳村、十差村”的评选结果，将评定出行政村环境整治及垃圾分类星级档次，依据星级档次差异化拨付农村环境卫生长效管理补助资金。

【美丽乡村精品村创建】 2019年，全面完成省级建设项目，完成新时代美丽乡村达标村创建55个村（其中：精品村21个），完成省美丽乡村示范乡镇创建1个,省美丽乡村特色精品村4个。扎实做好市、区建设项目推进,建成北山水系美丽乡村风景线1条,建成精品村建成5个,秀美村完成建设10个。扎实有序开展美丽庭院创建工作,创建区级达标户35310户、示范户10133户。争取省财政一事一议助推美丽乡村建设试点资金2000万元,积极探索由国有公司参与项目的规划、建设、经营等新模式的创新。与区相关部门进行协调,在项目参与方式、资金拨付、项目管理等方面进行创新试点。到2019年项目的委托相关程序及规划设计初稿已完成。

(王 莺)

·农村扶贫

【概况】 2019年,城区扶贫工作围绕省市区年度工作目标,深入实施低收入农户高水平全面小康计划,以产业扶贫、异地搬迁、金融扶贫、结对帮扶为抓手,扎实推进扶贫重点帮扶村发展、改善农民生产生活条件、促进低收入农户增收致富。

因行政村规模调整,省级扶贫重点帮扶村由原34个合并调整为33个。市委市政府为33个省级扶贫重点帮扶村落实了市直单位、部分事业单位(大专院校、医疗机构)、金融机构等100家扶贫结对帮扶单位,开展新一轮扶贫结对帮扶。对低收入农户开展动态调整,2019年全区认定低收入农户2876户4417人。

【产业扶贫】 修订完善《金华市婺城区扶贫项目及财政专项扶贫资金管理办法》和《金华市婺城区来料加工管理办法》。2019年实施产业化项目17个,补助资金1730余万元。其中中央资金补助项目6个,补助资金443万元;省级资金补助项目9个,补助资金885万元;市级资金补助项目1个,补助资金317.6万元。其中产业基地灌溉设施建设项目2个,补助资金160万元,受益农户700余户;产业基地配套设施建设项目4个,补助资金742.6万元,受益农户468余户;山林、竹园、苗木等产业外运道路建设项目11个,补助资金827.4万元。附近农户能普遍受益,有效提高了山林、毛竹、苗木等经济作物的收入,节约了成本,增加了农户收入。

(徐 斌)

【异地搬迁】 新的安置小区蒋堂移民新村二期项目开工建设,总建筑面积14.3平方米,建设22幢11层小高层住房建筑、2幢6层住房建筑及配套设施工程,建成后可提供864套安置房,项目采用EPC项目总承包模式,截至2019年年底主楼结构平均施工至3层。做好前期异地搬迁农户补助资金拨付、户口迁移等后续工作,全年拨付异地搬迁补助资金562.2万元。

(徐 刚)

【扶贫助学】 实施“雨露计划”支持低收入农户子女接受职业教育,减轻低收入农户家庭上学负担,按每人3000元补助44名学生,共计补助13.2万元。

(徐 斌)

·长山良种场

【概况】 金华市婺城区第一良种场位于长山乡境内,土地面积102公顷,可耕种面积86.67公顷(农田60公顷、山地26.67公顷),其中农业试验6.67公顷、淡水养殖33.33公顷、蔬果20公顷、茶叶13.33公顷、竹园6.67公顷、苗木6.67公顷。2019年有干部职工174人,其中退休147人、在职27人。农场以培育水稻、小麦良种为主,属国家南方小麦区域试验,省、市区域水稻试验定点场。主要职能是稻麦棉油良种生产、农业试验和技术推广。2019年完成省种管站下达的50个品种农业试验任务,其中早稻区域试验25个,生产试验10个;晚稻区域试验13个,生产试验2个。

(宗顺荣)

林 业

·综述

【概况】 2019年以后,婺城区林业工作聚焦浙中生态廊道建设,以森林婺城建设为中心,不断拓展绿色空间,加强森林资源管理,提升生态品质,加快现代林业项目建设,促进产业转型升级,林业各项工作取得了积极的进展和明显的成效。

婺城区在全市9个县市区林业工作综合考核中位列第一名,2019年10月,婺城区人民政府被浙江省人民政府授予“公益林建设先进集体”荣誉。2019年6月，婺城区被浙江省绿化与湿地保护委员会和浙江省林业局评为2018年度森林浙江建设目标责任制考核优秀单位。2019年12月，东方红林场成功创建现代国有林场。

·林业生态建设

【森林资源年度监测】 2019年完成2018年度森林资源年度监测。全区土地总面积139137公顷，林地面积85133.07公顷，森林面积81091.27公顷，林木蓄积量4320194立方米，乔木林亩蓄积量4.1立方米，森林覆盖率58.28%，林木绿化率62.31%。

【森林督察】 按时完成2019年森林督察自查工作，不瞒报漏报，数据真实，对发现违法问题及时查处整改。国家林草局上海专员办开展为期4天的森林督察及“绿卫2019”森林执法专项行动检查，婺城得到专员办肯定和表扬。

【林地项目立项及审批】 林业生产服务设施立项21个（林道18个项目、林业生产管理用房3个项目）。严格执行林地定额管理，依法依规办理林地占用审批手续，截至年底，共审核审批44个项目（长期占用24个、林业生产服务设施项目20个），占用林地定额22.0577公顷，应收取森林植被恢复费334.128万元。

【林地案件查处】 2019年受理违法使用林地案件19起，其中4起案件经实地调查及证据收集不予立案，1起案件撤案已完结，14起行政案件已办结。共收取罚没款102.9965万元，同时协助婺城区森林公安办理违法采伐以及违法野外用火案件。

（问青青）

【平原绿化】 2019年全区完成平原绿化造林72公顷，迹地更新完成269公顷，完成森林抚育1096公顷，已完成年度任务。

【珍贵彩色森林建设】 浙江神农德康生态旅游发展有限公司完成种植珍贵树种1.5万株，面积13.33公顷。其中，红豆树0.4万株，檫树0.5万株，山樱花0.6万株。

长山乡望山新村完成种植珍贵树种1万株，面积200亩。其中，浙江楠1万株、杉木2.6万株，浙江楠和杉木行间混交。

东方红林场完成种植珍贵树种200公顷。其中山核桃0.1万株，山樱花0.12万株、红豆树0.2万株。

【珍贵树种造林】 2019年，婺城区珍贵彩色森林建设573公顷，珍贵树种造林20.3万株，已建设局长示范林2块、示范点3个，开展示范单位3家，完成赠送珍贵树苗3.7万株。

【生态公益林管理】 2019年婺城区发放268.9万元护林员管护费用，三项费用开支76.83万元，主要用于护林员考勤系统建设及森林消防费用。管理费用开支38.41万元。完成公益林补助资金发放工作。2019年全区重点公益林总面积51358.2公顷。占全区林业用地面积的60.79%。全年实发公益林损失性补助资金2554.2万元，直补农户16455户。累计完成重点公益林优质林分面积37292.2公顷，完成率100%。（以上数据包括开发区和金华山。市经济技术开发区公益林4200.1公顷，金华旅游经济区公益林3519.1公顷）

【森林系列创建】 2019年，婺城区创建省级森林城镇1个（乾西乡），已被命名。创建市级森林村庄17个，以乾西乡、白龙桥镇、雅畈镇为重点开展创建，已获命名。落实“一村万树”示范村5个。市级森林公园——塔石梨树源森林公园争创省级，已完成省级森林公园总体规划编制并提交至省林业局。创建省级生态文化基地1个（站前小学），上报国家森林乡村5个（喻斯村、上南坑村、银岭村、大立元村、箬阳村）。

·林业产业建设

【花卉苗木】 全区育苗面积12.20万亩，销售额81500万元，其中绿化观赏苗木面积7733.33公顷，销售额70550万元。全区花卉产业生产总值117300万元，从业企业1580家，从业人员1.56万人，其中适度规模经营企业396家。

【林业科技推广】 完成2019年金华市本级林业发展和资源保护重点项目的验收工作，发放补助资金83万元。新发展木本油料43.33公顷，林下中草药种植13.33公顷，完成“一亩山万元钱”示范面积94

公顷,辐射推广面积324.67公顷,促进了林业增效、林农增收。抓好2020年省、市级林业项目的实施监管工作。申报2020年市本级林业发展和资源保护项目5个(其中以奖代补2个),计划投入资金100.24万元。

【林产品安全建设】 2019年上半年区级层面已抽检蜂蜜9批次,竹笋22批次,合格率100%;下半年市林技站会同省林产品质量检测站抽检油茶籽10批次,油茶基地土壤30批次(15批次产品+15批次土样,土壤和产品一一对应,测量地理坐标信息),合格率100%。

(魏文涛)

·森林资源保护

【木材运输巡查】 加强木材运输管理,依法实施木材运输检查工作,检查木材运输车辆78辆,检查运输木材850立方米,查处违法运输木材案件1起,没收违法运输木材26.45立方米。

【木材加工厂管理】 加强对木材加工经营相关法律法规的宣传,完善木材进出厂台账登记制度,抽查木材加工厂62家,加强木材加工企业松材线虫病疫木管理工作。

(庄期寅)

【有害生物防治】 2019年,累计完成林业有害生物监测面积64万公顷,监测覆盖率100%,无公害防治率98.8%,种苗产地检疫率100%。科学实施松材线虫病防控,完成打孔注药2万瓶,保护松树7000多株。挂放松褐天牛诱捕器72只,完成松材线虫病春、秋两季疫情调查工作,松材线虫病秋季发生乡镇10个,疫情发生面积28587亩,发生范围内共有枯死松木10556株。积极开展松材线虫病疫木检疫执法专项行动,开展辖区内松木加工经营企业、松木包装、托盘使用企业的调查,共排查企业2600余家,其中工业企业1700余家,重点调查车辆、机械、工具、造纸等可能使用木质包装、托盘的工业企业160余家,发放宣传资料600余份。做好松材线虫病疫木利用定点企业的监管工作。在箬阳乡、安地镇、沙畈乡、塔石乡防治柳杉毛虫346.67公顷。

(方建设)

【森林消防】 实施省林业局拨款93万元安排的森林防灭火引水上山示范工程建设项目;蒋堂镇、琅琊镇、罗店镇三支义务森林消防队参加金华市市直森林消防技能比武演练,取得比武演练第一名一等奖、第二名一等奖和第六名三等奖的好成绩;婺城区森林消防代表队代表金华市参加全省森林消防技能大比武,获第三名二等奖的好成绩,做好春节、元宵节、清明节、冬至等重点时节的森林防火工作,确保林区安全,实现全区全年"零火灾"。

【森林公安】 婺城区森林公安局按照省市的统一部署,开展的"2019雷霆行动"、依法打击破坏野生动物资源违法犯罪等专项行动,严格查处各类涉林案件,确保林区安全稳定,2019年共查处各类涉林案件37起,其中刑事案件7起(非法收购、出售、运输珍贵濒危国家野生动物案件1起,滥伐林木案2起,非法狩猎案4起)。查处林业行政案件30起(滥伐林木18起,林地10起,毁坏林木1起,非法经营野生动物案件1起),共处理违法人员51人。

(周济果)

【林木采伐管理】 开展完善"最多跑一次"事项数据共享工作;推进"无证明城市"改革,通过数据共享全面取消"林木权属证明"和"上年度采伐迹地更新验收证明"两份涉及林木采伐审批的证明材料;推进林木采伐许可事项监管的"掌上办理"。

婺城区"十三五"期间年森林采伐限额总蓄积量78330立方米,2019年婺城区限额使用总量31778.11立方米,使用率40.57%,其中商品林限额28531.04立方米(包括主伐27195立方米、抚育伐414.01立方米、低产林改造60立方米、其他采伐862.03立方米);公益林限额3247.07立方米(包括抚育伐3247.07立方米)。

(叶 锋)

【野生动植物保护】 落实"两证"管理办法,建立监管机制,加强陆生野生动物人工繁育和经营利用管理,制定《婺城区农业农村局关于强化陆生野生动物源头保护监管方案》和《婺城区陆生野生动物保护管理督导检查制度》,2019年审核陆生野生动物经营利用申请16家、陆生野生动物人工繁育申请7家。实施婺城区狩猎改革方案,撤销原狩猎队6支,收回狩猎证 31 本,猎枪 30 支,发放猎枪、猎弹补偿款 33090 元。建立陆生野生动物救护机制,和金华市龙宝动物园签订救护协议,投入陆生野生动物救护资金 3 万元用于陆生野生动物救护,2019 年救护陆生野生动物 22 只(条),其中国家二级重点保护陆生野生动物 9 只(条)、省重点保护陆生野生动物 7 只(条),省一般保护陆生野生动物 6 只(条)。

(潘 建)

·现代林业发展

【深化林业股份制改革】 2019 年,婺城区创建两家的林业股份合作社,面积 69.4 公顷,参股农户 198 户,累计创建 4 家股份合作组织,面积 2842 亩,参股农户 554 户;探索林权流转机制改革,2019 年婺城区新增林地流转面积 1 万余亩,累计流转面积达 14.3 万亩;林权确权登记职能移交不动产登记部门。

(钱海燕)

【自然保护区创建】 完成了婺城南山省级自然保护区综合科学考察工作;《婺城南山省级自然保护区总体规划 2020—2030》和《婺城南山省级自然保护区综合科学考察报告》经浙江省林业局组织的专家论证和评审通过。中共金华市婺城区委机构编制委员会同意设立婺城南山省级自然保护区管理中心。

(叶 锋)

【古树名木目录公布】 依据婺城区古树名木调查成果,金华市婺城区绿化与湿地保护委员会办公室发文公布婺城区古树名木目录,并在婺城区人民政府(农业农村局)网公布。婺城区古树名木共有 35 科 56 属 75 种,共计 2166 株。其中古树群 33 处 730 株,一级、二级、三级古树分别为 137 株、378 株、1650 株,名木 1 株。

【古树名木保护】 2019 年,婺城区安排古树名木保护专项经费 27.5 万元,保护古树 39 株(其中一级古树 11 株),打造古树公园 1 个。出版《婺城区古树名木精选》画册 500 册,其中收集古树、古树群、古树公园 200 多幅照片。

(董海均)

【生态功能区建设】 承担婺城区市区饮用水源涵养生态功能区办公室日常工作,起草《金华市区饮用水源涵养生态功能区生态补偿专项资金使用管理办法》有关配套方案。

(许宾雁)

水 务

·河道治理

【概况】 2019 年,完成区政府性投资项目 13 个,其中续建项目 6 个,新建项目 7 个。续建项目包括:雅苏排涝泵闸新建工程,总投资 2617 万元;桐溪治理应急工程(怡村段 667 米),投资 1000 万元;洪源溪治理工程,投资 995 万元;武义江芳田段治理工程,投资 2925 万元;白沙溪泉口段治理工程(1.7 千米),投资 1220 万元;盘溪治理工程(竹马段 2.9 千米),投资 2544 万元。新建项目包括:金华江一期施工四标 1.3 千米,投资 1800 万元;金华江高桥段治理工程 2.97 千米,投资 3800 万元;桐溪龙蟠段治理工程,投资 915 万元;河湖库塘清淤 17 万立方米;婺城区"美丽河湖"建设一期工程,白沙溪 15 千米,投资 800 万元;雅干溪郭村段整治工程及车坞水库提水工程,投资 900 万元;长湖联民村至 G60 高速段治理工程,投资 540 万元。

4 月 16 日,婺城区水利工程建设与管理工作会议召开 (婺城区水务局供稿)

·河道管理

【概况】 水环境长效保洁(拨付奖励经费 252.7 万元,河道总长 334.5 千米);堤防管理维修养护(金华江堤防 21.57 千米、武义江堤防 15.9 千米、白沙溪堤防27.5千米,150万元);完成白沙溪、厚大溪、雅干溪河道划界43千米，累计完成河道划界111.9千米;涉河涉堤(水域占用)完成河道管理范围内新建工程方案审批5项;河道标化工作,落实2019年河道标化的相关工作，完成马海畈堤桐溪段创建工作。 2019年,开展河道采砂巡查153次,出动执法人员327人次,现场处理35次,警告、责令停止、责令改正12次,处理来访、来信举报、电话投诉19起。

·水资源建设

【城乡供水】 2019年,农村饮用水达标提标计划完成人口2.23万人,总投资6620万元,截至12月底完成投资1.08亿,受益人口40295人,包括罗店镇大岭村、雅畈镇加全塘村、汉灶村、端头、上六村、安地镇郑宅(二村)、南畈村、东周村、白龙桥镇洞溪村、东俞村、清塘下村、下邵村、新周家村、马海地村、琅琊镇泉口村、琅琊镇大岩片区总管提升改造、琅琊镇东畈村、蒋堂镇胡家村(胡家自然村、浪坦塘自然村)、沙畈村(沙畈自然村)、莲塘村、长山乡杨里村、塔石乡吴庄村、塘头村、石塘村(岩下自然村)莘畈乡外东坑村、箬阳乡罗坪村、黄阳村、岩溪沿村、开发区汤溪镇仓一等村、开发区罗埠镇横路村、开发区秋滨街道下新村、开发区苏孟乡合山头村。同时建立健全农村饮用水县级统管长效管护机制,坚持专业人做专业事,开展物业化管理模式。城市管网延伸区域饮用水工程通过邀请招标，由专业供水公司进行建设,建后实行永久管护,真正实现建管一体;单村水站通过政府采购由金华市金西自来水有限公司进行专业化运行管护。

3月27日,婺城区农村饮用水达标提标工作会议现场 (区水务局供稿)

【防汛抗旱值班制度】 婺城区水务局落实防汛责任制和值班制度,强化水利工程管理,落实好水库安全度汛“三个方案”“三个责任人”,水雨情遥测站点实时掌握动态;提升基层防汛能力,补充完善防汛物资储备,强化防汛抢险队伍联动,组织莘畈等山区乡开展山洪灾害防御演练；严抓隐患整改,全区水利工程安全隐患70处整改到位；开展水库除险加固、山塘整治,加强防洪排涝基础设施建设。

【安全生产】 依照“安全第一、预防为主、综合治理”基本工作方针,强化安全主体责任,全面开展水利安全生产大检查,做好水旱灾害防御安全,强化水政执法等安全监管，认真开展安全生产月活动，狠抓隐患整改,使各项工作有序良好的发展。2019年全局层层签订安全生产责任书18份、对局出租房与承租户签订消防安全责任书40份,做到“横向到边、纵向到底、不留死角”;汛前开展防汛大检查,对水库、山塘、堤防进行全面检查,排查隐患39处，全部整改到位；积极开展各类安全生产大检查、专项整治,安监人员深入作业现场开展针对性的突查。

【水电建设与管理】 2019年,开展小水电安全生产检查2次,涉及电站80座次;开展小水电清理整改工作，区政府第56次常务会议通过小水电清理整改一站一策工作方案并报省政府备案,2019年完成5座电站的整改工作,2座电站退出工作。

(王丛云)

工 业

综 述

【概况】 2019年,婺城区实现规模以上工业企业总产值186.62亿元,同比增长8.8%。汽摩配等七大支柱产业保持稳定,实现规模以上产值148.72亿元,占规模以上工业总产值的79.69%。全年实现限额以上工业投资10.59亿元,其中工业技术改造累计完成投资3.75亿元,占工业投资比重35.41%。完成亩均税收万元以下低效企业整治81家,盘活用地143.79公顷;整治"低散乱"企业145家;淘汰落后和过剩产能涉及企业13家。申报市级"两化"融合项目8个、清洁生产企业3家、2019年市级技术改造项目19个,技术创新项目12个;全区汽车零部件制造产业被列入第三批传统制造业改造提升工作省级试点。培育"专精特新"100家已入培育库、隐形冠军8家,"小升规"31家,通过省级认定小微园11个。"四破"专项整治取得成效,完成旧厂房改造25.52万平方米,完成年度计划的102.08%。2019年参加2018年度亩产效益综合评价参评企业共533家(含合并评价企业),其中A类和B类企业占比56.48%,C类和D类企业占比43.52%。全区参评企业亩均税收5.49万元/亩,同比增长7.82%,市区排名第三位。出台《关于大力促进民营经济健康发展的实施意见》(婺区委发〔2019〕16号)。编制《"三服务·婺城家服务"服务宝典》(企业篇)做好线上线下同步推介,打通政企信息壁垒。建立"婺商夜话"品牌,为婺城经济把脉开方。建立"婺城区企业服务中心"工作云平台,各服务主体与522家企业联通互动。

【汽摩配行业】 2019年,全区汽摩配行业有规模以上企业17家,汽摩配产值47.94亿元,同比增长27.87%;实现利税总额7.06亿元,同比增长23.8%;实现利润总额6.57亿元,同比增长45.2%。

【五金工量具产业】 2019年,婺城区五金工量具产业有规模以上企业25家,实现产值31.9亿元,同比下降0.07%;实现利税总额1.88亿元,同比增长68.1%;实现利润总额1.42元,同比增长115.7%。

【纺织服装产业】 2019年,婺城区纺织服装产业有规模以上企业12家,实现产值9.24亿元,同比下降8.74%;实现利税总额0.93亿元,同比下降61.1%;实现利润总额0.28元,同比下降82.9%。

【新型建材产业】 2019年,婺城区建材产业规模以上企业有24家,实现产值36.36亿元,同比增长19.7%;实现利税总额4.83亿元,同比增长19.2%;实现利润总额2.71亿元,同比增长18.6%。

【医药化工产业】 2019年,婺城区医药化工产业有规模以上企业14家,实现产值14.37亿元,同比增长3.59%;实现利税总额0.82亿元,同比下降24.4%;利润总额0.52亿元,同比下降26.2%。

【食品加工产业】 2019年,婺城区食品加工产业有规模以上企业7家,实现产值1.37亿元,同比下降75.32%;实现利税总额-0.15亿元,同比下降18.5%;实现利润总额0.01亿元,同比增长114%。

【包装彩印产业】 2019年,婺城区包装彩印产业有规模以上企业14家,实现产值7.54亿元,同比增长0.97%;实现利税总额0.45亿元,同比下降25.0%;实现利润总额0.24亿元,同比下降30.1%。

(李沂轲 黄慧华)

电 力

【概况】 2019年,婺城供电局完成3座110千伏变电站建设、高压业扩"一次都不跑""利奇马"抗台抢险等一系列重大工作任务,全年完成电网投资1.54亿元;售电量37.63亿千瓦时,同比增长2.79%;线损率2.89%,同比下降0.19%;累计回收电费26.02亿元,回收率100%。

【供电服务】 以营商环境改善为契机,促进供电服务转型升级,推出婺城电力优化办电营商环境8项承诺,依托线上办电、快响服务平台等模式,结合"电力+邮政"代跑,开通一个电话办结、赋码受理等服务,实现用户全程"零跑"办结。客户侧泛在电力物联网建设有序推进,灵活应用网上国网APP积分,策划开展"智能缴费推荐有奖"等推广活动,网上国网APP累计注册数67438户,推广智能缴费用户34.16万户,试点开展低压用户HPLC宽带载波应用,完成安装1996户。增供扩销成效突出,深化业扩提质提速,落实重点项目进度督办、业扩时长管控等制度,加快接电速度,新增低压用户19841户、高压158户,总计装接容量净增长263.21兆瓦;开展乡村振兴示范区项目培育,推进双龙全电景区建设。

【用电监管】 安全职责清单应用得到深化,全面落实安全生产责任制。2019年,开展现场稽查3080人次,形成稽查报告776份,实现连续安全生产2752天。优化完善全能型供电所各机构、岗位安全责任清单,安全生产基础管理得到进一步提升。反违章"抓反复"工作得到加强,重点编制历年典型违章及问题汇编,达到"身边违章警醒身边人"的目的。按照作业风险等级划分标准编制周稽查和到岗到位计划,加强了停电作业现场的安全监督。供电保障能力得到提升,全年完成新中国成立70周年大庆等各类保电工作57次,成功经受超强台风"利奇马"的严峻考验;配合主网完成110千伏梅溪、罗店等12座变电站检修期间的负荷转供;助力全国首座全户内智慧变电站110千伏站前变投产,全停改造期间开展线路重过载风险防控和隐患排查,有序完成线路负荷转供26回。

【配网运维】 多措并举打造"坚强配网",推进110千伏项宅、峙垅、蟠垅变建设;迎峰度夏期间完成重载网架优化6个、过载台区分流56个,带电检测17645处,重要及以上缺陷闭环消缺566处,及时处理存在恶化趋势缺陷31处。强化精益运维提升供电可靠性,深入贯彻时户数管控理念,使用10千伏发电车保供5台次,减少停电时户数2800余个;探寻新型作业模式,在10千伏北山线上改下工作中顺利开展基于不同配电线路合环的旁路作业法,减少停电时户数500余个。打造泛在电力物联网试点工程。在体育中心、湖海塘公园建设示范智能站所,配置智能巡检机器人、智能感知终端,实现设备智能巡视、联动控制等功能;在"山下周"建设示范智能台区,实现低压台区全状态监测、三相负荷自适应调节。

【培育人才队伍】 致力岗位技能培训,要求各专业部门常态性开展员工技能竞赛比武以及人人过关考试;坚持每年编制《年度教育培训计划》,做到周周有夜学、月月有培训。新中国成立70周年,以九峰变投产建设为契机,开展青工立杆、架线实训活动,发挥国网劳模等配网专家的传帮带作用,加速青年成长成才。2019年累计组织开展装表接电、用电检查、开关柜操作等各类比武(考试)共十余场。注重比武人才输送,1名青工获国网公司级技能比武团体第三名,1名青工获省公司级竞赛比武荣誉;注重榜样选树,1名青工获金华公司"十佳青年"称号。

【作风建设】 党的建设全面加强,高标准开展"不忘初心、牢记使命"活动,班子成员深入基层班所讲党课、解难题,收集问题建议共计22条。配合公司开展2019年协同监督工作,完成A类项目党费使用廉洁风险防控项目课题1篇,获评省公司级奖项。支部共建深入推进,开展红船共产党员服务队"旗帜领航、创先登高"活动,先后与沙畈乡白沙源村等25个党支部开展共建活动。优化正向价值传播,编制《婺心向党》内刊8期,钟荣贵入选金华公司先进典型储备库，获评2019年度公司“最美金电人”，成为公司首位获此称号的农电党员。从严治党全面加强。

（周哲权）

11月13日，婺城供电红船共产党员服务队为小学生宣传安全用电知识　（婺城供电分公司供稿）

金华经济技术开发区（金华市高新技术产业园区）

【概况】　金华经济技术开发区成立于1992年，2010年晋升为国家级经济技术开发区。2013年与原金西经济开发区成建制整合，实行“一块牌子、统一对外，一套班子、统筹管理”。2019年托管“一乡三镇四街道”(苏孟乡、汤溪镇、罗埠镇、洋埠镇、秋滨街道、三江街道、西关街道、江南街道)，行政管辖面积251.65平方千米，建成区面积近50平方千米，下辖102个行政村、53个社区，集聚人口50万人，其中户籍人口26万人。

2019年，实现地区生产总值324.5亿元、增长6%，八项支出增长19%；一般公共预算收入完成56.3亿元，税收收入54.8亿元；规模以上工业总产值503.9亿元、增长3.2%，规模以上工业增加值90亿元、增长7.2%；固定资产投资增长15%；社会消费品零售总额增长7.5%；城乡居民人均可支配收入分别增长7.7%和8.6%。

【产业发展】　开发区抗住国内汽车市场长达22个月的深度调整和剧烈波动，今飞、万里扬、零跑、绿源等企业发展势头良好，万里扬投产当年实现产值近10亿元，在众泰华科全面停产的情况下，汽车制造业仍实现超50亿元产值，占全市22%。医药和食品制造业分别增长10.6%和7.9%，康恩贝、蒙牛乳业、金字火腿等企业表现亮眼，新能源汽车及配件、生物医药列入全市八大细分行业，成功承办两大发展大会。数字经济蓬勃发展，集聚亿博网络、5173、9158、齐聚科技、光通天下等一批行业龙头和“独角兽”企业，承办的首届中国(金华)数字娱乐嘉年华人气火爆。文旅康养产业以金华恒大养生谷项目为引爆点，正打造新支柱产业。培育一批“隐形冠军”，坚果产业园建成投产，瓜子产量占全国30%以上，钎焊材料为美的、格力等国内龙头企业配套、全国市场占有率20%。

【项目建设】　五大产业平台全力拓展，一批产业项目先后落地，一批基础配套全面推进。中央创新区山嘴头未来社区快速推进，新能源汽车产业园拓展用地380.67公顷，健康生物产业园新扩容262公顷，湖海塘新区征迁清零取得新进展，文旅康养区恒大项目再现“开发区速度”。实施产业、产业园、安置房、教育卫生、城市功能配套等项目236个，总投资达520亿元。零跑、万里扬竣工投产，今飞、尖峰二期列入省重大产业项目，北大科技园二期开园，信息经济产业园一期竣工预售，安置房分房3263套，市妇保院主体结顶，双龙南街优化改造等57个市政项目竣工，金婺大桥启动重建，新东方、丽泽书院、新纪元等优质教育项目进展顺利。签约招商项目28个，总投资352亿元，项目数和投资额实现双增长，总投资210亿元恒大项目创开发区单体投资之最。

【改革转型】　重点领域改革纵深推进，14个内设机构、12个事业中心全面调整到位，6家国资公司全部挂牌运行，乡镇(街道)共抓经济的合力进一步增强。智慧开发区建设扩面提效，企业开办“零见面”“马上办”改革领跑全省，取消各类证明事项124项。制订出台总部招引、建筑业发展、小微园建设等重大政策十余项，加大粮食生产扶持力度，“三农”

工作全面提升。"亩均论英雄"改革持续深化,整治提升"低散乱"企业 291 家、淘汰出清 48 家、盘活土地 225.2 公顷,服务业 A 类企业数和亩均税收增长全市第一、工业市区第一,农业增速稳居全市第一。创新主体加速升级,科惠医疗入选国家首批专精特新"小巨人"企业,新认定国家高新技术企业 38 家、增长 153%,新增省科技型中小企业 120 家、增长 40%。获批国家知识产权示范园区、省美丽园区示范园区、省数字化示范园区,15.3 平方千米纳入中国(浙江)自由贸易试验区金华联动创新区,共建全市首个诺贝尔院士专家工作站,川抗所金华分所投入运营,沪杭飞地布局 1.5 万立方米。

【民生事业】 文明创建干出新面貌,市交叉测评综合成绩继续位列第一,"网格化创建、全科型服务"再创高潮。仅"捡烟头兑鸡蛋"一项,参与群众破万人,收集烟头 2200 千克,兑换鸡蛋超 14 万个。全民创建热情空前高涨,睦邻巷、雅苑街等创建新亮点频频涌现,沈天田、姜山头等一批创建短板加速补齐。社会事业有了新进步,坚决贯彻落实全国、省、市教育大会精神,集中开工 11 个教育 EPC 项目,完成 25 个暑期工程,提升 9 所薄弱幼儿园,"5 项领跑工程""10 条教育干货"正逐一落实。金西三镇通过国家卫生乡镇省级考核,在全市率先实现健康促进学校全覆盖,残疾人社区精准康复服务获推广,农村居家养老、文化娱乐、体育健身等设施进一步完善,开展"送文化下基层"活动 2100 场,成功举办首届全国电动冲浪板锦标赛,修缮古建筑 7 处。重点工作实现新突破。三年小城镇环境综合整治收官,4 个乡镇全部通过省级验收,其中罗埠、汤溪成功创建省级样板。拆除违法建筑 39 万平方米,完成"三改"96 万平方米。垃圾分类建成投放点 765 个,改造中转站 2 个,开展各类宣讲 2600 场。50 个"污水零直排区"项目全部完工,38 个生态廊道、"五水共治"项目全部开工,农村饮用水提升工程一期惠及 12 个村 7000 余人,出境断面水质、流域水质和空气质量继续保持优良状态。美丽乡村建设取得新进展,"四好农村路"汤井线、蒋下线已完工,农村公路路网完善、港湾式停靠站、汤苏线等级提升、公路服务站建设等全面完成。建成一批精品村和农家乐民宿示范村,美丽金西成金华研学的"人气王",汤溪菜登上央视走向全国,越溪白鹤村登上《人民日报》成为"网红村",一批保存下来的古村落,从昔日的"穷窝窝"变成旅游的"香饽饽"。

【"智慧城管"平台建设】 2019 年,开发区"继续完善"智慧城管"项目平台建设,上线视频监控设备 700 个,覆盖李渔路、宾虹路等 22 条主次干道及背街小巷、公园等位置。平台软件系统建设取得实效,主要完成视频管理平台、智能管控子系统、统计报表子系统等研发建设。指挥中心大厅建设稳步推进。2019 年,利用"智慧城管"系统查处一般案件 1534 件,简易案件 21595 件,协助处理案件 23 起,查处人行道违法停车 208238 辆,共计罚款 1632.02 万元;及时制止抢栽抢种共 20 起,清除抢栽树苗共 9700 余株,面积 1733 亩。

【党建工作】 2019 年,"基层党建+社会治理" 创新全面推进,深入推行"四知道四报告"党建工作法,治理创新模式全市推广、全国获奖,探索建立的"红业联盟" 首开全市先河,"村干部整治立规创优年"行动取得实效。"四个平台"建设扎实推进,涌现出平安建设指导员、"网格化+智慧化""一圆一网一代办""罗小兴"等一批社会治理新经验,秋滨街道获评第 7 批全国民族团结进步示范单位。设立民情民访代办点 178 处,一批信访积案成功化解,全市信访考核排名第一,坚决"打伞破网",持续"拍蝇扫蚁",扫黑除恶专项斗争取得新成果,治安形势持续向好。

【作风建设】 "不忘初心、牢记使命"主题教育扎实开展,"十百千万"晒拼创和"对标比拼勇赶超"活动持续深化,"十联系""三服务"活动深入推进,项目现场成为干部考场,比拼赶超成为工作常态。完成重点课题 20 个,破解重点难题 84 个,帮扶困难企业 62 家,受理应急周转金 42 笔、2 亿元,包联村社 155 个实现走访 100%。落实落细巡视整改各项工作任务,21 个问题、47 个事项整改到位,长达 10 年之久的南山翠竹 15 栋违建别墅全部腾空。以永远在路上的执着,全力推进"清廉金开"建设,开展各类督查检查 420 次,诫勉谈话 5 人,问责处理 48 人,清退违规经费 80 余万元,为 17 名党员干部澄清问题。意识形态工作得到强化,理论中心组学习常态化开展,"乡音宣讲进基层"活动深受好评。

【思政创新】 "学习强国"实现基层组织全覆盖,"菁莪·家掌通"思政课创新平台受国内主流媒体关注,共推送思政课80余节。与各级媒体深化合作取得新成果,城市主题曲《湖海塘》正式发布,"壮丽70年·红色歌潮"等系列活动掀起爱国爱党新热潮。人民武装、民族宗教、慈善、科协、商会及工青妇、双拥、老龄、残疾人、红十字会等工作取得新成绩。

（张国良）

6月1日,开发区"菁莪·家掌通"思政课创新平台正式上线　　（金华经济技术开发区供稿）

婺城新城区

【概况】 婺城新城区规划面积89平方千米，辖白龙桥镇、乾西乡,是金华市区"一中两翼两三角"战略规划布局中的西翼。按"工业新城、商贸新城、人居生态新城"理念布局,分设"中心综合区、乾西生活区、白龙桥生活区、洞溪工业区块、临江工业区块、临乾工业区块、郭蓉休闲区、清潭休闲区"等八大功能区。婺城新城区经十多年建设,累计投入建设资金30亿元,基础设施建设进一步完善,拉开道路框架20平方千米,建成区18平方千米,绿化面积90万平方米。临江、洞溪、栅川等三大工业分区集聚工业企业550余家,初步形成汽摩配、五金工量具、医药食品等主导产业。区行政办公大楼、区行政服务中心、区人民医院、公安应急指挥中心、汽车客运站、婺城中学、区疾控中心、婺城小学、金华银行婺城支行等30多个公建项目已经投入使用。环中轴景观商业核心圈已经聚集浙中信息产业园、万泰生活广场、伟达雷迪森酒店、尚格酒店、凯得国际、巨龙·腾达湾等十多个商业服务业项目;中心综合区新建、续建缤虹星城、紫金玉澜、蓝湾国际、万固西江月等精品楼盘28个，累计结顶260万平方米。婺城新城区已经成为大金华中心城市的副中心。2019年，婺城新城区作为婺城区新的政治、经济、文化、商业中心。按照市委提出的"做优老城区、做强新城区、做美大郊区"发展思路,积极响应融入区委、区政府实施的"都市经济创新城、美好生活幸福城"的战略之中通过强化招商引资、拓展发展空间、完善基础配套,引进大项目,做强新城区,加快推进新城区建设为市区行政、商业副中心和工业发展的主平台。

【经济指标】 2019年，实现工业总产值228.09亿元,同比增长9.51%。规模以上工业总产值128.31亿元,同比增长17.14%。全部工业投入6.19亿元,同比增长31.29%。规上工业利税9.8亿元，同比增长31.07%;规上工业新产品产值39.7亿元,同比增长33.24%;工业利润8.3亿元,同比增长54.07%。

【招商引资】 2019年,新城区把工业招商引资作为主要抓手,共与浙江智造重工、浙江开创电气等15家企业签订工业投资协议,总投资22.27亿元(其中新供地4家,合计8.16公顷,通过司法拍卖8家,合计15.97公顷)。

【工业项目】 2019年,在建工业项目14个,其中续建7个,新建7个,总投资额13.3亿元,新投产企业7家,在全市"晒拼创"中,取得较好的成绩。其中玉阳春、诚凯工量具、福梅食品、广龙衡器、蓝森装饰、吉峰齿轮已建成投产;永强车业有限公司年产4000辆专用车项目已完成厂房建设，正在内部装修;聚新科技有限公司搅拌楼现场加工部分已进场施工,起重设备已完场招标。

【项目解困】 2019年,新城区克服人员少且没有事权的问题,主动担当,承担了怡景聚贤庭、中奥邑墅、新宇宏腾生活广场等多个项目的解困及维稳工作。聚贤庭、婺州城市广场项目均已解困完成,中奥邑墅、新宇宏腾项目解困工作有序推进。

【基础设施】 2019 年,新城区政府投资项目 19 个,年度计划投资 4.68 亿元。其中续建项目 12 个,新建项目 7 个,分别计划投资 4.16 亿元和 0.52 亿元。双溪西路下穿公铁立交工程,铁路两侧基上下行 8 箱已完工。双溪西路西延工程,Ⅰ标已完成桥梁桩基工程,正在进行雨污水管道施工,Ⅱ标正在进行路基填筑和地下管线施工。污水处理厂二期工程,10 月 30 日开始通水运行,整体工程已基本完成建设。龙蟠区块横四路建设工程主路基基本完成;西二环绿化已完成水系开挖、造坡整形等,绿化、侧石基本完成。同时完成二环西路(临江东路—宾虹西路)绿道景观灯新建工程、临江大桥补光工程、临江大桥伸缩缝维修工程、临江东路与金沙街增设高杆灯工程、万里扬红线外配套雨水、污水管道,自来水管道和便道硬化工程等一批零星工程。

【土地市场】 2019 年,根据市场需求,新城区完成工业用地出让 8 宗,合计面积 34.4 公顷(万里扬 4 宗,今飞 2 宗,浙农茂阳、浙江智造各 1 宗);划拨用地 2 宗,合计面积 11.53 公顷(双溪西路、乾西十七中);办理经营性用地出让 1 宗,面积 7.4 公顷(流拍);完成公建用地上报 1 宗,面积 0.59 公顷(白龙桥法庭)。盘活用地方面,完成低效工业用地收回 2 宗,合计面积 3.2 公顷(浙江凯奕、金华农产品);完成农转用 5 批次,合计面积 21.7 公顷。协助完成企业用地履约情况审查 5 宗、司法拍卖入园 5 宗、复核验收 3 宗。

【保障服务】 2019 年,为保障市政管理维护不断档、不留白,继续承担绿化、道路、管道等市政设施的维护工作。主动对接企业开展“家服务”,集中走访企业 36 家,收集解决问题 3 个。完成“三服务”交办单 32 件、“8890”交办单 206 件,答复政协、人大建议 12 件。

(曹瑶珩)

金华仙源湖旅游度假区

【概况】 仙源湖旅游度假区位于中国桂花之乡——金华市婺城区安地镇境内,2002 年 1 月经浙江省人民政府批准设立,是浙江省第 12 个省级旅游度假区、省内唯一的城郊湖山型旅游度假区,也是金华市区唯一的省级旅游度假区,距市区 10 千米,规划面积 40.57 平方千米。2019 年,度假区接待游客 162.96 万人次,同比增长 39.45%,实现旅游经营性收入 9992.5 万元,同比增长 18.28%。“金华市水上运动中心”累计接待游客 48.56 万人次,营业收入 6467.2 万元;金华动物园累计接待游客 37.37 万人次,营业收入 871.3 万元。

【项目建设】 浙江巨龙温泉旅游度假村配套项目已投资 4.2 亿元,完成率 82%。一期水上乐园、二期温泉项目于 2019 年 4 月对外营业,A1 号楼酒店、A3 号楼月子中心正式投入使用,婚庆会议中心于 2019 年 12 月底投入使用,同时,于 2019 年 7 月成功创建为区级首家职工疗养基地。安地小城镇环境综合整治工程顺利完成,通过省级验收,并获得小城镇环境综合整治省级样板;安置房一期公寓房主体完成,宅地基未分到户;中心幼儿园至年底完成主体结顶;和村九九湾生态旅游景区提档改造完成,计划指导培育为国家 A 级景区。2019 年安地镇被评为浙江省非遗主题小镇。

浙江巨龙雅泉水世界

(区新闻媒体中心供稿)

【招商引资】 度假区党工委、管委会以仙源湖总体规划为蓝图，结合安地小城镇环境综合整治、梅溪流域综合治理及生态廊道建设，规划36个旅游项目进行招商推介，主要方向为主题公园、旅游度假酒店、A级景区。对接洽谈大型旅游项目3个（仙源桃源小镇项目、燕语湖国际垂钓中心项目、中药养心谷项目），其中中药养心谷项目位于安地镇南郭村，用地35公顷，总投资3.2亿元，打造浙中区域首选中药养心、养身、养行的"三养"乐活康养度假胜地。

【基础设施】 香溪西路延伸段工程进场施工，同时对度假区范围内的基础设施进行维护管理，集中更换破损的窨井盖，完成仙福路路灯安装和仙源大道部分路灯维修，完善了配电设施；完成揽秀阁主体亮化及周边景观提升改造。

【综合管理】 仙源湖度假区管委会始终坚持以问题为导向、以服务企业为宗旨，创新推出"1+1+N"联动服务助力帮助房产项目脱困，协调解决"枫丹丽舍"项目由于资金不够，班组进度未及时跟进，导致延期交房问题，做好上访业主思想工作。于2019年1月10日组织召开全体债权人会议。3月26日，项目顺利复工。度假区内问题较大的香溪玫瑰园二期、枫丹丽舍房产项目已进入后续交房阶段。

（汪 烨）

浙中信息产业园
（婺城区网络经济发展局）

【概况】 2019年，浙中信息产业园管委会（婺城区数字经济服务中心）深入贯彻省、市重大决策部署，坚定不移把数字经济作为"一号产业"来抓。截至2019年年底，园区入驻企业达320余家，年交易额超70亿元。

【园区建设】 贯彻落实婺城区政府第9次常务会议关于对位于新华街301号的原区政府国有资产进行调整处置，牵头负责对新华基地进行产业布局调整和企业分流处置，及时、高效完成股权及财务、资产交割，对防止国有资产流失起到积极作用。

【招商引资】 重点抓好婺星基地的招商工作，先后与金华市美晨商贸有限公司、经济时报直属企业颐坤实业、杭州星巢网络科技有限公司、国金公链软件系统（北京）有限公司等有实力和投资意向的企业进行洽谈，成功与阿里集团举行农村电子商务项目签约，推进婺城农村电商发展。

【重点项目】 安云小镇、合丰服务外包产业园两大园区以商引商模式初见成效。安云小镇引进第三方服务机构浙江鑫联信息科技有限公司负责整体运营管理和招商引资，2019年度共引进浙江毛豆信息技术有限公司、金华市尚宇科技有限公司等企业。合丰服务外包产业园继续做大做强跨境服务外包，并协助做好中国故事宣讲、在美人才引进等工作，效果显著。

【电子商务】 组织74家企业申报2018年度房租补助，婺城区财政承担补助资金101.443万元；组织50家企业申报2018年度数字经济发展扶持政策资金，婺城区财政承担补助资金226.405万元。开展婺城区电子商务创业创新大赛及婺星双创大赛等活动。牵头发起并成功举办作为市数字娱乐博览会的系列活动之一的2019中国（金华）网红垂钓大赛，此次活动包括开幕式、网红垂钓高峰论坛、网红垂钓大赛、网红旅游推荐、垂钓网红嘉年华直播晚会等环节，全国首创的"网红垂钓+晚会直销（土特产）+互联网新媒体"新模式，有力推动生产型企业与社交电商多层次合作，打造婺城数字娱乐新生态。

12月1日，中国（金华）网红垂钓大赛颁奖仪式
（浙中信息产业园供稿）

【党建工作】 实现电子商务创业园、CRC 文化创意园的党建示范点升级。开展各类党务活动、文化交流、业务培训等主题活动、会议十余场。组织开展的“婺城图强我担当”主题教育、“八婺讲习所”等活动均受到党员群众的积极响应。提升优化浙中信息产业园党群服务中心部分设施、设备,充分发挥云党建平台、微信群等现代教育手段开展学习,先后接待省内外学习参观考察团二十余批次。

(胡群慧)

城乡建设

建筑业

【概况】 婺城区有各类建筑业企业168家，具有总承包资质企业120家，其中具有一级总承包资质的企业7家，具有二级总承包资质企业17家，具有三级总承包资质企业96家；专业承包资质企业37家；咨询、监理、造价、检测等服务机构11家。2019年，实现建筑业总产值51.29亿元，完成建筑业税收4.2亿元，其中婺城区建筑业企业纳税1.91亿元。

【扶持奖励】 落实区委、区政府《关于扶持建筑业快速健康发展的若干意见》，营造扶持本地建筑业发展的良好环境，组织建筑业企业申报扶持奖励资金，做好全区18家建筑业企业各项奖励的材料核实、审计工作，兑现奖励资金467万元。主动做好服务工作，鼓励建筑业企业做大做强，全年新增三级资质企业31家，新落户二级资质企业4家；帮助企业做好人才工作，评审助理工程师33人、工程师148人、高级工程师16人；为企业缓解资金困难，办理应急周转金7笔，共4200万元；对“挂证专项整治”所有注册人员进行审核、复核及整改补充填报，审核信息3000余条。

【绿色建筑】 2019年，新开工装配式建筑106.23万平方米（项目任务：60万平方米）；新开工装配式住宅和公共建筑97.92万平方米（项目任务：45万平方米）；新建住宅全装修项目39.83万平方米（项目任务：20万平方米）；完成高星级以上绿色建筑示范工程1项（婺江印月小区）；公共建筑节能改造16148.94平方米（目标任务：5000平方米）；完成可再生能源建筑应用569617.06平方米（目标任务：20万平方米）。

房地产业

【概况】 婺城区2019年有房地产开发资质的企业18家。在建项目19个，总建筑面积235万平方米，总投资282亿元。2019年完成投资额44.2亿元。

【房地产交易】 2019年，婺城区新建商品房累计取得预（现）售证26本，共涉及12个项目，累计批准预（销）售的商品房面积701288.39平方米（6841套），其中：商品住宅累计批准预（销）售面积679129.29平方米（6451套），商业用房累计批准预（销）售面积17458.35平方米（202间），其他用房累计批准预（销）售面积4700.75平方米（188间）。

2019年，婺城区商品房累计销售面积45.20万平方米，累计销售金额65.39亿元。其中，住宅42.87万平方米（4125套），销售金额62.39亿元；商业2.01万平方米（274间），销售金额2.83亿元；办公0.37万平方米（36间），销售金额0.20亿元。

房屋征收

【概况】 2019年，婺城区完成多湖中央商务区上浮桥（一期）区块房屋征收工作，涉及居民1070户，共计面积约13万平方米；完成金义东市域轨道交通建设项目开发区段房屋征收工作，涉及居民334户、面积6.6万平方米。拆后场地全部用于市政道路和市域轨道交通建设。

城中村改造

【拆迁改造】 2019年，深耕老城更新，改造城中村21万平方米，其中，上浮桥(二期)拆迁11万平方米，西郊拆迁10万平方米。

【安置房建设】 2019年根据区委、区政府工作安排，以创建“都市经济创新城、美好生活幸福城”为奋斗目标，全面推进安置房建设工作，改造城中村21万平方米。续建勤俭一期、洪源区块、巨龙西地块3个城中村改造安置房续建项目，其中勤俭一期项目于10月底完成竣工验收备案；新建鲍杨、西郊一期项目，积极开展五星田里项目前期及西郊二期筹备工作。

市政建设

【市政设施】 2019年，海绵城市建设3.5平方千米。完成婺城新城区市政道路养护，宾虹西路、临江路等破损路面修补。江北背街小巷破损路面修补7.97万平方米。

【桥梁养护】 婺城区2019年有公铁立交桥、白沙大桥、临江大桥等3座大桥和宾虹西路1号小桥、宾虹西路2号小桥、临江东路小桥等3座小桥，按照城市桥梁养护规范指导婺城新城区管委会的养护单位建立桥梁基本信息资料（包括一桥一卡、日常巡逻资料、月检查信息卡、年检查信息卡）。同时，完成临江大桥桥梁梳齿型伸缩缝的维修工作。

【排水养护】 按照江北背街小巷雨污分流改造工程四期年度建设任务，建设雨污管网各1.15千米；指导婺城新城区管委会的养护单位在雨季前后对新城区的雨、污水井、雨水集水口进行清淤，加强日常巡逻，对缺失、破损的井盖及时更换，消除安全隐患。

公用事业

【污水处理】 区住建局下辖3座污水处理厂。其中婺城新城区污水处理厂，日处理能力8万立方米；蒋堂镇污水处理厂，日处理能力0.5万立方米；琅琊镇污水处理厂，日处理能力0.3万立方米。3座污水处厂均已投入运行。全区各乡镇全年建设污水管网10.36千米。

2019年，是省农村生活污水工作从探索阶段迈入规范阶段之年，是农村污水工作从传统模式变为标准化模式之年。全区涉及农村污水治理设施运维共计338个行政村，647座农村生活污水终端。全区受益农户合计73643户，受益率高达85%以上。全局根据省市两级考核要点，结合全区实际情况，制定《2019年婺城区农村污水处理设施运行维护考核办法》。在前期“三表一单”推进工作中，运维站与运维单位对全区农村生活污水治理情况的详细排摸，提前完成“三表一单”任务，其中行政村复核率100%，自然村复核率100%，处理设施复核率100%。完成全区45个点的农村污水标准化运维点的建设，提高出水的达标率，启动48个点的农村污水处理设施提升改造工作，提升农村生态环境。

【燃气管理】 婺城区范围有瓶装液化石油气经营网点21家。其中一级站1家、二级站4家、三级站17家。每季度开展经营网点安全检查，确保液化气行业安全、有序健康发展。

【环境卫生】 2019年，婺城区环境卫生服务中心机构改革后划转至婺城区住建局，全年以提升城市品位、打造精品城市和建设美丽金华为目标，推动全区环卫事业健康发展。

按照路面等级管理的要求，环卫中心负责清扫保洁道路89条，公园4座，作业网格8个，共401人，清扫保洁道路总面积3191366平方米，绿化面积479814.1平方米。

区环卫中心共有公厕71座，其中已开放61座。为做好公厕高标准改造工作，提升公厕品质，2019年，婺城区环卫中心提档改造公共厕所21座。

【小城镇建设】 根据省、市小城镇环境综合整治行动领导小组办公室部署，婺城区小城镇环境综合整治行动领导小组办公室坚持每周工作例会制，各专业组每周不少于两次到乡镇进行指导服务，小城镇环境综合整治行动领导小组办公室派专家驻点指导，协调各相关部门指派专人上门服务，指导乡镇安全文明施工，2019年到各乡镇开展业务指导60余次。同时联合执法、市场监管、公安、交警等部门开展集中整治行动，确保如期保质保量完成整治任务。

2019年，全区列入考核范围的4个乡镇全面完成整治任务，均已通过省级考核验收，其中琅琊镇、安地镇、雅畈镇获评省级样板乡镇，白龙桥镇获评市级样板乡镇。

园林绿化

【概况】 2019年，顺利完成婺城新城区道路绿化和中轴景观(北)公园的养护任务，完婺城区江北背街小巷绿化补植4.5万平方米。完成6条背街小巷花漾街区等特色街巷打造，完成73132部队营区雨污分流改造工程，完成2个浙江省园林式居住区（单位)的评选工作。

物业管理

【概况】 婺城区辖区内共有物业服务企业56家，从业人员3920人，成立业主委员会164个。业主委员会自治或者由社区参与管理的小区656个，有正规物业公司进驻管理的小区124个。2019年完成辖区内业委会备案办理35件、前期物业备案办理6件，处理住宅违法违规装修投诉190余起，下达整改通知书32份，督促落实城镇危房整改到位23处。

根据《金华市区加强和完善社区物业服务工作的方案》精神，全面落实2019年金华市民事实施要求指导和推进准物业全覆盖工作，实现二环内小区达到准物业100%覆盖要求。

绿道建设

【概况】 2019年婺城区建设局推进绿道建设，在原绿道建设基础上，围成绿道闭合圈。2019年婺城区建设局投入1900万元，建设绿道27.6千米。其中婺城区2019年年度绿道（西关大桥—兰溪高速局部段)10千米，婺城区2019年年度绿道（城市绿道1号线、2号线、雅畈段)16千米，婺城区2019年度绿道(桐溪—怡村段及其他零星段)1.6千米。婺城区建设局匠心打造绿道，展示婺城人文风情，为市民打造休闲康养好去处。

（朱林罡）

住房公积金管理

【概况】 金华市住房公积金管理中心婺城管理部按照“保安全、优服务、抓扩面”的工作要求，进一步深化公积金服务事项“最多跑一次”改革，强化内控和风险管理，齐心协力抓好工作落实，2019年度岗位目标考核获前三甲。全区住房公积金缴存单位576个，年初实际缴存职工12603人，年末实际缴存职工15445人，净增2842人，实缴人数比年初增长22.55%。

【住房公积归集】 年末归集住房公积金31976.21万元，比上年同期(24336.05万)增长31.39%。

【住房公积金提取】 年末提取公积金20157.55万元，比上年同期(18802.43万)增长7.21%，占当年归集额的63.04%，其中住房消费类提取16667.30万元20104人次，同比增长16.29%；非住房消费类提取3490.25万元357人次，同比下降21.92%。

【住房公积金贷款】 个贷申请510户，同比增长177.17%，发放住房公积金贷款469户12663万元，比上年同期(6850万/219户)增长84.86%，个贷发放额户均27万元，存贷比78.69%。住房公积金个贷逾期率为0，实现连续8年零逾期。

【住房公积金增值】 2019年度住房公积金业务收

入2123.05 万元，业务支出 1106.24 万元，实现增值收益 1016.81 万元。当年计提风险准备金 610.09 万元，累计 6760.08 万元。当年计提城市廉租住房建设补充资金 162.25 万元，累计提取并上缴区财政廉租住房建设补充资金 1311.22 万元。所有公积金服务事项，如期完成了实现“一证通办”和网上办理开通率 100%，办结量达到 50%以上及 80%以上服务事项掌上可办。建立公积金服务网点 22 个，8 月底实现了公积金服务网点乡镇街道全覆盖。9 月实现城市公积金专网整合工作。信息宣传报送工作：以多种形式加大公积金政策业务宣传力度，在《今日婺城》发表 2 篇，并开设政策解读专刊一期、省建设信息港发表 8 篇，印制“住房公积金圆您住房梦”宣传册易拉宝，张贴各类海报，把公积金政策业务的宣传册留足于 17 个委办银行网点和 5 个便民代办点。

【调整缴存基数】 机关、企事业单位住房公积金缴存基数范围为 1800~23634 元；个体户、自由职业人员住房公积金缴存工资基数范围为 4727~23634 元(婺金管〔2019〕2 号、5 号、6 号)。

【明确高层次人才】 金市金〔2019〕29 号文件规定，自 2019 年 5 月 6 日起，明确高层次的 7 种人才，其享受公积金贷款部分，不实行存贷挂钩。

【简化提取流程】 2019 年 2 月 25 日起，对购买、建造、翻建或大修自住住房按规定提取父母、子女住房公积金，取消购(建)房人缴存住房公积金前置条件。自 2019 年 5 月 5 日起，购、建自住住房，无公积金贷款的，自颁发不动产权证之日起一年内予以办理提取(金市金〔2019〕25 号)。2019 年 10 月 21 日起，已办理按月还贷提取，当年可再申请同一套住房组合商贷或者另一套住房一年一次还贷提取(金市金〔2019〕56 号)。

【规范完善提取条件】 2019 年 3 月 8 日印发的金市金〔2019〕15 号文件对购、建、还贷、终止劳动关系、租赁及高层次人才的提取条件予以规范；同时对骗取本人(他人)超额度提取等违规行为明确了处理规定，对违规人员列入信用黑名单，三年内不予住房公积金提取，公职人员违规，向纪检机关通报，非法中介协助违规，向公安机关或扫黑办通报。

金市金〔2019〕58 号文件规定，自 2020 年 1 月 1 日起，同一人多次变更婚姻关系购房、同一套住房一年内两次以上买卖交易、非配偶或非直系亲属二人以上共同购房，该房已办理提取过住房公积金的，同一年度内不得再次办理提取。

【住房公积金服务】 认真做好一梳二减三优化工作，一梳是根据省政务服务平台八统一标准，按照“减次数、减材料、减环节、减时间”的要求，对 30 项公积金服务事项全方位反复多次进行细化梳理；二减是根据梳理好的服务事项，对照“六个一律”，融合办理表单、精简办理材料。通过数据查询、信息核验平台、个人承诺方式取消各类证明材料 15 项；三优化是通过业务流程再造、审批环节再优化，缩减办理时限，明确每个环节业务办理的主体和流转期限，贷款在 5 个工作日内完成审批，提取业务和缴存业务，线上申请 90%可以实现当日申请当日办结，线下申请随即办结。延伸公积金服务事项办理网点，依托公积金业务委托银行和 365 便民中心，在原来 5 个办理网点的基础上，自 8 月起新增加 17 个办理网点，实现公积金服务事项乡镇街道全覆盖，公积金缴存职工就近就便办理公积金业务。加强银行网点和乡镇业务代办点工作人员政策业务培训，开展业务教学 2 次，制定掌上办理业务操作服务指南，PPT 教学课件，同时建立网点业务联络群，政策业务问题群内咨询、讨论，使工作人员逐步

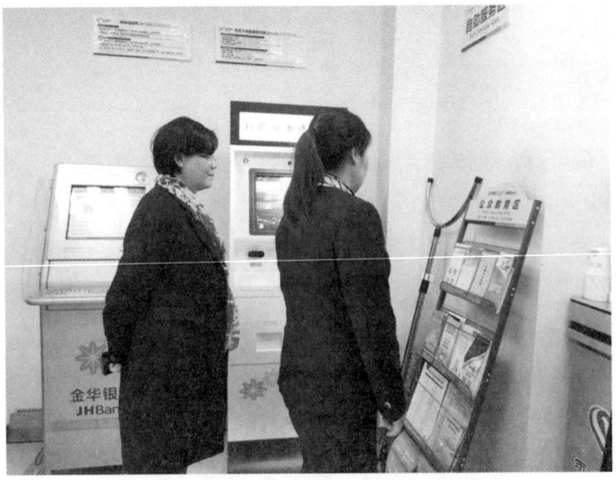

11 月 15 日，公积金事项延伸乡镇后对金华银行白龙桥支行网点进行回访

(住房公积金婺城管理部供稿)

掌握“精、准、快”的技能。银行网点及乡镇街道代办点,大力推进公积金服务事项掌办、网办,全年共受理公积金网上业务(单位网厅、提取业务)2643 笔,总业务量 3205 笔(剔除批量业务),网办业务率达 82.46%,极大方便公积金缴存人办理公积金,百姓的满意度和获得感满口皆碑。

【健全完善制度】 重新认真梳理业务岗位权限,合理设置岗位权限,完善岗位权限管理,先后制定和完善了《资金存放管理制度》《岗位职责》《贷后管理办法》《窗口工作人员考核办法》等各项管理制度。由于银行网点的增加,各岗位严格执行岗位规章,规范操作规则,把之前银行网点的复核权限全部清理收回,统一由婺城管理部后台根据办件业务材料把关复核,全年办理提取业务 20461 人次(含按月业务)。住房公积金基数调整严格执行控高保低原则。严格落实信息保密制度,根据市中心的统一部署,加强公积金业务信息的管理,认真学习保密知识,提高思想认识,与各银行网点及业务岗位签订“信息保密协议”庄严个人承诺。

【大事项管理制度】 严格执行 300 万元以上的资金调拨集体研究决策制度。按照《资金存放管理制度》的相关规定,认真贯彻执行资金定期存放招标制度,为提高资金效能,根据公积金归集、提取、放贷业务量的增减情况,进行全方位测算,在保证资金流动性、安全性、增值性的前提下,对资金招标金额、方案,主任办公会议多次进行专题讨论研究,2019 年住房公积金定期招标 2 次,协定存款 1 次,所涉金额 4.94 亿元。

【审计和媒体双重监督】 区审计局对 2018 年度公积金归集管理使用情况进行专项审计,并将住房公积金制度执行情况和财务报告,于 3 月 29 日在《今日婺城》和区政府门户网站上进行专版公告;区财政局对 2018 年度管理经费决算进行专项审计,审计报告上报市中心备案;区财政对 2019 年管理经费的预算在区政府门户专网进行公布。

根据省建设厅《关于开展全省住房公积金 2019 年行政专项监督检查的通知》(浙建金监发〔2019〕144 号)文件精神,对管理部住房公积金 2018 年度管理运行情况进行认真细致自查,并上报市中心。

【找问题补短板】 严格落实整改市中心党支部对公积金管理工作全方位进行巡查时提出的问题,逐条逐句学习研判,细细分析,作出整改报告上报市中心党支部。

【开展“三服务”活动】 管理部以开展服务企业、服务群众、服务基层活动为抓手,以“业务下沉、服务延伸”的方式,将公积金服务送到企业、乡镇,让群众在家门口就可以享受到公积金服务。增设网点。为方便临江工业区、白龙桥西片区的乡镇企业、职工居民办理公积金业务,在白龙桥镇工行营业部增设了公积金业务窗口,西片区企业职工可以就近就便自主选择办理公积金业务;通过下乡走访企业及政协“一村一委员”平台,送政策送服务进企业进乡村,大力宣传公积金政策制度,乡镇企业职工居民对住房公积金政策的知晓率有普遍的提高,对制度的扩面工作有了稳定的基础,金华天图特阔整理有限公司在入企业调查的第二天对符合条件的职工全员建缴了公积金制度;强化服务意识,完善优质服务长效激励机制。4 月,业务大厅实行月考核制度,管理部根据《关于印发〈婺城区进驻行政服务中心办事大厅工作人员考核办法(试行)〉的通知》,结合实际工作情况,在以往执行的季度“服务之星”评选机制的基础上作进一步的完善,制定考核考评办法和激励机制。根据考核考评办法对业务大厅工作人员进行效能作风量化考核,比学赶超氛围日益浓厚,业务素养进一步提升,不断增强工作人员的责任感和荣誉感。通过每季度一次的“服务之星”评比,促进前台工作人员加强自身建设,达到奉献精神佳、自身形象佳和工作绩效佳的公积金“三佳”形象,使办事群众感受“家”一般的温暖。四是畅通诉求,有求必应。职工通过“8890”和网上咨询投诉举报平台对公积金的诉求,做到有问必答,事事有回复,件件有落实,2019 年处理 58 件。

【扫黑除恶专项斗争工作】 成立扫黑除恶专项工作领导小组,强化工作责任。为全面贯彻落实中央、省委和住房城乡建设部关于扫黑除恶专项斗争的决策部署,根据市中心扫黑除恶专项斗争的会议要求,结合本单位的实际,成立由行政负责人为主,各业务科室参加的“扫黑除恶专项斗争工作领导小组”，由信息专报员每月定期上报扫黑信息及工作进展情况,建立工作台账。

制定扫黑除恶工作方案,有计划推进。对曾经发生未遂的档案材料,认真梳理排摸线索;加强宣传,营造氛围,制作印发“扫黑除恶”海报和宣传标语;对以往有骗提公积金行为发生的重点单位邮寄告知书,全区发放告知书 200 余份;到乡镇街道送公积金政策之际,把公积金领域的涉黑涉恶事项作宣传解释,以起到警示作用。

【队伍建设】 管理部在人少、工作任务之繁重的情形下,面对压力,坚持“构建和谐‘大家庭’,提供贴心‘家服务’”,努力打造一支积极向上、团结奋进、业务精通的铁军队伍。管理部始终坚持集体领导,民主决策,对单位招聘员工、大额资金调度、住房公积金、风险准备金定期储存进行集体讨论决定。面对繁重的业务,管理部强调既各负其责又共同分担的工作氛围,前台、后台、业务、综合,每个人都是“多面手”,在完成本职工作的基础上,分担一线繁重的业务工作。作为窗口单位的工作人员,拥有愉悦的身心是提供优质服务的有力保障。管理部通过诚恳约谈,聆听职工心声;通过开展“大家访”,了解职工业余生活,帮助解决家庭困难;通过组织公益活动,正确引导,积极传播正能量,营造温暖和谐的“大家庭”氛围。

（倪　谦）

商贸业

综　述

【基本情况】 2019 年，实现规模以上工业增加值 38.4 亿元，同比增长 8.8%。规模以上工业产值 186.6 亿元，同比增长 8.8%。限额以上工业投资 10.59 亿元，同比增长 58.78%。累计进出口总额达到 50.6 亿，同比下降 7.65%，其中出口达 48.8 亿元，同比下降 7.49%，出口占全国总量的 0.283‰。社会消费品零售总额 360.47 亿元，同比增长 6.1%。

（吴　岑）

【电子商务】 2019 年，浙中信息产业园区入驻企业 320 余家，年交易额超 70 亿元。组织 74 家企业申报 2018 年度房租补助 101.443 万元；组织 50 家企业申报 2018 年度数字经济发展扶持政策资金 226.405 万元。开展婺城区电子商务创业创新大赛及婺星双创大赛，成功举办 2019 中国（金华）网红垂钓大赛，首创“网红垂钓+晚会直销（土特产）+互联网新媒体”新模式，有力推动生产型企业与社交电商多层次合作，打造了婺城数字娱乐新生态。

（余　悦　黄慧华）

粮食工作

【粮食流通】 2019 年机构改革后，粮食管理和救灾物资储备职能转隶至区经济商务局（粮食和物资储备局）。负责组织实施全区战略和应急储备物资的收储、轮换和日常管理，落实有关动用计划和指令。管理全区粮食、棉花、肉类和食糖等物资储备，负责区级储备粮棉肉糖行政管理。配合上级部门组织实施粮食流通和物资储备有关标准、粮食质量标准和有关技术规范，做好全区粮食流通行业管理。监测粮食等重要商品供求变化并预测预警，配合上级部门做好粮食流通市场调控。统一负责储备基础设施建设和管理，承担区级粮食和物资储备承储单位安全生产的监管职责。负责全区粮食收购、储存、运输环节粮食质量安全和原粮卫生的监督管理，组织实施粮食库存检查，负责粮食和物资储备统计。负责粮食应急储备宣传，承担区粮食安全领导小组办公室的日常工作。

【粮食购销】 组织分解落实早稻订单任务，98 个村、1258 户，核定订单数量 17794 吨，全部录入订单管理系统。发放预购定金 41 户、571 万元。与 41 户种粮大户签订 7000 吨晚籼订单粮食。严格执行收购价格政策和“订单粮食”奖励政策，及时支付售粮款和奖励款。增加机械化入库设备的投入，减轻农户售粮劳动强度，方便群众售粮。2019 年投入资金添置除杂机、输送机等机械设备 3 台。设置收购点 5 个、农户休息室 5 个。制定《婺城区 2019 年早稻重金属镉污染监测处置实施方案》，对全区地产粮食做好质量风险关口前移监测和超标处置。

【粮储管理与中心库建设】 2019 年，全区承储各级储备粮 23216 吨，其中省级储备粮 10300 吨，市级储备粮 12916 吨。全区储备粮食全年达到“一符四无”储粮标准。在古方中心粮库安装制氮设备，由传统的储粮方法逐渐向绿色储粮方向发展。投入资金

550 万元推进信息化建设，其中中央补助资金 139 万元。在古方中心粮库安装无线粮情测控系统、智能通风整系统、智能控温系统、智能气调系统、仓外测虫系统、建造中控室、安装 LED 大屏，为绿色储粮打好基础。安装安防监控设施。全部采用机械化进出库，提高粮食进出库能力，逐步实现“四散化”作业。全区出入库 4 万余吨粮食全部采用散装散运方式，粮食出入库散装散运比例达 100%。2019 年计划轮换出库 4171 吨。全面完成十年一次的全国政策性粮食库存数量和质量大清查工作。制定《婺城区政策性粮食库存数量和质量大清查自查督导工作实施方案》，清查时点为 3 月 31 日 24 时，通过省、市级清查组对全区纳入清查范围的金华市婺州粮食收储公司的库存粮食的全面清查，确认全区库存的储备粮数量真实，账账、账表、账实相符。

【居民生活】 2019 年 2 月成功创建浙江省首批“放心粮油示范县”，成为金华市两个(婺城区、永康市)成功创成示范县之一。建成放心粮油示范点 27 家，示范企业 4 家。组织 2018 社会居民粮油供需平衡调查统计。

【粮食流通应急管理】 全区范围内共设立应急供应网点 45 个、应急加工企业 10 家(日加工能力 700 吨)、应急配送中心 2 家(日配送能力 400 吨)、应急运输企业 1 家(日运输量 650 吨，运输车辆 22 辆)，设立 10 个应急检测点，与应急供应网点和应急加工企业各负责人签订相关协议，与应急运输单位签订应急运输协议。完善应急预案，重新编制修订粮食应急预案操作手册。开展二次辖区粮食流通应急情况检查。

【应急储备物资的收储、轮换】 救灾应急储备物资管理职能转隶后，共接收区民政局应急储备物资 3577 件。完成全区 50 个避灾安置场所应急储备物资调拨工作。成立局救灾物资采购小组，及时通过“政采云”电子采购平台有序组织采购，对库存数量不足、品种不全的应急储备物资进行补充，对储备时间超过规定年限的应急储备物资进行轮换。2019 年底，共有应急储备物资 3406 件。

【市场监测管理】 在辖区范围内建立粮食市场价格信息监测点 5 个，其中粮油零售价格点 3 个、粮油批发价格点 2 个，每月定期发布粮食信息。

对外贸易

【概况】 2019 年，全区有实际出口的外贸主体 334 家，累计出口 48.77 亿元，其中生产企业 200 家出口总额 33.39 亿元，同比增长 10.14%；流通企业 134 家出口总额 15.38 亿元，同比下降 31.35%。

【出口信用保险】 2019 年，组织 20 家企业申报出口信保保费补助共计 418.5 万元。

【贸易市场】 2019 年，组织辖区 65 家企业申报境外展会展位补助计 388.27 万元，涉及展位 142 个。

【跨境电商】 加快推进金华跨境电商孵化中心建设，整合跨境电子商务全产业链资源，推进跨境电商规模化发展；培育引进有实力、高质量的外贸综合服务平台，带动小微企业开拓国际市场。

【企业服务】 开展“外经贸专项服务”活动，成立外经贸服务专项组和工作专班集中办公，集中攻坚当前“六个稳”工作中的短板、弱项，有效应对中美经贸摩擦。

【监测工作】 加强监测平台。在已经落实 81 家外贸企业运行监测的基础上，全面覆盖全区外贸企业“订单+清单”运行监测系统上线工作拳。

(何 清　黄慧华)

供销合作

【概况】 2019 年，金华市婺城区供销合作社联合社(以下简称区供销社)致力于推进供销社综合改革和农合联服务体系建设工作。

【“三位一体”综合改革深化】 推进农合联组织规范化建设，推动“两项制度”落实。收集农合联会员信息，配合成泰农商银行进行会员的授信和贷款工作，婺城区 2019 年有农合联会员 471 家，完成信息采集 248 家，优化市成泰银行开展的信用评级和授信服务，提高已采集信息会员的授信覆盖面。瞄准婺城特色茶叶产业，推进产业农合联(联合社)建设，以完成组建的婺城茶叶合作社联合社为平台，推动婺城茶叶向品牌化、专业化、规模化方向转变，并以点扩面，探索组建粮食、花卉、蔬菜类产业农合联（联合社），2019年已组建粮食、花卉苗木、茶叶、辣椒产业农合联共6家。组织本地茶企赴中国茶博会等展会开展品牌推介活动，不断增强婺城茶叶品牌知名度。推荐婺城丝雨茶叶合作社为全国示范社，推荐上报6家企业的优质农特产品，参选由省供销社主导的京东"中国特产·浙江馆"首批20款上线产品。提升供销为农服务能力与水平，先期探索与第三方合建具备提供农业生产资料供应、农业技术咨询、信用服务等基础功能的农业现代服务中心，逐步为涉农群体提供农业技术指导、农产品销售、农业中介、农信担保等各类服务。2019年组建现代农业服务中心1家。

【农信担保业务】 截至11月底，担保公司提供贷款担保总计51笔，担保总额6254万元，其中为涉农组织、农民专业合作社、农民种养殖大户提供担保计27笔，担保额3124万元，涉农担保比例保持在50%左右，为中小微企业等其他行业提供担保计25笔，担保额3395万元，在保余额7530.9569万元。

【农资供应服务体系建设】 截至11月底完成农资销售额6500万元。

【社有资产】 优化社有资产结构，强化项目有效投资。按时完成社有资产租赁费征缴工作，开展社有资产登记清理，健全完善社有资产管理制度，逐宗造册归档。抓好社有资产的综合开发利用，对白龙桥、虹路、马海地等部分房屋进行改造提升，确保社有资产保值增值。

【和谐稳定】 抓好出租房及社有资产安全隐患的排查和整改，加强日常安全检查，2019年，组织检查23次。做好防汛防台各项工作，开展防汛检查6次。

（倪永洪）

交 通

【概况】 2019年,计划实施交通建设项目27个,计划完成投资11.98亿元。其中续建项目9个,2019年计划完成投资7.44亿元;新建项目11个,计划完成投资4.06亿元;预备类项目7个,2019年计划完成投资0.48亿元。2019年累计完成投资12.62亿元,占年度计划的105.36%。

【重点工程建设】 衢江婺城段航运开发项目主体完工,2019年2月份并网发电;婺城莘畈至武义白姆公路建成。313省道(45省道)婺城至兰溪段改建工程(婺城段),总投资13.5亿元,完成投资11.45亿元,其中2019年计划投资2.8亿元,已完成2.9亿元,完成年度比例103.64%,2020年主线通车。235国道金华至武义公路(婺城区段),总投资15.5亿元,累计完成投资11.58亿元,2019年,计划投资3.7亿元,已完成4.18亿元,完成年度比例112.97%。2018年2月开工,2020年年底建设通车。金义东轨道交通。2019年计划投资2.35亿元,已完成2.45亿元,占年度计划的104.3%。330国道武义江大桥改建工程。项目投资概算1.867亿元。2019年计划投资6000万元,已完成投资8054万元,占年度计划的134.23%。婺城区金千铁路栅川道口平改立接线工程,全长508.5米平改立接线工程改造。项目总投资1547万元,累计完成投资1547万元,项目基本完工,进行扫尾工作。罗洋作业区,总投资5.755亿元,2019年度投资0.15亿元,已开工。长山国际设计走廊道路及基础设施配套工程。本项目为长山国际设计走廊道路的配套工程(长山乡委托区交通运输局代建,建安费4000万元),已投入资金2800万元。主线路基基本完成,桥梁完成60%,支线完成95%,总形象进度65%。金华新兴产业集聚区兰溪上华至婺城琅琊公路(婺城区段),项目总投资8.43亿元,累计完成投资1.8亿元,政策处理已完成35%。2019年计划投资5000万元,1—12月已完成投资1.8亿元,占年度计划的360%。

【民生实事项目】 2019年,完成包括道路安全隐患治理工程(330国道万里扬交叉口交通优化整治工程)、增设信号灯、改善城乡交通条件4个民生项目。农村路网完善项目3.1千米,涉及白龙桥、长山、琅琊、岭上等4个乡镇,总投资458万元,已全部完成。农村公路病旧桥梁改造:总投资500万元,改造汀杨线寿溪桥、湖大线南坑桥、白汤下线白龙桥中桥,这3座桥都已完工。新建5个公交站棚,总投资30万元,雅畈镇的儿坑、徐店、加全塘、新狮街道的市委党校、芙峰街流云路口5个公交站棚已全部完成建设。实施治理交通安全隐患工程,总投资额500万元,实行机非隔离、电子劝导员等,全部工程量已完成。

【四好农村路建设】 四好农村路建设三年计划总投资7.7亿元,2019年计划投资1.3亿元(公路改建等级提升5824万元、农村公路大中修7300万元、公路服务站、生命安防工程等其他项目1760万元),打造汤苏线、白门线等精品示范路,以美丽公路将各美丽乡村串联成一条条旅游风景线,推动产业经济发展、促进乡村振兴。截至2019年年底,前湖大线、汤苏线已基本完成,白门线正在抓紧建设中。

【抑尘治超】 发展智慧交通,加大抑尘治超力度。开展婺城区治堵工作与公路扬尘治理百日攻坚行动,开发婺城区公路应急智慧平台,在婺城区辖区内6个治超非现场执法电子检测系统抓拍下的超限车辆，初步形成治超执法网络区域，严抓源头管控、突出科技治超，有效保障婺城公路的安全畅通。7月9日，全省治超现场会在婺城召开，全局对科技治超非现场执法模式进行延伸和拓展，利用标志标线引导超限车辆进站检测治超执法新模式试点，由路面被动查处向源头主动管控转变。

10月15日起，婺城区普通公路非现场违法记录与省科技治超系统对接，实现互联互通，同时纳入高速公路"违法失信清单"，录入高速公路"不抬杆"系统，震慑效果明显，遏制超限超载的违法行为。截至12月底，整治超限车辆1418辆，卸载吨位2.42万吨，其中非现场处罚918辆，收缴罚没款655.96万元。

深化路警联合治超执法，严厉打击超限超载行为，推进专项整治行动走深走实，全局与附近衢州、龙游等县市开展跨区域路警联合治超新模式，建立区域间联动机制，明确联合治超每星期不少于1次。在百日治超期间共开展联合执法43次，查获违法超限超载车辆384辆，卸载5229.17吨，卸载率100%。其中现场查获违法超限超载车辆118辆，非现场处罚266辆，非现场处罚罚款181.355万元。

【"两路两侧"整治】 开展"两路两侧、美丽公路"环境整治工作。按照扬尘整治、蓝天保卫行动要求，加强313省道、虹戴公路、330国道、金九线等辖区公路的巡查，截至12月31日，共查处泄漏污染车辆129辆，劝返不拉篷布、抛洒扬尘车辆283辆，源头治理85起。加强公路施工和许可施工现场进行事中事后监管。加大巡查力度，及时发现和查处违法行为。截至12月31日，办结行政处理案件257件，收回公路赔(补)偿费45.45万元。

为打造优美公路出行环境，加强"两路两侧、美丽公路"全域美婺城环境整治，迎接首届婺城发展大会的召开，建设"花满婺城"，全局从2019年8月下旬开始对管辖区域内的各线路，如330国道、金兰北线、金九线、虹戴公路等17条线路28个路段35个点实行绿化提档和沥青灌缝工程，补植三叶草147400平方米、乔木21193株、景观绿化38940平方米、修复草石隔离带1040米、栅栏653米，沥青灌缝373398米，投入资金450万元。开展"两路两侧"路域环境整治，对公路两侧乱设广告、悬挂张贴物、堆积物、可视范围内垃圾堆放等专项整治，排查违法广告牌189处，全部整改完成。投入专项整治经费60余万元。经过合理利用、科学实施，辖区公路路容路貌、沿线生态环境得到进一步改善。通过全面整治，营造婺城优美整洁、文明有序、和谐平安的生活环境，确保公路沿线的畅、洁、绿、美、安。

【公路养护】 加强公路日常巡查和监管，提高公路养护质量，认真完成小修保养，确保道路整洁、畅通。国省道干线公路已达到100%机械化养护，降低劳动强度和养护成本，提高工作效率，同时降低清扫人员的安全隐患。

全力保障各节假日及汛期交通平安畅通，抢通全区普通公路、国省道塌方和水毁、中断路段，共出动抢险人员474人次，挖机、铲车14个台班，自卸车辆155台班，用沥青料1309吨，修补坑洞17566平方米，清理倒伏行道树559棵，清捡树枝246处，处置疏通二环线、汤山线、蒋农线、罗电线等路面积水26处，抢通线路17条、32个点位。全局公路部门加强排查，对辖区内临水、临崖、高落差、陡坡、急弯等危险路段的安保设施、标志标线、山体塌方等各项内容进行仔细核查，及时设置警示标志。实行24小时值班制度，及时了解上报路况信息，及时排除险情，确保群众出行安全。坚持以"路面养护为中心，以路基、边沟、绿化为侧重点，实行桥涵构造物、安全标志并重"的工作思路，努力提高公路路况，着力打造通达、便捷、安全、经济、绿色的公路网络体系。

4月4日，婺城区交通运输局公路管理段工作人员全力做好保障公路安全畅通工作

（婺城区新闻传媒中心供稿）

【安全管理】 修订、完善各项应急预案和相关文件。积极组织开展安全生产检查及专项行动,2019年共组织安全检查10次,专项行动5次,局检查组发现隐患53起,全部整改到位。认真落实"三防"工作,制定防汛值班表,及时发布各类防汛信息,做好应急准备;开展防灾减灾宣传活动,共发放宣传手册100余本。认真落实"珍爱生命,远离车祸"道路交通安全大会战各项工作,并及时汇总、上报大会战进展情况。强化安全宣传教育。组织380人次干部职工集中学习,设置各类宣传标语横幅65条、海报50张,开展主题宣讲5场、应急演练7场、各类竞赛1场、警示教育4场次,共发放宣传资料842份。

开展"扫黑除恶"专项工作,每季度召开一次专题研究会,通过集中学习、自学、微政务等方式,组织本单位全体干部学习扫黑除恶相关文件以及应知应会知识。在下属各个部门和工地设置举报信箱15个,在施工工地、养护站、公司、公路干线两边及集镇共悬挂"扫黑除恶"内容的宣传标语332条,9块电子屏全天滚动宣传,张贴"扫黑除恶"宣传海报30张,悬挂"扫黑除恶"挂画30套,发放扫黑除恶宣传资料1200余份。

【"三服务"活动】 全局围绕"家服务"的理念和要求,铆定婺城"双城"战略,服务企业、服务群众、服务基层,传递家关怀。推动"三服务"工作重装上阵。专门成立了项目工程攻坚党员分队、公路提质党员分队和公路执法服务党员分队, 开展 "三服务"活动,做好美丽公路"守护者"。截至2019年年底,全局按时完成区"三服务"办派件41件。共走访企业、群众、基层2597个,收集问题330个,解决330个,其中转办其他部门6个,全部解决。在全系统范围内开展"闪光婺星"宣传、展示、学习活动,选树本系统 "闪光婺星" 党员干部层面25人,群众层面15人,报送区级层面8人,获得区级"闪光婺星"3人。在全系统范围内开展"闪光婺星"宣传、展示、学习活动,激发广大干部职工的干事创业热情。

(李竞丝)

通 信

电信公司

【概况】 2019 年，婺城区电信局完成主营收入 31677 万元，宽带用户 14.93 万户，移动用户 19.67 万户，ITV 用户 9.65 万户，固话用户 11.86 万户。

【网络建设】 2019 年，婺城区电信局光缆覆盖接入能力达到 34.5 万线，已基本覆盖婺城辖区范围，加强 4G 网络的深度覆盖，全年完成基站开通 35 个，室分点位建设完成 68 个，开通 315 个信源，完成开通率 100%。2019 年全年累计完成各类装移机工单 13 万件，其中 ITV3 万件，宽带 5.3 万条，固话 1.5 万户，光纤 3.3 万条。根据省、市公司装维第四渠道重点工作要求，正确引导“装维随销”“智能组网”等业务的规范开展，装维人均营销智能组网 104 次，1—11 月装维团队智能组网完成率全区排名第一。装维服务指标网运考核 1—11 月综合排名第一。2019 年完成 ICT 项目施工 5 个，共计 834 个点位。

【项目建设】 2019 年，婺城区电信局依托全区全面开启社会治理信息化建设推进的步伐，成功中标婺城区委政法委网格长（平安通）项目，该项目涉及网格员 600 人。系统对信息采集员上报的信息利用“平安通”手机采集、拍摄、编写五大类的信息，上报到乡镇街道平安建设信息系统。在此次平安通后续服务中，婺城区电信局组织专业团队对婺城区各个街道及乡镇进行全方位式的培训和指导，总共展开培训 40 余场，人员 600 余人，后续还继续进行了多次专业售后服务，该项目对于婺城区形成对事件的快速及时反馈和协同处理的双向反应有了极大提升。

【安全生产】 2019 年，婺城区电信局完成安地马拉松、山水四项比赛、电子嘉年华等现场保障工作 12 次。

【精准扶贫】 根据婺城区政府关于开展“百个部门百家企业结对帮扶集体经济薄弱村”行动的实施意见文件要求，婺城区电信局在日常走访的基础上，分别于春节前及 10 月底组织人员两次前往大坑村进行慰问、捐赠款物，针对大坑村受地理环境限制，农副产品缺少的问题，为大坑村整合品牌打造出谋划策，提升村集体经济消薄工作与乡管理处书记、村主任、村书记沟通交流。2019 年婺城区电信局共捐赠大坑村集体账户 8000 元以及 2000 元物资，分析其致贫原因，了解低保户的发展意向，与低保户一起探讨帮扶措施，确保精准扶贫落到实处。

（陈素娟）

移动公司

【概况】 2019 年，移动婺城分公司把握市场主动，围绕 5G 发展趋势，紧扎存量篱笆，精细流量经营，加强集团维稳，推进网络运维，夯实基础管理，较好地完成各项工作。全年累计新增份额 58.25%，同比提升 1.62%；通话份额 70.04%，同比提升 0.59%，扭转 2017 年、2018 年的下滑形势。

【网络品质建设】 聚焦用户体验，提升无线网络品质。推进 4G 质量攻坚。通过 FDD1800 结构调整提升 4G 容量的同时夯实 5G 建设基础。完善主动维护体系,以降低故障告警,保障网络稳健运营为目标,固化主动维护体系,提高网络质量;重点围绕超频、超长退服站点,采用一站一方案,整改解决问题及隐患;对影响用户感知的重要告警,通过大数据持续分析统计,从预防的角度出发,提早处理,降低发生概率。聚焦业务品质,完善有线网络能力。打好“双千兆”这张牌,进一步改善有线业务服务质量和支撑能力。优化网络结构,加强维护管理,提高网络覆盖深度。围绕“提速、定向、精准”三大原则,把控建设目标,加强未覆盖区域、盲点的搜集及建设跟进。提升网络服务支撑能力。加强用户上网感知提升,着重改善用户侧 WIFI 上网环境,主动关闭光猫 WIFI 功能,推进宽带家庭组网业务,新装宽带电视要求 100%有线接入;持续推进家客质差用户的主动上门服务,针对质差用户集中区域及敏感区域开展专项“免费义诊”活动,有效提升用户服务感知。

(张 乐)

财政　税务

财　政

【概况】 2019年，婺城区实现生产总值305.38亿元，增长6.6%。其中，第一产业增加值13.04亿元，增长12.0%；第二产业增加值72.48亿元，增长6.4%；第三产业增加值219.86亿元，增长7.0%。三次产业结构比为4.3:23.7:72。按常住人口计算，全区人均生产总值69571元，增长6.6%。城镇居民人均可支配收入57062元，增长7.4%；农村居民人均可支配收入25138元，增长8.7%。全区财政总收入47.12亿元，同期增长1.8%，区级一般公共预算收入11.09亿元，同期增长4.9%，占财政总收入的23.5%(2018年收入含罗店镇收入)。一般公共预算支出26.59亿元，同期增长15.5%，其中区级一般公共预算支出16.61亿元，增长23.7%。当年财政收支平衡。

【财政收入】 2019年，地方一般公共预算收入占GDP的6.8%，占财政总收入的43.7%，区级一般公共预算收入中税收收入8.89亿元，占比80.2%。落实减税降费政策，研判企业存在的困难、房地产行业走势，提前研究应对减税政策预案。全年因减税降费政策全区各级税收减收6.80亿元。深化政府统一公共支付平台应用，推进收缴电子化改革扩面。全区共收缴非税收入35.45亿元，增长34.5%，其中纳入一般公共预算管理的非税收入2.19亿元(2018年非税收入含罗店镇收入)。

【民生支出】 全区民生支出共19.92亿元，占一般公共预算支出的74.9%。安排社会保障支出4亿元，织密社会保障安全网。拨付养老服务体系建设经费1000万元，新建城乡居家养老服务中心6家，创建省级示范性居家养老服务中心3家。推进涉农补助资金“一卡通”发放工作，累计发放资金1亿元，受益人数7万余人。安排教育支出6.07亿元，同比增长8%，提高义务教育生均公用经费补助标准，小学由省级标准的每年650元/人·年提高至1000元/人·年，初中由省级标准的850元/人·年提高至1200元/人·年；一、二、三级普惠性幼儿园分别由每年的1000元/人·年、900元/人·年、800元/人·年提高至每年1600元/人·年、1300元人·年、1000元/人·年。全年新建(改建、扩建)幼儿园15所。支持文化旅游体育事业发展，助力开展中国山水四项公开赛、半程马拉松、全国网红垂钓大赛等活动。安排医疗卫生支出1.58亿元，重点支持县域医共体建设，实行家庭医生签约服务，全区签约家庭医生12万人。统筹城乡发展，争取省级一事一议助推美丽乡村试点补助资金2000万元，安排2019年度一事一议项目54个，总投资3562万元；推进城市开发建设，推进城中村改造，拨付老旧小区改造资金4234万元。

【“三大攻坚战”】 加强政府性债务管理，打好防范化解重大风险攻坚战。规范地方政府性举债融资机制，按照化债计划逐步化解隐性债务。根据婺城区棚改项目的实际情况，申报并争取政府棚改债券10亿元。强化扶贫资金管理，支持打赢脱贫攻坚战。建立扶贫资金动态监控协调机制，完善扶贫资金管理办法，梳理扶贫资金类别16项，涉及资金1.70亿元，专项扶贫资金支出执行率提升至99.8%。落实

2019 年度省级消除集体经济薄弱村试点项目 45 个,下达省级资金 2250 万元。婺城区村级集体经济产业园揭牌,整合资金 1.24 亿元,实现 85 个村“飞地”抱团发展。加大资金投入,支持打赢污染防治攻坚战。梳理申报污染防治项目,积极争取更多省级环保专项引导资金。推进“污水零直排区”建设。累计拨付各类污染防治资金 4363 万元。

【经济发展】 支持实体经济发展,落实税收优惠政策。继续应急周转金制度,全年办理应急周转金 34 笔,涉及金额 1.47 亿元。开展清理拖欠民营企业中小企业欠款工作。支持企业发展,及时兑付各类扶持资金 2.93 亿元。扩大产业基金规模,设立金华飞扬智能制造产业投资基金 8 亿元。发挥投资对经济增长的拉动作用,通过调整结构、盘活存量、争取地方政府债券等多种渠道筹措资金,支持城市基础设施、小城镇环境综合整治、城中村改造等重点项目建设,确定政府投资计划项目 120 个,投资额 61.64 亿元。拓宽扶持思路支持企业上市,拟订收购方案,筹集收购资金 1.18 亿元,收购金磐机电 183 亩资产。

【财政管理改革】 深化预算管理改革。优化支出结构,初步构建集中财力办大事财政政策体系,形成《婺城区集中财力办大事财政政策体系方案(2019—2022 年)》及具体实施意见;提升预算管理绩效,继续盘活财政存量资金,推动预算编制与盘活存量相结合,加大资金的统筹平衡。推进机构改革。按照机构改革要求,编制“三定”方案,做好农业综合开发等相关职能划转和人员转隶工作,加挂区政府国有资产监督管理办公室牌子,调整局下属事业单位职能。推动融资平台公司的市场化转型,组建婺城区城乡建设投资集团有限公司和婺城交通投资集团有限公司,基本完成市场化运营框架建设,城投公司完成 AA 评级,首发 16.90 亿元企业债。制定《金华市婺城区国有企业用工管理办法(试行)》《金华市婺城区区属国有企业重大事项决策及报告制度(试行)》《金华市婺城区区属国有企业负责人经营业绩考核暨薪酬管理暂行办法(试行)》,建立市场化用工机制,建立与市场化相适应的考核激励机制。

【财政监管】 2019 年,各部门(单位)通过部门预算管理系统共上报绩效目标项目 1165 个,金额 113.70 亿元。明确绩效自评责任主体,实现绩效自评全覆盖,选取 18 个单位的 22 个项目进行绩效评价,对 36 个项目进行绩效监控。制定《金华市婺城区财政局中介机构审核考核办法(试行)》,优化评审机制,加强中介机构管理,全年完成 159 个工程预算项目审核,送审金额 28.55 亿元,审定金额 24.60 亿元,净核减率 13.8%;完成 49 个工程结算审核,送审金额 6.30 亿元,审定金额 5.57 亿元,净核减率 11.6%。严控“三公”经费支出,规范津补贴发放,降低行政运营成本。全年“三公”经费合计支出 1494 万元,下降 13.9%。

【财政队伍建设】 开展“不忘初心,牢记使命”主题教育。制定《金华市婺城区“不忘初心、牢记使命”主题教育实施方案》,把“学习教育、调查研究、检视问题、整改落实”四项重点措施融入主题教育全过程。完成区委巡察反馈意见整改工作,基本完成整改。开展“三服务”,累计解决问题 203 个。加强清廉机关建设,开展“警示教育月”活动。加强干部素质建设,开展各类专题教育培训。婺城区财政局连续 8 年获得区级岗位目标责任制考核先进单位称号。

(杨秀清)

税　务

【概况】 2019 年,区税务局完成各项税收收入 49.49 亿元,同比下降 5.74%;组织非税收入(不含社会保险费)1.96 亿元,同比下降 4.14%;组织社会保险费(不含职业年金)收入 24.75 亿元,同比增长 19.25%。

【税收优惠政策】 自减税降费工作开始,对于已经征收入库的六税两费进行退还,共涉及 4000 余户纳税人,区税务局成立减税降费工作组,以“不以税额小而不退、不以纳税人失联而不退、不以工作难度大而不退”的态度,3887 户享受小微企业优惠政策多缴退税全部到位,为将普降性减税政策宣传、落实到位,区税务局在浙江师范大学集中开展 4 场全覆盖式培训，完成4497户纳税人开票系统升级，增值税降率政策大大减轻企业的税收负担。

【税收征管改革】 区税务局依照“分线管理、分项负责”的原则，建立起以“管、审、服、评”4字为核心的运转模式，将征收管理、审核审批、纳税服务和风险应对4类主要工作划分为19条主线和58个项目，分别由14个不同职能的业务股室、工作专班进行承接负责，工作覆盖率、对接面达100%。同时以内部联系单和工作台账形式确保对内分工明晰、对外流程到位。通过金税三期岗责体系赋予全局干部不同审批层级、相应业务范围的权限，将所有涉税事项的审核审批环节都置于系统的监控中，要求任一环节工作在规定时限内完成，确保整个业务流程环环相扣、层层把关、快捷高效。

【纳税服务】 区税务局创新《纳税服务工作局领导分片负责办法》，在征管过程中融入服务，将辖区范围内的纳税人按乡镇和街道划成8个区块、19个片区，由区局班子成员直接带头分片联系纳税人，进行“一户式服务”。开辟“1+2”一站式纳税服务新模式，打造出一支集辅导、答疑、宣传功能为一体覆盖全局各股室职能的专业化纳税服务团队。线上设置“婺税小微”值班室，每天由“婺税小微”团队安排专人进行24小时线上值班，为纳税人提供咨询服务，引导纳税人错峰办税；线下与市场监管部门建立联络员制度，组建工作联系群，后台数据“跑腿”代替以往由纳税人“两头跑”开具证明办理业务，真正实现“无证明”办税，大大便利纳税人。针对各类纳税人开设“纳税人学堂”，根据征管中遇到的难点堵点和调研时收集的服务需求，制定18期教学计划，通过分类教学形成一整套48课时教程，辅导纳税人1987人次，授课好评率达100%。

【执法监督】 区税务局通过做好企业所得税汇算清缴风险应对工作，重点做好对非社会团体法人以外的机构的税收管理工作，将税收收入变动较大的企业列入重点审核清单。同时开展对近3年的城建税与增值税入库数的比对工作，和对砂石行业、砖瓦行业各税种的专项评估工作，对于存在重大税收风险的企业及时移送稽查。其中，建筑业所得税自查已入库税款298万元；不同税种申报比对完成210户，补缴税费191.43万元；砖瓦行业已完成8户的评估工作，共有88万元税款入库；砂石行业完成针对7户企业的评估工作，入库税费900万元。

【重点行业管理】 结合强化对重点行业的税费管理工作，区税务局相继成立房地产行业、建筑业、交通运输业和批发零售、住宿业4个管理专班，抽调骨干专职专责对重点行业进行全过程跟踪管理。其中，房地产行业实行“一户一组”模式跟进，从增值税、企业所得税和土地增值税等7个税种情况着手进行全周期式管理；针对建筑业，对辖区范围内126个建筑工程项目开展摸排、清理工作，并由专班人员进行“一对一”跟踪管理、辅导。

【清理欠税】 区税务局出台《欠税管理考核办法》，将责任分片区具体落实到管理股室和个人。在防止新欠发生的基础上，对于陈欠逐步开展清理工作，从加强破产企业债权申报工作以后，累计向破产企业管理人申报债权31户，申报债权金额11403.42万元，已清偿16户次，受偿欠税6638.66万元。

(王佳杰)

金 融

银行机构

·中国工商银行股份有限公司金华婺城支行

【概况】 2019年,工行婺城支行本外币各项存款余额(含同业)51.76亿元,本外币各项贷款余额68.91亿元。新增个人有效客户12367户,其中中高端客户新增510户。对公有效客户新增355户,信贷资产质量持续保持较好,年末贷款不良率0.11%。全年风险管控良好,内部管理基础得到夯实,实现零案件,无重大差错和责任事故。获婺城区"2019年度担当赶超 婺城图强(九场硬战)先进集体"称号。

【经营效益】 2019年,支行实现拨备前利润2.07亿元,同比增长19.81%,实现中间业务净收入1.37亿元,系统排名第4。存款新增15.20亿元,其中对公存款及储蓄存款分别新增10.47亿元、4.73亿元,3项增量保持同业第一。零售业务发展良好,信用卡中收贡献较突出,信用卡分期业务结构进一步优化。受房地产政策调控及行内规模影响,个人住房贷款增幅下降明显,经营性贷款份额逐步提升,2019年累计发放经营性贷款2.03亿元。响应国家高速公路改革政策,支行做好ETC营销推广,落实累计签约ETC17492户,安装14412户。通过创新对接股改平台、驻点金融超市等搭建银企合作新平台,拓宽服务渠道。支行率先在全市以破产案件管理平台为抓手,成功营销新光控股集团管理人账户,实现了支行在破产案件营销领域的重大突破。持续巩固信贷业务优势,加强银企交流合作,为企业融资、经营转型,小微企业成长发展提供帮助。服务实体经济,支持婺城区土地综合整治项目、理财直投项目等政府项目,对信用良好的优质大客户,建立省、市、支行三级联动的服务模式,提高服务效率,通过产品的创新,满足优质大户的融资需求。

【网点建设】 支行辖内设1个营业部,5家二级支行。支行持续推进网点零售业务两化改革,部分网点已形成特色。如金西支行和白龙桥支行重点支持小微企业,为乡镇企业提供贷款、结算、代发工资等一系列金融服务。新农贸支行重点支持市场商户智能POS等业务和个人经营性贷款;婺州街支行重点支持智慧园区、幸福分期、智慧食堂等业务。营业部重点支持房贷、车贷、车位分期和外汇业务。电力支行重点做好私人银行客户理财、期薪业务。

【安全经营】 支行重视内控合规、安全保卫以及信贷风险的精细管理,以安全合规的经营,保障客户财产安全。2019年,支行以合规管理为目标,强化过程控制。高度关注和积极应对经济环境变化对内控防案及资产质量带来的新情况和新压力,强化内部控制全过程管理,做好事前防范、事中控制、事后检查工作,做到合规风险"实时发现、准确识别、及时报告、有效制止",完善自查自纠,消除安全隐患、堵塞管理漏洞,把控好实质性风险。采取有效措施,坚决遏制不良贷款上升势头,同时加快清收进度。强化案防监督管理,保持对各类风险事件的高压态势,持续推进合规文化建设,定期组织网点消防、防爆等模拟预案演练,开设消防安全知识讲座等提升学习效果,提高员工安全意识,夯实全员思想防线和制度防线,加强警示教育与员工行为动态管理,确保安全经营。

【主题教育】 支行以党建为引领，推进“不忘初心、牢记使命”主题教育，开展“不忘初心继往开来再出发”系列主题党日活动、合唱《我和我的祖国》等爱国主义教育活动。响应政府工作，主动担当社会责任。开展反诈骗金融知识讲座、第五套新版人民币推广普及、金融宣传毅行活动；对接金华市“壹站式企业服务中心”；落实礼让斑马线文明劝导工作；积极投身文明创建工作；驻点区政府金融超市深化金融服务、接力金华市青春助跑示范带“文明号岗位体验日”等。同时，发挥工行社会影响力，利用海报、广告、跑马灯等媒介投放社会主义核心价值观、文明城市创建、法治社会与公民道德养成等社会标语，担当社会责任，履行大行义务。

（翁燕鸿）

12 月 20 日，工商银行金华婺城支行员工为坚守在寒冷天气中的环卫工人送上热姜汤驱寒

（工商银行金华婺城支行供稿）

·中国农业银行股份有限公司婺城支行

【概况】 2019 年，婺城支行行各项存款余额 100.49 亿元，比年初增加 10.49 亿元；日均存款余额 95.77 亿元，比上年日均增加 12.91 亿元。各项贷款余额 110.41 亿元，比年初增加 14.77 亿元；日均贷款余额 105.49 亿元，比上年日均增加 14.36 亿元。全年不良贷款余额 5334 万元，不良率 0.48%，信贷投向更加合理、贷款投放更加有力。全年实现营业收入 4.05 亿元、净利润 2 亿元、中间业务收入 1.1 亿元。

【经营效益】 2019 年，婺城支行采取“高层走访、基层对接”的协同营销方式，班子成员带领各自党建联系网点走访婺城区财政、多湖商投、金西管委会、市烟草公司、金华海关、华东医药、尖峰集团、今飞凯达以及恒大健康等重点客户，有针对性地积极参与项目招投标，实现大额资金入账。分类管理夯实客户基础。重视小微企业的营销，以小微网贷、微捷贷等优势产品为抓手，利用通报督导和挂图作战等方式，凭借优质和高效的服务抢占他行优质客户；密切与惠农客户的联系，以惠农 e 贷、富村贷、美丽乡村贷等产品为抓手，通过市国控担保、省农信担保等方式，“整村推进”三农业务；强化与个人客户的情感沟通，通过创新开展“当季水果采摘”“慈铭健康体检”“端午沙龙”等活动，增进与优质客户及贷款客户的情感交流。在紧抓房贷客户的同时，通过贷款老客户转介新客户、从存量房贷客户中挖掘经营性贷款客户等方式，有效拓展经营类贷款客户；实现与商户的互利共赢，重点营销了学费、党费及其他场景的目标客户，通过有效的场景搭建，提升了客户体验，增加资金流量。

【风险防控】 推进个贷多元化发展，加强与高校、汽车销售商等的合作，做大网捷贷业务、个人经营贷款、特色预授信业务；掌握并营销可贷新入驻、新注册企业，持续做大中小企业客户群体；搭建政府职能部门合作平台，有效拓展机构类客户；建立区域集群产业金融服务整体方案，加强产业链和平台型客户营销。优化行业结构。围绕城投、交投等项目的营销，推进重大项目的合作，做好项目贷款的投放；积极拓展市场需求稳定、成长性好的小微企业群体。强化信贷服务。开展基层走访活动，及时了解基层网点在信贷经营、风险防控等方面的情况和需求；落实限时回复与限时办结，一次性提出审查意见，一次性完成补充事项。密切前后联动。前移风险管理关口，对新客户、新项目与调查人员一起到场，提高信贷运作效率。

【党建引领】 2019 年，婺城支行坚持党建工作与业务经营融合发展，做实“三线一网格”管理，做细党风廉政建设，提升人文关怀，激发队伍活力。党建工作领导小组统筹部署，研究制定年度计划及考核方案,明确"一岗双责",实行党建工作专项考评与机构绩效考核并行，确保党建工作与业务经营同谋划、同部署。推进"不忘初心、牢记使命"主题教育序时开展。"守初心""担使命""找差距""抓落实",认真贯彻主题教育"十二字"总要求,提升基层党组织的目标向心力、制度执行力、价值创造力。2019 年,党委理论学习中心组共开展集中学习 15 次，组织开展"清廉金华"警示教育基地参观学习,日常谈话廉政提醒等,引导党员干部走光明路、守清廉风。班子成员主动作为,沉下身来,带着问题内走网点、外访客户,与各层级客户、干部员工开展面对面的谈心交流,摸清摸透各方情况,找准问题症结,制定解决举措,推动矛盾在一线化解、问题在一线解决。打造"党旗印婺心"党建品牌,前往淳安县下姜村开展"不忘初心、牢记使命"主题党日活动,激励党员干部贯彻好党的群众路线,发挥先锋模范作用;与浙江省金华监狱、开发区税务局开展党建结对。支行党委与两家单位签订党建结对协议书，通过银狱、银税党建结对共建,实现资源共享、党建共做、优势互补、协调发展"的基层党建新格局;开展"守初心耀重阳"离退休职工座谈会,以"沃土"与"基石"寓意老干部们对婺城支行作出的贡献;邀请市委党校教育长为全体党员开展学习贯彻十九届四中全会精神讲座,深入浅出地给大家揭示了中国社会经济发展奇迹背后的制度显著优越性和新时代党的强大生命力。

9 月 9 日,中国农行金华婺城支行同浙江省金华监狱举行党建共建签约仪式　(农行婺城支行供稿)

【队伍建设】 围绕"文化感召、劳动重组、素质提升"三大队伍建设工程,打造一支德才兼备的婺城铁军,减少部分干部员工能力不足"不能为"、动力不足"不想为"、担当不足"不敢为"的现象。注重文化感召,通过开展"不忘初心、牢记使命"主题教育、"青春心向党、建功新时代"团委活动、"我身边的好榜样"评选表彰等,丰富员工活动的文化内涵,激发党员、团员、全行员工的干事创业热情。优化劳动组合。通过实施柜面经理分批跨网点交流轮岗工作,同时打通"客户经理、理财顾问、大堂经理"界限,在三者一体的基础上，盘活岗位并实现交易运营、场内营销、外拓获客 2:4:4 的人员配置,打造获客、活客、留客的金融生态圈。开展 4 个层面、类型多样的系列学习培训与能力提升计划,着力增强网点负责人的管理创新能力、客户经理的风险防控能力、零售主管与理财经理的营销服务能力、内勤副行长的监督管控能力。

(包晗娜)

·中国银行股份有限公司金华市婺城支行

【概况】 2019 年,中国银行婺城支行本外币各项存款余额 65.47 亿元,较年初新增 5.80 亿元;各项贷款余额 83.80 亿元,较年初新增 8.93 亿元,存贷规模稳中有进,资产质量有效改善,内控管理持续强化,年度内无责任案件发生。

2019 年,本外币日均存款新增 4.74 亿元,新增额列全辖第一;人民币贷款新增 8.93 亿元,新增额列全辖第二;基础结算账户新增开户 671 户,完成率 294.67%,完成率和人均开户数匀列全辖第一;以及银行卡有效户、收单商户、现金归集等业务均列全辖前列。

2019 年,普惠金融两增两控口径贷款余额 2.42 亿元,较年初新增 7400 万元。支行还发挥自身为公积金贷款受理行的优势,大力发展住房按揭贷款业务,积极扩大个人经营及消费信贷市场,持续加大个人贷款投入，个人贷款余额近 66 亿元，较年初净增约 9.26 亿元,增幅 16%。在第二届进博会期间,支行成立进博服务小组投入宣传推介和各项筹备工作，助力本行企业与巴西 LECEX 亿元意向订单签订，打开巴西市场销路，促进双方经贸交流合作。

（于美佳）

·中国建设银行股份有限公司婺城支行

【概况】 截至2019年12月底，一般性存款时点余额20.67亿元，比年初新增3.36亿元；各项贷款余额16.06亿元，比年初微降0.58亿元；实现中间业务净收入1552万元；全行不良贷款余额3530万元。比年初下降961万元。完成资产质量控制各项指标。

【安全运营】 2019年，支行制定合规文化活动方案，营造全员、全面、全过程落实内控合规要求的文化氛围，强化内控合规意识，杜绝违规行为，防范案件，促进各项业务持续稳健发展。组织开展员工合规从业底线教育，以宣讲案例等形式，让员工遵纪守法，遵循职业操守、廉洁从业、严格执行禁止性规定、懂得案件防控知识。

【网点管理】 通过宣传贯彻支行的发展目标和发展战略，让员工对支行的前途有一个明确和良好的预期，以振奋精神，凝聚人心。与此同时，行党支部坚持教育与管理相结合，建立和完善自律与他律、激励与约束相结合的管理机制，不仅做到人尽其才，而且做到绩效优先凭贡献决定分配，以激励先进，鞭策落后，努力形成奋发向上的氛围。

（方翠荷）

·金华银行股份有限公司婺城支行

【概况】 2019年，金华银行婺城支行各项存款余额486425万元，各项贷款余额213258万元。婺城支行加大小微企业营销拓展力度，提高市场占有率，其中，小微企业贷款余额28371万元，占贷款余额的13.30%。截至12月底支行双逾贷款1015万元，比年初下降167万元，五级不良贷款542万元，比年初下降376万元，资产质量进一步优化。

【营销业务】 2019年，因地制宜、因时制宜地组织开展支行层面的各类“晒拼创”业务竞赛活动。5月，组织“月息版定存产品”营销比拼活动累计营销1721万元。6月，组织为期两个月的“嗨翻暑期、玩转迪士尼”营销竞赛活动累计营销存款133万元，微银行吸粉1433个。2019年持续做好“大额存单”推广营销工作累计营销大额存单26348万元。8—12月组织以“对公无贷新户、储蓄新增、贷款新户、税信e贷新户、贷款储备新户、贷款新户货款归行率”为竞赛内容的“拓新增存、拓新增贷”营销竞赛活动期间增存6088万元。4季度支行细化活动方案深化开展“不忘初心，砥砺奋进”竞赛活动，至年末活动第一阶段结束，支行各项存款日均额比活动基数增长64150万元。2019年，支行累计发售大额存单26348万元，活期添利宝6722万元，定期添利宝余额21029万元。支行推进“金猪送福开门红”“存款送积分”“存单享好礼”等竞赛活动和特色主题营销活动。各阶段的各项活动组织做到有目标、有方案、有考核、有成效。

【零售业务】 2019年，支行有效结合辖区乡镇特色活动和主题活动载体，以“贴近百姓、服务三农、品牌宣传、业务推动”为主目标，全面借势开展外拓营销宣传活动。2019年，支行共结合辖区内乡镇主题活动开展大型外拓营销宣传活动56次。如罗店支行以西吴花卉节、山下曹枇杷节，竹马支行以下张家中国茶花节，乾西支行以美食节、民俗文化节、垃圾分类宣传，雅畈支行以杜鹃花节、邻居节，安地支行以中国桂花节、喻斯万人大赛，琅琊社区支行以卢文台治水文化节、中国山水四项公开赛等活动载体，借节宣传、借节营销，有效扩大全行在农村市场的品牌影响力。2019年，支行还持续深入地开展常态外拓营销活动，每个网点或每周常态化利用班前班后碎片化时间、休息时间持续开展周边商户、邻里的网格化营销或部门与网点组队进企入园、进村入户开展定向营销宣传，全年开展常态化的营销宣传500余次，参与人数2876人次，每月网均外拓营销数达到23.96次。2019年外拓营销累计引存12520万元、实现市民卡日均存款27918万元，批量及零星受理市民卡23757张、激活市民卡17163张、签约云闪付2410户。

（许美丹）

·浙江金华成泰农村商业银行股份有限公司

【概况】 浙江金华成泰农村商业银行股份有限公司在金华市婺城区设有9家支行，分别是营业部、江南支行、江北支行、婺城支行、雅畈支行、乾西支行、琅琊支行、汤溪支行、罗埠支行。

金华成泰农商银行以打造“做业务最实、与民企最亲、离百姓最近”银行为定位,以服务乡村振兴、服务民营企业、助力“最多跑一次”改革、强化风险防控等为抓手,拼搏实干、争先进位,各项工作实现平稳健康发展,为金华市本级经济社会发展作出贡献。截至2019年年底,婺城区服务网点各项存款余额139.11亿元,占全行59.05%,比年初增43.91亿元,增幅46.12%;各项贷款余额80.86亿元,占全行52.46%,比年初增19.84亿元,增幅32.51%。营业部获评2019年度中国银行业文明规范服务三星级网点,金华成泰农商银行荣获全省“三位一体”改革成绩突出集体、金华市级金融机构优秀单位、金华市金融支持实体经济先进单位等。副省长朱从玖、高兴夫、彭佳学分别对城泰银行“税银通”贷款案例、支持公路改革工作、生猪活体抵押贷款案例作出批示肯定。

【乡村振兴】 深入实施乡村振兴战略,新增乡村振兴领域贷款10.95亿元。与婺城区、各乡镇(街道)签订乡村振兴战略合作协议,被授予婺城区“乡村振兴主办银行”称号。全省首推线上线下相融合的2.0版整村授信签约模式,在婺城区辖内60%的行政村开展批量化整村授信,对婺城区224个行政村开展背靠背授信,预授信29547户、金额37.45亿元,签约246户、金额3441万元。与婺城区政府合作,成为“花满婺城·幸福生活”休闲文化旅游年系列活动独家协办金融机构。与区妇联合作,深推信用贷、信用存、信用保、信用享、信用游等“五信”产品,推出线上“好家风易贷”。与团市委合作,推出“志愿汇信用贷”。推出生猪活体抵押贷款,共发放活体抵押贷款5笔、金额620万元。与省农担公司合作推出“浙里担”系列贷款,发放15笔、金额450万元。

11月14日,银行员工与蒋堂种粮大户分享丰收的喜悦　　（金华成泰商业银行供稿）

【民营企业提质增效】 实施“融资畅通工程”,加大对民营企业的信贷支持力度,新增民营企业贷款9.86亿元,新增贷款户数1599户,打通民营企业融资“最后一公里”。全国首发台胞专属“丰收台融卡”,加大信贷投放力度,向台资、台属企业发放贷款156笔、金额3.05亿元。专门成立大走访指挥部,开展企业大走访活动,对小微创业园100%走访对接。向入园企业整体预授信24亿元。加大小微创业园项目贷款扶持力度,向中南锦隆、金茶花等小微创业园发放项目贷款1.6亿元。推广“小微成长贷”厂房按揭贷款、“租金贷”,已发放25笔、余额7700万元。在小微创业园内设立丰收驿站。对民营企业实行贷款利率优惠,全年为民营企业减费让利3000余万元。与金华市金融办合作,成为金华“信义贷”首期应用银行。为杭州婺城商会授信10亿元,全力支持商会发展。

【“最多跑一次”改革】 以“无证明城市”改革为契机,对全行线下线上业务进行一次大梳理。与金华市场监管局合作,率先浙江农信上线“企业开办零见面”平台,实现企业登记、公章刻制、发票申领等环节“零见面”办结。开展和参与“一把手”体验“最多跑一次”改革工作,现场问诊、现场解决。与区税务部门合作,建立4家“金税e站”,实现客户“单点跑、就近跑”。成功受理发票申领2508份,代开发票79份。推广“总对总”不动产抵押登记线上办理业务,实现贷款办理—抵押登记“一站式”服务。对丰收驿站站长实行优胜劣汰考核,不断优化丰收驿站站长队伍,为农村百姓提供“家门口”的金融服务。在金店村建立巾帼丰收驿站,在江滨小区、湖海塘小区建立社区型丰收驿站,实现客户办理业务“最多跑一次”。

【服务民生】 从战略的高度和服务民生的角度,以百姓生活消费和日常缴费场景为切入点,发行好生活卡，大力推进水费、电费、华数等代扣代缴业务，实行缴费打折优惠，成为金华百姓日常生活离不开的一张“惠民卡”，已发放 19658 张好生活卡。以大数据云平台为依托，与艾青中学、金华六中、孝顺中学等学校合作，开展“智慧校园”改造项目；与智者寺、大佛寺合作，开通线上捐款支付渠道；与叭叭智行公司合作，实现江南福泰隆等停车场“智慧停车”改造项目，让市民享受更便捷、更智慧的体验。与婺城区政府合作，深入开展消薄工作，为婺城区 121 个村发放“富村贷”4617 亿元，推动村集体经济发展。积极策应政府号召，大力拓展 ETC 业务，先后开展了“雷霆攻坚”“丰收行动·礼赞 70 周年”和外拓攻坚专项行动，新增 ETC 43629 台，使市民出行更方便、更快捷、更智慧。针对暂时出现困难的农户和企业，始终践行“不抽贷、不压贷、不延贷、不抬价、不加费”的“五不”原则，实行减费让利政策，帮助困难农户、企业渡过难关。

【党建联盟】 银行党委与婺城区联合印发《关于推进金华成泰农商银行与基层党组织开展党建共建推动金融更好服务乡村振兴的通知》，辖内各党支部与各乡镇、行政村签订党建联盟合作协议，与企业党组织建立党建联盟 8 个，在各行政村派驻金融第一书记或金融助理，形成“党建搭台、金融唱戏”的格局。开展党员联学 29 次、活动联办 67 次、服务联抓 24 次。率先全省农信发行对公先锋存折，向三江街道及辖内 15 个社区联盟单位发放。全面推进“五化”建设和“B+T+N”建设，打造“一支部一品牌”特色。

（谢 赞）

·金华市婺城区万通小额贷款有限公司

【概况】 金华市婺城区万通小额贷款有限公司是一家以服务“三农、小企业”为宗旨，从事小额放款和金融活动的新型金融组织。作为银行等金融机构的有效补充，公司充分发挥金融毛细血管的作用，坚持贯彻“小额、分散”的服务宗旨，繁荣市场经济，拓宽市场融资渠道。

【业务创新】 2019 年，公司根据金华经济发展需求和客户的不同特点，有针对性、前瞻性地开展各类产品和服务模式的创新。有针对农林牧副渔、乡村休闲旅游农庄等“三农”客户的“农家乐贷款”。有针对创业型客户提供的“创业源贷款”。有针对客户临时性、过桥性资金需求发放的“万通桥贷款”，有针对优质保证人推荐客户的“快速通贷款”，有针对优质客户按限额控制、一次签约、分笔办理、随贷随还、按月结息、专户管理的活期“活贷灵贷款”。公司创新研发的多种产品以其贴近实际、业务便捷、利率灵活的优势，赢得众多客户的青睐，为解决客户融资难题探索多条可行路径。

（朱小昌）

·金华市婺城区丰银小额贷款有限公司

【概况】 金华市婺城区丰银小额贷款有限公司是经浙江省人民政府金融工作办公室批准而设立的一家小额贷款公司，成立于 2012 年 12 月，由浙江高峰控股集团有限公司联合其他 10 余家企业和自然人发起，注册资本人民币 10364 万元，是浙江省小额贷款公司行业协会及金华市小额贷款公司行业协会成员。

公司通过“小额、分散”的贷款方式，贯彻落实科学发展观，抓业务经营，因势而变，支持中小企业和“三农”的发展。公司 2019 年发放贷款 7182.7 万元，收回贷款 7620.9 万元，年末贷款余额 8355.6 万元。

公司围绕“发展、控险、增效”的战略要求，凝心聚力、克难攻坚，积极支持小微企业，推进地方经济发展。从本区域实际出发，以倡导诚信合作、实现互惠共赢的办事宗旨，针对市本级不同类型的中小企业及个人客户，围绕其实际需求，推出信用、担保、抵押等多样的贷款类型，通过“小额、分散”的贷款方式，发挥了“方便、快捷、灵活”的特点，以低于民间借贷的贷款利率，帮助解决小微企业的资金需求。

（周 蔷）

保险机构

·中国人民财产保险股份有限公司金华市婺城支公司

【概况】 2019 年，公司全年保费收入 25018 万元，全年累计承担各类风险责任总额 1494 亿元，支付各类赔款 18312 万元，发挥保险的“经济助推器”和“社会稳定器”功能。

【服务“三农”】 2019 年，为全区 441 户承保政策性农业保险的农户撑起“保护伞”，累计承担 8.6 亿元风险保障，累计支付赔款 2098 万元，在减少农民因灾损失、帮助农民及时恢复生产、促进农村和谐稳定作出贡献。围绕农户多样化的农险保障需求，开发新险种，先后推出茶叶低温气象指数保险、杂交水稻制种保险、商业性水稻种植补充保险等产品。推广现代农业生产主体保险“绿荫保障计划”以及其他商业补充保障险种，努力探索农业全产业链保险，提升“三农”综合金融服务能力。扎实推进农网建设，实现县、镇、村三级覆盖，推进保险产品、保险服务和保险人员“三下乡”，2019 年，开展入村“产说会”和“千镇万村”拜访活动 200 余次，提供到村、到户“一站式”服务。

【社会活动】 2019 年，主动参与全国文明城市创建，履行企业社会责任，先后组织 30 余批，共 260 余人次员工赴西市街社区、金奥社区开展志愿者活动；开展各类保险服务进社区活动，让更多市民在家门口就能享受人保“专业贴心”的保险服务，打造群众家门口的保险公司。

【客户服务】 服务对标市场，创新服务内容，改善客户体验，推进网点服务优化升级：扩大综合柜员覆盖范围，提升柜员专业水平和服务能力；启用自助打单机，缩短客户等待时间；提升保险科技赋能，借助 OCR、人脸识别等新技术、新手段强化智能出单和智能审核，提升业务办理效率；深入践行“最多跑一次”“无证明城市”改革，为市民提供更便捷的保险服务。以直升机空中救援服务为新亮点，打造独具特色的服务品牌。通过“浙江人保财险”微信公众号，升级优化车险服务包，为客户提供省内车辆代办年审、修理保养、救援代驾等多元化等增值服务，增强客户黏性。

（卢珊珊）

·中国人寿保险股份有限公司金华分公司

【概况】 中国人寿金华分公司是《财富》世界 500 强企业中国人寿集团旗下的地市级分支机构，地址位于金华市婺城区丹溪路 633 号。公司主营业务为人寿、意外和健康保险产品，涵盖生存、养老、疾病、医疗、身故、残疾等多种保障范围，公司下设 6 个县市支公司，全市共有 65 个营销服务部和营业部，机构遍布金华主要的乡镇，辐射广大农村地区。截至 2019 年年底，全市系统共有干部员工 440 人，代理制销售人员约 1.1 万人。

2019 年，实现总保费 50.6 亿元，同比增幅 12.2%，市场份额为 38.5%，继续保持市场第一。其中首年期交保费 8.2 亿元，同比增长 17%；短期险保费 2.9 亿元，同比增长 17%；续期保费 31.4 亿元，同比增长 12%；其他保费收入(包括大病保险)8.1 亿元。公司充分发挥保险保障功能，2019 年各类给付支出 16.7 亿元，同比增长 11%，其中理赔给付 11.9 亿元，同比增长 36%，年金、满期金给付 4.8 亿元，共处理各类赔案 10.6 万件，同比增加 66%。2019 年是中国人寿创建 70 周年，公司开展了庆祝国庆、司庆 70 周年表彰大会、演讲比赛、书法比赛等各类活动，凝聚奋发向前的精神动力。

【经营管理】 持续优化业务结构。加快长期期交业务、保障型期交业务发展，全年保障型产品占首年期交保费的比重 36%，同比提升 13%；逐步取消了趸交保费业务，建立续期拉动型的发展模式，为公司长期稳健经营打好坚实基础。推进创新驱动。积极推广 E 化工具，提升科技水平，E 化服务率 86.5%，同比提升 23%。加强理赔时效综合治理。落实“鼎新工程”改革，顺利完成收展、保规、电销三支队伍融合，重新调整机构的分类分级和部门设置。强化内部管控。加强财税管理工作，公司与市税务局续签《纳税遵从合作协议》，获纳税信用 A 级企业。构建网格化风险管理体系，建立 130 人的职场风控联络员队伍。开展“保险中介市场乱象整治及风险大排查回头看”等多个全面风险排查。开展“不忘初心、牢记使命”主题教育，党委班子带头开展 10 次集中学习和研讨，广泛开展意见征求，落实 5 个调研专题。

【客户服务】 持续优化理赔服务，建立“理赔直付”系统平台，实现扶贫险、学平险、补充医疗保险等多个政保、政企合作项目理赔“一站式”便捷给付。全年线上直付案件4.7万件，占所有理赔案件的43%。推进客户服务质量提升，广泛开展保险知识讲座、国寿小画家等形式多样的客户服务活动，组织了“616客户服务节”、超级马拉松“健行700”等大型活动，累计服务客户达到2万多人次。持续巩固消费者权益工作。开展公众宣传。开展“7·8保险公众宣传日”宣传活动，组织“金融知识宣传月”活动，开展3·15消费者权益保护宣传；参与医保局“打击欺诈骗保，维护基金安全”和“医保政策进万家”现场宣传活动；举办“关爱老人、健康消费”知识讲座，“双丝带”健康公益行，宣传“两癌”防范等活动；通过行风热线、“保险下乡”等工作积极提升社会民众的保险意识。

【社会责任】 做好大病保险服务，全力做好选缴保费征缴、项目运行、理赔服务等工作。大病保险规模较2018年有明显提升，全年项目保费共计13.5亿元，同比增长11%；大病选缴人数达到386.8万人，占比78%，比上年提升6个百分点。2018—2019年项目累计赔付金额达到25.8亿元，极大提升金华城乡居民重特大疾病保障水平。完善工伤保险服务机制，继续承办市区工伤调查经办项目，为本级两万多家用人单位提供服务，公司协助开发的“智办工伤”服务系统得到全面推广应用。做好扶贫工作。联合计生协、残联、妇联等组织，对困难计生家庭、困难残疾人等弱势人群进行走访慰问，帮扶两个定点结对村，组织“爱国爱家”捐赠活动，开展“慈善一日捐”“圆梦微心愿”困难帮扶、消费扶贫等活动，2019年公益捐赠金额45万余元。

（张之彬）

7月18日，“信仰的味道”中国人寿党员活动

（中国人寿金华分公司供稿）

旅 游

综 述

【概况】 为深入推进“都市经济创新城 美好生活幸福城”战略,以全域旅游目的地建设,发展乡村休闲旅游,提升旅游公共服务水平,拓展客源市场。2019 年全区接待游客 1005.76 万人次,实现旅游收入 92.13 亿元,均同比增长 28.93%。接待入境游客 0.23 万人次,同比下降 22.65%,旅游收入 107.37 万美元,同比下降 21.85%。接待国内游客 998.59 万人次,同比增长 29.22%,旅游收入 91.47 亿元,同比增长 29.23%。

婺城区拥有国家 AAAA 级旅游景区 1 个(金华双龙风景旅游区)、婺城区拥有国家 AAA 级旅游景区 4 个 (浙江巨龙温泉旅游度假村、金华农耕文化园、喻斯生态旅游景区、金华动物园)。省级旅游度假区 1 个(仙源湖旅游度假村)。省 AAA 级景区村庄 11 个,AA 级景区村庄 21 个,A 级景区村庄 38 个。

【旅游规划】 全域旅游发展规划编制招标方式和预算通过区政府常务会,启动采购招标前期准备。

【景区创建和管理】 双龙风景旅游区获省文化和旅游厅推送参评国家 AAAAA 级旅游景区。婺州古城根据国家 AAAA 级旅游景区标准逐项落实整改。金华动物园通过国家 AAA 级旅游景区复评。莘畈乡、塔石乡创建成功为省 AAA 级景区镇(乡)。创建成功省 A 级以上景区村庄 30 个,其中安地镇安地村、琅琊镇上盛村和琅琊徐村、箬阳乡茶园村、沙畈乡银坑村、塔石乡塔石村创建成功省 AAA 级景区村庄。

开展旅游景区品质提升工作,对 4 个国家 AAA 级旅游景区体检式对标检查,重点在环境卫生、景区安全、服务设施、员工培训、质量管理、承载量公示、信息化建设等方面查漏补缺,以标准实施推进旅游景区品质提升。

【旅游基础设施建设】 推进“厕所革命”新三年行动计划,新建改建完成 18 座旅游厕所。开展 2015 年旅游厕所革命以来自查工作,对系统内 53 座旅游厕所相关数据进行全面核实和完善,并开展旅游厕所百度地图位置申报,推进电子地图上线工作。

【“旅游+”项目】 金华农耕文化园命名为首批金果级省级“采摘旅游体验基地”;喻斯生态旅游景区(七彩玻璃四季漂流项目)认定为“省级运动休闲旅游优秀项目”;金华双龙风景旅游区、金华动物园公布为首批市级“中小学生研学实践教育基地”;双龙风景区毛泽东主席视察双龙电站纪念馆、沙畈乡银坑村命名为首批市级“红色旅游教育基地”。

【传统景区提升改造】 以国家 A 级旅游景区标准指导旅游项目规范化建设。双龙风景旅游区完善鹿田环鹿湖区块景观提升、“双龙溪”景区景观提升、仙瀑洞至朝真洞游步道生态修复等景区项目建设,完成红楼、仙瀑洞下洞口等旅游厕所改造,完成毛主席视察双龙电站纪念馆、双龙溪峡谷等旅游标识牌设置。婺州古城完成万佛塔室内装修和展陈,引进了灯光秀设计团队开展赤松门灯光投影秀的方案设计,打造一街六馆建设。浙江巨龙温泉旅游度假村完成酒店、会议中心建设,并均已投入营业。金华动物园新增猴山馆、标本馆和改建旅游厕所。

【乡村民宿发展】 依照《民宿基本要求与评价》(DB 33/T 2048-2017)省级地方标准,推进山水间·宿在山间、竹坞等民宿高质量发展。山水间·宿在山间民宿被评定为省金宿级民宿。

【假日旅游】 婺城区假日旅游呈现较好发展态势。元旦A级景区接待游客0.6万人次,实现旅游收入33万元;春节黄金周接待游客18.19万人次,同比增长22.53%,实现旅游收入1.67亿元,同比增长22.53%;"五一"节假日双龙风景区接待游客9万人次,实现旅游收入270万元;"十一"黄金周接待游客73.53万人次,同比增长44.39%,实现旅游收入6.74亿元,同比增长44.39%。

【乡村旅游】 婺城乡村旅游全年接待游客165.94万人次,同比增长23.2%,实现旅游收入1.64亿元,同比增长191.04%。

区级以上旅游景点

【双龙风景旅游区】 位于浙江省金华市北郊的金华山麓,是一处融自然山水、溶洞群景观、科普探险、康体休闲、避暑度假、观光朝圣于一体的国家级风景名胜区,也是与西湖、普陀、雁荡山并称的浙中旅游胜地。东汉时被誉为"江东名山"。唐代杜光庭《洞天福地》称"第三十六洞天金华山"。双龙卧舟、冰壶观瀑、黄大仙朝圣素享"天下三绝"美誉。从梁武帝萧衍到明太祖朱元璋,有16位古代帝王曾与金华山结缘。刘仲卿、李白、王安石、苏轼、陆游、徐霞客等历代文化名人也曾留下大量诗文书画和摩岩石刻。

双龙洞景区

(区文联供稿)

【婺州古城】 依江而建,地处义乌江、武义江、金华江三江交汇口,与五百滩江心洲、燕尾洲遥遥相望,形成"两洲相望,三江汇流,城水相依"的山水古城格局。古子城是金华古城双城格局中的"内城",始建于唐昭宗天复三年(903)以前,距今已有1100多年历史,曾是历史上府署、监察、试院、文庙的聚集地,是金华历代的政治、文化、军事中心。据明万历《金华府志》及光绪《金华县志》记载,旧子城,周四里,城有四门,南为保宁门,东为熙春门,西为桐树门,北为金华门。相传子城废于宋朝时,明万历时尚留保宁门和桐树门。保宁门于2004年在原址重建,熙春门已在熙春巷口立碑纪念;桐树门、金华门已不复存在。历经千年沧桑,婺州古城经受了战争的摧残和城市化建设的影响,整体格局在一定程度上受到了破坏,但八咏路、酒坊巷、鼓楼里、石榴巷、旌孝街等街区仍保存着约15000平方米的历史建筑,是金华市区唯一一处保存相对完整的历史街区。

婺州古城八咏楼

(区文联供稿)

【金华动物园】 位于仙源湖省级旅游度假区内,距金华市区 12 千米,占地 26.67 公顷,是以野生动物观赏、集科普教育、休闲观光为一体的山地生态动物园,是国家 AAA 级旅游景区、浙江省科普教育基地、金华市中小学生实践教育基地,景区展览来自世界各地的珍稀濒危野生动物近 100 种 2000 多头(只),是亲近自然的亲子游、研学游好去处。

金华动物园外景

(安地镇人民政府供稿)

【金华农耕文化园】 是国家 AAA 级旅游景区、省休闲农业与乡村旅游示范点、省运动休闲旅游示范基地、省果蔬采摘旅游基地,位于白龙桥镇高桥村,占地面积 26.67 公顷,景区以农耕文化元素为主题,有土灶自烧、果蔬采摘、捉泥鳅等十余项农耕体验项目和滑草、卡丁车、水上高尔夫、真人 CS 射击等运动项目,适合家庭亲子游、团队活动、朋友聚会。

金华农耕文化园

(婺城区新闻媒体中心供稿)

来农耕文化园可体验农作和运动双重之美,在自然环境中收获“采菊东篱下”的乐趣和意气风发的激情。

【浙江巨龙温泉旅游度假村】 位于仙源湖旅游度假区内,是国家 AAA 级旅游景区、婺城区首家职工疗休养基地,总投资 5.8 亿元,占地 8.67 公顷,是集温泉疗养、水上运动、旅游度假、住宿餐饮、商务会议等多元业态于一体的都市休养温泉产业集群。温泉来自地下深度 1596 米的热矿泉水,出水口温度 46℃,水质优良,是名副其实的医疗养生温泉。巨龙水世界设计建设了海啸池、彩虹滑梯、儿童水寨、漂流河等 10 项国内先进的水上娱乐项目。

(范雯思)

巨龙温泉旅游度假村

(区文联供稿)

教 育

综 述

【基本情况】 2019年，婺城区教育局全面提升教育现代化水平。11月24—27日顺利完成省基础教育重点县终期验收和创建教育基本现代化区预评估。

10月17日，婺城区落实全市教育大会精神专题督查座谈会 （区教育局供稿）

【教育硬件和软件提档升级】 2019年，婺城区教制定《2019—2022年婺城教育基建项目实施情况进度表》，全面优化婺城教育基础设施。2019年实施15个建设项目，年度投资2.6亿元。虹路小学食堂及体艺馆等7个项目已完成，金华四中扩建等5个工程已开工建设。突出校园“硬化、绿化、净化、美化、文化”建设，实施“厕所革命”。对全区学校进行“五星级宾馆”式管理，厕所从“有气味”变得“有品位”。垃圾分类，教育先行。积极发挥学校教育的示范引领作用，实行“三加三减”，有效实现校园人均垃圾量减少60%以上，学生垃圾分类知识普及率100%，形成学校垃圾分类教育实践的长效机制。垃圾分类教育校本化、趣味化、科普化、全员化的做法得到省建设厅厅长的肯定，市区垃圾分类工作现场会在东市街小学和青春中学举行。推进文明示范校园创建。围绕未成年人思想道德建设，全面提升文明校园整体水平，建设成效走在市区前列，市区3次创建示范文明校园现场会先后在环城二小、东市街小学召开，区级文明校园全覆盖，29所学校获评市级文明校园，“花满校园”声名鹊起，青春中学等5所学校等获评省生态文化基地、省园林式学校、省中小学劳动实践教育项目试点学校等荣誉。

【基础教育稳步发展】 2019年，婺城区推进“五育并举”，围绕立德树人根本任务，积极开展“扣好人生第一粒扣子”主题教育。开辟第三课堂，研学旅行成婺城学生的“必修课”，初中生参与为期一周的国防教育活动，培养学生的品质和毅力。学校心理健康辅导室覆盖率100%，区级未成年人心理健康辅导中心，线上线下全天候向市民开放提供服务。加强儿童青少年近视眼综合防控，启动“明眸摘镜”工程。形成全员育人、全过程育人、全方位育人的格局。2019年中考占市区40%的毕业生人数取得金华一中正取60%的份额，金华四中、金华五中被一中以上重点中学录取的人数双双突破百人大关。金华四中、环城小学、仙源湖实验学校、白龙桥小学、北苑小学幼儿园获评全国青少年校园篮球特色学校和足球特色学校(幼儿园)。首届全国国学教育大会顺利召开，文化部原副部长潘震宙、教育部、国际儒学联合会等部门的20多位国内国学教育顶级专家和领导,全国12个省280多名国学教育专家、孔子后裔,汇聚婺城共商国学教育发展大计,金华成为国学教育大会永久会址,儒学文脉在婺州大地传承和延续。积极推进省民生实事"互联网+义务教育"结对帮扶,坚持高标准高质量,紧密结合婺城学校实际,与集团化办学有机结合,构建以"优学婺城"资源平台为基础,贯彻"二阶五环"工作思路、采用"3会7大系列活动"工作举措,创新实践"城乡携手·4同"教学范式(同上一堂课、同听一节课、同研一节课、同享一微课)的城乡结对帮扶工作模式,实现城乡学校管理共进、教学共研、资源共享、信息互通、师生互动、差异互补。大力推进"智慧教育",被授予全省首个"青少年人工智能技术能力培养教育实验区",环城小学成功入选省智慧教育联盟成员单位,教育局和金华四中受邀在浙江省智慧教育高峰论坛上介绍婺城智慧教育典型经验和做法。积极推动人工智能和教育的深度融合,促进婺城教育变革创新。全面推进集团化办学,出台《关于深化集团化办学、强化教育共同体建设的实施方案》,采取"优质学校+潜力学校"的"A+X"形式,组建14个教育集团,实现集团化办学多模式全覆盖,促进城乡、校际间教育优质均衡发展。

【幼教办学及职成教育创新发展】 2019年,婺城区实施学前教育"二十百"工程,加大力度补齐学前教育短板。新建公办幼儿园10所,实现乡镇公办中心幼儿园全覆盖。撤并"低、小、散"幼儿园34所,提升民办园办学水平。2019年普惠性幼儿园覆盖率达80.81%,有效推进城乡学前教育优质均衡发展。不断提升职业教育现代化建设水平,扩大职业教育优势。实验中学与湖州师范学院联合实施学前教育"3+4中本一体化"试点,完成年度招生计划,录取分数不低于当地中考满分的80%,有效提升了职业教育的知名度、美誉度。与浙师大、金华轨道交通集团合作,开设轨道交通专业。总投资4398万元的实训大楼投入使用,搭建实训"一平台两中心两基地",为培养高质量技能人才提供良好保障。积极推进社区教育,落实社区教育进文化礼堂,成人社区学校标准化建成率达100%;有序开展双证制培训及扫盲教育;挂牌成立金华老年开放大学婺城学院,19个乡镇(街道)成立金华老年开放大学婺城学院分校,终身学习理念不断增强。

【教育环境优化】 围绕"守初心、担使命,找差距、抓落实"总要求,严格将"学习教育、调查研究、检视问题、整改落实"贯穿始终,切实做到"四到位":抓思想认识到位、抓检视问题到位、抓整改落实到位、抓组织领导到位,主题教育扎实有序开展。营造尊师重教的浓厚氛围。各级党委政府关心教育,区委、区政府领导开展教育调研、召开研究教育会议36次,走访学校全覆盖;全方位、多渠道扩大教育宣传覆盖面,在国家、省、市级主流媒体发表信息300余篇,3次上《人民教育》等国家级媒体,"学习强国"推出报道6篇。推进"三服务"入脑入心。深入开展大走访、大调研,大宣传,切实帮助群众解决困难。联合相关部门开展校外培训机构的专项集中整治,全面开展校内托管服务,实现学校全覆盖,学生参与率达44.7%。举办"三年百场"家庭教育大讲坛,创新"聊吧""暖教育工作室"等家校合作平台,受益家庭人数超10万。全面细化食堂监管,有效强化校园安保。全区学校(幼儿园)100%实行校(园)长陪餐制,并积极探索家长陪餐、就餐巡查员等模式。开展涉校园暴力、心理健康、校园周边安全等矛盾纠纷和安全隐患排查,安全隐患全部整改到位。常态开展防溺水、安全出行等安全教育活动,"5·12"、反恐防暴等各类应急演练活动,2019年未出现重大安全事故及信访案件。

教育人事管理

【概况】 2019年,婺城区招聘录用高校毕业生90人,其中面向应届优秀毕业生招聘录用54人,面向社会公开招聘34人,从区外调入、引进优秀教师19人。2019年12月底全区中小学、幼儿园实有编内教师3143人,退休教师1787人。

【教师培养】 2019年教师梯队培养工作取得丰硕成果:评出区教坛新秀129人,在此基础上获得省教坛新秀4人、市教坛新秀9人;名师名校长工作成绩斐然，2019 年有 21 名教师列入市名师名校长培养人选，婺城小学王政卿校长获市级名校长称号、金师附小滕俊玲、婺州外国语学校施江舟荣获市级名师称号；金华五中张震雷校长列入长三角三省一市教育家型校长培养人选、虹路小学施彦文校长列入浙派名校长培养人选、金华四中陈晓英、蒋堂小学韩峰列入浙派名师培养人选。

【教师职称制度改革】 根据省市教育主管部门的要求，继续稳步推进中小学教师职称制度改革工作，金华实验中学列入职称评审省试点单位，学校首次开展职称自主评审工作。在坚持公平、公正、公开的原则下，通过学校对申报教师德能勤绩廉的全面考核，评出 4 名副高职称教师，并通过金华市有关部门确认。职称自主评审简化程序，提高效率，激发广大教师的积极性。鼓励优秀教师参加正高职称的评审，2019 年，婺城区浙江师范大学附属小学的叶惠老师通过评审，取得正高职称的任职资格，截至 2019 年年底，全区共有 5 名教师取得正高职称的任职资格。继续完善对中高级职称评审相关评价制度，严格落实评聘结合要求，从严把握各校参评指标，依据《婺城区教育局关于教师专业技术职务评审量化考核实施办法》进行量化考核，评审工作公开、公平、公正的开展，发挥职称评审在调动教师工作积极性、激发教师工作热情中的激励任用。2019 年，全区共有 36 名教师通过副高职称评审、111 名教师通过中级职称评审。

【教师节庆祝活动】 2019 年 9 月 8 日，第 35 个教师节，中共婺城区委、区人民政府在婺城中学举办“庆祝新中国七十华诞，弘扬新时代尊师风尚”为主题的教师节庆祝活动，区四套班子主要领导和全区中小学教师代表一起参加庆祝活动。活动中，对安心农村教学的 22 位优秀教师、21 名区最美教师、20 名区师德标兵、30 位获得省市级荣誉优秀教师进行表彰。活动最后，在省特级教师、区名特教师协会会长、金华师范学校附属小学校长俞正强领誓下，200 名 2019 年新录用教师（含区内民办学校新录用教师、区外调入教师）进行了集体宣誓。

义务教育

【概况】 义务教育阶段学生 46982 人，其中小学 31507 人、初中 15475 人，班级 1180 个，其中小学 829 个、初中 351 个。学龄人口入学率 100%，巩固率 100%。

【课程改革精准推进】 8 月 30 日，婺城区教育局下发《婺城区教育局关于深化集团化办学强化教育共同体建设的实施方案》，实现教育集团化全覆盖。9 月 25 日，下发《婺城区教育局关于进一步推进集体备课的实施意见》精准推进课程改革工作，提高课堂质量。12 月 5 日和 12 月 12 日分别在白龙桥小学和金华九中召开中小学课程改革推进会，会上 12 位校长、老师做集体备课干货分享。11 月 28 日，区教育局下发《区中小学“天天阅读”三年行动实施意见》，12 月 5 日和 12 月 12 日，教研室厉贵中进行“天天阅读”行动解读，环城二小金建琴《不必去远方 远方在这里》，育才小学陈茜《人人爱阅读 人人会阅读》，温州市南浦中学校长屈小武，专题讲座《让阅读随处发生》做阅读教学干货分享。

【区中小学德育工作推进会】 4 月 23 日，在仙源湖实验学校召开 2019 年全区中小学德育工作推进会，学校校长或分管德育校长、政教主任、区教育学会德育分会理事、学校心理辅导室负责人参加会议。会上环城小学、婺城中学做德育顶层设计介绍。与省师训处“百人千场”活动相结合，邀请杭州市滨江区教师胡耿民到学校主持班主任 600 秒论坛活动。

【区中小学班主任基本功大赛】 为贯彻落实《教育部关于培育和践行社会主义核心价值观 进一步加强中小学德育工作的意见》和《中共浙江省委办公厅、浙江省人民政府办公厅关于全面加强中小学德育工作的若干意见》等文件精神，探索新形势下班主任队伍建设的新途径、新方法。推进班主任队伍专业化发展，壮大优秀班主任核心团队，促进全区班主任队伍建设，发展学生全面素质，推动文明城市创建工作。全区共有 57 名班主任参加比赛，其中初中组 18 名，小学组 39 名。经评委认真评审，确定初中组一等奖 4 人,二等奖 8 人,三等奖 6 人;小学组一等奖 8 人,二等奖 12 人,三等奖 19 人。推荐五中陈江涛、十六中徐静、仙源湖实验学校叶碧鸳、白龙桥实验学校吴韵参加市级比赛,其中五中陈江涛老师获市级一等奖、省级一等奖、长三角班主任基本功大赛二等奖。

【区中小学"我爱您祖国"主题演讲】 2019 年,是中华人民共和国成立 70 周年, 为深入开展中小学生爱国主义教育,根据市委宣传部、市教育局、市新华书店有限公司《关于组织开展金华市中小学生"我爱您祖国"主题演讲活动的通知》,共组织 42 名选手参加比赛,其中初中组 14 人,小学组 28 人。推荐金华四中吴鸿飞、上浮桥小学李妍萱参加市级比赛,均获一等奖,吴鸿飞参加省级比赛获一等奖。

【区中小学"温暖的旅程"亲子读书活动】 根据《关于开展第十届"温暖的旅程"未成年人亲子读书活动的通知》(婺文明办〔2019〕2 号)文件精神,在学校推荐筛选的基础上,经组织专家评选,评出征文比赛一等奖 57 人,二等奖 94 人,三等奖 310 人;亲子朗读比赛一等奖 8 人, 二等奖 16 人, 三等奖 39 人;优秀组织奖 15 人。市级征文比赛小学组一等奖 7 人,二等奖 7 人,三等奖 6 人;初中组一等奖 2 人,二等奖 5 人,三等奖 5 人。优秀指导老师 6 人。朗读比赛三等奖 1 人,优秀奖 1 人,金师附小、环城小学、站前小学、金华五中获优秀组织奖。

【区"最美学生"评比】 为围绕立德树人的根本任务,落实好中共金华市委办公室、金华市人民政府办公室《关于全面加强中小学德育工作的实施意见》(金委办发〔2016〕27 号)精神,集中展示学生综合素质,发挥先进典型的示范引领作用,开展第六批"最美学生"评选活动。共有 34 名学生上交材料,评委们根据提供的材料认真评选,确定推荐 9 名学生参加市级评选。

【区体育竞赛活动】 组织完成婺城区第二届小学生夏季校园足球联赛、第八届中小学生校园足球联赛、第十一届中小学生乒乓球联赛、第十二届中小学生游泳比赛、第十三届中小学生篮球比赛、第十八届中小学生运动会,极大地促进阳光体育运动持久地开展、学生身体素质和艺术素养的提高。开展申报创建国家级校园足球特色学校 8 所学校、省级校园足球特色学校 10 所。

【区学校"健康婺城"活动】 开展申报创建省级心理辅导示范学校 7 所,开展申报创建健康金牌学校 4 所,健康银牌学校 5 所,健康铜牌学校 32 所,通过创建申报工作,提升办学理念、管理机制、课程建设、办学条件、师资队伍、活动成效等 6 个方面建设。以评促提高的原则,每次反馈做到精心研究,不回避问题,起到很好的指导作用。每个学校对特色创建都很重视,开展争创工作,心理健康整体水平有较大提高。

【区艺术教育活动】 截至 2019 年年底,省、市级艺术特色学校分别有 4 所和 14 所。5 月 10 日,学生书法作品现场大赛,结合学生本人选送的作品合二为一评选,选出优秀作品 30 幅、选手参加市艺术节。同时举行了区中小学生美术作品大赛。6 月 6 日"花满婺城"小学生墙画大赛在花木之窗举行,有 27 所学校参加。12 月底北苑小学、雅畈小学市级美术艺术特色校通过市级评估。

5 月 7—8 日选拔市艺术节参赛节目:器乐 14 个学校参赛,现场选拔;共选出 12 个器乐、合唱节目送市级比赛。5 月 18—21 日组队参加金华市中小学生艺术节现场节目比赛,合唱一等奖:金师附小、站前小学,青春中学、实验中学;二等奖:婺粥外国语学校、荣光外国语学校、婺城小学。器乐一等奖,金华五中、金华十七中,新世纪学校、环城二小;二等奖:乾西小学。艺术节优秀组织奖:金师附小。省级获奖情况:站前小学《年少的味道》《满城烟花》、青春中学《母亲的微笑》《金华山》获合唱二等奖;金华十七中学《鼓阵》获器乐二等奖,环城二小《龙腾虎跃》、金华五中《十送红军》获器乐三等奖;上浮桥小学《妈妈的眼睛和嘴巴》、北苑小学《古·婺》、金师附小《冠军的背后》、实验中学《爱若雨露》获艺术作品类二等奖;雅畈小学《渴》、蒋堂小学《读书节海报》获艺术作品类三等奖。9 月底组织参加庆祝新中国成立 70 周年区机关干部歌咏比赛, 获一等奖第一名。中小学生艺术展演舞蹈、戏曲及其他戏剧、婺剧分三场举行,共有 1500 余名学生参加演出。

12 月市义务段中小学生艺术素养测试,共抽测

4所学校，站前小学、婺城小学、金华九中、婺城中学。12月区义务段中小学生艺术素养测试，共抽测6所学校：环城小学、青春小学、青春中学、金华十中、华电小学、白龙桥小学。

【区语言文字工作】 5月28日组队参加市级中华经典诗文诵读，红湖路小学获小学组一等奖第一名（视频录像参加省级比赛），婺城中学获中学组第三名，站前小学获教师组第三名。诗词讲解大赛：浙江省2019年“经典诵读”大赛：金华师范学校附属小学吴冰洁《晓出净慈寺送林子方》获小学教师组三等奖；金华五中王丽珍《满江红》获初中教师组三等奖；金华市红湖路小学选送《我残损的手掌》获小学生组三等奖。

特殊教育

【概况】 2019年，婺城区学前段有残疾儿童44人，入学率100%；高中段有残疾学生63人，入学52人，入学率82.5%；义务教育段有残疾儿童168人，入学率100%。其中上门帮教21人，随班就读87人，特教学校就读48人，其他14人。3月8日，召集青春小学、青春中学的教务主任，就福利院残疾儿童注册的事情召开协调会议。3月15日，参加市特殊教育工作会议，交流2018年特殊教育工作总结和2019年工作思路。3月22日，在乾西小学召开送教上门工作推进会议，各校教务主任和资源教师共66人参加，会议邀请义乌市特殊教育指导中心副主任、教研员陈韩俊作“送教上门——打通教育的最后一座孤岛”的讲座，布置2019年的主要工作。11月底，经过评选，乾西小学、白龙桥小学、琅琊小学资源教室评为金华市第二批合格资源教室。

民办教育

【概况】 2019年，全区共有各级各类民办教育机构191个，其中：民办中小学6所，九年一贯制学校4所，初中1所，小学1所；民办幼儿园108所，其中省一级幼儿园1所，省二级幼儿园17所，省三级幼儿园77所；民办培训机构77所。民办学校在校学生人数18898人，其中：民办幼儿园在园幼儿12340人，占全区在园幼儿的70%；民办义务教育阶段在校学生6558人，占全区义务教育阶段在校学生的14%。

招生考试

【概况】 根据市考试院和市教育局的统一部署，有计划地排出工作日程表，先后召开招生报名工作会议、政策性加分及综合素质评价会议、考务工作会议等。先后下发《关于做好2019年高中段学校招生报名工作的实施细则》《关于做好2019年高中段学校招生考试考点组织工作的通知》《关于公布高中段学校招生考点考务组等组成人员和职责的通知》等文件。精心做好高中段招生考试组织工作：认真核对5190名考生信息、数码摄像、文具征订，保证后续录取工作顺利进行；做好综合素质测评和政策性加分的培训工作，按要求准确上报各项材料。经审核，全年共有310名考生符合政策性加分。其中，符合归侨、华侨和华侨子女加分3人，符合农独女加分191人，符合少数民族加分108人，符合台籍加分2人，符合军人子女加分7人。

校园安全

【概况】 婺城区教育系统紧扣“以人为本，安全第一；预防为主，综合治理；区域统筹，学校牵头；警校互动，家校联勤”的32字校园安全工作方针，维护学校正常的教育教学秩序，促进全区教育事业健康平稳发展。2019年获得“金华市校园安全工作优秀单位”“婺城区维护社会稳定先进集体”“婺城区平安护航新中国成立70周年大会战”集体嘉奖等荣誉。

【创新机制】 开展实施“警校家”联动护卫机制，强化派出所、学校、学生家长三者之间的“联动、互动”。完善婺城区中小学《安全教育》课程，采用有资质的安全教育教材，实现每周一课时的安全专项教育课程。

【三防工程】 人防建设:全区学校按要求配备校园专职安保人员共 149 人，落实安保人员工资经费 518 万元。物防建设:学校保安室均建设升级为警务室,统一标识牌、公告栏、报警灯箱,配齐配全了“八个一”器械,按要求设置校门口防冲撞装置。技防建设:各校均安装了访客登记系统和一键报警装置,4 所学校完成“智安校园”建设。

【交通出行】 开通学校专用校车 18 台，每天运行 60 趟次，负责 9 个学校、80 个接送点、2260 多名学生的上下学接送任务。

【排查演练】 各学校排查涉及校园暴力、食品安全、心理健康等隐患共计 200 余处,开展全区范围校园周边安全隐患排查 11 次,开展“5·12”、反恐防暴等各类应急演练 180 余次。

【专项教育】 下发婺城区教育系统《平安护航新中国成立 70 周年大会战工作方案》,成立“平安护航新中国成立 70 周年大会战”工作领导小组,在全区各校全面铺开“平安护航新中国成立 70 周年”校园安保专项行动。开展春秋季的传染病防控、夏季的汛期安全、防溺水专项教育活动等季节性安全教育工作。

【餐食安全】 细化食堂监管,全区学校食堂均为阳光食堂,实行 4D 管理,学校食堂实行统一配送和定点采购,并投保食品安全责任险。全区中小学、幼儿园 100%实行校(园)长陪餐制,同时创新方式积极探索家长陪餐制、就餐巡查员等创新模式。

【信访维稳】 办理“浙江省统一政务咨询投诉举报平台”信访件,满意度 95%以上;配合相关科室参与信访接待 4 次。强化特殊群体稳定工作,牢固掌握群体动态,依靠政法、公安、乡镇村做好防控工作同时,督促各乡镇中心学校成立维稳工作小组,落实防控包办人员,加强监控。

学前教育

【概况】 2019 年，全区有各级各类幼儿园 133 所(含 33 所教学点),其中,公办幼儿园 25 所。在园幼儿 17735 人,学前三年幼儿入园率为 99.7%。省等级幼儿园有 115 所,等级幼儿园占比为 93%,等级幼儿园招生覆盖面为 96%。全区有专任教师 1366 人,大专以上毕业专任教师比例 93%，教师持证上岗率 97%。省三级以上标准的乡镇中心幼儿园建园率 100%。

【扩容工程】 新(改扩)建婺城区实验幼儿园、安地镇中心幼儿园、琅琊镇第一幼儿园、清风幼儿园、白龙桥镇白沙幼儿园等公办幼儿园 5 所,一问国际幼儿园、乾西乡长湖幼儿园、白龙桥镇府林幼儿园等民办幼儿园 14 所,撤并了 9 所薄弱幼儿园,规范整治薄弱幼儿园 25 所(降为教学点)。

中等职业教育

【概况】 婺城区 2019 年有中等职业学校 1 所,金华实验中学是国家级重点职校,首批“浙江省中职教育改革发展示范学校”。学校开设 14 个专业,有中央财政支持的实训基地 1 个(数控),省级示范性专业 2 个(学前教育、电子),省级实训基地 1 个(电子),省骨干专业 1 个(汽美),金华市重点支持的公共实训基地 1 个（学前教育)，市级重点专业 2 个(电子、学前教育),金华市中职教育发展专项资金公共实训基地 1 个(电子技术应用)。

【项目建设】 学校有 3 个浙江省工程项目建设中,分别是学前教育品牌专业、烹饪王志勇大师工作室、“3+X”德育品牌建设项目。经浙江省教育厅批准,学校与湖州师范学院联合的学前教育专业“3+4”中本一体化项目列入试点招生计划。总投资 4398 万元的产教融合项目工程开始启用。学校《“三融”翼创空间》获得浙江省中职创新创业教育实验室项目立项。

【技能升学】 金华实验中学师生在职业能力等各级各类赛项中共获 169 个奖项。其中,教师获得省一等奖 1 项、省二等奖 1 项、三等奖 2 项;学生获得国家级二等奖 2 项、三等奖 1 项，省级二等奖 10 项,三等奖 4 项。教师教科研共获 53 个奖项,其中省级 6 项、市级 21 项。2019 年高职考上线人数 155

人，上线率100%，其中本科线8人。学校被评为浙江省青春健康教育基地。

【特色活动】 5月，金华实验中学举办第五届良工360技能节，围绕"荣光70年，成就人生梦"的主题开展丰富多彩的职业教育宣传活动。

成人教育

【概况】 婺城区建有社区学院1所，乡镇成技校13所，街道社区学校5所。2019年，完成成人双证制教育培训420人，完成扫盲脱盲任务520人。

【项目建设】 婺城区新狮街道受理点被浙江省终身教育学分银行管理中心评为"2019年度学分银行先进单位"。

【社区教育】 婺城区教育局与中共婺城区委宣传部联合印发了《婺城区推进社区教育进农村文化礼堂的实施方案》，10月24日在竹马乡下张家村文化礼堂举行了婺城区社区教育进农村文化礼堂启动仪式。

【老年教育】 白龙桥镇、雅畈镇老年大学确定为婺城区老年教育试点单位，其中白龙桥镇老年大学确定为金华老年开放大学婺城学院。

（邢均林）

教育基础设施

【概况】 2019年基建项目共9项，暑期维修项目实施28所学校，总投资3290万元，其中区财政安排1800万元，学校自筹1490万元，至2019年8月底全面完成。

【基建项目】 虹路小学扩建工程（四期）食堂体艺馆工程、二七区块金师附小教育集团小学及实验幼儿园建设项目、琅琊初中综合实验楼工程、金华四中扩建工程、金华市第十七中学扩建工程——食堂工程、雅畈小学教学楼新建工程、丰亭东路幼儿园新建工程、婺城二中新建工程，总建筑面积125229平方米，总投资58796万元，其中2019年投资16875万元，新开工面积57100平方米，虹路小学扩建工程（四期）食堂体艺馆工程、二七区块金师附小教育集团小学及实验幼儿园建设项目、琅琊初中综合实验楼工程、金华市第十七中学扩建工程——食堂工程建成投入使用，竣工面积59129平方米。

教育教学研究

【各项获奖稳居金华前茅】 金华市环城小学黄贝、金华市第四中学滕俊芬、金华市第五中学严筱红获得浙江省第十一届"教改之星"金奖，是全省金奖总数（35人）的1/12，是金华市金奖总数（6人）的1/2。同时，金华市荣光国际学校胡桂光、金华市北苑小学沈银凤获得铜奖。金华五中张震雷校长获浙江省第二届"教改实验先锋校长"，全省共18人，金华市共3人获奖。金华市第四中学、金华市第五中学获得浙江省2017—2018年度教科研先进集体，金华市9所学校获得该荣誉。同时，育才小学梅佩芳获得浙江省2017—2018年度教科研先进个人。青春小学张婧获得浙江省2018年度教育科研优秀成果三等奖，金华市环城二小姚晓芳、金华市婺城区机关幼儿园李秋文、金华市第四中学俞刚、金华师范学校附属小学俞正强、金华市红湖路小学王彩芳获得金华市2019年度教育科研优秀成果一等奖，一等奖总数位列全市前茅，接近邻近两区的一等奖数总和。浙江省教科院新公布的2020年规划立项课题，全区有教研室谢雄娟、金华四中童桂恒、金师附小周伟英、梅映、婺州外国语学校施江舟、虹路小学施彦文、区机关幼儿园夏丽娟等7项课题立项，立项课题数居全市第一。

在2019年市教科所组织的其他比赛中，全区送交课改论文135篇，101篇获奖，获奖率74.8%；送交教育学会论文65篇，52篇获奖，获奖率83.9%；送交教师小课题共31项，23项获奖，获奖率74.19%；送交垃圾分类征文70篇，51篇获奖，获奖率72.8%。

【教科研队伍建设扎实推进】 开展教科研专家库指导工作。召开专家库专业小组会议3次，研究、部署、落实教科研专业讲座和指导。开展统一布置的课题开题11场,参加指导教师24人。做到立项课题开题全面覆盖,研究过程全程追踪,研究人员全员提升的工作目标。举行教科研骨干教师研修活动。2019年,分别在荣光国际学校、金华市红湖路小学、金华市环城二小举行集中研修活动。3次活动中,上海师大的资深教授、中国非智力因素开山鼻祖燕国材教授作“什么是好老师”讲座、荣光国际学校校长徐锦生作 “教育科研是教师成长的助推器”讲座、荣光国际学校副校长吴小军作“课题研究的过程管理”讲座、红湖路小学副校长徐美菊作“从发现身边的问题做起”讲座、教科所夏胜华作“浙江省近三年立项课题的特点及发展趋势”讲座、东阳市槐堂小学校长周君芳作“一路前行,总会遇见更好的自己”讲座、区机关幼儿园副园长夏丽娟作“教研课题的申报与立项”讲座,全区教科骨干教师、教科室主任共300多人次参加培训。

师资队伍建设

【教师资格认定“三减”进入2.0时代】 为全面推进市“无证明城市”改革,婺城区教育局推动教师资格认定“三减”(减材、减时、减跑)进入2.0时代——完成教师资格现场认定只需提交“两张2寸证件照”。依托电子政务网上办事通道、统一公共数据交换平台,获取跨部门的4项管理信息和相关材料。通过部门内部流转核实,减少跑次。在2018年秋季承诺办理时限24个工作日的基础上,2019年春季再度提速50%,尽最大限度压缩办结时限。此项改革年惠及人数达1823人。

【教师专业发展培训】 2019年,区中小学教师专业发展培训工作认真贯彻执行《国家中长期教育改革和发展规划纲要 (2010-2020年)》、教育部颁发的《关于大力加强中小学教师培训的意见》、浙江省《关于中小学教师专业发展培训若干规定》等文件精神,以提高中小学教师实施素质教育的能力和水平为重点,以提高教师整体素质,自觉遵循教育教学规律,掌握现代教学方法和现代教学手段,培养创新精神和实践能力为目标,坚持基于区情、根植需要,统筹安排、分类指导、注重质量和效益的原则,进一步明确目标,加强管理,确保教师专业发展培训工作正常开展。2019年全区100%的教师都参加由高校开设的中小学教师专业发展培训。其中,参加浙江师范大学培训的占31%,参加金华教育学院培训的占36%,参加金华职业技术学院师范分院培训的占18%,参加市外省内高校培训的占11%,其他的则是参加省外高校培训的。2019年,全区4900名中小学、幼儿园教师参加培训,共完成351819培训学时,用于中小学教师专业发展培训经费660万元。

教育督导

【概况】 婺城区督导室有督学82人,进一步优化中小学、幼儿园挂牌督学责任区,常态化开展学校(幼儿园)发展性评价和专项督导评估监测工作。

【督导工作】 完成2018年度县(市、区)党政领导教育发展目标责任制考核和公报数据填报工作。完成2019年春季、秋季开学专项督导检查,2019年4月, 选聘第六届专兼职督学41人, 完善学校发展性评估体系,优化评估办法。从6月中旬起,历时两周对全区各校进行了学校发展性督导评估活动,由责任督学组成教育局主题教育巡视指导组, 在9—10月间对责任学校实施“二书一章”的学习情况进行督察。7月3日,由区教育局副局长卢莉领衔的省级教育督导课题《区域中小学校发展性评价体系的优化研究》,通过开题论证,课题研究正有条不紊推进。开展第六届督学学习培训。8月30日,召开责任督学工作会议暨新一届兼职督学上岗培训会。组织学习《浙江省省教育督导条例》《督学管理暂行办法》及工作指引、责任督学挂牌督导规程、责任督学挂牌督导工作问责机制及考评细则等有关中小学校责任区督学挂牌督导相关文件精神,责任督学进行交流了督学经验工作体会, 举办区级培训3次、市级培训学习1次, 组织20名责任督学参加2019年浙江省责任督学培训班学习,促进督学素质的提升。为促进全区督导工作健康发展奠定基础。9月,组织责任督学到责任学校开展专用教室配备及使用情况、班额情况、课程三表落实情况等专题督导检查。10 月,组织专家组对辖区内的 9 所幼儿园开展三级园等级评估,根据《浙江省幼儿园等级评定标准》进行认真考核评估,4 所通过评估考核。11 月,迎接第二轮省基础教育重点县按期摘帽,顺利通过教育基本现代化区创预评估。

教育工作领导小组秘书组

【概况】 2019 年 3 月成立中共金华市婺城区委教育工作领导小组,秘书组设在区教育局,是区委教育工作领导小组的办事机构,直接受领导小组领导,秘书组组长由区教育局党组主要负责同志担任。秘书组负责处理领导小组具体事务,协调督促落实领导小组审议事项,组织开展研究全区教育领域党的建设和思想政治建设的政策意见、教育发展战略规划、重大改革方案等,向领导小组提出工作建议。负责领导小组的工作联络、资料保管以及对领导小组各成员单位工作的统筹、协调、指导、督促、检查。秘书组定期或不定期召开会议,全面落实中央、省委、市委教育工作领导小组和区委决策及领导小组的要求,及时沟通各方面教育工作进展情况,研究有关问题,推动工作落实。

【主要工作】 2019 年,组织召开领导小组会议 5 次,针对教育短板,研究教育工作,制定教育政策。先后负责起草《中共金华市婺城区委教育工作领导小组工作规则》《中共金华市婺城区委教育工作领导小组秘书组工作细则》《婺城区党委、政府领导班子成员联系学校制度》《中共婺城区委 婺城区人民政府关于加快推进教育现代化的实施意见》。7 月 15 日,成功组织召开婺城区首个教育发展大会,构建教育发展“1353”工作体系,出台《促进婺城教育发展的十二条举措》。11 月 27 日,顺利完成省基础教育重点县终期验收和创建教育基本现代化区预评估。

(方 潇)

学 校

【金华市第五中学】 金华五中历史悠久,创建于 1898 年,历岁月沧桑,兴一方教育,勤教苦学,桃李芬芳,走过了 121 年的不凡历程。校园地处金华市八一南街 301 号,占地 5.33 公顷,布局科学,环境优美。教学楼、实验楼、办公楼、师生餐厅、标准田径场、体育馆等一应俱全。电化教学中心、教学软件制作室、电脑教室、英语语音教室、多媒体教室、电子阅览室等现代化教学设备市内领先。为浙江省Ⅰ类标准化学校。学校外语教学独树一帜,是金华初中唯一的“国”字号外语实验学校。

2019 年,学校秉承“作教育之新、成师生之美”的办学理念,倡导“作新、成美、崇善”的五中精神,以成功学生、成就教师为办学目标,倡导教师幸福工作,学生快乐学习,是一所规范办学、轻负高质的示范学校。学生参加全国、省、市学科竞赛成绩遥居市区之首,中考上省一级重点高中人数市区领先,是浙江省创新教育优秀示范学校,婺城区唯一连年获教育教学质量优胜奖的单位。2019 年中考,上镇海中学、杭州第二中学、杭州学军中学、金华第一中学共 112 人,其中郦奕郅以 609 分摘得金华市中考状元,金华一中录取总人数位居市区第一。

学校 2019 年有 43 个班、学生 2200 人;教职工 161 人,本科学历的教师占 95%以上,其中教育硕士 5 人、浙江省特级教师 1 人、浙江省优秀教师 2 人、浙江省“春蚕奖”3 人、浙江省教坛新秀 4 人、省市教改之星 11 人、省班主任基本功大赛一等奖 1 人、金华市级名师培养人选 14 人、市级教坛新秀 26 人、市优秀班主任 8 人、市优秀教师 8 人、市优质课一等奖以上 36 人,获区级以上各类先进荣誉 300 人次。

【金华市实验中学】 金华实验中学占地 10.67 公顷,教师 247 人,学生 3400 人。2019 年,学校分学前教育专业、旅游服务专业、信息商贸专业、机电专业 4 个群,共 14 个专业。办学层次主要包括中等职业教育、“3+4”中本一体化、五年一贯制大专、“2+3”与

“2+4”中高职衔接本科、大专,以及农村劳动力转移培训和企事业单位职工技能培训等各类短期培训教育。

2019 年,学校坚持“立足长远、内涵发展、多元办学、质量立校”的思路,走“以质量提升为核心的内涵式发展”道路,坚守“高质量、多元化、开放式、国际性”中职名校的总目标,确立“金华领先、省内一流、全国知名、世界水准”的办学总愿景。

实中人锐意前行,学校形成了自己的办学特色——文化鲜明、德育出众、专业精进、教学稳进。

学校有着独特的校园文化——白沙文化。其内涵“德技融通、情智并重”与浙江省中职学生核心素养基本内涵相契。学校的人才培养体系以及校园环境布局,紧紧围绕白沙文化展开。

学校德育管理有着鲜明特色,并对周边区域产生辐射作用。尤其是浙中首创的值星班制度,形成完善的值星管理体系。学校德育管理追求创新,探索走德育课程化之路。学校“3+X”德育模式获得省级立项。

学校专业建设围绕区域经济发展需求,立足自身优势,大力进行专业结构优化、发展优势专业,开设特色专业。学前教育专业“3+4”中本一体化培养试点获批;省三名工程中 3 个项目获得立项;新开轨道交通专业、无人机专业。

学校通过强化教师队伍建设,创新教学评价机制,推行教学新举措,不断提升教学质量。其中,单考单招上线率、本科上线率不断突破,特别是药学类单考单招成绩第一名 2019 年落户金华实验中学。

【金华市青春中学】 金华市青春中学学校 2019 年有 104 名教师,其中金华市名校长培养对象 1 人,浙江省“春蚕奖”获得者 1 人,婺城区名师 2 人,金华市名师培养对象 5 人,高级教师 29 人。2019 年,学校有 29 个教学班级,1500 名学生。灵动的课堂模式,实现高效课堂教学向高效学习转化。学校的“智·行”校本课程,以校训“博学·文雅”为核心,以“智”习得人文、科学等各领域的知识和技能;以“行”形成问题解决、适应挑战等的实践能力,拓展学生视野,丰富学生学识。

2019 年,学生中考成绩保持在婺城区前列,2019 年中考全校均超额完成指令性指标,学校连续 13 年获婺城区教育教学优胜单位。

2019 年,学校开展各年级各班的“培优辅弱”工作,开发各类拓展性课程,如科技制作、经典阅读、英语口语比赛等活动,培养学生综合素养,提高学生的学习能力、实践能力、创新能力。学生在各类比赛中获得奖项及级别人数人次都有较大提高。其中俞聪同学获得 2019 年全国中小学电脑制作活动初中组一等奖。

学校在“繁英基金”的大力支持下,创新实施师德、专题和提高等三类教师培训体系,推进教师的三个“一”工程,发挥名师引领示范作用,不断加大对青年教师培养力度,促进教师队伍素质全面提升,学校与南京、宁波、重庆等地的多所知名中学合作,“走出去、请进来”,拓宽教师的教学视野,为打造一支“匠心”教师队伍加油助力。2019 年新疆、福建、河南、台州等多地教师到校学习交流。

金华市青春中学是市区具备住校条件的初中,2019 年,拥有可容纳 640 名学生入住的学生公寓,是学生在青春温馨舒适的“家”,为学生创造自主学习、自我发展的天地,形成成熟的“寄宿制管理”体系。

学校坚持从常规管理抓起,健全“青春规矩”和“学习手册”,简化班级三项考核制度并班级优胜公示制度,完善值周班评比制度,开设学生道德银行,推行“荣誉币”积分考核制度,开展“文明指数”“保洁护绿”主题教育,进行预防艾滋病、预防毒品、反邪教等教育,特别落实好有序排队活动。2019 寒假学校组织学生由校园走进社会,开展社会实践活动;学校组织师生春秋两季研学之旅。以“建立良好师生关系,提升教育质量”为目标,创新实施 2019 家访工作,青春家访让我们的教育更有温度,赢得家长、社会的广泛赞誉。《金华晚报》、金华教育网等媒体进行报道。学校政教处的每周德育在线播报更是一种加强把学校、家庭、社会联系的新尝试。

学校是金华市艺术特色学校。2019 浙江省艺术节合唱节目荣获省二等奖;元旦区艺术展演中,青春舞蹈队荣获一等奖。

学校垃圾分类工作初见成效。“1+2+4>7”垃圾分类青春经验影响广泛。引来金华市各级统垃圾分类现场会慕名来观摩。省建设厅党组书记、厅长项永丹一行到校，现场调研校园生活垃圾分类工作。市副市长祝伦根、市政府副秘书长胡杰、区长黄国钧陪同调研，肯定青春中学的垃圾分类工作。学校被提名为“金华市垃圾分类最美单位”。

【浙江师范大学婺州外国语学校】 浙江师范大学婺州外国语学校是浙江师范大学与金华市婺城区委区政府教育战略合作重点项目之一，由浙师大资产经营有限责任公司和金华市婺城区教育投资公司联合投资创办。学校坐落城北公园北侧冰壶路766号，占地面积5.73公顷，教学用房面积48000平方米。学校是占地面积金华市区最大、设施最完整、设备最先进、校园最美丽的花园式初中学校。

2019年，学校有教职工113人，美籍外教2人，其中有中学特级教师5人，全国初中优质课特等奖和一等奖2人，浙江省教坛新秀2人，浙派名师培养人选3人，金华市名师2人，金华市教坛新秀6人，区级及以上优质课、教坛新秀70多人次。学校有34个班级，学生1300人。实施“以德立校、科研兴校、名师强校”和“质量立校，先做强再做大”战略方针，坚持走“学生和谐发展、教师专业发展、学校特色发展”之路，遵照“惟真、惟勤、惟志” 的校训，形成不断追求、不断创新、不断完善、追求卓越的办学风格。

2019年，学校秉承“让更多的人享受更优质的教育”办学宗旨，实行全日制寄宿、小班化教学。学校遵循教育规律和学生成长规律，坚持全面的质量观，着眼学生和谐发展健康成长，坚持“让每一位学生在原有基础上得到发展”教育理想，从教好一群学生到教好每一个学生，为每一个学生提供适合的教育，让每一个学生找到自己的生命价值,使学校成为“学生求知的乐园，健康成长的沃土”。

学校重视教育科研，倡导科研兴校，发挥浙江师范大学高校优势，推进课程改革和课堂教学模式的创新，探索与实践以德育拓展性课程强品质，体艺拓展性课程强体魄，科技拓展性课程强智能，英语拓展性课程强能力，推进学校因材施教，特长育人。

【金华市红湖路小学】 红湖路小学有25个班，1064名学生，71名教职员工。学校践行“大处着眼，小处着手”，努力打造一所小而实、小而精、小而美的区域品牌学校。

2019年，学校构建多渠道、立体式、网络化、科研化的“绿色学校”创建模式，积极践行垃圾分类。环境教育成为学校提高学生素质、优化育人环境的有效载体。

学校打造汉字校园的物质环境，创立“以字激趣”“以字启智”“以字达意”“以字溢美”“以字育德”的新型汉字学习模式，开发汉字教育读本，实践“让汉字本身吸引学生”的思想。

学校开展“十岁成童礼”露营、“爱散三江六岸”全校毅行、研学季、朱砂启智入学礼、中秋拜月等活动，让学生在一个个精彩纷呈的活动中，感受集体的温暖，活动的乐趣，成功的价值，感受传统文化的独特魅力。

学校坚持家校合作，办好家长发展学校，坚持开好家长会，坚持“红小孩子王”微信交流，坚持“聊吧”，坚持全员家访，整合教育力量，引领孩子成长，实现家校共赢。2019年开展课后托管服务，形成的“一班一品”特色课程获得社会各界的好评。

2019年，学校被评为浙江省示范家长学校、创建全国文明城市突出贡献集体、金华市家庭教育工作先进集体、婺城区生活垃圾分类示范学校、金华市春节氛围营造工作三等奖，学校主课题《期待教育，小学生家庭生长环境构建的实践研究》获市一等奖。

【金华市荣光国际学校】 金华市荣光国际学校位于金华市婺城新城区，建筑面积11.5万平方米、学校拥有标准教室90个，专用教室99个，有棋类、茶艺、航模、陶艺、机器人、数字天象馆、科技馆、恒温游泳馆、射击馆、安全生命教育体验馆等特色场馆，可容纳3000名学生。学科设置齐全，教育资源配置符合省级规范化标准。作为金华投资规模最大、办学条件最现代化的新型国际学校，荣光国际学校为中外籍学生系统地提供九年一贯制的国际化教育。

2019年，学校有小学部、初中部，在校学生1500

人,教职工 252 人,专任教师 146 人,其中全国劳模、省功勋教师 1 人,省教坛新秀、省教改之星 5 人,市教坛新秀优质课一等奖获得者 26 人以上。研究生 16 人,高级职称 9 人。

办学理念:家国情怀与国际视野融合培育,智力与非智力因素协调发展。提倡激发兴趣、养成习惯、习得方法、培养能力、张扬个性比追求分数更重要。

办学特色:优质小班,每班不超过 30 人,在让每一个学生都能享受优质教育的同时,更有利于得到全面而富有个性的发展。中英双语:聘请专门的外教,并拥有多位英语达到专业水平的各学科教师,为培养孩了的双语能力提供更多机会。多元体验:金华校园里独一无二的多功能体验区,为孩子创设多元、开放、优质的社会实践环境。移动教学:教师和学生全员使用移动电脑,真正做到“everywhere,everytime”学习。寄宿管理,有助于学生专心学习和生活,更能有系统、全方位、多角度地形成良好育人环境。

【婺城区乾西小学】 乾西小学前位于金华市婺城区乾西乡湖头村,占地面积 35351 平方米,建筑面积达 11703 平方米。2019 年,全校有 37 个班,1595 名学生,98 名教职工。

学校依据濒临长湖的天然优势和鼓乐文化特色,确立“水润学子 鼓舞人生”为核心办学理念,依托“长湖工作室”“智慧班主任工作室”,2019 年,实行名师帮扶制度带动乾小教师不断进步,逐步形成润物无声、育人有情的教风;依托“水润学子”铸德工程,通过实行奖励券制度、值周班制度,三项活动竞赛活动构建学校、家庭、社会三位一体的德育网络,促使学生形成形成滴水穿石、活泼灵动的学风,同时在校园文化建设中,学校继续对应自强文化之环境育人主题,打造校园十景,以期春风化雨般润泽孩子们的心田。学校已完成耘鼓小道、自强文化广场、行健亭、桃李园、勤园、冠军墙、天地菁华中草药园的打造。2019 年,学校为营造优美的校园环境,对乾元厅、图书馆、乾安廊、校史馆以及少先队活动室进行改造优化,用环境文化熏陶人、感染人。

育个性、创特色、促发展是乾西小学发展的一大亮点。乾西小学一直具有良好的体育运动氛围,2019 年,体艺 2+1、大课间活动、体育运动带回家、体育运动周等体育活动长期开展,激发学生对体育运动的兴趣,培养学生良好的锻炼习惯,从而在快乐运动中增强体质。2019 年,依托校园“鼓”文化,自编自创出一套属于乾西小学的“鼓棒操”,这也印证了学校“水润学子、鼓舞人生”的校训。乾西小学不仅体育特色突出,鼓乐教学也早已名声在外,多次受邀参加省、市级重要演出。婺剧特色鼓乐教学也赢得上级主管部门和社会的认可和赞誉。

【婺城区机关幼儿园】 2019 年,婺城区机关幼儿园有 12 个班级,417 名幼儿,55 名教职工,其中有中学高级教师 2 人,市级教坛新秀 4 人,区级教坛新秀 3 人,教学能手 1 人。

2019 年,秉承着“给孩子爱,让孩子玩,使孩子美”的教学理念,走“特色办学、科研兴教”之路,有 6 个课题获省级立项并获奖,取得优异的教科研成果,其中《奥尔夫音乐园本课程的开发与实施》获得浙江省基础教育教学优秀成果二等奖,幼儿园通过音乐剧的形式,建构“主题式”音乐教育模式,取得阶段性的成果。孩子们在快乐的音乐学习中,不仅发展了乐感,还提高了知识技能,发展交往、合作、创新等综合能力。幼儿园还开设特色美术课程,借助“借形想象”的美术教育理念,采用多种材料,多种技法的美术创意活动,培养孩子对美术活动的兴趣,提高他们的审美能力以及创造想象力。

【浙江师范大学附属小学】 2019 年,浙师大附属小学有教师 82 人,学生 1343 人。学校分为各有特色的两个校区:校本部位于师大街 191 号,占地 15000 平方米,有 24 个教学班,学生为三到六年级。西校区占地 8000 平方米,有 12 个教学班,学生为一二年级。学校已培养出省特级教师 3 人,省级名师 1 人,市教坛新秀 2 人,区级名师 2 人。

2019 年,学校不断地尝试与磨炼,摸索出一条艺术培养与人文培养相结合的教育发展新思路——“博雅教育”,形成以经典诵读、文明礼仪、琴棋书画、健康教育为抓手的 4 条教育主线,创建“博学雅行”的校园文化氛围,培养出一批批健康、明理、好学、懂艺的一代新人。每天下午艺术活动时间，孩子们自主选择舞蹈、钢琴、电子琴、笛子、葫芦丝、书法、儿童画、国画、陶艺等艺术课程。和小伙伴们一起学习，同时得到名师级外聘教师和学校艺术专职教师系统的专业训练。在艺术修养提升的同时，全校的坚持传统礼仪教育与孝敬教育，坚持“从细节入手，从小处抓起”。将“每日一礼”“每日一孝”落实到日常学习和生活中。学生们也每天诵读诗文经典，从而积淀优秀的传统文化。

学校博雅特色教学取得良好的教育效果，《中国教育报》《中国青年报》《人民日报》等媒体都曾报道学校办学成果。

【金华市环城第二小学】 2019 年，金华市环城小学教育集团第二小学有 39 个班级，学生 1550 人。教师 92 人，其中硕士 4 人，本科学历 72 人。中学高级教师 6 人，小学高级教师 41 人；省特级教师 1 人，省教改之星 2 人，市教改之星 4 人；省教坛新秀 1 人，市县区级教坛新秀 16 人；全国优秀教师 1 人，市区级优秀教师 13 人，市、区优秀班主任 12 人，市、区优秀辅导员 32 人。

学校拥有乒乓球馆、篮球场、羽毛球场、塑胶操场、舞蹈房、网格教室、计算机房、科学实验室等完善的教学设施，有校园办公网、交互式教学网、一体机、微格录播系统等优越的教学技术。

2019 年，环城二小逐步形成“文化立校”的特色办学模式。“尖峰小卫士”主题体验式德育是环城二小的一块品牌。体验式德育每月围绕一个德育主题推出实践任务。实践活动每学期计上千对亲子参与，已然成为系列化的、可循环的，具有本校特色的德育体验活动。“智慧教育”是环城二小对教育教学改革的新探索。项目研究有效利用信息技术整合资源，提高教学效率。学校获“浙江省数字校园示范校”“ 浙江省未来课堂实验学校”称号。

科　技

综　述

【基本情况】 2019年,婺城区完善修订并出台区级科技新政,在成果转化、科技人才引进、创新平台建设等方面加大扶持力度。出台《关于深入实施创新驱动发展战略推进高质量发展的若干意见》及《婺城区异地创新创业基地管理办法》。完成《人工智能发展先行区》、《科技创新示范区建设方案》、《婺城区科技创新提升突破三年专项行动方案(2020—2022年)》的讨论稿,提升全区科技型企业核心竞争力。

加强高新技术产业培育。重点支持具有一定规模和良好成长性的初创期企业,形成区拳头产业品牌。列入省级新产品试制计划14项,列入市级科技计划项目6项、市级成果转化项目2项,区级科技计划项49项,创历史新高。

引导企业和高校院所开展科技合作。引入具有竞争力的创新技术成果。全区实现技术交易总额39.3亿,技术合同交易总额创历史新高。全市工科会上达成签约项目11项,完成率137.5%。2019年发明专利产业化项目30项,列全市第二。

科技计划

【科研项目】 2019年,新列省级项目14项、市级6项、区级49项。项目包括先进装备制造业、电子信息、新能源、新材料、新能源汽车、生物医药、节能环保七大新兴产业以及农业、食品加工等传统产业。通过项目的组织实施,加快科技成果的转化和产业化,以项目带动企业自主创新能力的提高。

表4　　2019年省级立项科学技术研究计划项目一览表

项目名称	计划类别	承担单位
高强度结构材料及制品——空投型通用弹药包装箱的研制	2019年度重点研发计划	金华市捷特包装有限公司 (公布是2018年,项目类别是2019年)
电梯电子商务云平台	2019新产品试制计划	浙江云安达物联信息技术有限公司
电梯应急救援处置服务平台	2019新产品试制计划	浙江云安达物联信息技术有限公司
新能源商用车控制模块及智能仪表	2019新产品试制计划	浙江中科正方电子技术有限公司
高细晶雾化铜基合金粉末-CuPb10Sn10	2019新产品试制计划	金华市程凯合金材料有限公司
具有新型结构的轨道锯	2019新产品试制计划	浙江开创电气有限公司

续表 4

项目名称	计划类别	承担单位
具有快夹机构的电动往复锯	2019 新产品试制计划	浙江开创电气有限公司
直风道可调速智能干手器	2019 新产品试制计划	金华市正威电器有限公司
超薄减震型智能干手器	2019 新产品试制计划	金华市正威电器有限公司
智能感应全自动洗、洁、烘一体式洗手机	2019 新产品试制计划	金华市正威电器有限公司
高性能免胶接太阳能瓦	2019 新产品试制计划	金华市华发新型建材有限公司
反离位的复合材料防坠井盖	2019 新产品试制计划	金华市华发新型建材有限公司
高性能复合材料污水处理箱	2019 新产品试制计划	金华市华发新型建材有限公司
抗压框式复合材料隐形井盖	2019 新产品试制计划	金华市华发新型建材有限公司

表 5　　2019 年市级立项科学技术研究计划项目一览表

项目名称	计划类别	承担单位
基于防锂电池钝化技术智能电能表的研发	市工业重点	浙江八达电子仪表有限公司
高性能国 VI 标准的汽车尾气催化剂的研发	市工业重点	金华欧仑催化科技有限公司
锦纶专用可反应性酸性染料染色体系的构建及产业化	市工业重点	金华双宏化工有限公司
基于电子监控技术的智能仿生膝关节的研发	市工业重点	金华市德仁假肢矫形康复器材有限公司
铝合金消失模铸造轻量化技术研究及其在汽车轮毂整体成型中的产业化应用	市工业重点	浙江铂大工贸有限公司
妊娠糖尿病危险因素筛查干预对预后的影响研究	市公益类项目	婺城区疾病预防控制中心

科技创新

【概况】 2019 年，婺城区国家高新技术企业净增 16 家，完成率达 123.1%，列全市第二，新申报数比上年全年增长 70%；省级科技型中小企业新增 84 家，完成率 120 %，列全市第二，新增数比上年全年增长 58.8%。11 家企业被认定为浙江省高成长科技型中小企业。

【科创园区孵化】 2019 年，婺城区加强科技孵化器培育及业务指导，提升服务水平。已认定国家级科技企业孵化器 1 家、省级科技企业孵化器 2 家、市级科技企业孵化器 6 家，省级众创空间备案 1 家。发挥外引研究机构作用。浙江工商大学金华食品产业化研究院是婺城引进的第 1 家研究院，通过建立考核激励长效机制，充分发挥专业研发优势。2019 年先后引进本科以上技术人才 4 人，新产品开发 1 项，服务食品企业、化妆品企业等 25 家，与 3 家科技企业建立长期技术合作关系，邀请高校教授来院对接 18 人次。

【婺城飞地建设】 成功在沪、杭两地设立飞地孵化基地,成为金华地区第一个在沪、杭两地同时设立飞地的县(市、区)。通过飞地主动对接沪、杭两地科技创新优势资源。截至年底,婺城区上海科创中心共对接16家企业,入驻8家企业。向区经商局推送8个新科创项目,推送飞地入驻企业上海途悠信息科技有限公司、深兰科技(上海)有限公司等2家企业参加长三角G60科创走廊人工智能成果展示活动。9月6日星沅空间婺城飞地孵化基地在杭州揭牌,金华法税宝网络科技有限公司、金华巧极了科技有限公司正式入驻。婺城科创飞地工作经验被市委、省委政务信息采用,得到市委书记陈龙批示。

9月6日,在杭州举行星沅空间婺城飞地孵化基地揭牌仪式　　(婺城区科技局供稿)

【技术创新引导】 组织开展规模以上工业企业R&D活动、研发机构"清零"行动。2019年规模以上工业企业中,有R&D活动的新增35家,拥有知识产权、有研发机构的新增30家,其中市级以上研发机构14家,完成率155.6%。新增市级以上众创空间2家,完成率100%。

科创廊道建设

【融入G60科创走廊】 主动对接沪嘉杭,做好平台共建对接,加强与高能级科创平台的学习、交流和战略合作。8家企业加入G60产业联盟,其中:金华市捷特包装有限公司(副理事长单位)、金华雅帅纺织有限公司、浙江一火科技有限公司等3家企业加入新材料产业技术创新联盟;浙江云澎科技有限公司加入人工智能产业联盟;浙江尖峰健康科技有限公司(副理事长单位)加入生物医药产业联盟;浙江万里扬股份有限公司、浙江中科正方电子技术有限公司加入新能源和网联汽车产业联盟;浙江宝琳自动化设备有限公司加入机器人产业联盟。浙江电商信息科技有限公司、浙师大网络经济创业园、浙江金华wepark科创中心、婺城上海科创中心、上海交大启东电子信息产业园等5个园区加入长三角G60科创走廊产业园区联盟。

科技合作

【工科会】 2019年,工科会共征集到企业技术需求19项,科技换约项目12项,其中会上签约1项,项目协议金额达1311.4万元。组织41家企业参加新材料创新挑战赛、智能制造技术、光电军民两用技术3场精准对接会。杭州电子科技大学李剑教授和浙江金保科技有限公司达成高端社区智能垃圾箱项目合作。北方光电股份有限公司与浙江斯玛特信息科技有限公司现场达成合作协议,拟用斯玛特公司的透明显示屏展示军工产品。

【人工智能成果展】 长三角G60科创走廊人工智能成果展在婺城新城区万泰公园大道购物广场举办。展会设置80个展位,面积4000平方。现场高科技企业云集,行业前沿科技产品令人惊艳,累计参观人次15000人。在人工智能展对接会上,来自浙江大学、上海交通大学等院校所专家及金华市200余家企业参加,共达成合作意向45项,现场交易成交金额700余万元。

【科技人才与合作】 深入开展"百名博士入企计划",完成申报2019年高校博士挂职婺城区企业22人,征集婺城区有引进博士挂职需求的企业21家。加强产学研合作,建立企业、科研院所、高校之间良性互动机制的纽带。2019年开展"走出去 请进来"等科技对接活动6次。在各类科技创新平台、重大项目中,推进科技人才培养引进和科技计划的融合,累计组织43家企业参加对接活动,涉及上海、深圳等地高校院所及军工企业。建立人才服务体系，对产业创新带头人在科技项目申报、资金扶持等方面给予倾斜。大力培育本土创新人才，推荐上报全省“最美科技人”1人(任华林)，首次推荐申报省级领军型创新创业团队(万里扬股份有限公司)。

科技帮扶企业

【创新券推广应用】 深入推广应用普惠性创新券，实现G60科创走廊九城市创新券互认互通，减少企业到上海等地开展产品检测的成本。2019年向企业无偿发放科技创新券643.76万元，完成率198.1%，比上年增长296.4%。

【科技金融工作】 构建覆盖科技创新全链条的投资融资支撑体系，扶持高新企业创业创新。进一步提高对科技型小微企业的信贷支持力度，优化企业申请科技贷的流程。2019年共发放科技贷2630万元，放贷数列全市第一。

【科技创新奖励】 提高科技财政奖励资金引导，推动企业加强科技创新，加大研发投入。2019年兑现科技奖励资金907.37万元，争取到市级科技创新资金1013.73万元。新增区级科技计划项目49项，资助企业项目研发600万元。

(祝晓圆)

文　化

群众文化

【概况】 2019年,婺城区文化馆送文化下乡57场,垃圾分类进社区宣传100场;文化走亲6场;大型文化艺术活动22场,其他剧场文化艺术活动70场,打造"人文婺城·幸福城"文化大过年、"缤纷舞星"少儿舞蹈大赛、百姓才艺大赛、合唱大赛、中小学婺剧演唱大赛等文化活动品牌;开展"文雅婺城"免费艺术培训505个班次,培训15000人次;实施乡村振兴人才培养计划的"送师下乡",举办秧歌舞、广场舞下乡培训150班次,培训3840人次;举办展览14次,参与12300人次,举办讲座17场,参与2580人次;数字文化馆建设上台阶,网络参与201万人次左右,很好地提高了服务效能。

完成总分馆建设,建立了白龙桥、城北街道两个分馆;完成法人治理结构的改革。

加强媒体宣传,全年利用文化馆公众平台发表美篇124篇,省级新闻平台13次,市级18次,区级7次。

【走基层"五送五服务"送文化文艺会演】 1月8日,由婺城区政协、婺城区文体新局主办,婺城区文化馆承办的,婺城区政协委员走基层"五送五服务"送文化文艺会演走进竹马乡下张家村。活动形式丰富多样,精彩纷呈。舞蹈、歌曲、小品、音乐快板、道情、武术、京剧轮番上演,让广大人民群众享受到艺术的盛宴。

【区三服务系列活动】 1月8—16日,由婺城区委宣传部、区文联、区文体新局、区卫计局主办;婺城区文化馆、区音协承办的"心连心 暖人心 共图强"婺城区三服务系列活动走进浙江金祥板业有限公司、雅畈一村、安地镇郑宅村、乾西乡王店村、沙畈乌云村、雅畈镇雅畈三村、长山乡长山三村、蒋堂镇洪村,开展送演出、送展览、送春联服务,为当地群众营造快乐祥和的浓厚氛围,丰富他们的精神文化生活。文化大过年系列活动,是婺城区节庆品牌活动,包括文化暖冬"三服务"送文化下乡12场,文化大过年三天乐活动,以及农民村晚43场,元宵节斗戏4场,整个春节以点带面带动18个乡镇街道举行包括乡村春晚、元宵节、文化走亲等形式的114场文艺活动,实现百姓参与文化活动的自觉和自信,很好地营造了春节期间的文化氛围,百姓反响热烈,社会影响大,传播了正能量的春节文化。

【"人文婺城·幸福城"文化大过年系列活动】 1月26—28日,由金华市婺城区委宣传部、金华市婺城区文化和旅游体育局主办,婺城区文化馆、婺城区图书馆、婺城区非遗中心、婺城区文物办、婺城区体育运动学校、婺城区旅游发展中心承办的"心连心 暖人心 共图强""人文婺城·幸福城"文化大过年系列活动在金华市人民广场上举行。活动分为3天,包括启动仪式、2019年婺城区第三届百姓才艺大赛决赛、婺城区首届"文化礼堂杯"村歌创作演唱大赛。为婺城百姓免费提供演出、展览、猜灯谜、送春联、非遗工艺展示、拍摄全家福、趣味运动。

【"欢乐元宵"文化大拜年活动】 2月19—20日,在婺州城市广场和婺城区文化馆一楼婺星剧场,由中共金华市婺城区委宣传部、金华市婺城区文化和旅游体育局主办，婺城区文化馆、婺城区图书馆、婺城区非遗中心、婺城区文物办、婺城区体育运动学校、婺城区旅游发展中心承办的“心连心 暖人心 共图强”“人文婺城·幸福城”“欢乐元宵” 文化大拜年活动。此次采用的“文化斗戏”方式极具特色，以各乡镇（街道）为单位，各组织一场微文艺会演，而评委由各乡镇街道的宣传委员担任，同时邀请现场观众参与投票，一枚中国结为一票，于每场比赛结束后，投掷于大家喜欢的相应乡镇街道的投票筐中；在2天的比赛结束后，按总分依次评选出1金3银5铜，以及9个优秀奖。

【老干部“三走进”主题志愿服务活动】 为发挥老干部的政治优势、经验优势和威望优势，助力区委开展的“服务企业服务群众服务基层”活动，为实现“婺城图强”，推动“双城”战略实施增添正能量。3月4日，在长山三村文化礼堂，由婺城区委老干部局、婺城区关工委主办，婺城区文化馆、长山乡党委政府承办的老干部“三走进”主题志愿服务活动暨送文艺长山专场隆重开展。

【“三八”节合唱比赛】 3月6日，由金华市婺城区妇女联合会、金华市婺城区文化和旅游体育局、金华市婺城区创建全国文明城市工作领导小组办公室主办，金华市婺城区文化馆、金华成泰商业银行协办的“巾帼绽芳华、扬帆新征程”庆祝“三八”合唱比赛暨2019年志愿服务品质提升行动启动仪式在婺城区文化馆一楼婺星剧场隆重举行。为表彰先进，树立榜样，更好地发挥先进模范的示范引领作用，更有效地推动提升城市文明程度，巩固文明城市创建成果，授予乾西乡上陈社区杜笑丹等25名2018年度婺城区优秀巾帼志愿者荣誉称号。有17支队伍参加比赛，每队演唱一首歌曲，歌曲以歌颂党、歌颂祖国，最终评出一等奖2名，二等奖4名，三等奖6名，组织奖若干名。

【婺城画家进企业为文化发展添“双翼”】 3月26—29日，文化馆组织画家小分队一行8人分别走进雅畈镇金华市华峰工贸有限公司、乾西乡金祥板业有限公司、琅琊镇朗峰山酒厂开展画家走进非公企业隆重庆祝新中国成立70周年写生交流活动。画家走进车间、厂房、基地实地体验企业生活，现场进行写生创作。

【主题团日活动启动仪式】 4月30日，在婺城区文化馆婺星剧场，隆重举办婺城区纪念五四运动100周年主题团日暨红五月系列活动启动仪式。颁奖仪式上，4家青年集体被命名为市级青年文明号；4名青年被授予市级青年岗位能手称号；4个团组织被授予2018年度区级五四红旗团委荣誉称号。

【淳安·婺城文化走亲文艺演出】 4月24日晚，由婺城区文化和旅游体育局、淳安县文化和广电旅游体育局主办的“山水淳安·人文婺城”2019淳安·婺城文化走亲文艺演出在婺城区白龙桥镇后童村举行。丰富当地群众的精神文化生活，增进两地的文化交流。

【区“缤纷舞星”第三届少儿舞蹈大赛】 5月18日，在婺城区文化馆婺星剧场隆重举行“壮丽七十年 奋斗新时代”2019“人文婺城·幸福城”婺城区“缤纷舞星”第三届少儿舞蹈大赛。本次活动由金华市婺城区文化和旅游体育局、金华市婺城区教育局主办，由婺城区文化馆、婺城区舞蹈家协会承办。

【婺城文化走亲】 6月3—6日，婺城区文化馆近30余名文艺骨干和文艺工作者携12个丰富多彩的文艺节目，先后来到松阳、青田、平阳、苍南，为当地群众献上具有浓郁地方特色的文艺演出。女子表演唱《一起来金华》带观众领略这座城市的四季风光；叶忠伟先生的变脸和魔术，瞬间点燃现场气氛；舞蹈《欢乐婺江边》、女子舞蹈《水韵婺城》、情景舞蹈《婺州情》，或热情欢快，或唯美悠扬，仿佛坐在婺江畔，江水缓缓流淌，流过千年时光……婺城区文化馆的12个节目给当地百姓带去精彩的婺城文化。

【人才队伍建设素质提升工程】 4月9—10日，在婺城区文化馆举办2019年婺城区乡镇（街道）文化站干部业务培训班。本次培训特别邀请到浙师大音乐学院副院长汪静一为大家讲述传统音乐的相关知识，如小调、山歌、戏曲等。金华市音乐教研员李思惠系统介绍声乐乐理，教大家掌握乐谱运用。中国书法家协会会员陈政权系统介绍书法鉴赏技巧，指导大家如何一点一笔一画。金华市文化广电旅游局楼存记处长就文化馆分馆制建设进行了全面的理论讲解，并对“五个百分百”进行了重点梳理。婺城区文旅体局文化科科长郑友建就国家公共文化服务体系建设要求及公共文化云网站录入的相关事宜进行说明。婺城区文化馆馆长、副馆长对各文化站的工作提出了目标要求，特别针对百姓才艺大赛的具体细节进行了说明，并分享工作心得和技巧，鼓励各文化站圆满完成接下来各项工作。5月22—24日，开设“人文婺城·幸福城”2019年婺城区文化礼堂管理员业务培训班，教授手机拍摄、抖音制作、导游词撰写等技巧。2019年11月1日，在婺城区文化馆内举行2019年“人文婺城·幸福城”少儿舞蹈编创培训活动。老师们分享幼儿舞蹈编创技能技法，耐心地讲解编创过程和方法。

【区中小学美术教师走进“醉美仙源”写生、培训活动】 7月1—5日，副馆长郑红建和书画干部孙傲雪到长山乡开展《视觉婺城》活动。7月4日，戏曲干部刘菁参加了“人文婺城·幸福城”《视觉婺城》第四季——婺城区中小学美术教师走进“醉美仙源”写生、培训活动启动仪式。7月5日，写生团队走进赏花胜地安地镇项村村，望着美景艺术家和美术教师们难掩心中激动，纷纷拿起画笔，记录下这一刻的美好。7月6日，美术教师和艺术家们来到了美丽的岩头村创作写生。9月10日，“人文婺城·幸福城”《视觉婺城》第四季——婺城区中小学美术教师走进“醉美仙源”写生作品展在婺城区人民政府大厅隆重开展。此展是7月4—7日在安地镇举行的“人文婺城·幸福城”《视觉婺城》第四季——婺城区中小学美术教师走进“醉美仙源”写生创作、培训活动的成果汇报展。通过活动中专家教师的示范互动，主题讲座等形式，老师们的创作有质的飞跃，展出30余位作者的近80件作品，画种包括油画、水彩画、国画和综合材料。

【免费培训汇报展演】 7月5日，由婺城区文化和旅游体育局主办，婺城区文化馆承办的“人文婺城·幸福城”婺城区向党献礼免费培训汇报展演，在婺城区文化馆婺星剧场隆重举行。这次活动，既庆祝党的生日，向党献礼，也是上半年婺城区免费培训成果的展示，是“人文婺城·幸福城”的生动诠释。免费开放培训班级的教师学员共约400名参加汇报演出。学员们通过激情的演绎，将婺城区免费开放培训成果淋漓尽致地展现出来，为现场观众奉献上一场精彩绝伦的文艺盛宴。演出开始前，对于表现优异的学员进行颁奖和表彰。

【婺城文化走亲演出】 7月29日晚，由婺城区文化和旅游体育局、青田县文化和广电旅游体育局主办，婺城区文化馆和青田县文化馆承办的“壮丽70年奋斗新时代”幸福青田·人文婺城2019青田——婺城文化走亲演出在安地镇岩头村文化广场上演。整台演出汇集青田鼓词、音乐快板、诗朗诵、舞蹈、声乐、越剧等形式多样、内容丰富的节目给婺城观众带来欢笑和祝福。本次文艺演出是“贺华诞 人文婺城 幸福城”婺城·青田文化走亲续曲。

【区第35个教师节暨优秀教师颁奖晚会】 9月8日晚7时，由婺城区文化馆承办的“婺城区第35个教师节暨优秀教师颁奖晚会”在婺星剧场举行。600余人参加此次颁奖晚会。大会进行了各级各类先进表彰，参会领导为受到表彰的10个先进集体和80名先进个人颁奖。其间还有老师和孩子们带来的精彩表演。

【区“优秀现役军人”“最美退役军人”颁奖活动】 9月22日晚，在婺城区文化馆一楼婺星剧场举办“赞颂辉煌成就，军民同心筑梦”双拥晚会暨2019年度婺城区“优秀现役军人”“最美退役军人”颁奖活动。区四套班子领导参加了颁奖典礼。

【区机关部门、乡镇（街道）干部歌咏晚会】 9月29—30日晚7时在市文化中心举行“壮丽七十年奋斗新时代”婺城区机关部门、乡镇(街道)干部歌咏晚会。获一等奖的单位有宣传文化系统、教育局直属机关党委、区府办系统直属机关党委、交通运输局直属机关党委、竹马乡人民政府、城东街道办事处、城中街道办事处、琅琊镇人民政府。婺城儿女用歌声表达对亲爱的祖国、亲爱的婺城最真挚的祝福；婺城儿女用实际行动庆祝祖国70华诞。

【庆元·婺城文化走亲文艺演出】 12月2日晚，“养生庆元 人文婺城”——庆元·婺城文化走亲文艺演出在区“非遗”古镇雅畈镇雅畈三村文化礼堂举行。活动由庆元县文化和广电旅游体育局、婺城区文化旅游和体育局共同主办。活动现场，庆元的艺术家们登台献演，用舞蹈、声乐、小品、相声等形式多样、内容丰富的节目，给雅畈群众呈上了一场富有庆元菇乡特色的文化盛宴。

【婺城百姓才艺大赛】 6月13日，第一季“翰墨婺城”百姓书法之星现场创作大赛决赛在婺城区文化馆三楼书法指导室进行。此次大赛共收到报名作品60多件，赛后经专家评委评选，参赛选手丁胜、黄千红、金国平等10人获得“婺城百姓书法之星”称号。第二季“唱响婺城”声乐大赛分为9个组，7月在婺城区文化馆公众号上分初赛、复赛、决赛三轮进行。7月31日，第三季“舞动婺城”群众广场舞、排舞大赛在婺城区文化馆婺星剧场举行，各广场舞队自编自演了有关垃圾分类、文明创建、庆祝新中国成立70周年主题的广场舞节目。现场有18支队伍近300多人参加了本次百姓才艺大赛，获得金奖的是由城北、城东街道选送的广场舞《幸福中国一起走》《祖国颂》《我的祖国》。12月14日上午，在婺城区文化馆演播大厅内，第四季“讲好婺城故事”讲故事、曲艺、声乐、小品决赛顺利举行。最终参赛者高明花以两种方言演绎的金华故事《两对门》获得本次大赛金奖。浙江青年婺剧团的节目小戏《烛光里的妈妈》荣获金奖。王珏琼的《雪花姑娘》获得金奖。

【免费培训成果展演】 为了推进婺城公共文化服务体系建设，提升公共文化服务效能，展现婺城区艺术爱好者参与2019年下半年免费培训取得的成果，12月23日晚，由婺城区文化和旅游体育局主办，婺城区文化馆承办的“文雅婺风”2019年下半年免费培训成果展演在婺城区文化馆婺星剧场隆重举行。免费开放培训班级的教师学员共约230名参加了汇报演出。学员们通过激情的演绎，酣畅的笔墨，将婺城区免费开放培训成果淋漓尽致地展现出来，为现场观众奉献上一场精彩的文艺盛宴。

【送师下乡之秧歌舞培训活动】 4月，婺城区文化馆组织7名专业舞蹈老师分赴婺城16个乡镇（街道），正式启动“人文婺城·幸福城”送师下乡之秧歌舞培训活动，对文艺爱好者进行秧歌舞培训、节目策划、编排等辅导工作。此次培训达到3840人次，在向村民传授艺术知识的同时，也激发其文化自觉的热情，让农民的秧歌舞得更美、生活得更好。

【区第六届中小学婺剧演唱大赛】 12月31日，金华市婺城区婺剧促进会、金华市婺城区教育局、金华市婺城区文化和旅游体育局联合举办婺城区第六届中小学婺剧演唱大赛。来自区内15所学校代表队的婺剧“小票友”参加本次比赛。比赛既有《三请樊梨花》《水擒庞德》等经典婺剧曲目，也有《信仰的味道》《心中的红灯记》等现代原创婺剧曲目。经评委现场评分，金师附小的《林冲起解》、东市街小学的《水擒庞德》选段、金华实验中学的《信仰的味道》获得比赛的一等奖。

（李金宇）

2019年婺城区文化馆获奖情况一览表

表6

序号	作品名称	获奖者	奖项内容	奖项级别	获奖级别
1	论文《目标管理促文化馆公共文化服务效能上台阶》	郑慧娜	2019现代文化馆理论创新发展征文	二等奖	中国文化馆协会
			浙江省第二十一届公共文化论坛征文	一等奖	省文化馆、省群文学会
2	油画《遗》	郑红建	入选浙江省第三届综合艺术大展	入展	省美术家协会
	粉画《菜场系列》组画		入选浙江省第三届优秀粉画作品展		浙江省水彩画家协会
3	道情《田鸡卖塘》	章晓华	2019浙江省第十届曲艺新作大赛	银奖	省文化和旅游厅

续表6

序号	作品名称	获奖者	奖项内容	奖项级别	获奖级别
4	婺剧组合《红灯记》选段	刘菁	浙江省第十届十大城市戏曲演唱联赛组合表演	金奖	省文化馆
5	京剧《家住安源》	刘菁	浙江省第十届十大城市戏曲演唱联赛个人表演	银奖	省文化馆
6	群舞《军妈妈的口琴曲》	柳毅	浙江省群众舞蹈大赛	银奖	省文化和旅游厅
7	技能比赛	郑红建	浙江省群文视觉干部专业技能比武	金奖	省文化和旅游厅
8	歌曲《春天的芭蕾》	郑惠元	2018年度金华市文化精品奖励项目、金华市村歌大赛	表演奖 铜奖	市委宣传部 市文旅广电局
9	舞蹈《微山湖之歌》	柳毅	“欢乐金华”百姓文化节百姓秧歌大赛	“百姓秧歌之星”荣誉	市委宣传部 市文旅广电局
10	舞蹈《祖国颂》	柳毅	2019年“欢乐金华”百姓文化节百姓秧歌大赛	“百姓秧歌之星”荣誉	市委宣传部 市文旅广电局
11	舞蹈《棉花宝宝》	柳毅	金华市第四届少儿舞蹈大赛	优秀辅导老师奖	市文旅广电局
12	村歌	惠元 柳毅	金华市村歌大赛	表演铜奖	市委宣传部 市文旅广电局

（李金宇）

公共文化

【概况】 2019年，婺城区文化馆为国家二级馆、区图书馆在第六次全国县级以上公共图书馆评估定级中被确定为国家一级馆、区非遗展示馆(民办)。建成区图书馆城北分馆。区文化馆、区图书馆、非遗展示馆免费对外开放。罗店镇文化站划归婺城区管理，18个乡镇（街道）文化站全部实现对外开放。开展文化惠民实事工程，送传统戏下乡212场，文化走亲6场。录取3名学生，参加浙江省第三批乡镇文化员定向培养。

完成省文化和旅游厅的“100%的市、县(市、区)完成规定场馆建设要求，100%的县(市、区)建有城市书房、完成县级图书馆文化馆法人治理结构改革和图书馆分馆建设任务，100%的乡镇(街道)建有省定三级以上综合文化站、按要求组建乡村文艺团队，100%的省级中心镇和人口5万人以上的乡镇（街道）落实文化下派员制度、建有文化馆分馆，100%的农村文化礼堂按照省定标准规范运行”的任务。

【“三百目标”】 乡镇广播有线电视联网率100%，农村有线电视达到100%数字化，有线对农广播覆盖率达100%。确保“三百目标”的实现。

【乡村文化】 组织文艺表演团体和文艺工作者开展送文艺进校园、乡村、社区，丰富繁荣农村文化。开展以“壮丽七十年　奋斗新时代”为主题的文艺演出40场。区文化馆积极开展公益性文艺培训，讲座辅导35场次，培训1400人次。区图书馆藏书42万多册(包含电子书)，人均1.09册，持证读者3510人，借阅书籍82000册，接待读者20万人次，为乡镇文化站和村(社区文化活动室)送书2万余册。农家书屋覆盖全区100%的行政村，每个书屋配备1000

册以上的图书、20余种报刊和专兼职图书管理员，借阅登记制度实施良好。举办婺城区全民阅读大型系列活动，完成25个图书流通点的维护管理。

【文化活动】 通过送文化下乡、三送三服务、才艺大赛等形式，让群众成为大文化建设的主角和生力军。形成“文化大过年”“百姓才艺大赛”“视觉婺城”“少儿才艺大赛”“民俗文化节”和“花满婺城幸福生活”休闲文化旅游年等系列品牌活动，举办大型群众文化活动20场，文化走亲6场，组织文艺队伍深入全区乡镇(街道)、村巡回演出40场。

【“十百千”工程】 完成区文化馆、区图书馆法人治理结构改革，分别成立了理事会。完成浙江省基本公共文化服务标准(2015—2020年)及“五个百分百”完成情况认定工作。完成城东街道综合文化站、安地镇综合文化站改造、提升。完成城东街道旌孝街社区等18个村（社区）的公共文化服务重点村(社区)建设，通过浙江省“十百千”工程验收。

（郑友建）

金华市婺城区婺剧促进会

【概况】 2019年，金华市婺城区婺剧促进会会员150人，理事会成员27人，婺剧促进会下辖分会5个。广大会员开展活动，效果明显，呈现出组织健全有网络、活动丰富有平台、载体丰富有影响、宣传广泛有声势等亮点。婺剧事业传承创新，促进婺城区“双城”战略实施。

【自编婺剧创作】 邀请婺剧专家、市区婺剧促进会领导、区纪委，与民间婺剧创作人员程明芝等进行婺剧创作研讨，精心创作廉政婺剧《爱莲说》，由婺城区青年婺剧团等剧团成功排演，弘扬历史名人周敦颐廉洁文化精神，市、区领导多次专场观看，真正做到婺剧与廉政建设有机结合。

【婺剧进校园活动】 在区婺剧促进会的引导下，东市街小学继续深入开展“婺剧进校园”活动，取得丰硕的成果，在中央电视台播出。蒲公英幼儿园、蒋堂初中等学校，在指导老师的带领下，进行唱腔、身段、台步等的常规训练，学会学校婺剧操，婺剧传承后继有人。

【婺之声乐队】 吸引众多民间婺剧文艺骨干，真正“把服务广大人民群众，传承婺剧事业，打造精品，提升品位”作为婺剧促进会工作重点，组建的婺之声乐队，每周聚会练习交流，带动婺剧这一文艺奇葩，在婺城大地上蓬勃发展。11月10日，到黄岩参加浙江省“国乐乡村”展演比赛，获得优秀奖，婺剧真正展现出永久魅力和时代风采。

【婺剧业务培训】 8月28—31日在赤松举办婺城区婺剧促进会业务培训会，总结上半年工作，完善各项制度，研究下半年婺剧主要工作。婺剧促进会部分理事、婺剧爱好者50多人参加业务培训会，浙江婺剧团老师李根泉现场指导。

【中小学婺剧大赛】 12月31日，举办2019年婺城区中小学婺剧演唱大赛，通过婺剧专家和领导评委现场打分，评选出一等奖3名，二等奖5名，三等奖7名，金市附小、东市街小学、金华实验中学获一等奖，并将获奖学校及辅导老师予以通报表彰。通过比赛弘扬中华民族传统文化，促进婺剧事业发展，展示近年来婺剧进校园活动成果，激发下一代对婺剧的热情。

（张建红）

图书事业

【概况】 婺城区图书馆免费开放成人报刊室、少儿借阅室、电子阅览室、地方文献室、自习室、培训室等场所，坚持每周固定开放80.5小时。按上级业务规定提供夜间、节假日、双休日全年开放服务。读者服务20多万人次，文献外借11.8万册次，办理读者证5197张，其中新证1375张。新增图书3万册。自建“金华市民间曲艺数据库”，共征集、整理地方文献资料832余种1500多册。与市馆、少儿馆流转图书1万余册，移动图书馆年访问18万次，歌德电子书下载量7000余册。馆微信平台关注粉丝6318人，推送信息170篇，阅览人次4万余人，在浙江新闻客户端、《金华日报》、《金华晚报》及新闻客户端、金华电视台、《金华广播电视报》、《今日婺城》等媒体刊登宣传报道40余篇。

【图书流通】 加强基层建设,搭建城乡一体化公共图书馆服务网络。完成城东街道、天艺影城、白龙桥镇3个分馆的智能化管理设施的采购和安装;对33个图书流通站进行全方位梳理,完成新建婺城小学白沙校区、金华高铁站、金华广播电视总台、雅畈镇双善书院、婺城区宣传部、金华时代置业党群服务中心图书流通站的建设。2019年送书和流转32634册。

【阅读推广】 2019年,全民阅读推广活动145场,其中公益讲座、培训、展览26场,阅读推广活动119场,各项阅读品牌(益智工坊、亲子课堂、少儿剧场)活动正常化运行。

开展婺城区第五届全民阅读系列活动。与全省同步举办第三届"阅读马拉松"挑战赛、"人文婺城·幸福城"全民阅读系列活动之"暖·家书"分享会暨"图书馆之夜"活动;举办"弘美德承家风"家书创作大赛,参与学校54所,共收到家书866篇,以家书为载体,弘扬、传播中华优秀传统文化,推广全民阅读。组织"以书为媒 分享快乐"换书大会,在交换中爱上阅读,促进了书香流传,营造阅读氛围,换书大会相继在环城小学、荣光国际学校、白龙桥实验小学展开,深受广大师生的欢迎。

婺城区图书馆在春节元宵期间,为读者们精心准备一系列丰富的阅读推广活动。举办活动22场,其中以"人文婺城·幸福城"为主题的大型猜灯谜活动2场,"阅读·悦自己" 暖冬行系列活动4场,以"网络书香过大年"为主题的线上活动4场,其他常规活动10场、展览2场等阅读推广系列活动,共计参与人数18000余人。

举办婺城区机关干部廉书共读——《碰不得的"红线"》共读交流分享会,50余名机关干部参加本次活动,通过集体阅读比赛和共读交流分享会的形式,在增加阅读量推动学习型机关建设的同时,引导党员干部筑牢思想道德防线,提升修为,坚定理想信念。组织的"壮丽70年阅读新时代"十一特辑活动内容丰富,形式新颖,意义深远。"拾忆时光轴"活动将新中国成立70年来祖国发生的翻天覆地变化以历史画卷的方式徐徐展开,让青少年了解这些重要的历史事件和影响深远的历史人物,培养高尚的爱国情操;"爱国主题拼图"活动拼凑的不仅仅是一张照片,更是一个故事一段回忆,让广大读者在游戏中表达浓浓的爱国情感和文化自信。

(张 嬿)

文物保护工作

【概况】 2019年,婺城区文物工作明确任务,夯实责任,与各文保单位文保员签订《2019年度文物安全责任书》;区文物部门除了做好日常巡查工作外,还开展元旦春节等节假日文物安全专项检查,联合区消防部门开展古建筑消防安全专项大检查、开展防汛、防台风文物安全工作;加强文物安全教育,组织各乡镇(街道)文物工作分管领导、文化站站长参加市文物部门组织的文物安全管理培训班、文物政策法规培训班。

2019年,开展第八批全国重点文物保护单位的申报工作,10月7日国务院核定公布石楠塘徐氏宗祠为全国重点文物保护单位;与区规划部门联合开展第四批市保单位的两划工作,提请金华市政府批准公布;开展婺城区革命文物的调研工作,摸清革命文物的家底,将有关革命文物的名录及基本信息在征求区委宣传部、区党史办的意见后上报省文物局,并开展交椅山红军标语、上范红军标语、银坑红军活动旧址、罗芳桥胡氏宗祠等不可移动革命文物保护利用重点项目申报工作;开展不可移动文物基础信息填报工作及婺城区乡村博物馆的调研工作。

2019年,亭久祖郭庙抢险加固工程竣工验收;开展交椅山红军标语、上范红军标语、卢文台墓等抢险加固工程修缮设计方案编制及审查批复工作;启动罗芳桥胡氏宗祠、乌云石拱桥、琅琊白沙庙修缮施工工作。

2019年,浙师大建设工地调查处置发现2处古墓碑,蒋堂镇下尹村附近的建设工地发现的疑似元代古井和古窑址;对雅畈老街调查发现的壁画及部分古建筑进行保护;调查处置了二七小花园建设工地发现的古井及墓碑;配合西郊社区河盘桥老村拆迁，做好文物保护工作；现场考证金华宋代名宦潘良贵墓址；配合行政许可开展土地出让前置审批考古调查工作。

【全国重点文物保护单位】 婺城区开展第八批全国重点文物保护单位的申报工作。通过摸底排查，推荐石楠塘徐氏宗祠申报全国重点文物保护单位，对该建筑进行详细测绘，制作申报文本上报省文物局，经省文物局专家论证后推荐上报国家文物局。10月7日，国务院核定公布石楠塘徐氏宗祠为全国重点文物保护单位。2019年年底，婺城区共有全国重点文物保护单位7处。

【市级文物保护单位两划工作】 区文物部门与区规划部门联合开展了第四批市保单位的两划工作。通过对12处文保单位实地走访，在征求有关乡镇、村、所有人的意见后，制定有关文保单位的两划方案，进行公示后上报市文物部门，提请金华市政府批准公布。

【交椅山红军标语建筑本体抢险加固工程设计方案评审会召开】 交椅山红军标语位于塔石乡大茗村交椅山自然村的东面，1934年，由粟裕、刘英带领的中国工农红军挺进师曾活动于这一带，留下了大量的革命标语，主要保存在4幢建筑的墙上和隔板上，其中3幢建筑的本体保存较差，特别是香火厅建筑本体内部潮湿、残损严重，岌岌可危，急需修缮。塔石乡政府、大茗村委会委托金华市久汇建筑设计有限公司编制修缮设计方案。10月9日，交椅山红军标语建筑本体抢险加固工程修缮设计方案评审会在大茗村召开，与会专家在实地勘察建筑本体及周边环境后，听取设计单位的情况汇报。随后，市、区专家从不同方面对设计方案进行评审，并提出建设性意见。会议原则上通过该设计方案，要求设计单位根据专家意见，尽快修改完善设计方案和施工图纸，为下一步红军标语保护工程打好基础。

【乌云石拱桥修缮】 乌云石拱桥为县级文物保护单位，建于明代，东西向横跨乌云溪，为单孔石拱桥，全长17米，桥面宽4.2米，整座桥均用当地溪滩内鹅卵石砌成，古朴简练，具有相当的科学研究价值。因年久失修，桥体结构松散，部分块石脱落，拱券变形，存在极大安全隐患。为防止桥体损毁进一步加剧，沙畈乡政府、乌云村村委会委托杭州聚代科技有限公司编制乌云石拱桥抢险加固保护工程设计方案。2019年年底经过招标，临海市古建筑工程公司进场施工，完成修缮工程，整个工程修缮资金50余万元。

（郎亚红）

2019年婺城区文物保护单位一览表

表7

序号	名称	地址	年代	保护级别
1	太平天国侍王府	城东街道八咏楼社区将军路鼓楼里	清	全国重点文物保护单位
2	天宁寺大殿	城中街道四牌楼社区飘萍路488号	元	全国重点文物保护单位
3	法隆寺经幢	江南街道金钱寺村	唐	全国重点文物保护单位
4	铁店窑遗址	琅琊镇泉口村铁店自然村	宋、元	全国重点文物保护单位
5	寺平村乡土建筑	汤溪镇寺平村	明、清	全国重点文物保护单位
6	七家厅	雅畈镇雅畈二村	明	全国重点文物保护单位
7	石楠塘徐氏宗祠	雅畈镇石楠塘村	明、清	全国重点文物保护单位
8	八咏楼	城东街道八咏楼社区八咏路中段	清	浙江省级文物保护单位

续表 7

序号	名称	地址	年代	保护级别
9	永康考寓	城东街道八咏楼社区将军路 81 号	清	浙江省级文物保护单位
10	宏济桥码头	城东街道上浮桥社区浮桥街	清	浙江省级文物保护单位
11	上浮桥邵飘萍旧居	城东街道上浮桥社区浮桥街 89 号	清、民国	浙江省级文物保护单位
12	台湾义勇队旧址	城东街道八咏楼社区酒坊巷 84 号	民国	浙江省级文物保护单位
13	金华府城隍庙	城中街道明月楼社区明月路马路里 116 号	清	浙江省级文物保护单位
14	金华通济桥	城中街道清波门社区八一北路南端	清	浙江省级文物保护单位
15	汤溪城隍庙	汤溪镇汤溪村中山路 60 号	清	浙江省级文物保护单位
16	汉灶窑址	雅畈镇汉灶村	唐	浙江省级文物保护单位
17	东村桥	长山乡长山三村西南面	北宋	浙江省级文物保护单位
18	滕氏宗祠	琅琊镇杨塘下村中央	明	浙江省级文物保护单位
19	琅琊白沙堰	琅琊镇琅琊徐村	三国	浙江省级文物保护单位
20	鹿田书院	罗店镇鹿田村南面	清	浙江省级文物保护单位
21	方梅生故居	罗店镇罗店村	清	浙江省级文物保护单位
22	北山摩崖题记	罗店镇九龙村东北面的白衣洞内及洞前村东南面的双龙洞、冰壶洞、朝真洞内	唐—中华人民共和国	浙江省级文物保护单位
23	古方洞山塔	白龙桥镇古方一村	明	浙江省级文物保护单位
24	叶店叶氏宗祠	白龙桥镇叶店村	清	浙江省级文物保护单位
25	明月楼	城中街道明月楼社区明月路与人民东路交叉口西南侧	清	浙江省级文物保护单位
26	下章章氏宗祠	罗埠镇下章村	清	浙江省级文物保护单位
27	萧家小龙桥	汤溪镇萧家村西面约 1 公里处的莘畈溪上	清	浙江省级文物保护单位
28	上境古建筑群	汤溪镇上境村	明、清	浙江省级文物保护单位
29	赤松门古城墙	城东街道八咏楼社区八咏路	明、清	金华市(县)级文物保护单位
30	《浙江潮》旧址	城东街道八咏楼社区酒坊巷 126 号	民国	金华市(县)级文物保护单位
31	鼓楼里将军楼	城东街道八咏楼社区古子城鼓楼里	1954 年	金华市(县)级文物保护单位
32	东市街 66 号何氏三杰纪念馆	城东街道八咏楼社区东市街 66 号	清	金华市(县)级文物保护单位
33	东市街 31 号福音医院	城东街道八咏楼社区古子城东市街 31 号	民国	金华市(县)级文物保护单位
34	酒坊巷 98 号真神堂旧址	城东街道八咏楼社区古子城酒坊巷 98 号	民国	金华市(县)级文物保护单位
35	飘萍路 98 号满堂书院	城东街道飘萍路 98 号	清	金华市(县)级文物保护单位
36	侵华日军铁路桥遗址	城东街道上浮桥社区义乌江上	民国	金华市(县)级文物保护单位

续表 7

序号	名称	地址	年代	保护级别
37	一览亭	城中街道四牌楼社区瓢萍路 100 号	清	金华市(县)级文物保护单位
38	通远门古城墙	城中街道西市街社区西市街南通济巷	明、清	金华市(县)级文物保护单位
39	仁寿堂	城中街道明月楼社区明月街北端	清	金华市(县)级文物保护单位
40	莲花井	城中街道明月楼社区解放东路与后街交叉口东北端	宋	金华市(县)级文物保护单位
41	601 别墅	罗店镇十里铺村	1969 年	金华市(县)级文物保护单位
42	双龙电站	罗店镇西旺村	1958 年	金华市(县)级文物保护单位
43	黄绍竑别墅	罗店镇罗店村	民国	金华市(县)级文物保护单位
44	石楠塘节孝坊	雅畈镇石楠塘村	清	金华市(县)级文物保护单位
45	雅畈将军殿	雅畈镇雅畈二村	明	金华市(县)级文物保护单位
46	白龙桥马海庙	白龙桥镇横大路村	明	金华市(县)级文物保护单位
47	交椅山红军标语	塔石乡大茗村交椅山自然村	民国	金华市(县)级文物保护单位
48	上范红军标语	莘畈乡上范村枫坞里自然村	民国	金华市(县)级文物保护单位
49	开化周氏宗祠祭亭	蒋堂镇开化村	明	金华市(县)级文物保护单位
50	乌云石拱桥	沙畈乡乌云村	明	金华市(县)级文物保护单位
51	雅干龙王庙	安地镇雅干村	明	金华市(县)级文物保护单位
52	新垅申公墓牌坊	安地镇安地村	明	金华市(县)级文物保护单位
53	徐村节孝坊	琅琊镇徐村	清	金华市(县)级文物保护单位
54	琅琊白沙庙	琅琊镇琅琊徐村	清	金华市(县)级文物保护单位
55	东畈石经幢	琅琊镇东畈村	清	金华市(县)级文物保护单位
56	湖前恩荣牌坊	洋埠镇湖前村	明	金华市(县)级文物保护单位
57	下郑善庆堂	罗埠镇下郑村	清	金华市(县)级文物保护单位
58	山下周遗址	罗埠镇山下周村	新石器时代—商周	金华市(县)级文物保护单位
59	金店狮子炉	罗埠镇西金店村金店自然村	不详	金华市(县)级文物保护单位
60	后大窑址	汤溪镇厚大村	五代—北宋	金华市(县)级文物保护单位
61	陶寺忠烈祠	汤溪镇陶寺村	清	金华市(县)级文物保护单位
62	九峰胡森石刻	汤溪镇九峰风景区	明	金华市(县)级文物保护单位
63	下伊青阳山遗址	汤溪镇下伊村	新石器时代—商周	金华市(县)级文物保护单位
64	长山朱大典读书处	长山乡长山三村	明	金华市(县)级文物保护单位

续表 7

序号	名称	地址	年代	保护级别
65	栅川于氏宗祠	乾西乡栅川村育贤路 64 号	清	金华市(县)级文物保护单位
66	白竹诸葛宗祠	竹马乡白竹村白竹街 35 号旁	清	金华市(县)级文物保护单位
67	上阳存义堂	塔石乡上阳村	清	金华市(县)级文物保护单位
68	祝村宣德堂	莘畈乡祝村	清	金华市(县)级文物保护单位
69	周村虞氏宗祠	沙畈乡周村	清	金华市(县)级文物保护单位
70	高儒李氏宗祠	沙畈乡高儒村	清	金华市(县)级文物保护单位
71	银坑红军活动旧址	沙畈乡银坑村	1935—1937 年	金华市(县)级文物保护单位
72	东俞俞氏宗祠	白龙桥镇东俞村	清	金华市(县)级文物保护单位
73	双牌窑址	白龙桥镇双牌村双牌窑自然村	清—2003 年	金华市(县)级文物保护单位
74	古方朱氏宗祠	白龙桥镇古方一村	明、清	金华市(县)级文物保护单位
75	下汪八角井	蒋堂镇下汪村	明	金华市(县)级文物保护单位
76	上盛敦伦堂	琅琊镇上盛村	明、清	金华市(县)级文物保护单位
77	东畈敦本堂	琅琊镇东畈村	明、清	金华市(县)级文物保护单位
78	安地信成堂	安地镇安地村	明	金华市(县)级文物保护单位
79	堰头萃德堂	汤溪镇上堰头村	清	金华市(县)级文物保护单位
80	堰头聚成堂	汤溪镇上堰头村	清	金华市(县)级文物保护单位
81	胡碓世名堂	汤溪镇胡碓村	明	金华市(县)级文物保护单位
82	高义新桥	汤溪镇高义村	民国	金华市(县)级文物保护单位
83	鸽坞塔钟氏宗祠	汤溪镇鸽坞塔村	清	金华市(县)级文物保护单位
84	派溪李仙种堂	汤溪镇派溪李村	清	金华市(县)级文物保护单位
85	岩下燕翼堂	汤溪镇岩下村	清	金华市(县)级文物保护单位
86	黄堂前宅全德堂	汤溪镇前宅村	清	金华市(县)级文物保护单位

非物质文化遗产

【概况】 2019年,婺城区四级非物质文化遗产名录体系已完善,有国家级“婺州窑传统烧制技艺”1项,有省级名录“金华剪纸”“抢头杵”“城隍庙摆胜”等3项,有24个项目被列为市级非物质文化遗产名录,有115个项目被列为区级非物质文化遗产名录。认定公布金华核雕等12个项目为区级“非遗”代表性名录。

【“非遗”宣传和保护】 举行“‘非遗’进校园”“美丽‘非遗’文化礼堂百村行”活动,7月17日,在让长村文化礼堂举办婺城区婺风百村文化礼堂行启动仪式,举办“美丽‘非遗’文化礼堂百村行”活动10场,“非遗”进校园活动3场,“非遗”进景区活动3场。组队参加金华“非遗”市集活动5场,到丽水、舟山、浦江、磐安开展婺城“非遗”宣传展示活动4场。

【“非遗”传承阵地建设】 创建“非遗”展示展演基地,在铁店村建婺州窑乳浊釉陈列室,在安地岩头创建婺州扎染、10岁成长礼传承基地,在雅畈老街创建婺城汉服坊、扎染坊、女红坊、木作坊,在白龙桥村创建婺白沙文化展馆。

【“非遗”科研】 国遗图书《婺州窑陶瓷烧制技艺》正式出版,完成《婺城民间工艺集成》《婺城民俗文化集成》两课题基础性的调研和资料汇总工作。

(朱明升)

文化市场管理

【概况】 2019年,婺城区文化市场行政执法大队执法范围内共有互联网上网服务营业场所14家,歌舞娱乐场所2家,出版物经营单位22家,印刷企业148家,电影院1家,网络文化经营单位12家,文艺表演团体7家。旅游业经营单位包括A级景区4家,旅行社6家,旅行社分社13家,旅行社服务网点31家。不可移动文物市县级文保单位30家,文保点54家,其他三普登录点300余处。全年共出动执法检查人数824人次,检查文化经营单位1284家次,其中检查文化场所875家次,文物保护单位85家次,出版印刷复制企业198家次,办理案件6起(印刷类案件3起,网吧类案件2起,娱乐场所案1起),处理举报6起,取缔非法经营场所2家,发现安全隐患49处,已整改45处,撰写上报省文化市场监管平台信息75篇,确保文化市场规范、有序、平安。

【文化执法】 执法大队运用日常巡查、错时检查、交叉执法、专项整治等手段,严厉打击各类违法经营行为。2019年,大队与公安网监、应急管理局、市场监管等部门开展联合检查6次,各级领导带队检查6次,其中区宣传部主要领导带队检查3次,局“一把手”带队检查3次,开展交叉执法检查3次,全年共计在文化、文物、出版等领域开展“双随机”检查24次。

【文化市场综合行政执法改革】 持续推进文化和旅游、体育执法职能和执法队伍的整合工作,按照同城一支队伍的要求,围绕组建高效便捷的文化市场综合执法队的目标,加大调研力度,加强工作矛盾协调,如期按照方案要求完成各项改革融合数据的报送和工作衔接。同时在改革融合期间,大队围绕整合后的执法任务要求,加大执法规范化建设,加强“文明、规范、服务”的执法理念教育和执法业务的培训,重点在完善执法流程,规范执法行为,约束自由裁量,落实执法保障,厘清综合执法与行政管理关系等工作加强研究和实践。2019年,参加省、市组织的文化旅游执法业务培训3次,组织执法业务交流培训12次。

【专项整治】 大队推动文化市场执法和“扫黄打非”五大行动向网上用力,向新媒体、新业态、新产品、新内容、新群体延伸。按照文化市场“校园周边环境”整治、“文化市场整治百日行动”“文物安全专项检查”“扫黄打非”“净网”“护苗”“秋风”等五大行动、双打“剑网”行动的要求,重点加强对网络文化经营单位、出版物市场、印刷复制单位、网吧、演艺娱乐场所等重点领域的执法监管,强化对电影放映、新兴媒体的市场监管,开展网络赌博、网络直播专项整治。2019年开展专项整治行动13次,查处案件 6 起,责令改正 4 起。

【推进“互联网+监管”工作】 依托国务院行业监管信息化平台,推进网上内容监管与网下实体监管有机结合,实现审批、监管、执法之间信息公开、资源共享,市场执法全程留痕、电子记录、移动监管、实时覆盖,提高执法信息化水平和执法效能。认领文旅体三线共计监管清单事项 36 条,6 月开展全省执法监管平台实现两个 100%, 即执法人员掌上执法平台 APP 开通率 100%, 使用掌上执法开展 “双随机”检查率 100%。

【主题教育】 突出主题教育成效, 强化使命担当。按照“不忘初心、牢记使命”主题教育的活动方案要求和实现教育的目标,教育活动期间,大队支部所有党员认真学习“两书一章”内容,认真做好学习笔记和批注;支部书记完成对所有党员的谈话和在外党员的送课上门服务工作。注重教育与实践相结合, 在大队建设上注重提高执法人员的 “三种能力”,确保以纪律的约束力有效杜绝执法“乱作为”的问题。

【扫黑除恶专项斗争】 2019 年,大队全面开展扫黑除恶法治宣传工作,文化市场经营场所内采取张贴宣传广告牌、LED 显示屏滚动宣传,15 家文旅市场经营场所使用电子屏或 LED 屏宣传,59 处(含图书馆)宣传标语广告牌照,制作并下发 14 个宣传易拉宝。常态开展市场管理与线索摸排工作,出动检查人员 234 人次,检查辖区内乡镇网吧 276 家次,歌舞娱乐场所 39 家次,对相关场所法规宣传教育 58 家次,到经营场所组织线索摸排 12 次。通过专项工作检查,全区文化经营场所中未发现有黑恶势力侵扰的现象。

【平安护航新中国成立 70 周年】 大队根据文旅体局的部署安排,9 月 20 日至 10 月 3 日,启动一级红色响应,在国庆节假日和重点维稳安保时段,全区文化和旅游系统所有执法、安全工作人员全员在岗,保持通信 24 小时畅通。以明察和暗访相结合的方式对市场开展检查,持续保持对文化市场监管的高压态势。检查中突出对网吧、歌舞娱乐场所、电影院夜间经营安全制度落实,依法经营情况和对旅游景区安全制度落实及处理旅客举报为重点进行检查,对检查中发现的问题进行现场整改。大队在一级响应时期,出动执法人员 68 人次,检查经营场所 92 家次,发现并整改问题 16 处,确保全区文化市场和旅游市场的安全稳定。

【安全生产】 以防火灾、防事故为重点,突出对公众人员密集场所、文物保护单位、消防重点单位、文化活动安全等方面开展隐患排查。定期开展安全生产大检查,对全区各类文化经营场所的安全生产情况和防范设施进行深入细致的排查, 发现问题,就地解决,对机构不健全、制度不完善、设施不齐备的经营场所限期停业整顿,对屡教不改的给予从重处罚。结合元旦、春节、五一、国庆等重大节庆日及台风来临前,采取全面检查、重点督查、整改复查等多种形式重拳出击,开展文化市场安全生产事故隐患排查治理工作、夏季消防检查工作、安全生产大检查大整治活动、重点行业领域事故隐患排查整治专项行动、今冬明春火灾防控等。联合区消防、公安、工商等部门对全区 KTV、网吧等人员密集场所进行安全隐患地毯式大排查行动,督促场所开展员工消防安全培训和逃生疏散演练,当场整改各类隐患 20 余处,跟踪回访各类隐患 10 余处,当场取缔一家存在严重安全隐患的无证 KTV 并列入局文化市场黑名单,为构建平安稳定的文化市场奠定良好基础。

【文物监管】 2019 年,婺城区文物监察大队,分别受理蒋堂镇和沙畈乡的 2 起不可移动文物举报,对 2 起文物保护范围内擅自施工破坏进行制止处理,联合区文物办和当地村委会重点抓好整改,直至责令当事人整改到位。发现古方朱氏宗祠的文物修缮工作存在手续不规范 (修缮工程未在文物部门备案),暂停修缮工作待手续规范后再动工;在日常巡查中发现古方洞山塔存在建设控制地带内有违规建设行为,及时将情况上报给上级机关。大队采取定期检查和双随机检查相结合、例行巡查和派专人驻守相结合等方式,共出动文物执法人员 92 人次,对文保单位检查 94 家次, 其中组织文物双随机检查 4 次,抽查文物保护单位 25 家次,检查发现各类安全隐患 16 处, 现场整改 14 处, 要求限期整改 2 处,保证不可移动文物和修缮现场的安全。

(倪 超)

婺城区文学艺术界联合会

【概况】 2019年，婺城区文学艺术界联合会（简称区文联）有团体会员11个，会员1000余人。积极开展系列文艺活动，为庆祝新中国成立70周年营造浓厚氛围，用文艺的形式精准发力助推“双城”战略。

【组织建设】 召开文联系统读书会和主席工作例会，组织文艺工作者深入学习习近平新时代中国特色社会主义思想，传达全国、省、市、区关于文艺的重要指示。购买下发学习用书，如《习近平新时代中国特色社会主义思想三十讲》《习近平新时代中国特色社会主义思想学习纲要》《习近平关于“不忘初心、牢记使命”论述摘编》等书籍，将有关讲话精神编印成册及时传达，不断强化政治引领，号召文艺工作者切实担负起新形势下的使命任务。走访文艺家协会和文艺工作者，先后到雄华书法工作室、聚德堂、界庐、藏山楼、吴门画院、婺州窑博物馆、剪纸博物馆、非遗文化体验中心等地，倾听基层文艺工作者的心声和诉求，把握文艺界思想动态，引导他们树立正确的文艺观、道德观，提升担当意识，为婺城文艺事业做出新的贡献。2019年完成区美术家协会、区舞蹈家协会换届及区戏曲家协会班子调整工作。

【协会活动】 在元旦、春节期间开展“文化三服务”活动，组织文艺工作者先后走进金祥板业及14个村，开展写春联送春联、乡村音乐会等活动。组织开展“婺城一家亲”摄影大赛、“花满婺城”主题征文大赛。配合竹马茶花节活动，组织“乡村音乐会——茶花节专场”活动，举办乡村音乐会山下曹专场活动。配合做好市文联“放歌新时代　文化进万家”文艺志愿服务走进基层活动。“世界读书日”邀请著名诗人木汀为育才小学学生授课。邀请浙江师范大学音乐学院、市区两级音乐家协会专家学者共同走进安地镇岩头村、箬阳乡琴坛村，开展文艺助推乡村振兴研讨活动。配合首届农民网络文化节暨长山“慢生活”休闲旅游文化节、花满婺城·婺城区第六届民俗文化艺术节、“非遗古镇·婺秀雅畈”等活动，组织书画家开展书画笔会，为小城镇建设注入文化内涵。组织书画家到消防大会开展书画笔会。开展“人文婺城·幸福城”“视觉婺城”第四季走进“醉美安地”开展写生采风系列活动。与宣传部共同承办“全国作家看婺城”采风活动，邀请近20位全国著名作家实地走访婺城山水。组织美术家到华峰工贸、金祥板业、朗峰山酒厂等地开展采风活动。组织6个协会上百人赴塔石，助力塔石开展丰收节系列活动，授牌塔石为婺城摄影美术创作基地。将雅畈小学建设成为蒋风文学社及区作家协会创作基地。组织楹联学会为琅琊廊桥、乾西马淤村文化礼堂创作诗词楹联等。组织作协、摄协十余人赴西郊征迁一线。组织摄协30余人深入金华山双龙溪峡谷风景区进行采风活动。举办“花满婺城　翰墨飘香”庆祝新中国成立70周年婺城美术作品展。配合区政协做好兰溪、龙游、婺城三地书画展工作。举办“花满婺城幸福城”建德婺城书画展。举办“长兴—婺城”书法联展。举办“我以我心写婺城”首届全婺城书法篆刻大赛，集中展示婺城书法创作的整体水平。

1月17日，文联系统读书会合影

（区文联供稿）

【文艺培训】 农民书法家每月组织农民开展一次集中培训，由国家级书法家提供专业指导、作品点评；田园油画公社自坚持每周一次的辅导；开展“人物肖像写生沙龙”教学活动，每周一晚，累计举办120余期。举办一系列群众舞蹈培训，分别为肚皮舞、广场舞、排舞等，总人数达3000多人。开展“风雅婺城”秧歌提升培训“送师下乡”文化服务活动和“风雅婺城”广场舞、排舞提升培训“送师下乡”参与人数近2000人。

（邵玉婷）

【区作家协会】 2019年，开展“花满婺城”征文大赛,向社会征集反映婺城山水人文,“双城”建设发展历程的文学作品,共收到征文216篇,经过评选27篇作品获奖,入围50多篇,作品在“花满婺城”公众号上推送,浏览量超过10万次,举办“诗歌走进学校”活动,邀请蒋风、杨东彪(木汀)到育才小学开办讲座,宣传全民阅读活动和世界读书日主旨,推动更多的人参与阅读和学习诗歌创作,培养人们对阅读的兴趣。组织作家到西郊征迁区块采风,并以西郊征迁和二七区块征迁为写作案例,创作反映婺城房屋征迁工作的报告文学《图强之路》,全景式展现婺城广大党员干部和广大被征迁户的真情故事。参与策划“走读婺城”系列采风。组织作协会员到雅畈镇、琅琊镇、莘畈乡、塔石乡等地采风,讴歌特色小镇建设成果,为乡村振兴贡献文化力量。组织协会会员积极参与,协助做好全国知名作家看婺城活动。组织会员前往安地、箬阳等乡镇特色村开展实地调研,用文学助推乡村振兴。在雅畈小学设立婺城区作家协会创作基地和“蒋风文学社”,建立校园文学创作基地,搭建文学爱好者的培养平台。2019年,婺城区作家协会在区文联的指导下,编印两期《婺江文艺》,刊发一批文学水平高、唱响主旋律的作品。

李英创作的《中国样本》报告文学通过市文化精品扶持立项并出版;朱德康出版个人诗集《城市以南》,系列散文、诗歌在《光明日报》《诗刊》等报刊发表。南蛮玉出版诗集《青鸟有信》;青年作家汪胜出版《蒋风传》《图强之路》,系列短篇传记文学作品分别发表在《名人传记》第一期、第三期、第八期上,《自谦“写字匠”的香港新文学宗师》载《中华读书报》2019年3月6日。李俏红的《长亭外,古道边》载《天津文学》2019年第10期。周玥《海半仙的忘情水》载《山海经》2019年4月上,后被《民间故事选刊》2019年8月下转载。徐益丰的《“高速”新时代》载《中国报告文学》2019年第4期。陈美云的《像是星星落在素衣上(组诗)》载《诗歌风赏》2019年第2卷。

(李英昌)

【区美术家协会】 2019年,婺城区美术家协会在雅畈举办吴门画院首届画师作品展示会,知名艺术家郑竹三及文艺界人士百余人出席展览。配合做好市文联“放歌新时代 文化进万家”文艺志愿服务走进基层活动,组织美术家到新昌桥村开展美术创作。组织美协骨干会员参加乾西邻居节、长山文化艺术节、雅畈镇文化艺术节等活动,为当地文化礼堂创作作品,为活动增添文艺色彩。组织区美术家协会会员到华峰工贸、金祥板业、朗峰山酒厂等地开展三服务活动,或油画、或水彩、或素描、或速写,用文艺的方式描绘企业生产过程。开展“人文婺城·幸福城”“视觉婺城”第四季走进“醉美安地”开展写生采风系列活动。积极配合协助办好“花满婺城·翰墨飘香”庆祝新中国成立70周年婺城美术作品展,协会精心组织、广泛发动,先后组织协会骨干到双龙、安地等地采风写生并进行创作指导,展览共收到投稿作品100余件,最终入选作品87件,涵盖国画、油画、彩画、粉画、水彩装饰及综合材料等画种。10人精心创作为做好兰溪、龙游、金华三地书画展,组织协会骨干用作品展现婺城美术家实力。组织书画家到消防大会开展“学训词,念心间,践使命”婺城文联与婺城消防大队共建活动。由吴广明主席带队参加市美协在东阳举办的中国画创作培训班。吴广明、池清参加市美协组织的文化下乡——施光南故居笔会。顺利完成协会换届工作,对所有会员的个人信息进行重新全面的采集,建立完善微信平台,为加强会员的制度化管理提供保障。

2019年,郑红建美术作品《遗》入选浙江省第三届综合艺术大展,现场人物写生创作获浙江省群文视觉艺术业务干部专业技能大赛金奖(浙江省文化和旅游厅);李锦满作品入选中美协举办的“客都梅州·风眠故里”全国中国画(山水·花鸟)作品展及“2019大美观音山·首届全国中国画山水作品展”;夏立、池清作品获“宾虹艺术”第四届金华市美术大展学术作品奖;张作新作品入选浙江省首届文化礼堂书画大赛。周济果加入浙江省美术家协会。新吸收会员10名:毛江艳、吕小强、贾燕华、朱嘉露、方玲、高墨玉、刘来富、周兰菲、缪萍、洪晓莲。

(池 清)

【区书法家协会】 2019年,主席团召开9次主席办公会议,对上级相关指导和精神进行传达和讨论,确定年度重点工作为完善组织建设,加强品牌建设,提升协会书艺水平。

2019年,任命两位副秘书长,讨论通过《婺城区书法家协会会员退会补充管理办法》,规范协会的退会制度。根据会员管理制度,重新整理登记本会会员,确定重点作者名单,建立协会会员微信群。举行重点作者看稿会,由本会主席团成员组成导师团对近40位作者的60件作品进行详细的点评。张雄华、朱长虹等人到让长村结对,助力文化礼堂及书法村的建设。5月22日,承办的“长兴—婺城”书法联展在金华市文化馆开幕,展出本会及长兴书协的书法作品79件。龙游、婺城、兰溪三地书法展在龙游开幕,协会10位作者的书法作品参展。针对浙江省“温泉杯”书法展给重点作者进行赛前看稿会。主席团成员根据区委、区政府的需要,为区委、区政府的办公场地书写近60余件书法作品。10月10日,长兴婺城书法展在长兴开幕,本会张雄华、朱长虹陪同文联领导一同赴长兴参加开幕式。10月12日,在藏山楼召开“首届全婺城展作品点评会暨国展入展作者经验恳谈会”。12月25日,全婺城首届书法展在市文化馆开幕,市文联主席楼冰、区委宣传部部长苏荣兵等领导出席开幕式并讲话,300余人参加开幕式。组织协会会员先后到婺城区塔石、大茗、长山、岭上等10余个乡镇和农村开展写春联送祝福活动。

朱长虹、赵晓艳、韩瑞作品入展全国第十二届书法篆刻展;张雄华、张艺枫作品入展“江山多娇”庆祝新中国成立70周年全浙展;张雄华、朱长虹、葛荣伟作品入展省第五届“温泉杯”书法大赛,韩瑞、韩木土、陈爱资作品入选;张艺枫作品入展中国书法临书大会;张雄华、傅辰健、俞晓涛作品入选“浙江书法奖·沙孟海奖”第十届全浙书法篆刻大赛。2019年设立婺城区书法家协会奖励制度,并成立协会书法奖励基金,对在省、全国书法展中取得成绩的获奖作者奖励。

(章国新)

【区戏曲家协会】 2019年,戏剧方面。金华市青年婺剧团共演出535场,足迹遍布金华、杭州、丽水、温州、衢州、台州等地区,完成2019年婺城区“婺风”美丽非遗百村文化礼堂行启动仪式演出3场,婺城区文化和旅游体育局2019年公益性“送戏下乡”演出80场等。出演大型廉政婺剧《周敦颐》,在兰溪、婺城区、金东区等地开展演出3场。受省文旅厅邀请于10月在浙江职业技术学院参加浙江省民营剧团展演活动。受上海市松江区文化和旅游局的邀请,于9月14日参加“戏曲新风貌 筑梦新时代——长三角G60科创走廊九城市首届民营剧团优秀剧目交流演出”活动,是婺剧演出界唯一受邀单位。越剧之友社在2019年元宵晚会上推出专场演出折子戏。参加市文联送文化下基层5场,二七花园社区庆祝新中国成立70周年和市文联庆祝新中国成立70周年戏迷擂台赛等各类演出活动30余场次。会员祝美玲参加庆元宵戏剧专场等各种演出及志愿者服务活动20余场次,参加金华市文联系统在苏州大学举办的新时代文艺工作培训。春晓越剧社除了春节期间群星剧场演出了越剧正本《珍珠塔》外,坚持每周二上午为老百姓表演折子戏15场。应媒体邀请,演出小品13场,排练越剧《梁山伯与祝英台》《卖油郎》,小品《家和国盛万事兴》等。春晖婺剧演唱团2019年下乡演出共28场,其中正本《麒麟锁》《君子亭》《紫凌宫》等演出12场。

曲艺方面。副主席胡健主持成立的《微剧社》,作品层出不穷,其中以高铁征迁真实案例改编的微剧《温暖的骗局》获“我和我的祖国”全国广播微剧大赛优秀奖。副主席兼秘书长李逢亭创作的金华道情《情定玻璃桥》和《“三服务”助力小城镇》在金华市第四届戏剧曲艺比赛中获一金一银,并将《“三服务”助力小城镇》修改提升后把题目改为《老四挑刺》参加浙江省牡丹奖比赛获优秀展演奖。章晓华创作的金华道情《田鸡卖塘》在全省曲艺新作比赛中获得二等奖。随着垃圾分类工作的推行,作品又植入垃圾分类知识进行改编,并参加省、市、区级大型活动文艺演出5场。会员刘菁参加浙江省第十届十大城市戏曲演唱联赛,荣获组合表演金奖,个人表演银奖。会员胡雪英在“文化大拜年”活动比赛中获得了银奖,在婺城区第三届百姓才艺大赛中,藏舞《卓玛泉》获银奖,被评为婺城区“十佳才艺之星”奖,创作的音舞快板《扫黑除恶扬正气》、二人转《文明公约颂》、舞蹈快板《全民皆兵垃圾分类》等在杜鹃花节和元宵晚会等活动中演出十余场,还承揽新狮街道15场垃圾分类文艺宣讲小分队参加巡演任务。邵有娟、华卫娟、庄美娟等会员也都在各自演艺舞台取得不错成绩。2019年,章晓华、胡建加入中国曲艺家协会。

(章晓华)

【区舞蹈家协会】 2019年3月,婺城区舞蹈家协会召开第三次会员代表大会,顺利完成换届选举事宜。发挥每位会员的积极性,以学校、社区、乡镇等培训基地为活动、辅导、培训点,在原有的基础上不断进取,使培训、辅导、创作、比赛不断有新的突破。

2019年各类活动精彩纷呈。4月,联合文化馆组织举办开展"人文婺城·幸福城"送师下乡秧歌舞系列活动;协助举办"花满婺城·幸福生活"休闲文化旅游年暨箬阳乡首届茶文化旅游节的演出及排练。5月,开展"人文婺城·幸福城"送师下乡广场舞系列活动;联合区文化馆举行"壮丽七十年 奋斗新时代"2019"人文婺城·幸福城"婺城区第三届"缤纷舞星"少儿舞蹈大赛;对接婺城区安地镇为舞蹈基地,打造婺城区的舞蹈品牌文化村、文化礼堂做贡献。7月,联合婺城文化馆举办2019年"人文婺城·幸福城"婺城区百姓才艺大赛之广场舞、排舞大赛,经过初复赛后决赛共选出19支队伍参赛。10月,联合婺城区文化馆举办了2019年"人文婺城·幸福城"少儿舞蹈创编、教学培训活动。2019年开展一系列的群众舞蹈培训,总共8期,分别是:养身舞蹈、肚皮舞、广场舞、排舞等,总人数达3000多人。上半年还进行了婺城区"风雅婺城"秧歌提升培训"送师下乡"文化服务活动,以及婺城区"风雅婺城"广场舞、排舞提升培训"送师下乡"共计参与人数近2000人,总共服务32个乡镇街道。

会员成绩硕果累累。婺城区舞蹈家协会副主席刘学刚老师编创舞蹈作品《活着1937》获教育部第一批"高校原创文化精品推广行动计划" 舞蹈项目立项(省部级项目);主持带队2018年度国家艺术基金项目《活着1937》参加浙江省高雅艺术进校园展演,宁波卫生职业技师学院演出和宁波万里学院演出;主持带队2018年度国家艺术基金项目《活着1937》高雅艺术进校园演出走进浙江经贸职业技术学院;2019年山东国培项目申报成功项目名称《中小学薄弱学科骨干教师培训项目——小学音乐》100人,负责申报和管理。舞蹈家协会秘书长柳毅老师创编作品军妈妈参加2019年浙江省(群星奖)群众舞蹈大赛荣获银奖;参与由中共金华市委宣传部、金华市文化广电旅游局主办的欢乐金华百姓文化节百姓秧歌大赛,共编排教学两支队伍婺城区舞之韵舞蹈队《微山湖之歌》、婺城区婺之春舞蹈队《祖国颂》荣获金华市十佳秧歌之星奖、优秀指导老师奖等。舞蹈作品"棉花宝宝"参加金华市第四届少儿舞蹈大赛荣获金奖、优秀指导老师奖。晓萍舞蹈艺术中心、桃李园舞蹈艺术中心、杏儿舞蹈艺术中心、毛毳舞蹈艺术中心、孙盈舞蹈艺术中心、蕙之舞艺术培训中心、群英艺术团、天鹅湖芭蕾舞廖莺等在各级赛事中获得多项奖项和荣誉。

(柳 毅)

【区音乐家协会】 协会承办的"心连心暖人心 共图強"三服务系列活动先后走进金祥板业有限公司、塔石大茗村、乾西王店村、沙畈乌云村、雅畈三村、琅琊金兰村等地,以乡村音乐会的形式为当地百姓送上文化大餐。召开"担当赶超,婺城图强"2019婺城音协第二届迎新春乡村音乐会暨婺城音协年会,总结2018年成绩,与婺城区委宣传部在婺城广场开展《我和我的祖国》的快闪活动。在竹马乡承办由婺城区委宣传部、婺城区文体局、婺城区文联、竹马乡人民政府主办,金华成泰农商银行协办的茶花节专场音乐会。根据文联安排,组织会员到音协结对村箬阳乡琴坛村采风,聆听当地的原生态山歌,认真研讨农村山地文化与都市现代文化的区别和结合,为后续推动琴坛山村音乐的延续与发展打下基础。为贯彻落实婺城区委关于高度传唱《亲爱的婺城,亲爱的你》的号召,6月1日召开音协理事扩大会议,成立音协艺术团,下设合唱团、民乐团,并对传唱《亲爱的婺城,亲爱的你》事宜进行了部署。组织50多名会员参加"庆丰收、共创业"2019年塔石农民丰收节暨乡创塔石推介会,为当地百姓献上精彩的演出。与婺城区企业家协会携手举办"不忘初心、情暖大应"暖冬活动。11月23日,乡村音乐会走进山下曹村。

2019年,艾惠秀老师被评为2019年浙江省"百姓学习之星”。叶惠负责的课题《基于非遗的金华本土音乐课程开发与实施研究》荣获浙江省教研课题成果三等奖，个人论文《有教学行——金华本土音乐在教学中的实践与应用研究》获浙江省音乐学科论文评比三等奖。王伊雪在金华市委宣传部和金华广播电视总台举办的“壮丽70年”红歌大赛中获金奖，向斯东获铜奖。翁向晴、陈芳在金华市流行音乐协会、金华市歌友会举办的红歌大赛中获十佳歌手。2019年，成功推荐13人加入金华市音乐家协会，分别为：章启东、陈东、张林飞、陈牡丹、茹炜、洪慧霞、黎慧群、陆兰英、骆小君、邵丽霞、金雪琴、金剑英、陈跃国。

（孟展麟）

【区摄影家协会】 2019年，婺城区摄影家协会四届理事会产生后的第一年，就新组建的四届理事及领导班子成员进行分工，根据各自的特长，分别设置秘书组、采风组和后勤组3个职能组织。

春节期间派出20多名会员分赴长山三村、莘畈乡井下、桃源村、箬阳等乡村参加了拍“温暖全家福”和“送春联”活动。组织会员参加竹马茶花节、塔石油菜花节、雅畈杜鹃花节、沙畈竹笋节、箬阳茶文化旅游节，罗店下山曹村、琅琊镇卢文台文化首届活动及雅畈镇老街采风等多项活动，摄影创作参加人数累计达100多人次。历时一年，完成“镜游婺城”摄影大赛。老干部摄影协会组织全体会员50人自费赴南京、安徽等地采风。针对80周岁以上的会员单独组织金华山采风摄影活动。组织党员会员到永康方岩开展党性教育活动，瞻仰刘英烈士，参观爱国主义教育基地。组织会员参加旌孝社区创建文明工作摄影采风，配合区组织部创卫工作到西市街社区摄影采风，组织会员参加塔石乡丰收节。9—11月，完成“婺城一家亲”摄影大赛评比，入选作品征集原片及展板设计工作，并开展获奖作品展。配合区政府发展大会需要，征集带有婺城地域特色和婺城花卉图片的任务，最终组委会选中14幅图片用于邮票印制和376幅（组）婺城花卉图片。11月，完成婺州窑摄影基地挂牌仪式，同时完成“婺城一家亲”摄影大赛颁奖仪式。12月，完成会员年度内的获奖统计工作。坚持每月（除暑期和春节休会3个月）20日开展摄影沙龙活动。

2019年，新吸收会员30余名。葛跃进摄影作品《站台》获第三届浙江省纪实摄影大展入围奖；张新英摄影作品《红土地》入选2019年第三届“醉美金华”全国摄影大赛；申屠杭、滕志权、吴秀斌等十余位摄影人的作品也入选多个摄影大赛。胡伟芬、贾艳珍、卓文加入中国摄影家协会，叶旭文、江燕加入浙江省摄影家协会。协会在民政局完成注册登记工作，将婺城区老干部摄影协会也并入协会，成为协会的二级分会。确定结对村雅畈汉灶村和塔石岭边村。2019年，婺城区老干部摄影协会（摄影家分会）被中共浙江省委老干部局命名为“最美银耀志愿服务团队”光荣称号，选送陈兆刚和叶旭文等会员参加省文联举办的学习总书记新时代中国特色社会主义思想培训班。

（陈兆刚）

【区诗词楹联学会】 2019年，举行第八届迎春诗会，诗会内容丰富多彩，有诗歌朗诵、独唱、钢琴演奏、女声小合唱、现场作画等多种形式。春节前夕，由婺城区就业处牵头，城西街道协助，学会组织30多人次参加“送春联进社区”活动，送出近千副春联和福字。每月第2周的周六学会都会安排半天时间，组织会员政治和时事学习及有关诗词方面的专业培训，由学会资深会员担任主讲，通俗易懂、言简意赅，学习效果明显，300多人次参与培训。学会会员积极参与新农村文化建设，分别为乾西乡马淤村文化礼堂、琅琊廊桥撰写楹联22副、29副及桥名、亭名5个。开阔视野感受新生活。4月中旬学会安排到婺城区白龙桥镇让长村和塔石乡岭边村参访，会员们近距离地感受祖国山河的壮丽、文化积淀，感慨社会发展的可喜变化，分别为让长村和岭边村创作了不少的诗词和楹联。秋季参访活动，以小组为单位，由组长牵头，有50多名会员积极参与，为诗词创作收集素材。九九重阳，学会组织80岁以上会员25人，参加在江南百老汇举行的重阳座谈会。学会十五周年《婺城诗联》集萃、庆祝新中国成立70周年主题诗集《婺城诗联》，经过编委认真而细致的选、审、改、编，10月都已完成印制工作。2019《婺城诗联》的编辑工作，12月底完成编印。

2019年，会员胡陈英3月加入浙江省诗词楹联学会,创作《金湖秋日晚景》获2019年中国出版集团和中央电视台及中华诗词学会举办的传统诗词创作大赛优秀奖,《送别》获2019年中国出版集团和中央电视台及中华诗词学会举办的传统诗词创作大赛三等奖,作品《咏竹》获金华市社科联和金华市诗词楹联学会2019年举办的廉政诗词大赛一等奖。孔宝泉作品《养廉》获金华市社科联和金华市诗词楹联学会2019年举办的廉政诗词大赛三等奖。贾子进作品《秋钓随吟》获金华市社科联和金华市诗词楹联学会2019年举办的廉政诗词大赛优秀奖。协会吸收2名年轻会员,选举增补了1名副会长、1名副秘书长,6名理事。

(阮　华)

【区青少年文学艺术促进会】 婺城区青少年文艺促进会围绕促进会服务青少年、培养青少年的指导思想,搭建合作平台,丰富促进会的活动和内容。2019年,全会联合民盟金华市委,民盟婺城区总支等单位举办的每周三期"美美同心"文艺师资公益培训工作得到了中央、省、市各级领导和社会各界的广泛关注,由全会和民盟金华市委、民盟婺城区总支联合创办的"美美同心之家"获民盟中央颁发的"全国优秀盟员之家"荣誉称号。促进会副会长兼秘书长张宇荣获民盟金华市委会2018年度反映社情民意信息工作先进个人、民盟金华市委会2018年度"见证·初心"经典朗读活动先进个人等荣誉称号。

加强交流,整合资源,促进发展。1月14日,中共浙江省委统战部副部长王利月,省委统战部党派处处长贾宝梅一行在中共金华市委常委、统战部部长、市委秘书长郑余良,市政协副主席、民盟市委会主委胡锦全等领导的陪同下走访了美美同心之家。同日,促进会会员与盟员书法家在美美同心之家开展写春联送福活动。3月5—6日,民盟黄山市委会主委徐荣华、秘书长葛文磊一行到美美同心之家考察调研。4月9日,民盟中央专职副主席、全国人大常委会委员、农业与农村委员会副主任龙庄伟,民盟中央社会服务部部长刘圣宇,民盟浙江省委会社会服务部副部长郑霞意等一行到金华考察调研。5月20日,湖州市政协副主席、民盟湖州市委主委竺鸰带领民盟湖州市委会专职副主委傅饶,秘书长高炯一行参观了民盟金华市委会的"美美同心之家"。5月21日,民盟省委会专职副主委徐燕峰带队到金华开展"百名盟员大走访"和高校民盟基层组织建设调研。

(张　宇)

【区宾虹书院艺术研究院】 2019年,区宾虹书院艺术研究院组织开展各类活动,先后走进洞头村开展书画笔会,到沙畈乌云村开展文化下乡活动,到交警二大队开展笔会活动,到金华市城中派出所开展书画笔会,到义乌台属台胞投资联谊会开展书画慰问活动,到丽水市台联开展书画慰问活动,到金华市山海经公司开展书画笔会,到金华市大奔汽车公司开展书画笔会,到金华市高速交警机动大队开展书画慰问活动,和建德新安江书画院举办建德—婺城书画联展,到婺城区古子城文化公司开展书画笔会,举办迎中秋会员座谈会,与浙江雷莱克斯大酒店达成协议成为文化艺术共建单位,并开展书画活动,前往义乌塘边村开展书画联谊活动。

(孔江宁)

【区民间文艺家协会】 2019年,协会组织民间文艺采风活动两次,为寺平、上堰头、芦家、高儒4个村撰写祠堂文化,并入选《金华祠堂》一书。参与《中国民间文学大系俗语卷》《婺城历史文化故事》的资料收集和编写工作,已编辑出版《白沙文化民间故事》《千年古村古方》《婺州窑传统烧制技艺》3本书。名誉主席程明芝创作的婺剧《周敦颐》于6月1日在开化村文化礼堂举行首演。会员洪增贵编辑的婺剧《丽泽书院》,由浙江师范学院申报浙江省文化艺术发展基金第一批项目。会员向婺城文化宣传刊物《婺风》《婺城文艺》投稿20余篇,作品以婺城传统文化、民俗活动为题材,反映婺城民间文艺欣欣向荣的面貌。协会结合婺城传统春节、清明、端午等节日,开展《传统民俗节日,弘扬优秀传统文化》课题研究工作,组织文化过大年等丰富多彩的文化活动,弘扬优秀婺城传统文化,做好民间文艺保护传承工作,助推乡村振兴。协会参加会展和技艺交流、培训活动,参加非遗进文化礼堂活动6场,非遗进景区活动2场,非遗进校园活动2场。协助市民协开展“庆祝新中国成立70周年暨纪念施复亮、施光南‘父子双杰’剪纸艺术展”，于9月6日在杭州市吴山古玩城开展。

以陈新华的省级婺窑小镇为代表，致力于做大做强婺州窑文化。协助琅琊镇做好白沙文化小镇创建工作，帮助泽口村、岩头村、铁店村创建特色民俗文化村，承办婺州窑、婺剧、金华剪纸进校园活动，举办婺州窑、金华剪纸友谊赛，做好王风百岁剪纸展准备工作，参与《中国民间工艺集成》编撰工作，积极协助非遗馆、婺州窑博物馆、金华剪纸馆、蒋堂乡村非遗馆开展活动。

2019年朱明升加入浙江省民间文艺家协会。

（朱明升）

卫 生

【概况】 2019年1月22日，婺城区卫生健康局成立。婺城区卫生健康系统唱响“担当赶超、卫健图强”主旋律,深刻理解把握区委区政府提出的“双城战略”发展蓝图,全面厘清“健康婺城·幸福城”建设的愿景、方向和路径,贯彻新时代卫生健康工作方针,以“共建共享、全民健康”战略主题为指导,以健康浙江建设总体部署为依据,以“做强人民医院,做专康复医院、特色医院,做全基层医疗体系”为工作思路,有力推进各项工作落实。

【特色亮点工作】 把婺城“家服务”理念贯穿签约服务全过程，围绕十类重点人群和一般人群（即“10+1”人群)不同服务需求,制定签约服务内容项目参考清单,对不同人群实行分类管理、精准服务,不断提高群众的获得感和满意度。2019年,全区家庭医生签约15.01万人，重点人群签约覆盖率达75.39%。有效签约率从2018年的16%提高到2019年的100%。

“病人点单 我采购”药品采购新模式为患者临床用药提供便利。全区累计为2150名患者点单采购929种品规药品,采购金额为311万元。

移动门诊、移动药房解决偏远山区居民就医“最后一公里”。“送药上山”已在婺城区各个山区乡镇实行，各乡镇卫生院充分利用移动互联网技术，开通“互联网+服务”,对辖区偏远村庄提供定期送医送药服务，让村民在家门口就能进行病情诊断、处方配药、实时医保结算,极大提高了群众的获得感和满意度。

“即时检验”工作站,让常规化验“就近跑一次”。2019年，婺城区已完成4家社区卫生服务站“即时检验”项目建设,较好解决群众看病难,看病贵等问题。

健康素养进文化礼堂，让健康生活“触手可及”。以农民群众健康需求为导向,以农村文化礼堂为主要平台,以健康讲座、健康礼包、健康活动、健康服务、中医药等进文化礼堂为抓手,将优质的医疗卫生与健康教育资源送入农村文化礼堂。2019年开展健康素养进农村文化礼堂相关活动156次,受益人数达12000余人。

【医疗服务】 婺城区人民医院使用新院区后,开展新技术、新项目30余项,直接受益200余名群众，降低医疗费用80余万元。5月,婺城区妇幼保健院搬入新院区(华龙南街),依托市人民医院妇产科品牌优势,在开展妇产科和儿科传统项目外注重新兴业务开展,2019年新开设遗传病学科、产后骨盆修复等5个科室。婺城区康复医院利用现有老年科优势和院内环境优势,每天住院病人达90~100人。

在婺城良好的投资氛围影响下,民营资本办医有新突破。4月,由远东宏信医疗健康集团与浙江天使共同投资1亿元打造的金华宏悦妇女儿童医院落户婺城。一期投资3000万元的众康医院落户白龙桥,形成集老年病、老年护理、康复、骨科康复和综合医疗为一体的综合性康复专科医院。

以优质服务基层行活动为抓手,依托医联体建设,提升基层医疗体系资源配置、基本医疗和公共卫生服务能力、业务管理和综合管理能力,抓好人员培训培养。基层服务体系逐步做全,专科特色优势渐显。2019年,罗店、乾西、城中等5家卫生院医疗业务收入突破1000万元。

【公共卫生】 婺城区疾病预防控制中心实验室建设有新提升。2019年,区疾控中心87个项目通过省级计量认证,标志着疾病控中心全面建设上升一个新台阶。

健全完善突发公共卫生事件监测、评估、预警、反应机制，及时修订突发事件应急预案或技术方案，指导和规范各类突发公共卫生事件的应急处理。已形成以疾控中心为主的疫情控制分队,以婺城区人民医院为主的医疗救治分队、以乡镇中心卫生院为主的院前急救分队，以区妇幼保健院为主，依托市级医疗机构高危孕产妇抢救领导小组等相关专业队。

强化基本卫生服务项目管理,分期分批次开展基本公共卫生培训450余人次,提高婺城区基层人员基本公共卫生服务能力和健康管理能力。推行诊间随访,落实慢病长处方制度,推行团队服务,促进医防结合,提高慢性病随访的效率。

【便民惠民措施】 婺城区人民医院在预约诊疗、智慧结算、电子发票使用、刷脸就医、检查检验结果电子化推送、数字化门诊、数字化预防接种等项目上强化信息建设,补足短板,通过信息和科技支撑,实现患者在门诊和住院服务中享受更多便捷。

实现“出生一件事多证联办”。通过加强与公安、医保、银行等部门协调,推进部门间出生相关基础信息动态共享,在辖区接产单位(区人民医院、区妇保院)为群众提供出生医学证明申领、落户、参保登记等“多证联办”一站式服务。

无证明城市建设扎实推进。全面深化减证便民措施，对涉及的9项办事事项和8个方面证明,按照直接取消、告知承诺、数据查询、部门核验方式为群众提供办事便捷服务。

【党风廉政建设】 以“全面从严”为要求,严抓管党治党工作。建立健全局机关工作例会制度,坚持每月主题党日活动,学习贯彻党中央和各级党委决策部署,增强广大职工“四个自信”、树牢“四个意识”,切实做到“两个维护”。制定并实施《婺城区清廉医院实施方案》《清廉医院示范点建设方案》《清廉医院建设指南》,结合卫生健康行业特点,梳理下属单位小微权力清单、建立清廉建设长效管理机制等,开展“阳光采购、阳光招聘、阳光用药、阳光建设”等工程,稳步推进清廉医院建设各项工作。

（余　莉）

体 育

综 述

【基本情况】 2019年,婺城区按照健康浙江、健康婺城考核要求,贯彻落实《全民健身条例》《婺城区全民健身计划(2016—2020)》,围绕"花满婺城 幸福生活"休闲文化旅游年活动,以婺城"心连心、暖人心、共图强"为主题,广泛开展全民健身活动,丰富群众体育生活,以改革创新为动力,以提升体育治理能力为目标,加快构建与全面建成小康社会相适应的体育公共服务体系,进一步提升竞技体育综合水平和竞争力,进一步提高体育产业层次与规模,切实提高百姓的幸福感和获得感。婺城区以综合考核排名第一的成绩,被评为2019年度金华市体育工作先进县(市、区)。

竞技体育

【概况】 2019年,区文旅体局从全市范围内精心挑选、注册一批新的运动员。按照项目分别召开教练员会议,确定运动员人选,制定训练和参赛方案,从中小学校和社会上抽调精兵强将,组织集训。在全国范围内寻找有意向落户婺城的优秀退役运动员,最终成功签约5名优秀退役运动员。

足球3个组别参加省冠军赛成绩,其中甲组获得亚军,乙组获得季军,丙组获得季军。参加省锦标赛甲组获得冠军,乙组获得亚军,丙组获得第四名。甲组有5名运动员达到国家一级运动员标准,有7名运动员达到国家二级运动员标准。

参加2019年全国青少年游泳U系列比赛吕梁站获得3枚金牌、5枚银牌、4枚铜牌,马依依两破大会纪录,被评为每日之星。郑睿玲达国家一级运动员标准。参加2019年全国体育传统项目学校联赛游泳比赛,马依依打破高中组女子50米、100米、200米自由泳三项大会纪录并打破女子100米、200米自由泳金华市最高纪录。参加2019年全国青少年游泳U系列比赛总决赛第一站获得4银2铜。参加2019年浙江省青少年儿童游泳冠军赛获得2块金牌、2块银牌、3块铜牌。参加第39届"迎春杯"浙江省青少年(儿童)游泳锦标赛获得1块金牌、1块银牌。2019年度共有7名运动员达到国家一级运动员标准。

组队参加浙江省第十五届少儿田径运动会获得3块金牌、3块银牌、1块铜牌,得分82分。组队参加金华市田径锦标赛以总分761.5分,总金牌数31枚的成绩蝉联冠军。

【中小学生体育竞赛】 2019年,区文旅体局联合区教育局举办婺城区第十三届中小学生篮球联赛(小学组)、第二届小学生夏季足球联赛、婺城区第十二届中小学生游泳比赛、婺城区第十一届中小学生乒乓球联赛、婺城区第十九届中小学生田径运动会、婺城区第九届中小学生校园足球联赛、婺城区第十四届初中生校园篮球联赛。以赛促练,通过举办比赛,既能更好地发掘优秀体育人才,也能检验各中、小学校的日常训练成果。

群众体育

【概况】 依托婺城绿色生态资源,结合新兴的山地越野、马拉松、毅行、冬泳、水上皮划艇运动等特色项目,逐步形成婺城特色品牌赛事,推动群众体育普遍开展。2019 年举办 68 个有影响力的体育赛事活动,其中国家级赛事 4 个、省级 4 个、市级 4 个。全国第四届"万步有约"职业人群健走激励大赛、中华垂钓大赛浙江金华选拔赛、全国气排球邀请赛,全国青少年体育冬夏令营(浙江省金华站)青少年足球全国挑战赛先后落户婺城, 莘畈万人毅行大会、安地半程马拉松赛,第三届中国·金华山水四项公开赛、中国(金华)网红垂钓大赛、第四届南山越野赛,第七届传统武术比赛,第九届浙江·金华体育舞蹈公开赛活动精彩纷呈,影响力、美誉度不断提升。从全民健身日系列活动、婺城区第十九届中小学运动会到第五届区运会,参赛人员覆盖各年龄段群众人口,掀起全区上下全民健身运动热潮。

【体育品牌赛事】 2019 年,婺城区相继举办"花满婺城·畅享碧水"畅游仙源湖梅溪活动、"健康婺城"婺城区机关部门迎新春气排球友谊赛、"心连心 暖人心 共图强" 文化三服务系列活动之 "人文婺城幸福城"文化大过年活动、"欢乐元宵"文化大拜年活动、2019 年第一期中华古剑道全国辅导员培训班、"庆三八"门球友谊赛、"花满婺城·幸福生活"休闲文化旅游年系列活动之 2019 "健康婺城·体旅莘畈" 万人毅行大会新闻发布会、"花满婺城·幸福生活"休闲文化旅游年系列活动之"华东杯"2019 中国山水四项——金华南山越野赛、"花满婺城·幸福生活"休闲文化旅游年系列活动之 2019"健康婺城·体旅莘畈"万人毅行大会暨全国第四届"万步有约"职业人群健走激励大赛婺城赛区启动仪式、"花满婺城·幸福生活" 休闲文化旅游年系列活动之婺城区首届"鱼乐婺城"佳钓尼杯钓鱼邀请赛、2019 百家体育企业走进金华暨浙江省首届青创运动节启动仪式、2019 年春季金华市区围棋定级、定段赛、"英树杯"2019 年浙江·金华体育舞蹈公开赛暨友好城市少儿拉丁舞大奖赛、2019 年中华垂钓大赛浙江金华选拔赛、2019 年健身气功教练员提高班、2019 全国青少年体育冬夏令营(浙江省金华站)青少年足球全国挑战赛暨长湖足球公园启动仪式、2019 年浙江省青少年足球(男子丙组)邀请赛、华东区传统武术邀请赛暨婺城区第七届武术比赛、第三届中国山水四项公开赛暨中国山水四项积分排名赛新闻发布会、2019 年山东商会·东成杯华东区武林绝技邀请赛、2019 华东区青少儿武术散打精英争霸赛暨婺城区第七届武术散打比赛、 婺城区第五届运动会、2019 第三届中国·金华山水四项公开赛、"花满婺城丹桂飘香"2019 婺城半程马拉松赛、2019 中国 (金华)网红垂钓大赛、2019 年"霏凡杯"金华市青少年击剑锦标赛暨"君华水岸杯"第二届击剑公开赛、琅琊迎新健康跑活动、"迎亚运 创文明"2020"健康婺城·体旅莘畈"迎新越野跑等。

【夯实体育基础设施】 加强乡镇(街道)、村(社区)的体育场馆设施建设。中心村全民健身广场基本覆盖。至 2019 年年底,全区有 2481 个体育场地,人均 2.526 平方米。

2019 年,10 个小康体育村进行提升; 建成 3 个社区多功能运动场(竹马方下店、乾西上陈、白龙桥)、2 个笼式足球场(乾西、新狮沙溪)、1 个游泳池(乾西)、2 个垂钓基地 (新狮街道网红垂钓基地、蒋堂镇五棵松垂钓基地); 建成婺城区老年人体育活动中心 1 个;建成白沙溪健身步道 10 千米。

【规范体育组织管理】 加强体育社团组织建设,规范管理。新增金华市婺城区击剑运动协会、金华市婺城区马拉松及路跑协会、金华市婺城区健美健身协会、金华市婺城区足球协会、金华市婺城区健身瑜伽协会、金华市婺城区篮球协会。至 2019 年底,建成 16 个社团,其中 AAA 级 4 个。

【加强基层队伍建设】 开展全区古剑道、广场舞、广播操、健身气功(八段锦)三级社会体育指导员、裁判员培训,五期培训学员 436 人。承办浙江省老年体协气排球裁判员、教练员培训班,金华市太极拳剑交流展演活动。举办公益推手培训班、八步五法太极拳培训班、健身气功、工间操培训班等公益活动,惠及基层群众。

【开展科学健身指导】 继续实施《浙江省3~69周岁公民体质评价》标准,定期开展国民体质监测和全民健身活动状况调查,为群众进行体质测定、运动能力评定提供运动健身指导。加强体医融合,确定以乡镇卫生院(街道社区卫生服务中心)为试点单位,开展针对社区居民的体质测定与科学健身指导工作。

2019年,组织1458人进行国民体质监测,合格率达93.2%。

【体育产业融合发展】 创建省级运动休闲旅游优秀项目1个(安地喻斯),市级体育+特色村1个(安地喻斯),市级体育产业示范基地1个(金华炜达篮球馆);金华市竞技体育后备人才基地2个(金华市婺城区体育运动学校、金华市星合体育发展有限公司)。

引进重点体育赛事活动,扶持安地、莘畈、琅琊、蒋堂、乾西等乡镇建设,助推体旅融合发展。安地南山越野赛、半程马拉松赛,琅琊中国山水四项公开赛、全国气排球邀请赛,蒋堂中华垂钓大赛,新狮中国(金华)网红垂钓大赛等体育赛事活动,推动乡村经济发展。

搭建平台,推进体育产业发展。组织专家赴琅琊、莘畈开展体育产业专题研讨。在2019百家体育企业走进金华暨浙江省首届青创运动节启动仪式上,推介琅琊、莘畈体育+项目,对接体育企业,签约战略合作协议,助推琅琊健康小镇、莘畈体旅之乡乡村经济发展。

【信息宣传有声有色】 坚持多元宣传,引领全民运动健身潮流。获得2019年度市级信息宣传特殊贡献奖先进集体荣誉。

结合传统媒体和自媒体,做好赛事活动系列报道。通过省、市、区各级官方微信公众号、官方网站深入宣传,在市级及以上主流媒体宣传293条。

学校体育

【概况】 组织完成婺城区第二届小学生夏季校园足球联赛、第八届中小学生校园足球联赛、第十一届中小学生乒乓球联赛、第十二届中小学生游泳比赛、第十三届中小学生篮球比赛、第十八届中小学生运动会等,极大地促进阳光体育运动持久地开展、学生身体素质和艺术素养的提高。开展申报创建国家级校园足球特色学校8所学校、省级校园足球特色学校10所,开展申报创建省级心理辅导示范学校7所,开展申报创建健康金牌学校4所,健康银牌学校5所,健康铜牌学校32所,通过创建申报工作,提升办学理念、管理机制、课程建设、办学条件、师资队伍、活动成效等6个方面建设。以评促提高的原则,每次反馈做到精心研究,不回避问题,起到很好的指导促进作用。每个学校对特色创建都很重视,开展争创工作,整体水平有较大提高。

老年体育

【概况】 2019年,婺城区围绕全民健身、丰富老年人文体活动这一主线,进一步健全基层组织网络,推进健身辅导站(点)建设,开展老年人体育健身活动,老年人体育健身活动的氛围日益浓厚,全区老年体育工作水平和老年人参与体育健身人口逐年提高,为满足婺城老年人日益增长的精神文化需求做出努力。

【婺城区老年人体育活动中心建成】 针对婺城区多年来在城区没有培训、展演、健身的固定室内活动场地,3月2日,区委、区政府决定将位于新华街301号原浙中信息产业园综合楼三层、四层场地作为区老年体协室内固定体育活动场所使用。12月24日,婺城区老年人体育活动中心正式开馆。活动中心装修一新,占地两层,面积约1000平方米,有多功能厅、乒乓球室、书画室、飞镖室、棋牌室等多个活动场所,集培训、展演、健身娱乐等为一体。活动中心的建成填补了区室内老年文体场地的空白。

【组织参加第四届老年体育精品展演活动】 9月12日,组织参加第四届老年体育精品展演活动。组织200人参加《爱我中华》健身球操表演,组织120人参加《最美的中国》和《小康生活恰恰恰》广场舞表演,组织40人参加《24式太极拳》表演。

【庆祝新中国成立70周年】 9月24日,白龙桥镇老年体协会同二六九大队、第三地质大队和金华市女子中学在金华市女子中学多功能厅举行“礼赞新中国，讴歌新时代”——庆祝新中国成立70周年文艺晚会。

9月24日，安地镇老年体协在郑宅村举办“迎国庆红歌大家唱”活动。

9月26日，区委老干部局联合区教育系统老年体协组织300多名退休教师在彩虹桥举行庆祝新中国成立70周年旗袍走秀活动。

9月29日，区直机关联合区教育系统老年体协组成合唱队代表区委老干部局参加区机关干部歌咏比赛。

9月29日，雅畈镇老年体协组织150多名老年朋友举行庆祝新中国成立70周年旗袍走秀活动。

9月30日，城西街道西郊社区老年体协组织180名老年朋友开展“庆祝新中国成立70周年”健身走活动。

10月17日上午，区教育系统老年体协组织全区32所中小学500多名退休教师在站前小学举行庆祝新中国成立70周年文艺会演。

【承办省、市级赛事活动】 2019年，区老年体协先后承办浙江省老年气排球裁判员、教练员培训班；市老年健身气功裁判员、教练员培训班；市老年人太极拳(剑)交流活动；婺城、金东、开发区3个区老体协工作研讨会暨飞镖、兜球培训(交流)活动；市直单位老年人象棋邀请赛；市直单位门球邀请赛。

【参加各类交流赛】 2019年，区老年体协组织6批次近百名健身骨干参加市老年体协组织的全市健身球操交流、全市老年人太极拳(剑)交流、全市气排球交流、可乐球交流、全市老年人柔力球(套路)交流、全市老年人健身秧歌交流等活动，并取得优异的成绩。

【参加各类邀请赛】 2019年,区老年体协组织6批次、50多名健身骨干参加市老年体协组织的各类邀请赛。如桥牌邀请赛、市老年乒协联谊赛、市气排球邀请赛。

【组织送文体下乡活动】 2019年4月，婺城区老年体协组织200多名老年朋友参加莘畈乡庆元宵喜乐会。由竹马、白龙桥、城中、城西、城东街道青春俱乐部、区直机关等单位老年体协选送的布龙、扇子舞、广场舞、水兵舞、排舞、健身球操、小合唱、快板、婺剧等20多个节目，让村民大饱眼福。

11月8日，婺城区老年体协举办“快闪”献礼祖国70华诞——送文体下乡走进雅畈。80多名老年朋友参加演出，领唱、合唱、歌伴舞、健身球操、柔力球操、健身秧歌、太极拳(旗袍秀)等节目的表演，深受村民的欢迎。

【加强基层骨干队伍培训】 3月12—14日，在莘畈乡丽元文体活动中心举办各乡镇广场舞三级社会体育指导员培训班；3月25—28日，在金华格瑞大酒店举办城区街道三级社会体育指导员培训班，两期共206名骨干参加培训。浙江师范大学体育学院高红燕教授进行广场舞三级社会体育指导员基础理论教学，国家一级广场舞教练陈瑛进行《最美的中国》广场舞实践教学。

3月13—15日，50人参加在莘畈乡丽元文体活动中心举办的全区各乡镇(街道)老体专干、秘书长，区直机关、区教育系统老年体协主席、秘书长，各分会正副会长培训班。

【参加上级举办的培训】 2019年，区老年体协先后派出77名项目和健身骨干参加省老年体协组织的老年气排球、健身秧歌、太极拳(剑)、柔力球、健身球操裁判员和教练员培训；参加市老年体协组织的迷你气排球、健身气功、体育舞蹈、婺韵广播体操教练员培训。

【各分会建设】 2019年，区老年体协下属分会由原来的9个增加到15个，并挑选20多名热心老年体育工作，有特长和奉献精神的项目骨干担任分会正、副会长。摄影分会工作有计划、有检查，会员交的摄影作业每季开展评比，还组织会员进行摄影培训，多次组织外出采风活动。健身球操、健身秧歌、广场舞、乒乓球、太极拳(剑)、气排球、门球、棋牌等分会，认真组织参加省、市有关体育项目的培训、比赛、展示、交流活动，并取得好成绩，为全区老年体育工作做出了的贡献。

【规范财务管理制度】 根据上级财政部门的要求，2019年开始，区核算中心不再托管区老年体协的财务，由区老年体协自己单独建账。在配合有关部门做好2018年度财务审计的基础上，做好法人代表变更、银行开户等单独建账工作。参照省、市老年体协有关财务管理制度，制定《婺城区老年体协财务管理制度》，多次与区有关部门协调，区老年体协经费的划拨渠道在区政府〔2019〕9号《专题会议纪要》中明确，保障区老年体协的经费划拨。

【基层老年体协文体活动】 全区各基层老年体协自行举办各类文体活动52次，参加活动的老年朋友24515人次。如：白龙桥镇老年体协组织举办的“致敬改革开放40周年”文体演出活动；雅畈镇老年体协举办乡村春晚“婺窑小镇”；岭上乡老年体协举办纪念改革开放40周年新春晚会暨关爱老人爱公益活动；城西街道老年体协举办中秋晚会；安地镇老年体协举办郑宅村第二届春节联欢晚会及重阳节文艺表演；长山乡老年体协举办重阳节文体演出；竹马乡老年体协举办“担当赶超文化年，红红火火中国节”迎春晚会；琅琊镇老年体协举办“担当赶超文化年，红红火火中国年”元宵晚会；乾西乡老年体协举办庆元宵晚会；区直机关和区教育系统老年体协组织人员参加区妇联举办的“巾帼绽芳华、扬帆新征程”庆祝“三八”妇女节演唱活动；区教育系统老年体协组织各学校退休教师开展健步走、气排球、广场舞、空竹表演等联谊活动。

【开展第11个“全民健身日”活动】 各单位老年体协组织广大老年朋友就近就地开展有益于老年朋友身心健康的健身活动。白龙桥、雅畈、竹马、乾西、沙畈、长山等乡镇及区教育系统老年体协组织规模较大的健步走活动，其他单位老年体协及太极拳(剑)分会根据各自的实际开展健步走、广播体操、广场舞、太极拳(剑)、健身球操、柔力球操、可乐球等形式多样的健身活动。全民健身日前后，各单位参加各类健身活动的老年朋友有5000余人，其中参加健身走活动有3500余人，参加广场舞及其他健身活动有1500余人。

【加强横向交流】 2019年，有关单位老年体协共开展邀请赛、友谊赛12期，813人参加活动。

【开展邻居节和趣味运动会】 2019年4月，新狮街道东方前城社区、玫瑰园社区老年体协分别举办邻居节暨老年人趣味运动会。

5月9日，城西街道河盘桥社区老年体协在居家养老活动室门口举办邻居节活动。

5月25—26日，区教育系统老年体协分别组织城区片和农村片的退休老师，在金华四中和白龙桥小学举行趣味运动会。

6月3日，雅畈镇老年体协在竹园村文化礼堂举办“喜气洋洋迎端午”老年人趣味运动会。

12月12日，城中街道老年体协在明月楼社区举行“快乐迎元旦”趣味运动会。

【旅游及信息报送工作】 2019年，全区有11个单位老年体协组织老年朋友外出旅游7021人次。区老年体协积极开展信息报道工作，2019年共刊出简报7期，反映全区老年体协活动开展情况，报送省、市老年体协及各县(市、区)进行交流。同时，各基层老年体协积极投稿报送活动信息，2019年共投稿89篇，区教育系统、乾西乡、城西街道、雅畈镇、城中街道、白龙桥镇、竹马乡、琅琊镇、长山乡等单位投稿积极。

(徐　斌)

民 政

综 述

【基本情况】 2019 年,发放各类救助补助款 3350.6 万元。提高城乡居民最低生活保障标准到 770 元/月,全区在册低保对象 2106 户 2925 人,低保边缘 568 户 1321 人,共发放低保救助金 2568.2 万元。救助困难群众 740 人次,发放临时救助资金 64.5 万元。同时,推进儿童福利事业发展。提高机构养育孤儿基本生活标准至 1726 元/月,社会散居孤儿基本生活标准至 1381 元/月。2019 年全区共有孤儿和困境儿童 65 人,发放孤儿和困境儿童基本生活补助 105.68 万元。

【养老服务】 2019 年,新建省级示范型居家养老服务中心 3 家,提升改造区级示范型居家养老服务照料中心 16 家。新建城乡居家养老服务照料中心 9 家。推进多层次养老服务体系建设。鼓励民间资本兴办养老机构,金华市婺城区青华养老服务中心、婺城区福利中心正式投入运行。

【基层政权和社会事务】 加强村(社区)建设,提升村(社区)治理能力。发挥村(社区)自治组织基础作用,完善民主选举、民主决策、民主管理和民主监督运行机制。2019 年,经区两办印发《婺城区专职社区工作者管理办法》,建立“三岗十八级”薪酬体系,切实提高专职社区工作者收入待遇。提升婚姻收养登记服务水平。2019 年,办理结婚登记 3600 对,离婚登记 1986 对,补发结婚登记证 762 对,补发离婚登记证 217 本。推进公益性生态公墓建设。建立部门联动机制,建成生态公墓 6600 穴。

【社会组织管理】 培育社会组织,提高社会组织参与社会治理能力。2019 年共办理社会组织登记事项 133 件,全区依法登记社会组织有 556 家,街道、城市社区依法登记的枢纽型、支持型社会组织覆盖率达 100%、96.5%。开展公益创投活动 438 次,服务 14895 人次,辐射全区 28 个社区。加强社会工作专业人才队伍建设,2019 年新增持证社工 72 名,全区持证社工人数达 193 人。

【水库移民后期扶持】 下达 2019 年水库移民后期扶持项目 38 个,涉及资金 2131.83 万元;完成 2019 年度大中型水库移民直补人口信息复核工作,截至 12 月底,全区在册大中型水库移民直补人口 16240 人,合计发放直补资金 1010 万元。

(谢文霞)

2019 年婺城区百岁老人名单一览表

表 8

序号	名称	居住地	出生日期	性别	年龄
1	王秀英	新狮街道柳湖花园社区	1915 年 6 月 30 日	女	104
2	于奶奶	城东街道游园街	1916 年 5 月 30 日	女	103
3	冯炉祥	罗店镇西旺村	1916 年 8 月 25 日	男	103
4	俞作铭	城中街道八一北街	1916 年 9 月 4 日	女	103
5	虞奶奶	塔石乡东店村	1916 年 9 月 14 日	女	103
6	郝辉毕	白龙桥镇华电新村	1916 年 9 月 21 日	男	103
7	徐春梅	琅琊镇棠坑源村	1917 年 3 月 5 日	女	102
8	王松凤	塔石乡银铃村	1918 年 4 月 28 日	女	101
9	郑毓汉	新狮街道	1918 年 8 月 10 日	男	101
10	郑文贤	乾西乡坛里郑村	1918 年 11 月 18 日	男	101
11	郑兰女	乾西乡移民小康社区	1918 年 11 月 18 日	女	101
12	林希韫	城中街道	1918 年 11 月 21 日	女	101
13	华连香	白龙桥镇古城范村	1918 年 12 月 20 日	女	101
14	洪爱菊	蒋堂镇泽口村	1919 年 1 月 12 日	女	100
15	汪水玉	城东街道	1919 年 1 月 21 日	女	100
16	邓水凤	塔石乡大茗村	1919 年 4 月 12 日	女	100
17	徐荣庭	城东街道	1919 年 6 月 22 日	男	100
18	邱卸竹	琅琊镇	1919 年 6 月 30 日	女	100
19	张润月	城中街道	1919 年 7 月 27 日	女	100
20	李仁奶	乾西乡移民小康社区	1919 年 8 月 4 日	女	100
21	陈妹妹	白龙桥镇郑岗山村	1919 年 11 月 21 日	女	100

就业和社会保障工作

【概况】 2019 年,婺城区人力社保局不断推动人力社保事业高质量发展。全年新增就业岗位 11076 人,失业人员再就业 2089 人,其中就业困难人员再就业 178 人，登记失业率 1.61%。基本养老保险参保率 99.66%,居全市第一。引进各类高校毕业生 7692 人,新培养高技能人才 930 人,新晋升高级职称 128 人。

【开展专场招聘】 举办残疾人、高校毕业生、退役士兵等专场招聘会及新春大型人力资源招聘会,组织 12 家区属重点企业赴四川开展劳务协作，开设十余场乡村就业集市,500 余家企业共提供就业岗位16000余个，达成就业意向2600余人，举行“稳就业、促创业”主题活动启动仪式暨高校毕业生专场招聘会，与浙江师范大学创新创业学院等5家单位签订就业创业合作项目框架，标志着就业创业迈向新征程。

2月14—15日，组织12家区属重点企业到四川南充举办专场招聘会

（区人力资源和社会保障局供稿）

【创新就业形式】 打造“融媒体+就业”模式，利用今日头条的大数据技术优势，实现更精准高效的就业服务。开发“就在婺城”求职招聘微信小程序，打造成集本地求职就业信息、招聘岗位推荐、掌上政务服务、视频展示等功能模块于一体的垂直式就业服务官方平台。创新“夜市双聘”模式，利用“夜间现场招聘+信息网络招聘”的模式，让企业和求职者利用晚上闲暇时间进行交流对接。开设“流动就业巴士”，将就业岗位、就业政策和就业帮扶送到求职者家门口，为当地就业困难人员提供更便捷优质的就业服务。举办青年创业大赛，推动创业带动就业。

【扶持企业】 落实困难企业社保费返还政策，全区912家困难企业享受社保费返还4465.95万元。对制造业、交通运输业、建筑业三大行业实行阶段性降低社会保险缴费，全区3258家企业享受降费7000余万元。发放4050技能补贴2943人，金额815.88万元。

“最多跑一次”改革

【打造“领跑者”样本】 94个“最多跑一次”事项100%实现“零次跑”、100%实现 “网上办”，100%实现“掌上办”，34个民生事项100%实现“一证通办”，77个事项实现“即办”，即办事项率81.9%。办事事项申请材料从230份减少到103份，精简率55.2%，办理时限从1428个工作日缩减到139个工作日，缩减率90.3%。退休、失业、企业员工招聘、社保关系转移接续、个体劳动者就业创业等“一件事”联办全面实现线上线下办理。19个乡镇(街道)可办理的人力社保业务从原来的19个增加到83个，设置“全市通办受理窗口”，可办理91项“全市通办”事项。省委组织部副部长、省人力社保厅厅长鲁俊、省改革办副主任谢小云等领导到新狮街道调研跑一次改革、综合治理等工作。

劳动纠纷综合治理平台建设及“最多跑一次”改革调研现场　（区人力资源和社会保障局供稿）

【创建“无证明人社”】 2019年，取消亲属关系证明、死亡证明等11个证明，涉及11个办事事项，取消的证明通过告知承诺、数据查询和部门核验的方式获取相关信息，积极使用无证明城市查询核验系统。

【推进“部门间跑一次”改革】 梳理事项绩效工资管理、事业单位人员交流审核、事业单位岗位变动备案等部门间跑一次事项10项，制定部门间办事事项目录和《“八统一”梳理表》，办理时限缩减51.8%，办理材料精简33.4%。升级全区工资管理系统，实现工资事项一次不用跑。

招才引智工作

【深化人才选拔】 成功申报2019年省拔尖技能人才1人，省优秀技能人才15人。选拔市级首席技师2名，技能之星15名，选拔金蓝领出境培训1人。新引进大学生7380人，硕士219人，博士93人。新增高技能人才930人，新晋升高级职称人才128人。

【强化人才培养】 深化企业博士后工作站建设，充分发挥工作站培养高层次人才、推动科技创新方面的重要作用，协助浙江六环电线电缆有限公司申报浙江省博士后工作站。2018年度万里扬公司博士后工作站绩效考核评为省级优秀，奖励资助经费10万元。完成实验中学1059名学生职业技能考评工作，开展职业培训7675人次。举办“双城”杯职工技能竞赛活动，有效促进企业职工职业技能提升。鼓励企业开展职工培训，引导企业开展自主评价，充分发挥企业开展职工技能培训的主体作用。

6月4—6日，在金华实验中学开展学生初级职业技能鉴定考试工作

（区人力资源和社会保障局供稿）

【优化人才服务】 举办2019年“精彩婺城”企业中高层管理人员培训会，助推婺城企业更好应对人力资源管理新挑战，打造人才新高地。发放职业技能培训补贴734人，补贴金额115.4万元。做好人才住房保障补助工作，发放购房、租房补助299人，金额41万元。出台《婺城区企业人才子女入学暂行办法》，做好全区企业人才子女入学服务工作，营造有利于企业发展的公共教育环境和人才生态环境。

【事业人员招聘】 共组织教育系统、卫生系统、医院、全区机关和乡镇(街道)事业单位4次统一公开招考，公开招聘教职工33人，提前批优秀毕业生签约56人，招聘卫生系统工作人员55人，婺城区人民医院、区康复医院定向优秀应届毕业生招聘19人，部分事业单位公开招聘91人。完成金华山环卫处34名事业人员整体划转接受工作。

【岗位设置实施认定】 实现事业单位人事管理的科学化、规范化和制度化。2019年完成事业单位岗位设置实施认定242件，共涉及699人。完成区科技信息中心等23家机关事业单位岗位设置及18个乡镇(街道)50家事业单位重新定岗工作。

【职称初定、评审】 完成建设、交通、水利等系统408名参评人员资料审查工作，其中高级职称128人，中级职称177人，初级职称170人。开展企业专业技术人员职称评审流动课堂，现场为企业专业技术人员办理职称初定业务。

劳动保障维权

【社会保险事业】 新增城乡居民养老保险参保2347人，新增被征地农民基本生活保障参保1007人，其中转城镇职工养老保险960人，2019年基本养老保险参保率99.66%，居全市第一。推进低保、残疾等困难人员“应保尽保”，符合条件的12725名困难人员已全部纳入养老保险体系。完成2016年前已审批但未解决的55名被征地农民参保工作，严格标准稳妥办理蒋堂镇平水殿农场精简下放人员生活补贴问题，化解积压多年的历史遗留问题。

【防范处置企业欠薪】 规范完善“无欠薪”建设各项制度，制定下发《工程建设项目专项治理方案》，并加强对全区在建项目专项检查，全面规范婺城区在建工程管理，建筑行业管理制度逐步完善。深入开展无欠薪源头治理“送政策法律服务进企业”活动，营造全社会共同维护农民工合法权益的良好法制氛围。开展根治欠薪冬季“百日攻坚”行动，劳资纠纷矛盾化解率100%，辖区内企业欠薪案件发生率控制在5‰以内。

3月20日，婺城区召开迎接国办保障农民工工资支付工作考核暨“无欠薪”建设工作部署会

（区人力资源和社会保障局供稿）

【劳动纠纷多元化解机制逐步完善】 2019年，19个乡镇（街道）中有12个已完成劳动纠纷多元化解机制建设工作，劳动争议基层化解率达60%。161家规模以上、已建工会组织企业均建立劳动争议调解组织，实现规上企业调解委员会覆盖率达100%。推荐浙江润华机电有限公司争创省级非公有制企业劳动争议预防调解示范单位，推进全区非公有制中小企业、商会（协会）建立健全劳动争议预防调解机制。

【化解劳动纠纷】 2019年，受理投诉举报案件207起，涉及职工705人，涉案金额707万余元。劳动争议调处质效不断增强，结案率和调解率分别为96%和83%。借力“互联网+调解仲裁”拓宽劳动纠纷的维权渠道，优化劳动仲裁的维权服务方式，通过在线调解网络平台处理网络仲裁案件19件，调解金额37.75万元。

（刁 康）

婺城区残疾人联合会

【概况】 婺城区残疾人联合会（简称残联），下设金华市婺城区残疾人劳动就业服务所。2019年，区残联辖19个乡镇（街道）残联，287个村（社区）残协，全区持证残疾人9300人，其中视力残疾934人，听力残疾1502人，言语残疾287人，肢体残疾4351人，智力残疾1084人，精神残疾1680人，多重残疾356人。

【社会保障】 根据《关于调整重度残疾人护理补贴标准的通知》（浙财社〔2019〕4号），细化重度残疾人护理补贴标准，新增生活部分不能自理重度听力、言语残疾人593人，按每人每月50元的标准发放残疾人补贴。两项补贴实行按月发放，截至2019年12月，审核纳入困难残疾人生活补贴1903人，重度残疾人护理补贴4100人，意外伤害险发放9300余人，总计发放补助资金约1300万元。下拨各乡镇街道春节走访慰问资金88.5万元，慰问品500份，走访慰问残疾人2000多人。对29名因病因灾致使生活困难的残疾人给予1000~2000元不等的临时性救助。将1041名精神病残疾人纳入精神病免费服药全额保障，发放精神残疾人医疗救助卡595张。同时，发放2019年度残疾人机动轮椅车燃油补助61户、1.6万元。

【教育助学】 为金华市特教学校送去3万元慰问金及慰问品；核查统计各乡镇街道残疾学生入学情况，审核了残疾学生助学补助200余人，贫困残疾人家庭子女150余人。发放残疾学生助学补助31万元，贫困家庭子女教育补助10.6万元。

【就业扶贫】 开展“残疾人扶贫基地”规范化建设工作，组织基地负责人参加培训；为5家残疾人扶贫基地贷款贴息补助15.4万元；对8家市级残疾人扶贫基地进行复评。开展“残疾人就业创业提升年”活动，组织50多名残疾人参加市区残疾人就业招聘洽谈会；联合区人力社保局开展残疾人专场招聘会，组织130家企业300余名残疾人参加招聘会，50多名残疾人达成就业意向；组织4名残疾人参加市残联组织木雕、盲人按摩培训。残疾人之家列入区“十大惠民实事”,已创办民办残疾人之家16家,为269名残疾人提供辅助性就业机会。建立残疾人之家信息管理系统,预设机构信息、人员信息、视频监控、人脸识别考勤数据、活动、财务等六大功能管理模块,对残疾人在机构的情况实行动态管理。

【康复医疗】 由中医院投资1000万元的婺城区残疾人康复托养中心暨金华市中医院康复护理院8月开始建设,年底投入使用。与此同时,扩建城西卫生院儿童康复中心,共为100余名残疾儿童进行康复训练,已申报省级重点无残疾儿童康复中心。完成验配助听器6台,人工耳蜗1个,耳蜗处理器升级1例,补助儿童矫形器3例,完成髋或膝关节置换手术2例,完成听障儿童人工耳蜗植入手术1例。为城西卫生院儿童康复中心补助资金2万元,配送儿童机器人1台,为全区32名儿童患者提供康复治疗。审核0~6周岁残疾儿童抢救性康复项目60人。创建省级无障碍社区1个,计28万元;完成无障碍家庭改造114户,计60.6万元;完成家庭危房改造37户,计21.4万元。

【文体活动】 举办以“手拉手 共图强 创一流”为主题的婺城区庆祝第二十九次全国助残日活动暨“最美残疾人”系列人物颁奖典礼活动,表彰20名最美残疾人,激发全区残疾人自强不息,自律自爱顽强作风;丰富“全国爱耳日”“全国助残日”、盲人节、“国际助残日”系列现场宣传活动。与此同时,宣传、普及残疾人康复、维权、信访、投诉、调解等法律法规,认真接待来信来访残疾人,妥善处理每一个信访事件。全年送戏下乡巡演6场;为残疾人订阅报刊182份,赠送各类书籍200册;印制残疾人宣传政策1万多册,制作横幅、电子屏等宣传资料200余条,撰写宣传报道各类残疾人工作动态信息60多篇,其中婺城发布、婺城新闻客户端、市残联等微信公众号发布30余篇,《今日婺城》上稿15余篇,省级媒体8篇,全国助残日活动在金华联播、金华电视台《百姓零距离》《小马开讲》等栏目播出,在社会上形成了良好的宣传氛围。

【主题教育】 开展不忘初心、牢记使命”主题教育,围绕守初心、担使命,找差距、抓落实的总要求。支部组织集中学习7次,领导班子8个专题集中学习研讨3次;针对性提出如何提高助残服务水平、推进残疾人之家全覆盖建设等4个课题。深入基层调研,走访群众200余名,形成调研报告4篇;对查摆出的问题建立台账、销号管理,查摆梳理的7方面问题中,短期能整改的5个问题已完成整改并长期坚持,2个中期长期才能完成的按照整改措施正在稳步推进当中。深刻吸取反面典型教训。

【助残服务】 抓助残服务、政策补助、项目建设、器具发放各个环节的廉洁风险,严格落实“一督两查”责任制,规范“三重一大”议事规则,确保队伍建设风清正气。完成全区9300余名残疾人动态更新调查,澄清残疾人底数,了解残疾人需求;以强基础、抓提升、全覆盖为目标,紧扣“精准”全面推进各项助残服务政策在基层落地生根。

(廖 亮)

婺城区红十字会

【概况】 2019年,婺城区红十字会以“保护生命、维护人的尊严”为工作主线,弘扬“人道、博爱、奉献”的红十字精神,发挥红十字会在党和政府人道救助领域中的助手作用,红十字会因志愿服务工作、人体器官捐赠工作获评2019年度金华市红十字会优秀单位。

【应急救护培训】 2019年,培训红十字救护员1356人,普及培训11376人,完成2019年市政府10方面民生实事项目培训AED专业应急救护人员221人。开展红十字应急救护培训进农村文化礼堂活动,完成2019年24个村的目标任务。协调区健康办下发《关于开展“健康婺城救护普及万人计划”活动的通知》。2019年出资投放1台AED(自动体外除颤仪),安装于金华实验中学教育集团。

【人道救助和生命关爱】 2019年,开展“博爱送万家”活动,活动惠及城东街道、安地等16户困难户,发放现金16000元;与金华众康康复医院开展针对婺城区困难群体的系列助医项目。项目涉及胆囊切除术、胃大部切除术、急性中风康复等6项,资助金额1500 元至 2250 元不等，资助 5 人，减免额近 2 万元。采集造血干细胞 11 例，后期配对初筛 12 次，捐献再动员 3 次，配对高分辨 1 次；登记器官（遗体）捐献 500 例，实现器官（组织）捐献 6 例，捐赠人数位居全市第一。

【应急救援和志愿服务】 2019 年，组织红十字会志愿者每周末常态化深入闹市街头及收藏品市场开展志愿服务，让群众更好地了解心肺复苏术、造血干细胞和器官（遗体）捐献的知识，方便群众办理志愿捐献登记手续及造血干细胞样本的采集；参与养老志愿服务。定期开展义诊、救护知识讲座、理发等，不断丰富老年人的业余生活，满足老年人日常需求的志愿服务活动。为第四届莘畈毅行及中国山水四项公开赛陆地部分提供点位保障。协调解决红十字应急救援队的办公及装备场地，并对救援装备进行统一的归整及陈列；重视救援队员救援技能训练，共有 10 名救援队员参加国际搜救 IRB 岸域救援考试并全部考取合格；在“利奇马”台风夜接到走失老人求助信息，快速出动，经过 8 个多小时地毯式的排查，终于成功寻回一名 93 岁的老人。

【红十字会参与养老服务工作】 在罗店镇敬老院设立参与养老服务基地，搭建开展参与养老志愿服务平台。在重阳节、春节组织志愿者开展理发、剪指甲、聊天等针对老年人的志愿服务活动，发放水果、蛋糕等物品计 3000 元，更好地营造人人扶老、助老、敬老的社会新风尚。

（邱苗涵）

人物　荣誉

“浙江好人”

【郑卫星】 男,1970年5月出生,籍贯浙江金华,中国邮政金华分公司安地邮政所员工。2019年3月被评为“浙江好人”。从19岁开始,郑卫星每天背着20~30千克重的报纸出发,翻山越岭为村民投递报纸信件,一干就是16年。2004年10月,箬阳乡步班邮路改成摩托车邮路后,郑卫星负责21个行政村邮递任务,邮路总长扩展到了103.6千米。这些年下来,他从未丢失过一份邮件、一份报纸。大山深处,村民出趟山不易,他坚持每天为村民办一件好事,山区邮路上的村民得过郑卫星很多帮助。他曾获全国“五星投递员”、金华市劳动模范等荣誉称号。

【宋园春】 女,1959年4月出生,中共党员,籍贯江西,金华电视台老娘舅、和姐工作室调解员、婺城区民情民访代办员,2019年11月被评为“浙江好人”。她待人热情友善,做事雷厉风行,为人真诚正直,热心公益事业30余年。40多次入学校、监狱,耐心引导多名失足青年走向正途。积极协助公安部门妥善化解1320余户涉及3200多万元资金的集中上访事件。先后参与各类调解2000余场次,帮助解决各种纠纷1500多次。“微笑办、暖心办、我来办、马上办”的她被群众亲切地称呼为“和姐”,成为百姓身边的民间调解“明星”。

荣　誉

获省委、省政府表彰表扬

婺城区获评“一星平安金鼎”县(市、区)

婺城区获评美丽浙江建设工作考核优秀县(市、区)

婺城区获评全省“五水共治”工作优秀县(市、区)(大禹鼎)

婺城区获评第十批省农村工作指导员工作先进单位

婺城区获评平安建设工作突出单位

婺城区获评全省公益林建设成绩突出集体

区委、政法委获评全省平安护航新中国成立70周年工作成绩突出集体,获评平安浙江建设先进集体

区法院获评浙江省模范集体

琅琊镇获评全省五水共治突出贡献集体

区动物卫生监督所获评全省非洲猪瘟防控工作表现突出的集体

获省级部门(领导小组)表彰表扬

婺城区获评海绵城市优秀县(市、区)

婺城区获评首批“放心粮油示范县(市、区)”

婺城区获评全省首个“青少年人工智能技术能力培养教育实验区”

婺城区获评“四提升四覆盖”全民健身工程评估合格单位

婺城区获评森林浙江建设目标责任制考核优秀单位

婺城区获评全省县级林业主管部门优秀单位

婺城区获评全省畜牧业绿色发展示范区

婺城区获评全省农业水价综合改革工作绩效评价优秀县(市、区)

婺城区获评全省水利工作综合绩效考评优秀单位

区委办获评全省党委系统信息报送优秀单位

区委政法委荣获省政法系统先进集体、区法院执行局被授予集体二等功,区法院行政审判庭被授予“二等功部门”的荣誉

区检察院获评检察工作成绩突出基层检察院、省政法系统先进集体,区检察院团支部获评“浙江省五四红旗团支部”

区信访局被评为新中国成立70周年庆祝活动和党的十九届四中全会期间信访工作先进集体

区工商联获评全省工商联系统先进单位

区公安分局被评为全省公安机关执法质量优秀单位、全省公安机关信访工作优秀单位,城中派出所被命名为全省首批“枫桥式公安派出所”

区自然资源和规划分局“推进矿地综合开发利用”获评全省自然资源系统改革创新优秀案例

琅琊镇获评全省小城镇环境综合整治突出贡献集体

竹马乡、长山乡、琅琊镇、雅畈镇、安地镇获评小城镇环境综合整治省级样板镇

竹马乡、长山乡获评全省美丽乡村示范乡镇

区水务局获评全省水利工作综合绩效考评优秀单位

获市委、市政府表彰表扬

婺城区获评全市2019年度综合考评优秀

婺城区获评全市外贸工作二等奖

区公安分局获评全市成绩突出公安局

蒋堂镇、乾西乡和长山乡获评全市“三改一拆”行动突出贡献集体

区交通运输局、罗店镇获评全市“四边三化”工作突出贡献集体

白龙桥镇获评“基本无违建乡镇”,蒋堂镇、琅琊镇、箬阳乡获评“无违建乡镇”

区委政法委、区公安分局、区财政局、雅畈镇、安地镇、塔石乡、新狮街道获评全市平安建设和社会治理突出贡献集体

区综合执法局、新狮街道获评全市创建全国文明城市突出贡献集体

获市级部门(领导小组)表彰表扬

婺城区获评美丽金华建设工作优秀区

婺城区获评法治金华建设考评优秀单位

区委宣传部“‘和美乡村’百姓群”项目获评第六届“金华市宣传思想文化工作创新奖

区法院获评信访维稳工作先进集体、“发挥审判职能与弘扬新时代金华精神对接年”活动先进集体、学术讨论会组织工作先进奖,区法院民三庭被授予集体三等功

蒋堂派出所被评为全市枫桥式公安派出所

新狮街道武装部被评为基层武装部标兵单位

区残联获评全市系统内综合考评第一

区交通运输局获评全市系统内综合考评第一

区文化和旅游体育局获评全市体育工作优秀单位

开发区市场窗口获金华市政府办事大厅2019年度考核优秀和先进集体

开发区行政执法窗口获金华市政府办事大厅2019年度考核优秀和先进集体

金华经济技术开发区经济发展局获评2019年度全市科技创新工作考核综合先进单位

乡镇 街道

城东街道

【概况】 城东街道位于金华老城区东部,东邻金东区东孝,北至浙赣铁路,是婺城区的东大门。土地总面积2.99平方千米,常住人口2.4万人。2019年有青春路、八咏楼、旌孝街、桃园、上浮桥5个社区和东郊、上浮桥2个经济合作社,共有基层党支部53个(其中两新党支部7个),党员1232人。街道工作人员43人,其中班子成员11人。

【工业经济】 2019年工业总产值完成66392万元,同比增长23%。其中,规模以上工业企业总产值66209万元,同比增长23.4%。引进内资4.84亿元,全区完成总量排名第二。固定资产投资25191万元,其中工业投资完成200万元。外贸出口1965.59万元,同比增长0.38%。引进内资4.84亿元,全区完成总量排名第二。限额以上批零住餐21274.5万元。

【财政税收】 2019年,街道税收总收入11548万元,去年同期11067万元,同比增长4.35%。2019年街道国税、地税财政收入任务2911.9万元,完成2914.1万元,完成100%,上年同期2332.2万元,同比增长24.86%。

【安全生产】 2019年,街道辖区内未发生一起安全生产事故,未出现人员伤亡。并与社区、辖区企业单位共签订"安全生产综合目标责任书"74份,明确各自承担的责任及要求。认真开展安全生产工作宣传。安全月期间在辖区内发放宣传资料500多份,贴张宣传画40张、悬挂横幅、电子显示屏14块,对《中华人民共和国安全生产法》进行广泛宣传;组织开展安全生产大检查以及专项治理活动。1—3月,出动检查人数181人次,检查企业124家,排查隐患10处,立即整改10处,其间进行街道社区企业法人消防安全知识培训;在安全月中和前期,街道辖区企业(机关加油站,德仁假肢,城投公司、文旅局组织古子城商户)共组织3次消防和突发事件演练,参演单位共3家,参加演练人员120次。(辖区各社区、金华市妇幼保健院、金华市博物馆)组织350余人进行安全知识培训;开展职业病卫生防治工作,对辖区内企业进行宣传,出动宣传人数20人次,到企业发放宣传单50次。开展对涉喷涂作业场所整治工作和工贸行业涉爆粉尘企业安全生产专项整治工作,经金华华泰安全技术咨询有限公司实地检查核实,街道无工贸行业涉爆粉尘和涉喷涂作业场所企业,督促社区对此类企业的排摸,发现及时汇报,及时检查整改,确保城东安全生产稳定;上半年6家企业进行安全标准化托管,每月到托管企业进行消防知识、安全常识及新进员工的培训和隐患排查工作,增强企业自身的防护意识,增强企业自身主体责任意识;成立安全生产体检站。由专业安全顾问对辖区企业进行安全生产体检及节前安全检查,对存在的问题向企业指出,指导企业进行整改,促进企业对安全生产重视,保障城东街道和谐稳定发展。

【综合治理】 开展消防安全检查整改工作,重点开展出租房消防整治;组织开展安全生产大检查及专项治理活动,检查231人次,检查企业161家,排查隐患7处;开展应急演练和安全知识培训,组织3

次消防和突发事件演练，参演单位17家，80人次；组织350余人进行消防安全知识及疏散逃生的现场宣传与培训。做好20名社区矫正人员和相关吸毒人员社区康复工作。

【人口与计划生育】 2019年，街道辖区内出生155人，计生率99.36%；出生男孩74人，女孩81人，出生人口性别比为91。2019年网上审核办理一孩、二孩生育登记156人，办理《独生子女光荣证》23例，再生育上报审批4例。街道有特扶对象60人，失独家庭19户、28人，公益金11人。通过建立新婚待孕、未婚青年微信群，悬挂宣传横幅、标语、画报等营造良好的宣传舆论氛围。2019年街道致力于计生特殊家庭帮扶工作，有享受奖扶1人，公益金10人，特扶56人。传统节日对社区内失独家庭和计生困难家庭进行走访和慰问，2019年，计发放区级和街道的慰问金29900余元。

强化服务观念，做好生育登记服务。街道社区计生工作人员耐心的指导育龄对象下载浙里办APP，指导她们在网上办理生育登记。同时做好全员平台内生育登记审核确认、信息建档和上报工作。2019年街道通过该平台共办理生育登记156件。

【文明创建】 借势古子城AAAA级旅游景区的创建，配合做好酒坊巷、老六中、万佛塔景区等标志性旅游线路的开发建设和对外开放，为婺城区"休闲旅游"之花增光添彩。做优"花满婺城"，结合特色党建，打造红色街角小品6处，开展特色示范巷弄、最美阳台等特色亮点项目创建，已打造八咏楼社区石榴巷、桃园社区桃花路300弄和旌孝街社区生辉巷3条花漾小巷。同时，加大整脏治乱工作力度，全年共开展环境卫生整治100余次，共建单位志愿者、在职党员、学生志愿者参与人数3000余人，清理卫生死角40余处，共清理垃圾800多吨，清理楼道小广告2700余处，绿化补种7500平方米。2019年，全国文明城市创建交叉测评，城东街道在全区排名都稳保前三。

【文化宣传】 2019年，街道在市级媒体采用的信息有167篇，省级媒体报道的有7篇；6月2日组织社区宣传干部、文体骨干进行"抖音"培训，利用"两微一站"等信息平台及时向群众反馈网络舆情，进一步健全服务群众机制，保障人民群众对街道工作的知情权、参与权、表达权、监督权。引导党员干部利用QQ、微信、微博、抖音等网络平台抵制网络不良言行，营造良好的网络环境；文化站场所免费开放深受居民欢迎，得到居民认可，文化站所有功能室全面实现免费开放；在婺城区第三届百姓才艺大赛中，城东街道选送7个节目其中有4个获十佳优秀节目、3个获得十佳才艺称号，街道文化站获得优秀组织奖；街道各文体团队参加金东区、开发区等兄弟单位组织的演出有100多场。一年来，城东街道在参加各级各类比赛中获得了多项奖项，其中国家级1个、省级2个、市级7个、区级5个。在区委宣传部、区文旅体局、区妇联、区工会等部门组织的合唱比赛中，获得骄人的成绩。各社区组织各类活动65次，助推文明城市创建工作，更好地践行"三服务"活动要求。文化站开设春季、秋季公益培训班，"城东百姓大家唱课堂"微信群有学员120余人。据不完全统计，2019年有1000余人次参与免费培训。文化站成立垃圾分类宣传分队，开展垃圾分类宣传22场巡演。

【党建工作】 街道党工委在上浮桥区块国有土地上房屋征收工作指挥部，打造城东街道"党建+拆迁"成果展示平台，个性化定制党员干部学习教育基地。发挥党员作用，将支部建在项目上，成立中共金华市婺城区上浮桥区块征收工作指挥部临时党委，党委下辖13个党支部，113名党员。发扬"既要征迁速度，又要群众满意"的工作作风，将"三服务"与"四大四比"相结合，形成千帆竞发、拼搏干事的奋斗姿态。从12月1日正式签约开始，1个月时间，完成960户征收任务，总签约率达91.6%；以街道党工委理论中心组学习为龙头，采取专题党课、七一大党课、干部读书班等方式，带动班子成员、机关干部先学一步、学深一层，形成"领导示范，上行下效，层层推动"的学习氛围。全年共召开专题会议15次，理论中心组学习会议12次，专题党课28场，干部读书班36场次。2019年选送11人参加区红领新青年培训学习，培养积极分子19人，计划发展党员4人，已经发展3人，为党组织增添新鲜血液，增强党员队伍的新生力量。

【民政残联】 2019年,街道继续加强第二代残疾证的审核工作,做到残疾人底数清、情况明,为122人办理残疾证,确保有需求符合办证的残疾人及时申领二代残疾证。对符合享受两项补贴和其他相关优惠政策,做到第一时间给予办理;认真抓实残联人两项补贴的申报和发放。根据《浙江省困难残疾人生活补贴实施办法》(浙民福〔2016〕23号)文件规定,1—10月,为辖区的75名残疾人申请两项补贴。同时,为辖区的289名重度残疾人发放居家安养护理补贴72.25万元;46名重度残疾人发放机构护理补贴37.24万元;643名低保残疾人发放生活补贴17.94万元;开展关爱帮扶活动。春节期间,街道残联走访慰问残疾人102人,其中80人送去慰问金5万元,发放慰问实物22份,让残疾人感受到政府的关怀和温暖;为4名残疾人机动轮椅车主申请年度燃油补贴1040元;对就读九年义务教育、高中和大学的残疾人子女和残疾学生进行全面摸底,为12名残疾学生发放助学助困补助金额达1.4万元,6名享受婺城区低保低边的残疾人子女发放就学补助3500元;为23位残疾人申请了养老保险补助,享受补贴金额8.28万元;对符合政策的残疾人家庭做到底子清,能保尽保,尽最大努力为贫困残疾人解决实际问题。2019年,帮助2名残疾人申请最低生活保障;认真完成残疾人基本服务状况和需求信息数据动态更新的调查。根据区残联的工作要求,10月配合第三方调查公司完成一年一度《残疾人基本服务状况和需求信息数据》560人调查。

【妇女工作】 2019年,发放加工费517.1万元,其中有企业营业执照4家,发放加工费341.5万元。城东街道妇联在社区妇联的陪同下,看望慰问辖区56名困难妇女困难家庭,送上慰问金4.5万元;3月7日,街道妇联协同610办组织开展反邪教活动,发放宣传资料500余份;3月10日上午,街道妇联协同旌孝街社区在清风公园开展法律知识进社区便民服务活动,有300余名居民参加。为100多位居民测量血压,发放宣传材料1200余份;维护妇女儿童合法权益,街道妇联排查发现纠纷共9件,排查化解9件。接收市妇联信访件2起,街道妇联协同社区妇联做到第一时间走访了解,并通过协调解决;2019年,是全面打赢文明创建荣誉战的关键一年,街道妇联积极动员辖区各社区巾帼志愿者100余人每月积极投入到创建测评行列。根据工作要求,发挥妇女主力军的作用,打造巾帼“铁军”,在辖区内开展环境卫生整治,文明督查;推荐60户区级文明家庭,2户区示范文明家庭;绿色家庭3户,1户市级平安家庭。

【城市管理】 街道严格实行城管责任追究制,按分片包干社区的方法落实精品社区创建工作,全体街道干部均联系到各社区,社区按地段对街道干部、社区干部进行责任区域划分。针对准物业工作需要,设立准物业管理办公室,成立街道物业管理办公室工作专班,建立《街道物业管理工作考核评价机制》制度。为高标准做好垃圾分类工作,先后成立城东街道垃圾强制分类工作领导小组,加强对垃圾分类工作的组织领导,结合街道实际制定《城东街道生活垃圾分类实施方案》。通过以上措施,确保城管工作组织领导到位、工作机制到位、责任落实到位;全年开展环境卫生整治100余次,共建单位志愿者、在职党员、学生志愿者参与人数3000余人,清理卫生死角40余处,共清理垃圾800多吨,清理楼道小广告2700余处,绿化补种7500平方米。开展灭“四害”活动,鼠药发放250千克,蟑螂药发放3万盒,清理滋生地50余处。认真组织防盗窗专项整治工作,配合执法部门对辖区内主次干道两侧、示范街巷进行摸排,共排摸出影响市容市貌、或有安全隐患的防盗窗(网)62个、面积170平方米,并按要求上报置换整改;围绕“新时尚·新生活”目标,大力开展生活垃圾分类工作。街道共发放垃圾筒6240只,垃圾袋18万卷,垃圾分类宣传扇子3240个,围裙3726个,组织主题文艺宣传演出22场,共建垃圾分类投放点48个;全年共帮助居民协调解决小区化粪池溢满疏通18处,污水管改造11处;按时有效完成智慧城管督办工作。2019年1月至10月街道共处理督办案卷5939条,结案率达99.88%;全年整改更换健康教育宣传栏7块,共张贴健康宣传画5期。

【劳动保障】 2019年,街道完成城镇居民医保征缴工作任务,到账率分别达到99.5%和大病保险到账率75%。办理居保续保及一次性补缴145人，完成率95%。办理失地农民社保欠费补缴人员79人；对813名低保残疾人员的社保参保情况进行核对，并对6位未参保的低保残疾人进行参保。申请审核2019年第二季度“4050”社保补贴452人，申请金额141.10万元。为25家困难企业申领社保费返还59.99万元。发放下岗失业困难人员、企退特困人员以及重病住院人员等慰问金19.8万元，计258人次。对辖区登记的6364名企退人员进行领取养老金资格认证。对146名下岗失业人员做好失业金登记认证工作。受理劳动矛盾纠纷案件4件，涉案金额12715元。推荐报送省级高质量就业社区1个(八咏楼社区)。2019年，街道共受理投诉举报案件4件，涉案金额12715元，调解率100%。未发生因拖欠工资而引发的恶性事件，保持城东区域劳动关系的和谐与稳定

【“五水共治”】 2019年，街道调整完善的“五水共治”工作领导小组，成立街道“河长制”办公室，层层压责任，与区及社区签定责任书6份，成立河长、网格员、志愿者共同合力治水队伍，全面开展治水工作；各社区充分发动各种宣传手段，开展宣传活动，做好五水共治群众知晓率调查工作，发放宣传单8000多份，电子屏滚动播放宣传标语1600条次；根据年度工作任务，及河道责任人的调整，更新河长公示牌7块，对通园溪所有排水口进行再次摸排，重新安装排水口标识牌8块；加强通园溪的日常工作，固定保洁员1人，东阳江巡查员1人，做好每日的巡查保洁，在汛期和重大任务时，临时聘用劳务人员进行保洁，共清理打捞垃圾12余吨，投入经费约13万余元；为迎接2019年城市黑臭水体整治环境保护专项督查回头看工作，发动街道和各社区全部力量，做好迎检工作。在东阳江进行沿江和通园溪沿岸每50米安排一人值守，对周边卫生进行清理，共出动900多人次；完成河湖长制总结评估市区两级交叉检查工作，自查互查发现问题8处，整改8处。开展2019年度水旱灾害防御汛前大检查，检查155人次，共检查68处，发现隐患6处完成整改6处，完成防汛预案修编1份；完成汛期、台风期间的值班值守及巡查，共出动350人次；配合市水利局完成通园溪综合整治(一期)工程的施工，街道工程范围上自G60高铁，下至清风公园东阳江入江口，整治河道总长2.33千米。主要建设内容包括防洪排涝、截污纳管和河道生态建设。

【“三改一拆”】 2019年，城东街对各社区的违法建筑和企业违法建筑进行拆除工作，拆除违章建筑118处，计50087平方米，拆后利用率达100%；对区“三改一拆”办交办的每月月频(第三方疑似违建现象)以及信访类进行核查，并及时反馈至三改一拆办，按照上级指示对整个辖区进行摸底排查存量违建。

【重点工程】 上浮桥区块(复兴街以西)国有土地上房屋征收工作正式启动，涉及800余套房子，启动资金15.2亿元。指挥部成功引进阳光征收信息化管理系统；9月17日，城东街道全体干部及部分社区干部正式进驻指挥部开展第二轮入户调查。截至9月30日，100%完成区块内所有被征收户的入户调查工作，涉及被征收户为1045户，其中个人住户1034户，企业11家；被征收建筑面积约13万平方米，国有土地占地面积约5.8公顷(国有零价值收储土地和公建以及道路除外)。10月7日，上浮桥区块国有土地上房屋征收工作指挥部召开全体干部大会，指挥部的组织架构经区委常委会通过，于10月18日签发正式文件。10月17日，指挥部在公示栏张贴区块划分图、网格划分清单、被征收房屋调查情况，供被征收户核对确认。11月2日，指挥部在区块内张贴关于选定评估公司的通告，按照相关、条例办法有关规定，在12天时间内（11月2日—13日)，通过协商、投票、摇号3个步骤完成评估公司的选定。9月5日，下沿区块三期安置房(金都美苑)第二轮抽签，上浮桥社区已抽299套房。9月22日，组织下沿区块安置户现场抽签，将32150.28平方米剩余安置面积全部交付。东上小区79套房产遗留问题处置，成立了城东街道东上小区历史遗留问题处置工作专班。专班成立后，迅速开展工作，认真梳理遗留问题，并委托第三方对小区安置房建设进行资金审核，对小区内违建79套房产进行评估和资金测算。

【垃圾分类】 作为垃圾分类区级示范片区，城东街道有静听风雨、清风隽府、竞达观园和中港浅水湾

4个区级垃圾分类精品小区打造点。其中静听风雨是婺城区首个投入使用的“管家式”分类点；东市尚品小区是婺城区首个“两定四分”的投放点，小区依照5+X管理体系，即党员干部、业委会、物业、环卫工人、垃圾分拣志愿者五方联动加上居民志愿者、党员志愿者等完善垃圾分类组织工作。市委书记陈龙、市长尹学群等市领导，以及区委书记蔡艳等区领导到现场调研街道垃圾分类工作。街道现有32个网格，28个封闭小区第一期确定建设并全面完成48个垃圾投放点位建设。全覆盖入户家访，当好“四大员”，积极推进分拣员招聘、培训相关事宜。同时，依托文化站资源优势，以演出等百姓喜闻乐见的互动体验式掀起垃圾分类宣传新高潮，助力打赢垃圾分类攻坚战。街道共发放垃圾筒6240只，垃圾袋18万卷，垃圾分类宣传扇子3240个，围裙3726个，组织主题文艺宣传演出22场。

（黄快快）

城西街道

【概况】 城西街道位于市区婺江以北的西部，东至八一北街与城中街道相连，南至婺江，西至乾西乡，北至解放西路南侧和长山路南侧与城北街道接壤。街道办事处驻中山西路203号，土地总面积1.66平方千米，下辖中山路、二七花园、双龙、河盘桥、西郊5个社区，户籍5339户、12850人。辖区内有私营企业、个体工商户及新经济组织近千家。

【工业经济】 2019年，全街道实现工业总产值2亿元，其中：规模以上工业总产值1.4亿元；工业投资和技术改造投资1200万元；自营进出口完成4921万美元；完成出租营业房征税，完成征收153户、计51万元。

【招商引资】 街道以“市区楼宇党建看时代”为目标，以建立时代楼宇党建联盟为载体，与市区组织、税务、工商、经商、文体等部门一起，通过搭建平台、组织培训、入企走访、政策解读等服务，深入挖掘时代楼宇、汇金国际等高端商务写字楼的经济潜力，全面摸清入驻金融保险、建筑房产、审计咨询、外贸服务、批发零售等企业经营税务情况。预计2019年时代楼宇商圈实现外贸服务产值9.6亿元，实现税收2800万元。因受高铁新城征迁影响，辖区重点规模以上企业双汇食品从2018年9月全面停产，产值直线下降5亿元，达利食品整体拆迁关停。招商引资依托高铁新城项目完成13.38亿元，完成率223%，退二进三任务完成3家，完成率100%。

【重点项目】 推进高铁新城国有房屋征迁。高铁新城国有土地上房屋征收共涉及城西街道六大区块、1100余户、80余家企业单位、55万平方米的房屋征迁，城西作为主战场，量大面广、任务艰巨。在高铁新城指挥部统一指挥下，街道发动社区党员干部、楼道长，保质保量完成辖区国有土地房屋、企事业单位的征询意愿调查、房屋产权登记、征收政策制订等各项工作，征收补偿安置方案已正式对外公布征求社会意见，为下一步全面启动房屋征收打实基础。

【城中村改造】 推进西郊农房征迁拆房工作。合力攻坚，高铁新城西郊村农房征迁工作首战告捷。仅用40天，完成569户的房屋签约工作，签约率99.48%。推进房屋拆除工作。街道成立拆房一线专班，全程跟踪协调拆房工作。4个老村共计完成拆除401处，拆除面积10万平方米，整体拆除率96%。加快拆房现场建筑渣土外运和临时围墙砌筑、小学便道修建等后续配套工作。

【城市管理】 街道根据文明城市创建要求，精准对标加强市容集中整治、交通秩序治理、志愿服务活动、窗口单位巡查整改、市民文明素养、未成年人思想道德建设工作、基础设施建设、公益宣传氛围营造“八大提升行动”，2019年，街道新增公益宣传广告2000余处，整改落实问题督办清单2403处，完成溪下风情街为主的花漾街区打造。同时中山路社区、双龙社区顺利完成文明社区创建，河盘桥、中山路、双龙分获全市文明城市创建红榜表扬一次。垃圾分类工作渐成时尚。街道进行多种形式的垃圾分类宣传，开展垃圾分类文艺会演、垃圾分类知识竞赛等系列宣讲活动21场，发放《生活垃圾分类指导手册》8000余份，全面提高居民垃圾分类意识，达到居民宣传知晓率100%全覆盖。将68个投放分类点整合成18个投放点，所有垃圾投放分类点提档升级，加盖阳光房，接通自来水，做好排污系统。按照“两定四分”工作法，所有投放点已有序运行。每月组织街道干部对负责点位进行两次检查，并列入当月考核，逐步推动垃圾分类工作由“政府主导”向“居民自治”发展。

【社会管理】 民情民访代办开拓创新。采取电视+代办点调解模式，借助“老娘舅”“两代表一委员”等名人效应，提高矛盾化解率。特别是金牌代办员“和姐”宋园春，在二七区块征迁、福华百货等信访积案化解中起到四两拨千斤的作用，二七区块征迁户张某、杨某感化成为街道兼职代办员。发挥传帮带作用，以老带新培养接班人。街道创新社区和重点工程征迁指挥部设点方式，中山路社区以政协委员工作室、双龙社区以人大代表联络站、河盘桥社区以“和姐”工作室、西郊征迁指挥部以老娘舅调解临时工作站为多种载体，形式多样、工作接地气，取得明显成效。涉及当事人600余人次，代办事项392件，办结392件，解决率98.99%，省信访局局长王忠志、省妇联部长何元仙等各级领导莅临调研指导21次，市委书记陈龙给宋大姐团队提笔点赞，获国家、省、市级报刊等媒体宣传报道49次，其中《人民日报》1次、《浙江日报》1次，电视播出调解32次，书写代办心得共180篇，收锦旗20余面。推进社会治理改革创新。加强培训考核、规范办事流程、提升服务意识，深化“最多跑一次”服务，践行“无证明城市”改革。街道综治中心规范化建设走在全区前列。8月，街道全新打造了综治中心和规范化司法所，以此为依托整合社会治理资源，夯实网格服务管理基础，提升综治中心规范化建设、实战化水平，把综治中心打造成维护稳定、化解矛盾、促进和谐、服务民生的枢纽窗口，为更高水平建设平安城西奠定坚实基础。“四个平台”运行稳定有序、成效显现。2019年，收集各类信息9800余件，办结率100%，“8890”服务平台受理和处理投诉70余件。

【民生保障事业】 关心关爱困难特殊人员。落实低保户、困难家庭、复退军人、残疾人、优抚对象等特殊人群保障经费96.68万元。开展“无欠薪”工作，对221名“4050”失业人员发放社保补贴70.25万元，对3519名企退人员进行认证，推进2145名居民的城乡居民医保催缴工作。完善卫计工作，推进生育关怀，认真推行家庭医生签约服务等工作。

【党建工作】 守初心、担使命，基层组织建设全面加强。街道扎实推进“不忘初心、牢记使命”主题教育，按照“守初心、担使命，找差距、抓落实”的总要求，把学习教育、调查研究、检视问题、整改落实贯穿主题教育全过程以强化组织领导为出发点，通过制定工作方案、及时动员部署、成立专门机构，做好主题教育工作部署；以强化集中学习为辐射，通过分类指导，以个人学习、专家授课及交流研讨，围绕8个学习专题，深化教育实效；以强化问题导向为切入点，通过专题调研把脉辖区经济发展、城市管理、环境治理和基层治理等10个问题；把为民办实事作为主题教育的出发点和着力点，办理河盘桥小学进校道路改造、高压线迁改等实事共378件，提升党员群众幸福感、安全感、获得感。针对调研中梳理出126个问题，多次召开党政班子会听取汇报，讨论解决问题办法，列出问题清单，明确责任主体。完成问题整改124个，2个问题需要协调市区相关部门解决。严管理、重预防，党风廉政建设常抓不懈。始终把落实党风廉政建设要求作为落实从严治党的关键环节来抓，牢固树立对干部“严管就是厚爱”的思想，强化不敢腐的震慑、扎牢不能腐的笼子、增强不想腐的自觉。严格落实“两个责任”和“一岗双责”，坚持以上率下，层层压实责任。通过经常性开展各类警示教育和高频次开展纪律检查，广大党员廉洁自律意识持续加强。2019年，街道纪工委立案1件，开展专项监督4起，提醒谈话 46人，批评教育7人，责令检查2人。积极开展“清廉村居”建设，以双龙、河盘桥社区为示范点，通过以点带面、示范带动，形成优良的党风政风民风的良好局面，形成团结干事、干净干事、奋发干事的工作氛围。明方向、重引导，意识形态工作取得实效。加强牢牢把握宣传舆论工作正确导向，团结社会各界人士服务地方经济发展，认真做好新形势下统战方面各项工作。以深入开展学习中共十九大精神和习近平新时代中国特色社会思想为主要内容，以理论中心组、周一夜学、党员主题日等工作载体，在广大党员干部群众中深入持续贯彻学习，全面推进街道各项工作开展。

(丁小璐)

城中街道

【概况】 城中街道地处金华江北中心地段,土地总面积6.21平方千米,下辖3个社区居委会,人口9245户、25102人,流动人口6236人。辖区内有大小商户5000余家,是江北经济、文化中心。街道有工业企业7家,规模以上企业3家。2019年完成工业产值1.56亿元,规模以上工业产值1.53亿元。实现营业收入1.45亿元,出租房征税641户、税款209.63万元。

【基层党建】 按照"一社一品"思路,全面推进3个社区党建综合体的建设,西市街社区 "家"的三部曲品牌,明月楼 "明月进万家、服务不打烊"品牌,杨思岭社区 "先锋工程"品牌。深化"聚力三服务、当好答卷人"活动。走访企业对象420人次,群众11307人次,基层288人次,收集问题263个,已解决256个,问题总解决率97.34%。解决永盛地下一层商户群访事件入选婺城区三服务十佳案例。开展"不忘初心、牢记使命"主题教育活动,抓思想认识到位、抓检视问题到位、抓整改问题到位、抓组织领导到位。西市街社区商圈联合党委打造"五美花漾街区"(围绕凝心聚力 "党旗美"、整洁靓丽 "环境美"、特色队伍"形象美"、质优价廉"产品美"、无忧购物"体验美")使红色风尚托起永不落幕的繁华。

【党风廉政】 坚持民主集中制原则,坚持重大决策、重大项目、重要人事任免和大额度资金使用集体讨论决策,确保民主决策和科学决策。结合"不忘初心、牢记使命"主题教育,立足纪检监察工作实际,采取每月主题教育、周一夜学、理论中心学习组等学习方式,以推动纪检监察工作能力提升。开展"学习先进,求真务实,清廉为民"廉政谈话,谈话不签名、不记档、不写承诺书、保证书,在轻松的氛围中,以交流的方式点拨警醒干部,提高党员干部落实党风廉政建设的自觉性。西市街社区开设特色廉政一条街,通过扫二维码聆听习近平原著和廉政文化建设知识;明月楼社区完成文昌巷清廉文化古巷打造;杨思岭社区制作上墙廉政知识宣传牌及宣传栏。

【民生事业】 开展企退人员活动,企退认证3879人,调解劳资纠纷8起,发放"4050"人员补贴220人计74万元,开展居民医保征缴工作,征缴率99%。发放低保金39万元,政府购买服务70周岁以上的老人25人发放金额3万元,新增特困户3户。优抚金发放147.23万元,八一慰问优抚对象6.6万元,军人信息采集1224人,临时救助2人。走访慰问残疾人76人,发放慰问金3.5万元,发放米、油、被子实物22份。按照区残联办证零次跑要求,新办残疾证30本,享受居家护理补贴169人,困难残疾人补贴30人,机构护理补贴34人,补贴金额共计70.5万元。

【文明创建】 2019年,修补破损道路6000余平方米,补种绿化7100余平方米,安装犬类管理宣传牌960块,发放垃圾分类桶6100余只,派发垃圾分类投放袋24万卷。注重强化日常考核。由退二线的领导、社区工作人员、居民、物业组成督察队伍,对标对表,及时督察,及时整改。实施文昌巷提升工程、"两街"地块建筑消防设施维修工程。完成新华街以西区块及府上街周边城中村范围内的"污水零直排区"建设工程,完成小码头、机关大院等66个生活小区雨污分流改造及整体提档改造工作。严格落实河长巡河制度,做好中央黑臭水体督查迎检工作。拆除违法建筑34宗,累计拆除建筑面积5016.2平方米,完成年度任务数的100.32%。

【平安综治】 做好"一带一路"峰会、省第十四次党代会、市、区第七次党代会、中共十九大、乌镇世界互联网大会和各级"两会"等重点时段街道维稳工作。实行社区主联领导和网格联点干部分包社区综治、维稳工作制度;建立综治工作月考核机制。探索创新社会治安管理,开展"四个平台"建设工作。加强和深化全科网格建设,调整32个网格,以大网格带动小网格,实现在平台交办处置闭环运行。进一步完善"365"便民服务中心"一窗受理、集成服务"工作,确保"四个平台"有效运转,发挥作用。

(章小娇)

城北街道

【概况】 城北街道土地总面积4.4平方千米，下辖红湖路、祝丰亭、郑岗山、凤凰山、站前、军民6个纯社区，五星1个村改居社区，洪源1个经济合作社。常住人口6.6万人，其中户籍人口39539人。街道党工委下属6个社区党委，1个村改居支部，1个经济合作社支部，78个基层党组织，两新党组织16个(其中14个非公企业党支部、2个社会组织)，共有1870名党员。

【经济工作】 2019年，工业经济总产值完成1.14亿，同比增长31%；招商引资借势高铁新城建设，引进内资2300万元，完成年度任务数的223.77%；辖区实现全口径税收2.74亿元，总体经济形势较去年相比发展向好。第三产业固定资产投资完成1209万元，实现净增；外贸进出口累计完成1.74亿元，占全区比重4.82%，排名第六位；限额以上批零住餐业销售额达117.3745亿元，占全区比重43%，排名第一位。

【重点工程】 持续推进五星后地、田里区块城中村改造扫尾工作，完成土地征收10公顷，完成260户共10万平方米房屋的签约、腾空和拆除；五星田里安置房项目工程正式开工建设。配合金华烈士纪念馆建设，回收五星公园内国有土地4.49公顷。全面完成人民西路西延(洪源段)和婺州街北延二期工程政策处理工作，征用土地6公顷、拆除房屋建筑面积2万余平方米。不断加快推进洪源区块安置房建设，23幢安置小区房屋陆续结顶，进入主体结构中间验收阶段。

【老旧小区改造】 通过治危拆违、设施修缮、环境提升，开展老旧小区基础设施、环境配套提升和服务功能改善工作。不断推进老旧小区基础设施配套、环境提升和服务功能完善等工作。结合“污水零直排区”建设，完成农行宿舍等11个老旧小区房屋立面粉刷、基础设施改善、环境优化提升。

【“三改一拆”】 持续深化“三改一拆”行动，深入开展市级“无违建街道”“无违建示范社区”创建工作。2019年，拆除违法建筑181处10万余平方米，完成全年任务数的103.2%。

【“五水共治”】 继续全面落实“河长制”，认真做好中央黑臭水体督察暗访、省巩固城市黑臭水体治理环境成果专项排查迎检各项工作。持续推进洪源溪综合整治，完成73132部队营区生活污水截污纳管工程。开展“污水零直排区”建设，涉及9个标段122个老旧小区改造以及背街小巷雨污改造工程，进入全面验收阶段。

【文明城市创建】 认真做好省、市测评迎检各项工作，全力迎接国家测评检查。组织劝导不文明行为等多形式志愿者活动，参加人数1万余人次；努力营造创建氛围，安装公益广告8149块、增画3D立体墙绘1000平方米；不断加强环境整治，绿化补种8000平方米，清运垃圾500余吨，清理牛皮癣3万余处；持续推进规范停车，施划机动车停车泊位2000余个。

【垃圾分类】 开展“垃圾分类·新时尚·新生活”行动，组织入户发放垃圾分类指南、倡议书4万余份，累计发放分类垃圾桶6756只。推进垃圾分类基础设施配套完善，辖区建制小区垃圾分类收集站覆盖率100%，建成垃圾分类投放点115处，全部投入运行。通过党员干部示范引领践行垃圾分类，引导辖区居民适应垃圾分类新生活新常态，努力探索试行沿街商铺定时上门收集垃圾分类新模式。

【综治维稳】 完善“四个平台”体系建设，推动部门联动协作，提高社会治理效率。加强网格建设，促进网格员高效高质开展便民服务。通过网格办结上报事件30433件，流转交办7522件，有效确保社会治理问题发现在基层、解决在网格。

【社会救助】 做好失业和企退人员工作，慰问各类失业和企退困难人员421人，慰问死亡企退人员家属131次，发放慰问补助40.7万元；办理“4050”失业人员灵活就业社保补贴计621人次、补贴200.15万元。发放民政低保、残联补贴经费共计284.7万元。开展退役军人信息采集，发放涉军人员定补、慰问、优抚等补助经费计215万元。

【基层党建】 强化党工委领导核心作用，引导全体党员干部认真学习贯彻中共十九大及十九届四中全会精神，牢固树立“四个意识”，不断坚定“四个自信”,切实做到“两个维护”。不断推进“两学一做”学习教育常态化制度化,认真贯彻落实市委、区委关于打赢“九场硬战”任务要求。认真开展“不忘初心、牢记使命”主题教育,组织落实学习教育、调查研究、检视问题、整改落实主题教育工作4个环节重点措施,结合街道实际,实现“不忘初心、牢记使命”主题教育71个支部全覆盖,取得较好成效。

【公共文化】 通过资金投入、资源整合,持续推进街道文化站和社区文化服务中心建设。文化站常态化免费开放,累计接待居民活动人数3.5万余人次;面向辖区居民每月开展秧歌、排舞、太极拳等系列公开培训课共计举办40场次;不断丰富辖区居民群众业余文化生活,围绕传统节日组织开展社区文化活动38次,结合“五水共治”、垃圾分类等重点工作,组织文艺宣传演出活动25次。

(秦莉冰)

新狮街道

【概况】 新狮街道地处金华市区北郊,是金华城市迎接四海宾客的“北大门”。东邻赤松镇、东孝街道,南与市区接壤,西至罗店镇和驻金三旅部队,北与双龙风景区毗邻。2002年10月撤乡建街道,有17个社区(其中9个村改居),4个行政村。土地总面积23.76平方千米,有户籍人口33673万人,外来常住人口4万人,浙江师范大学学生4万余人,其中还包括1500余名境外人员,总人口约12万人。

街道党工委、办事处在“双城战略”指引下,全力培育“科创文创之花”,结合街道历史和现状的实际,全力打造“数字新狮、文化新狮、美食新狮”三张金名片。

【工业经济】 正视短板、加压奋进,全力做好“挖潜、增效、转型”文章,受退二进三、工业企业搬离等不利方面影响,经济发展在艰难困苦中保持较为平稳的发展水平,2019年完成工业总产值7.4亿元,同比增加3.3%,规模以上工业企业产值3.92亿元,增加12.6%,工业投入完成952万元。

【财政税收】 2019年,完成财政税收收入2.7624亿元,同比下降7.9%。完成区级财政收入7309.2万元,同比增长3.5%。街道行政事业经费总收入5086万元,其中财政拨款收入1434万元,其他收入3652万元。行政事业经费等支出4998万元,基本实现收支平衡。

【重点项目】 2019年,城北开发建设指挥部正式成立并运营,在指挥部领导下,街道坚持规划先行,通盘考虑辖区整体能级提升,制定十大攻坚项目,挂出作战图、倒排时间节点、明确项目责任人。城北区块新狮单元城市控制性规划修编和城市设计完成公示。45天完成环二小周边商贸体地块7.33公顷土地的征收工作,于2020年3月30日被万固地产竞得;完成康村方井头危旧房拆除52处,建筑面积3万余平方米,康村一期、二期共42套屋基分别于年初和7月分配到户。主动争取到全国(金华)网红垂钓大赛落户五石垅水库,将该项目申请到国家级的赛事,百名来自全国的钓鱼大咖和网红垂钓主播面向全国开展同步直播。比赛期间网上关注量超6000万人次,嘉年华直播期间网上在线销量超过1000万元。

4月3日,城北开发建设指挥部揭牌仪式

(新狮街道供稿)

【产业发展】 围绕打造“科创文创之花”目标,引导部分工业企业退二进三,支持和服务好辖区内CRC文创园、美晨商贸等三产企业和产业园,加大对文创、电商、餐饮等三产行业的支持力度。花木之窗花卉基地市场发展日益成熟,经济效应和社会影响力持续释放,年销售超10亿元,有效带动沙溪、康村等周边村民的出租房及劳动力就业；承办的“最美庭院”评比、小学师生墙画、花满婺城作文大赛等活动，广受社会好评，“花木之窗·浙里最芬芳”品牌进一步打响。集体收入逐步壮大，由康村、下裴、杨家相、沙溪4个村经济合作社共同出资成立了新狮农村集体经济发展有限公司，并初步实现盈利40万元，完成区委区政府下达的消薄工作任务，3个区级集体经济薄弱村完成“摘帽”，下裴消薄项目红花檵木盆景销售基地获区里立项，在实施中。涉及康村、沙溪、杨家相80公顷土地流转已全部完成测绘。

【“五水共治”】 2019年，抓河长制落实、迎接中央督导组黑臭河暗访工作以及抓三条河道保洁，巩固剿劣治水成果。将三条溪的河道保洁工作外包给专业的保洁公司，由街道对保洁公司进行考核。强化河长制度的落实和河长的管理，确保按要求开展工作，及时发现解决问题。坚持水岸同治，抓好通园溪、回溪、洪源溪河道及沿线保洁工作，做好通园溪、回溪生态治理工程政策保障。强化宣传力度，提高“五水共治”知晓率。

【垃圾分类】 街道共建设垃圾分类投放点132个，并在11月中旬全面投入运营，全面实施垃圾分类工作。

【“三改一拆”】 2019年，街道巩固拆违成果为立足点，加大巡查力度，严厉打击新增违建，再次对有关村居房前屋后的零星违建进行拆除。组织人员，集中力量，大力开展连片违建厂房专项整治行动，完成对辖区内违章建筑的排摸工作并拆除玫瑰园万荣公寓、柳湖胡大海小区、九龙玉府、玫瑰园阳光房、骆家塘社区等多处违章建筑。2019年，拆除违法建筑153处，面积10.059万平方米，完成年度任务目标的100.59%。

【城市管理】 街道和行政执法中队全面推进智慧城管工作，加强沿街秩序的管理，占道经营、出店经营的现象明显减少。加了临时摊位的管理力度，采取疏导结合的办法，将临时摊位集中到人员相对集中的区块，解决一直难以根治的“游商”问题，同时又满足了市民的购买需求。违停车辆的管理力度持续加大，规范停车秩序。交警和行政执法密切配合，不间断巡查，对违停车辆开展批评教育、行政处罚等方式，辖区停车秩序的管理力度，停车秩序得到进一步规范。

【文明创建】 2019年，街道围绕“巩固·提升”总体目标，聚焦创建短板，以更高标准、更严要求全力推进物业(准物业)全覆盖和文明创建示范项目建设。完成迎接省测评组的测评任务，未被查到一例严重问题。

推进(准)物业全覆盖，有效提升物业管理水平。以柳湖花园社区为试点，以政府为主导明确职责、以调研为基础因地制宜、以强化监管为保障促进物业规范长效，分类分片推进物业(准物业)管理全覆盖工作，确保全面提升社区住宅小区物业管理水平。街道13个社区经过前期调研已全部制定各自的《准物业全覆盖实施方案》，各社区成立物业(准)物业管理委员会，负责牵头辖区内招聘物业公司或组建临时物业管理队伍等相关工作。街道物业(准物业)全覆盖工作已经全面展开。

全力推进示范社区创建，全面提升社区居住品质。街道将柳湖花园社区作为文明创建示范社区重点打造，通过创建志愿服务品牌、公益广告提质减量、长效抓管社区环境等举措，提高居民对创建工作的“知晓率、参与率和满意率”。柳湖社区的“四点半课堂”，2019年累计服务社区孩子8000余人次，得到国家、省、市级各类媒体的广泛关注，联合广福医院举办“健康共建年”大型健康医疗家服务，开展健康讲座、健康义诊等健康服务30多次。5月底在街道召开的文明城市创建工作现场会得到与会人员高度认可，认为又创造一个可复制、可学习的新狮样板。社区自愿服务、群众参与等活动有声有色开展。

全力补短板抓长效，全面提升创建水平。认清辖区内流动人口管控难、小广告多、飞线乱挂、停车困难等老大难问题，强力推进智能充电桩安装、飞线整治，组织社区人员志愿者突击队开展以定期清扫辖区办公区域垃圾，卫生死角等为主题的义务劳动300余次，电瓶车乱充电问题、空中“蜘蛛网”得到有效遏制。

【综合治理】 以“四个平台”运营为抓手，不断完善

“网格化管理,组团式服务”,不断提升专兼职网格员业务水平和责任心。落实每月网格员作交流汇报分析会和培训制度，培养网格员的专业技能和素质。打造的“基层党建+社会治理”试点运营愈加顺畅,以“老娘舅”工作站为基础的民情民访代办站、境外人员六方协管、速调联调中心、劳动纠纷调解中心等一批基层多元矛盾纠纷化解实战阵地运营,为推进基层治理现代化做出有益尝试,取得较好实效。中央党校教授,省人社厅、市区各级领导、国内其他兄弟单位到街道调研考察,并给予高度评价。

【民生保障】 2019 年，完成辖区内参保人数 7980 人,实现城乡居民医保参保率达到 99%,超额完成参保缴费目标任务。医保改革力争突破,完善大病医疗保险,新狮街道参保人数 5291 人,实现大病医保参保率 76%,全区排名第一。全街道在册低保对象 53 户、66 人,享受低保边缘救助 8 户,家庭人数 22 人。发放低保救助金 488058 元，有效保障城乡低保群众的基本生活。加强动态管理,加快完善居民家庭经济状况核对工作,以“最多跑一次”改革工作为抓手,缩短工作时限,推进精准救助,2019 年,低保新增对象 16 人,低保注销 32 人,低保边缘新增 4 人,低保边缘注销 40 人,确保“应保尽保、应退尽退”。

(王文辉)

江南街道

【概况】 江南街道地处金华市城区婺江之南,东邻武义江,南连三江街道,西接西关街道,北靠婺江,辖区东西最大距离 1.84 千米,南北最大距离 1.3 千米,土地总面积 3.03 平方千米。下辖下官桥、高畈、南苑、兴学、金龙湾、中村、金钱寺 7 个社区(含 6 个城中村)。户数 11154 户,常住人口 42479 人,户籍人口 30001 人,流动人口 19275 人。

【工业经济】 2019 年,规模以上工业总产值 186.07 亿元,同比增长 4.2%,固定资产投资 13.05 万元,其中工业投资额 13 亿元,服务业投资 520 万元。完成第四次全国经济普查工作。普查上报企业单位 989 家、个体工商户 1863 家。

4 月 6 日，江南街道各社区开展辖区企业大走访活动 (江南街道供稿)

【文明创建】 坚持“要求不降、压力不减、工作不松、状态不放”的原则,开展交叉自查 12 次,交办整改问题 2973 个;抓好文明社区创建,指导 7 个社区成功评为文明社区;抓好准物业全覆盖,完成辖区内 45 个准物业管理站点的建设,全面落实“五有”“四保”工作要求,完善准物业管理台账,实现准物业全覆盖,物业费收取率达 90%;推进垃圾分类落实,完成 104 个点位建设、撤桶并点和督导员、分拣员的配备工作;打造特色街巷,完成辖区 10 个特色街巷打造。

【无证明城市】 召开工作推进会、业务培训会 8 次,组织“无证明城市”应知应会知识考试 1 次。更新办事流程图和服务指南 11 项，建立“无证明城市”改革组织架构,共办理各类事项 253 件。开展“无证明城市”改革宣传,组织“无证明城市”改革专项检查 7 次。

【“五水共治”】 落实河长工作责任制,做好河堤卫生保洁管理和污染治理,安排人员巡查河道,发动义务监督员督查河段,制止、举报乱倒乱丢等不文明行为。排查监督“六小”服务行业的管网情况、排污去向、治理设施及证照办理。

【“三改一拆”】 突出巡查站点队伍专业化、机动化建设,完善监管全覆盖无死角,形成违章即查处、查处即处置、处置即归档上报的工作模式,仔细排查违建存量，明确拆除重点。共拆除各类违法建筑 5092.7 平方米。

【卫计工作】　举办文艺会演3场，讲座4场，其他活动2场，发放宣传资料1130余份。组织辖区1167名育龄妇女开展健康普查筛查，慰问失独家庭56户，发放慰问金3.6万元。

【社会保障】　组织对困难户、残疾人进行新春慰问，完成45户社会救助对象年审、438名残疾人动态更新入户调查及残疾人社保医保排查工作。下发2019水库移民补助资金6000元。办理低保审批7户、10人，完成两项补贴审批93人。共发放低保金41.37万元，重度残疾人护理补贴64.34万元，下拨居家养老服务中心(站)运行经费8.2万元、政府购买服务经费10万元。

【文化建设】　投入资金50余万元，联合市图书馆建成市内首个街道级悦读吧。投入资金80余万元，完成广苑广场提档改造工程。成立特色文化队伍5支，开展节日文体活动11次、文化培训46次、送戏进社区6场，完成4个社区体育健身路径配置。做好国保文物日常巡查工作。

【人武工作】　完成2019年征兵工作，组织民兵开展集训3次。采集退役军人信息，上门悬挂光荣牌。

（郑　旸）

三江街道

【概况】　三江街道是金华市政治、商贸和科教文化中心，辖区东临武义江，与金东区多湖街道隔江相望，南临330国道与湖海塘城市运动休闲区接壤，西至双龙南街与西关街道相邻，北倚宾虹路与江南街道相连，土地总面积7.65平方千米，下辖寺前皇、天龙南国、项宅、姜家、三路口、东莱、新园、洪坞、王下滩、万达、江滨、阳光、雅苑、何宅、婺江新村15个社区，户籍人口71208人，常住人口92649人，流动人口51883人。

【工业经济】　2019年，实现规模以上工业总产值4.7亿元，同比下降5.8%；全社会固定资产投资9.7亿元，同比增长15.2%；服务业营业收入14.9亿元，同比增长12%；限上住宿餐饮业营业额1.66亿元，同比下降14.8%；限上批发零售业商品销售额46.2亿元，同比下降9.4%。

【文明创建】　2019年完成670个楼道、计313438平方米的楼道粉刷，124个车位扩容改造，7个社区道路修补，6个社区城中村一楼外立面粉刷。联合多部门开展“十大顽疾”整治，组织联合执法278次，楼道堆积物、占道经营等现象得到有效纠治。打造形成秀雅街——中国传统节日、雅苑街——年代秀和丹南街——唐诗宋词3条主题文化街，寺前皇城中村、联建小区2个示范性城中村和小区。成功召开全市“文明社区创建现场推进会”和中央文明办“深化文明城市创建工作座谈会”，在全市9次文明创建综合考评排名中街道4次排名前三，15个社区全部被评为文明社区，12个社区分别获得29次红榜。

3月22日，市区首场文明社区创建现场推进会在三江街道婺江新村社区召开　　（三江街道供稿）

【垃圾分类】　率先引进19台国内最先进的智能垃圾分类终端，建立全市第一批“两定四分”法垃圾分类示范小区，全面推开296个普通垃圾点位建设，强势推进垃圾分类严管重罚行动，真正使街道垃圾分类工作成为新时尚。试点工作先后接受市长尹学群、副市长祝伦根、婺城区委书记蔡艳等各级领导的调研考察并得到赞许。

【征迁工作】　围绕解决征迁历史遗留问题，制定出台《雅苑征迁综合考核办法》《重点征迁项目年末冲刺攻坚实施方案》，把征迁工作同社区年终考核和工作人员绩效考核挂钩，加大征迁工作在考核中的加分权重，促进征迁工作向前推进。顺利完成陈宅安置房项目、烟草公司寺前皇地块收回、黄村—冠山T 接项宅变110 千伏线路工程政策处理、330 国道江干渠改造政策处理（小阳饭店)、330 国道沿江绿化带政策处理5 个项目。

【环境治理】 先后组织150 余人次对江干渠进行净化整治,打捞水草、蓝藻及漂浮物30 多车10 余吨。集中开展六小服务行业的污水直排、混排、错接情况整治,共清理沿街水龙头116 个、水池34 个,餐饮店增设隔油池8 个,联合市场监管、行政执法对60 余家餐饮行业油烟净化装置进行专项整治。深入推进雨污管网、立面管网的排查整改，完成6 个社区13 个小区的截污纳管改造工程。先后拆除违法建筑73 户、84 处,累计拆除建筑面积10460 平方米,完成全年任务的104.60%。

【社会保障】 完成服务大厅升级改造,推行“一窗式综合受理”服务模式,纵深推进“无证明城市”试点工作,优化清理街道、社区层面证明事项19 项。建设完成1200 余平方米的社区多功能体育场地,开展各类文体活动150 余场，对544 名企退人员发放慰问金25.51 万元,对41 名低保户发放最低生活补助24.66 万元，为5 名残疾儿童提供免费康复训练，为7 名贫困残疾学生和35 名残疾人家庭学生发放助学金5 万元。努力做好计划生育特殊家庭“三个百分之百”服务工作,为各计生特殊家庭申请享受公益金扶助政策、特别扶助政策,慰问计生特殊家庭22 户。开展“无欠薪”百日攻坚活动,清偿拖欠账款285.17 万元，对22 位失业困难人员进行上门慰问,发放慰问金2.2 万元,办理小微企业创业补贴申请3 件,补贴金额3 万元。

【平安建设】 联合三江市场监管所、三江行政执法大队、消防等相关职能部门对辖区的幼儿园、大型餐饮及农贸市场等进行食品安全、消防安全大检查,完成商城周边“三合一”场所安全综合整治。以“四个平台”综合信息指挥室为依托,以基层网格治理体系为基石,加强对矛盾纠纷苗头隐患的排查。

【基层党建】 以“不忘初心、牢记使命”主题教育为总载体,持续深入学习贯彻习近平新时代中国特色社会主义思想,举办5 期班子成员集中学习研讨暨读书班活动和6 次专题学习会,邀请浙江师范大学马克思主义学院院长周志山和金华市委党校副教授舒晓明专题辅导,组织参观陈双田纪念馆、主题“年代秀”、观看《我和我的祖国》、参观金华之光城市展览馆等21 项主题实践活动。深入开展“明初心、强服务、促和美”大走访,带头走访群众1.5 万余户,收集问题976 条,现场解决842 条,后续解决反馈134 条。组织20 余名党组织书记和党务工作者赴“全国基层党建现场会示范点——台州星星集团”进行现场观摩学习,提升党务干部队伍综合素质。找准找实“党建”与文明创建、基层治理等工作的结合点,高效完成寺前皇社区、阳光社区党建综合体和兰溪街宾虹商圈党群服务驿站建设,因地制宜打造“阳光·家”服务、联建小区“睦邻空间”等城市党建新品牌。特别是以寺前皇社区为试点探索推行的“一圆一网一代办”党建模式,依靠“四层治理体系”“三级问题处理机制”，有效解决基层治理的痛点难点,获得市委书记陈龙的肯定。

(邵　敏)

西关街道

【概况】 西关街道隶属于金华经济技术开发区,是金华城市迎接八方来客的“西大门”,东以双龙南街为分界线,与江南街道、三江街道相连,南以新300 国道与湖海塘接壤,西至环城西路,与秋滨街道为邻,北邻婺江,与城西街道隔江相望。土地总面积4.57 平方千米,下辖西关、五里亭、婺星、寺后皇、董宅、山嘴头、金艺7 个社区和4 个经济合作社,居民户数为9839 户,户籍人口24682 人,外来流动人口43038 人,人口自然增长率7.894‰。西关街道辖区有众多企事业单位,金华市行政服务中心、金华日报社、金华市图书馆、金华职业技术学院、金华市高级技工学校、金华市中医院等集中于此。互联网经济发达,金华网络经济中心、财富大厦、豪森智慧谷、北大科技园、1921 文化创意产业园、5173 等知名互联网平台和企业落户于此。互联网乐乐小镇发挥特色小镇优势,踏上“互联网+”春风,成为经济新增长极。

【工业经济】 2019 年,工业总产值3.1 亿元,同比增长 3.8%。批零住餐销售额 65.53 亿元，同比增长 12.6%;完成率 124.4%。服务业营业收入 44.7 亿元，同比增长 6.3%；其中限上营利性服务业营业收入 42.02 亿元,同比增长 6.5%;完成率 168.4%;固定资产投资额 7.87 亿元。财政收入 8.6 亿元,同比增长 13.8%;完成开发区“颗粒归仓”任务,经统工作的经验和做法多次被浙江新闻等多家新闻媒体报道,同时调研报告《企业用工呈现新特点及应对策略》获 2019 年开发区调研成果鼓励奖。

【征迁工作】 山嘴头区块农房征收项目 48 天完成签约百分百,332 户房屋完成腾空,腾空率 98.2%;已拆除房屋 252 幢,共计 114047.49 平方米。同时,山嘴头区块国有土地上房屋征收工作正在加速推进,已完成 322 户住户、3 户企业的入户调查;西关区块城中村改造征迁已完成农房调查和评估工作。

9 月 20 日,西关街道山嘴头区块城中村改造农房签约第一阶段完成　　(西关街道供稿)

【文明创建】 2019 年，处理交办问题清单 28677 件,创建 8890 交办 778 件,综管通流转 31567 件,整改完成率 98.66%;以老旧小区、城中村基础修复建设“六大”创建达标工程为基础,项目化推进街道重点区域的提升改造。菜场超市化运营、路面硬化,全区域的空中网线规整等惠民提升工程相继完成;扩容建设 2 个示范小区、6 条精品街巷、12 条示范楼道、1 个道德公园、1 个信义公园、40 个街边精品小品;拆除各类违章建筑 28589.65,平方米,完成全年任务的 114.36%；完成对天元食品厂等 4 家旧厂房拆除;对省“无违建”考核验收通报问题进行整改;对社会关注热点董宅社区王村小区 58 幢超高违建组织人员进行助拆;完成辖区内 163 个“定点定时定岗”垃圾分类投放点的投入使用,推动小区垃圾分类智能化和定时定点投放示范点建设,探索市场化发展、项目化运作、社会化参与的垃圾分类全覆盖建设模式。

【基层党建】 在寺后皇社区从廉政春联创作,到廉政书画展、欧景名城家风家训廉政廊道、八婺讲习所廉政故事分享会,做到廉政教育全覆盖;建立以社区党委为核心,“社区党委+社区居委会+小区物业+小区业委会”为支撑的四方联动治理机制,单独建立物业公司党组织 4 家,联合建立党组织物业公司 10 家,选派党建工作指导员 7 人,形成“红色物业”工作合力;宝莲楼宇党委组织辖区内单位开展重走党的一大二大路、八婺讲习所等 79 次线下活动,同时充分发挥浙江日报社等媒体渠道,牵头组建起“宝莲红立方”微信工作群,定期发布特色栏目,组织党员集中学习;打破原有常规,拿出 10 个社区领导岗位,通过量化考评、上台演讲、班子讨论、任前公示等环节,以竞争性上岗形式,最终从 18 名符合条件的社区干部中择优聘用 10 名社区副主任岗位以上人员。

【文体活动】 2019 年,举办活动 48 场次,晚会类 13 场次,讲座类 7 场次,培训类 8 场次,创文系列活动 20 场次,包含温情腊八粥、新春贺联、咖啡体验课、手工制作花环课、三八妇女节插花课、DIY 烘焙课、全民阅读分享会、端午节包粽子、中秋做月饼、送戏下乡等,丰富人民群众的文化生活,形成文化凝聚力,提高群众幸福感。

【社会保障】 积极做好劳动保障工作,接收登记企业退休人员 257 人。对 4637 名社区在册登记的企退人员进行养老金发放资格认证工作,完成认证 4618 人,认证率 99.6%,确保企退人员养老金发放工作保质保量完成。城乡居民医保共参保 4475 人,完成率 99.04%,大病保险参保 3249 人,完成率 72.88%,完成开发区任务目标数。4050 社保补贴人员总计 387 人,发放补贴 128.67 万元。

(黄咏澈)

秋滨街道

【概况】 秋滨街道土地总面积29.62平方千米,下辖20个社区、2个行政村,户籍人口17988人,流动人口11.77万人。秋滨街道是金华市4个重点工业乡镇(街道)之一,共有耕地面积163.67公顷,工业用地面积849.58公顷,规模以上工业占地面积551.83公顷,工业企业数900多家,其中产值亿元企业53家,规模以上工业企业163家。

【工业经济】 2019年,实现规模以上工业总产值217.5亿元,同比增长2.5%;规模以上工业新产品产值112.9亿元,同比增长24.1%;全社会固定资产投资27.3亿元,同比增长39.9%;限上批发零售额76.1亿元,同比增长10.1%;限上社会消费品零售额32.2亿元,同比增长57.3%;限上服务业营业收入14.8亿元,同比增长15.5%。

【开发建设】 2019年,征收任务共28项,完成16项,基本完成3项。完成土地征收签约20.13公顷,政策处理25.26公顷,清表18.85公顷;完成土地流转签约225.97公顷,政策处理11.29公顷;房屋征收23户,拆除面积1万平方米;收回企业2家。

【文明创建】 全力以赴创建全国文明城市。逐步推进创建工作。先后有陆村等16个社区创成文明(示范)社区,完成率100%。多措并举,推进垃圾分类。确立运行投放点位126个。深入开展治水拆违。累计拆除违法建筑14.7万平方米,完成年度任务184%,在开发区排名第一。完成"污水零直排"试点企业整改,并建成示范一条街。

【创新工作】 持续推进党建规范化、管理网格化、工作信息化的"三化"融合。积极推行"红色物业",建立"红色网格"与管理网络相结合的网格机制,实现网格全覆盖。打造高效多元的矛盾化解工作平台,全覆盖安装治安视频监控,完成21个村(社区)安装,建成后实现街道、派出所、社区互联互通。以党建引领,网格为基础,信息化为支撑,积极打造文明创建、垃圾分类、社会治安等信息化管理的智慧化社区。推进"转型升级示范区"建设,筑牢实体经济发展基础。成立转型升级指挥部,通过实地调查,形成多份调研报告,并制定工作方案,在整片区域低效企业整治上探索新道路。

(范苏丞)

3月,秋滨街道办事处召开扫黑除恶工作部署会

(秋滨街道供稿)

雅畈镇

【概况】 2019年,雅畈镇土地总面积74.33平方千米,耕地面积1524公顷,行政村规模调整后,行政村数量由37个减少至22个,调减率40.5%。户籍数8648户,户籍人口23362人,均为农村居民人口。人口自然增长率3‰,外来流动人口1813人,全年实现财政总收入12158.86万元。

【工业经济】 2019年完成工业总产值9.23亿元,完成规模以上企业总产值4.29亿元。新增规模以上企业1家,工业新增投入24725万元,限额以上工业投资24725万元。金华市第二生活垃圾焚烧发电项目及飞灰填埋项目完成固定资产投资2.26亿元,项目业主金华雅境再生能源有限公司新增引资4.02亿元,此项目两年完成招商引资5.4亿元。

【农林水项目】 2019年,新建白杜塘等3座机埠、芳田渠道改造、南干村河道治理、武义江芳田段治理等工程施工中。汉加片高标准农田建设完成总工程量95%,宜山康安山造地改田项目已通过初步验收,宜山、彭上、竹园、西大路高标准农田建设施工。完成一事一议申报工作,确定的芳田村寿六自然村老年活动中心、大安村天堂林间公路两个项目正在施工。落实沟渠河塘水库保洁工作，污水零直排区建设工作稳步推进。加全塘农村饮用水改造提升工程施工中，汉灶村饮用水改造提升及梅江村接入城市管网供水已完成。

【小城镇建设】 2019年，集贸市场提升改造，雅新中街道路改造及配套强弱电管道建设，下街、雅东街及雅新中街街景立面整治，雅畈—芳田健身绿道建设、路灯工程建设、集镇至汉灶污水干管改造、垃圾中转站及公共厕所等项目于6月底前完工，桥岭线道路改造、三横一纵等支路工程完成90%以上。环境整治方面，组织开展环境卫生集中攻坚行动，以“六乱”整治为突破口，镇村干部及党员志愿者按网格划分参与义务环境卫生整治，清理摊乱摆、占道经营220多处；处置车乱开、车乱停、僵尸车500余辆；修平补绿坑洼路面、裸露地块1600平方米。制作发放居民倡议书3000份、商户倡议书200份，鼓励群众参与小城镇环境综合整治工作。雅畈镇通过省考核组验收，获评省级样板镇。

【重点项目】 金华市第二垃圾焚烧发电项目和金华市飞灰（含其他危废）填埋项目建设工作加快实施。保障无障碍施工。按照市长尹学群提出的“零炒作、零上访、零阻工”要求，有效破解“邻避”难题，顺利推进项目平稳建设。未发生村民集聚、阻工和上访事件，网络舆情平稳。加快推进配套设施建设。完成550千伏高压电线迁移及10个塔基政策处理工作，运输专用通道红线范围内土地分界、苗木评估及搬迁等政策处理工作进行中。做好武义江取水线路和自来水、排水线路土地分界、苗木评估、苗木搬迁等政策处理工作及华金变110千伏线路改迁线路路径等工作，推进该项目建设工作顺利进行。实施民生工程。因工程建设造成下游灌溉水困难，及时安排池塘清淤、水系激活等工作，完成两口池塘清淤扩容工作。金武公路建设稳步推进。全面完成红线范围内苗木搬迁、土地征收、房屋拆迁等工作。农户安置工作有序进行，完成村庄规划编制，下山头、上马山、上六村庄已上报审批。隧道开挖及路基工程基本完成，小三改、高压线迁改等项目建设工作持续推进中。小洲区块商住用地已于7月完成土地公开出让，进场施工。

【新农村建设】 新增石楠塘精品村1个，竹园、彭上、三村里、西大路秀美村4个。雅叶、上六、芳田、汉灶、上岭殿、下山头完成建设；石楠塘、竹园、彭上、三村里、西大路、寿溪、儿坑、南干均按规划设计施工；小下店、上马山、罗芳桥进入扫尾阶段，汪家美丽宜居示范村项目建设完成并通过省级验收。完善垃圾分类长效管理机制，扎实做好垃圾分类“培训+宣传”工作，组织全镇干部、村书记主任及垃圾终端负责人、分拣员、清运员340余人次分批开展专题培训5次。党员干部走村入户、走园入企走访群众约15000人，发放垃圾分类宣传单、海报，张贴横幅标语等9000余份，营造党干群共建垃圾分类优秀村的良好氛围，让垃圾分类成为雅畈百姓的新时尚、新生活。

7月7日，垃圾分类·新时尚·新生活——婺城区万人“大连心大家访”活动雅畈分会场启动仪式

（雅畈镇人民政府供稿）

【“三改一拆”】 2019年，拆除存量违建54243平方米。小城镇环境综合整治中攻坚整治共拆除各类违法建筑479处34079平方米，其中雅东街、老街拆除房前屋后违法建筑75处，计29854平方米；雅新街、雅东街、后街、老街拆除各类违法雨棚共计373处，2830平方米；雅新街、雅东街、后街、老街拆除阳光房31处，共计1395平方米，其余存量违建拆除20164平方米。

【文明创建】 举全镇之力、汇全镇之势，全力以赴打好创建全国文明城市攻坚战。召集镇干部、驻镇单位负责人、村主职干部召开全国文明创建专题会议18次，对创建工作进行部署强调。建立文明城市创建工作网格，由班子成员担任网格长，镇村干部及党员志愿者担任网格员，共同助力集镇环境卫生整治，清理陈年垃圾1000多吨，清理小广告3000多处。发动1800余人次参加交通文明劝导员工作，并邀请交警进行上岗培训。开展多方位、多频次的宣传工作，制作公益广告牌1036块，出动宣传车68次，并以烟头兑换鸡蛋5000余只，发动全镇党干群共同参与创建工作。开展定期不定期督察工作，下发督办单120余份，要求限时整改。完成整改2000余处，对整改不力的村主职干部报送镇纪委进行处理。

【民生事业】 加强困难群众救助帮扶，完成“三难”补助金发放1.8万，残疾人慰问金6万、实物慰问32份，发放临时救助金3.69万元，义务兵家庭优待金74.2万元。新增低保13户、18人，低保边缘户1户、3人，特困户3户、3人，困难户审计核查报告47户、89人次，水库移民人口核减8人。完成汉灶、竹园村的居家养老照料中心提升工程及二村、汪家、芳田、白杜塘村避灾安置点规范化建设，为转移安置受灾群众提供阵地保障。加强生态葬法宣传，完成芳田村骨灰堂、宜山村和罗芳桥村生态墓地的勘察和申报工作。持续推进“最多跑一次”工作，在镇行政服务中心设立3个综合窗口，开通一窗受理平台，设立乡镇事项72项，村级事项31项，将无差别全科受理落到实处。“无证明城市”建设稳步进行，镇级设立AB岗联络员，村级设立22名村级代办员，落实网上核验、钉钉核验、联络员联系的衔接工作制度。

【文化事业】 紧跟区委区政府“金茶花”计划，发掘雅畈自然资源禀赋，打响“杜鹃花节”品牌，举办第四届雅畈镇杜鹃花节和第二届农民丰收节，吸引万余名群众到场参加。完成一村、竹园、南干、罗芳桥、宝华5个村的文化礼堂建设验收及已建文化礼堂村年终评星考核工作。举办书画展1场、送戏下乡6场、文化礼堂春晚8场、国旗飘扬进文化礼堂6场、送春联下乡8场、斗牛表演2场、庆祝建党98周年系列活动13场及迎国庆主题活动1场。二村、石楠塘传统村落规划评审及罗芳桥胡氏宗祠修缮方案评审完成。

9月21日，雅畈2000多位党员干部群众在二村仙洞坑102亩集体田共度雅畈镇农民丰收节

(雅畈镇人民政府供稿)

【社会治理】 完成镇综治中心建设，建立完善“一三六”应急处置规范化建设，形成区镇、镇村快速联动。围绕强化领导、宣传发动、线索摸排、基层组织建设重点发力，形成扫黑除恶合力。开展全镇重大节日安全检查10次，参与禁燃禁放、防汛抗洪巡逻等400余人5000余人次，未发生涉毒案件、安全生产事故、群体性事件及火灾事故。制定下发网格工作清单，上报信息10134条，通过平安爆料434条，对全镇居民逐户开展扫黑除恶专项斗争及“平安三率”宣传4次。

(陈　健)

安地镇

【概况】 安地镇位于婺城区南部，土地总面积136.47平方千米，下辖22个行政村，有人口17015人，安地镇地貌以山地丘陵为主，平均海拔150米，境内山林面积有12400公顷，耕地面积573公顷，经济作物以花卉苗木、毛竹、食用笋、水果为主，全镇花卉苗木种植面积达500公顷，有品种200多个，其中桂花面积占80%以上，有“中国桂花之乡”的美誉。2002年在境内设立全省第十二个省级旅游度假区——仙源湖旅游度假区，是省内唯一一个城郊湖山型旅游度假休闲区。经过十余年开发，建有金华动物园、十里桂花长廊游步道等多个游乐设施；开发建设“仙源欧境”“双溪源”“香溪玫瑰园”等高档住宅区。

【经济发展】 2019年，全镇完成税收3664万元，其中区级税收 1118.2 万元。度假区全年累计接待游客 162.96 万人次，同比增长 39.45%，实现旅游经营性收入 9992.5 万元，同比增长 18.28%。

【“三改一拆”】 以房前屋后整治为重点开展拆违工作，健全控违、拆违动态长效监管体系，对新增违法建筑零容忍。2019 年，全镇拆除各类违章建筑 12041 平方米。

【“五水共治”】 完成雅干村石景塘、文明村章坑水库的除险加固；完成山道、东周、南畈、郑二等自然村的农村饮用水改造提升工程；启动雅干溪南郭村段河道治理工程；开展集镇污水零直排创建、排查工作。

【环境整治】 将集镇划分为 10 个网格，分网格同步开展整治工作，发动全镇 800 余名党员干部带头参与小城镇整治工作，完善镇区配套设施建设，顺利通过小城镇整治省级验收，并获得省级样板镇称号。结合“全域美”整治工作，完成资源化站点建设，发动党员干部、村民代表开展大整治。狠抓垃圾分类·新时尚·新生活工作，将整治成果与镇村干部每月考核挂钩，镇组织、纪委对被评为“十差村”的主职干部进行约谈、通报，全面压实工作责任。

【重点工程推进】 全面完成综合供能服务站、交警队、派出所、吁山垅 15 公顷等地块政策处理及清表工作；持续跟进桂花街、香溪西路、香溪玫瑰园Ⅱ期Ⅱ标的政策处理及工程建设；顺利完成 500 千伏双金 5873 线、双华 5874 线增容改造工程安地段政策处理工作。完成金安公路安地段“白改黑”工程；完成湖大线大中修及弯道硬化；完成杨垅桥拓宽工程；完成雅干到喻斯段道路拓宽前期勘探与设计。

【旅游风情小镇创建】 打造梅溪生态廊道两岸精品村建设，有序推进上干口新村、南郭村等沿线村庄精品村工程。安地村获评省 AAA 级景区村庄，雅干、南郭获评 A 级景区村庄，辖区内 3 个国家 AAA 级景区成功通过复查，成功创建省级非遗小镇。

【民生事业】 落实“单独两孩”政策，优化计生管理服务。健全社保服务体系，完成区级下达的新型农村合作医疗参保、城乡居民社会养老保险任务。组织成立镇村两级退役军人服务站。

【文体活动】 成功举办 2019 首届婺城马拉松、“花满婺城幸福生活” 休闲文化旅游年 2019·第十一届中国仙源湖桂花节、第四届“中国山水四项”——南山越野赛、“花满婺城畅享碧水”冬泳活动、《视觉婺城》走进“醉美仙源”等节庆活动。

【基层党建】 深入“不忘初心、牢记使命”主题教育工作，定期检查“两书一章”学习情况，抓好党员的教育管理，组织 49 名红领新青年参加集中培训，七一前夕组织全镇 900 余名党员召开 “不忘初心、牢记使命”系列主题党课。强化思想建党。创新推出“初心六部曲”：开展“初心早读”，组织党员读原著、熟学经典；组织“初心讨论”，交流分享学习心得体会，相互启发提高；做好“初心服务”，全体党员走村入户，深入了解群众开展“实事我来办”，领办实事 700 余件，办结率 100%；树立“初心榜样”，发掘安地镇担当作为好干部，鼓励全镇干部以身边的优秀人物为榜样；学习“初心事迹”，多次组织党员学习张永银、谢高华、吴承良、陈立群以及安地革命先辈蒋宝贤等先进人物的“初心事迹”；建设“初心阵地”，还原蒋宝贤烈士故居旧貌，一期项目 300 余平方米全部完成政策处理，并完成项目招标。狠抓落实“三服务”工作。深入了解企业、群众和基层反映的难点、痛点、堵点。安地镇创新推出的“1+1+N”联动服务机制帮助香溪玫瑰园二期、枫丹丽舍房产项目脱困并顺利复工。2019 年，累计完成服务 9988 次，其中走访企业 180 次，走访基层 1958 次，走访群众 7850 次，共帮助解决了 87 个疑难问题。认真落实“基层党建+应急管理”工作。以南郭村为试点，强化党建引领作用，不断夯实应急管理工作基础，提高镇村两级应急处置能力，初步形成“党委统领全局、党群广泛参与、处置便捷高效”的基层党建+应急管理工作机制，各类突发事件得到妥善处置。

（郑戈弋）

白龙桥镇

【概况】 白龙桥镇土地总面积 92.91 平方千米，耕地面积 2146.7 公顷，下辖 27 个行政村，12 个社区居委会，共设立 521 个村(居)民小组，114 个自然村，总户数24945户,户籍人口65732人,外来流动人口45708人。

【工业经济】 2019年,小升规企业15家,515家工业企业完成工业总产值180亿元,其中82家规模以上企业实现总产值92.81亿元,占工业总产值的51.6%;新产品产值39.80亿元,出口交货值23.15亿元,新增固定资产投入4.41亿元,引进内资1.62亿元;今飞凯达年产1000万件摩托车铝合金轮毂智能制造项目已完成投资2500万元,万里扬年产300万台套液力变矩器项目已完成投资8100万元,“万里扬汽车零部件智能制造项目”作为实施类重大龙头项目入选省第二批重大产业项目名单;以“四破”攻坚扫除16家僵尸企业,完成清除亩均税收万元以下企业25家,整治“低散乱”企业24家,盘活土地48公顷,新引进企业14家,产业落地率100%。

【农业经济】 完成粮食订单240公顷,创建水稻优质高产百亩示范方5个、水稻高产竞赛攻关田4块;清理出农民专业合作社“空壳社”共计80家;引进浙江景迪生态农业开发项目,培育区级以上新型农业龙头企业7家;完成联丰村“十里荷花”项目流转土地12公顷,郑岗山村“红美人”观光采摘园项目流转土地6.67公顷;完成益农信息社站点智能终端设备安装5处,52个农民信箱万村联网工程规范率达到100%。利用联丰68间店面及“金茶花”等投资项目,完成27个行政村各村总收入20万元、经营性收入10万元的消薄目标,消薄成功率实现两个100%。

【财政税收】 2019年全镇税收总收入81458万元,较上年同期92791万元,下降12.21%。区级税收收入22914.9万元,比上年同期24495.2万元,下降6.5%。其中增值税11858.1万元,企业所得税2964.8万元,个人所得税996.2万元,其他各税合计7095.8万元。

【重点工程】 2019年,白龙桥镇完成22项政策处理工作,其中5项历史遗留问题,征用土地66.67公顷。完成0.79公顷乌拉乌项目、6.2公顷今飞邵家地块、330国道拓宽益塘4户农房征迁、浙江能源供能站1公顷地块、黄金苑13.93公顷新增2.07公顷、黄金苑村6公顷教育用地、桐溪怡村城防工程、雅苏城防排涝站0.29公顷、黄蒋线塔基、清塘水库应急抢险通道等。

【文化宣传】 完成5个文化礼堂(让长村、雅姜村、楼家村、古方村、滨江村)建设,创建白龙桥跑团、筱溪村、叶店村的军鼓队、新昌桥村、白龙桥村的旗袍秀队、临江村的舞龙队。春泥计划13个村被评为金、银、铜先进村,上报5名金华好人。

【社会保障】 2019年,全镇城乡居民医保参保率99.1%,新增失地转保267人;新增企退人员341人。临时救助54户、74人,救助金额98500元,医疗救助93人,救助金额303500元,办理残疾证147人次,共落实社会救助金和优抚金约1056万元。办理“4050”补贴业务436人次74万元;发放退役军人各类补贴;医疗救助40人次、社保接续60人次;帮助10名寒门学子圆梦大学;完成2.8万人的家庭医生签约,全年共处理劳资纠纷172起,涉及金额331万元。

【文明创建】 组建40余支志愿队伍,清理“白癜风”墙面1.6万平方米、修补破损路面2.7万平方米、清理垃圾杂物2000余吨,实现二环内5个社区准物业全覆盖,建成文明社区3个;在集镇11条主要道路、17个重要路口安排近500名志愿者开展工作,创建美丽庭院和美丽阳台示范户1225户,达标户3185户,市级文明家庭1户、区级文明家庭90户、区级绿色家庭4户、平安家庭2户的优异成绩。

【来料加工】 2019年,全镇发放来料加工费5278万元,比上年同期减少2135万元,有经纪人137人,加工人员1959人比去年同期减少424人。举办家政、月嫂培训班3期,培训人数100余人;帮助100多名妇女实现创业和就业。

【新农村建设】 完成7个精品村建设,13个秀美村进入设计招投标阶段,获评省A级景区3个,其中新昌桥村为AA级;推出青龙湖休闲旅游区、郭蓉生态康养休闲区、蘑菇小镇文化创意园等环境生态项目,38个村居开展“全域美”环境整治行动。

【小城镇环境综合治理】 2019年,以“城市,让生活更美好”为主题,投入4.3亿元,推进47个工程项目齐头并进,拆除违法建筑61400平方米、整治立面36.18万平方米、改造路面12.5万平方米、改造综合管线8.44千米、拆除水池钢棚等310处、清理卫生死角 5375 处，清除“牛皮癣”30126 处，新建 73 个智能充电桩、6 处生态公厕、4 处停车场、3 处公共自行车租借点、6 处休闲广场、7 处生态洗衣房，夺取 2019 年小城镇环境整治市级样板乡镇标杆。

【安全生产】 2019 年，建立安全生产检查台账 659 本，配合镇干部联企制度，检查法人企业 2000 余次，排查安全隐患 7757 条，督察整改到位 5703 条，整改率 73.53%，组织 30 余场消防安全培训及应急疏散演练，培训企业法人、安全员 1730 人，主要负责人持证率 90.6%，安管员持证率 91.4%。

【镇村便民服务网络】 2019 年，走访 700 余家企业、46 个基层组织，累计走访群众 16545 户，解决问题 202 个，形成各类信息报道 11 篇，组建 124 名代办员队伍，办理事项 409 件。

【“五水共治”】 提升改造集镇 6 条主要道路污水管网，制定全镇“污水零直排”建设方案、2019 年河长培训及巡河计划，投入 2400 余万元进行雨污分流、截污纳管工作。

【“三改一拆”】 2019 年，全镇上报拆除违章建筑面积 19.1472 万平方米，拆后利用面积 10.2 万平方米，拆后利用率 98.7%。拆除 14 处应拆面积 2.40 公顷的“大棚房”，取缔关停 183 家二环内废品收购站点并拆除违章建筑面积 3.9 万平方米，天马路、白门线、白汤下线两路两侧整治拆除面积 1.69 万平方米。新阻止违章建房 60 余起。

【矛盾纠纷排查和社区矫正】 2019 年，在矫社区服刑人员无脱漏管现象发生。归正在册人员，“码上矫正”“之矫汇”的利用率均为 100%。人民调解委员会年内成功调处民间纠纷 14 件，成功率达 100%。法律援助工作站共接待来访咨询 40 余人次，开展法律援助 4 起。辖区内有 1 家省级善治村，6 家市级民主法治村。

【征迁工作】 飞扬小镇 3 月，完成 4.4 公顷二环绿化景观工程清表，实现 14.67 公顷万里扬地块围墙闭合；5 月 15 日，完成 5.8 公顷横四路地块清表；6 月 6 日，完成 9.33 公顷今飞 1 号地块清表；8 月 11 日，完成 7.27 公顷今飞 2 号地块清表；10 月，今飞控股集团有限公司汽车摩托车零部件及智能制造装备项目(一期)正式开工，小镇客厅 55.8 公顷地块已进场评估。20 天完成 14.67 公顷万里扬地块政策处理、5 天完成土地报批、20 天实现项目供地、68 天开工建设，完成小镇核心区内功能用地总规模的 24.44%。5 月 9 日，飞扬智能制造小镇项目开工现场作为全区“双十大”百亿项目集中开工仪式主会场。

10 月 8 日，婺城区 2019“第二期百亿”项目集中开工仪式 (白龙桥镇人民政府供稿)

双溪西路西延建设项目涉及面积 17.73 公顷，其中高桥、三联两个行政村的土地 11.85 公顷，涉及季家、邵家埠头两个自然村 40 户农房和 7 家企业的征迁，另外 330 国道涉及益塘 4 户农房。50 天完成双溪西路西延工程房屋征迁工作。

(郑亮)

琅琊镇

【概况】 2019 年，琅琊镇土地总面积 93.07 平方千米，耕地面积 1533.33 公顷，辖 18 个行政村，户数 6733 户，人口 19480 人，人口自然增长率 0.71%，外来人口总数 533 人，全年实现财政总收入 3998.16 万元。

【工业经济】 2019 年，全镇实现工业总产值 5.08 亿元，销售产值 4.81 亿元，出口 8904 万元，与 2018 年同期相比，工业总产值增加 5.59%，销售产值增加 5.93%，出口增加 3.13%。

【产业发展】 签订浙江水发实业、“农产品进国贸”、白沙文化创意园 3 个重点项目框架协议，注册资本2亿元,婺水小镇、文化小镇经济带动作用成效初显。成功举办水竹蓬畲族民俗风情文化节、首届婺城区“卢文台治水”文化节、第三届中国山水四项公开赛、“相约琅琊·2019年农产品展销会”,通过办节会、聚人气,做大做强乡村休闲游产业。

【项目建设】 集中开展“大棚房”问题专项整治,排查894个点,18个待续批待点全部完成整改。危房第二轮调查摸底顺利结束,排查危房300余户。石道畈项目稳步推进,泵站建设结束,二期引水工程已无障碍施工,泉口区块全域土地整治项目有序推进。涉及11个村的农村饮用水达标提标工程全面铺开,预计受益人口1.6万人。上华段公路、白门线拓宽工程前期筹备就绪,项目稳步推进。

【小城镇环境综合整治】 5月28日,顺利迎接省级验收,小城镇环境综合整治得到考核组充分肯定,创下“省级样板”,获小城镇综合整治突出贡献集体“五水共治”工作突出集体等多项省级荣誉称号,得到省委省政府的表彰表扬,实现小城镇环境综合整治共治共享、利民惠民,也带动农产品销售、体旅产业更加欣欣向荣。5个农村生活垃圾分类资源化处理站顺利建设并投入使用。18个行政村常住人口卫生费收取达到100%,新成立“垃圾分类办公室”,下发《垃圾分类月度考核办法》,对各村的垃圾分类实行月度量化考核,巩固环境卫生整治成效,实现农村环境“全域美”。成功通过“全国卫生乡镇”验收,白沙溪获评省级“最美河湖”,三十六堰入选世界灌溉工程遗产申报名单。

【文明创建】 组织巾帼、青年、平安、工会、计生、入党积极分子等多支志愿者队伍参与文明创建志愿服务,开展“烟头兑换”“死角盲区大围剿”等文明创建活动,营造浓厚文明创建宣传氛围。全面对照测评体系,每月对标实施专项整治。

【社会保障】 开通浩仁—棠坑源623路公交车,解决偏远地区群众出行难;拆除原本破旧的“低小散”水泥制品厂,改建为全区第一个公交首末枢纽站,为琅琊、沙畈、蒋堂沿线居民提供更加便捷的候车服务。严格落实各项社会保障制度,对年满60周岁的138名村民城乡居民养老保险进行一次性补缴。完成1004名企退(被征地)人员生存认证。

【科教文卫】 加快构建农村精神家园,杨塘背、白沙卢、妙康里3个村文化礼堂基本建设完成。联合卫生院举办多场健康讲座,发放各类宣传册和宣传单2000多张。审核网上生育服务单47人次。做好“除四害”及健康卫生宣传栏公开,迎接全国卫生乡镇复检。

【平安综治】 防汛防台期间开展24小时巡查,保障金兰水库泄洪期间白沙溪沿线村民的生命财产安全。实施“雪亮工程”,有效推进社会治安防治体系建设,严格按照“15225”工作机制落实网格员日常巡查。

【基层党建】 全域全员,开展“不忘初心、牢记使命”主题教育,每名党员对“两书一章”内容原原本本学,对习近平新时代中国特色社会主义思想深入思考学,每周至少开展一次集中研讨学习,围绕乡村振兴、行政村规模调整后续融合、“消薄”等中心工作联系实际学,对查摆出来的发展堵点、民生痛点、治理难点及时跟进学,同时每名班子成员、各党支部书记在学习教育、调查研究的基础上累计上专题党课31次,确保主题教育高质量、有实效。抓好党员及镇村干部队伍建设,结合“村干部整治立规创优年”行动,紧扣基本制度抓组织生活规范,处理违法违纪党员8人,转入教育帮扶支部党员14人。制定了琅琊镇村两级干部月考核办法,施行和村干部基本报酬挂钩的“垃圾分类工作专项考核机制”等制度。严格落实主题党日活动,推行党员到会率督察、党员五星积分评定常态化开展。

(郝兵勇)

蒋堂镇

【概况】 蒋堂镇下辖17个行政村,土地总面积54.29平方千米,人口6924户、18882人。“最多跑一次”“1205”工作法、新村图强项目融合法、主题教育转化成果“1+N+X”党员联田包户工作法得到省、市、区领导的肯定,成功承办市农业标准地建设、区违法建筑分类处置、交通大会战等多次现场会。

【工业经济】 2019年,全镇累计实现工业总产值

21.68亿元，其中规上产值8.11亿元，新增固定资产投入1.356亿元，完成招商引资3250万元。实现本级财政总收入1863.3万元，税收收入6674万元。新增东兴公司技改项目、东昊技改项目2个工业项目，投资2150万元，均已完成投产。

【农业经济】 蒋堂农业资源独特，是浙江省二级富硒土壤区，12月，全镇成功入围全省28个省级农特色农业强镇（富硒大米果蔬特色）创建名单，项目总体规划已基本形成。率先在前源村启动农业“标准地”改革试点，实行苗木退出机制，87%的土地已经流转到位。前源村彩色稻田成功入选浙江省100个美丽田园。19户种粮规模超3.33公顷的大户抱团，成立金华市嘉穗富硒粮食专业合作社联合社，“婺禾”富硒米成功入选全国名特优新农产品名录。建立省级单季稻华浙优71示范基地6.67公顷，高产创建示范基地51.2公顷，旱粮优质高产基地19.79公顷，新型农作制度基地3.4公顷。完成2019年蒋堂镇直里畈粮食功能区基础设施建设提升项目，投入资金109万元，实施道路硬化1846米，极大提高粮食功能区机械化操作程度。

【重点工程】 界首工业区低效用地有效破除，界首工业园区一期计划用地12公顷，2010年至2013年期间，已供地6家企业，出让用地15.55公顷，为实现低效用地再开发，2019年底正在进行土地收回工作，计划2月底前完成土地收回程序。开化小微创业园筹备推进，项目一期用地4.03公顷，建设为智能交通科技园，总建筑面积约9万平方米，总投资约1.5亿元，建成后安置各类小微企业8~15家。项目土地已挂牌，2月中旬完成招拍挂。4月进场施工，年底部分厂房完成建设，初步开始投产，2021年全面完成建设，实现全面投产。许里村全域土地整治、兰溪上华至琅琊公路工程建设、综合训练场用地置换整合工程、下尹移民二期等项目稳步推进。

【消除集体经济薄弱村工作】 全镇通过公司化管理模式，打破村域限制，全方位、多途径、强力度地激发薄弱村经济发展活力，促进薄弱村集体经济良性转化。推进项目“市场化运作”，全面破解镇域内村级集体经济薄弱村问题。村集体经济收入总额891万元，其中经营性收入575.4万元，16个行政村经营性收入均达到10万元以上。围绕富硒农业开发土地流转承包项目，与金华监狱实现合作，项目已全面完成，实现盈利75万元。建设沙畈村4村联建综合服务中心项目，项目由蒋堂镇沙畈村、莲塘村、泽口村、下汪村等4村联建，项目总投入约430万元，年收益达50万元。

【文明创建】 以全国文明城市创建为契机，加快乡村有机更新步伐，对集镇村及重点村开展环境整治工作，安排保洁员清扫整治927人次，清理杂物乱堆放164处，清理道路绿化带内垃圾32吨，清理小广告200余处，公益广告修整、重设68次。发动党员志愿者配合交警、交管站工作人员开展礼让斑马线、车辆违停劝导等活动，组织开展党员及志愿者活动150余次，参加人员达1600余人次，劝导机动车623辆，非机动车743辆。

【镇村服务网络】 积极推动“最多跑一次”向基层延伸。对照“一窗受理，集成服务”的标准，对365便民服务大厅进行硬件改造提升，创新实行服务窗口AB岗制度，组织镇机关民政、计生、司法等20位干部组建“无证明”工作专班，择优选择32名村干部作为村级代办联络员，同步向村延伸便民服务网络，加强村级便民中心规范化建设，打造“一站式服务”的村级综合便民服务中心，实现村、社区便民服务站全覆盖，确保服务无盲区、无滞后。首创“1205”工作法，即一窗受理，双岗并行，零距离服务，五天清零，以直接取消、申报承诺、数据共享、部门核验4种方式，确保“无证明城市”创建工作有序有效常态推进，启用“无证明城市”查询核验系统，实现村镇两级市域范围内无证明，做到源头切断。

【“五水共治”】 定期召开河长工作例会，严格落实河道巡查制度，开展污染摸排，结合每月15日党日活动发动镇村两级党员干部对镇辖区内水体进行地毯式排查工作，共计排查水体288处，其中水库6座、山塘12座、池塘181口、河道4条、沟渠85条，完成清理水岸两侧固体废弃物150车。作为2019年创建“污水零直排区”试点乡镇，在全面排查的基础上，形成问题、任务、项目和责任“四张清单”，强化生活小区、工业园区、十小行业、集镇等区块的截污纳管工程，制定详细治水计划，投资1930万元对辖区内36家工业企业、229家六小行业、13条道路、4家医院（诊所)、2个生活小区、1个集贸市场的雨污管道进行分流改造,顺利通过市区两级考核验收。

【“三改一拆”】 全镇以“无违建乡镇”创建为基础,开展违法建筑分类处置试点工作,精准落实处置办法,明确“应拆、应罚、应确权”的对象,依据“四必拆”“三有偿”的工作原则,集中力量对连片违法建筑进行攻坚,因地制宜对分散户进行逐个击破。拆除各类违法建筑157处,面积10310平方米,已缴纳有偿使用费101户,收缴金额112.99万元,合法建筑不动产登记工作同步有序推进。

【民生事业】 全面落实各项惠民政策,上半年共救助困难户27户,发放临时救助资金50100元。养老服务形式更加多元化,全镇16个行政村居家养老建设实现了全覆盖,新增立新村居家养老照料中心1家,区示范型居家养老照料中心2家。推进公共基础设施建设工作,将沙畈村(原溪口村)、莲塘村、下尹3村列为2019年度小康体育提升村,新增总面积4870平方米。共有成熟旅游场所3处,文化旅游展馆1处,结合各类研学活动、村级节庆活动,吸引游客超过20余万人次,带来旅游经营性收入超过500万元。充分利用农村文化礼堂资源,重点打造开化莲“廉”文化等各类文化教育基地,开展形式多样的文化教育活动,先后组织策划开展了“农民村晚”“庆六一”“老年大学汇报演出”“新时代文明实践中活动广场舞表演”等大型文化展演11场,指导协助各村开展送戏下乡2场,承办各类文化展览8次,开办讲座5次,积极选送文化骨干参加各级比赛,提高骨干业务能力和群众文化参与度。

【美丽乡村】 围绕“花满婺城”建设,以“一村一品”的发展理念,致力于打造清水塘、浪坦塘、石坑等4个精品村、秀美村,创建开化村、下尹村2个A级景区村庄,不断改善乡村面貌。开化村被评为省级美丽乡村特色精品村,胡家村被评为省级高标准农村生活垃圾分类示范村。

【基层党建】 聚精会神抓党建,高标准开展“不忘初心、牢记使命”主题教育,持续兴起大学习大调研大抓落实的热潮,组织党员干部观看《新时代奋斗者指南》《难忘初心》《闪光婺星》等电教片,印制口袋书、折页各1000余册,全镇党员人手一份。各村、企业党支部在党员自学的基础上,每月组织开展集体学习和交流讨论至少2次,累计参加活动党员4800余人次。深入开展“三服务”活动,推行民情民访代办制,全年党员干部下基层走访对象5923人,收集问题281个,当场解决259个,跨部门解决22个。

(刘姗姗)

汤溪镇

【概况】 汤溪镇地处金华市区以西28千米,2007年被省委、省政府列入省级中心镇,2014年托管于金华经济技术开发区。土地总面积106.36平方千米,其中耕地面积3453公顷,林地面积3780公顷。全镇下辖38个行政村1个社区,共有16346户,户籍人口47189人,其中农村居民人口4.15万人,外来人口1.8万人。

【工业经济】 全年累计完成规模以上工业总产值44.59亿元;规模以上工业新产品产值21.75亿元;限上批零住餐3.52亿元;完成固定资产投资18.58亿元,同比增长407.4%。实现税收收入2.91亿元。

【农业经济】 持续深化农业供给侧结构性改革,稳步推进现代园高标准农田创新模块试点和粮食生产功能区建设,全镇150个家庭农场和140个专业合作社,水稻种植面积2800公顷,总产量达1.8万吨,发放种粮补贴990万元。全镇44家养殖场,免疫生猪4.2万头,牛0.21万头,羊0.13万只,鸡7.58万羽,鸭6.87万羽。农业项目验收8个,待验收13个,在建2个。历年新农村建设全部通过验收,完成仓里村、瀛洲村饮用水提升项目。完成人工造林14.67公顷,天然林更新63.33公顷,完成2个市级项目基地建设和1个“一村万树”示范村的绿化任务,完成2200平方米大棚房整治复垦工作。完成岭垅湖东区块企业“污水零直排区”项目工作,完成示范一条街建设任务。

【旅游业】 做好“农业+旅游”文章,2019年接待研学、亲子游8万人次。通过政府引导、集体运作、农户参与,对厚大、上境、越溪白鹤、陈村4个村进行民宿农家乐示范性打造,签订设计协议15户。适时举办《越溪白鹤村第四届乡村文化旅游节暨首批农家乐民宿推广活动》,推介农家乐民宿品牌,发布首个村级卡通代言吉祥物"金小白""金小鹤"。同时中央电视台《味道》栏目大力宣扬汤溪菜系"十大碗",提升知名度,在此基础上,组织汤溪菜厨师培训,举办厚大"白菜节"暨汤溪乡贤回归大会。

【招商引资】 2019年,完成实到内资15.19亿元,外资到位417万美元,省外产业资金到位10.65亿元。利用新成立的乡贤会乡贤资源,分批赴北京、上海、宁波、杭州等地对接乡贤、考察项目,已引进年产8万立方米新型PVC发泡材料系列产品和100万套空调支架生产线建设项目、群飞御雄生态农业科技项目、哇酷工贸项目、卡特维拉展示中心项目4个,正在对接商谈蛙稻米绿色农业产业建设项目、年产1万吨生物制剂项目。

6月1日,汤溪镇举办首届乡贤大会

(汤溪镇人民政府供稿)

【开发建设】 完成平台拓展涉及黄碧垄、杨梅山、殿后、高畈、溪东、山下里、中央陈、王村、贞姑山等9个村共计4502亩土地流转征收工作, 涉及人口2230人,675户。同时对高畈、黄碧垄、山下里3个村同步开展人口调查、房屋评估及青苗政策处理,快速推进平台拓展。

【征迁工作】 正推进岭垅湖核心区块清零,保障恒大二期项目用地。完成恒大二期项目涉及山塘下村2.87公顷土地征收以及4个地块计36.47公顷地块清表,完成核心区块5户国有房屋搬迁协议签订。仓里生态公墓建设及土地整理项目,完成苗木评估和政策处理。完成部队靶场涉及黄碧垄、厚大、贞姑山等村266.67公顷土地流转及苗木评估;里金坞完成土地勘界;下新宅土地整理基本完成政策处理和部分清表;"两溪" 生态廊道建设27个村已全部完成放样、分户、苗木评估、土地流转协议签订。

【小城镇环境综合整治】 通过"春季风暴"等行动,集中开展小城镇环境综合整治。全镇投入3.572亿元,完成13个大项目56个小项目。围绕"八个基础配套设施项目"即1个标志性主次入口、7条老街、1条步行街、6座公厕、1个特色公园、1个休闲广场、5座停车场、1个星级农贸市场开展项目建设。拆除各类违章搭建、蓝色钢棚及广告牌等违法设施共487宗,涉及572户,面积10.38万平方米,完成年度任务的129.81%。8月2日获评省级小城镇环境综合整治样板镇。

6月15日,汤溪镇老街新风貌

(汤溪镇人民政府供稿)

【文明创建】 紧跟开发区关于文明创建工作总体部署,落实文明创建任务,打响提升项目"三大会战",对标对表,每天出动100多人、8辆大车,针对全镇5千米内15个行政村、集镇范围内3个集贸市场和4条主要街道进行地毯式排雷巡查整治。2019年历次创建测评中名列前茅,在金华市全年综合测评中获得第二名。

【安全生产】 通过对安全生产工作进行再部署,再检查,再落实,重新调配3名安监站工作人员,通过政府购买服务方式聘请成立安全生产体检站,为限上限下所有企业,建立“一企一档”。协调安监、消防、环保、市场监管、行政执法等部门开展联合执法,对71家低散乱企业进行规范整治,改造升级61家,关停10家,全年完成低效用地企业整治提升18家,达标提升11家。邀请2名有资质的专家,对全镇13家危化企业严格按照重大生产安全事故隐患二十条判定标准逐一进行检查,进一步督促企业强化安全意识,加大安全隐患排查力度,确保全镇企业的安全生产环境。

(张卜文)

罗埠镇

【概况】 罗埠镇地处金华西部,距金华市区26千米,土地总面积44.33平方千米,集镇面积0.78平方千米,耕地面积2208公顷。原辖62个行政村和1个居委会,行政村规模调整后,2019年辖32个村,设罗埠、莲湖、湖田3个分中心,共12539户、户籍人口34950人、人口自然增长率0.181%、外来流动人口4300余人。

【工业经济】 2019年,全镇完成规模以上工业总产值28.48亿元,同比增长8.70%。完成全社会固定资产投资额4.19亿元,同比增长20.70%;其中工业投资2.64亿元,同比增长5.87%,服务业投资1.43亿元,同比增长45.24%。完成限上批零住餐业1452.60万元,同比增长39.52%。完成税收总收入5977万元,同比下降25.14%。完成乡镇财政一般公共预算总收入1634.50万元。建立企业税源监控机制,主动对接税务部门,定期上门走访“四上”入库临界企业,完成2家“小升规”任务(秋实畜产品厂、金华市老街口食品有限公司),完成率100%,完成2家“下升上”企业(进步轮胎、口口福),完成率100%。完成16家“低散乱”企业整治,完成率106%。

【农业经济】 2019年,粮食播种面积326.77公顷,早稻订单面积326.77公顷,晚稻种植面积771.53公顷,油菜实收面积270.87公顷。2019年共建设12个农口项目,11个项目已完工。其中完成2018年粮食功能区基础设施提升奖补项目验收;完成19个小农水补助建设项目;完成13.25万立方米的工程性清淤项目,完成14个7.27公顷的群众性清淤项目。

【重点项目】 推进政府及国企投资项目,全面完成小城镇环境综合整治项目的扫尾工作。政府及国企投资的2个项目中,后张大电灌水系连通工程已完工并验收;污水零直排项目6个标段投资概算2700万元,其中2标已完成,3标、4标、5标标完成80%以上,其余各标段正在稳步实施中。在征迁工作方面,制定《罗埠镇重点征迁工作村干部奖惩规定》,量化土地征收和房屋征收的具体奖励制度,对作战单位的成立进行制度化规范。2019年明确交办的11项任务中,10项已完成,剩余的1项历史遗留征迁任务完成50%。

【乡贤会】 5月25日,罗埠镇成功举办首届乡贤大会,也是开发区召开的首个乡贤会。有78位乡贤参加会议,并选举产生34名理事,建立乡贤会组织架构。罗埠镇乡贤会的成立,凝聚乡贤力量,推动了乡贤文化挖掘,搭建乡贤为家乡献计献策、回馈家乡的平台,逐步成为“兴镇罗埠”发展的智囊团、榜样团、和事团和资金库。同时,坚持“乡贤+招商引资”“乡贤+资本回归”“乡贤+社会治理”等模式,引导乡贤助力乡村振兴。

5月25日,罗埠镇首届乡贤大会召开

(罗埠镇人民政府供稿)

【文明创建】 2019年,持续加大全国文明城市创建力度,启动了两轮农村人居环境整治提升。制定《罗埠镇2019年农村人居环境专项整治行动方案》《罗埠镇人居环境整治工作每月奖惩办法》等制度。开展“红黄旗”竞赛活动,共开展6次活动颁发72面红黄旗，对整治优秀村进行了红旗表彰，对整治落后村授以黄旗提醒，掀起了各村环境整治“晒拼创”的热潮，各村环境面貌得到极大提升。12月，获得全市创建全国文明城市第三方测评二环外乡镇得分排名第一名。

【文旅工作】 2019年，建设的10个A级景区村庄全部通过验收，罗埠镇成功创建省级AAA旅游景区乡镇。打造罗埠一日游的精品游线，在罗埠二村设立豆腐工坊，供游客品尝体验豆制品系列周边美味。与6家旅行社达成合作，成功举办首届美丽乡村运动休闲旅游节，单日游客流量超过3万人。重点建设金垅农业休闲观光垂钓基地、后张水上运动航模基地等。打造浙师大留学生研学基地，有1000多人次留学生体验农耕文化，5000余人次开展研学游。

【消除集体经济薄弱村工作】 3个中央和省级财政扶持消薄项目稳步推进，年度省定集体经济薄弱村全部完成。3个农业开发有限公司已承接农产品配送、土地清表流转、农旅研学等多项业务。引进金华和盛堂医疗有限公司，合作开展中草药种植试点工作用于村集体消薄。

【社会治理】 2019年，投资110万元建设“党建+司法+综合服务中心”，搭建“罗小兴”微信小程序线上综治服务平台，实验践行“互联网+基层社会治理”这一新兴综治服务模式，形成“群众点单、干部代办”的新型工作格局，凤凰网、《浙江日报》、浙江新闻客户端、《金华日报》、市主题教育办简报、金华新闻联播、开发区新闻等媒体都对“罗小兴”进行多轮深度采访报道。加快推进“雪亮工程”建设，投资380万元在全镇各村安装1580个村级治安监控，做到监控全域覆盖。

（徐雍骏）

洋埠镇

【概况】 洋埠镇地处金华西部，距金华31.5千米，土地总面积18.11平方千米。本镇地理位置优越，交通便利，白汤下公路在下潘村起点，46省道、315国道、杭金衢高速公路、浙赣铁路杭长高铁贯穿境内。下辖15个行政村，全镇现有5577户，人口15325人，耕地面积710.73公顷，粮食生产功能区面积326.67公顷，省级146.67公顷。

【工业经济】 2019年，完成规模以上工业总产值17.43亿元，同比上升10.3%，增速和完成率均位列开发区第一；完成限上批发零售额1.63亿元；乡镇财政收入6488万元，一般公共预算收入1867.3万元；完成固定资产投资2.59亿元，其中工业投资2.15亿元，同比上升43.4%。

【“低小散”整治】 围绕“重振洋埠工业雄风”目标，重点抓好低效用地整治和项目推进工作。完成江科动力升规入库，同时新引进浙江华璞纸业有限公司，预计年产值3000万元，2019年“低散乱”企业整治、低效工业企业整治提升和亩产效益评价完成率100%，全镇亩产效益评价结果总体好于去年，亩均税收提高0.82万元/亩，同比增长14.64%，亩均税收位列金西三镇第一。10月31日，召开开发区低效工业用地整治工作现场会。

【美丽乡村】 2019年，完成东田、坝头秀美村，大坟头精品村项目验收；青阳洪村和大坟头村美丽宜居示范村项目通过省级验收；后彰陈村精品村和青阳洪村精品村项目通过市级验收；野猫畈粮食功能区基础设施及景观提升工程完成建设，4个小农水项目全部完工，4个旅游村庄创建和4个旅游厕所建设全部完成并通过验收。洋埠的新农村建设项目建设进度、完成情况位居开发区前列。

【文明创建】 探索文明城市创建工作机制，通过建立“四支队伍”（镇村督查队伍、党员干部攻坚迎检

10月8日，洋埠镇文明创建工作部署会

（洋埠镇人民政府供稿）

队伍、村保洁员队伍和长效监管巡查队伍)和“四项制度”(“红黄旗”竞赛制度、每月通报制度、黄旗约谈问责制度和考核奖惩制度)，在全域范围形成浓厚的治乱美化氛围。获得4次第一、1次第二和1次第三,计6次红榜表扬的市测优异成绩,农村环境整治经验在开发区和全市推广。

【农旅融合】 依托五都钱村钱王农耕文化、湖前羊角型白辣椒特色等,充分挖掘各村已有资源。成功举办“乡约端午·韵动洋埠”滑骑跑系列赛事,成功举办首届庆丰收钱王后裔欢乐农耕文化系列活动,第二届湖前辣椒节活动等一系列节庆活动，洋埠“一条街一江水一田园” 农旅特色发展体系已经初步形成。

【消薄增收】 各村成立“消薄”攻坚小组,发挥村支部在消薄、壮大集体经济上的示范作用,2019年,全镇15个行政村总收入1156.47万元,其中经营性收入321.99万元,各村收入均达到考核要求,消薄工作100%完成。

【征地拆迁】 按期完成开发区交办的洋埠中小学迁建周边道路改造项目土地征收,土地综合整治项目涉及房屋征收、杭金衢高速改扩建项目土地征收、房屋征收等5项征迁任务,共涉及8个村1家企业,土地征收1.52公顷,拆除农房30户、厂房1处。

【乡贤工作】 2019年6月,召开洋埠首届乡贤会,吸收乡贤会员136位,通过搭建乡贤会平台,凝聚家乡发展新动力,翻开洋埠发展新篇章。同乡贤理事会长胡永余达成初步意向，推动上海工具厂部分生产基地项目落地洋埠，同时对接万洋集团万洋众创园小微园项目,为做大做强洋埠工业经济打下坚实基础。

6月7日,洋埠镇首届乡贤大会胜利召开

(洋埠镇人民政府供稿)

【基层组织建设】 3月，顺利完成行政村规模调整工作,行政村数量由24个减少至15个,村平均人口由628人增加至1006人,5个新村完成班子调整、新村挂牌,共有村“两委”成员149人。高度重视并村后的村干部队伍建设,严格开展“村干部整治立规创优年”行动,不断完善建设项目管理制度,持续优化村干部年度考核制度,形成严抓重管的常态化高压态势。2019年,开除党籍4人,诫勉3人,通报批评2人,提醒约谈27人。

【农村整治】 依托文明创建,“两乱”整治、“三改一拆”和垃圾分类全域彻底推进,积极创新“家庭菜园”“三步工作法”举措,百姓文明素质显著提升。完成危旧房治理158户,已通过国家级卫生乡镇考核验收和完成24个村(合并村前)垃圾分类优秀村创建,创建率达100%。在开发区农旅局的每月抽查考核中,合格率、优秀率一直保持第一。

【社会综治】 定期开展禁毒、消防、食品安全检查、巡查等工作业务培训,全力推进扫黑除恶专项斗争行动,开始安全生产大检查,有效维护洋埠镇的平安稳定。

(余义丰)

乾西乡

【概况】 乾西乡位于金华市区西郊，土地总面积24.35平方千米。乾西乡下辖湖头、坛里郑、王店、雅宅、黄桥头、幸福、下天师、马淤、栅川、后畈田、杨石11个行政村,以及上陈、联合、上天师、鲍杨4个村改居,西苑、移民小康2个社区,常住人口3.3万人。

【工业经济】 2019年,乾西乡实现工业总产值48.6亿元;完成规模以上工业总产值34.8亿元;实现新产品产值11.9亿元；实现限额以上工业投资1.38亿元;实现规模以上利税总额1.49亿元;实现限额以上企业销售额16.5亿元。有聚新科技、吉峰齿轮、浙农茂阳、汇隆电子等4家企业土建工程动工开建。其中浙农茂阳项目建设周期为2019—2021年,总投资3亿元，预计提供就业岗位2000个，创收3亿元，增加财政收入约400万元。

【农业经济】 全面开放标准化农产品质量检测室的对外检测工作，2019年，对外检测386批次；通过金泉畈64.67公顷标准农田质量提升项目验收工作；完成35户、3万余平方米畜禽养殖场拆除复耕工作。完善农村集体"三资"管理，完成17个村居财务换届审计工作，规范村级资金审批制度。完成平原绿化8.33公顷，土地确权工作基本完成。由马淤、幸福、坛里郑各出资20万建立消薄公司，6月28日正式挂牌。行政村集体总收入达到20万元，经营性收入达到10万元，消薄平台总收入达到26万元，完成"消薄"任务。

【"五水共治"】 严格落实河长制，加强河道日常保洁。投资10万余元，在长湖中设置漂亮图案的PE塑料管，内种植净水植物狐尾草、铜钱草，不仅净化长湖水质，吸收氨氮、总磷，而且具有很高的观赏价值。另外，在长湖工贸桥4个角落种植荷花1600平方米(藕种1100千克)。在碧春路东段右侧乡情地锅鸡餐饮店做隔油池试点，已完成试点建设。委托第三方排查单位(景迈)对乾西乡排水管网进行疏通清淤及CCTV检测，历时72天，完成疏通清淤及CCTV检测总长度约20千米。加强保洁力量开展黑臭水体专项整治。安排人员对鲍杨铁路渠淤积进行清淤冲洗。

【新农村建设】 新农村建设强势发力，美丽乡村建设全覆盖，各村基础设施更加完善。各行政村开展"全域美"环境整治，文明村的创建，加强对环境卫生、垃圾分类等工作的长效管理。补助60余万元用于各村环境卫生和垃圾分类的长效管理和基础设施建设。建成61个垃圾分类回收站点。

9月11日，栅川精品村建设后的村口风貌

（乾西乡人民政府供稿）

【重点工程】 完成金华江北岸、黄湖路污水干管、金华江北岸污水干管东延、竹马污水干管、长湖截污干管系统工程一标、二标共计66.67公顷土地借用政策处理的善后扫尾工作。完成45省道二环内的征迁及青苗补偿等政策处理，二环外5个村，苗木补偿款99%已发放，征地款除栅川外，其他各村基本完成。顺利启动鲍杨城中村改造项目，完成鲍杨国有土地入户意愿调查。

G60沪昆高速公司金华互通至浙赣界段改扩建工程全长11.894千米，匝道全长2.226千米。新增婺城互通连接线采用双向四车道一级公路标准建设，全长0.8千米。征地涉及栅川、后畈田、马淤、王店四个村，总面积10.53公顷。当前已经完成放样、土地测绘、苗木评估、政策处理工作。

【基层党建】 乾西乡党委坚持全面从严治党要求，狠抓党员干部的工作落实、作风转变。深化"两学一做"学习教育常态化制度化，大力宣传营造氛围，精心安排部署，开展纪念建党98周年系列活动。全面完成17个村和社区两委班子及监委会、董事会等配套组织换届选举工作。

6月28日，乾西乡纪念建党98周年活动

（乾西乡人民政府供稿）

【小城镇建设】 小城镇环境综合整治项目共有各类工程112个，其中500万元以上的工程7个，500万元以下的工程共有105个。完成5个投资额500

万元以上的工程，长湖公园一期正在组织验收，长湖公园二期进度完成85%。102个投资额500万元以下的工程。2019年，共清理卫生死角1620处、脏乱道路34400平方米、河道沟渠60千米，清除乱张贴25200处、乱堆放13160处、乱搭建372处、垃圾5200余吨，清理、消灭病媒生物孳生地309处。结合区垃圾分类工作，新建垃圾分类收集点61处。补助各村居设立电瓶车智慧充电口1280处，整治飞线、私拉乱接3200余处，2019年规整弱电线路约95千米。对全乡范围内各村居路面修补约18000平方米，新增景观节点60余处，新增健身器材6套，整治赤膊墙48处。

【文明创建】 修复膏田路、长湖路等道路的低洼破损，边线施画完成1962米，安装道路标识标牌31块。新建后畈田停车场、湖头高铁下停车场、长湖公园二期停车场共3个公共停车场，并组织施工班组在背街小巷施画机动车位共909个，非机动车停车线6935.1米，乱停车处罚3264起。新增和规范停车位6000余个，新建抓拍探头66个，规范标识标牌160个，清退垃圾回收经营点189个，整治规范各类摊点1426处。收容流浪犬只1000余只，处理鸡、鸭、鹅等家禽800余只，完成智能充电桩安装1000多个，引导社区一楼住户安装不锈钢晾衣架1977个。移民小康和西苑社区的鸿欣苑、汇鑫北、世通香墅小区完成物业进驻，万安、汇鑫南、龙华、工贸大楼、西湖花园、银河西苑等完成业主委员会选举，收取物业管理费。8个村改居的准物业，完成95%以上的物业费收缴，9个文明社区的创建完成率达到100%。

【平安建设】 开展“扫黑除恶”专项行动，在乡主要道路和各行政村显著位置悬挂横幅400余幅，对长湖路主干道制作扫黑除恶斗争宣传长廊，落实公共区域LED宣传19处，16个村居分别在村居办公楼主要场所安置了宣传牌和宣传橱窗，村居网格员走村入户宣传资料发放2万余份，同时设置举报箱，公开举报电话。

【社会保障】 2019年，全乡在册特困供养16户、16人，低保82户、111人，低保边缘10户、28人。核销救助对象43户、55人，新增救助对象27户、29人，全年累计发放各类社会救助和补助资金约103.7余万元。有残疾人591人，其中有护理补贴残疾人301人，有生活补贴残疾人57人，每月共发放补贴7万余元，2019年，发放辅助用具轮椅4张，盲人眼镜1副，残疾人个体(灵活)就业缴纳养老保险的残疾人补助21人，残疾人燃油补助5人共1300元，残疾学生教育补助12人，贫困残疾人子女教育补贴5人。建立2个残疾人之家，共安置27名残疾人就业。为4户残疾人家庭进行无障碍改造。新办残疾证45人，残疾证到期换证共47人，重新残疾评定9人。春节慰问困难残疾人89人共5万元，实物慰问24人。

（王海军）

竹马乡

【概况】 竹马乡土地总面积19.58平方千米，辖7个行政村。全乡共有4047户、11957人，外来流动人口2754人，其中农业户籍人口11657人。2019年，全乡税收和财政收入分别达到16634万元和4317.2万元，同比增长7.27%和6.2%，各村经营性收入均达10万元以上。竹马乡紧紧围绕婺城区“双城”战略发展布局，以创建“茶花小镇”和打造“花满婺城”样板区为工作主线，推进“三区一带一域”建设，茶花之乡幸福竹马建设迈向新台阶。

【工业经济】 2019年，实现工业总产值31.8亿元，同比增长15.2%；规模以上工业企业实现产值26.65亿元，同比增长13.79%。社零及销售额完成5310万元，实现“零”突破。工业总投入1.12亿元，其中引进内资3371万元，完成固定资产投资7829万元。新培育规上企业2家。清除无环保措施企业6家，提升亩产效益低下企业8家。收回盘活标点化工、福立砖瓦厂等低效用地8.67公顷，启动尖峰水泥厂25.86公顷闲置用地置换并达成投资意向。

【农业经济】 2019年，完成山林土地流转93公顷；“大棚房”清理整治，恢复耕地面积0.39公顷。“世外桃源”农旅休闲基地循环农业区投入运营，水果采摘区完成一期建设并于4月种下第一批果苗。全年农户花卉苗木销售额达6亿元。竹马茶花在央视

《走遍中国》栏目播放,获社会各界点赞。

【消除集体经济薄弱村工作】 实施“双富”工程,全面消除集体经济薄弱村,8个行政村均实现经营性收入超10万元。组建竹马乡集体经济发展有限公司投资集镇综合集贸市场等项目,加大自我盘活和融资开发力度,推动集体创富、农民致富、新村图强。

【“三区一带一域”建设】 “三区”即打造以下张家、方下店等村花卉苗木种植基地为核心的南部特色农业集聚园区,做强做优茶花产业;打造包含“特色小城镇”竹马馆村的中部集镇工商贸中心,促进城乡协调发展;打造以向李村、姜衙村、青梅里村为主要范围的北部生态休闲旅游基地,加快农旅融合发展。“一带”即打造贯穿全乡各行政村及景点的休闲绿道观光带。“一域”即打造充满“居业游”三宜之美的全域化景区。

【重点工程】 完成花博园等专项规划,启动茶花精品园项目(一期)建设。工业园区雨污改造、永达路建造等基础设施完成建设,大展物流项目一期完成建设并投入运营。完成杭金衢高速公路拓宽及连接线道路、综合市场项目和集镇商住项目的土地征收、清表工作。

【美丽乡村建设】 统筹推进“花满婺城”样板区建设,建设完成美丽乡村精品村5个、秀美村5个,AA级景区村庄2个,美丽庭院700户、美丽花圃10家、美丽田园66.67公顷、美丽村道11千米。提升道路绿化4条10千米,新增茶花为主的花卉苗木1万余株。北山绿道和盘溪绿道建设进展顺利。

竹马乡“污水零直排区”建设成效

(竹马乡人民政府供稿)

【畜牧养殖】 创建省级美丽生态牧场1家,完成省级畜禽养殖标准化示范场建设2家。对家禽家畜进行春秋两季防疫注射和平时补针相结合,全年免疫生猪76000头次,免疫耕牛、山羊106只,免疫家禽63300羽。

【民生事业】 创建市级示范型居家养老服务中心1家,申报省级示范性居家养老服务中心1家。方下店二环桥下空间利用项目——体育公园建设完成75%。扎实推进文化礼堂“建管用育”一体化建设,新建、提升文化礼堂2家,组织开展宣讲活动12场。

【人口与计划生育】 2019年出生95人,计划内出生95人,其中男孩51人,女孩44人,计划生育率100%,性别比为115.91%。一孩出生54人,其中男孩26人,女孩28人;二孩出生38人,其中男孩25人,女孩13人;多孩出生3人,其中女孩3人。

【平安综治】 完成各级“两会”、第二届“一带一路”国际合作高峰论坛、护航70周年等重大活动安保任务,并获得区级集体三等功。建立乡级退役军人服务站,选树钱瑞华为市级“十大最美退役军人”。

【安全生产】 完成8个村消防站和1个安全生产体检站建设并运行,在企业推广并安装智慧用电89套。强化安全生产监督管理,安全生产态势总体平稳。

【文明创建】 健全网格责任制,实现精细化管理全覆盖,严格落实“门前五包”责任制,加大交通秩序、环境卫生整治力度,持续推进文明交通、乡风文明系列行动,发放垃圾分类、文明城市创建宣传资料2000余份,开展卫生整治30余次、增设公益广告150余处、劝导不文明行为2000余次。

【环境治理】 推进治气治霾,整治2家污染企业,督促4家水泥企业做好日常防尘。持续推进扬尘整治,加强秸秆焚烧巡查。完善村级垃圾分类长效管理,深化工业园区垃圾分类,推动垃圾分类成为新时尚新生活。下张家、竹马馆、方下店、向李等村多次被评为区级环境卫生“十佳村”。

【耕作层剥离】 建立耕作层剥离“一库一环三制度”工作机制,实现耕作层剥离长效运作。建立土壤储备库,对符合剥离和再利用条件的耕作层按照“应剥尽剥”原则实施剥离,就近储存至土壤资源储备库中，通过再利用实现耕作土壤占补动态平衡；抓好立项、研究、剥离、运输、存储和覆盖六大技术环节衔接，实现资源保护“闭环运行”；落实耕作层项目研究、土壤资源定向使用报批、土地民主管理巡查三项制度，实现剥离利用“长效运行”。截至2019年年底，竹马乡储备库中储备有效耕作层土壤51929立方米。

【污水零直排】 全面完成集镇及工业园区“污水零直排区”建设任务，新建或改造雨水管道12.3千米、污水管道13.14千米、支管网34.8千米、雨污合流窨井314处，整治农户污水管道漏接86处，排水管道错接128处，更换破损管道110处，设置隔油池等预处理设施46座，并探索建立小城镇环境综合整治后“污水零直排区”建设“工作十法”。11月15日，承办全市“污水零直排区”建设现场推进会，为农村类集镇区“污水零直排区”建设提供借鉴和参考。

【清查违章建筑】 严控新增违法建筑，全乡范围内无一例新增违法建筑。拆除违法建筑137处、5.016万平方米，完成任务数的100.32%。

【文化宣传】 先后承办6次省、市、区现场会，全国各地40多批次到竹马参观学习。竹马茶花登上央视、浙江卫视舞台，刊发竹马报道学习强国5篇、《浙江日报》2篇、《金华日报》20篇、《浙江画报》1篇。拍摄《我和我的祖国》《阳光下的红石榴》等微电影登上学习强国平台，《我和我的祖国》被学习强国(浙江)评为三等奖。

【文体活动】 3月16日，承办“花满婺城·幸福生活”休闲文化旅游年系列活动暨金华市第十届茶花节(第二十七届茶花展)，开展高峰论坛、精品茶花展销、文创产品展示、乡村音乐节等各类活动26场(次)，吸引游客3万人次。同时，制定研学体验、休闲观光2条精品旅游线路，接待游客5万人次。

【基层治理】 坚持“基层党建+社会治理”，更新红色网格65个。建立乡村两级民情民访规范化代办点9个和特色化代办点1个，完善“两代表一委员”坐班接访、村干部轮流坐班制，累计代办295件，实现代办覆盖、服务满意、接访处理3个100%，做到大事不出乡、小事不出村。6月28日，承办婺城区基层基础提升暨综治和民情民访代办站建设现场会，交流竹马乡以“扫码制”“网格制”为基础，以“民情民访代办制”为重点，以“联村服务团制”为抓手的四位一体的基层治理体系经验，搞好党群关系。

【行政村规模调整】 开展行政村规模调整工作，竹马乡原有行政村16个、自然村38个，人口11821人，其中600人口以下的行政村有7个，占总行政村数的43.75%。调整后，共有行政村8个，减少了8个，平均人口数1478人，调减率为50%。1月8日承办婺城区行政村规模调整工作先行先试试点现场会，为婺城区全面推进行政村规模调整工作提供借鉴。6月27日，承办全市深化“后陈经验”暨推进行政村规模调整后续融合现场会。

【基层党建】 全面实施“红色驱动工程”聚力打造农村“驿家亲”和两新“全园红”两大党建特色品牌。建成全市首家“党群驿家亲”竹马馆村农村党建综合体，并以此为核心推动3个村级党建示范点建设；完成浙江高峰控股有限公司“红色引领、初心追梦”、金华市天裕工具有限公司“红色传动、匠心筑梦”、乡企业联合党支部“红色领创、同心圆梦”等3个两新党组织党建示范点建设。开展后进党组织整顿，撤销不足3名党员的第二皮件厂党支部。发展党员10人，培养入党积极分子18人，处理不合格党员4人。

【主题教育】 以理论中心组、青年马克思理论学习小组、周一夜学和党日活动为抓手，采取“夜学集中学+实地调研学+个人自己学”方式，开展读书班8次、专题研讨会2次、班子讲党课11次、“千名书记上党课”18场，形成调研报告9篇。

【干部人才建设】 创建联村(联企)服务团有效推进新村融合后基层党建、全域美乡村发展，跟踪企业服务等各项工作。选拔优秀中层正职3人、副职2人。开展“村干部整治立规创优年”行动，2名不合格不胜任村干部被免职。培育壮大村级后备干部人才队伍，充实人员24人。强化人才队伍建设，落实党政领导联系高层次人才制度，每名班子联系2~3名高层次人才。成立乡贤会，吸收会员82人，开设乡贤馆，2家文创企业入驻。

【三服务活动】 开展“三服务”活动，服务企业、群众5137人（家）次，收集问题154个，解决率达100%。举办专场人才招聘会1场，达成就业意向110人。

（田嘉媛）

长山乡

【概况】 长山乡位于婺城区的西南部，土地总面积60.35平方千米。下辖11个行政村，总人口13462人。长山乡风景秀美，自然景观资源丰富，辖内有桐溪、漪溪两条主要河流，40余座山塘水库，森林面积4067公顷。

2019年，全面改善乡村环境，推动乡村发展：石道畈全域土地综合整治项目通过区级验收，长山国际设计走廊道路项目路基铺设基本完成，乌啦乌两头乌产业文化园项目前期筹备工作完成，美丽乡村精品线建设稳步推进，先后获得省级小城镇环境综合整治样板、全省美丽乡村示范乡镇等荣誉。

【工业经济】 2019年，全乡累计实现工业总产值3亿元；规模以上企业实现产值1.47亿元；完成婺商回归1795万元；实现工业投资300万元。稳步推进重大工业项目建设，完成比例达99.19%。完成经济普查87户的同时做好企业"三服务"，为企业调研排摸并解决9项难题。

【农业经济】 推进薄弱村消除工作。2019年，全乡村集体经济总收入达989.46万元，同比增长47.15%；其中经营性收入251.18万元，同比增长38.34%。全部行政村集体总收入均已达到10万元以上且经营性收入超过5万元。

【财政税收】 2019年，全乡税收总收入1183万元，同比增长72.14%，财政收入305.2万元，同比增长71.3%。

【重点工程】 2019年，石道畈全域土地综合整治场平工程、引水工程、地力培肥，外部道路路基施工约1.3千米，并于10月31日通过区级初验。做好长山国际设计走廊项目及配套设施服务，与区相关部门以及开发区秋滨街道多方对接，落实好长山国际设计走廊项目配套道路、电力、供水、污水等子项目前期工作。全面完成配套项目签约、清表工作2019年年底，道路项目路基铺设基本完成，供水项目已进场施工。协助乌啦乌两头乌产业文化园项目完成项目申报及其他服务工作，完成土地流转、清表等工作，2020年正式开工建设。紧盯"美丽乡村精品线"建设，做好省级"一事一议"助推美丽乡村建设项目保障，全乡"一事一议"项目已全部开工，其中7个项目基本完工。长山二村、长山三村、卢家村成功创建A级风景旅游村。

【文化宣传】 2019年，全乡已建成农村文化礼堂12家，完成1家文化礼堂精品提升，在文化礼堂开展农民"村晚""不忘初心·牢记使命——庆祝建党97周年文艺会演"、"壮丽70周年，奋斗新长山——2019年长山乡桐溪河畔唱丰年"乡村音乐会等各类活动。举办婺城区首届农民网络文化节暨长山"慢生活"休闲旅游文化节活动，吸引近万人参与，提升"人文长山"知名度。组织开展贴合村情民意的大型群众性文艺展演9场，摄影书画展、非遗文化展5场。

【民生事业】 2019年，完成长山一村区级示范型居家养老服务中心建设，全乡已有2家区级示范型居家养老服务中心。增强社会组织的参与度，促进全乡社会组织有序健康发展，2019年，完成12家民办非企业单位的登记注册，包含1家乡级社会服务中心与11家村级社会服务中心。稳步提升乡内道路交通服务品质，全年新建道路5.33千米，改造提升道路11.8千米，整治道路两侧9.7千米，完善加装交通安全设施15处、0.95千米，并通过两站两员建设与增加养护站信息工作模块，不断提升交通治理水平。

【社会保障】 2019年，全乡基本养老保险户籍人员参保率达98.53%，村级劳动保障和社会救助平台经费使用率和企退经费使用率高于60%，年中企退人员生存认证和年底271名企退人员慰问完成。坚持"应保尽保、规范运作、分类施保、动态管理"的原则要求，及时新增与核销低保对象，为每户低保户安排一名乡政府工作人员、一名村两委成员进行结对帮扶，共计发放低保金103.56万元。帮助申领"雨露计划"助学专项补助3人。开展"婺城无欠薪"建设，成立长山乡防范处置企业拖欠工资工作领导小组，建立“无欠薪”工作机制,规范劳动用工管理,发挥“两网化”作用,及时参与司法综治线调处相关的欠薪举报投诉案件2起,结案率达到100%。

【文明创建】 2019年,全乡围绕文明创建,开展各类整治宣传,落实并推进“全域美”整治行动。发放《金华市文明行为促进条例》7000余份,组织志愿服务2000余人次;持续开展“无死角”专项整治,共整改点位1000余处;出台《长山乡全域美农村环境整治考核暂行办法》,提高“全域美”环境整治工作重视程度,保持文明城市创建工作良好态势。

【安全生产】 2019年,两次调整乡安委会成员,强化“党政同责、一岗双责”,并与各村、企业签订安全生产责任书,完善应急管理体系,制定应急救援预案,开展“安全生产宣传月”活动与安全生产专项整治活动,强化安全生产基础技能培训,提高安全生产监管水平。2019年,检查企业、商店、校园、工地35余次,查处安全隐患20处,整改20处。完成长山乡安全生产体检站企业安全生产体检工作第一轮、第二轮排查,检查法人企业19家,个体工商户10家,建立档案29家,共对所有企业进行全面检查32次,查处整改隐患153处。

【平安综治】 围绕新中国成立70周年大庆安保工作,做好平安创建、矛盾纠纷调处、不稳定因素稳控等工作,全力维护长山社会政治稳定。持续开展扫黑除恶工作,核查并处理交办扫黑除恶举报件4件;强化乡村二级排查调处机制,2019年,开展三轮矛盾纠纷排查,调处化解46起。

【人口和计划生育】 实施农村部分计生家庭户奖励扶助和特别扶助制度。2019年,全乡享受奖扶人员216人,特扶人员26人,计划生育率为98.85%。认真做好“生殖健康检查和两癌检查”工作。2019年,全乡生殖健康检查人数为235人,两癌检查人数为343人。深入开展健康教育活动。2019年开展健康教育12次,健康素养进文化礼堂活动4次,累计覆盖2191人次。

【文体活动】 推进乡村公共文化服务体系建设。推动基层综合文化站提质扩面,形成“农村30分钟文化圈”公共文化服务体系。乡图书阅览室藏书量3000余册,与电子阅览室一同对村民免费开放。围绕春节、端午节、中秋节等传统节日开展丰富文体活动,成功举办“人文长山·春满园”非遗文化节、婺城区首届农民网络文化节暨长山“慢生活”休闲旅游文化节、农民丰收节、农民“村晚”以及各类主题活动。

【“五水共治”】 围绕“污水零直排”、“美丽河湖”建设工作,利用“河长制”长效管理机制,开展水体清淤;完善基层防台防汛体系,提升防汛救灾保障能力;全面落实水岸同治;开展污水零直排区创建;抓实抓好农村饮用水达标提标工作。2019年完成十余座山塘水库清淤,清淤量147568.4立方米。签订防汛责任书11份,巡查协议书44份,开展汛前大检查,严格落实“三人三方案”制度。完成桐溪思村段水毁修复工程,漪溪上溪自然村白酒塘除险加固工程、漪溪乌思屏自然村段下游段护岸水毁修复工程,更好应对汛期降雨。

【清查违章建筑】 以“无违建”乡镇创建工作为推手,结合宅基地确权、治危控违、乱搭乱建整治等工作,为“和美乡村”建设提供保障。宅基地确权工作稳步推进,经第三方公司两个多月的外业测量,全乡已完成4032宗房屋测量。落实违法建筑拆除排名制,每周通报拆违进度,倒逼各村比任务、赛进度、拼争创。2019年。拆除上报“三改一拆”系统的存量违建195处,面积达44659.24平方米。做好第三方卫星图斑调查,对疑似新增违建摸排反馈168处,反馈率高达100%。

【畜牧养殖】 全面开展畜牧业防疫工作。排查考评日常化,对全乡3家保留养殖场和1家有动物防疫合格证的养殖场每月两次开展养殖场污染巡查并进行考评;对两家规模生猪养殖场进行每日排查。2019年,对生猪进行猪瘟、口蹄疫、蓝耳病等国家强制性免疫8280头次;对水牛黄牛和奶牛进行口蹄疫二价免疫155头次,奶牛1398头次,对全乡家禽免疫107196羽次,免疫率达100%完成,有效地促进该乡畜牧业健康发展。

【基层组织建设】 组织各行政村两委干部培训,累计培训400人次,同步开展村干部整治立规测试。邵村作为软弱涣散村,通过系列活动开展,激发村两委干事热情,调动党员积极性,4个惠民项目落地并有序推进。抓好干部教育管理，每名党员申报“我为群众办件实事”承诺项目，同时各支部纷纷开展“理论知识我来学”、“专题党课我来上”、党员关爱基金捐款等活动。加大对新村干部培养力度关注力度，提升新村班子能力，形成合心合力合拍的良好工作氛围。履行监督执纪问责工作职责，强化政治担当，忠诚履职尽责，推动全面从严治党向基层延伸，2019 年党纪立案 2 件，办结 2 件；运用第一种形态 41 人次；信访件办结 1 件。做好清廉村居建设，针对村一级“三公开”、文明城市创建、值坐班制度落实情况开展综合督察，充分发挥纪律保障作用，组织 100 多名村民小组长和 11 个村的监委会成员开展廉政专题教育，集中学习《中华人民共和国监察法》。延伸工作触角，填补监督管理中的空白，全面完成全乡 11 个行政村 118 个村民小组三资相关账目上交，总计金额 915413.68 元，全部纳入村级财务代理中心统一管理。

（丁超）

沙畈乡

【概况】 沙畈乡土地总面积 184.94 平方千米，是金华市最大的纯山区乡，也是省级贫困乡。辖 17 个建制村，54 个自然村，全乡人口 4578 户、12770 人。耕地面积 451 公顷，山林面积 14591 公顷，主要特产是毛竹和茶叶，其中毛竹 200 公顷，茶园 666.66 公顷。2019 年，完成财政税收 1201 万元，乡财政收入 360.13 万元。

【基层组织建设】 2019 年，沙畈乡规范新村党支部阵地建设，完成新村远教站点全覆盖。坚持每月开展党员志愿服务党日活动，结合三服务组织党员干部走村入户，红动婺城扫码率大大提高。通过卫生保洁、结对帮扶、培训教育等活动形式，体现了从“以人为本”理念，提高群众对党和政府的满意度和认可度。创新理论学习。开展“不忘初心，牢记使命”主题教育活动，每月集中学习两次，对“两书一章”学习情况进行每月督察。动员全体乡、村两级党员干部下载学习强国 APP，每日通报学习情况，在全乡范围形成人人议学习强国、人人用学习强国的良好氛围。开展村干部整治立规创优年活动，以“教育为先、惩戒在后”的理念对全乡村干部进行教育和整顿。在干部惩戒过程中对事不对人，教育开展一段时间以来取得较好效果。

【生态保护】 开展“五水共治”，在台风“利奇马”后对白沙溪沙畈段的建筑垃圾和生活垃圾进行全面清理，累计使用机械 89 台次，97 人次，对白沙溪沙畈段 15.3 千米的河道进行了全面的清理，清理各类垃圾 110 余吨；严格落实“河长制”，乡村两级河长巡河率 100%；开展“污水零直排区“创建工作，年底完成生态洗衣房建设 8 个。投入 45 万元，实施石坞村防 200 米洪堤修建。完成沙畈自来水厂建设选址及方案谋划，保障水库外 15 个行政村(除周辽、狮岩坞自然村外)村民日常饮用水问题。沙畈乡人居环境持续优化。深化落实乡村两级“河长制”，乡域范围内水域水质均达在二类以上。开展“全域美”环境卫生整治行动，各村环境面貌有较大改善，8—9 月的区第三方测评评比中有白沙源村、谭背村、周村获得十佳村称号，综合排名也在前列。践行花满婺城，发放草花种子 100 千克，消除裸露黄土 1200 平方米。大力开展美丽庭院建设，建设花满人家，截至 10 月底完成 614 户美丽庭院，197 户示范户。推进垃圾分类长效管理，组织乡干部、行政执法每月分中心交叉抽查农户垃圾分类情况同时持续开展《金华市农村生活垃圾分类管理条例》的宣传工作。督促清运公司及时清运不可腐烂垃圾，推动垃圾分类正常持续开展。开展多次联合执法行动，对在白沙溪流域游泳、钓捕鱼、烧烤、散养畜禽以及违章停车等违法行为进行处理。对关停的农家乐、饭店开展回头看工作。对一级水源保护区内的污水进行每日外运。完成公厕改造 65 个。加强畜禽养殖监管，严防复养现象发生，着力打造水清、景美的生态河道。积极配合推进婺城南山省级自然保护区创建工作，进行保护区山林统管协议签订。

【特色产业】 红色文化带动增收。投资 140 万对银坑村红色爱国主义教育基地进行提档，丰富充实展馆内容，弘扬红色文化。通过承办婺城区“传承话初心、集结共图强”主题教育活动、区委初心之旅等活动,打出银坑村红色文化品牌,吸引近2.5万人次到银坑参观学习,通过售卖笋干、土蜂蜜、高山小土豆等农副产品带动农户增加收入约140万元。农林产业发展转型。以水碓基移民为契机,完成移民拆迁复垦,后打造林下经济"产、学、研"一体示范带,推广发展林下经济。顺利举办第五届沙畈南山竹文化节,邀请各级专家召开沙畈乡竹产业、林下经济发展研讨会。在潭背村、白沙源等村种植三叶青、金线莲、元胡、浙贝等中草药,取得一定进展;红豆杉、猕猴桃、香榧等经济作物的种植面积持续扩大;与市农科院进行多次对接,在停久村种植2067公顷小番薯和水果玉米,收获9吨;赛畈村建设7.27公顷南山山茶花物种园,完成白沙源村中蜂规模化养殖场示范基地及辽头村授粉蜂场建设。产业助力消薄攻坚。盘活存余土地,完成原黄坛村猕猴桃基地流转,利用空闲办公楼,如银坑村红色休闲中心、向阳村休闲中心等村集体空闲办公楼招租增收,预计获得租金20万元。17个村(原合并之前行政村)投资入股区消薄平台铂大工贸投资合伙项目;6个村成立消薄公司,13个村(合并以后新村)入股金磐机电项目,项目正在实施,截至2019年底为止所有村经营性收入达到5万以上,其中11个村经营性收入达到10万以上。

【社会治理】 开展扫黑除恶行动,广泛宣传,发放宣传册8000余份,抓早抓小,上级交办线索4条,完成核查4条,维护社会安定。常态性抓好安全生产隐患排查、防欠薪、消防安全、食品药品安全、反邪教、普法教育等工作。公共服务普惠利民。举办春晚、元宵晚会、舞龙灯会、走马灯会等群众性文化活动,丰富百姓的文化生活。弘扬好家风,"周村爱心团"志愿者结合"三服务"活动,开展文化走亲和文化下乡。通过上门送餐服务解决偏远村老人吃饭难的问题,实现居家养老全覆盖。完成沙畈小学高年级到琅琊小学学习转移,让孩子获得更好的教育机会。完成银坑村文化礼堂提档建设,完成乌云石拱桥修复工程设计。基础设施建设加快。年初统计各线项目共计38个,截至年底完成34个。4个村的光伏发电项目、潭背村、李兰村等村目前自来水提升工程、周辽、小洋坑自然村垃圾房建设、坭山坞溪、白沙溪护岸水毁修复、大角坞自然村穿洞除险、小洋坑自然村桥墩加固等6个工程等项目均已完成。完成白门线辽头—周村段道路拓宽涉及的172户,耕地6682.平方米,林地3258.9平方米的政策处理工作。扎实开展治危拆违整治、卫片执法整治等行动,拆违占地面积2740平方米,建筑面积5300平方米。民生保障投入加大。进一步规范乡"365"便民服务中心工作。组织310名妇女参加免费两癌筛查,新增计划生育奖励扶助29人。高要求完成低保家庭年审和低边户审核,实现困难家庭应保尽保。重视人武工作,各村成立退役军人服务站,关心关爱退役军人、现役军人家属。

【效能建设】 严格依法行政。自觉接受人大法律监督、社会舆论监督和群众监督,认真办理人大、政协代表意见建议,完成民生实事85%。通过政府信息公开网、微信发布、美篇等新媒体,加大政务信息公开力度,回应村民所关注的热点,政府执行力和公信力显著增强。规范行政合同管理,健全完善议事规则和决策程序,严格落实"三重一大"集体决策和社会稳定风险评估制度,科学化、民主化、规范化决策水平进一步提高。优化政务服务。认真学习贯彻中共十九大精神和习近平新时代中国特色社会主义思想,开展"三服务"工作,对来料加工点、小水电站、各村等进行走访,发现问题92个,解决70个;上级交办问题21个,解决21个。主动担当,合力破难,干部作风明显转变,工作效能明显提高。继续深化"最多跑一次"改革,创建"无证明"城市,打造一站式方便、快捷、高效的"行政超市"服务。强化正风肃纪。开展"扛责任、强担当、治顽症、促发展"作风、建设年活动。加强各村干部思想教育,对村主职干部开展4次教育培训,针对部分村干部对工程项目监管不力的,进行提醒谈话。2019年无累计立案,运用第一种形态66人。达到正风肃纪的目的。加强机关内部管理,做好上下班考勤、规范请假销假制度,严格执行招投标、公章使用、值班加班、公车使用等规章制度,从严控制"三公"经费支出,行政成本明显降低。

(虞晓东)

岭上乡

【概况】 岭上乡土地总面积60.66平方千米，是九峰水库移民乡。下辖9个行政村，人口3497户、8756人。

【经济发展】 全乡完成工业产值2569万元；完成出口交货值1332万元；企业增加值650万元；完成税收220万元，财政收入81万元；发放来料加工费1110万元；全乡粮食种植面积166.67公顷，完成粮食订单98万千克，耕地地力保护补贴面积235.33公顷；出租房、超市、旅馆等第三产业发展增速。

【美丽乡村建设】 集中精力抓“六乱整治”，形成长效管理机制，制定《岭上乡环境卫生工作考核办法》，完善《岭上乡村干部管理办法》；建立党员联系户制度，由党员带头做好环境卫生工作，监督检查联系户环境卫生情况；建立区乡两级人大代表检查制度，组织检查两村环境卫生状况两次，处理整改卫生不到位问题农户400余户，拆除钢棚、简易棚61个，清理乱堆乱放2360余处，切割雨棚2870余米，清理杂物2900余车；大力倡导农户开展美丽庭院建设，树立一批示范引领户，参加区级评选，两户获得美丽庭院和美丽阳台三等奖。抓好垃圾分类长效管理，制定《岭上乡生活垃圾分类长效管理工作考核办法》；加强对垃圾房终端管理，落实一村两委干部专人负责终端房。五水共治工作不断深入。厚大溪水水质常年保持在Ⅱ类水以上；定期对两条灌溉渠进行清淤和保洁；生活污水基本实现零直排。落实巡查队伍，加强库区生态保护，劝离烧烤露营人员130多人次。森林防火警钟长鸣，重要时节安排专职护林员在库区主要路口执勤，确保库区森林安全。“三改一拆”力度不减，拆除库区违建2000多平方米，加强农户建房巡查，落实防控举措。

【平安建设】 进一步巩固扩大护航国庆70周年维稳成果，以网格化管理、分管领导包干制等措施做好综治维稳工作。在国庆70周年安保期间，开展安全生产和食品卫生大检查，联合公安、市场监管对旅馆、出租房、超市、餐馆等重点经营场所、重点部位进行了居住登记、消防、食品安全、寄递业、鞭炮销售等进行集中排查，全力以赴保平安。在防汛工作中，对重点路段都安排专人值守，设置警戒标志，劝阻游客离开危险区域，全乡未发生一次安全事故。开展扫黑除恶专项斗争，坚持政府一把手亲抓亲管，组织党员干部齐抓共管，强化宣传发动，发放宣传单2000余份，提升干部群众的法治意识、守正意识。完善举报制度，加大排摸力度，上报涉黑涉恶问题线索2条。

【民生事业】 城乡居民医疗保险全乡参保率96%，大病参保率56%；投入40余万元，改善照料中心条件；积极做好社会救助工作，认真落实最多跑一次优质服务工作，及时了解掌握困难群众及残疾人，做到应保尽保；认真开展“三服务”活动，期间走访企业、群众800多次，解决实际问题3个；落实民情民访代办制工作无信访。

【党风廉政建设】 开展扶贫领域自查自纠工作，取消低保户10户；开展廉政警示教育月活动，巩固公职人员深化“三清理，一规范”，建立村干部廉政档案；运用好四种形态，撤销党内职务1人，党内警告1人，对1名村党员干部采取了诫勉措施，批评教育2人次，退回村党支部多领误工补贴3760元；夯实党建基础，认真开展村干部整治立规创优行动，对3名涉嫌违法的村干部作出停职处理；结合全国文明城市创建，在桃源村主干道建设党建宣传带和“好家风”一条街，安装中国结，在村口建党建公园；提高党员学习强国参与度，不断提升党员的素质能力；开展“不忘初心，牢记使命”的主题教育。

【特色亮点建设】 在一级水源保护区外即岭上村油麻湾地块建设婺城首个生态公墓，一期规划1.33公顷，公墓道路建设100万元，公墓建设200万元；逐步完成天然气工程建设，桃源九峰二村800余户实现供气，项目完成后，将实现婺城首个都能用上清洁安全的天然气乡镇。

（邱煜颖）

莘畈乡

【概况】 莘畈乡地处金华南山山麓，属于九峰山规划景区之一的仙舟湖景区，是全国环境优美乡、国家级生态乡、省级重要湿地。土地总面积73.04平方千米，辖7个行政村，全乡共2162户，共5969人。

【工业经济】 2019年，乡完成工业总产值5320万元，发放来料加工费560.72万元。完成税收收入863万元，财政收入214.9万元，完成招商引资浙婺商回归项目1001万元。

【农业经济】 2019年，实现农业总产值4439万元；新增效益农产品种植近66.67公顷，其中中药材黄精近10公顷；茶叶10.33公顷、猕猴桃10.33公顷、油茶、蜜梨5.33公顷、无花果0.67公顷等，规模不断壮大；特色养殖方面，石斑鱼、石蛙等特色养殖业稳步推进，莘畈农产品的品牌效应不断得到强化。

【消除集体经济薄弱村工作】 自主创建"莘e家红盟"农特产品售卖平台，结合党员"三服务"，为农户和企业搭建一个集采收、运输、售卖为一体的售卖平台。平台在运行期间，以竹菜篮、灰汁糕、春笋、米酒、青菜等为主打产品，全年销售农副产品百万余元；与区政府食堂、电视台、报社等十余家单位建立长期合作关系，将莘畈特色小吃灰汁糕推向大众视野，在2019第二届金华发展大会上亮相，成为特色点心小吃，受到众多乡贤追捧，2019年仅灰汁糕一项创收10万元；利用莘畈丰富毛竹资源，将非遗竹篾编织手工艺进行传承并发扬光大，发起引领"莘"时尚的"竹菜篮进城"活动，助力垃圾分类源头减量，倡导健康生活理念的同时，帮助山区百姓脱贫致富，全年共销售竹菜篮1600余只，创造收入20余万元；完善线上销售平台——莘e家红盟公众号，将前期统一收购的无公害农产品送达订货的企、事业单位手中，使村民足不出户销售农产品，企、事业单位足不出户就能购买到农产品，精准扶贫促进集体经济薄弱村摘帽，实现农民增收、农业增效、乡村振兴。

【美丽乡村】 小城镇整治继续深化。投资154.1万元的莘畈乡生态河道及休闲旅游道路建设工程完工；投资425万元的电力改造项目工程完工；投资154.6万元的纵三路整改及雨水管网建设工程完工；投资70万元的小城镇绿化景观工程完工；投资120万元的立面整治工程完成工程量的90%；投资30万元的溪西道路硬化工程完成招投标。水域环境整体整治。2019年，继续以"美丽河湖"建设作为重中之重，继续以河长制为治水工作的有力抓手，依据河道保洁卫生情况、水质情况、巡河完成情况对11位河长进行评星排名，将评分结果纳入年终考核的重要依据。行政村合并后，重新制定村级一河一档，并且更新了河长信息。专题开展水生植物专项清理工作，环境保护专项检查工作，在全乡掀起一股大众治污、全民治水的热潮。将污水零直排区建设列入年度五水共治重点工作，源头治理，加强排摸，明确管网流向、污水来源、污水去向，做到无遗留、无盲点。投资32万元对井下村8座公厕进行改造提升。基础设施日趋完善。高水平推进农村公路"建、管、养、运"协调发展，打通乡村振兴、农民致富的快捷通道，带动沿线村因路而变，因路而美，因路而兴。5月，顺利通过"四好农村路"市级验收，成为婺城首家通过该验收的乡镇，莘畈农村公路达到等级公路技术标准，建制村通客车率达到100%，并有交通驿站等基础设施，进一步方便村民出行。乡容村貌持续提升。对下山移民房屋进行拆除，拆除21户3074.7平方米。联合综合执法、市场监管等部门，对照文明城市创建、全国卫生乡镇创建标准，在全乡范围内开展巡查，完成农家乐、乡食堂的油烟、污水改造工程。

【平安建设】 紧抓安全生产不放松。牢固树立安全生产责任重于泰山的意识，专门召开安全生产专题会议，与各村签订安全生产目标管理责任书，对全乡的瓶装燃气进行拉网式排查，对宗教场所、农家乐和民宿的消防、食品安全和应急响应等进行检查，对施工现场安全设施进行定期巡查，举行消防安全知识培训和防汛应急演练等，营造良好的安全生产氛围。紧抓综治维稳不放松。紧抓防汛防火工作不放松。汛期洪峰到来期间，值班人员24小时在岗在位，密切观测雨情水情，按照山洪防范预案要求，组织各村抓好汛期山塘水库、水利设施的全面排查和防洪防汛工作。全年开展“禁燃”和森林防火工作，在春节、清明、冬至等重要时间节点和高温天气，组织全乡干部、护林员全员上岗开展巡查，利用微信、消防巡逻车等方式宣传消防知识，全年无森林火灾发生。

【社会事业】 2019年，稳步推进惠民工程。跨库区移民项目总投资84万元，5个项目。方家村生态公墓附属工程完工；井下村和尚廖自然村村口景观工程完工；学岭头村前桥及便民广场整修工程完工；大立元村道路硬化及景观提升工程完工。饮用水提升工程总投资145.59万元，3个项目。学岭头村、井下村和尚廖自然村饮用水提升改造项目完工；吴村外东坑自然村饮用水达标提标工程完工；2020年井下、吴村、方家、大立元饮用水达标提标工程进入项目设计阶段。水利工程总投资74.53万元。枫坞小流域水土流失综合治理工程完工，兰源村龙潭背山塘、祝村坟头坞山塘列入2019年屋顶山塘除险加固计划，项目进入招标阶段。扶贫项目工程总投资479.44万元，8个项目。学岭头村后溪边—派溪滩沿溪道路建设项目完工；学岭头村笋竹两用林改造工程完工；大立元村沿溪长廊游步道工程完工；方家村祝元公路—东坞垅村组道路工程施工进度90%；吴村外东坑自然村公交停靠站至雄鸡岗山脚下林区道路工程完工；大立元村多台水果基地项目施工进度80%；兰源村下枫坞口至坞垅岗林区道路工程施工进度80%；学岭头村油茶产业基地建设项目施工进度75%。保障民生工作。核对全乡残疾人两项补贴享受人员、低保低边户人员，及时更新数据；加快推进便民设施建设，总投资50万元的兰源村便民服务中心基本完工；摸排梳理甄别退役军人服务对象，分别建立乡、村两级退役军人服务站8个，采集退役军人，现役军人家属信息，悬挂光荣牌200余块，“八一”期间走访慰问退伍军人、残疾军人、军属、烈士子女，发放慰问金20900元；维护妇女儿童合法权益，发挥妇联在基层矛盾调解工作中的优势，努力解决各类家庭矛盾，调解率100%，并联合司法、教育、卫生等部门，开展法律、心理、家庭教育、卫生保健等方面的咨询服务，为妇女群众提供及时、便利、优质的法律服务。

【文化工作】 元宵节期间，举办竹元素元宵灯会，发挥百姓的主观能动性，让村民手工制作竹灯笼，在宣德堂统一展示并评选“最美竹灯笼”；联合宣传部、文旅体局、文化馆等部门来该乡开展各类活动，举办“送戏下乡”“送电影下乡”等各色活动7次，开展校村结对，双堂双进活动8次，各村文化礼堂积极组织开展“春泥计划”、“暑期夏令营”、村民舞蹈队排练等相关活动，极大地丰富了村民的精神生活。

【生态旅游】 开发红色体旅线——12.5千米迷你长征路；组织专家学者“走太末古道、探姑蔑源头”，研究开发南部姑蔑源溯溪线，与西部环湖25千米毅行线结合，形成莘畈特色旅游线路圈。再加上之前建成的游步道、露营基地、周末菜园、丽园文体活动中心等特色体旅设施，集体育、休闲、旅游为一体的“体旅莘畈”逐渐成型。深化体旅标签促进乡村旅游。2019年，全乡继续引入体育赛事，承办浙江省毅行系列活动、“山东商会·东成杯”华东区传统武术邀请赛暨婺城区第七届武术比赛、封闭式夏令营等体育赛事活动，全年与市、区老年体协及其他单位对接几十场培训、活动，共接待中、小学生研学旅行10余批。结合第二批“不忘初心、牢记使命”主题教育活动，市、区两级多家单位来乡体验兰源红色之旅，重走红军路，重温历史，发扬革命精神，宣传莘畈红色旅游；促进农家乐、民宿的增收。2019年接待游客约12万余人次，农家乐、民宿收入360万元。

（伊丽艳）

4月13日，“花满婺城·幸福生活”休闲文化旅游年系列活动之2019“健康婺城·体旅莘畈”万人毅行大会暨全国第四届“万步有约”职业人群健走激励大赛启动仪式现场　　（莘畈乡人民政府供稿）

箬阳乡

【概况】 箬阳乡土地总面积60.38平方千米，全乡(除横坑区块)有山林面积4020.83公顷,耕地面积133.32公顷,辖8个建制村,1571户、4094人。2019年实现财政总收入448万元。

【乡村振兴】 4月,箬阳乡举办徒步、骑行、茶商回家、采茶、制茶比赛和千人品茶大会等首届茶文化旅游节系列活动,群众参与度85%,促进茶叶经济的增长,2019年实现茶草销售164.1吨。9月,举办箬阳乡首届晒秋节活动,欢庆丰收,喜迎国庆。猕猴桃规模种植,黄精、灵芝等林下中药材培育实现积极有效的尝试。黄阳村、罗坪村、箬阳村、茶园村、琴坛村、瀛头村等6个行政村经营性收入超10万元。

【环境治理】 全乡环境卫生始终保持全区前列,成功创建国家级卫生乡镇。健全饮用水源涵养生态功能区巡查机制，在琴坛设立功能区巡查办公室,加大夏季禁渔巡查力度，累计移交公安处置4批次,收缴鱼竿、渔网、电瓶等70余件。“五水共治”工作基础不断夯实,河长制、塘长制责任全面压实,创新开设“垃圾兑换超市”,探索出垃圾超市对部分垃圾分类有偿回收新模式。投入400余万元在黄阳、罗坪、茶园等村实施小流域治理工程。投入26万余元完成箬阳集镇污水零直排工程。重视生态公益林管护,开展了新一轮松毛线虫防治,推进了金华婺城南山省级自然保护区山林统管协议签订工作。

【新农村建设】 花满箬阳建设、美丽庭院创建、助力全国文明城市创建、全域美环境综合整治百日攻坚等行动压茬推进，茶园一村万树项目得到提升,琴坛—茶园段彩色长廊初步形成。黄阳村、罗坪村、瀛头村实施公厕改造提升3处,完成公厕改造提升19处。全乡无违建乡成果不断压实,2019年拆违3100余平方米,拆后利用率100%。茶园村、黄阳村成功创建AAA和A级景区村庄。箬阳村完成秀美村建设,在全域美环境综合整治中连续3个月评为十佳村,成为婺城区首批五星级村。小城镇长效管理不断夯实,烟头不落地、垃圾分类、畜禽圈养、规范停车、头盔发放等文明劝导活动广泛开展。

4月7日，箬阳乡首届茶文化节系列活动之采茶比赛　　（箬阳乡人民政府供稿）

【民生事业】 围绕“最多跑一次”改革,认真实施“无证明”城市改革,全面实施机构改革,完成六办两中心设置及岗位调整。始终践行“家服务”,2019年,核减不符合低保标准16户、44人,全乡低保户35户、56人、112名残疾人各类补贴应享尽享,13名未成年人得到助学帮助,10户C级危房户和15户困难家庭危旧房实施了修缮,补助金额近40万元。建立乡、村两级退役士兵服务站推进退役士兵优抚工作。切实推进医疗保障工作,里片卫生医疗点于4月正式启用,基本医保参保率持续达100%,大额医保参保率近70%。加强扶贫项目及资金使用动态管理,完成外片公墓一期工程和里片公墓提升工程,完成罗坪、黄阳石井坑、茶园岩溪沿3个村的自来水改造提升工程，罗坪村投入80万元进行机耕路建设。2019年,在区交通部门的大力支持下,积极推进“四好”公路建设,南坑病桥改造及湖大线公路等级提升工程基本完成，西南山区联网公路箬阳石井坑至沙畈段已通车。此外,农村宅基地及住房确权登记发证工作有序推进,2019年共向238户农户确权颁证。

【平安建设】 完成乡、村两级综治中心规范化建设,建立民情民访代办服务站,4名老娘舅参与基层事务督导,实行每周一、三、五坐班。完成乡、村两级交通工作站规范化建设,推进道路交通安全整治和普法宣传。深入开展扫黑除恶专项斗争。不断完善防台防汛、森林防火、抗旱保供水等应急处置机制，全年组织开展地质灾害应急演练1次、防汛演练1次、森林消防演练2次，有效应对大应村洪水侵袭、9号台风“利奇马”、群众失足摔落山林、永康驴友迷失山谷、抗旱保供水等应急事件。

(沈丹)

塔石乡

【概况】 塔石乡土地总面积99.63平方千米，山林面积11333公顷，其中竹林2000公顷，耕地面积809.65公顷，共辖15个行政村，户数3830户，总人口10293万人，劳动力资源7890人，从业人员5456人。2019年，完成休闲旅游、花满婺城投资200余万元，完成2个农业招商项目投资500万元，农业总产值1.01亿元，同比增长1.3%，实现税收收入551万元。集体经济总收入20万元以上的村，完成22个，完成率100%，村集体经营性收入同比增加13.5%。

【农业经济】 塔石农产红盟累计帮助农产大户和群众解决生产问题20余次，带动农产品销售600余万元。邀请“山山家”为“塔石物语”农产品牌总顾问单位，打造塔石山时山刻餐厅高山蔬菜直供基地。新建银岭百合园项目，第一期投入近200万元，产出百合5.33公顷，实现净收入近200万元。高田等村移民搬迁闲置土地，新种植代代10公顷、黄精2公顷、香榧26.67公顷。苏坑村流转荒废梯田13.33公顷打造油菜花谷，油菜榨油和花旅消费给村集体带来15万元收入。

【文化宣传】 完成15个文化礼堂建设，其中新建3个。投入资金60余万元新增党建公园等特色小品十余处。

【文体活动】 3月12日，在银岭村梨树源森林公园协办“我为美丽婺城种棵树”活动。3月30日，在苏坑村举办“花满婺城·幸福生活”油菜花节。4月5—7日，在塔石集镇、群乐一村、百善村举办清明美食节。6月29—30日，在文岩、岭边等村协办七一红歌晚会暨集体生日趴。9月28日，在塔石集镇—岭边村—文岩村举办高山梯田丰收节。

3月12日，塔石乡“我为美丽婺城种棵树”活动

(塔石乡人民政府供稿)

3月30日，塔石乡苏坑村举办“花满婺城·幸福生活”油菜花节 (张易、苏晓婕供稿)

【基地建设】 9月28日，塔石乡与婺城区文学艺术界联合会签约，成为婺城区摄影美术创作基地。与金华市青少年宫签约，成为金华市青少年校外综合实践基地。

【民生事业】 金堂、仙伞形2个公墓完工，投入使用。完成区级示范型居家养老服务中心建设(塔石村)。完成乡、村两级退伍军人服务站建设。增设百善等2个公路服务站；汤苏线完成全线拓宽。实施“河长制”三级联管，各村每月水质监测达成I类水标准。建成婺城山区首个可腐烂垃圾集中处理站。完成井上等5处地质灾害治理点治理，银岭西坞大湾等2村造地改田项目后期整改，井上畈等2处近千亩高标准农田提升项目的施工和初验工作。

【“三改一拆”】 上阳等15村基本完成“无违建村”

创建,共拆除违法面积 6104.22 平方米,完成拆违任务的 122.08%,拆后土地利用率 100%。

(叶梦鸥)

苏孟乡

【概况】 2019 年,苏孟乡土地总面积 37.98 平方千米,全乡耕地面积 853.4 公顷(包括市石门农场耕地 226.6 公顷),山林 800 公顷。2019 年行政村规模调整后,根据金华市婺城区人民政府批复,苏孟乡 34 个村民委员会和 3 个社区调整为 15 个村民委员会和 3 个社区居民委员会,2019 年有户数 9068 户,人口 24495 人,流动人口 1.35 万人,实现财政税收 4.9 亿元。

【经济指标】 2019 年实现规模以上工业总产值 2.03 亿元;限上批零贸易销售额 10.65 亿元;限上消费品零售总额完成 7282 万元。完成全社区固定资产投资 37.1 亿元。

【工农业经济】 开展亩均论英雄改革,2019 年完成 12 家企业亩产效益评价。开展低效工业用地整治提升,检查"低小散"企业 79 家次,责令整改 15 家,搬离 2 家,关停 3 家。重视小升规培育工作,建立 13 家培育企业库名单。

【征迁工作】 2019 年,完成上级交办的重点征迁任务 35 项。其中,完成土地征收 390.75 公顷,完成政策处理 276.27 公顷,完成清表 190.49 公顷,完成房屋征收 75 户,建筑面积 4.2 万平方米。开展清表集中行动 18 次,完成净地交付 181.75 公顷,启动强制程序 11 次,强制拆除房屋 25 户。12 个实施村级预留用地货币化安置的村完成 6 个。

【文明创建】 围绕"十大示范系列"创建目标,打造示范楼道 2 条,有序推进 3 个示范小区、1 条示范街弄、1 个示范村建设。开展基层设施修复和农村环境综合整治专项行动,共处理完善设施 600 余处,补种绿化 7500 平方米,规整线路 3000 余米,道路修补硬化 2010 平方米。开展农村环境联合执法 35 次,清运垃圾 2000 余车,拆除违章搭建 2600 平方米。垃圾分类实现全闭环,全乡 56 个点位全部建成并投入运行,实现从源头减量、分类运输、分类处置的全流程闭环管理和社会化服务运作。

7 月 14 日,苏孟乡联合金华市湖海塘小学开展小红帽楼道长宣传垃圾分类活动

(苏孟乡人民政府供稿)

【招商引资】 提升招商引资工作实效,积极走访乡贤。6 月 7 日,苏孟乡乡贤会挂牌成立,全年召开乡贤理事会 3 次,挖掘有效的招商信息,乡主要领导带队 8—10 月赴上海、安徽等实地对接,招商引资。

6 月 7 日,苏孟乡乡贤会成立并授牌

(苏孟乡人民政府供稿)

【农村旅游】 委托专业第三方,对辖内二环以南村庄未来发展思路进行调研规划。投资 170 万元打造 1 个 AAA 级、2 个 A 级旅游村庄。2019 年,山下村举办第二届田园生活旅游节,以山下村经验带动全乡农旅产业发展。举办首届苏孟汽车运动休闲特色小镇系列活动,引进房车基地和山下旅游开发两个项目,投资额达 7500 万元。全面完成小城镇环境综合治理工程,集镇面貌大幅提升;开展山塘整治,1 个

项目完成施工，1 个项目开工，投资 1100 余万元兴建山下村石人坑山塘工程。

【平安综治】 组建由各行业人员组成的多元化代办员队伍，为群众提供分类代办服务；创建"红色物业联盟""娘舅帮帮团""燕姐工作室"等多个品牌项目。深化班子成员联系重点村(企业)、联村干部走村入户、党员联系群众等制度，共办结民情 151 件，民访 38 件，为村(社区)、群众及企业解决实际问题 8 个。

【从严治党】 开展"不忘初心、牢记使命"主题教育，深入开展调研查找问题，学做结合、查改结合，确保主题教育取得实效。高度重视省委巡视整改工作，压实管党治党主体责任。以村居巡察工作为契机，规范村(居)三务公开，"三会一课"、主题党日、民主评议等党内政治生活制度。不断拓展"党建+X"工作模式，开展"基层党建+民情民访""基层党建+应急管理"标准化建设，完善党建阵地，夯实党建基础。

(宋雨禾)

附　录

统计公报

2019年婺城区国民经济和社会发展统计公报

2019年是“十三五”发展规划的最后关键之年，面对复杂多变的国内外经济形势，全区上下全面贯彻落实党的十九大和历次全会精神，认真落实市委、市政府和区委、区政府的决策部署，以“都市经济创新城，美好生活幸福城”为奋斗目标，聚精会神抓发展，全力以赴促转型，克服了各种困难，实现了经济平稳的发展态势，社会保持和谐稳定，人民生活不断改善。

一、综合

全区主要经济指标(含金华市经济技术开发区)全区实现生产总值(GDP)629.88亿元，比上年增长6.3%。其中：第一产业增加值20.08亿元，增长2.4%；第二产业增加值201.6亿元，增长6.5%；第三产业增加值408.19亿元，增长6.4%。在第三产业中，交通运输、仓储和邮政业增长16.8%，批发零售业增长2.9%，住宿餐饮业增长0.8%，金融业增长12%，房地产业下降0.9%，其他营利性服务业增长8.4%，非营利性服务业增长5.8%。土地总面积1391.24平方千米，年末户籍总人口65.5万人，人均生产总值(常住人口)79823元，比上年增长6.1%。第一、第二、第三产业增加值占地区生产总值的比重由上年的3.2:31:65.8调整为3.2:32:64.8。

区属主要经济指标(不含金华市经济技术开发区)实现区属生产总值(GDP)305.38亿元，比上年增长6.6%。其中：第一产业增加值13.04亿元，同比增长1.2%；第二产业增加值72.48亿元，同比增长6.4%；第三产业增加值219.86亿元，同比增长7.0%。在第三产业中，交通运输、仓储和邮政业增长17.5%，批发零售业增长2.6%，住宿餐饮业增长1.5%，金融业增长11.4%，房地产业增长6.7%，营利性服务业增长13.8%，非营利性服务业增长3.8%。土地总面积1139.6平方千米，年末户籍总人口38.91万人，人均生产总值(常住人口)69571元，比上年增长6.6%。第一、第二、第三产业增加值占地区生产总值的比重由上年的4.3:24:71.7调整为4.3:23.7:72。

二、农业

全年完成农林牧渔业总产值22.8亿元，同比增长1.6%，完成农林牧渔业增加值13.8亿元，同比增长1.4%。根据粮食监测统计，全年粮食作物播种面积5.17万亩，同比下降5.8%；粮食总产量1.9万吨，同比下降12.5%。花卉苗木种植面积10.91万亩，同比增长3.9%。全区油菜籽产量2960吨，同比下降4.21%；蔬菜产量6.9万吨，同比下降4.9%；水果产量3.13万吨，同比下降9.5%。全年生猪出栏21.31万头，同比增长22.4%，年末生猪存栏13.19万头，同比增长17%；家禽出栏23.26万羽，同比增长22.6%；奶牛存栏数5723头，同比下降8.7%；牛奶产量24649吨，同比增长5.9%；水产品产量9986吨，同比增长3.2%。

全年完成造林面积153公顷，迹地更新面积289公顷，低产林改造面积20公顷，封山育林面积

47716 公顷。

三、工业和建筑业

全区完成工业增加值 55.82 亿元，同比增长 9.1%，工业增加值占 GDP 的 18.3%。其中规模以上工业企业完成总产值 186.62 亿元，同比增长 8.8%；完成销售产值 186.49 亿元，同比增长 9.7%，工业品产销率为 99.9%。规模以上工业企业完成出口交货值 29.95 亿元，同比增长 5.9%，占销售产值比重为 16.1%。全年规模以上工业企业实现主营业务收入 189.21 亿元，同比增长 10.0%；实现利税总额 19.10 亿元，同比增长 10.4%；其中利润总额 14.48 亿元，同比增长 20.2%。

2019 年全年完成建筑业总产值 51.29 亿元。全区建筑施工企业全年房屋建筑施工面积 271.8 万平方米，竣工房屋面积 89.6 万平方米。

四、固定资产投资

全年完成限额以上固定资产投资 101.1 亿元，同比增长 20.1%。其中投资项目投资 56.9 亿元，同比上升 36.6%；房地产开发投资 44.2 亿元，同比增长 4%。投资项目中工业投资 10.6 亿元，同比增长 58.8%。限额以上固定资产投资按产业分：第二产业完成投资 10.6 亿元，同比增长 58.8%；第三产业完成投资 90.5 亿元，同比增长 16.8%。

五、国内贸易和对外经济

全年完成社会消费品零售总额 360.47 亿元，同比增长 6.1%。完成批发业销售额 675.64 亿元，同比增长 6.8%；完成零售业销售额 470.25 亿元，同比增长 8.7%；完成住宿业营业额 4.48 亿元，同比增长 7.2%；完成餐饮业营业额 2.17 亿元，同比增长 6.8%。

2019 年全年实现外贸进出口总额 7.34 亿美元，同比下降 11.1%。其中外贸出口额 7.08 亿美元，同比下降 10.9%；合同利用外资 2024 万美元，同比下降 96.7%；实际利用外资 1038 万美元，同比增长 938%。

六、财政

全区财政总收入 47.12 亿元，同比增长 1.76%；区级收入 11.09 亿元，同比增长 4.93%；全区一般预算支出 26.59 亿元，同比增长 15.45%。

七、科学技术

全年各类科技立项 72 项(省 15 项，市 8 项，区 49 项)，其中省级新产品试制计划 15 项，市级科技计划项目 6 项、市级成果转化项目 2 项。区级科技计划项 49 项。净增国家高新技术企业 16 家，新申报数同比增长 70%；新增省级科技型中小企业 84 家，新增数比去年同比增长 58.8%。认定浙江省高成长科技型中小企业 11 家。新增上海、杭州科创飞地各 1 家。全区专利申请量 2554 件，其中发明专利申请量 728 件，发明专利申请占比 28.5%；全区专利授权量 1289 件，其中发明专利授权量 180 件，发明专利授权占比 13.96%。

八、教育、文化和体育

全面实施素质教育，深化教育改革，学校办学条件得到较大提升，实现教育资源的优化配置，教育教学质量稳步持续发展。实施第三轮“学前教育三年行动计划”，努力发展小学“特色教育”，切实推广初中“高效课堂”，积极推进职业教育产教融合，创新实施“警校家”联动护校。全区小学入学率、小学毕业升初中比例均为 100%。年末全区有职业高中 1 所，专任教师 233 人，在校学生 3696 人；普通初中 13 所，专任教师 1025 人，在校学生 13546 人；小学 31 所，专任教师 1657 人，在校学生 27024 人；幼儿园 124 所，专任教师 1237 人(其中包括幼儿园园长 134 人)，入园儿童 17701 人。

举办文化大过年、视觉婺城、“壮丽 70 年，奋斗新时代” 庆祝中华人民共和国成立 70 周年系列文化活动、全民阅读系列活动、莘畈毅行、中国山水四项、婺城区半程马拉松赛事、婺城区第五届运动会等各类文化活动和体育赛事 621 场(文化 556 场、体育 65 场)，受益群众 50 多万人次，共举办“花满婺城·幸福生活”休闲文化旅游年系列活动 24 场。完成 8 个图书流通站建设，完成小康体育村提升工程 10 个、社区多功能运动场 3 个、笼式足球场 2 个、游泳池 1 个、垂钓基地 2 个、白沙溪健身步道 10 公里，中心村健身广场基本覆盖；14 个旅游项目完成投资 6.71 亿元，完成年度计划 93.72%。推进“厕所革命”新三年行动，新建改建完成 17 座旅游厕所，完成年度计划 100%；完成创建 A 级景区村庄 30 个(其中 AAA 级景区村庄 6 个)，创建景区乡镇 2 个(塔石乡、莘畈乡)。

九、卫生事业

全区共有医疗卫生机构341家,其中政府举办医疗卫生计生单位22家，包括综合性公立医院1家(区人民医院),基层医疗机构19家(14家乡镇卫生院、5家街道社区卫生服务中心)，公共卫生计生机构3家(卫生监督所、疾病预防控制中心、妇幼保健计划生育服务中心);另有延伸(一体化管理)的社区卫生服务站24家。民营医疗机构37家,其中医院10家,门诊部27家。核定医疗床位739张,其中政府举办的364张,社会力量举办的375张。

十、人口、人民生活和社会保障

据公安人口年报统计,年末全区户籍管理人口38.91万人,其中男性19.39万人,女性19.52万人;全年出生人口3780人,人口出生率9.72‰,死亡人口2384人,死亡率6.13‰,人口自然增长率3.59‰。

据抽样调查,2019年城镇居民人均可支配收入57062元，同比增长7.4%；人均消费性支出32902元，同比增长6.6%，其中食品烟酒消费支出9301元,同比增长8.1%。农村居民人均可支配收入25138元,同比增长8.7%;人均生活消费支出16099元,同比增长6.7%;其中食品烟酒消费支出5495元,同比增长2.2%。

全区在册低保对象2106户、2925人、低保边缘568户、1321人、特困人员593人,累计发放各类救助补助款3350.6万元,城乡居民最低生活保障标准提高到770元/月。新增10家城乡社区居家养老服务照料中心,全区7200名老人受益,养老服务体系支出2405万元。开展慈善温暖行动、福彩暖万家等系列救助活动,救助金额达82.6万元;广泛开展募捐活动,共收到捐赠款物价值257万,其中定向捐赠174万元。按政策落实全区符合条件的孤儿(或困境儿童）基本生活费的发放，发放儿童福利费102.49万元。

劳动部门积极做好就业服务工作。2019年,新增就业岗位11076个；失业人员实现再就业2089人,其中就业困难人员再就业178人,登记失业率1.61%。

注:1.本公报所列各项数据为年度快报数据。

2.本公报中生产总值和各产业增加值绝对数按现价计算,增长速度按可比价计算。

3.本公报中除标注(含金华市经济技术开发区)段落外,其余内容均不含金华市经济技术开发区。

2019年婺城区行政区划及土地总面积情况表

表9

乡镇名称	村民委员会(个)	社区居委会(个)	土地总面积(平方千米)
全区合计	317	110	1391.24
城东街道	0	5	2.99
城中街道	0	3	6.21
城西街道	0	5	1.66
城北街道	0	7	4.4
新狮街道	9	13	23.76
罗店镇	20	1	66.58
雅畈镇	22	0	74.33
安地镇	22	0	136.47
琅琊镇	18	0	93.07
蒋堂镇	17	0	54.29
竹马乡	7	0	19.58
长山乡	11	0	60.35
箬阳乡	8	0	60.38
沙畈乡	17	0	184.94
塔石乡	15	0	99.63
岭上乡	9	0	60.66
莘畈乡	7	0	73.04
婺城新城区小计	33	23	117.26
白龙桥镇	27	12	92.91
乾西乡	6	11	24.35
金西开发区小计	85	1	168.8
汤溪镇	38	1	106.36
罗埠镇	32	0	44.33
洋埠镇	15	0	18.11
金华市开发区小计	17	52	82.85
江南街道	0	7	3.03
三江街道	0	15	7.65
西关街道	0	7	4.57
秋滨街道	2	20	29.62
苏孟乡	15	3	37.98

2019 年婺城区主要社会经济指标一览表

表 10

指标名称	单位	全区	与 2018 同比 (+%)	区属	与 2018 同比 (+%)
人口、土地面积					
人口	万人	65.5	0.60	38.91	0.12
年平均人口	万人	65.30	0.69	38.88	0.26
人口自然增长率	‰	4.51	—	3.59	—
土地总面积	平方千米	1391.24	—	1139.59	—
地区生产总值(当年价)	亿元	629.88	6.3	305.38	6.6
第一产业	亿元	20.08	2.4	13.04	1.2
第二产业	亿元	201.61	6.5	72.48	6.4
工业	亿元	161.51	8.2	55.82	9.1
建筑业	亿元	40.20	−2.0	16.68	−2.2
第三产业	亿元	408.19	6.4	219.86	7.0
人均国内生产总值(按常住人口计算)	元	79823	6.1	69571	6.6
工农业总产值(当年价)					
规上工业总产值	亿元	—	—	186.62	8.8
农业总产值	亿元	—	—	22.76	1.6
固定资产投资		—	—	—	—
固定资产投资额	亿元	—	10.3	—	20.1
其中:房地产开发投资	亿元	—	−1.8	—	4
批零贸易和外贸业					
社会消费品零售总额	亿元	488.76	6.5	323.77	6.1
自营出口总额	万美元	—	—	70767	−10.9

2019 年婺城区国民经济产业结构情况表

表 11

项目	绝对值(亿元)		构成(%)	
	全区	区属	全区	区属
地区生产总值	629.88	305.38	100.00	100.00
第一产业	20.08	13.04	3.19	4.27
第二产业	201.61	72.48	32.01	23.73
第三产业	408.19	219.86	64.80	72.00

2019年婺城区人口情况表(公安年报)

表12

乡镇名称	年末数			
	总户数(户)	总人口(人)	其中:男(人)	其中:女(人)
全区合计	243906	654905	323698	327171
城东街道	9660	22813	11188	11625
城中街道	9245	25102	12342	12760
城西街道	5339	12850	6608	6242
城北街道	15627	39539	19361	20178
新狮街道	12407	33673	16448	17225
罗店镇	6830	19070	9430	9640
雅畈镇	8648	23362	11779	11583
安地镇	6277	17015	8680	8335
琅琊镇	6733	19480	9848	9632
蒋堂镇	6924	18882	9545	9337
竹马乡	4047	11957	6045	5912
长山乡	4936	13462	6701	6761
箬阳乡	1571	4094	2099	1995
沙畈乡	4578	12770	6517	6253
塔石乡	3830	10293	5421	4872
岭上乡	3497	8756	4370	4386
莘畈乡	2162	5969	3124	2845
婺城新城区小计	33730	89980	44370	45610
白龙桥镇	24945	65732	32448	33284
乾西乡	8785	24248	11922	12326
金华市开发区小计	97865	265838	131086	134752
江南街道	11154	30001	14762	15239
三江街道	26751	71208	34791	36417
西关街道	9839	24682	12234	12448
秋滨街道	6591	17988	8632	9356
汤溪镇	16346	47189	23757	23432
罗埠镇	12539	34950	17513	17437
洋埠镇	5577	15325	7717	7608
苏孟乡	9068	24495	11680	12815

2019年区级组织机构及其负责人名录

中国共产党婺城区第七届委员会

书　记：

蔡　艳(女)

副书记：

黄国钧

胡小荣(2019年12月任职)

杨寿根(任职至2019年12月)

常　委：

徐妙芳(女)

王建中(2019年1月任职)

苏荣兵(2019年1月任职)

杜建明

陈曙初(2019年12月任职)

黄　斌(2019年1月—2019年12月)

潘国东

陈旭辉

贾恒飞

杨旭峰(挂职)

方　鹰(任职至2019年1月)

丰炳春(任职至2019年1月)

李小庆(任职至2019年1月)

婺城区第九届人民代表大会常务委员会

主　任：

朱利群(女)

副主任：

贾献成(任职至2019年2月)

诸晓东

王国平(女)

王喜军(任职至2019年11月)

盛奇兵

钟春宏

章旭升(2019年2月任职)

婺城区第九届人民政府

区　长：

黄国钧

副区长：

王建中(2019年1月任职)

方锦瑞

张　璞

范锋鑫

赵燕华(女)

杨旭峰(挂职)

李小庆(任职至2019年1月)

施礼干(任职至2019年1月)

唐剑刚(2019年2月任职)

中国人民政治协商会议第四届婺城区委员会

主　席：

张茹先(女)

副主席：

楼存根

吴月华(女)

张琳鑫(民进)

应跃成

舒理成

陈丽萍(女,民革)(2019年2月任职)

秘书长：

刘志明(2019年1月任职)

王金宝(任职至2019年1月)

中国共产党婺城区第七届纪律检查委员会

书　记：

潘国东

副书记：

范跃成

金跃园(女)

常　委：

徐寒雁（女）（2019 年 10 月任职）

俞玉园（女）（任职至 2019 年 10 月）

章丹东

徐君振

周　航（任职至 2019 年 10 月）

冯　斌（2019 年 12 月任职）

中国共产党婺城区监察委员会

主　任：

潘国东

副主任：

范跃成

金跃园（女）

委　员：

章丹东

徐君振

舒淼武

郑云汐

婺城区人民法院

院　长：

张永伟

婺城区人民检察院

检察长：

徐洪彬

婺城区 2019 年度十强企业

婺城区 2019 年度工业十强企业

浙江万里扬股份有限公司

浙江金圆水泥有限公司

浙江八达电子仪表有限公司

浙江金华南方尖峰水泥有限公司

金华中燃城市燃气发展有限公司

浙江虎鹰水泥有限公司

浙江东兴实业有限责任公司

浙江开创电气股份有限公司

金华市巨龙商品混凝土有限公司

浙江今飞亚达轮毂有限公司

婺城区 2019 年度区级工业财政贡献十强企业

浙江万里扬股份有限公司

浙江金圆水泥有限公司

浙江虎鹰水泥有限公司

浙江金华南方尖峰水泥有限公司

浙江开创电气股份有限公司

金华中燃城市燃气发展有限公司

浙江浙能金华燃机发电有限责任公司

浙江八达电子仪表有限公司

浙江八达电子仪表有限公司时通电气分公司

金华市精工工具制造有限公司

婺城区 2019 年度工业亩产税收十强企业

浙江润华机电有限公司

金华中燃城市燃气发展有限公司

浙江高峰控股集团有限公司

金华市巨龙商品混凝土有限公司

金华市龙正商品混凝土有限公司

浙江八达电子仪表有限公司

金华双宏化工有限公司

浙江开创电气股份有限公司

浙江虎鹰水泥有限公司

浙江金圆水泥有限公司

婺城区 2019 年度农业产业化十强企业

金华一枝秀米业有限公司粮食产业

浙江采云间茶业有限公司茶叶产业

浙江美保龙种猪育种有限公司生猪产业

金华市汇鑫特色农业发展有限公司水果产业
金华市挺美科技有限公司食用菌产业
金华市仙源山铁皮石斛种植基地有限公司
中药材产业
金华市一康农业发展有限公司奶牛产业
金华市暖田农业有限公司蔬菜产业
浙江金手宝生物医药科技有限公司
农产品加工产业
金华市成龙花木绿化工程有限公司花卉产业

婺城区 2019 年度企业纳税大户

婺城区 2019 年度工业企业纳税大户

浙江万里扬股份有限公司
浙江金圆水泥有限公司
浙江虎鹰水泥有限公司
浙江金华南方尖峰水泥有限公司
浙江开创电气股份有限公司
浙江东兴实业有限责任公司
金华中燃城市燃气发展有限公司
浙江东昊工贸有限公司
浙江泰祥实业有限公司
浙江八达电子仪表有限公司
浙江八达电子仪表有限公司时通电气分公司
浙江浙能金华燃机发电有限责任公司
金华双宏化工有限公司
金华市精工工具制造有限公司
金华市巨龙商品混凝土有限公司
浙江瑞星氟化工业有限公司
金华市星球机械铸钢有限公司
浙江润华机电有限公司
浙江先创能源科技股份有限公司
浙江今飞亚达轮毂有限公司
浙江高峰控股集团有限公司
金华市捷达商品混凝土有限公司
金华市龙正商品混凝土有限公司
浙江精深实业有限公司

婺城区 2019 年度建筑企业纳税大户

浙江婺丰建设有限公司
浙江金华兴达建设有限公司
浙江致远工程管理有限公司
晟元集团有限公司
金华市交通建筑工程公司
浙江以诺建设有限公司
金华市鑫隆路桥建设有限公司
浙江远鸿生态园林股份有限公司

婺城区 2019 年度纳税千万元以上企业

浙江省烟草公司金华市公司
中国工商银行股份有限公司金华分行
金华保骏置业有限公司
中国平安财产保险股份有限公司金华中心支公司
金华保润置业有限公司
浙江国贸集团金信资产经营有限公司
金华富力房地产开发有限公司
中国建设银行股份有限公司金华分行
中国人民财产保险股份有限公司金华市分公司
浙江万里扬股份有限公司
中国铁路上海局集团有限公司金华车务段
金华雅筑房地产开发有限公司
浙江茂新房地产开发有限公司
浙江金圆水泥有限公司
金华瑞翔房地产开发有限公司
金华意谐房地产开发有限公司
金华市金沃房地产开发有限公司
浙江金康医药有限公司
浙江虎鹰水泥有限公司
金华远大废旧物资回收有限公司
中国石化销售股份有限公司浙江金华石油分公司
浙江金华南方尖峰水泥有限公司
金华银泰购物中心有限公司
中国农业银行股份有限公司金华婺城支行
浙江开创电气股份有限公司

浙江师范大学
金华嘉辰房地产开发有限公司
金华市玄元置业发展有限公司
金华市美的房地产发展有限公司
金华市中心医院
金华市环球房地产开发有限公司
金华八达集团有限公司
浙江东兴实业有限责任公司
中国农业银行股份有限公司金华分行
浙江省交通投资集团有限公司杭金衢分公司金华管理处
金华东航置业有限公司
金华婺城万固置业有限公司
金华市第一百货集团股份有限公司
金华中燃城市燃气发展有限公司
上海浦东发展银行股份有限公司金华分行
浙江正方置业有限公司
北京红牛饮料销售有限公司金华分公司
浙江东昊工贸有限公司
浙江万里扬股份有限公司金华分公司
金华上铁房地产开发有限公司
浙江泰祥实业有限公司
浙江八达电子仪表有限公司
中信证券股份有限公司金华分公司
中国银行股份有限公司金华市金东支行
浙江鹏友化工有限公司
金华市第二土特产总公司
金华银行股份有限公司婺城支行
中国铁路上海局集团有限公司金华货运中心
浙江八达电子仪表有限公司时通电气分公司
浙江浙能金华燃机发电有限责任公司
金华市龙湾置业有限公司
金华双宏化工有限公司
金华市精工工具制造有限公司
浙江厚鹏化工有限公司
金华市巨龙商品混凝土有限公司
浙江中联股份有限公司
安盛天平财产保险股份有限公司金华中心支公司
万泰集团(金华)有限公司
浙江开源置业有限公司
浙江婺丰建设有限公司
浙江金华兴达建设有限公司

婺城区 2019 年度重点企业

“2019 年度婺城区政府质量奖”获奖企业

浙江开创电气股份有限公司
金华华东环保设备有限公司
金华市希能折叠桌制造有限公司

婺城区 2019 年度重点骨干工业企业

金华市城建混凝土有限公司
金华双宏化工有限公司
浙江浙能金华燃机发电有限责任公司
浙江高峰控股集团有限公司
浙江泰祥实业有限公司
金华市精工工具制造有限公司
浙江精深实业有限公司
浙江远大铝业有限公司
浙江东昊工贸有限公司
浙江润华机电有限公司
金华市龙正商品混凝土有限公司
浙江赤诚工贸有限公司
浙江八达运动服饰有限公司
浙江巨龙管业科技有限公司
浙江瑞星氟化工业有限公司
金华市星球机械铸钢有限公司
金华市捷达商品混凝土有限公司
浙江先创能源科技股份有限公司
浙江金祥板业有限公司
金华乌拉环保能源有限公司
金华乐嘉厨具有限公司
金华市力扬五金制造有限公司
金华华东环保设备有限公司
金华正方机械设备有限公司

金华市天裕工具有限公司
金华浩翔汽配有限公司
金华中兴旅行用品有限公司
浙江康灵汽车零部件有限公司
金华环亚包装有限公司
金华市永强车辆厂

婺城区 2019 年度自营出口超千万美元企业

浙江开创电气股份有限公司
金华市捷顺贸易有限公司
浙江八达运动服饰有限公司
金华市精工工具制造有限公司
浙江嘉格进出口贸易有限公司
金华市力扬五金制造有限公司
浙江孚泰科技有限公司
浙江厚鹏化工有限公司
金华奥洋国际经贸有限公司
浙江金祥板业有限公司
浙江精深实业有限公司
浙江润华机电有限公司
金华市永强车辆厂
浙江铂大工贸有限公司
浙江金华蓝森装饰材料有限公司
浙江耐司康药业有限公司
金华市双宏园林工具有限公司
浙江樱玫莉雅化妆品有限公司
金华市恒瑞进出口有限公司
金华乐嘉厨具有限公司

婺城区 2019 年度人才开发先进企业

浙江万里扬股份有限公司
浙江尖峰集团股份有限公司
浙江天丰生物科学有限公司
浙江润华机电有限公司
金华双宏化工有限公司
金华市捷特包装有限公司
浙江斯玛特信息科技有限公司
浙江美保龙种猪育种有限公司
浙江吉孚汽车传动系统有限公司
浙江金保科技有限公司

婺城区 2019 年度优秀企业科技人才

徐卫权(浙江万里扬股份有限公司)
章国栋(金华双宏化工有限公司)
陆一骏(浙江吉孚汽车传动系统有限公司)
严春强(浙江高峰控股集团有限公司)
孟庆宝(浙江天丰生物科学有限公司)
陈　伟(浙江先创能源科技股份有限公司)
练正池(金华市新华齿轮有限公司)
应韵进(浙江厚鹏化工有限公司)
王　晓(浙江府衡生物科技有限公司)
陈安平(浙江尖峰健康科技有限公司)

名词解释

坚持“四个贯穿始终” 指坚持将“学习教育、调查研究、检视问题、整改落实”贯穿主题教育全过程。

推动“三个解决” 推动解决党员干部思想根子问题，推动解决人民群众反映强烈的突出问题，推动解决重点工作中的痛点堵点问题。

“五学四查四改” “五学”:原味“深学”,全员“讲学”,专题“研学”,一线“比学”,初心“悟学”;“四查”:对标自查,群众帮查,支部深查,党员互查;“四改”:明确方向“改”,限时加压“改”,巩固提升“改”,开门见山“改”。

“双富”工程 村集体创富、农民致富。

“百千万”服务工程 “千员进百村、千员进千企、千员进万家”的“百千万”线上线下直达服务工程。

教育发展“1353 工作体系” 树牢“1”个“优学婺城·幸福城”的总目标;确保打赢“3”场战役:2019年省基础教育重点县摘帽歼灭战,2020年通过省教育基本现代化区创建攻坚战,2022年通过全国义务教育优质均衡区创建大会战;全力实施“5”项工程:基础设施提升工程,立德树人工程,名校示范工程,名师引育工程,教育环境优化工程;完善“3”大教育保障机制:教育领导机制,教育发展机制,优师重教机制。

“一哨双‘生’” 通过构建区、乡、村三级“瞭望哨”,实现“建设健康网络生态”和“服务基层群众民生”两大功能,以管理促服务,以服务促管理,实现管理与服务齐头并进。

两新党建“四整一全” 两新党建主线工作,整园建强、整楼推进、整线突破、整带示范,全面提升“137”限时办结机制 区委区政府主要领导批示“一天见回音,三天见方案、七天见结果”。

“6+1”巡察模块 把模块化思维运用到巡察工作中,“6”为党的建设6个方面内容,“1”为巡视巡察整改落实情况。为方便操作,编发了部门(镇街)、村(居)2类《巡察工作“模块化”操作手册》。实现了3个转变,即:巡察干部由“专科”向“全科”转变,巡察效率由粗放宽泛向精准高效转变,巡察成果由数量为主向量质并举转变。

“三个区分开来” 把干部在推进改革中因缺乏经验、先行先试出现的失误和错误,同明知故犯的违纪违法行为区分开来;把上级尚无明确限制的探索性试验中的失误和错误,同上级明令禁止后依然我行我素的违纪违法行为区分开来;把为推动发展的无意过失,同为谋取私利的违纪违法行为区分开来。

“三化”培养模式 学员化管理、专业化培养、实战化锻炼。

“三不”机制 深化标本兼治，夯实治本基础，一体推进不敢腐、不能腐、不想腐。

“137”限时办结机制 区委区政府主要领导批示“一天见回音,三天见方案、七天见结果”。

商贸经济振兴“三三计划” 培育三大商贸综合体:打造万泰、城北两大商业综合体,谋划引进奥特莱斯综合体;打造三条夜经济街区:古子城、小码头、万泰酒吧一条街；培育三大限上商贸主体:恒大、永盛、帝壹城。

“一轴五区”科技创新示范区 “一轴”为以二

环北路为主轴,"五区"分别指以浙江师范大学为核心利用电子商务创业园和城北工业园相融合的城北科创区,竹马铁路货场和乾西物流产业合作的智慧物流区,集商务、商业及部分高档住宅为一体的高铁经济区,以高新产业、信息产业为核心结合新能源汽配产业园为一体的智能创新区以及工业产业化集聚的临江栅川+龙蟠+界首区块的智造高新区。

"123"三年计划 到2022年建成1个跨三地、融三产的现代农业园区、"石道畈""乌拉乌"2个农业可持续发展示范园、"安地桂花""竹马茶花""蒋堂富硒"3个特色农业强镇。

"三桥四路一轨一港一大道" "三桥"即加快实施龙乾大桥建设,谋划实施河盘桥改造工程、工贸大桥新建工程,"四路"即实施双溪西路西延、婺江西路西延、解放西路西延和人民西路西延四条城市主干道工程;"一轨"即谋划实施金兰轨道交通项目;"一港"即加快婺城港区罗洋作业区、栅川作业区和衢江航道、金华江航道建设;"一大道"即启动二环西路下张家至宾虹路的提档改造建设,打造婺城迎宾大道。

优化营商环境"10+N"行动 "10+N"营商环境便利化改革是2019年省委改革办以"最多跑一次"改革理念,围绕"优化营商环境"主题推出的系列改革举措,内容涵盖企业开办、企业注销、不动产登记"一件事"、跨境贸易、纳税、提升执行合同质效、用水用气报装、用电报装、获得信贷、办理破产便利化行动方案这10项主要政策,以及"N"项配套措施等内容,为企业提供跑腿更少、成本更小、速度更快、成效更好的服务。

"十个一"标志性工程 美丽城镇建设的"十个一"标志性基本要求,即一条快速便捷的对外交通通道、一条串珠成链的美丽生态绿道,一张健全的雨污分流收集处理网、一张完善的垃圾分类收集处置网,一个功能复合的商贸场所(指便利店、连锁超市、综合市场、商贸综合体或商贸特色街等)、一个开放共享的文体场所(指图书馆、体育场馆、全民健身中心或文体中心等),一个优质均衡的学前教育和义务教育体系、一个覆盖城乡的基本医疗卫生和养老服务体系、一个现代化的基层社会治理体系和一个高品质的镇村生活圈体系,简称"2道2网2场所4体系"。

乡创"十个一" 聘请一批乡创导师、培育一批"产业村长"、推出一批乡创公益项目、制定一批乡创政策、打造一批乡创试点、创办一所乡村振兴学院、设立一个乡创产业基金、选树一批"乡创典型"、出台一份乡村振兴年度工作报告、搭建一个乡创平台。

"千万工程" "千村示范、万村整治"工程。

"两不愁三保障" "两不愁"即不愁吃、不愁穿,"三保障"即义务教育、基本医疗、住房安全有保障。

境外人员服务管理"六方协作"机制 公安、学校、街道、社区、房东、境外人员"六方协作机制"。

重点区域、公共场所"四联三防" 联建、联保、联防、联控,防车辆冲撞、防刀斧砍杀、防爆炸。

"两站两员" "两站"是指农村道路交通安全管理站和农村道路交通劝导站;"两员"是指农村道路交通安全管理员和农村道路交通劝导员。

意识形态"五个一"制度 监督检查意识形态工作责任制的落实,即组建一个督查组、梳理一张任务清单、建立一项督查制度、制定一张提醒告知函、梳理一张负面清单。

"115"工作法 十个一律、十个到位、五个模式。

"449"管控作战模式 实行"定岗定人定责定时"四定管理,构建区、乡镇街道、村社、最小作战单元"四级管控"模式,划分"九大场景"制定统一标准化的九张作战图。

"1+4"盯防 一个密切接触者,落实一个社区医生、一名社区干部、一名片区民警和一名房东盯防。

"五步法" 对过卡人员采用一看、二问、三测、四核、五处置的流程进行检查。

"47+N"企业 47家产值亿元以上企业和"N"家配套企业、"四有"(有订单、有物资、有人员、有防控方案)企业。

九场硬战 实体经济翻身战、改革开放攻坚战、都市能级提升战、交通廊道突击战、民生改善持久战、生态环境保卫战、基层治理巩固战、文明创建荣誉战、清廉金华推进战。

民情民访“五员代办”模式 充分发挥区级领导、乡镇(街道)干部全员、各级代表委员、特聘人民调解员、专职网格员等“五大员”力量,创新实现“群众点单、干部代跑”的新型信访格局,着力营造和谐稳定社会环境。

两化融合 信息化和工业化的深度融合,两者在技术、产品、管理等层面相互交融,催生工业电子、工业软件、工业信息服务等新兴产业。

“百千万”计划 指打造百亩园区、千亩园区和万亩园区。

一证通办 公民个人仅凭居民身份证就可办理相关事项,而不需要提供由政府机关产生的其他相关证明材料。

“标准地+承诺制”改革 政府在土地出让前,明确地块建设规划、能耗、环境、投资强度、亩产税收等一系列准入标准;企业拿地后与政府签订履行相关标准的承诺书,用以替代原先施工前需要办理的诸多审批,实现快速开工。

R&D 经费 全社会研究与试验发展经费。

四好农村路 指实现“建好、管好、护好、运营好”农村公路的总目标。

“两定四分” “两定”即定时、定点,“四分”即把生活垃圾分为餐厨(厨余)垃圾、可回收物、有害垃圾、其他垃圾四类。

三字诀 源头“减”量,餐桌“控”量,精准“分”类。

学前教育“二十百”工程 2019—2021 年,新(改、扩)建公办幼儿园 20 所,规范改造民办幼儿园 100 所。

“四大”建设 大湾区、大花园、大通道、大都市区建设。

一江、双城、四带 “一江”就是要围绕婺江打造带动婺城高质量发展的“中轴线”、都市新经济的标杆;“双城”就是要统筹做好老城区有机更新和新城区“二次出发”两篇文章;“四带”就是要围绕婺江沿岸,打造绿色生态景观带、滨水宜居城乡带、都市经济产业带、便捷通畅交通带。

两核、四带、四片 “两核”为位于金华高铁站前地区的交通枢纽核心和位于长湖公园的长湖湾活力核心;“四带”为南北绿轴、滨江风光带、铁路文化带、长湖休闲带;“四片”为田园生态片、枢纽门户片、滨江活力片和双创智城片。

“2+6”稳投资重大项目 “2”是指抢抓窗口期争取国家支持重大项目、抢抓实物量提速推进重点项目;“6”是指中央预算内投资项目、地方政府专项债券项目、企业债券发行项目、重大产业项目、数字浙江基础设施建设项目、央企合作重大项目。

五大振兴 产业振兴、人才振兴、文化振兴、生态振兴、组织振兴。

两进两回 科技进乡村、资金进乡村、青年回农村、乡贤回农村。

一警情三推送 一个警情,一推送处警民警,智能研判现场办;二推送责任民警,明晰责任跟进办;三推送综治平台,部门联动合力办。

两强三提高 强谋划、强执行,提高行政质量、效率和政府公信力。

“两书一章” 习近平新时代中国特色社会主义思想学习纲要、习近平关于“不忘初心、牢记使命”重要论述选编(两书);党章(一章)。

4 个宗教团体 婺城区佛教协会、婺城区天主教爱国会、婺城区基督教三自爱国运动委员会、婺城区基督教协会。

“三服务” 指服务企业、服务群众、服务基层活动。

非机动车“六不得” 指非机动车不得闯红灯、不得违规驶入机动车道、不得逆向行驶、不得违规载人、不得加装遮阳伞、不得越线停车。

野生动植物管理“两证” 指野生动物经营利用许可证、野生动物养殖许可证。

食堂 4D 管理 将食堂管理细分化、规范化、明晰化,确保责任到人、工作到岗,实现“整理到位、责任到位、执行到位、培训到位”。

索 引

S

T

W

X

Y

Z

《婺城年鉴(2020)》撰稿人名单

何超华	项雅馨	洪志生	李俊杰	童　佳	张纯陆	骆尧天	叶小磊
王朱敏	舒子剑	项移娟	郑俊杰	鲁杭燕	戴　翔	胡　珊	袁倩蕾
邵玲奕	徐　雯	李荣飞	杨　倩	蒋　涛	李双双	范升元	盛　晖
楼徐心远	黄晓佳	童未名	葛璇锟	陈　恒	陈　昆	徐英剑	严　纯
陈小方	楼晓娜	黄慧华	林　可	胡　敏	李　朦	赵　钰	崔梦琪
郭　腾	金　琛	孔爱华	郑艳球	童健英	吴耀峰	郑池爱	季美珍
钱　宏	郑宏晟	彭　聪	徐美珍	何　凡	吴　靖	周玉南	李　迪
邓先辉	夏宇真	袁　也	张倩文	赵　晨	倪书宇	钟沧海	贾玉珍
杨朝洋	李思锋	戴爱红	李玮峰	王　艳	黄净轩	董小红	傅丁帅
祁　雪	朱丽娜	李　宽	倪俭余	傅婷婷	李世杰	应　红	汪志祥
王　莺	徐　斌	徐　刚	宗顺荣	问青青	魏文涛	庄期寅	方建设
周济果	叶　锋	潘　建	钱海燕	董海均	许宾雁	王丛云	李沂轲
周哲权	张国良	曹瑶珩	汪　烨	胡群慧	朱林罡	倪　谦	吴　岑
余　悦	何　清	倪永洪	李竞丝	陈素娟	张　乐	杨秀清	王佳杰
翁燕鸿	包晗娜	于美佳	方翠荷	许美丹	谢　赞	朱小昌	周　蔷
卢珊珊	张之彬	范雯思	邢均林	方　潇	祝晓圆	李金字	郑友建
张建红	张　嫣	郎亚红	朱明升	倪　超	邵玉婷	李英昌	池　清
章国新	章晓华	柳　毅	孟展麟	陈兆刚	阮　华	张　宇	孔江宁
朱明升	余　莉	徐　斌	谢文霞	刁　康	廖　亮	邱苗涵	黄快快
丁小璐	章小娇	秦莉冰	王文辉	郑　旸	邵　敏	黄咏溦	范苏丞
陈　健	郑戈弋	郑　亮	郝兵勇	刘姗姗	张卜文	徐雍骏	余义丰
王海军	田嘉媛	丁　超	虞晓东	邱煜颖	伊丽艳	沈　丹	叶梦鸥
宋雨禾	张小泉	方楚楚					